최신판 | PROFESSIONAL ENGINEER METAL WORKING

금속가공기술사

박상중 著

PROFESSIONAL
ENGINEER

이 책의 구성

예문사

책머리에서

기계 · 금속산업은 전통적으로 중공업의 기반을 이루어 왔으며 현재에도 전 산업에서 큰 비중을 차지하고 있다. 새로운 금속가공 기술들이 자동차, 항공, 로봇 등 고성장동력 산업과도 연계되어 뿌리산업에서 세계 수준의 발전을 진행하고 있다. 따라서 비약적인 기술발전 속도에 부응하는 금속가공 전문 기술자의 양성이 중요한 실정이다.

'금속가공기술사'는 이러한 국가 기반산업의 성장 속에서 금속가공에 관한 고도의 전문지식과 실무경험을 바탕으로 연구개발 및 설계, 시험 · 분석 또는 이와 관련된 기술지도 및 기술자문을 수행하는 전문가이다.

이 책은 기존의 기술사 수험서들의 문제풀이 방식과 다르게 기초부터 체계적으로 정리하였으며 처음 기술사를 준비하는 수험생들을 포함한 모든 기술자들에게 적합하도록 기술되었다. 이는 독자들이 금속가공 공정을 분석적이면서도 종합적으로 쉽게 이해할 수 있도록 도움을 줄 것이다.

이 책의 각 장별 주요 내용 및 시험 빈출사항은 다음과 같다.

제1편 | 금속의 기본원리(Fundamentals of Metals)
• 결정구조, 결정립과 결정립계, 소성변형
• 금속의 열간 · 냉간 · 온간 가공의 특성과 응용
• 재료의 시험방법과 그 종류
• 응력−변형률 곡선의 특성과 중요성
• 경도 · 피로 · 크리프 · 충격 · 잔류응력의 특성과 영향

제2편 | 공업용 금속재료(Engineering Metals)
• 재료의 물리적 성질과 가공공정에의 영향
• 철금속 및 비철금속의 일반적 성질과 공학적 응용
• 각종 신소재의 종류와 특성

제3편 | 주조(Metal − Casting)
• 금속의 응고기구, 용탕유동의 특성
• 주조합금의 성질과 용도
• 소모성주형 및 영구주형 주조공정의 특성과 용도
• 주조설계 시 고려사항

제4편 | 열처리와 표면처리(Heat Treatments and Surface Treatments)

• 철합금의 열처리(담금질, 뜨임, 풀림, 불림)
• 등온변태도와 항온열처리
• 표면경화법
• 비철합금과 스테인리스강의 열처리

제5편 | 소성가공(Metal – Forming)

• 부피성형(단조, 압연, 압출, 인발 등)
  − 이들 공정의 기본원리
  − 소요하중, 온도 등 주요 공정변수
  − 사용 기계 및 설비의 특징
• 판재성형(전단, 굽힘, 딥드로잉 등)
  − 성형성에 영향을 주는 재료상수
  − 각종 전단작업과 굽힘작업의 원리와 종류
  − 판재성형작업의 기초이론과 주요 변수

제6편 | 용접(Welding)

• 산소용접과 소모성 및 비소모성 전극 아크용접 공정
• 고상용접 공정
• 레이저빔용접과 전자빔용접
• 용접부의 성질 및 특성과 용접성 관련 인자

그 외 제조공정설계(제7편), 재료역학 기초이론(제8편)을 보충하였다. 예로 응력과 변형률 등에 관계된 기초이론들은 반복해서 출제된 바 있다.

이 책이 금속가공을 공부하는 기술자들에게 많은 도움이 된다면 저자로서 큰 보람이 될 것이다. 정리한 자료를 여러 번 다듬고 간추렸지만, 저자의 얕은 지식으로 여전히 미흡한 부분에 대해서는 독자님들의 가르침을 통해 계속 보완해 나갈 것을 약속드린다. 끝으로 이 책이 발간될 수 있도록 헌신적으로 협력해주신 예문사와 사랑하는 가족에게 감사의 마음을 전한다.

저자 씀

국가기술자격시험안내

I. 자격검정절차안내

고용노동부 승인 ─────────────────────── 문제은행

검정시행계획수립 ➡ 시행공고 ➡ 원서접수 ➡ 시험문제출제 ➡ 시험문제인쇄

필 기

시험장 확보 ➡ 원서접수 ➡ 시험위원 위촉 ➡ 시험시행 ➡ 채점 ➡ [합격자발표]

실 기

[시험장 확보] ➡ 원서접수 ➡ 시험위원 위촉 ➡ 시험시행 ➡ 채점 ➡ 합격자 발표

자격증교부

1 원서 접수	인터넷접수(www.Q-net.or.kr)	
2 필기원서접수	필기접수 기간내 수험원서 인터넷 제출 사진(6개월 이내에 촬영한 반명함판 사진파일(jpg), 수수료 : 정액 시험장소 본인 선택(선착순)	
3 필기시험	수험표, 신분증, 필기구(흑색 싸인펜 등) 지참	
4 합격자 발표	인터넷(www.Q-net.or.kr) ARS(080.700.2009) 응시자격(기술사, 기능장, 기사, 산업기사, 전문사무일부종목) 제한종목은 합격예정자 발표일로부터 8일 이내에(토, 공휴일 제외) 반드시 응시자격서류를 제출하여야 하며 단, 실기접수는 4일임	
5 실기원서접수	실기접수기간 내 수험원서 인터넷 제출 사진(6개월 이내에 촬영한 반명함판 사진파일(jpg)), 수수료 : 정액 시험일시, 장소, 본인 선택(선착순) 단, 기술사 면접시험은 시행 10일 전 공고	
6 실기시험	수험표, 신분증, 수험지참준비물 준비	
7 최종합격자발표	인터넷 www.Q-net.or.kr, ARS(080.700.2009)	
8 자격증교부	증명사진 1매, 수험표, 신분증, 수수료 지참	

II. 응시자격 조건체계

기술사
– 기사 취득 후 + 실무경력 4년
– 산업기사 취득 후 + 실무경력 5년
– 기능사 취득 후 + 실무경력 7년
– 4년제대졸(관련학과) + 실무경력 6년
– 실무경력 9년 등
– 동일 및 유사직무분야의
  다른 종목 기술사 등급 취득자

기능장
– 산업기사(기능사) 취득 후 + 기능대 기능장 과정 이수
– 산업기사 등급 이상 취득 후 + 실무경력 5년
– 기능사 취득 후 + 실무경력 7년
– 실무경력 9년 등
– 동일 및 유사직무분야의
  다른 종목 기사 등급 이상 취득자

기사
– 산업기사 취득 후 + 실무경력 1년
– 기능사 취득 후 + 실무경력 3년
– 대졸(관련학과)
– 2년제전문대졸(관련학과) + 실무경력 2년
– 3년제전문대졸(관련학과) + 실무경력 1년
– 실무경력 4년 등
– 동일 및 유사직무분야의
  다른 종목 기사 등급 이상 취득자

산업기사
– 기능사 취득 후 + 실무경력 1년
– 대졸(관련학과)
– 전문대졸(관련학과)
– 실무경력 2년 등
– 동일 및 유사직무분야의
  다른 종목 산업기사 등급 이상 취득자

기능사
자격제한 없음

Ⅲ. 검정기준 및 방법

(1) 검정기준

자격등급	검정기준
기술사	응시하고자 하는 종목에 관한 고도의 전문지식과 실무경험에 입각한 계획, 연구, 설계, 분석, 조사, 시험, 시공, 감리, 평가, 진단, 사업관리, 기술관리 등의 기술업무를 수행할 수 있는 능력의 유무
기능장	응시하고자 하는 종목에 관한 최상급 숙련기능을 가지고 산업현장에서 작업 관리, 소속 기능인력의 지도 및 감독, 현장훈련, 경영계층과 생산계층을 유기적으로 연계시켜 주는 현장관리 등의 업무를 수행할 수 있는 능력의 유무
기사	응시하고자 하는 종목에 관한 공학적 기술이론 지식을 가지고 설계, 시공, 분석 등의 기술업무를 수행할 수 있는 능력의 유무
산업기사	응시하고자 하는 종목에 관한 기술기초이론지식 또는 숙련기능을 바탕으로 복합적인 기능업무를 수행할 수 있는 능력의 유무
기능사	응시하고자 하는 종목에 관한 숙련기능을 가지고 제작, 제조, 조작, 운전, 보수, 정비, 채취, 검사 또는 직업관리 및 이에 관련되는 업무를 수행할 수 있는 능력의 유무

(2) 검정방법

자격 등급	검정방법	
	필기시험	면접시험 또는 실기시험
기술사	단답형 또는 주관식 논문형 (100점 만점에 60점 이상)	구술형 면접시험(100점 만점에 60점 이상)
기능장	객관식 4지 택일형(60문항) (100점 만점에 60점 이상)	주관식 필기시험 또는 작업형 (100점 만점에 60점 이상)
기사	객관식 4지 택일형 • 과목당 20문항(100점 만점에 60점 이상) • 과목당 40점 이상(전과목 평균 60점 이상)	주관식 필기시험 또는 작업형 (100점 만점에 60점 이상)
산업기사	객관식 4지 택일형 • 과목당 20문항(100점 만점에 60점 이상) • 과목당 40점 이상(전과목 평균 60점 이상)	주관식 필기시험 또는 작업형 (100점 만점에 60점 이상)
기능사	객관식 4지 택일형(60문항) (100점 만점에 60점 이상)	주관식 필기시험 또는 작업형 (100점 만점에 60점 이상)

Ⅳ. 응시자격

등급	응시자격
기술사	다음 각 호의 어느 하나에 해당하는 사람 • 기사 자격을 취득한 후 응시하려는 종목이 속하는 직무분야(고용노동부령으로 정하는 유사 직무분야를 포함한다. 이하 "동일 및 유사 직무분야"라 한다)에서 4년 이상 실무에 종사한 사람 • 산업기사 자격을 취득한 후 응시하려는 종목이 속하는 동일 및 유사 직무분야에서 5년 이상 실무에 종사한 사람 • 기능사 자격을 취득한 후 응시하려는 종목이 속하는 동일 및 유사 직무분야에서 7년 이상 실무에 종사한 사람 • 응시하려는 종목과 관련된 학과로서 고용노동부장관이 정하는 학과(이하 "관련학과"라 한다)의 대학졸업자 등으로서 졸업 후 응시하려는 종목이 속하는 동일 및 유사 직무분야에서 6년 이상 실무에 종사한 사람 • 응시하려는 종목이 속하는 동일 및 유사 직무분야의 다른 종목의 기술사 등급의 자격을 취득한 사람 • 3년제 전문대학 관련학과 졸업자 등으로서 졸업 후 응시하려는 종목이 속하는 동일 및 유사 직무분야에서 7년 이상 실무에 종사한 사람 • 2년제 전문대학 관련학과 졸업자 등으로서 졸업 후 응시하려는 종목이 속하는 동일 및 유사 직무분야에서 8년 이상 실무에 종사한 사람 • 국가기술자격의 종목별로 기사의 수준에 해당하는 교육훈련을 실시하는 기관 중 고용노동부령으로 정하는 교육훈련기관의 기술훈련과정(이하 "기사 수준 기술훈련과정"이라 한다) 이수자로서 이수 후 응시하려는 종목이 속하는 동일 및 유사 직무분야에서 6년 이상 실무에 종사한 사람 • 국가기술자격의 종목별로 산업기사의 수준에 해당하는 교육훈련을 실시하는 기관 중 고용노동부령으로 정하는 교육훈련기관의 기술훈련과정(이하 "산업기사 수준기술훈련과정"이라 한다) 이수자로서 이수 후 동일 및 유사 직무분야에서 8년 이상 실무에 종사한 사람 • 응시하려는 종목이 속하는 동일 및 유사 직무분야에서 9년 이상 실무에 종사한 사람 • 외국에서 동일한 종목에 해당하는 자격을 취득한 사람

[비고]

1. "졸업자 등"이란 「초·중등교육법」 및 「고등교육법」에 따른 학교를 졸업한 사람 및 이와 같은 수준 이상의 학력이 있다고 인정되는 사람을 말한다. 다만, 대학(산업대학 등 수업연한이 4년 이상인 학교를 포함한다. 이하 "대학 등"이라 한다) 및 대학원을 수료한 사람으로서 관련 학위를 취득하지 못한 사람은 "대학졸업자 등"으로 보고, 대학 등의 전 과정의 2분의 1 이상을 마친 사람은 "2년제 전문대학졸업자 등"으로 본다.

2. "졸업예정자"란 국가기술자격 검정의 필기시험일(필기시험이 없거나 면제되는 경우에는 실기시험의 수험원서 접수마감일을 말한다. 이하 같다) 현재 「초·중등교육법」 및 「고등교육법」에 따라 정해진 학년 중 최종 학년에 재학 중인 사람을 말한다. 다만, 「학점인정 등에 관한 법률」 제7조에 따라 106학점 이상을 인정받은 사람(「학점인정 등에 관한 법률」에 따라 인정받은 학점 중 「고등교육법」 제2조제1호부터 제6호까지의 규정에 따른 대학 재학 중 취득한 학점을 전환하여 인정받은 학점 외의 학점이 18학점 이상 포함되어야 한다)은 대학졸업예정자로 보고, 81학점 이상을 인정받은 사람은 3년제 대학졸업예정자로 보며, 41학점 이상을 인정받은 사람은 2년제 대학졸업예정자로 본다.

3. 「고등교육법」 제50조의2에 따른 전공심화과정의 학사학위를 취득한 사람은 대학졸업자로 보고, 그 졸업예정자는 대학졸업예정자로 본다.

4. "이수자"란 기사 수준 기술훈련과정 또는 산업기사 수준 기술훈련과정을 마친 사람을 말한다.

5. "이수예정자"란 국가기술자격 검정의 필기시험일 또는 최초 시험일 현재 기사 수준 기술훈련과정 또는 산업기사 수준 기술훈련과정에서 각 과정의 2분의 1을 초과하여 교육훈련을 받고 있는 사람을 말한다.

Ⅴ. 국가자격종목별 상세정보

(1) 진로 및 전망

제철소, 금속제련업체, 제강업체, 금속가공공장에서 활동하거나 기계, 전기, 원자력, 전자, 조선, 항공 등의 기업체에서 기술자문과 기술지도를 담당할 수 있다. 또는 금속가공에 대한 사무소 · 공장을 직접 운영하기도 한다.

금속재료는 공업 분야에서 가장 널리 사용되는 기초소재로 제조업의 주된 원자재로 사용되어 왔으며 이러한 금속재료에 대한 수요는 앞으로도 계속될 것으로 보인다. 또한 선진국형 산업구조로의 이행에 금속산업은 중추적인 역할을 한다. 따라서 국제경쟁력 확보를 위해서는 무엇보다 기술개발과 그에 따른 연구 인력의 확보가 우선시될 전망이어서 금속가공기술과 관련된 전문지식과 기술을 소지한 인력의 역할은 중요성을 더할 것으로 기대된다. 하지만 우리나라의 경우 금속산업이 중공업과 함께 성장하였기 때문에 이미 상당수의 금속산업 관련 기술자가 공급되어 온 상태여서 기술개발과 관련한 급격한 인력수요는 예상되지 않는다. 하지만 다양한 금속재료나 합금재료의 특성에 따른 주조방법이나 용접방법 등 금속가공방법을 개발하는 최고 전문기술자인 기술사의 역할에 따라 금속산업의 발전 가능성 여부가 좌우된다고 할 수 있는 만큼 이들의 역할이 중요하다고 할 수 있다.

(2) 변천과정

1974. 10. 16 대통령령 제7283호	1991. 10. 31 대통령령 제13494호	현재
금속기술사(금속가공)	금속가공기술사	금속가공기술사

(3) 종목별 검정현황

종목명	연도	필기			실기		
		응시	합격	합격률(%)	응시	합격	합격률(%)
금속가공기술사	2023	33	15	45.5	15	7	46.7
금속가공기술사	2022	21	7	33.3	9	6	66.7
금속가공기술사	2021	13	5	38.5	10	6	50
금속가공기술사	2016 ~2020	51	27	53	34	19	56
금속가공기술사	2001 ~2015	98	47	48	69	38	55.1
금속가공기술사	1977 ~2000	105	47	44.8	60	47	78.3
소계		241	113	46.9	158	102	64.6

출제기준

Professional Engineer

Ⅰ. 필기시험

직무 분야	재료	중직무 분야	금속재료	자격 종목	금속가공기술사	적용 기간	2023. 1. 1.~2026. 12. 31.

○ 직무내용 : 주조, 단조, 압연 등 금속가공에 관한 고도의 전문지식과 실무경험을 바탕으로 연구개발 및 설계, 시험, 분석 담당 또는 이와 관련된 기술지도 및 기술자문 수행하는 직무이다.

검정방법	단답형/주관식논문형	시험시간	4교시, 400분(1교시당 100분)

시험과목	주요항목	세부항목
주조, 단조, 압연, 용접 및 열처리, 그 밖에 금속가공에 관한 기술과 시설에 관한 사항	1. 주조기술	1. 용해, 응고 및 용탕처리기술(주철, 주강 및 비철금속 소재 포함) 2. 주형 및 주조기술(사형주조, 금형주조, 정밀주조, 특수주조, 주조방안 및 주형재 기술) 3. 주물특성 및 주조결함(주철, 주강, 비철금속의 조성과 제조법에 따른 특성 및 결함에 대한 원인과 제어기술과 시험검사) 4. 공장설계 및 주조설비(각종 소재 주물의 생산규모 및 특성에 따른 공장설계와 공정설비기술과 컴퓨터 응용기술) 5. 주조 생산계획 수립 및 공정설계 6. 원형 설계 및 제작 7. 일반주형 및 특수주형 조형작업 8. 주철 및 비철금속 용해작업 9. 출탕 작업 10. 주조품 후처리 11. 주조 공정관리 및 품질관리 12. 주조 결함발생 방지대책 수립 13. 주조 설비관리 14. 주조 환경관리 및 안전보건관리
	2. 소성가공기술	1. 소성가공 공통기술과 개요(소성변형 기초이론, 소성변형과 물성, 소성가공기술 개요 등) 2. 단조, 압출, 압연 및 일반기술(각각의 가공방식과 조건에 따른 제조공정기술과 결함 제어기술과 시험검사) 3. 2차 소성가공기술(전조, 딥드로잉, 전단가공, 굽힘가공 등에 관련된 기술) 4. 열간압연 공정설계 및 작업계획 수립 5. 열간압연 소재 관리 6. 열간압연 공정(가열, 압연, 냉각, 권취, 정정 등) 7. 열간압연 제품검사 및 품질불량 관리 8. 냉간압연 품질설계 및 작업스케줄 편성

시험과목	주요항목	세부항목
		9. 냉간압연 공정(산세, 압연, 청정, 풀림, 조질압연, 정정 등)
		10. 냉간압연 소재 및 제품 품질검사
		11. 단조압출인발 금형 설계·제작·준비
		12. 단조성형·압출성형·인발성형 생산 및 품질유지보수
		13. 단조압출인발 성형품 오염방지·제거
		14. 단조압출인발 성형품 교정·방청
		15. 단조압출인발 품질관리
		16. 판금제관 강재 성형 및 판재 성형
		17. 강관 공정설계
		18. 강관 원료가공
		19. 강관 고주파 용접 및 성형
		20. 강관 잠호 용접 및 성형
	3. 용접기술	1. 주요 용접법에 따른 공정기술과 결함제어기술 2. 각종 금속의 용접성과 용접방법 3. 용접시공 설계 및 용접부의 시험검사 4. 용접부 검사 및 결함부 보수용접(피복아크용접, CO_2용접, 가스텅스텐아크용접, 가스메탈아크용접, 서브머지드아크용접 등)
	4. 열처리기술	1. 일반 열처리 공정기술과 특성제어기술 2. 표면경화 열처리 공정기술과 특성제어기술 3. 열처리 시험검사 및 품질평가 4. 표면개질 열처리 5. 항온염욕 열처리 6. 특수 열처리 7. 열처리 부적합품 관리 8. 열처리 생산설비 점검 및 유지관리 9. 열처리 작업 안전관리
	5. 기타 금속가공 기술 및 상변태 기초이론	1. 분말야금(분말제조기술과 분말특성평가 및 시험검사, 각종 소결 공정기술과 특성제어기술) 2. 금속상변태 기초와 금속재료 기본 물성과 특성 3. 금속 3D 프린터 기술(공정, 개요)

Ⅱ. 면접시험

직무 분야	재료	중직무 분야	금속재료	자격 종목	금속가공기술사	적용 기간	2023. 1. 1.~2026. 12. 31.

○ 직무내용 : 주조, 단조, 압연 등 금속가공에 관한 고도의 전문지식과 실무경험을 바탕으로 연구개발 및 설계, 시험, 분석 담당 또는 이와 관련된 기술지도 및 기술자문 수행하는 직무이다.

검정방법	구술형 면접시험	시험시간	15~30분 내외

시험과목	주요항목	세부항목
주조, 단조, 압연, 용접 및 열처리, 그 밖에 금속가공에 관한 기술과 시설에 관한 전문지식/기술	1. 주조기술	1. 용해, 응고 및 용탕처리기술(주철, 주강 및 비철금속 소재 포함) 2. 주형 및 주조기술(사형주조, 금형주조, 정밀주조, 특수주조, 주조방안 및 주형재 기술) 3. 주물특성 및 주조결함(주철, 주강, 비철금속의 조성과 제조법에 따른 특성 및 결함에 대한 원인과 제어기술과 시험검사) 4. 공장설계 및 주조설비(각종 소재 주물의 생산규모 및 특성에 따른 공장설계와 공정설비기술과 컴퓨터 응용기술) 5. 주조 생산계획 수립 및 공정설계 6. 원형 설계 및 제작 7. 일반주형 및 특수주형 조형작업 8. 주철 및 비철금속 용해작업 9. 출탕 작업 10. 주조품 후처리 11. 주조 공정관리 및 품질관리 12. 주조 결함발생 방지대책 수립 13. 주조 설비관리 14. 주조 환경관리 및 안전보건관리
	2. 소성가공기술	1. 소성가공 공통기술과 개요(소성변형 기초이론, 소성변형과 물성, 소성가공기술 개요 등) 2. 단조, 압출, 압연 및 일반기술(각각의 가공방식과 조건에 따른 제조공정기술과 결함 제어기술과 시험검사) 3. 2차 소성가공기술(전조, 딥드로잉, 전단가공, 굽힘가공 등에 관련된 기술) 4. 열간압연 공정설계 및 작업계획 수립 5. 열간압연 소재 관리 6. 열간압연 공정(가열, 압연, 냉각, 권취, 정정 등) 7. 열간압연 제품검사 및 품질불량 관리 8. 냉간압연 품질설계 및 작업스케줄 편성 9. 냉간압연 공정(산세, 압연, 청정, 풀림, 조질압연, 정정 등) 10. 냉간압연 소재 및 제품 품질검사 11. 단조압출인발 금형 설계·제작·준비 12. 단조성형·압출성형·인발성형 생산 및 품질유지보수 13. 단조압출인발 성형품 오염방지·제거 14. 단조압출인발 성형품 교정·방청 15. 단조압출인발 품질관리

시험과목	주요항목	세부항목
		16. 판금제관 강재 성형 및 판재 성형 17. 강관 공정설계 18. 강관 원료가공 19. 강관 고주파 용접 및 성형 20. 강관 잠호 용접 및 성형
	3. 용접기술	1. 주요 용접법에 따른 공정기술과 결함제어기술 2. 각종 금속의 용접성과 용접방법 3. 용접시공 설계 및 용접부의 시험검사 4. 용접부 검사 및 결함부 보수용접(피복아크용접, CO_2용접, 가스텅스텐아크용접, 가스메탈아크용접, 서브머지드아크용접 등)
	4. 열처리기술	1. 일반 열처리 공정기술과 특성제어기술 2. 표면경화 열처리 공정기술과 특성제어기술 3. 열처리 시험검사 및 품질평가 4. 표면개질 열처리 5. 항온염욕 열처리 6. 특수 열처리 7. 열처리 부적합품 관리 8. 열처리 생산설비 점검 및 유지관리 9. 열처리 작업 안전관리
	5. 기타 금속가공 기술 및 상변태 기초이론	1. 분말야금(분말제조기술과 분말특성평가 및 시험검사, 각종 소결 공정기술과 특성제어기술) 2. 금속상변태 기초와 금속재료 기본 물성과 특성 3. 금속 3D 프린터 기술(공정, 개요)
품위 및 자질	1. 기술사로서 품위 및 자질	1. 기술사가 갖추어야 할 주된 자질, 사명감, 인성 2. 기술사 자기개발 과제

CONTENTS

제1편 금속의 기본원리

제2편   공업용 금속재료

제3편   주조

CONTENTS

제5편 소성가공

제6편 용접

제7편 제조공정설계

제**8**편 　재료역학 기초이론

■ 부 록

금속의 기본원리

금속의 구조

| **금속재료 개요**

1 금속의 특성

① 상온에서 고체이며 결정체이다(단, 수은(Hg) 제외)
② 전기 및 열의 양도체이다.
③ 금속 고유의 광택을 가진다.
④ 전성 및 연성이 좋다.
⑤ 비중이 크고 경도 및 용융점이 높다.

2 합금

1) 정의

유용한 성질을 얻기 위해 한 금속 원소에 다른 금속 및 비금속을 첨가하여 얻은 금속

2) 제조방법

① 두 원소를 용융상태에서 융합
② 압축소결에 의한 합금
③ 고체상태에서 확산을 이용하여 부분적으로 합금(침탄 등)

3 금속의 성질

1) 비중

① 표준기압 4℃에서 어떤 물질의 질량과 같은 체적의 물의 질량과의 비
② 비중 4.5를 기준으로 하여 그 이상은 중금속(Cu, Fe 등의 대부분), 그 이하는 경금속(Al, Mg, Na 등)으로 분류한다.

2) 팽창계수

① 온도가 1℃ 올라가는 데 따른 팽창률

② 팽창계수가 작은 인바(invar), 초인바 등의 합금은 시계부품, 정밀측정자 등으로 사용, (−)치의 선팽창계수의 Fe−Pt 합금

3) 용융점

① 금속을 가열하여 액체가 되는 온도

② 상온에서 Hg(−38.87℃)는 액체, W는 금속 중 용융점이 가장 높은 3,410℃

4) 전도율

① 불순물이 적고 순도가 높은 금속일수록 열이나 전기를 잘 전달한다(순금속 > 합금).

② 전기전도율은 Ag을 100으로 했을 경우 다른 금속과의 비율로 나타낸다.

$$Ag > Cu > Au > Al > Mg > Zn > Ni > Fe > Pb > Sb$$

5) 비열

물질 1g의 온도를 1℃ 높이는 데 필요한 열량

$$Mg > Al > Mn > Cr > Fe > Ni > Cu > Zn > Ag > Sn > Sb > W$$

6) 자성

① **강자성** : Fe, Ni, Co나 이들의 합금. 자석에 강하게 끌리고 자석에서 떨어진 후에도 자성을 띠는 물질

② **상자성** : K, Pt, Na, Al 등. 자석을 접근시키면 먼 쪽에 같은 극, 가까운 쪽에는 다른 극

③ **반자성** : Bi, Sb 등. 상자성과 반대

④ **비자성** : Au, Ag, Cu 등. 자성을 나타내지 않는 물질

7) 강도

금속의 강하고 약함을 나타내는 정도로써 외력에 대해 저항하는 힘(인장강도, 압축강도, 전단강도)

8) 경도

금속 표면의 딱딱한 정도, 일반적으로 인장강도에 비례

9) 전성

금속을 눌렀을 때 넓어지는 성질

$$Au > Ag > Pt > Al > Fe > Ni > Cu > Zn$$

10) 연성

금속을 잡아당겼을 때 늘어나는 성질

$$Au > Ag > Al > Cu > Pt > Pb > Zn > Ni$$

11) 인성

충격에 대한 재료의 저항, 일반적으로 전 · 연성이 큰 것이 잘 견디며 주철과 같이 강도가 적고 경도가 큰 것은 인성이 적다.

12) 이온화

이온화 경향이 클수록 화학반응을 일으키기 쉽고 부식이 잘 된다.

$$K > Ca > Mg > Al > Mn > Zn > Cr > Fe > Cd > Co > Ni > Sn > Pb$$

13) 탈색

$$Au > Ag > Pt > Zn > Cu > Fe > Mg > Al > Ni > Sn$$

SECTION 02 | **금속의 결정구조**

1 개요

① 결정격자 : 결정입자 내의 원자가 금속 특유의 형태로 배열되어 있는 것
② 단위 포 : 결정격자 중 금속 특유의 형태를 결정 짓는 원자의 모임
③ 격자상수 : 단위 포 한 모서리의 길이(2.5~3.3 Å)
④ 결정립의 크기 : 고체상태에서 0.01~0.1mm

② 공간격자와 단위격자

| 공간격자 |

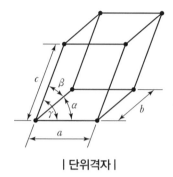

| 단위격자 |

③ 금속결정의 종류

1) 체심입방격자

입방체의 각 모서리에 8개와 그 중심에 1개의 원자가 배열되어 있는 단위포의 결정구조

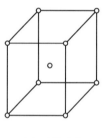

(a) 단위격자

(b) 원자배열

| 체심입방격자 구조 |

2) 면심입방격자

입방체의 각 모서리에 8개와 6개 면의 중심에 1개씩의 원자가 배열되어 있는 결정구조

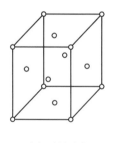

(a) 단위격자

(b) 원자배열

| 면심입방격자 구조 |

3) 조밀육방격자

육각기둥의 모양으로 되어 있으며 6각주 상하면의 모서리와 그 중심에 1개씩의 원자가 있고 6각주를 구성하는 6개의 3각주 중 1개씩 띄어서 3각주의 중심에 1개씩의 원자가 배열되어 있는 결정구조

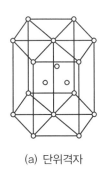

(a) 단위격자

(b) 원자배열

| 조밀육방격자 구조 |

4) 격자 종류별 특징

① 체심입방격자(BCC ; body centered cubic lattice)

소속원자 수 : $\dfrac{1}{8} \times 8 + 1 = 2$개

② 면심입방격자(FCC ; face centered cubic lattice)

소속원자 수 : $\dfrac{1}{8} \times 8 + \dfrac{1}{2} \times 6 = 4$개

③ 조밀육방격자(HCP ; hexagonal close packed lattice)

소속원자 수 : 2×3개 $= 6$개

▼ 격자 종류별 특징

결정구조	원자 수	배위 수	충진율	근접원자 간 거리	금속	성질
BCC	2	8	68%	$\sqrt{3}\,a/2$	Fe, W, Cr, Mn, Na, Mo	• 강도가 크고 융점이 높다. • 전 · 연성이 작다.
FCC	4	12	74%	$\sqrt{2}\,a/2$	Au, Ag, Pb, Al, Pt, Ni, Cu	• 전기전도도가 크다. • 전 · 연성이 크다.
HCP	6	12	74%	$a,\ \sqrt{a^2/3} + 4$	Mg, Co, Zn, Be, Cd, Zr	• 결합력이 적다. • 전 · 연성이 불량하다.

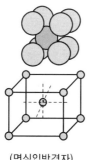
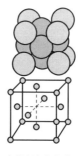
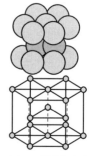

(면심입방격자)
(a) 체심입방격자

(체심입방격자)
(b) 면심입방격자

(c) 조밀육방격자

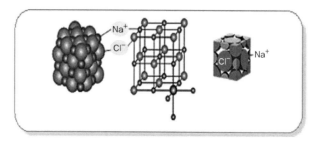

(d) NaCl 결정구조(면심입방)

| 격자 종류별 구조 |

SECTION 03 | 단결정의 변형과 강도

❶ 탄성변형과 소성변형

① 탄성변형(elestic deformation) : 하중이 제거되면 격자계의 원자가 원래 상태로 회복
② 소성변형(plastic deformation) : 하중이 제거되어도 격자계의 원자가 원래 상태로 회복되지 않음

❷ 소성변형기구

소성변형기구에는 슬립, 쌍정 등이 있다.

1) 슬립(slip)

① 특정한 결정면의 상하 블록이 전단응력에 의해서 상호 미끄러지는 것에 의해 생긴다.

② 특정의 결정면을 슬립면, 방향을 슬립 방향이라 한다. 표면을 잘 연마한 시험 편에서는 슬립선이 나타난다.

③ 전단응력에 의해 슬립면을 따라 원자평면이 다른 이웃하는 원자평면 위를 미끄러진다.

④ 영구변형을 일으키기 위한 일정 크기 이상의 전단력이 필요하다(임계전단응력).

⑤ 원자가 가장 조밀한 면이 슬립면이 된다.

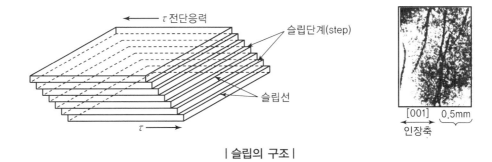

| 슬립의 구조 |

2) 쌍정(twin)

① 전단응력에 의해서 어떤 격자면에 평행하게 그 면에서의 거리에 비례한 만큼 원자가 변위하는 것에 의해서 생긴다.

② 원자배열은 경면대칭이며, 어닐링쌍정과 기계쌍정이 있다.

③ 결정의 일부가 쌍정면에 대해 대칭인 mirror image를 형성

④ 대개 갑자기 형성 → tin cry의 원인

⑤ HCP 금속에서 주로 발생

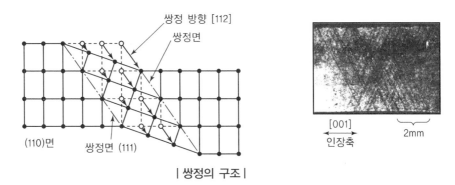

| 쌍정의 구조 |

③ 슬립계(slip system)

① 대부분의 금속은 적절한 방법을 이용하여 금속 용액으로부터 결정립계가 없는 수(數) cm 크기의 단결정을 만들 수 있다. 전혀 가공되지 않은 Al 단결정은 연해서 쉽게 변형시킬 수 있으나, 이렇게 변형된 단결정을 다시 원래 상태대로 펴기 위해서는 많은 힘이 요구된다. 즉, 가공에 의해서 결정은 소성 변형되어 경화되었기 때문이다.

② 단결정을 변형시키면 다음 그림에서 나타낸 바와 같이 표면부에 육안으로도 관찰할 수 있는 계단 모양의 단이 형성된다. 이는 곧 소성 변형 시 결정이 슬립면을 따라 이동하는 것을 의미하는 것으로 조대한 결정립을 갖는 조직에서도 단결정과 같이 슬립선을 쉽게 관찰할 수 있다. 슬립면 또는 슬립 계단의 형태로 나타나는 조직의 이동은 원자 간의 결합을 분리하는데 필요한 힘이 원자면에 변형을 일으키는 데 필요한 힘보다 훨씬 크므로 결정이 파단하기 전에 원자면을 따라 미끄러지기 때문이다.

③ 이러한 미끄러짐을 슬립(slip)이라 하고, 슬립이 일어나는 원자면을 슬립면(slip plane), 그 방향을 슬립 방향(slip direction), 슬립면과 슬립 방향의 조합을 슬립계(slip system)라 한다.

④ 결정 격자 중에는 여러 가지의 원자면이 존재하나, 그중에서 어느 원자면에서 어느 방향으로 슬립을 일으키는가 하는 것이 중요하다. 결정 격자 중에서 원자 밀도가 최대인 면일수록 면 간 거리는 커지고, 이러한 원자면 사이에서 상대적인 변형이 일어나기 쉬워진다.

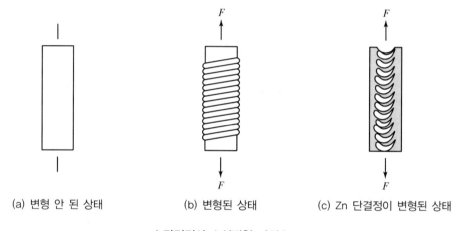

(a) 변형 안 된 상태   (b) 변형된 상태   (c) Zn 단결정이 변형된 상태

| 단결정의 소성변형 과정 |

⑤ 원자 간 거리가 작은 방향에서는 원자 상호 간의 결합이 강하므로 떨어지기 어렵다고 생각하면 슬립은 원자 밀도가 최대인 면에서 원자 밀도가 최대인 방향으로 일어나고 그 조합은 다음과 같다.

▼ 슬립면, 슬립방향 조합

구분	슬립면	슬립방향
체심입방정(BCC)	(110)	[111]
면심입방정(FCC)	(111)	[110]
조밀육방정(HCP)	(0001)	[2110]

다음 그림은 HCP, FCC 및 BCC 결정의 슬립면, 슬립 방향 그리고 슬립계를 도시한 것이다.

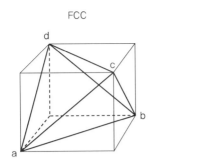
FCC

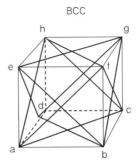
BCC

(a) 4개의(111) 슬립면 : abc, abd, acd, bcd   (b) 6개의(111) 슬립면 : abgh, degc, afgd, ebch, egca, hfbd

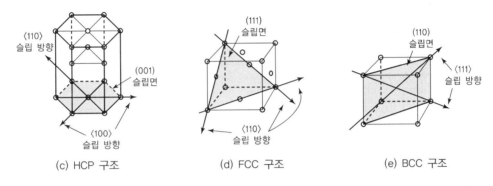

(c) HCP 구조   (d) FCC 구조   (e) BCC 구조

| HCP, FCC, BCC 구조의 슬립면, 슬립 방향 및 슬립계 |

4 금속의 이론적 전단강도

1) slip 변형

결정 내의 특정 면에서 특정 방향으로 미끄러져서 소성변형이 발생한다.

---

slip에 필요한 이론적인 최대 전단응력, $(\tau)_{max}$는
$$\tau = (\tau)_{max} \cdot \sin(2\pi x/b)$$
x/b가 작은 경우
$$\tau = (\tau)_{max}(2\pi x/b)$$
Hooke의 법칙으로부터
$$\tau = G\gamma = G(x/a)$$
위의 두 식으로부터
$$(\tau)_{max} = (G/2\pi)(b/a)$$
만약 $a = b$라면
$$(\tau)_{max} = G/(2\pi)$$

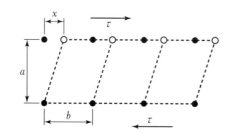 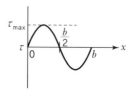

| 미끄럼에 요하는 항복전단응력 |

▼ 임계 전단응력의 이론치와 실측치의 비교

금속	이론치(MPa)	실측치(MPa)	이론치/실측치
니켈	12,800	0.5	25,600
동	7,600	0.5	15,200
은	4,800	0.6	8,000
금	4,600	0.9	5,100
마그네슘	2,900	0.4	7,300
아연	6,200	0.2	31,000

5 결함(imperfection)

1) 결함의 종류

① 점결함(point defect) : 공공(空孔, vacancy 원자 부족), 침입원자(격자 내의 여분의 원자), 불순물(impurity, 다른 종류의 원자)

② 선결함(line defect) : 전위(dislocation)

③ 면결함(planar imperfection) : 결정립계

④ 체적(부피)결함 : 기공(void), 게재물(산화물, 규소화합물), 다른 상(相), 균열

2) 전위(dislocation)

전위는 선상의 격자결함으로 칼날전위와 나사전위가 있다.

① 칼날전위(刃狀轉位, edge dislocation) : 완전한 결정을 일부 절단하여 한 원자거리만큼 변위시킨 후 절단면에 평행하고 절단부와 비절단부의 경계선에 수직하게 원자가 배열된 면을 삽입하여 다시 붙였을 때 만들어진 선결함

② 나사전위(screw dislocation) : 완전한 결정을 일부 절단하여 절단면을 절단부와 비절단부의 경계선에 평행하게 한 원자거리만큼 변위시킨 후 다시 붙였을 때 만들어진 결함상태

③ 칼날(인상)전위와 나사전위의 근본적인 차이는 인상전위에는 여분의 원자면이 있고 나사전위에는 여분의 원자면이 없다는 것이다.

④ 실제의 결정에는 전위라는 선상의 격자결함이 다수 존재하고 소성변형은 이들 전위가 이동하여 발생한다. 즉, slip 변형은 미끄럼면 사이의 원자결함 부분인 전위가 존재하는 부분만을 국부적으로 계속해서 절단하여 전위가 이동해서 변형이 발생하므로 전위가 없는 완전한 결정에 비하면 매우 작은 힘으로 변형이 가능하다.

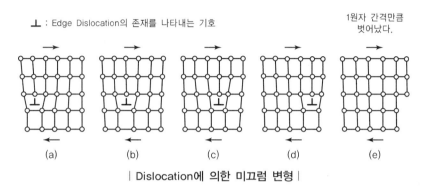

| Dislocation에 의한 미끄럼 변형 |

3) 슬립기구

① 다음 그림은 슬립기구를 간단화시켜서 나타낸 것이다. 이러한 기구에 기초하여 금속의 강도를 계산하면 대략 G/6의 값을 갖는다.

② 그러나 실제 금속들의 강도는 이 값보다 훨씬 작은 값을 나타내므로 그림에 나타낸 기구만으로는 불충분하고 또 다른 기구에 의해서 슬립이 일어나야만 한다. 실제로 부가적인 슬립 기구에는 전위 이동을 포함한다.

③ 전위 이동에 의한 슬립기구에 의하면 한 번에 단지 몇 개의 원자만이 낮은 에너지의 위치로 이동하면 되므로, 그림에서처럼 동시에 모든 원자가 이동해야만 하는 경우에 비해서 슬립을 일으키는 데 훨씬 작은 응력이 필요하다.

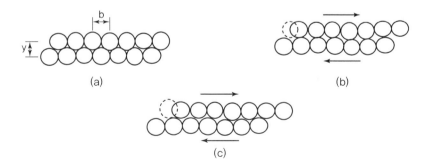

| 가정된 슬립기구(실제로 금속은 이 기구가 나타내는 전단응력보다
더 작은 응력으로 변형된다) |

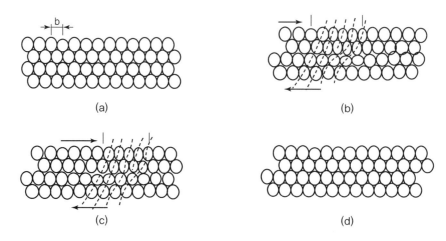

(a)

(b)

(c)

(d)

| 전위에 의한 슬립기구(이 모델에서는 한 번에 몇 개의 원자만이 이동하면 되므로, 위의 '가정된 슬립기구'에서 나타낸 기구보다는 낮은 응력으로 슬립을 일으킬 수 있다) |

⑥ 가공경화(변형경화)

① 슬립을 일으키는 데 필요한 전단응력의 크기는 전위로 인해 이론값보다 작지만, 전위가 많아지면

　　㉠ 서로 간섭하여 얽히고

　　㉡ 결정립계, 불순물, 개재물에 의해 움직임이 방해 → 전위의 얽힘 증가, slip에 필요한 전단력 증가

　　이러한 방법으로 금속의 강도가 증가하는 것을 가공경화(변형경화)라고 한다.

　　(변형이 심할수록 전위들의 얽힘이 증가하고 강도가 증가한다)

② 상온의 금속가공 공정에서 금속의 강도를 증가시키는 데 널리 이용된다.

③ 변형경화 정도는 변형경화지수 n : HCP<BCC<FCC 순으로 크다.

> **실제 금속의 슬립기구는 전위의 이동을 포함한다.**
> 전위가 움직임에 따라 결정 결함이나 또 다른 전위를 만나서 서로 영향을 미칠 확률이 점점 더 커지고 따라서 더 이상의 이동에 저항을 받게 된다. 게다가 변형을 하는 동안 금속 내부에 전위의 숫자를 현저하게 증가시키는 메커니즘이 존재하므로, 서로 영향을 미칠 확률이 더욱 커진다.

🔢 단결정 소성변형 요약

① 금속의 소성변형은 원자평면 간의 미끄러짐(slip)으로 일어난다.
② 실제 금속에서는 슬립을 일으키는 데 필요한 전단응력의 크기는 결함이 없는 결정의 경우보다 한두 자릿수 작으며 그 이유는 결정구조 내의 각종 결함 때문이다.
③ 실제 금속의 슬립기구는 전위의 이동을 포함한다.
④ 가공경화는 전위운동이 다른 전위, 결정립계, 다른 상경계, 용질원자(결정구조 내 부원소)에 의해 가로막히는 현상이다.

SECTION 04 | 결정립과 결정립계

🔢 결정립의 크기

① 결정립의 크기는 금속의 기계적 성질에 중요한 영향을 미친다.
② 결정립이 크면 일반적으로 낮은 강도와 경도, 낮은 연성을 가지며, 특히 박판의 경우 인장 후에 표면상태가 거칠어진다.
   ※ 미세한 결정립도 재료의 부가적인 장점은 소성변형이 보다 균일하게 발생되기 때문에 다지기(stamping)하거나 성형된 제품의 표면이 매우 평활하다.
③ Hall-Petch식
   항복강도(Y)가 결정립도의 영향을 크게 받는다는 사실을 설명하는 경험식이다.

$$Y = Y_i + k \cdot d^{-1/2}$$

   여기서, Y_i : 전위운동을 받는 응력으로 기본 항복응력
   k : 전위가 결정립과 같은 장애물에 쌓이는 정도
   d : 결정립 직경

④ 결정립도는 연마 후 부식시킨 재료를 현미경으로 확대 관찰할 때 주어진 면적이나 선에 포함되는 결정립의 개수로 표시

$$\text{ASTM 결정립도} : N = 2^{n-1}$$

   여기서, n : 결정립도
   N : 100배율상에서 1평방인치당 입자의 수

2 결정립계의 영향

① 금속의 강도와 연성에 중요한 영향
② 전위의 운동을 방해 → 온도, 변형속도, 결정립계의 불순물 등에 따라 가공경화에 영향

> 크리프(creep)
> 결정립계의 미끄러짐 현상
>
> 결정립계 취화
> 정상적인 연성과 강도를 갖는 금속이 저용점 금속과 원자접촉을 할 경우, 낮은 온도에서 균열이 생기는 현상

SECTION **05** | **다결정금속의 소성변형**

1 다결정의 가공 경화

① 다결정 금속에서의 가공 경화는 단결정에서보다 훨씬 크며 결정립이 미세할수록 경화현상은 더욱 커진다. 그 이유로는 결정립에서 슬립면의 방향이 변하여 인접한 결정립들은 서로의 슬립을 방해하기 때문이다.
② 다결정 재료는 단결정 재료에 비해 소성 가공성은 적은 반면 강도는 훨씬 크다. 조대한 결정립을 갖는 재료는 단결정 재료와 미세한 결정립 조직을 갖는 재료의 중간 정도의 특성을 나타내는데, 이는 곧 조대한 조직의 결정은 전위의 슬립을 방해하는 정도가 약하여 같은 재료일지라도 조대한 조직은 미세한 조직보다 작은 강도 값을 나타낸다.
③ 이 때문에 일반적으로 재료의 가공 소재는 가능한 한 미세한 조직을 갖도록 함으로써 높은 강도를 갖게 하고, 또한 디프 드로잉(deep drawing)과 같은 가공에서는 거친 표면의 형성을 억제한다.
④ 그러나 미세한 결정립이 언제나 요구되는 것은 아니다. 일례로 냉간 압연의 경우 가능한 가공이 용이하도록 중간 정도 크기의 결정립을 요구한다. 압축의 경우 미세한 조직은 압축 압력이 뚜렷이 상승하므로 Al 합금의 경우 0.2~0.8mm의 직경을 갖는 중간 정도의 조직을 원하고 있다.

2 집합조직

① 압연이나 인발 등의 가공을 거친 재료는 비록 미세하나 소위 집합조직을 갖는 경우가 있다. 집합조직(crystal texture)이란 어떤 조직의 결정이 불규칙하게 정렬되지 않고 조직 전반에 걸쳐 비슷하거나 똑같은 방향성을 갖고 정렬되어 있는 조직을 말한다. 다음 그림은 인발 및 압연재에 나타나는 이방성(anisotropy)을 도식적으로 표시한다.

② 냉간가공으로 생긴 집합조직을 변형집합조직 또는 가공집합조직(deformation texture)이라 하고, 인발 가공 등으로 철사 등에 형성되는 1차원적인 집합 조직을 특히 섬유집합조직(fiber texture)이라 부른다.

③ 이 밖에도 재결정으로 얻어진 집합조직을 재결정 집합조직(recrystallization texture, annealing texture), 주조 시 형성된 집합조직을 주조집합조직(열방출 방향과 평행하게 나타남)이라 한다.

(a) 인발재　　　　　　　　　　(b) 압연재

| 인발 및 압연재의 이방성 거동 |

3 이방성(anisotropy)

단결정구조나 한 개의 결정입자는 이방성을 나타낸다. 그러나 금속재료는 여러 개의 결정립들이 임의의 방향을 가진 다결정체이므로 이상적으로는 등방성(isotropy)이 된다. 그러나 많은 제품들이 금속가공공정에 의해 방향에 따라 결정립들이 다르게 변형한다. 그 결과 금속재료는 방향에 따라 기계적 성질과 물리적 성질이 변하게 되는데, 이것을 이방성이라고 한다. 금속의 이방성에는 선택적 방향성과 기계적 섬유화 두 가지가 있다.

1) 선택적 방향성(preferred orientation)

금속결정을 인장하면 미끄러지는 블록은 인장방향으로 회전하여 slip 면이나 slip 띠는 변형 방향으로 정렬하게 된다. 반대로 압축되면 slip 면이 압축방향에 수직으로 배열된다. 결정학적 이방성이라고도 한다.

2) 기계적 섬유화(mechanical fibering)

금속결정이 변형하는 동안 금속 내에 있는 불순물, 개재물, 기공 등의 정렬로 인해 발생한다. 금속결정을 압축할 때 결정입자가 불순물로 둘러싸여 있다면 불순물은 변형 후에 수평으로 배열한다. 이 재료를 압축한 방향에 수직한 방향으로 시험을 하면 강도가 감소하고 연성이 줄어듦을 알 수 있는데, 이것은 불순물이 결정립계를 약화시키기 때문이다.

SECTION 06 | 회복, 재결정, 결정립 성장

1 회복

① 냉간가공으로 금속이 받은 물리적 · 기계적 성질의 변화는 어닐링 처리에 의하여 가공 전의 상태로 돌아가려는 경향을 가지는데, 결정립의 모양이나 결정의 방향에 변화를 일으키지 않고 물리적 · 기계적 성질만 변화하는 과정을 '회복'이라 한다.
② 회복의 과정에서 여러 성질의 변화는 반드시 동일한 경과를 보이지 않는다. 예컨대 다음 그림에서 보는 바와 같이 전기전도도는 회복단계에서 서서히 증가하나 강도는 회복단계에서는 별로 변화하지 않고 재결정 과정에서 급격히 감소한다.

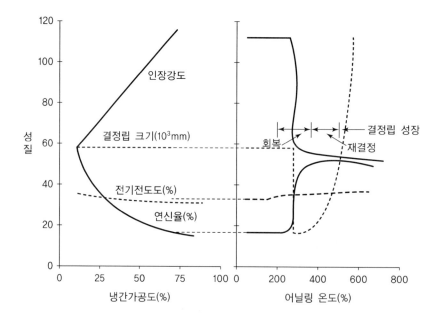

| Cu-35% Zn 합금의 여러 가지 성질에 미치는 냉간가공과 어닐링의 영향 |

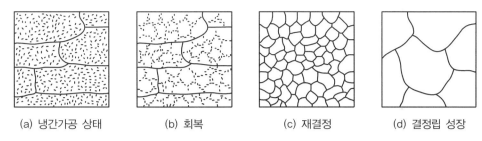

(a) 냉간가공 상태   (b) 회복   (c) 재결정   (d) 결정립 성장

| 냉간가공한 금속의 미세조직에 미치는 어닐링 온도의 영향 |

③ 다음 그림은 냉간가공된 금속의 미세조직에 미치는 어닐링 온도의 영향을 나타낸다. 냉간 가공으로 결정 내에 증가된 전위는 온도가 상승하여 활성화되어 먼저 슬립면 위에서 이동하기 시작한다. 이때에 동일 슬립면 위에 서로 부호가 다른 전위가 존재하면 서로 가까워지고 드디어는 합체하여 소멸된다.

④ 온도가 더욱 높아지면 슬립 운동과 함께 전위의 상승(climb) 운동이 일어나 이들 전위가 이동하여 점차 안정한 배열로 변한다. 그러나 회복단계에서 전위밀도(dislocation density)의 실질적인 감소는 적기 때문에 기계적 성질의 변화도 작다. 반면에 잔류응력은 상당히 감소될 수 있고, 특히 전위가 재배열되는 경우에는 거의 완전히 제거된다. 이러한 맥락에서 회복과정을 흔히 응력 제거 어닐링(stress relief annealing)이라고 부르기도 한다.

⑤ 한편 회복 과정에서 전기전도도는 상당히 증가되기 때문에 Cu나 Al을 인발하여 가공 경화시키고 회복단계까지만 처리해 주면 고강도와 높은 전기전도도를 갖는 재료를 만들 수 있다.

② 재결정

① 압연가공을 거친 판재와 같이 냉간가공된 재료를 연화시키기 위하여는 높은 온도에서 가열을 행한다. 변형을 일으킨 금속을 가열하면 그 내부에 새로운 결정립의 핵이 생기고, 이것이 성장하여 전체가 변형이 없는 새로운 결정립(strain-free new grain)으로 바뀌는데, 이 과정을 재결정이라고 한다.

② 재결정은 재결정 온도(再結晶 溫度, recrystallization temperature) 이상에서 가열이 진행되는 동안 이루어는 현상을 말하는 것으로서, 주조 조직이 액체 금속으로부터 형성되는 것인 데 반해서 재결정은 고체상태에서 새롭게 결정립 조직을 의미한다. 다음 그림은 냉간가공된 결정립으로부터 재결정화되는 과정을 도시한 것으로 위 그림의 (b)에서 (c)로 천이되는 과정을 나타낸 것이기도 하다.

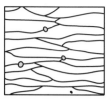

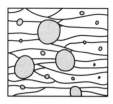

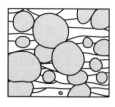

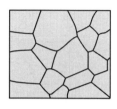

| (a) 가공된 조직상태에서
4개의 재결정 핵 형성 | (b) 이미 형성된 핵이 성장
하는 동안 새로운 재
결정핵 형성 | (c) 재결정핵 계속 성장 | (d) 제1차 재결정 완료 |

(a)-(b) : 일정 온도하에서의 가열시간에 따른 조직의 변화

| 재결정의 핵 생성과 결정성장 |

③ 이 그림에서 보면 대부분의 조직이 변형된 상태로 있는 반면, 몇 개의 재결정핵이 변형된 조직 사이에서 성장하기 시작한다(위 그림의 (a)). 가열이 지속됨에 따라 재결정은 계속 진행하여 결국에는 전체 결정립이 재결정립으로 바뀐다(위 그림의 (d)).

④ 재결정 온도는 합금의 종류 또는 냉간가공도에 의해 결정되기 때문에 재결정 온도를 말할 때는 반드시 가공도를 명시해 주어야만 한다. 가공도를 특기하지 않고 재결정 온도라고만 말할 때는 1시간 동안의 어닐링 처리로 100% 재결정이 이루어지는 온도를 의미한다.

⑤ 재결정의 진행은 생성되는 결정핵의 수와 그 성장속도의 두 가지 인자로 결정된다. 단위 시간, 단위 부피 중에 생성되는 결정핵의 수를 핵 생성 속도 N으로 표시하고, 핵 성장속도를 G로 나타낼 때 재결정의 진행은 N과 G의 크기 또는 그 비 N/G에 의하여 좌우된다.

⑥ 재결정의 처음 단계에서는 성장하는 재결정핵은 서로 영향을 미치는 일이 적으나 성장이 진행함에 따라서 결정립 상호 간의 접촉이 일어나 성장을 방해한다. 결국 N이 작고 G가 크면 적은 수의 결정립이 크게 성장하므로 재결정립이 조대해지고, 반대로 N이 크고 G가 작으면 많은 수의 미세한 결정립으로 된다.

3 결정립 성장

① 좀 더 높은 온도에서 어닐링 처리하면 회복과 재결정은 급격하게 빨리 진행되어 미세한 재결정립 조직으로 된다. 그러나 결정립계 면적이 커짐에 따른 고에너지는 고온에서 불안정하기 때문에 이 에너지를 감소시키기 위하여 결정립이 성장하게 되는데, 이 현상이 결정립 성장(grain growth)이다.

② 결정립이 성장하기 위해서는 결정립계의 이동을 통하여 인접한 결정립을 침범해야만 한다. 결국, 결정립 성장은 다음 그림에 나타낸 바와 같이 원자가 결정립계를 가로지르는 확산을 동반해야만 한다. 따라서 고온에서 어닐링하거나 원자 점프를 위한 활성화 에너지가 작은 경우에는 결정립 성장이 용이해진다.

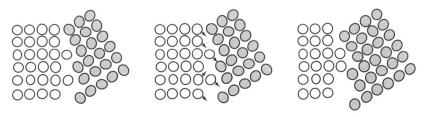

| 결정립계를 가로질러서 한 결정립으로부터 이웃한 결정립으로
원자가 확산함에 따라 결정립 성장이 일어난다. |

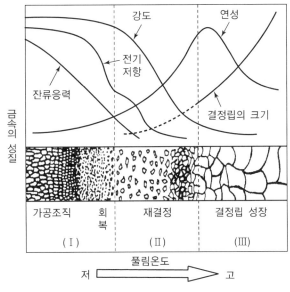

| 풀림에 의한 재질의 변화 |

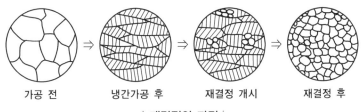

| 재결정의 과정 |

전위론의 측면에서 회복과 재결정의 의미

소성변형으로 결정 내에 축적하여 수가 증가하였던 전위가 서로 엉켜서 이동하기 어려운 상태에 있던 것이 온도의 영향으로 열운동의 도움으로 전위가 결정립 바깥으로 확산하고, 전위의 엉킴이 풀려서 전위의 수가 정리됨으로써 원래의 상태로 접근해 가는 현상이 회복이다. 또 결정 내의 적당한 장소에 전위의 수가 적은 새로운 결정립이 발생하여 이것이 전위 수가 많은 주위의 결정립을 병합하여 전위 수가 적은 새로운 결정립으로 변화되는 현상이 재결정이다.

1 열간가공(hot working)

1) 개요

일반적으로 금속을 유용한 형상으로 성형하는 데에는 냉간가공보다는 열간가공이 더 용이하다. 열간가공(hot working)은 금속을 재결정 온도 이상에서 소성 가공하는 것을 말하는 것으로서, 다음 그림에 나타낸 바와 같이 열간 가공하는 도중에 재결정이 진행된다.

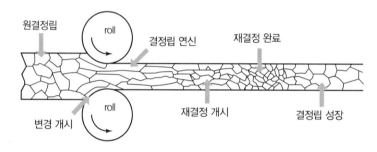

| **열간가공으로 연신된 결정립은 즉시 재결정된다.**
열간가공 온도를 적절히 제어하면 최종 결정립 크기를 매우 미세하게 만들 수 있다. |

2) 특징

① 가공성

열간가공 시에는 가공 경화가 일어나지 않기 때문에 가공도의 제한 없이 많은 양의 소성 가공을 할 수 있다. 즉, 고온에서는 연성이 크기 때문에 큰 부품의 성형에 적합하다. 특히, Mg과 같은 HCP 금속들은 열간가공 온도에서 가동할 수 있는 슬립계의 수가 많아지기 때문에 연성이 커져서 소성 가공하기가 용이해진다.

② 조직 구조

가공하기 전에 금속 내에 존재하던 결함들이 열간가공 시에 제거되거나 그 영향이 미미해진다. 즉, 기공(porosity)은 압착되어 닫히고, 조성의 불균일도 감소된다.

③ 최종 조직

열간가공된 부품의 최종 성질은 등방적이지 못하다. 성형용 롤이나 다이는 보통 성형되는 금속보다는 저온 상태에 있기 때문에 금속의 중심부보다는 표면부위가 더 빨리 냉각된다. 따라서 표면의 결정립이 중심부의 결정립보다는 미세해진다. 더욱이 개재물이나 제2상 입자들이 가공방향으로 연신됨으로 인해 섬유상 조직(fibros structure)을 형성하기도 한다.

④ 표면 품질

열간가공을 행한 금속의 표면은 냉간가공한 금속의 표면보다는 깨끗하지 못하다. 즉, 열간가공 시에 산소가 금속 표면에서 반응하여 산화물을 형성하게 된다. 따라서 W, Be과 같은 금속들은 보호 분위기(protective atmosphere)에서 열간가공을 해야만 한다.

⑤ 치수 정밀도

열간가공 시에는 치수의 정확성을 얻기가 곤란하다. 즉, 열간가공 온도에서 냉각 시에 금속은 수축한다. 따라서 성형용 다이의 크기는 실제 제품의 크기보다 약간 커야 한다. 따라서 정확한 치수가 요구되는 제품이나 부품의 성형 시에는 다이 설계와 온도 제어에 대한 세심한 주의가 요구된다.

⑥ 재질 개선

냉간에서 가공이 곤란한 경우에는 재료를 가열하여 고온에서 가공하는 경우도 많다. 열간에서 가공하는 가장 큰 목적은 가공력을 작게 하고, 가공한계를 크게 하는 것이지만 재질 개선도 목적 중의 하나이다. 예컨대 열간가공에서는 가공 중에 재결정하여 조대한 주조조직의 결정을 미세화해서 강도와 인성을 향상시킬 수 있다. 또 거시적인 공공(空孔)을 압착한다거나 편석한 화학성분을 확산에 의해서 균일화시키는 것도 고온가공의 이점이다. 이와 같은 재질 개선의 방법을 '단련'이라고 한다.

② 냉간가공(cold working)

1) 개요

금속에 재결정 온도보다 낮은 온도에서 소성가공을 하는 것을 말한다. 금속의 재결정온도는 가공률의 증대와 함께 떨어지지만 일반적으로 녹는점이 높은 금속일수록 고온이다. 철강 재료, 구리 합금, 알루미늄 합금 등에서는 실온보다 훨씬 높은 재결정 온도를 가지고 있기 때문에 공업적으로는 실온에서의 가공을 냉간가공이라고 부르고 있다. 그러나 납이나 주석 등에서는 재결정 온도가 실온보다 낮기 때문에 실온에서 가공해도 냉간가공이라고 부를 수 없다.

2) 특징

① 재료의 절약

가열에 의한 scale loss가 없고 재료회수율이 특히 좋다.

② 치수 정밀도

사상치수 정밀도가 좋으므로 후공정의 기계가공이 불필요하거나 또는 가공공수가 대폭으로 저감된다.

③ 표면 품질

표면 사상층이 좋다. scale, 탈탄층 등이 없으므로 가공이 불필요 또는 가공공수가 저감된다.

④ 기계적 성질

강도, 피로강도, 내마멸성이 변형경화(strain hardening)로 향상된다 (단, 인성 및 연성은 현저히 희생된다).

⑤ 경제성

냉간가공의 정밀성과 표면 정도가 요구되지 않을 때도 소성 변형 시의 가공경화를 이용하여 저가의 합금을 열처리하지 않고 사용되는 경우가 있다(강화열처리용 합금을 열처리하는 경우보다 경제적임).

⑥ 형상 정밀도

기술의 향상으로 복잡한 형상의 제품이 만들어질 수 있게 되어 정밀도가 높은 치차, spline 등의 분야에도 적용되고 있다.

3) 사용재료, 제조설비, 제조방법 등에 대한 배려

① 냉간에서 성형하는 경우, 연성이 있는 재료이면 가공과 경화 제거 annealing을 반복하는 것에 의해 어떤 재료라도 대체로 성형이 가능하다. 그러나 press 회수나 중간 소둔의 회수가 증가하면 cost 면에서 그만큼 불리하게 된다.

② 일반적으로 구조용 탄소강의 경우 SM25C 이하이면 가공경화가 적고 연성이 충분하여 성형이 용이하다. 그 외의 불순물 및 개재물을 낮게 억제하는 것도 냉간단조법에서는 중요하다. 고탄소강이나 합금강은 압연 그대로는 경도가 높고 연성도 부족하므로 구상화 소둔을 하여 가공성을 향상시킨다.

③ 냉간프레스 성형과 단조에서는 가공경화와 시효경화에 강화도 적극적으로 이용되고 있다. 최근에 개발된 자동차용 2상 고장력 강판(저탄소강에 5~20% 정도의 martensite가 생기게 한 것, dual phase강이라고도 한다)은 프레스 성형에서 우수한 성질을 가짐과 동시에 가공 후의 강도와 인성이 큰 특성이 있다. 가공공정에서 재질 변화를 미리 예상해서 재질도 포함한 설계를 할 수 있다.

③ 온간가공(warm working)

1) 개요

① 열간가공의 목적은 재료의 단련과 성형이다. 단련은 재료의 내부에 공동(空洞)이 있거나 조직이 조잡한 경우에 이들을 없애서 강한 재료로 변화시키는 조작이다. 그렇게 하기 위해서는 재료에 큰 소성변형을 주면 좋으므로 이 조작에는 보통 재료의 흐름을 금형공구로 구속하지 않는 자유 성형을 한다.

② 성형의 목적은 물론 단련보다도 제품의 성형에 중점을 두어야 한다. 성형 시 열을 가하는 이점은 재료의 변형저항이 대단히 작아서 가공력이 작아도 되고 또 재료가 가공경화되지 않으므로 연성이 증대해서 성형성이 대폭 향상된다는 것이다.

③ 한편, 열을 가하면 작업환경이 나빠지고 설비의 관리문제와 에너지 절약 면에서도 불리하다. 제품은 냉각 시 수축으로 치수와 형상 정도의 저하, 표면에 산화막의 잔존, 표면의 품질 저하 등이 발생하고, 후공정(절삭가공 등)이 필요한 경우도 많다. 금형 공구도 가열로 연화와 취약화가 발생하므로 이것을 방지하기 위한 냉각장치가 있어야 한다.

④ 이런 이유로 열의 이용은 가능하면 피하는 것이 일반적이고, 열간에서 냉간으로 가공하려는 것이 현재 가공 방향의 흐름이다. 이런 흐름에 대한 대책의 한 가지 방법이 온간가공으로 조금이라도 재료의 변형저항을 낮추어 연성을 높이고 동시에 열간가공의 단점을 극복하려는 가공법이다. 새로운 금형재료, 열처리, 표면처리법, 윤활제, 윤활법 등의 개발을 비롯해서 냉간이나 온간가공에서 성형성을 높이기 위한 여러 가지 창의와 고안이 요구되고 있다.

2) 특징

① 제품 정밀도가 냉간가공급으로 높다. 온간가공의 정밀도는 종래의 열간가공에 비해 많이 개선되어 냉간가공과 거의 같은 수준으로 할 수가 있다.

② 산화막의 발생이 적고 소재표면의 탈탄도 생기지 않는다. 금형의 마모도 열간가공에 비해서 적으며 표면 정도도 좋다.

③ 치수·형상 정밀도가 높으므로 절삭 내지 연삭이 후가공으로 필요한 경우에도 그 가공량을 최소로 하는 것이 가능하여 절삭공정의 합리화가 용이하다.

④ 재료의 회수율이 좋다.

01 금속의 강화기구에 대하여 설명하시오.

재료의 항복현상은 재료 내의 전위의 이동도에 따라 달라지게 되며, 전위의 이동도는 전위와 다른 결함의 상호작용에 의해 좌우된다. 따라서 재료 내에서 전위의 이동을 억제시키는 여러 가지 방법들이 금속재료 강화기구의 기본 메커니즘이 된다.

1. 고용체 강화

보통 용매원자의 격자에 용질원자가 고용되면 순금속도(bar)도 강한 합금이 된다. 이것은 고용체를 형성하면 그것이 치환형이든 침입형이든 간에 격자의 뒤틀림 현상이 생기고 따라서 용질원자 근처에 응력장이 형성된다. 이 용질원자에 의한 응력장이 가동전위의 응력장과 상호작용을 하여 전위의 이동을 방해하여 재료를 강화시키는 형태를 고용체 강화라고 한다.

만약 용질원자가 격자 내에 불규칙하게 분포되어 있으면 고용체 강화의 효과가 적고, 규칙적으로 분포되어 있으면 그 효과가 크다. 그 이유는 전위선이 직선이고 용질원자가 완전한 불규칙도를 갖는다면, 전위선에 가해지는 힘은 전위선에 대한 용질원자의 상대적인 위치에 의해 결정되는데, 직선의 전위선과 완전한 불규칙도를 갖는 용질원자의 분포에서는 전위에 가해지는 힘의 합이 영이 된다. 그러나 실제로는 용질원자가 완전한 불규칙도를 이루지 못하고, 전위선이 직선을 유지하고 있지 않아 쉽게 휘어지기 때문에 전위에 힘을 작용하여 전위의 이동을 억제한다. 전위와 용질원자의 상호작용에 의한 항복강도의 증가량은 전위와 용질원자의 상호작용에 의한 강도에 비례하며, 용질원자농도의 제곱근에 비례한다.

금속 기지에 미세하게 분산된 불용성의 제2상에 의해 금속이 강화되는 경우가 있는데, 이때 분산된 제2상이 어떤 방법에 의해 도입되었는가에 따라 석출경화와 분산강화로 구별한다. 이러한 제2상에 의한 강화는 제2상 입자의 분포에 따라 달라지며, 제2상 입자의 형상, 부피분율, 평균입자지름 및 평균입자 간 거리에 따라 그 정도가 달라진다.

같은 부피분율의 제2상 입자가 존재한다면 제2상의 평균입자지름이 작을수록, 구상보다는 판상이나 본상으로 존재할수록 평균입자 간 거리가 짧아지기 때문에 강화효과가 크게 나타난다. 또한 제2상 입자가 전위에 의해 잘리는 경우에는 입자의 크기가 클수록 강화효과가 커진다.

| 침입형 | | 치환형 |

2. 석출경화(precipitation hardening , 析出硬化)

하나의 고체 속에 다른 고체가 별개의 상(제2상)으로 되어 나올 때, 그 모재가 단단해지는 현상을 말한다. 일반적으로 합금은 그 성분 원소의 용해도가 온도에 의해 변화가 있거나, 모재가 어느 온도를 경계로 결정형을 바꾸기 위해 용해도가 감소한다. 그 때문에 성분이 넘치는 원소가 별개의 고체가 되어 나오게 되는 경우가 보통이다. 이 석출경화를 이용하는 경우는 특수한 강두랄루민 등의 강력한 알루미늄합금, 베릴륨구리 등의 강력 구리합금 등이 있다. 스테인리스강 중에 PH라는 기호가 붙는 것은 석출경화에 의한 처리를 했다는 뜻으로, 영어 precipitation hardening의 머리 문자이다.

정합과 부정합(coherency and incoherency)

| Al-Cu 합금에서 준안정 정합석출물(석출경화)(왼쪽)과
비정합석출물(분산강화)(오른쪽)의 평면 모식도 |

3. 분산강화(dispersion hardening, 分散硬化)

분산경화란 제2상이 고용체로부터의 석출이 아닌 다른 과정(분말야금법이나 내부산화법 등)에 의해 형성될 경우의 강화현상을 말한다. 그러나 분산강화계에서는 제2상의 고용도가 고온에서도 매우 작다. 따라서 재료가 고온에서 유지될 때 석출경화계 합금에서는 제2상이 기지 중에 재용해 함으로써 고온에서는 연화되지만, 분산강화계에서는 고온에서도 제2상이 기지 중에 용해하지 않으므로 고온에서도 우수한 기계적 성질을 유지한다.

분산경화는 석출경화와는 다르다. 석출경화는 과포화 고용체로부터 용질원자가 미립으로 석출됨에 따라 경화되는 현상이며, 분산경화는 최초부터 고용되지 않은 미립자의 존재에 의해 경화되는 것이다. 분산경화용 미립자로써는 모체격자에 대해 화학적으로 중성이며, 단단하고, 초현미경적인 미립으로, 균일하게 분산되는 성질의 것이어야 하는 것이 필요하다. 이 초미립자가 상온 및 고온에서 슬립에 저항하여 결정립의 성장 및 재결정을 방해하는 역할을 하기 때문에 강도가 높고, 탄성한도도 크다.

4. 결정립계에 의한 강화

일반적으로 다결정 재료에 있어서 결정립계 그 자체는 고유의 강도를 가지고 있지 않으며, 결정립계에 의한 강화는 결정립 내의 슬립을 상호 간섭함에 의해 일어난다. 따라서 결정립계가 많아질수록, 즉 결정의 입도가 작아질수록 재료의 강도는 증가하게 되는 것이다. 쉽게 말하면 결정립계가 전위의 이동에 대해서 장애물로 작용한다는 것이다.

5. 가공경화(work hardening)

가공경화는 재료에 물리적인 가공을 가하여 재료를 경화시키는 방법이다. 그 과정은 재료를 가공함으로써 전위 응력장이 상호작용을 일으켜 부동전위를 만들게 되며, 조그(jog)전위를 형성하여 다른 슬립시스템과의 교차가 일어나 전위의 슬립이 제대로 이루어지지 않아 경화되는 과정이다. 이것은 열처리에 의하여 강화시킬 수 없는 금속이나 합금을 강화시키는 데 공업적으로 중요한 공정이라 볼 수 있다.

가공경화는 물리적 성질의 변화를 일으키는데, 우선 수십분의 일 퍼센트 정도의 밀도가 감소하고, 전기전도도는 다소 감소하며, 열팽창계수는 약간 증가한다. 열간가공보다는 냉간가공이 변형응력이 높다. 냉간가공한 상태는 내부에너지의 증가로 인해 화학반응성이 증가한다. 이것은 부식 저항성을 감소시키고 어떤 합금에 있어서는 응력부식균열을 일으키게 된다.

6. 시효경화(age-hardening, 時效硬化)

금속재료를 일정한 시간 적당한 온도하에 놓아두면 단단해지는 현상이다. 상온에 방치해 두어도 단단해지는 경우와 어느 정도 가열하지 않으면 단단해지지 않는 경우가 있는데, 상온에서 단단해지는 것을 상온시효 또는 자연시효라 하고, 어느 정도 가열해야만 단단해지는 경우를 뜨임시효 또는 인공시효라 한다. 시효가 일어나는 까닭은 금속재료의 본래의 상태가 불안정하여 안정 상태로 변하기 때문인데, 이 변화를 일으키기 위해서는 금속 결정 속에서 원자가 필요한 만큼 움직여야 한다. 이 움직임이 상온에서도 가능하면 상온시효가 일어나지만, 온도가 너무 낮아 금속원자의 이동이 일어나지 않을 경우에는 어느 정도 가열해 줌으로써 변화가 일어나므로 인공시효가 된다.

1. 개요

결정격자에 변형이 생기면 원자면을 따라 슬립(slip)이 일어나기 어려워져 금속의 강도, 경도가 커지고 자유전자의 산란이 많아져 전기저항이 증가된다. 따라서 2종류의 금속이 어떠한 비율로도 고용체를 만든다면 각각의 원자가 반씩 합금되었을 경우에 전기저항이나 강도가 최대로 될 것이다. 그러나 고용체를 만들 때 어느 정도까지만 고용체를 만드는 것(한율 고용체)과 모든 비율로 고용체를 만드는 것(전율 고용체) 또는 전혀 고용체를 만들지 않는 것이 있는데, 그것을 결정하는 중요한 인자는 Hume – Rothery 법칙의 다음과 같다.

2. Hume – Rothery의 법칙

① 용질원자와 용매원자의 크기 차이가 15% 미만이면 고용체를 형성하려는 경향이 있다. 그러나 두 원자 크기의 차가 15%를 넘으면 고용도는 보통 1% 이하로 제한된다.

② 서로 강한 화학적 친화력이 없는 금속들은 고용체를 형성하려는 경향이 있지만, 전기음성도의 순서에서 서로 멀리 떨어져 있는 금속들은 금속 간 화합물을 형성하려는 경향이 있다.

③ 원자가가 작은 용매금속 중에 원자가가 큰 용질금속이 고용되는 경우의 고용도가 그 반대의 경우보다 크다.

④ 전율고용체를 형성하기 위해서는 용질금속과 용매금속이 같은 결정구조를 가져야 한다.

02 금속의 거동과 성질

1 재료의 변형

① 재료의 물성 : 가공방법, 가공기계의 선정 및 제품의 설계 검토, 성능 평가에 중요한 역할
② 소재의 가공에 수반되는 변형의 종류 : 인장, 압축, 전단변형
③ 소재에 가해지는 하중과 변형 사이의 관계규명은 필수적

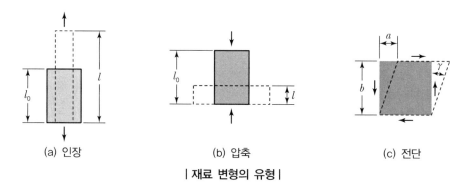

(a) 인장   (b) 압축   (c) 전단

| 재료 변형의 유형 |

2 소성 정의 및 탄성과의 비교

① 재료에 외력을 가하면 재료 내부에는 변형이 생긴다. 외력이 어느 정도 이상 크게 되면(탄성 한계를 넘어서면), 외력을 제거해도 원상으로 복귀하지 않고, 변형이 남게 된다. 이와 같은 성질을 소성이라 한다.
② 이 소성을 이용하여 필요한 형상을 가공하거나, 조직을 균일한 미세결정으로 변화시켜 강도, 연성 등의 기계적 성질을 개선하는 가공법을 소성가공이라 한다.

▼ 탄성과 소성의 비교

탄성(elasticity)	소성(plasticity)
• $\varepsilon_{ij} = f(\sigma_{ij})$	• $d\varepsilon = f(\sigma)d\lambda \ (\dot{\varepsilon} = f(\sigma)\dot{\lambda})$
• path, history의 함수가 아니다($\rightarrow$ 가역적).	• history, path의 함수($\rightarrow$ 비가역적)
• linear($\sigma \propto \varepsilon$)	• non$-$linear($\bar{\sigma} = \bar{\sigma}(= \bar{\varepsilon}, \dot{\bar{\varepsilon}})$)
• volume changes	• volume dose not change
• 원자 결합의 스트레칭	• 전위 이동
• 1단계 거동(탄성)	• 2단계 거동(탄성 $\rightarrow$ 소성)
	• 정수압력은 소성변형과 무관

SECTION 02 │ 인장

1 응력 – 변형률 곡선(stress – strain curve)

1) 단순인장시험

① 하중–변형특성 규명을 위한 시험법 중 가장 보편적

② ASTM 또는 KS 규격의 표준시편 : 일정한 형상의 단면적(판재, 관재, 원형 단면의 봉재형상)

③ 인장시험기에서 인장하면서 일정한 표점거리 사이의 신장량과 인장하중을 동시에 측정

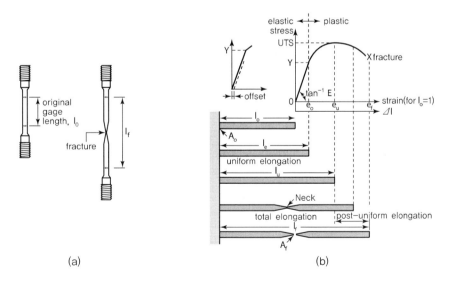

| 단순인장시험의 응력–변형률 곡선 |

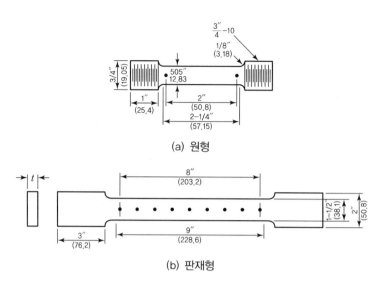

(a) 원형

(b) 판재형

| 2개의 일반적인 표준인장시험시편(치수는 in.이고 괄호 안에 mm로 표시된다.) |

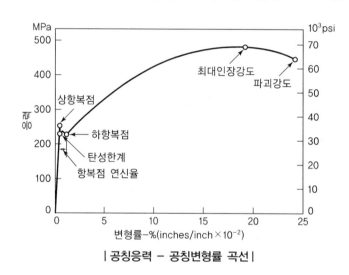

| 공칭응력 − 공칭변형률 곡선 |

2) 측정 물성치

① 비례한도 : 응력−변형률 관계가 직선적인 한도

② 항복강도 : 0.2% offset stress(항복점이 불분명한 경우)

③ 탄성계수 : Hooke의 법칙 : 선형탄성구간의 기울기, $E = \dfrac{\sigma}{e}$

④ 공칭응력(nominal stress)

$$\sigma = \frac{P}{A_0}$$

여기서, A_0 : 원래 단면적

⑤ 공칭변형률(nominal strain)

$$e = \frac{l - l_0}{l_o}$$

여기서, l_0 : 원래 길이, l : 현재 길이

② 연성(ductility)

① 연성은 재료가 파단될 때까지 견딜 수 있는 변형의 크기로 파단 시의 변형률과 관계된다.
② 취성의 반대 개념이다.
③ 파단 시의 연신율 또는 단면감소율을 연성의 척도로 사용

$$연신율(\%) \ \frac{l_f - l_o}{l_0} \times 100, \quad 단면감소율(\%) \ \frac{A_0 - A_f}{A_o} \times 100$$

④ 연성이 큰 재료 : 열가소성 플라스틱, 초소성 재료
　취성이 큰 재료 : 유리, 분필 등

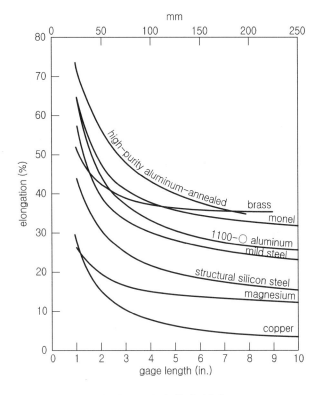

| 각종 금속의 총연신율 |

❸ 진응력과 진변형률

① 진응력(true stress)

$$\sigma = \frac{P}{A}$$

여기서, A : 시편의 현재 단면적

② 진변형률(true strain)

$$\varepsilon = \ln\left\{\frac{l}{l_o}\right\} = \ln\{l+e\}$$

여기서, l_0 : 원래 길이, l : 현재 길이

인장 시 공학적 변형률과 진변형률과의 관계 : 변형률이 커질수록 차이가 급격히 증가

e	0.01	0.05	0.1	0.2	0.5	1	2	5	10
ϵ	0.010	0.049	0.095	0.182	0.405	0.693	1.099	1.792	2.398
ε / e	0.995	0.976	0.953	0.912	0.811	0.693	0.549	0.358	0.240

③ 진변형률의 타당성

- 인장시편의 길이가 2배가 될 경우 : $e = \dfrac{2\,l_0 - l_0}{l_0} = 1$, $\varepsilon = \ln\left(\dfrac{2\,l_0}{l_0}\right) = 0.693$

- 인장시편의 길이가 1/2이 될 경우 : $e = \dfrac{0.5\,l_0 - l_0}{l_0} = -0.5$, $\varepsilon = \ln\left(\dfrac{0.5\,l_0}{l_0}\right) = -0.693$

- 인장시편의 길이가 0이 될 경우 : $e = \dfrac{0 - l_0}{l_0} = -1$, $\varepsilon = \ln\left(\dfrac{0}{l_0}\right) = -\infty$

⇒ 실제 변형을 일관성 있게 표현하는 것은 진변형률임

공칭응력과 진응력의 관계

$S = \dfrac{P}{A_0} = \dfrac{P}{A\exp(\varepsilon)} = \sigma\exp(-\varepsilon)$

혹은 $\sigma = S\exp(\varepsilon)$

$e = \exp(\varepsilon) - 1$이기 때문에

$S = \dfrac{\sigma}{e+1}$

$\sigma = S(e+1)$

| 응력-변형률 곡선 |

공칭변형률(e)과 진변형률(ε)의 관계

$$\varepsilon = \ln \frac{l}{l_0} = \ln \left[\frac{l - l_0 + l_0}{l_0} \right] = \ln(1 + e) \ \text{ or } \ e = \exp(\varepsilon) - 1$$

변형량이 매우 작아 변형률이 0에 가까우면 공칭변형률과 진변형률이 같은 값을 갖는다.

$$\varepsilon = \ln(1 + e) = e - \frac{e^2}{2} + \frac{e^3}{3} - + \ \cdots\cdots = e \ \ as \ \ e \to 0$$

4 진응력 – 진변형률 곡선

1) 진응력 – 진변형률 곡선

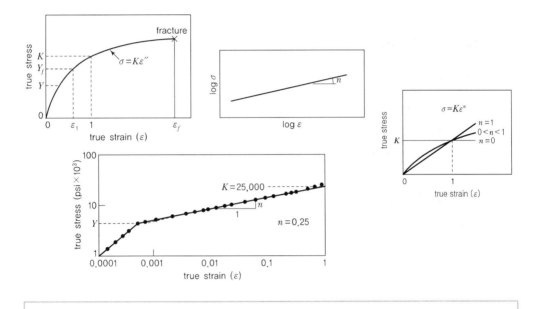

$$\sigma = K\varepsilon^n \to \log\sigma = \log K + n\log\varepsilon$$

여기서, K : 강도계수(strength coefficient)

n : 가공경화지수(work – hardening exponent)

2) hardening rules의 종류

① isotropic hardening rule : $|\sigma| = |\sigma(k)|$
- 인장과 압축에서 항복강도가 동일함

② kinematic hardening rule : $\sigma yt - \sigma yc = 2\sigma yo \leftarrow$ bauschinger effect
- 인장에서 항복응력과 압축에서 항복응력의 합은 초기항복응력의 2배이다.
- Programming 시에 매번 계산하는 번거로움이 있다.

③ independent hardening rule : 인장과 압축에서 독립된 항복강도를 갖는 재료

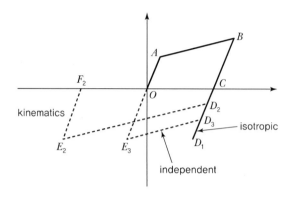

| stress vs. strain relations |

5 단순인장 시의 불안정성(기하학적 연화)

1) necking 현상

① 단면적의 감소와 가공경화의 상호작용에 의해 발생
② necking은 극한강도점을 지나면서 발생 : 극한강도에서의 변형률
③ 극한강도점(UTS) : 더 이상의 하중의 증가가 없는 점

2) necking 시의 진변형률

$dP = 0$ ··· (1)

하중 $P = \sigma \cdot A$

미분하면 $dP = d\sigma \cdot A + \sigma \cdot dA = 0$ ························ (2)

그런데 $\varepsilon = \ln\left\{\dfrac{l}{l_o}\right\} = \ln\left\{\dfrac{A_0}{A}\right\} \;\rightarrow\; A = A_o \exp(-\varepsilon)$ ···· (3)

식 (3) → 식 (2)

$\therefore \dfrac{dP}{d\varepsilon} = A_0\left(\dfrac{d\sigma}{d\varepsilon}exp(-\varepsilon) - \sigma\exp(-\varepsilon)\right) = 0$ ·········· (4)

식 (4)를 정리하면,

$\dfrac{d\sigma}{d\varepsilon} = \sigma$ ··· (5)

만약 true stress−true strain curve가 $\sigma = K\varepsilon^n$ 이면, 식 (5)로부터

$nK\varepsilon^{(n-1)} = K\varepsilon^n \;\rightarrow\; \varepsilon = n$

→ 가공경화지수 n이 큰 재료는 necking이 늦게 발생

→ n값이 큰 재료는 연성이 크다.

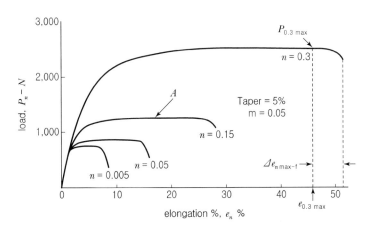

| n값에 따른 하중 및 변형 |

▼ 각종 재료의 강도계수와 가공경화지수

재료	K[MPa]	n	재료	K[MPa]	n
알루미늄, 1100−0	180	0.20	저탄소강, 풀림처리	530	0.26
2024−T4	690	0.16	1045, 열간압연	965	0.14
5052−O	210	0.13	1112, 풀림처리	760	0.19
6061−O	205	0.20	1112, 냉간압연	760	0.08
6161−T6	410	0.05	4135, 풀림처리	1,015	0.17
7075−O	400	0.17	4135, 냉간압연	1,100	0.14
황도, 60−39−IPb, 풀림처리	800	0.33	4340, 풀림처리	640	0.15
70−30, 풀림처리	895	0.49	17−4 P−H, 풀림처리	1,200	0.05
80−15, 냉간압연	580	0.34	52100, 풀림처리	1,450	0.07
청동(인), 풀림처리	720	0.46	302스테인리스, 풀림처리	1,300	0.30
코발트합금, 열처리	2,070	0.50	304스테인리스, 풀림처리	1,275	0.45
구리, 풀림처리	315	0.54	410스테인리스, 풀림처리	960	0.10
몰리브덴, 풀림처리	725	0.13			

6 응력 – 변형률 곡선 형태

1) 응력 – 변형률 선도의 모델

① 강(剛)완전소성(rigid perfectly plastic)

탄성 변형과 시간의존 변형이 무시되는 재료이다. 만일 응력을 제거하면 변형은 그대로 남는다. 특히, 이 경우는 가공경화를 무시할 수 있다.

② 탄성 – 완전소성(elastic perfectly plastic)

탄성변형과 소성변형이 모두 존재하는 재료이다. 이 경우 가공경화는 무시되는 경우이다.

③ 강선형 가공경화(rigid – linearly work hardening)

탄성변형이 무시되며, 가공경화는 선형적이다.

④ 탄성 – 선형 가공경화(elastic – linearly work hardening)

탄성변형을 고려하며, 가공경화는 선형적으로 생각한다.

⑤ 강소성(rigid plastic)

탄성변형이 무시되고 가공경화는 비선형적이다.

⑥ 탄소성(elastic plastic)

탄성변형을 고려하며, 가공경화는 비선형적으로 생각한다.

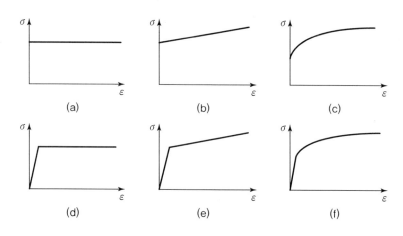

| 응력-변형률 곡선의 이상화된 모델 |

2) 경험적 관계식

① Ludwik 모델 : $\sigma = \sigma_0 + K\varepsilon^n$

② Hollomon 모델 : $\sigma = K\varepsilon^n$

※ 철 및 철합금은 Hollomon 모델이 적합하다.

③ Swift 모델 : $\sigma = K(\varepsilon + \varepsilon_0)^n$

④ Voce 모델 : $\sigma = \sigma_0 (1 - A e^{-\beta e})$

⑤ Prager 모델 : $\sigma = Y \tanh\left(E \times \dfrac{\varepsilon}{Y}\right)$, 여기서, Y=초기 항복응력

⑥ Ramberg & Osgood 모델 : $\varepsilon = \left(\dfrac{\sigma}{\varepsilon}\right) + K\left(\dfrac{\sigma}{E}\right)^P$

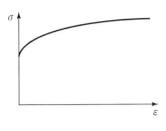

| Ludwik 모델 |

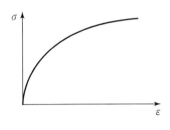

| Hollomon 모델 |

3) 가공경화 해석

Hollomon 모델의 가공경화식의 양변에 로그를 취하면,

$$\ln(\sigma) = \ln K + n \ln(\varepsilon)$$

여기서, n : 가공경화지수(work hardening exponent)
K : 강도계수(strength coefficient, 변형률이 100%일 때의 응력)

이다. 위 식으로부터 로그 좌표계에서 기울기가 n이고 y절편이 $\ln K$인 직선이 얻어지는데 실험 데이터로부터 n, K값을 결정할 수 있다.

위 식은 $\ln(\sigma) - \ln(\varepsilon)$그래프에서 기울기가 n이고 y축 절편이 $\ln K$인 직선을 의미한다. 따라서 인장시험에서 얻은 ε과 σ 데이터를 $\ln(\sigma) - \ln(\varepsilon)$ 그래프에 나타내고 선형적으로 보간하면 다음 그림와 같이 n, K값을 구할 수 있다.

이렇게 구한 K와 n의 값은 변형률이 0.04인 균일변형구간에서 잘 적용된다.

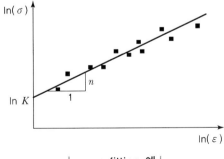

| curve fitting 예 |

7 응력 – 변형률 곡선형상 영향인자

1) 온도의 영향

소재의 온도가 증가하면
① 인성 및 연성 증가
② 탄성계수, 항복응력, 인장강도 감소
③ 가공경화지수 n 감소
④ 변형률속도의 영향이 증가 : 열간가공

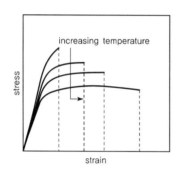

| 온도와 응력–변형률 곡선 관계 |

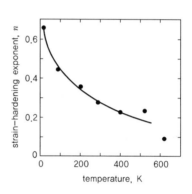

| 온도와 가공경화지수의 관계 |

2) 변형률속도의 영향[변형속도 : 인장시험기에서 시편을 당기는 속도]

① 변형률속도의 정의

㉠ 공학적(공칭) 변형률속도 $\dot{e} = \dfrac{de}{dt} = \dfrac{d\left(\dfrac{l-l_0}{l_0}\right)}{dt} = \dfrac{1}{l_0} \cdot \dfrac{dl}{dt} = \dfrac{v}{l_o}$

㉡ 진변형률속도 $\dot{\varepsilon} = \dfrac{d\varepsilon}{dt} = \dfrac{d\left[\ln\left(\dfrac{l}{l_0}\right)\right]}{dt} = \dfrac{1}{l} \cdot \dfrac{dl}{dt} = \dfrac{v}{l}$

㉢ 진변형률속도는 변형속도 v뿐만 아니라 현재 길이 l에도 관계
㉣ 인장시험 시 인장속도를 균일하게 유지할 경우
  • 공학적(공칭) 변형률 속도 : 일정
  • 진변형률 속도 : 인장이 진행됨에 따라 감소
㉤ 변형률 속도의 영향을 조사하기 위해서는 cam plastometer의 사용이 필요
㉥ cam plastometer : 시편의 길이에 맞추어 인장속도가 변화할 수 있도록 한 장치

② 변형률 속도가 증가하면,

　　㉠ 강도가 증가(온도에 크게 좌우)

$$\sigma = C\dot{\varepsilon}^{m}$$

　　㉡ 변형률 속도 민감지수(m)가 증가하면,

　　　→ 총신장량 증가 → necking이 지연됨

　　　[m값 : 냉간가공 -0.05 이하, 열간가공 $-0.05{\sim}0.4$, 초소성 가공 $-0.3{\sim}0.85$]

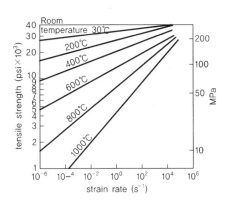

| 온도에 따른 변형률 속도 관계 |

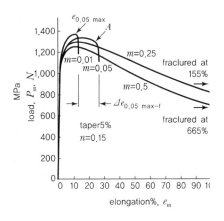

| m값에 따른 하중변화 |

③ 초소성(super plasticity)

　　㉠ 파단이 되기까지 많은 균일변형을 할 수 있는 능력(2,000%까지)

　　㉡ 초소성 거동의 필요조건

　　　• 변형률 속도 민감지수가 큰 재료($m > 0.5$)

　　　• 수 미크론 이내의 극히 미세한 결정립. 균일한 등축정

　　　• 고온 : $T > 0.4\,T_{m}$ (T_{m} : 절대온도로 표시된 융점)

　　　• 느린 변형률 속도 : 10^{-2}/sec 이하

　　㉢ 초소성 거동을 보이는 재료

　　　풍선껌, 고온의 polymer, glass, 미세한 결정의 Zinc $-$ Al alloy, Titanium alloy 등

| titanium alloy panel : diffusion bonding+superplastic expansion |

| complex sheet metal Zn−22%Al |

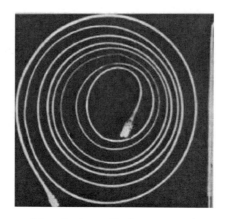

| tensile bar : Bi−Sn eutectic |

3) 정수압(hydrostatic pressure)의 영향

(Bridgeman의 실험) 정수압이 증가할수록

① 연성의 증가 → 취성재료(주철, 대리석 등)의 가공에 이용

② 진응력−진변형률 곡선에는 무영향, 단지 길이만 연장

③ 네킹 시의 변형률 또는 최대하중에는 영향이 없음

④ 주철, 대리석 및 암석 등 취성이 큰 재료도 정수압을 응용하면 소성변형이 가능

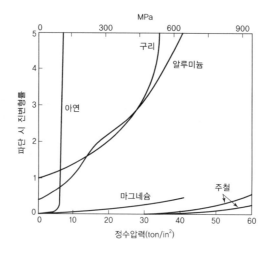

| 재료별 정수압의 영향 |

4) 방사선의 영향

① 고에너지의 방사선 : 항복응력, 인장강도, 경도의 증가, 연성 및 인성의 감소 유발 가능
② 방사선이 금속 및 합금에 미치는 영향은 계속 조사 중

---

1 압축시험

• 압축력에 의해 성형이 이루어지는 공정의 해석에 이용 : 단조, 압출, 압연 등
• 충분한 변형률까지 재료시험이 가능 : 인장시험은 necking 발생 때문에 곤란

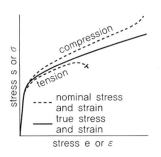

| 응력－변형률 선도 비교(인장/압축) |

1) 원주 압축시험

① 두 평판 금형 사이에 원통소재를 놓고 압축하여 응력－변형률 곡선을 얻음
② 금형과 소재의 마찰에 의하여 barrelling 발생
   ㉠ 금형접촉 부위는 마찰에 의해 변형이 구속되어 다른 부위보다 적게 팽창함에 따라 발생됨
   ㉡ 배럴링이 발생되면 신빙성 있는 실험결과를 얻기가 어려움
   ㉢ 마찰에 의해 소산되는 부가적인 에너지에 의한 압축력의 증가
   ㉣ 변형된 단면적이 시편의 높이에 따라 달라짐
      → 압축시험 시 윤활은 매우 중요
③ 배럴링 시 시편의 표면에 인장에 의한 균열 발생 가능성 : 재료의 연성 측정에도 응용

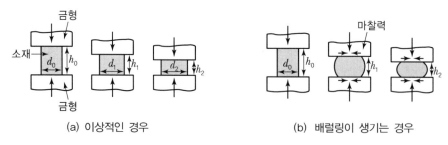

| (a) 이상적인 경우 | (b) 배럴링이 생기는 경우 |

| 원주형 시편을 압출할 때의 변형 |

2) 평면변형률 압축시험

① 균일한 압축조건을 얻기 위해 금형의 접촉폭 b를 작게 함

② 폭 방향으로는 접촉된 길이가 크기 때문에 이 방향으로는 변형이 구속 : 평면변형조건 유지

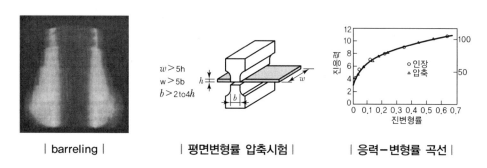

| barreling | | 평면변형률 압축시험 | | 응력−변형률 곡선 |

2 바우싱거 효과(변형연화, 가공연화)

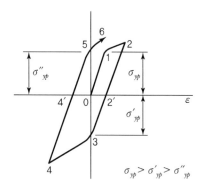

$$\sigma_{yp} > \sigma'_{yp} > \sigma''_{yp}$$

① 처음 인장력을 가해서 항복점 σ_{yp}인 점 1을 지나 점 2까지 인장했다가 하중을 없애면 22′가 되고 여기서 압축력을 가하면 비례한도 또는 항복점 3에서 압축의 소성변형이 시작되어 2′ 34가 된다. 다시 하중을 없애면 44′가 된다. 또 인장력을 가하면 4′ 56으로 되는데, 2′ 3의 크기 σ'_{yp}, 4′ 5의 크기가 σ''_{yp}일 때 σ'_{yp} σ''_{yp}의 절댓값이 σ_{yp}보다 작아지는 현상을 바우싱거 효과(Bauschinger's Effect)라고 한다. 즉, 바우싱거 효과는 냉간가공된 재료를 처음의 가공

방향과 반대 방향으로 변형시키면 원래의 가공 방향에 대한 항복응력보다 낮은 응력에서 항복이 일어나는 현상이다.

② 바우싱거 효과는 초기변형 방향으로의 역응력이 변형 방향이 반대로 될 때는 내부응력을 도와주는 역할을 하기 때문에 일어난다. 비틀림이나 굽힘과 같은 다른 변형조건에서 일어날 수 있다.

③ 한편, 이와 같이 인장, 압축하중이 반복되면 처음과 같은 경로를 그리지 않고 Loop가 되는데, 이것을 Hysteresis Loop라 한다.

> 히스테리시스 현상에서 1회의 부하가 반복될 때마다 Loop 내의 면적에 해당하는 일량이 소비되어 그 대부분은 열량으로 소산되고 일부가 재료 내부에 저장된다.

SECTION **04** | 비틀림

❶ 개요

① 관형상의 시편
② 전단응력 – 전단변형률 곡선의 형태가 단순증가의 경향
③ 시험 중 단면적 변화가 없어 공칭응력과 진응력이 같아짐

$$\tau = \frac{T}{2\pi r^2 t} \quad : \text{전단응력} \qquad \gamma = \frac{r\phi}{l} \quad : \text{전단변형률}$$

❷ 적용

단조성 형성(forgeability, 가단성)의 평가용으로도 사용 : 파단 시까지 꼬인 횟수로 재료의 단조성 평가의 척도로 사용

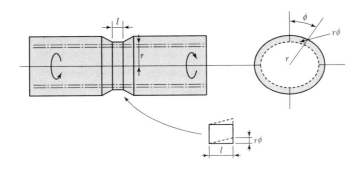

1 개요

① 표면결함이나 notch에 민감한 취성재료의 시험 : 세라믹, 초경합금, 용접 부위의 검사로 이용
② 일반적으로 취성재료의 강도시험으로 이용되며 시험에 사용하는 시험편 제작이 간단하다는 이점이 있음
③ 3점 굽힘 또는 4점 굽힘

2 시험법

① 3점 굽힘시험은 재료에 굽힘 모멘트를 작용시켰을 때 재료의 변형저항이나 파단강도를 측정하는 시험
② 재료의 소성가공성과 용접부 변형 정도를 측정하는 굽힘시험과 주철 같은 취성재료(큰 변형 없이 파괴되는 재료)의 굽힘파단강도를 측정하는 항절시험으로 분류
③ 통상 응력구배는 재료의 표면에서 최대가 되며 이로 인해 균열은 표면에서 시작하여 중심부로 향함

④ **시험방법**
　⊙ 시험재료를 두 받침점 사이에 좌우 편향되지 않도록 놓고 받침점 사이 거리의 1/2 지점 (중앙)에서 하중을 가하여 재료를 굽혀보는 압축시험법 이용
　⊙ 받침점과 하중점의 지그 형상은 크기와 형상이 모두 동일해야 하며 재료에 마찰저항을 주지 않는 모양(주로 원형)을 가짐

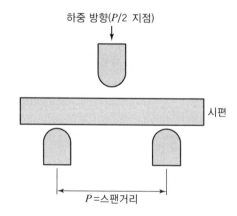

하중 방향($P/2$ 지점)

시편

P=스팬거리

❸ 사각단면 시편의 3점 굽힘 실험

① 시험편의 절단면이 다음과 같이 사각형 단면일 경우의 굽힘시험공식에 따라 계산한다.
　ㄱ width : 샘플 단면에서의 폭
　ㄴ height : 샘플 단면에서의 높이

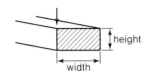

② 인장압축시험기에서 크로스헤드의 이동에 따른 실측 데이터인 하중과 사용자가 샘플 조건으로 입력한 스팬길이, 샘플 단면의 폭, 샘플 단면의 높이를 이용하여 응력값을 산정한다.

$$\sigma(\text{응력, } STRESS) = \frac{M(\text{굽힘모멘트})}{Z(\text{단면계수})} = \frac{\dfrac{P(\text{하중}) \times l(\text{스팬길이})}{4}}{\dfrac{b(\text{단면 폭}) \times h(\text{단면높이})^2}{6}}$$

$$Z(\text{단면계수}) = \frac{1}{6}bh^2, \quad I(\text{단면2차모멘트}) = \frac{1}{12}bh^3$$

$$E(\text{탄성계수}) = \frac{P \times l^3}{48 \times I \times \delta} = \frac{12Pl^3}{48bh^3\delta} = \frac{Pl^3}{4bh^3\delta}$$

단, 여기서 δ는 크로스헤드 실제 이동 변위(굽힘량)임

$$\varepsilon(\text{스트레인, 굽힘연신율}) = \frac{\sigma}{E}$$

$$\text{굴곡강도(휨강성)} = E(\text{탄성률}) \times I(\text{단면2차모멘트})$$

SECTION **06** | **경도**

❶ 개요

금속의 경도는 기계적 성질 중에서도 매우 중요한 것이며, 내마멸성을 알 수 있는 자료가 된다. 이 경도의 측정은 다음 7가지 시험을 통하여 한다.

① 브리넬 경도(Brinell hardness)

② 비커스 경도(Vickers hardness)

③ 로크웰 경도(Rockwell hardness)

④ 쇼어 경도(Shore hardness)

⑤ 누프 경도(Knoop hardness)

⑥ 모스 경도(Mohs hardness)

⑦ 듀로미터(durometer)

2 시험방법

1) Brinell 경도

지름 D(mm)의 강구에 일정한 하중 W(kg)를 걸어서 시험면에 30초 동안 눌러 주어 이때의 시험면에 생긴 오목 부분의 표면적 A(mm²)로 하중을 나눈 값을 브리넬 경도라 하여 H_B로 표시하고 단위는 붙이지 않는다.

$$H_B = \frac{W}{A} = \frac{W}{\pi D t} = \frac{2W}{\pi D\left(D - \sqrt{D^2 - d^2}\right)} \ (\text{kg/mm}^2)$$

여기서, W : 하중, A : 오목 부분의 표면적(mm²)

D : 강구의 지름, d : 오목 부분의 지름(mm)

t : 오목 부분의 깊이(mm)

보통 H_B가 450kg/mm²

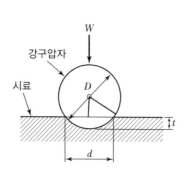

| 브리넬 경도기 |

① 풀림 처리한 재료의 브리넬 경도

$\sigma_t = 0.3565 H_B (\mathrm{kg/mm}^2)$

브리넬 경도$(H_B) = 2.8 \times$인장강도$(\sigma_t) = 5.6 \times$피로한도(δ_t)

② 담금질 후 뜨임을 한 재료의 브리넬 경도

$\sigma_t = 0.3255 H_B (\mathrm{kg/mm}^2)$

브리넬 경도$(H_B) = 3 \times$인장강도$(\sigma_t) = 6 \times$피로한도(δ_t)

2) Vickers 경도

대단히 단단한 강철이나 정밀가공의 부품 혹은 박판 등의 시험에는 비커스 경도가 쓰인다. 이것은 브리넬 경도의 원리와 같이 오목 부분의 표면적으로는 하중을 나눈 수치 H_v로 경도를 나타낸다. 즉, 대면각이 136°의 다이아몬드로 만든 사각추의 압자를 시험면에 눌러 주어 시험면에 생긴 피라미드 모양의 오목 부분의 대각선을 측정하면 표에서 경도가 구해진다. 그 사출식은 오목 부분의 대각선 길이를 $d(\mathrm{mm})$, 하중을 $W(\mathrm{kg})$, 대면각을 α라 하면,

$$H_v = \frac{2W\sin(\alpha/2)}{d^2} = 1.854 \times \frac{W}{d^2} \ (\alpha : 136°)$$

로 표시된다(브리넬 경도의 경우와 같이 수치에 단위를 붙이지 않는다).

① 오목 부분이 극히 작아 제품의 검사에 적합하고 정확하다.

② 표면경화재료, 도금 또는 용접 부분의 경도 측정이 편하다.

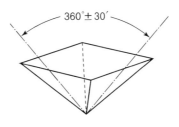

| 비커스의 다이아몬드 압자 |

3) Rockwell 경도

정해진 압자를 써서 처음에 10kg의 기준 하중을 건 다음, 이어서 시험하중(뒤에 설명하는 B 스케일의 경우에는 100kg, C 스케일의 경우에는 150kg)을 걸어 누르고 다시 10kg의 기준 하중으로 되돌렸을 때 전후 2회의 기준 하중에 있어서의 오목 부분 깊이의 차 t로부터 산출되는 수로써 표시한다.

압자에는 다음 그림 (a)와 같이 선단에 지름 1.588mm의 강구가 붙어 있는 것과 (b)와 같이 꼭지가 120°로서 선단의 반지름 0.2mm인 다이아몬드제 원추가 붙어 있는 것이 있다. 부드

러운 시험편인 경우에는 그림 (a)의 압자를 써서 측정하고 그때의 값을 로크웰 B경도라 하여 $H_R B$로 표시하며, 단단한 시험편인 경우에는 그림 (b)의 압자를 써서 측정하고, 그때의 값을 로크웰 C경도로 하여 $H_R C$로 표시한다.

로크웰 경도는 다음 식으로 산출되는 수치로서 그 경도를 정하고 있다.

$$H_R B = 130 - 500t, \quad H_R C = 100 - 500t$$

① dial gauge 지시 숫자로 측정
② 오목 부분이 작고 측정이 빠른 특징이 있으며, 널리 쓰인다.

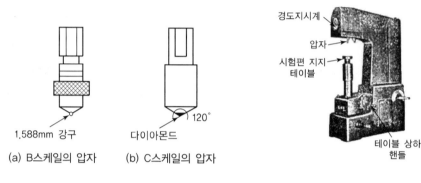

| 압자의 종류 | | 로크웰 경도시험기 |

4) Shore 경도

선단에 다이아몬드를 붙인 일정한 하중의 추를 일정한 높이 h_o에서 떨어뜨려 그 추가 시험편에 부딪쳐 튀어오르는 높이 h에 의하여 쇼어경도 H_s를 정하는 방법으로 다음 식으로 산출된다.

$$H_s = \left(\frac{10,000}{65} \right) \times \left(\frac{h}{h_o} \right)$$

① dial gauge 지시 숫자로 측정
② 수치의 확실성이 적으나 소형이므로 휴대가 편리하며 현장의 소요 장소에서 시험할 수 있는 특징이 있다.

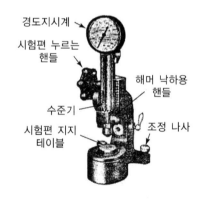

| 쇼어 경도시험기 |

5) Knoop test

① 압입자 : diamond 제의 한쪽 대각선이 긴 피라미드 형상
② 가벼운 하중의 미소 경도 시험용
③ 보석, carbide, 유리 등의 취성재료의 경도 측정

④ 작용 하중에 따라 경도치가 달라짐 : 시험 결과에 작용 하중을 명기

$$H_K = \frac{14.2P}{L^2}$$

여기서, L : 긴 쪽 대각선 길이

6) Mohs test

① 긁기 시험 : 10등급
   ㉠ 1등급 : Talc(활석)
   ㉡ 2등급 : Gypsum(석고)
   ㉢ 3등급 : Calcite(방해석)
   ㉣ 4등급 : Fluorite(형석)
   ㉤ 5등급 : Apatite(인회석)
   ㉥ 6등급 : Feldspar(장석)
   ㉦ 7등급 : Quartz(석영)
   ㉧ 8등급 : Topaz(황옥)
   ㉨ 9등급 : Sappire(청옥) or Corundum(강옥)
   ㉩ 10등급 : Diamond(금강석)

7) durometer

① 고무나 플라스틱의 경도 측정기
② 경도값은 0~100 사이의 범위

| durometer |

8) 경도와 강도

① 각종 경도시험이 재료의 서로 다른 현상을 평가하기 때문에 서로 다른 경도번호의 관계를 나타내는 간단한 관계식은 없음
② 그러나 동일한 재료를 서로 다른 방법으로 시험. 비교함으로써 이들의 관계를 근사적으로 표시하는 것은 가능(conversion table 이용)
③ 시험의 결과는 재료의 가공 공정과 열처리 등에 따라 달라지기 때문에 주의해서 사용

> **경도와 항복강도**
> • 항복강도가 높은 재료일수록 경도도 높은 편
> • 경도와 항복강도는 대략 비례
>
> $$경도 = c\,Y$$
>
> 여기서, Y : 항복강도, c : 비례상수

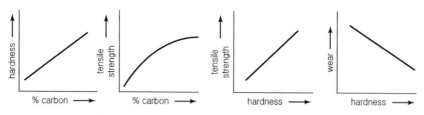

general relationships involving tensile strength and hardness for steels

| 강(steel)에 대한 인장강도와 경도의 일반적인 관계 |

1 피로의 정의

① 반복응력 상태에서 재료가 정하중하의 파단응력보다 훨씬 낮은 응력하에서 파단되는 현상
② 여러 가지 응력진폭(S)에 대하여 시편이 완전히 파단될 때까지 작용된 하중의 반복횟수(N)
③ 여기서 응력진폭은 시편이 받는 최대하중과 최소하중의 차이를 반으로 나눈 값

2 내구한도

① 반복횟수가 아무리 많아지더라도 피로파괴를 일으키지 않는 최대응력
② 강은 내구한도를 가지나 알루미늄합금은 내구한도가 없음
③ 내구한도가 없는 재료의 경우에는 어떤 특정한 반복횟수(예 10^6)에서의 응력값으로 정함

3 피로파괴(fatigue fracture)

① 원인 : 재료의 흠집이나 결함에서 발생된 미세한 균열의 성장
② beach mark 형성
③ 피로수명 향상대책
   ㉠ 표면에 압축잔류응력 형성 : roller burnishing 또는 shot peening
   ㉡ 표면 경화처리 : case hardening 또는 surface hardening
   ㉢ surface finish 향상
   • 적절한 재료 선정 : 개재물, 기공, 불순물 관리

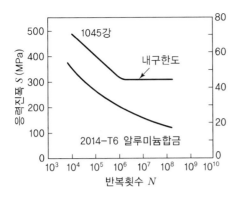

| S-N 곡선 : Al은 내구한도가 없음 |

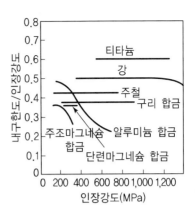

| 인장강도에 대한 내구한도의 비 |

SECTION 08 | 크리프

1 creep의 정의

① 소재가 정하중 상태로 장시간 방치 시 시간의 경과에 따라 소재의 변형이 계속 진행되는 현상
② 고온 creep 현상은 결정립계에서의 slip과 관계됨
③ 고온에서 작동되는 기계부품의 설계 및 해석에 중요하게 고려

2 creep test

일정온도에서 일정한 인장하중(공칭응력 일정)을 가한 후 시간에 따른 시편길이 변화

① 1단계(primary) creep : 변형률 증가율이 시간에 따라 감소
② 2단계(secondary) creep : 변형률 증가율이 일정, creep 설계의 기준기울기
③ 3단계(tertiary) creep : 변형률 증가율이 증가

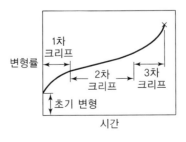

| creep 곡선 |

1 충격파괴

기계나 구조물에 외력이 일정하게 작용하는 것이 아니라 간헐적으로 충격작용하여 파괴되는 것이다. 이것에 강하게 하기 위하여 재료의 인성과 여림성(메짐성, 취성)을 강화하도록 해야 하며, 재료의 충격시험은 샤르피 충격시험기 및 아이조드 충격시험기가 사용된다.

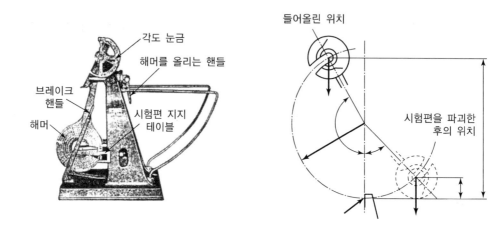

| 샤르피 충격 시험기 |

2 충격인성

① 충격에 대한 인성
② 펜듈럼(pendulum)의 충격 전후의 위치에너지 차이
③ 강도와 연성이 높을수록 충격인성이 증가
④ 표면결함, 즉 노치에 대하여 민감하게 변화

① 연성파괴

여러 종류의 관찰로부터 연성파괴는 다음 그림에 나타낸 과정을 거치는 것으로 생각한다. 즉,
① 소성변형의 진행과 더불어 석출물이나 비금속 개재물 등의 제2상과의 경계에 dislocation
   이 집적한다.
② 그 부분의 응력이나 변형률이 어떤 조건에 이르면 개재물이 파괴되거나 모재 속에서 박리되
   어 미소공이 생긴다.
③ 더욱 소성변형이 진행되면 이들 미소공이 커지게 되고 void나 crack으로 성장한다.
④ void나 crack이 연결·합체해서 급속 성장하여 다음에는 거시적인 파괴에 이른다.
⑤ 연성파괴의 변형에 영향을 미치는 인자는 여러 가지이지만 cementite나 비금속 개재물 등
   의 제2상 입자의 양과 형상의 영향이 가장 크다. 또 가공 중에 인자응력이 작용하면 void나
   crack의 성장이 빨라져 작은 변형에도 파괴가 발생한다.

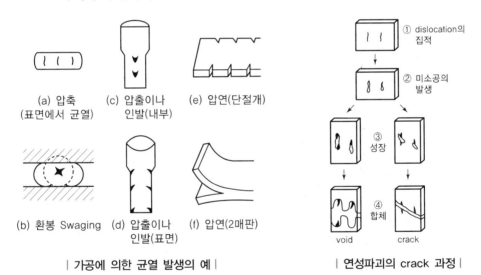

(a) 압축
(표면에서 균열)

(c) 압출이나
인발(내부)

(e) 압연(단절개)

(b) 환봉 Swaging

(d) 압출이나
인발(표면)

(f) 압연(2매판)

① dislocation의
집적

② 미소공의
발생

③ 성장

④ 합체

void

crack

| 가공에 의한 균열 발생의 예 |

| 연성파괴의 crack 과정 |

2 취성파괴

빠른 속도로 진전하는 균열은 인장응력에 수직인 면에서 생김

1) 입내파괴(transgranular fracture)

① 얕은 딤플을 남기지만 일반적으로 벽개파괴(cleavage fracture)의 전형적인 양식을 띤다.
② 의사벽개파괴 : 벽개면에 따른 파괴인지 아닌지가 명확하지 않은 파괴를 말한다.

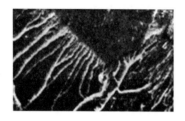

| 벽개파면 |

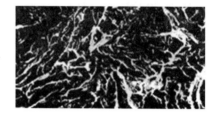

| 의사벽개파면 |

2) 입계파괴(transgranular fracture)

① 결정립계에 편석과 석출물이 많고, 어닐링 취화와 같은 영향을 받아 입계가 약화될 때 또는 고온에서의 크리프 파괴, 부식환경에서 균열이 진행할 경우 발생할 수 있다.
② 입계연성파괴 : 입계에 따라서 기공이 형성되고 합체해서 파괴하는 것
③ 미시적으로는 연성파괴이지만, 거시적으로는 소성변형량은 적고 취성파괴이다.

| 입계취성파면 |

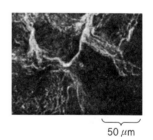

| 입계연성파면 |

1 정의

① 소재가 변형된 후 외력이 모두 제거된 상태에서도 소재에 남아 있는 응력
② 소재의 뒤틀림 또는 강도저하 등 유발

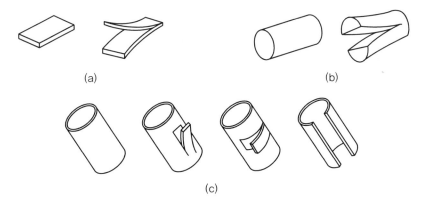

| 잔류응력 양상 |

2 원인

① 냉간 및 열간가공에 의한 잔류응력
② 금속의 상변태를 이용하는 열처리 시 상의 밀도 차이 : ferrite와 martensite
③ 온도구배 : 주물냉각, 기차바퀴의 제동, 연삭작업

3 영향

1) 표면인장잔류응력

① 피로수명 및 파괴강도 저하
② 응력부식균열 유발
③ 응력제거풀림처리(stress relief annealing) 필요

2) 표면압축잔류응력

① 제품의 피로수명 향상 효과
② burnishing, shot peening, surface rolling 등으로 유발 가능

4 제거방법

1) 가열에 의한 제거(열처리)

① 온도가 상승하면 항복응력이 떨어지고 잔류응력은 항복응력을 초과할 수 없으므로 항복 응력의 값으로 줄어든다.

② 잔류응력의 대부분은 시간에 따른 응력이완(stress relaxation)에 의해 소멸되는데, 이 과정은 온도의 상승에 따라 시간이 크게 단축된다.

2) 소성변형에 의한 제거

가장자리에 인장 중앙부에 압축 잔류응력이 있는 판에 항복응력 이상의 힘으로 인장시킨 후 탄성회복시키면 잔류응력의 크기가 감소한다.

3) 응력제거풀림(SRA : Stress Relief Annealing) 처리를 한다.

4) 숏피닝(shot peening), 표면압연(surface rolling) 등으로 압축잔류응력을 유발하여 인장 잔류응력을 줄이거나 제거할 수 있다.

SECTION **12** | 항복조건과 항복곡선

---

1 항복조건

항복조건이란 항복이 일어나거나 소성변형이 시작되는 응력상태의 수학적인 표현, 또는 가능한 복합응력 상태에서 탄성한계를 정의하는 법칙이다. 이 항복조건의 일반형태들은 다음과 같다.

$$f(\sigma_x, \sigma_y, \sigma_z, \sigma_{xy}, \cdots\cdots) = C \quad \text{(일반 응력성분으로 표현)}$$
$$f'(\sigma_1, \sigma_2, \sigma_3) = C \quad \text{(주응력으로 표현)}$$
$$f''(I_1, I_2, I_3) = 0 \quad \text{(응력 불변량으로 표현)}$$
$$f'''(J_2, J_3) = 0 \quad \text{(편차응력 불변량으로 표현)}$$

2 항복조건식

1) Tresca 항복조건(최대전단응력설)

가장 큰 전단응력 값이 전단항복응력 값에 도달했을 때 항복이 일어난다는 가설이다. 주응력 간에 $\sigma 1 > \sigma 2 > \sigma 3$의 관계가 있고, σ_Y와 k를 단축인장시험에서 항복응력과 순수전단시험에서 전단항복응력이라고 하면

$$\tau_{\max} = \frac{\sigma_1 - \sigma_3}{2} = \begin{cases} \dfrac{\sigma_Y}{2} (단축인장시험) \\ k(순수전단시험) \end{cases}$$

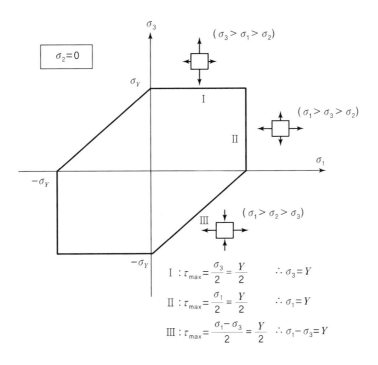

I : $\tau_{\max} = \dfrac{\sigma_3}{2} = \dfrac{Y}{2}$ $\therefore \sigma_3 = Y$

II : $\tau_{\max} = \dfrac{\sigma_1}{2} = \dfrac{Y}{2}$ $\therefore \sigma_1 = Y$

III : $\tau_{\max} = \dfrac{\sigma_1 - \sigma_3}{2} = \dfrac{Y}{2}$ $\therefore \sigma_1 - \sigma_3 = Y$

2) von-Mises 항복조건

편차응력 텐서의 제2불변량 J_2가 어느 일정한 값 K^2에 도달했을 때 항복이 일어난다는 가설로, 전단변형 에너지설(distorsion energy theory) 또는 J_2이론으로 불린다. 단축인장시험에서 항복응력을 σ_Y이라 하고, 순수전단시험에서 항복응력을 K라고 하면

$$f(J_2) = 0 \ 혹은 \ J_2 = K^2$$

여기서, $J_2 = \dfrac{1}{6}\left\{(\sigma_1 - \sigma_2)^2 + (\sigma_2 - \sigma_3)^2 + (\sigma_3 - \sigma_1)^2\right\}$

$= \dfrac{1}{6}\left\{(\sigma_x - \sigma_y)^2 + (\sigma_y - \sigma_z)^2 + (\sigma_z - \sigma_x)^2\right\} + (\tau_{xy}^2 + \tau_{yz}^2 + \tau_{zx}^2)$

$$K = \begin{cases} \dfrac{\sigma_Y}{\sqrt{3}} : (단축인장시험) \\[4mm] K : (순수전단시험) \end{cases}$$

따라서 von-Mises 항복조건식은 주응력 항으로 다음과 같이 표현된다.

$$(\sigma_1 - \sigma_2)^2 + (\sigma_2 - \sigma_3)^2 + (\sigma_3 - \sigma_1)^2 = 2\sigma_Y^2 \quad (단축인장시험)$$

$$(\sigma_1 - \sigma_2)^2 + (\sigma_2 - \sigma_3)^2 + (\sigma_3 - \sigma_1)^2 = 6k^2 \quad (순수전단시험)$$

(주) $\quad \overline{\sigma} = \dfrac{1}{\sqrt{2}} \left\{ (\sigma_1 - \sigma_2)^2 + (\sigma_2 - \sigma_3)^2 + (\sigma_3 - \sigma_1)^2 \right\}^{\frac{1}{2}}$

$\qquad \overline{\sigma} = \sqrt{3J_2}$

평면응력상태($\sigma_2 = 0$)에서 von-Mises 항복곡선은 다음과 같다.

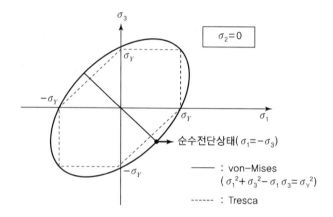

| von-Mises 항복곡선 |

1. 인장과 압축의 동등한 변형의 진변형률은 부호만 다르고 크기는 같다

예제 원래 길이 10을 인장하여 210으로 하였다면 $e = 1$, $\varepsilon = \ln 2 = 0.693$이 된다. 만약 압축하여 $e = -1$이 되게 하기 위해서는 변형된 길이 $l = 0$이어야 한다. 그렇다면 $e < -1$인 경우는 불가능하다. 그러므로 진변형률이 공칭변형률보다 더 타당한 물리적 의미를 갖는다. 또한 가공경화 측면에서도 시편길이가 2배 늘어나는 것과 반으로 압축하는 것은 같은 의미를 갖는다.

2. 여러 단계의 변형률의 합은 전체변형률과 일치한다

예제 최초 10in의 시편을 12in으로 다음에 다시 15in으로 그리고 마지막으로 20in으로 인장하였다면, 각각의 단계에서의 공칭변형률과 진변형률을 구하고 그것을 처음과 최종 단계와 비교하여라.

$10 \rightarrow 12$	$e_1 = \dfrac{2}{10} = 0.2$	$\varepsilon_1 = \ln\left(\dfrac{12}{10}\right) = 0.18$
$12 \rightarrow 15$	$e_2 = \dfrac{3}{12} = 0.25$	$\varepsilon_2 = \ln\left(\dfrac{15}{12}\right) = 0.22$
$15 \rightarrow 20$	$e_3 = \dfrac{5}{15} = 0.33$	$\varepsilon_3 = \ln\left(\dfrac{20}{15}\right) = 0.29$
Σ	0.78	0.69
$10 \rightarrow 20$	$e_{overall} = \dfrac{10}{10} = 1.0$	$\varepsilon_{overall} = \ln\left(\dfrac{20}{10}\right) = 0.69$

3. 체적불변의 법칙(plastic incompressibility)은 3개의 수직변형률 합이 영(zero)으로 쉽게 표현된다

최초의 부피 : $V_0 = w_0 t_0 l_0$ 가 변형하여 $V = wtl$가 되었다.

부피의 변화가 없으므로, $\dfrac{V}{V_0} = \dfrac{wtl}{w_0 t_0 l_0} = 1$

양변에 로그를 취하면, $\ln \dfrac{V}{V_0} = \ln \dfrac{w}{w_0} + \ln \dfrac{t}{t_0} + \ln \dfrac{l}{l_0} = \varepsilon_w + \varepsilon_t + \varepsilon_l = 0$

따라서 $\varepsilon_w + \varepsilon_t + \varepsilon_l = 0$ 이다.

1. 강도시험의 종류

① 인장시험(tension test)
② 압축시험(compression test)
③ 휨시험(bending test)
④ 비틀림시험(torsion test)

2. 종류별 시험방법

1) 인장시험

시험하고자 하는 금속재료를 규정된 시험편의 치수로 가공하여 축 방향으로 잡아당겨 끊어질 때까지의 변형과 이에 대응하는 하중과의 관계를 측정함으로써 금속재료의 변형, 저항에 대하여 성질을 구하는 시험법이다.

이 시험편은 주로 주강품, 단강품, 압연강재, 가단 주철품, 비철금속 또는 합금의 막대 및 주물의 인장시험에 사용한다. 시험편은 재료의 가장 대표적이라고 생각되는 부분에서 따서 만든다. 암슬러형 만능재료 시험기를 사용한다. 응력-변형률 선도를 조사함으로써 탄성한도, 항복점, 인장강도, 연신율, 단면수축률, 내격 등이 구해진다.

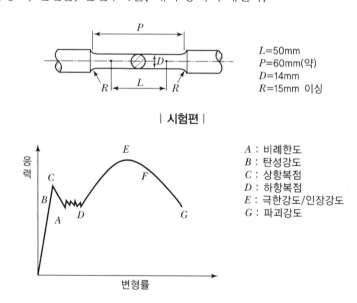

| 시험편 |

| 인장시험 시 응력-변형률 선도 |

① A : 비례한도

응력과 변율이 비례적으로 증가하는 최대응력

② B : 탄성한도

재료에 가해진 하중을 제거하였을 때 변형이 완전히 없어지는 탄성변형의 최대응력 B점 이후에서는 소성변형이 일어난다.

③ C : 상항복점

탄성한도를 지나 응력이 점점 감소하여도 변율은 점점 더 커지다가 응력증가 없이 변형이 급격히 일어나는 최대응력

④ D : 하항복점

항복 중 불안정 상태가 계속되고 응력이 최저인 점

⑤ E : 극한강도

재료의 변형이 끝나는 최대응력

⑥ G : 파괴강도

변율이 멈추고 파괴되는 응력

2) 압축시험

압축시험은 베어링용 합금, 주철, 콘크리트 등의 재료에 대하여 압축강도를 구하는 것이 목적이며 하중의 방향이 다를 뿐 인장시험과 같다.
시험기는 역시 암슬러형 만능재료시험기가 일반적이다.

3) 휨시험(bending test)

휨시험에도 항절시험과 판재의 휨시험 등이 있다.

① 항절시험

주철이나 목재의 휨에 의한 강도(항절 최대하중, 세로탄성계수, 비례한도, 탄성에너지 등)를 구한다.
암슬러형 만능재료시험기를 사용하여 시험편을 지지대 위에 놓고 압축시험과 같은 요령으로 시험한다.

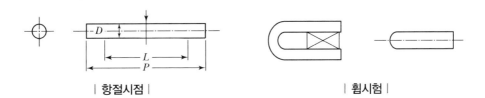

| 항절시점 |　　　　　　　　　　　| 휨시험 |

② 판재의 휨시험

규정된 안쪽 반지름 r을 가진 축이나 형(形)을 써서 규정의 모양으로 꺾어 휘어 판재의 표면에 균열이나 기타의 결함이 생길 때까지 휘어서 얻어지는 각도로 그 연성을 조사하는 것이다.

4) 비틀림 시험(torsion test)

시험편을 시험기에 걸어서 비틀림, 비틀림 모멘트, 비틀림각을 측정하여 가로탄성계수나 전단응력을 구한다.

시험편은 보통 둥근 막대를 쓰고 피아노선(0.65~0.95% C의 강성을 말함)의 시험은 규정의 비틀림 횟수 이상으로 비틀어지는가를 시험한다.

1. 시효경화(age hardening, 석출경화)

재료의 고유한 성질이며 온도 또는 시간에 따라 그 성질이 변하는 것을 말한다. 담금질에 의하여 과포화 고용체로 된 합금을 상온에 방치하거나 여러 가지 온도로 가열할 때 하중을 가한 후 제거했다가 오랜 시간 이후 다시 하중을 걸면 시간에 따라 재료강도가 증가하고 연성이 떨어지는 현상이 생기는데, 이를 시효경화라 한다.

2. 응력완화(stress relaxation)

변형률이 일정하게 유지되도록 하중을 주었을 때 응력이 시간과 더불어 감소되는 현상을 말한다. 고온에 사용하는 스프링, 고정용 볼트 등에서 볼 수 있다.

3. 잔류응력(residual stress)

하중이나 열을 가하다가 제거하면 재료의 결정이 변형 전의 상태로 돌아오고 어떠한 방해를 받아 응력을 받은 상태로 남아 있게 되는데, 이것을 잔류응력이라 한다. 잔류응력의 제거를 위해서는 풀림처리를 한다.

4. 가공경화

금속재료에 하중을 가해 탄성한도 이상의 응력을 일으키면 금속 격자의 전위가 일어나 소성 변형을 일으키고 변형을 일으킨 재료는 저항력이 증가하여 탄성한도의 상승이나 경도의 증가가 나타나는데, 이를 가공경화라 한다.

5. 고용체 경화

금속재료의 모체가 되는 원자에 크기가 다른 원소를 고용시켜 주면 그 주위의 결정원자를 뒤틀리게 하여 같은 원자가 배열한 것보다 움직이는 데 많은 에너지를 필요로 하고 강하게 된 것을 의미하며 이를 고용체 경화라고 한다.

금속조직 내 응력은 냉간가공에 의한 내부응력과 용접 중의 응력집중이 있어 응력부식 등 여러 가지 문제를 수반하는 경우가 있다.

1. 종류

1) 내부응력

Nadai 식에 의하면 $\sigma = \alpha \propto M$ 의 식으로 표시된다.

α, M은 재질에 따른 상수이고 σ는 응력, ε은 연율을 표시한다.

2) 용접부의 잔류응력

용접에 의한 가열 냉각의 불균일로서 열응력이 용접 중에 생겨 재료에 존재하는 응력이다.

2. 응력완화방법

① 내부응력에 의한 것은 풀림 처리를 한다.
② 용착 금속량의 감소를 위하여 적합한 Bead 배치법을 선정하고, 적합한 용접자세를 선정하며, 예열과 후열 처리를 한다.

3. 용접물 잔류응력의 영향

① 연성파괴가 발생한다.
② 취성파괴가 발생한다.
③ 피로강도가 감소한다.
④ 응력부식(보일러 취성)이 생긴다.

05 금속재료의 강도와 변형률 속도, 온도와의 관계

1. 개요

금속재료는 온도에 따라 시간 의존적인 소성변형(creep)이 발생된다. 상온에서 충분한 정적 강도와 강성을 가지고 있더라도 어떤 용도로는 부적합할 수 있다. 특히, turbine engine이나 boiler 등과 같이 고온에서 활용되는 구조물의 설계 시 중요한 고려사항이 된다.

2. 강도, 변형률, 온도의 관계

스테인리스강의 강도와 연성에 대한 온도의 영향을 예시한 것으로서 온도가 상승하면 강도는 저하되고, 역으로 온도가 낮아지면 강도가 커진다. 파괴 시의 변형률에 의해 알 수 있는 바와 같이, 온도가 저하함에 따라 연성도 저하되고 있으며 온도가 상승하면 연성도 커진다. 온도는 재료의 강성에도 영향을 미친다.

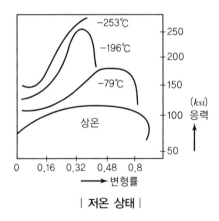

| 저온 상태 |

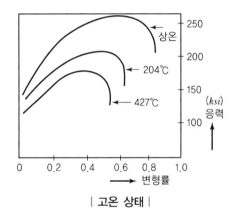

| 고온 상태 |

1) 변형속도

$$\varepsilon = \frac{d\varepsilon}{dt}\,[\sec^{-1}]$$

변형속도가 강도에 미치는 영향은 온도가 증가함에 따라 더욱 커진다는 것을 알 수 있다. 저탄소강의 경우 평상 변형속도에서 나타나지 않는 항복점이 높은 변형속도에서는 민감하게 나타난다.

$$\text{변형능력 } \sigma = C_1 (\dot{\varepsilon})^m$$

여기서, m : 변형응력민감도 열간가공 조건에서 금속재료 ($m = 0.1 \sim 0.2$)

2) 온도

응력 − 변형률 곡선은 온도에 따라 크게 의존한다.

$$\sigma = C_2 e^{\frac{Q}{RT}}$$

여기서, Q : 소성변형을 위한 활성화 에너지(J/mol)
R : 기체상수(8.314J/mol · K)
T : 시험온도(K)

위의 식은 변형률과 변형속도가 일정한 경우에 변형응력의 온도 의존성을 나타낸다.

Question 06 강의 취성의 종류

1. 적열취성(赤熱脆性)

900~1,000℃의 적열상태에서 취성이 발생하는 성질로서 유황(S) 성분이 많은 강에서 나타나는 현상으로 강에서 유황 성분(%S)을 가능하면 적게 함유하도록 하는 것이 좋다.

2. 청열취성(靑熱脆性)

강(鋼)은 일반적으로 상온에서보다는 온도가 올라가면 연(軟)해지면서 점성(粘性)을 갖지만 250 ~ 300℃로 가열하면 경(硬)해서 취성을 갖게 된다. 이 온도에서는 강이 청색으로 착색되는 온도에 해당이 되기 때문에 청열취성이라고 말한다. 가열한 상태에서 강을 굽힌다든지 가공을 할 경우에는 이 청열취성 온도를 피하지 않으면 안 된다.

3. 저온취성(低溫脆性)

만물은 온도가 내려가면 경(硬)해지고 취성을 갖게 되는 것이 일반적인 성질이지만 강은 0℃ 이하, 특히 −20 ~ −30℃에서 급격하게 취성을 갖게 되어 충격을 받으면 부스러지기 쉽다. 이것을 저온취성이라 한다. 저온취성은 특히 인(P)이 많은 강(鋼)에서 나타나며 추운 지방에서 사용되는 강(鋼)은 저온취성에 주의를 하지 않으면 안 된다. 저온취성을 방지하기 위해서는 강을 템퍼링(tempering)하여 솔바이트 조직이 되도록 하는 것이 좋다.

4. 소려취성(temper brittleness)

소입(quenching)한 강은 경도는 높지만 취성을 갖기 때문에 취성을 제거하고 점성을 갖도록 하기 위해서는 소려(tempering)를 하게 된다. 소려를 하게 되면 강(鋼)은 점성을 갖게 되는 것이 일반적인 성질이지만 소려온도(약 600℃)에서부터 서랭(공랭)을 하게 되면 취성을 갖는 경우가 있다. 특히, Ni −Cr강(鋼) 등은 소입 후 600℃ 정도의 소려온도로부터 서랭이 되면 취성을 갖게 되는 경우가 많다. 이런 현상은 Ni −Cr강(鋼)의 경우가 현저하지만 일반 강(鋼)도 이런 현상을 갖게 된다. 이것을 소려취성이라 한다. 점성을 얻기 위해 소려를 하는데, 이것이 취성을 가져오기 때문에 주의하지 않으면 안 된다. 소려취성을 방지하기 위해 소려온도를 급랭(수랭 또는 유랭)하는 것이 제일 효과적이다. 그러나 소려온도에서 급랭을 시키면 tempering crack이 일어나기 쉬운 고속도강, 다이스강 등은 서랭을 시키지 않으면 안 된다. 이때 소려취성을 방지하기 위해서는 소량의 Mo을 첨가하는 것이 효과적이지만 이 경우에도 소려 후 급랭하는 것은 좋지 않다.

5. 300℃ 취성

소입강을 소려시키면 점성을 갖는 것이 일반적이지만 300℃에서 소려시키면 취성을 갖게 된다. 이 것은 소려(Tempering)취성과는 차이가 있는 것으로 소려 후 냉각방법을 바꾸어도 피할 수가 없다. 따라서 300℃의 소려는 금물이며 300℃에서 취성을 갖는 것을 300℃ 취성이라 한다. 이 경우에는 300℃로 소려하는 것보다는 250℃로 하는 것이 좋다.

6. 어닐링 취성

연강(軟鋼)(極軟鋼))에서만 보이는 취성으로 800~900℃의 어닐링 온도로부터 서랭시켰을 때 발생되는 취성으로서 어닐링 취성이라 한다. 일반적으로 어닐링을 행하면 취성현상이 없어지지만 연강에 한해서는 어닐링 후 서랭을 시키면 오히려 취성을 갖게 된다. 따라서 연강을 어닐링할 경우에 어닐링 온도로부터 노랭을 시키지 않고 공랭 또는 수랭을 시키면 어닐링 취성이 방지된다. 연강은 일반강 중에서도 가장 많이 사용되는 강종이기 때문에 어닐링 취성에 주의를 해야 한다.

7. 산세취성(酸洗脆性)

강, 특히 경(硬)한 강(鋼)은 산세(酸洗)를 하면 수소가 강의 분자 사이로 침입되어 취성을 일으킨다. 이것을 산세 취성이라 한다. 강을 산세할 경우에는 유산수(硫酸水)에 '이온 히비터'라는 억제제를 넣든가 산세시간을 짧게 해야 한다. 산세 후에는 가능한 한 빨리 온수세정한 후에 150~200℃ 정도에서 저온 가열로 베이킹하는 것이 좋다.

8. 수소취성(水素脆性)

강에 수소가 들어가게 되면 분자 간에 미세한 균열이 발생하여 취성을 갖게 된다. 이것을 수소취성이라고 한다. 수소가 강에 들어갈 때에는 고온일 때이지만 수소가 활발하게 영향을 주는 온도는 200~250℃이다. 따라서 용해된 강을 응고시킬 때나 화조(火造), 압연할 때에는 500℃ 이하에서의 냉각속도를 매우 천천히 하여 침입된 수소를 서서히 방출시키는 수단이 강구되어야 한다.

9. 도금취성

강의 녹 발생을 방지하기 위해 도금 시에는 유산수(硫酸水)로 산세를 해야 하는데, 이때 수소와 전해액의 수소가 강중으로 침입하여 수소취성을 일으키게 된다. 도금할 때에는 이를 피할 수 없으며 이를 가리켜 '도금취성'이라고 한다. 도금취성은 전기 도금 시에 강하게 나타나며 이를 방지하기 위해서는 도금 후에 즉시 200℃에서 4시간 정도 저온 어닐링(salt bath 가열)을 해야 한다. 이것을 '베이킹'이라 하며 이 베이킹 공정을 거치지 않는 곳에는 도금을 맡기지 말아야 한다. 특히, 소입, 소려 부품을 도금할 때에는 도금취성이 강하게 나타나므로 주의를 해야 한다.

공업용 금속재료

PROFESSIONAL ENGINEER METAL WORKING

철금속·합금

1 철강재료의 개요

1) 철강재료의 분류

① 철강의 5원소 : 탄소(C), 규소(Si), 망간(Mn), 인(P), 황(S)을 말한다.

② 순철 : 탄소량 0.02% 이하로, 전기재료나 실험재료로 쓰인다.

③ 강 : 탄소량 2.11% 이하로, 기계의 주요 부품으로 쓰인다.

④ 주철 : 탄소량 2.11% 이상으로, 기계의 몸체에 해당하는 구조물에 쓰인다.

2) 철강재료의 제조

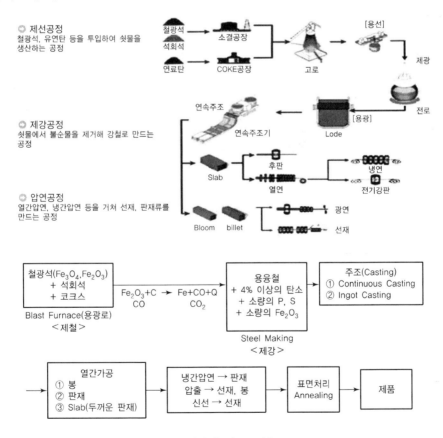

◎ 제선공정
철광석, 유연탄 등을 투입하여 쇳물을 생산하는 공정

◎ 제강공정
쇳물에서 불순물을 제거해 강철로 만드는 공정

◎ 압연공정
열간압연, 냉간압연 등을 거쳐 선재, 판재류를 만드는 공정

| 철광석(Fe_3O_4, Fe_2O_3)
+ 석회석
+ 코크스
Blast Furnace(용광로)
<제철> | $Fe_2O_3+C \rightarrow Fe+CO+Q$
$CO \qquad CO_2$ | 용융철
+ 4% 이상의 탄소
+ 소량의 P, S
+ 소량의 Fe_2O_3
Steel Making
<제강> | 주조(Casting)
① Continuous Casting
② Ingot Casting |

| 열간가공
① 봉
② 판재
③ Slab(두꺼운 판재) | 냉간압연 → 판재
압출 → 선재, 봉
신선 → 선재 | 표면처리
Annealing | 제품 |

| 철강의 제조공정 |

① 선철의 제조

　㉠ 대량 생산에 알맞은 용광로 제선법이 대표적이다.

　㉡ 선철은 철광석과 연료인 코크스와 용제인 석회석 등을 일정한 비율로 용광로에 장입하고, 열풍로에서 미리 가열된 고온, 고압의 공기를 불어넣어 연소시키면 환원, 제조된다.

　㉢ 철광석에는 여러 가지가 있으나 적철광, 자철광, 갈철광 등이 대표적이며, 철광석은 품위가 55~60% 철분을 함유한 원료 광석이 쓰인다.

　㉣ 용광로의 크기는 24시간 동안 출선된 선철의 무게를 톤(ton)으로 표시하는데, 보통 100~2,000톤의 것이 많이 사용된다.

　　※ 박판 3mm 이하, 중판 3~6mm, 후판 6mm 이상의 철판을 말한다.

② 강의 제조(제강공정)

　철강은 선철이나 고철을 전로, 전기로, 평로 등의 제강로에서 가열, 용해하여 산화제와 용제를 첨가하여 불순물을 제거하고 탄소를 알맞게 감소시키는 제강공정을 거쳐 만든다.

　㉠ 평로 제강법

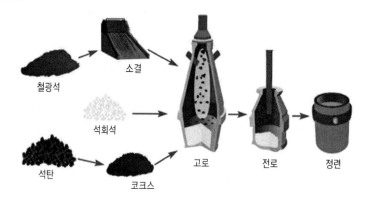

　바닥이 넓은 반사로인 평로를 이용하여 선철을 용해시키고 여기에 고철 · 철광석 등을 추가로 장입하여 강을 만드는 제강법이다. 대량생산이 가능하며 크기는 1회에 녹일 수 있는 철의 무게를 톤(ton)으로 표시한다.

　㉡ 전로 제강법 : 용해한 쇳물을 경사식으로 된 노에 넣고 연료 사용 없이 압축공기나 산소를 불어넣어 자체 산화시키는 제강법으로 산성법과 염기성법이 있다.

　㉢ 전기로 제강법

　　• 전열을 이용하여 선철, 고철 등의 제강 원료를 용해시켜 강을 만드는 제강법이다.

　　• 우수한 품질의 강을 만들 수 있으나 전력비가 많이 드는 결점이 있다.

　　• 크기는 1회에 녹일 수 있는 철의 무게를 톤(ton)으로 표시한다.

③ 강괴(ingot)의 제조

    ㉠ 림드강 : 평로 또는 전로 등에서 용해한 강에 페로망간을 첨가하여 가볍게 탈산 후 주형에 주입하여 응고한 것이다.

    ㉡ 킬드강 : 래들(ladle) 안에서 강력한 탈산제인 페로실리콘, 알루미늄 등을 첨가하여 충분히 탈산 후 주형에 주입하여 응고한 것이다.

    ㉢ 세미킬드강 : 탈산의 정도를 림드강과 킬드강의 중간 정도로 한 강이다.

    ※ 탈산작용 : 용존산소를 감소시키기 위해 탄화규소(SIC), 페로망간MnFe), 페로실리콘(SiFe), 알루미늄(Al) 등을 첨가하여 용존산소와 비용존산소, 불순물을 분리하여 산화철을 방지하기 위한 것이다.

④ 철강제품의 제조과정

    ㉠ 제선공정 : 철광석을 환원 용해하여 선철을 만드는 과정

    ㉡ 제강공정 : 선철과 고철을 주원료로 하여 강을 만드는 공정

    ㉢ 압연공정 : 환봉, 강판, 형강 등의 제품으로 만드는 공정

② 순철과 탄소강

1) 순철의 성질과 용도

① 순철의 조성과 성질

    ㉠ 탄소량 0.02% 이하이며 다수의 결정 입자로 되어 있는 다결정체 조직으로 되어 있다.

    ㉡ 결정립이 작을수록 인장강도, 비례한도, 연신율 등의 성질이 향상된다.

② 순철의 변태

    ㉠ α철은 911℃ 이하에서 안정된 체심입방 격자를, γ철은 911~1,394℃에서 안정된 면심입방 격자를 가진다.

    ㉡ 911℃에서 α철이 γ철로 되는 변태를 A_3 동소변태, 1,394℃에서 γ철이 α철로 되는 변태를 A_4 동소변태라고 한다.

    ㉢ 768℃ 부근에서는 급격히 상자성체로 변한다. 이 변화를 A_2 자기변태라 한다.

2) 탄소강의 조직과 성질

① 탄소강의 조성

    ㉠ 탄소는 강의 함유 원소 중 성질을 가장 크게 변화시킨다.

    ㉡ 탄소의 함유량이 많을수록 탄소강의 성질은 강해진다.

② 탄소강의 상태도와 기본조직

    ㉠ Fe−Fe₃C 상태도와 상 : 순철은 910℃ 이하에서는 체심입방격자이고, 910℃ 이상 1,390℃까지는 면심입방격자이다. 여기에 탄소원자가 함유되면 두 가지 변화가 나

타난다. 즉, 변태온도가 낮아지고 변태가 단일온도에서 일어나는 것이 아니라 어느 온도범위에 걸쳐서 일어나게 된다. 이러한 내용이 다음 그림에 잘 나타나 있다. 엄격하게 말해서 시멘타이트(Fe_3C)로 불리는 금속간화합물은 평형상이 아니기 때문에, 이 상태도는 엄밀하게 말하면 평형상태도가 아니다. 어떤 조건하에서 시멘타이트는 더욱 안정한 상인 철과 흑연으로 분해될 수 있다. 그러나 Fe_3C는 한 번 형성되기만 하면, 실질적으로 매우 안정하므로 평형상으로 간주된다. 이러한 이유로 인해서 그림의 상태도는 준안정 상태도이다.

상(相, phase)이라는 것은 물리적 · 화학적 그리고 결정학적으로 균일한 부분을 말하는 것으로, 이것은 뚜렷한 계면에 의해서 합금의 다른 부분과 구분된다. $Fe-Fe_3C$ 상태도에 나타나는 고상의 종류에는 4가지가 있다. 즉, α페라이트(ferrite), 오스테나이트(austenite), 시멘타이트 및 δ페라이트 등이다.

ⓛ 강의 표준조직
- 페라이트 : α철에 탄소가 최대 0.02% 고용된 α고용체로, 대단히 연하여 전연성이 크며, A2점(768℃) 이하에서는 강자성체이다.
- 오스테나이트 : γ철에 탄소가 최대 2.11% 고용된 γ고용체로, 인성이 크며 상자성체이나 실온에서는 존재하기 어렵다.
- 시멘타이트 : 철에 탄소가 6.67% 화합된 철의 금속 간 화합물로 백색의 침상이며, 대단히 단단하고 부스러지기 쉽다.
- 펄라이트 : 페라이트와 시멘타이트가 층상으로 나타나는 조직으로 강도가 크며 연성도 어느 정도 가지고 있다.
- 레데브라이트 : 경도가 크고 메짐 성질을 가지고 있다.

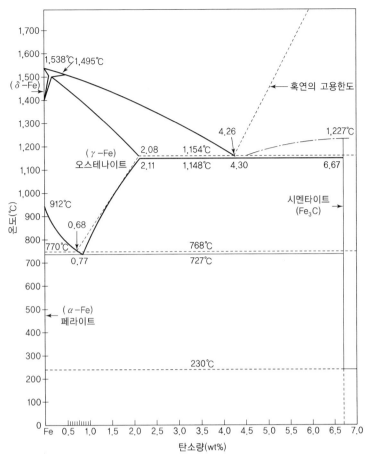

| Fe $-$ Fe$_3$C 상태도 |

③ 탄소강의 표준상태와 성질

　㉠ 물리적 성질과 화학적 성질

　　• 물리적 성질 : 탄소함유량이 증가함에 따라 비중과 선팽창계수는 감소하며 비열, 전기저항, 보자력 등은 증가한다. 반면 내식성은 저하된다.

　　• 화학적 성질 : 탄소강은 알칼리에는 거의 부식되지 않으나 산에는 약하다.

　㉡ 기계적 성질

　　• 아공석강 : 탄소함유량(C=0.8 이하)이 많을수록 강도와 경도는 증가되지만 연신율과 충격값은 매우 낮아진다.

　　• 과공석강 : 탄소함유량이(C=0.8 이상) 많을수록 망상의 시멘타이트가 생기면서 변형이 잘 안 되며, 경도는 증가하나 강도는 오히려 급격히 감소하는 현상이 나타나 냉간가공이 어려워진다.

　　• 온도가 높아지면 강도가 감소되면서 연신율이 증가하고, 특히 적열상태에서는 전연성이 아주 크므로 소성가공을 쉽게 할 수 있다.

　　• 청열취성(blue shortness) : 탄소강이 200~300℃에서 상온일 때보다 인성이 저

하되는 특성을 말한다.
- 적열취성(red shortness) : 황을 많이 함유한 탄소강이 약 950℃에서 인성이 저하되는 특성을 말한다.
- 상온취성(cold shortness) : 인을 많이 함유한 탄소강이 상온에서 인성이 낮아지는 현상을 말한다.

④ 탄소 이외 함유 원소의 영향
  ㉠ 망간(Mn) : 강도와 고온 가공성을 증가시키고 연신율의 감소를 억제시키며, 주조성과 담금질 효과를 향상시킨다.
  ㉡ 규소(Si) : 단접성과 냉간가공성을 해치게 되므로, 이들 목적에 쓰이는 탄소강은 규소의 함유량을 0.2% 이하로 해야 한다.
  ㉢ 인(P) : 철과 화합하여 인화철(Fe_3P)을 만들어 결정립계에 편석하게 함으로써 충격값을 감소시키고 균열을 가져오게 한다. 상온취성의 원인이 된다.
  ㉣ 황(S) : 철과 화합하여 황화철(FeS)을 만들며, 단조온도에서 융체로 되어 결정립계로 석출되면서 고온가공성을 해친다. 그러나 황은 절삭성을 향상시키기 때문에 쾌삭강에는 황을 0.08~0.35% 함유시킨다.
  ㉤ 수소(H) : 헤어크랙(hair crack)이라는 내부 균열을 일으켜 파괴의 원인을 제공한다.

3) 탄소강의 종류와 용도

값이 싸고 다량 생산이 가능하며 질의 균일성, 가공성, 성형성 및 담금질성 등이 우수하여 기계재료로 가장 많이 사용되고 있다.
① 냉간 압연 강판
  프레스 성형성이 우수하고 표면이 미려할 뿐만 아니라 치수가 정확하므로 제관, 차량, 냉장고, 전기기기 등의 제조 및 건설 분야의 소재로 많이 쓴다.
② 열간 압연 강판
  강괴를 열간 압연하여 제조한 것으로 법랑철판, 아연도금강판(함석), 주석 도금강판(양철) 등의 소재로 쓰인다.
③ 일반 구조용 압연강
  건축물, 교량, 철도, 차량, 조선, 자동차 등의 일반 구조용으로 강판, 형강, 봉강 등의 모양으로 생산된다.
④ 기계구조용 탄소강
  기계 부품에 사용되는 고급 탄소강으로 일반 구조용 압연강보다 신뢰도가 크다.
⑤ 탄소공구강
  목공용 공구, 연질 금속의 경절삭용 각종 바이트나 공구용 재료로 쓰인다.

⑥ 기타 탄소강

ㄱ 강관 : 사용 목적에 따라 구조용, 배관용, 열전달용 등이 있다.

ㄴ 강판 : 두께에 따라 후강판(6mm 이상), 중간판(1~6mm), 박강판(1mm 이하) 등이 있다.

ㄷ 강선 : 연강선재(0.08~0.25% C), 경강선재(0.25~0.85% C) 외에 피아노선(0.6~0.95% C) 등이 있다.

ㄹ 단강품 : 단조가공으로 성형한 단조 제품 중 설계상 조건에 합격한 제품으로 탄소강 단강품이라고 한다.

❸ 합금강

1) 합금강의 특성과 합금 원소

① 합금강의 특성과 분류
- 특성별 분류 : 구조용, 공구용, 내식용, 내열용, 특수 용도용 합금강으로 구분
- 합금강은 탄소강에 비하여 기계적 성질, 내식 · 내마멸성, 고온 성질 변화, 담금질성, 단접 및 용접성, 전자기적 성질, 결정입자의 성장 방지 등의 성질이 개선된다.

② 합금 원소의 영향

ㄱ 니켈 : 담금질성이 향상되고 인성이 증가되며, 스테인리스강의 합금 원소와 제트 기관용의 내열 합금의 주성분으로 사용되고 있다.

ㄴ 크롬 : 강도를 높이고 담금질성을 좋게 하며, 탄소와 결합하여 탄화물을 만들어 강에 내마멸성을 가지게 하고, 내식성 · 내산화성을 향상시킨다.

ㄷ 망간 : 규소와 같이 탈산제로 사용되는 이외에 황의 악영향을 제거하는 데 큰 역할을 한다. 고장력강이나 강인강 등의 합금 원소로 많이 이용되고 있다.

ㄹ 몰리브덴 : 페라이트에 고용되어 조직을 강화하는 작용이 크롬이나 니켈보다 크고, 특히 고온에서 크리프 강도를 높게 하는 효과는 합금 원소들 중에서 가장 크다.

ㅁ 텅스텐 : 철 중에 용해되어 결정 입자를 미세화하며, 탄화물은 매우 단단하다. 강의 경도를 증가시키며, 경화 효과도 크롬강보다 양호하고 인성도 있어 공구강으로 적합하다.

ㅂ 규소 : 망간과 같이 일반적으로 탈산제로 사용되고 있으나 이 목적에는 0.4% 이내로 제한한다. 1.75%까지 함유된 강은 연성을 감소시키지 않고 탄성한도를 향상시켜 스프링 재료에 적합하다.

ㅅ 티탄 : 탄소, 산소 및 질소 등의 원소와 친화력이 강하여 제강할 때 산소, 질소 등의 제거와 편석 방지 또는 입도 조정을 위하여 첨가된다.

2) 합금강의 종류와 용도

① 구조용 합금강

- ㉠ 니켈강 : 탄소강에 니켈을 첨가하면 철 중에 잘 고용되어 결정 입자를 미세화하며 연신율을 크게 감소시키지 않으면서 인장강도, 경도 등을 증가시킬 수 있다. 또 고온에서의 기계적 성질도 좋아져서 강도가 크고 내마멸성 및 내식성이 우수하다.
- ㉡ 크롬강 : 크롬에 의한 담금질성과 뜨임에 의하여 기계적 성질을 개선한 합금강으로, 0.28~0.48%의 탄소강에 약 1~2%의 크롬을 첨가한 합금이다.
- ㉢ 니켈-크롬강 : 니켈강은 강도는 크나 경도는 그다지 높지 않기 때문에 이를 보완하기 위해 니켈강에 크롬을 첨가시킨 합금강을 니켈-크롬강이라 한다.
- ㉣ 니켈-크롬-몰리브덴강 : 니켈-크롬강의 뜨임 취성을 개선하기 위하여 약간의 몰리브덴을 첨가한 강으로 구조용 합금강 중에서 가장 우수한 강이다.
- ㉤ 크롬-몰리브덴강 : 크롬강에 0.15~0.45%의 몰리브덴을 첨가하여 담금질이나 뜨임 메짐성을 개선한 강이다.
- ㉥ 붕소강 : 탄소강에 0.005% 정도의 붕소(B)가 첨가되어도 강의 담금질성은 많이 개선된다.
- ㉦ 구조용 합금강의 열처리 : 구조용 합금강의 풀림은 압연이나 단조에 의한 가공경화로 냉간소성가공이 곤란한 경우, 풀림에 의해서 재질을 연화시키기 위한 목적과 냉간 또는 열간 가공 후의 잔류응력의 제거와 현미경 조직의 개선, 합금 원소 및 불순 원소의 확산에 의한 조직의 균일화를 위하여 실시한다.

② 표면경화용 강

- ㉠ 침탄용 강 : 저탄소강과 저탄소 합금강이 사용되는데, 이들 강의 화학 성분을 탄소 함유량으로 보면 0.10, 0.15, 0.20%의 세 가지로 나눌 수 있으며, 탄소 함유량이 많은 강은 기계적 강도는 크나 인성은 떨어진다.
- ㉡ 질화용 강 : 담금질에 의한 경화가 아니기 때문에 변형이 극히 작고, 가열도 저온의 영역에서 실시하므로 열처리에 따른 변형이나 모재의 결정립 성장이 없다. 경도는 침탄 경화층에 비해 높고 내마멸성, 내식성이 우수하며, 또 뜨임에 대해서도 강한 저항성을 나타내는 특징을 가지고 있다.
- ㉢ 고주파 경화용 강 : 탄소강 대신 합금강을 사용할 수 있으며, 단순히 경도만을 높이고자 할 때에는 탄소강이 적당하나 내부 인성과 높은 강도가 요구될 때에는 저합금강을 사용한다.

③ 공구용 합금강

- ㉠ 합금 공구강 : 탄소 공구강에 적당량의 니켈, 크롬, 망간, 텅스텐, 바나듐, 몰리브덴 등의 원소를 첨가하여 만든 합금강이다. 담금질 효과가 좋고 결정 입자도 미세하여 경도와 내마멸성이 우수하다.

ⓛ 고속도 공구강 : 탄소강에 크롬, 텅스텐, 바나듐, 코발트 등을 첨가하면 500~600℃의 고온에서도 경도가 저하되지 않고 내마멸성이 크며, 고속에서도 절삭이 가능하게 된다. 표준형으로는 0.8% C, 18% W, 4% Cr, 1% V이 있다.

ⓒ 게이지강 : 내마멸성과 내식성이 좋아야 할 뿐만 아니라 가공이 쉽고 열팽창 계수가 작아야 한다. 시간 경과나 환경의 온도 변화에도 수축이나 팽창이 적어야 한다. 1.0% C 이하의 강철에 망간, 크롬, 텅스텐, 니켈 등을 첨가한 저합금강이 많이 쓰이며, 스테인리스강, 침탄강, 고속도강, 질화강, 탄소공구강(제3종) 등이 사용된다.

④ 특수용도용 합금강
　ⓐ 내식강 : 금속의 부식현상을 개선하기 위해 내식성을 부여한 강을 내식강이라 한다.
　　• 크롬계 스테인리스강 : 탄소강에 12~14% Cr을 첨가한 합금강을 크롬계 스테인리스강이라 한다. 질산에 침식되기 힘들고, 해수 이외에도 내식성을 나타낸다.
　　• 크롬-니켈계 스테인리스강 : 크롬계 스테인리스강에 니켈을 첨가한 오스테나이트는 내식성이 대단히 높다. 표준 조성으로는 18% Cr, 8% Ni인 18-8 스테인리스강이 대표적이다.
　　• 석출 경화형 스테인리스강 : 강도가 높을 뿐만 아니라 내식성이나 내열성이 좋고, 복잡한 모양의 성형 가공도 용이하므로 항공기, 미사일 등의 기계 부품에 사용되고 있다.

　ⓑ 내열강 : 고온에서 강도를 유지할 수 있게 내열성을 갖도록 만든 강으로서, 첨가 원소로는 크롬, 규소, 알루미늄 등이 있으며, 니켈은 이들 원소에 의하여 주어진 내열성을 새롭게 개선해 주는 역할을 한다.

　ⓒ 쾌삭강 : 가공 재료의 피절삭성을 높이고, 제품의 정밀도와 절삭공구의 수명을 길게 하기 위하여 개선한 구조용 강을 쾌삭강이라 한다.
　　• 황쾌삭강 : 탄소강에 황을 기본 첨가량보다 0.1~0.25% 정도 증가시켜 쾌삭성을 높인 것이다. 절삭성은 향상되지만 기계적 성질은 떨어진다.
　　• 납쾌삭강 : 탄소강 또는 합금강에 0.1~0.35% Pb을 첨가한 것으로, 납은 고용되지 않고 강 중에 단체의 미립 상태로 고르게 분포된다. 이 강은 기계적 성질에 영향을 주지 않으면서 이방성도 생기지 않는 특성 때문에, 강도를 중요시하는 기계 부품용 및 자동차 주요 부품 등의 대량생산용으로 널리 쓰이고 있다.

　ⓓ 스프링강 : 일반적으로 요구되는 재료의 특성으로는 높은 탄성한도, 피로한도, 크리프 저항, 인성 및 진동이 심한 하중과 반복하중 등에 잘 견딜 수 있는 성질이다. 재료로는 0.5~1.0% C의 고탄소강이 사용되나, 주로 규소-망간강, 규소-크롬강, 크롬-바나듐강, 망간-크롬강 등의 합금강이 쓰인다.

　ⓔ 내마멸강 : 마멸현상을 막기 위하여 표면이 단단한 재료를 필요로 하며 고망간강, 고탄소강, 고크롬강, 고속도강 등이 있으나 고망간강이 가장 많이 사용되고 있다.

ⓑ 베어링강 : 베어링강은 내마멸성과 강성이 특히 큰 것이 요구되며, 가장 많이 사용하는 표준 조성으로는 1.0% C, 1.5% Cr의 고탄소 – 크롬강이다.

ⓐ 자석용 강 : 보자력과 잔류 자기가 크고, 투자율이 작은 것이 필요하다.
- 담금질 경화형 영구 자석강 : 탄소강을 고온으로 가열하여 오스테나이트 조직으로 만든 다음 급랭시키고, 100℃ 부근에서 뜨임하면 보자력이 크고 안정된 마텐자이트 조직의 담금질 경화형 자석재료가 된다.
- 석출경화형 영구 자석강 : 고온에서 높은 용해도를 가지는 고용체를 급랭하여 과포화 강자성 고용체를 만든 다음, 뜨임 처리하여 과포화의 용해 성분을 미립자로 석출시키면, 이로 인하여 생긴 공간 격자의 응력에 의하여 매우 큰 보자력을 가지는 자석강으로 된다.
- 미분말 자석 재료 : 고운 가루로 된 재료를 집합체로 만들어 강한 자성을 얻는 재료로, 분말 자석과 산화 금속 자석이 있다.

ⓞ 철심용 강 : 순철, 규소강, 철 – 규소 – 알루미늄 합금 및 철 – 니켈 합금 등은 투자율과 전기저항이 크고, 보자력, 히스테리시스 등이 작아 전동기, 발전기 및 변압기 등에 쓰이는 철심의 재료로 사용된다.

ⓩ 전기저항용 합금 : 내열성 및 전기 비저항이 크고 연성이 풍부하며, 고온 강도가 큰 특성이 필요하다.
- 니켈 – 크롬계 합금 : 전기저항이 크고 내식성과 내열성이 매우 좋으므로 1,100℃ 정도의 고온까지 사용되며, 일반적으로 니크롬이라고 한다.
- 철 – 크롬계 합금 : 값이 비싼 니켈 대신에 철과 알루미늄을 사용한 전열합금으로, 내열성과 전기저항을 높이기 위하여 2~6%의 알루미늄을 첨가한 것이다. 니켈 – 크롬계 합금에 비하여 전기저항이 높으며, 내식성, 내열성이 우수하여 최고 1,200℃ 까지 사용할 수 있다.

ⓒ 불변강 : 주위 온도 변화에 의하여 재료가 가지고 있는 열팽창계수나 탄성계수 등의 특성이 변화하지 않는 강을 말한다.
- 인바(invar) : 0.2% C 이하, 35~36% Ni, 약 0.4% Mn의 조성으로, 주로 줄자, 표준자, 시계추 등에 쓰인다.
- 엘린바(elinvar) : 36% Ni, 12% Cr, 나머지는 철의 조성으로, 탄성률은 온도 변화에 의해서도 거의 변화하지 않으며, 시계의 유사, 지진계 및 정밀기계의 주요 재료에 사용된다.

4 주강

1) 주강의 성질과 조직

주강은 압연재나 단조품과 같은 수준의 기계적 성질을 가지고 있으면서도 주철, 주물과 비슷한 방법으로 얻을 수 있다.

① 주강의 특성
- ㉠ 탄소 주강의 강도는 탄소량이 많아질수록 커지고 연성은 감소하게 되며, 충격값도 떨어지고 용접성도 나빠진다. 여기에 망간의 함유량이 증가하면 인장강도가 커지나 탄소에 비해 그 영향은 크지 않다.
- ㉡ 주강은 주철에 비하여 기계적 성질이 우수하고 용접에 의한 보수가 용이하며, 단조품이나 압연품에 비하여 방향성이 없는 것이 특징이다.

② 주강의 조직
주강은 철−탄소계 합금으로 탄소의 함유량이 주철에 비해 낮으며 보통 1.0% 이하이다.

③ 주강의 열처리
주강품은 주조 상태로서는 조직이 억세고 취약하기 때문에 주조한 다음 반드시 풀림 열처리를 하여 조직을 미세화시킴과 동시에 주조할 때 생긴 응력을 제거하여 사용한다.

2) 주강의 종류와 용도

① 보통주강
- ㉠ 탄소주강이라고도 하며, 탄소의 함유량에 따라 0.2% 이하의 저탄소주강, 0.2~0.5%의 중탄소주강, 그 이상의 고탄소주강으로 구분한다.
- ㉡ 보통주강에는 규소, 망간, 알루미늄 또는 티탄 등이 탈산제로 소량 첨가되어 있다.
- ㉢ 보통주강은 철도, 조선, 광산용 기계 및 설비, 그리고 구조물 및 기계부품 등의 기계 재료로 사용된다.

② 합금주강
- ㉠ 니켈주강 : 니켈의 첨가로 연신율의 저하를 막고, 강도와 인성을 증가시킴과 동시에 내마멸성이 좋아진다. 철도용 · 선박용 설비, 광산 · 토목 · 기계용 등으로 이용된다.
- ㉡ 크롬주강 : 크롬의 첨가로 강도와 내마멸성이 높아진다. 분쇄 기계와 석유 탐사용 기계 부품으로 많이 사용된다.
- ㉢ 니켈−크롬주강 : 니켈−저크롬주강은 인장강도, 연성, 내충격성 등이 좋으므로 기어, 압연 롤러 등에 널리 이용되고 있다.
- ㉣ 망간주강 : 열처리에 의하여 니켈−크롬주강과 비슷한 기계적 성질을 가지고 있으므로, 제지용 기계 부품과 롤러의 재료로 이용된다.

5 주철

1) 주철의 성질과 조직

- 백주철(white cast iron)은 파면이 백색인 주철로 흑연의 생성이 없고 탄소가 화합 탄소인 시멘타이트로 구성되어 있다.
- 회주철(gray cast iron)은 탄소의 전부가 흑연으로 변한 것이며 파면의 광택이 회색으로 나타나는데, 주로 주물의 두께가 두껍고 규소량이 많은 경우나 응고 시 냉각속도가 느린 경우 회주철이 된다.

① 주철 조직의 특징
  ㉠ 주철은 Fe-C계 평형상태도상으로는 탄소를 2.11~6.67% 함유하는 합금으로 규정하고 있으나, 실제 사용되는 주철은 2.11~4.0%의 범위로 한정되어 있다.
  ㉡ 주철 중의 탄소는 용융 상태에서는 전부 균일하게 용융되어 있으나 응고될 때 급랭하면 탄소는 시멘타이트로, 서랭 시에는 흑연으로 석출된다.
  ㉢ 흑연이 많을 경우에는 파단면이 회색을 띤 회주철로, 흑연이 적고 화합 탄소로 존재할 경우에는 백주철로, 회주철과 백주철이 혼합되어 있는 경우에는 반주철로 된다.

② 주철 조직의 상과 특징
  ㉠ 흑연 : 인장강도를 약하게 하나 흑연의 양, 크기, 모양 및 분포 상태는 주물의 특성인 주조성, 내마멸성 및 절삭성, 인성 등을 좋게 하는 데 크게 영향을 끼친다.
  ㉡ 시멘타이트 : 주철의 상 중에서 가장 단단하며 경도가 1,100 정도이다. 주철 중에 시멘타이트가 많이 존재하는 백주철이 되면 매우 단단하고 절삭성이 현저히 저하된다.
  ㉢ 페라이트 : 철을 주체로 한 고용체로서 주철에 있어서는 규소의 전부, 망간의 일부 및 극히 소량의 탄소를 포함하고 있다.
  ㉣ 펄라이트 : 단단한 시멘타이트와 연한 페라이트가 혼합된 상으로 그 성질은 양자의 중간 정도가 된다.

③ 주철의 조직도
  탄소 함유량을 세로축, 규소 함유량을 가로축으로 하고, 두 성분 관계에 따라 주철의 조직이 어떻게 변화하는가를 나타낸 실용적인 선도를 마우러(Maurer)의 조직도라 한다.

④ 흑연의 모양과 분포
  ㉠ A형은 표준형의 흑연으로 균일한 분포의 편상 구조이며 기계적 성질이 우수하다.
  ㉡ B형은 장미꽃 형태의 분포이며 기계적 성질이 나쁘다.
  ㉢ C형은 미세한 흑연 중에 조대한 초정 흑연(primary graphite)이 혼합되어 있다.
  ㉣ D형은 미세한 공정 흑연으로 강도 및 내마멸성이 나쁘다.

ⓐ E형은 수지상정 간의 편석(inter dendritic segregation) 형태의 분포를 하고 있으며, 강도는 높지만 굴곡성이 부족하다.

⑤ 주철의 성질

　㉠ 물리적 성질 : 비중은 규소와 탄소가 많을수록 작아지며, 용융 온도도 낮아진다. 또 흑연편이 클수록 자기 감응도가 나빠진다. 투자율을 크게 하기 위해서는 화합 탄소를 적게 하고, 유리 탄소를 균일하게 분포시키는 것이 좋다. 또 규소와 니켈의 양이 증가함에 따라 고유저항이 높아진다.

　㉡ 화학적 성질 : 염산, 질산 등의 산에는 약하나 알칼리에는 강하다. 또 물에 대한 내식성이 매우 좋기 때문에 상수도용 관으로 사용한다.

　㉢ 기계적 성질

　　• 경도 : 페라이트가 많은 것은 HB＝80~120, 백주철의 경우에는 HB＝420 정도이다.

　　• 인장강도 : 회주철의 인장강도는 보통 98~440MPa 범위이다.

　　• 압축강도 : 주철의 특징은 압축강도가 크다는 점이며, 인장강도의 3~4배 정도로 보통주철에서는 4배 정도이다.

　　　－충격값 : 주철은 깨지기 쉬운 것이 큰 결점이다. 그러나 고급 주철은 어느 정도 충격에 견딜 수 있다.

　　　－내마멸성 : 주철에서는 조직 중 흑연이 윤활제 역할을 하고, 흑연 자신이 윤활유를 흡수, 보유하므로 내마멸성이 커진다.

　㉣ 고온에서의 성질

　　• 주철의 성장 : 주철은 A1 변태점 이상의 온도에서 장시간 방치하거나 다시 되풀이하여 가열하면 점차로 부피가 증가되는 성질이 있는데, 이러한 현상을 주철의 성장이라고 한다.

　　• 주철의 내열성 : 주철은 400℃까지는 상온에서와 같은 내열성을 가지나, 400℃가 넘으면 강도가 점차 저하되고 내열성도 나빠진다. 내마멸성은 고온에서도 우수하므로 자동차와 내연기관 등의 실린더 및 라이너, 피스톤 및 링 재료로 많이 사용되고 있다.

　㉤ 주조성

　　• 유동성 : 화학 성분이 일정할 때에는 용해와 주입 온도가 높을수록 유동성이 좋으나, 불필요한 고온 용해는 여러 가지 역기능을 가져오게 되므로 피하는 것이 좋다.

　　• 수축 : 주입 후 냉각 응고 시에는 온도의 강하에 따라 수축이 일어난다. 주조 시에는 수축에 의하여 내부응력이 생기고 이로 인해 균열과 수축 구멍 등의 결함이 생긴다.

　　• 감쇠성 : 물체에 흡수된 진동이 점차 작아지는 현상을 감쇠능이라 하며, 회주철은 흑연이 있어 진동의 감쇠능이 좋다. 따라서 진동을 많이 받는 기계의 부품 재료로 많이 쓰인다.

ⓗ 피삭성 : 절삭가공에서 흑연의 윤활작용과 절삭 칩이 쉽게 파쇄되는 효과가 있어 주철의 절삭성은 매우 좋다. 그러나 경도와 강도가 높아지면 절삭성은 떨어진다.

⑥ 여러 원소의 영향
　㉠ 탄소 : 탄소 함유량 4.3%까지 범위 안에서는 탄소 함유량의 증가와 더불어 용융점이 저하되며, 주조성이 좋아진다.
　㉡ 규소 : 주철의 질을 연하게 하고 냉각 시 수축을 적게 하는 데 영향을 끼친다.
　㉢ 망간 : 황과 화합하여 황하망간으로 되어 용해 금속 표면에 떠오르며, 적은 양은 주철 재질과는 무관하다. 망간 함유량이 증가함에 따라 펄라이트는 미세해지고 페라이트는 감소한다.
　㉣ 황 : 망간이 적을 때에는 황화철로 편석하여 균열의 원인이 된다.
　㉤ 인 : 인은 주철 속에 들어가면 용융점이 저하되어 유동성이 좋아지나 탄소의 용해도가 저하되어 시멘타이트가 많아지면서 단단하고 취약해지므로 보통 주물에는 0.5% 이하가 좋다.

⑦ 그 밖의 원소
　㉠ 니켈 : 페라이트 속에 잘 고용되어 있으면 강도를 증가시키고 펄라이트를 미세하게 하여 흑연화를 증가시킨다. 또 내열, 내식 및 내마멸성을 증가시킨다.
　㉡ 크롬 : 흑연 함유량을 감소시키는 한편 미세하게 하여 주물을 단단하게 한다.
　㉢ 구리 : 적은 양은 흑연화 작용을 약간 촉진시키며 인장강도와 내산성·내식성을 크게 한다.
　㉣ 마그네슘 : 흑연의 구상화를 일으키며, 기계적 성질을 좋게 한다.

2) 주철의 종류와 용도

① 보통주철
　㉠ 조직은 주로 편상 흑연과 페라이트로 되어 있는데, 약간의 펄라이트를 함유하고 있다.
　㉡ 기계가공성이 좋고 값이 싸므로 일반 기계부품, 수도관, 난방용품, 가정용품, 농기구 등에 쓰이며, 특히 공작기계의 베드, 프레임 및 기계구조물의 몸체 등에 널리 쓰인다.

② 고급주철
　㉠ 강력하고 내마멸성이 있는 인장강도 245MPa 이상인 주철을 고급주철이라 한다.
　㉡ 미하나이트 주철 : 연성과 인성이 대단히 크며, 두께의 차에 의한 성질의 변화가 아주 적은 특징이 있으며, 용도로서는 피스톤 링에 가장 적합하다.

③ 합금주철
　주철에 특수 원소를 첨가하여 보통주철보다 기계적 성질을 향상시키거나 내식성, 내열성, 내마멸성, 내충격성 등의 특성을 가지도록 한 주철이다.

ㄱ 고력합금 주철 : 일반공작 기계 및 자동차 주물에는 보통 주물에 0.5~2.0%의 Ni을 첨가하거나 여기에 약간의 크롬과 몰리브덴을 첨가하여 강도를 높인 것으로, 강인성이 풍부하며 내마멸성도 우수하여 크랭크축, 캠축, 실린더 압연용 롤러 등에 쓰인다.

ㄴ 내마멸성 주철 : 주철은 내마멸성이 좋은 재료이나 더욱 향상시키기 위하여 크롬, 몰리브덴, 구리 등의 원소를 단독 또는 복합하여 소량 첨가하면 내마멸성이 향상된다.

ㄷ 내열주철 : 보통 주철은 400℃ 정도의 고온까지는 강도가 거의 유지되므로 내연 기관의 실린더 등에 많이 이용된다. 그러나 보다 고온에서는 성장 현상이 일어나므로 내산화성, 내성장성 및 고온 강도 등을 개선한 내열주철이 사용된다.

ㄹ 내산주철 : 회주철은 물이나 산류 등에 백주철보다 침식되기 쉬운 데 반하여 내산 주철은 흑연이 미세하거나 오스테나이트 조직이므로 내산성이다.

④ 특수 용도 주철

ㄱ 가단주철 : 주철의 결점인 여리고 약한 성질을 개선하기 위하여 먼저 백주철의 주물을 만들고 이것을 장시간 열처리하여 탄소의 상태를 분해 또는 소실시켜 인성 또는 연성을 증가시킨 것이다.

- 백심가단주철 : 백선 주물을 산화철 또는 철광석 등의 가루로 된 산화제로 싸서 900~1,000℃의 고온에서 장시간 가열하면 탈탄반응이 발생하는데, 이 반응을 이용 가단성을 부여시킨 것이다. 강도는 흑심 가단주철보다 다소 높으나 연신율은 작다.

- 흑심가단주철 : 백선 주물을 풀림상자 속에 넣어 풀림로에서 가열, 2단계의 흑연화 처리를 행하여 제조된다.

- 펄라이트 가단주철 : 흑심가단주철의 2단계 흑연화 처리 중 1단계만 처리 후 500℃ 전후로 서랭하고, 다시 700℃ 부근에서 20~30시간 유지하여 필요한 조직과 성질로 조절한 것으로, 그 조직은 흑심가단주철과 같다.

ㄴ 구상흑연주철 : 용융 상태의 주철 중에 마그네슘, 세륨, 또는 칼슘 등을 첨가 처리하여 흑연을 구상화한 것으로, 노듈러 주철, 덕타일 주철 등으로 불린다. 강인하고 주조 상태에서 구조용 강이나 주강에 가까운 기계적 성질을 얻을 수 있어, 그 사용 범위가 급속도로 증가하고 있다.

ㄷ 칠드주철 : 보통 주철보다 규소 함유량을 적게 하고 적당량의 망간을 가한 쇳물을 주형에 주조할 때, 경도를 필요로 하는 부문만 칠 메탈을 사용하여 빨리 냉각시키면 그 부분만 백선화되어 단단한 칠층이 형성된 주철을 말한다.

- 칠 현상에 미치는 각 원소의 영향 : 탄소는 칠 깊이를 감소시키나 경도를 증가시킨다. 규소는 함유량이 많아지면 칠층이 얇아진다.

- 칠드주물 : 필요한 부분에만 금형을 배치한 모래형에 주입하여 금형에 접촉된 부분만 급랭에 의하여 경화되는 칠드주철로 하고, 그 내부는 본래의 연한 조직으로 남게 하는 주물을 칠드주물이라 한다.

⑤ 주철의 열처리
  ㉠ 주철 풀림은 주조응력을 제거하기 위한 저온 풀림과 주철을 연화한 후 절삭성을 향상
    시키기 위한 고온 풀림이 있다.
  ㉡ 주조 후 장기간 외기에 방치하여 두면 주조응력이 없어지는 일이 있는데, 이를 자연
    시효라 한다.

비철금속 · 합금

1 알루미늄과 그 합금

1) 알루미늄

① 제조법

알루미늄은 보크사이트를 수산화나트륨으로 처리하여 알루미나를 만들고, 이것을 전기 분해하여 순도 99.99%인 것을 얻을 수 있다.

② 물리적 성질

㉠ 알루미늄은 가볍고(비중 2.7) 내식성이 좋으며, 전기전도율은 구리의 60% 이상이므로 송전선으로 많이 사용한다.

㉡ 규소, 철, 구리, 티탄, 망간 같은 원소는 전기전도율을 약화시키는 불순물이므로 함유되지 않도록 하여야 한다.

③ 화학적 성질

㉠ 알루미늄은 대기 중에서 쉽게 산화되지만, 그 표면에 생기는 산화알루미늄(Al_2O_3)의 얇은 보호 피막으로 내부의 산화를 방지한다.

㉡ 알루미늄은 황산, 묽은 질산이나 인산에도 침식되며, 염산에는 침식이 대단히 빨리 진행된다. 그러나 80% 이상의 진한 질산에는 침식에 잘 견디며, 그 밖의 유기산에는 내식성이 좋으므로 화학공업에 널리 사용된다.

④ 기계적 성질

㉠ 알루미늄은 순도가 높을수록 강도, 경도는 저하되지만 철, 구리, 규소 등의 불순물 함유량에 따라 이 성질이 변화한다.

㉡ 알루미늄은 다른 금속에 비해 냉간 또는 열간 가공성이 뛰어나므로 판, 원판, 리벳, 봉, 선 등으로 쉽게 소성 가공할 수 있다.

⑤ 용도

송전선, 전기재료, 자동차, 항공기, 도료, 폭약 제조에 사용된다.

2) 알루미늄 합금

① 주물용 알루미늄 합금

ㄱ 알루미늄-구리계 합금
- 인장강도는 구리 함유량의 증가와 함께 상승하지만 연신율은 감소하며, 구리 4~5%일 때가 적당하다.
- 알루미늄-구리계 합금은 주조성, 기계적 성질, 기계가공성은 좋으나 고온에서 균열이 발생하는 결점이 있다.
- 알루미늄-구리계 합금은 자동차하우징, 버스 및 항공기 바퀴, 스프링행어, 스프링, 크랭크 케이스 등에 이용된다.

ㄴ 알루미늄-규소계 합금
- 알루미늄-규소계 합금은 10~14%의 규소가 함유된 실루민(silumin)이 대표적이다.
- 실루민은 기계적 성질이 우수하고 수축 여유가 비교적 적으며, 유동성이 좋을 뿐만 아니라, 용융 온도도 낮아 주조성이 좋으므로 얇고 복잡한 모래형 주물에 많이 이용된다.
- 실루민의 내식성은 순알루미늄과 비슷하며, 비중이 작고, 열팽창계수는 알루미늄 합금 중에서 가장 작다.
- 실루민의 결점은 다른 주물용 알루미늄 합금에 비해 항복강도, 고온강도, 피로강도가 작고, 절삭성이 나쁜 점이다.
- Lo-Ex 합금 : 이 합금은 피스톤용으로 대표적인 조성은 Al, Cu, Mg이 각각 1%, Si 12%, Ni 1.8%이며, 열팽창계수 및 비중이 작고, 내마멸성 및 고온강도가 큰 특징이 있다.

ㄷ 알루미늄-마그네슘계 합금
- 알루미늄에 약 10%까지의 마그네슘을 첨가한 합금을 히드로날륨이라 하며, 다른 주물용 합금에 비하여 내식성, 강도, 연신율이 우수하고, 절삭성이 매우 좋다.
- 마그네슘을 4~5% 함유한 알루미늄 합금은 내식성이 가장 좋으므로 열처리를 하지 않고 승용차의 커버, 휠 디스크, 선박용 부품, 조리용 기구, 화학용 부품에 사용된다.

ㄹ 다이 캐스팅용 알루미늄 합금
- 다이 캐스팅은 기계가공에 의해 제작된 견고한 금형(dies)에 용융상태의 합금을 가압 주입하여, 치수가 정확한 동일형의 주물을 대량으로 생산하는 방법이다.
- 다이 캐스팅용 합금으로서 요구되는 성질은 유동성이 좋고, 열간 취성(메짐)이 적으며, 응고 수축에 대한 용탕 보급성이 좋고, 금형에 잘 부착하지 않아야 한다.
- 라우탈, 실루민, 히드로날륨 등이 사용되며, 자동차부품, 철도차량, 통신기기부품, 가정용 기구 등에 사용된다.

ⓜ Y 합금
  • Y 합금의 표준 성분은 4% Cu, 2% Ni, 1.5% Mg이다.
  • Y 합금은 시효 경화성이 있어서 모래형 및 금형 주물로 사용되는데, 금형 주물은 조직이 치밀하여 기계적 성질이 우수하다.
  • Y 합금은 열간 단조, 압출가공이 쉬워 단조품, 피스톤 등에 이용된다.

② 가공용 알루미늄 합금
  ㉠ 고강도 알루미늄 합금
    • 두랄루민 : 표준 성분은 4.0% Cu, 0.5% Mg, 0.5% Mn이며, 500~510℃에서 용체화 처리한 다음, 물에 담금질하여 상온에서 시효시키면 기계적 성질이 향상된다.
    • 초강 두랄루민 : 아연이 다량으로 함유된 알루미늄-아연-마그네슘 합금으로, 주성분은 1.6% Cu, 5.6% Zn, 2.5% Mg, 0.2% Mn, 0.3% Cr이며, 주로 항공기용 재료로 사용된다.
  ㉡ 내식성 알루미늄 합금
    • 내식성 알루미늄 합금에는 알루미늄-망간계, 알루미늄-마그네슘계, 알루미늄-마그네슘-규소계 등이 있다.
    • 내식성 알루미늄 합금은 알루미늄에 다른 원소를 첨가했을 때 내식성에는 나쁜 영향을 끼치지 않고, 강도를 개선하는 원소인 망간, 마그네슘, 규소를 소량 첨가하여 만든 합금이다.
  ㉢ 기타 가공용 알루미늄 합금
    • 알클래드 : 알클래드는 고강도 알루미늄 합금에 내식성을 향상시키기 위하여 내식성이 좋은 알루미늄 합금을 피막하여 처리한 재료이다.
    • 알루미늄 분말 소결체 : 알루미늄 분말 소결체는 내식성을 향상시키기 위하여 알루미늄에 산화 피막을 증가시킨 것으로, 열팽창계수가 작고 전기전도율, 내식성, 피로강도 등이 우수하다. 특히, 내열성이 좋고, 고온 강도가 커서 터빈 날개, 제트 엔진 부품 등에 사용된다.
    • 알루미늄-리튬 합금 : 알루미늄-리튬 합금은 비중이 낮고 탄성계수가 높으며, 피로강도 및 저온 인성이 우수하여 비행기, 항공우주 구조물의 경량화 재료로 사용되고, 또 저온용 재료로서 개발되고 있다.

☑ 구리와 그 합금

1) 구리

① 제조법

구리는 적동광, 황동광, 휘동광, 반동광 등의 광석을 용광로에서 용해시켜, 20~40%의 Cu를 함유하는 황화구리(Cu_2S)와 황화철(FeS)의 혼합물을 만든 다음, 다시 전로에서 산화, 정련하여 순도 98~99.5%의 조동으로 만든다.

② 물리적 성질

㉠ 구리의 전기전도율은 은(Ag) 다음으로 우수하지만, 열전도율은 보통 금속 중에서 가장 높다.

㉡ 인, 규소, 철, 비소, 안티몬 등의 불순물은 전기전도율을 현저히 저하시킨다. 카드뮴 (Cd)은 전기전도율을 저하시키지 않으면서 구리의 강도 및 내마멸성을 향상시키므로 전철의 트롤선, 크레인의 레일선 등에 주로 첨가된다.

③ 화학적 성질

㉠ 구리의 내식성은 철강재료에 비하여 크나 공기 중에 오래 방치하면 이산화탄소 및 수분 등의 작용에 의하여 표면에 녹색의 염기성 탄산구리가 생기며, 이것은 인체에 유독한 물질이다.

㉡ 탄산구리는 물에 녹지 않고 보호피막의 역할을 하며, 부식률도 대단히 낮으므로 수도관, 물탱크, 열교환기, 선박 등에 널리 사용된다.

④ 기계적 성질

㉠ 구리는 항복강도가 낮으므로 상온에서 가공이 쉽지만, 가공경화율은 다른 면심입방 결정체보다 높은 편이다.

㉡ 구리는 소성가공률이 클수록 인장 강도와 경도는 증가하지만 연신율 및 단면 수축률은 감소한다.

⑤ 용도

구리는 전기 및 열의 전도율이 높아 판재, 봉재, 관재 등으로 가공되어 전기재료 및 그 밖의 용도에 널리 쓰인다.

2) 황동(brass)

① 황동의 특징

황동은 구리와 아연의 2원 합금으로 아연 30~40%를 함유한 7 : 3 황동, 6 : 4 황동이 가장 널리 사용되고 있다. 황동은 구리에 비하여 주조성, 가공성 및 내식성이 우수하며, 청동에 비하여 가격이 싸고 색깔이 아름답기 때문에 자동차 부품, 탄피 가공재 또는 각종 주물에 널리 사용된다.

ㄱ 물리적 성질
- 황동의 비중은 아연 함유량의 증가에 따라 거의 직선적으로 작아진다.
- 전기 및 열의 전도율은 아연 함유량 34%까지는 낮아지다가 그 이상이 되면 상승하여 50% 아연 함유량에서 최댓값을 가진다.

ㄴ 화학적 성질
- 탈아연 부식 : 황동은 순구리에 비하여 화학적 부식에 대한 저항이 크며, 고온으로 가열하여도 별로 산화되지 않는다. 그러나 불순한 물 또는 부식성 물질이 용해된 수용액의 작용에 의하여 황동의 표면 또는 내부까지 황동에 함유되어 있는 아연이 용해되는 현상이 발생하는데, 이러한 현상을 탈아연 부식이라고 한다. 이것은 아연이 구리에 비하여 전기화학적으로 이온화 경향이 크므로 아연만 수용액에 용해되기 때문이다.
- 자연 균열 : 관, 봉 등의 가공재에 잔류 변형(잔류 응력) 등이 존재할 때 아연이 많은 합금에서는 자연적으로 균열이 발생하는 일이 종종 있다. 이러한 현상을 자연균열이라고 하며, 특히 아연 함유량 40% 합금에서 일어나기 쉽다.
- 고온 탈아연 : 고온에서 증발에 의하여 황동 표면으로부터 아연이 없어지는 현상을 말하며, 이러한 현상은 고온일수록 표면이 깨끗할수록 심하다. 이를 방지하기 위하여 표면에 산화물 피막을 형성시키면 효과적이다.

ㄷ 기계적 성질
- 30% 아연 합금은 연신율이 최대이며, 35% 이상의 아연 합금은 연신율은 감소하지만 인장 강도는 증가한다. 약 40%의 아연 함유량에서 최대의 인장 강도를 나타낸다.
- 7 : 3 황동 및 6 : 4 황동은 아연의 함유량 변화에 따라 나타나는 기계적 성질의 특징을 이용한 것으로, 7 : 3 황동은 냉간가공이 용이하고, 6 : 4 황동은 강도가 크며 가격이 낮아서 열간가공으로 판, 봉, 관에 널리 이용되고 있다.

② 황동의 종류
ㄱ 실용 황동
- 톰백(tombac) : 8~20%의 아연을 함유하며 연성이 크다. 색깔이 곱고 아름다워 금대용품, 장식품(불상, 악기)에 사용되고 있다.
- 7 : 3 황동 : 가공용 황동의 대표적인 것으로, 아연을 28~30% 정도 함유한 것이다. 전연성이 크고 상온가공이 용이하므로 판, 봉, 선 등으로 만들어 사용하며, 탄피, 전구 소켓, 자동차 방열기, 각종 일용품 등을 만들 때 사용한다.
- 6 : 4 황동(먼츠메탈) : 상온에서는 7 : 3 황동에 비하여 전연성이 낮고 인장강도가 크다. 그러나 아연 함유량이 많아 황동 중에서 가장 값이 싸며, 내식성이 다소 낮고

탈아연 부식을 일으키기 쉬우나 강력하기 때문에 기계 부품, 건축 자재용으로 널리 쓰인다.

    ⓛ 특수 황동

- 주석 황동(tin brass) : 주석은 탈아연 부식을 억제하기 때문에 황동에 1% 정도의 주석을 첨가하면 내식성 및 내해수성이 좋아진다. 7 : 3 황동에 1%의 주석을 첨가한 에드미럴티 황동은 콘덴서, 튜브에 사용되며, 6 : 4 황동에 1%의 주석을 첨가한 네이벌 황동은 내해수성이 강하기 때문에 선박기계에 사용된다.
- 납 황동(lead brass) : 연 황동 또는 쾌삭 황동이라고 하며, 6 : 4 황동에 1.5~3.7%의 납을 첨가하여 절삭성을 좋게 한 것으로 대량 생산, 정밀 가공품에 사용된다.
- 철 황동(iron brass) : 6 : 4 황동에 1~2%의 철을 첨가한 것으로, 델타 메탈이라고 한다. 강인성과 내식성이 우수하여 광산, 선박, 화학용 기계부품에 사용된다.
- 강력 황동 : 6 : 4 황동에 Mn, Al, Fe, Ni, Sn 등을 첨가하여, 주조와 가공성을 향상시킨 것으로, 열간 단련성, 강인성이 커서 선박 프로펠러, 펌프 축, 밸브, 피스톤 등에 사용된다.
- 니켈 황동(nickel silver) : 양백 또는 양은이라고도 하며, 7 : 3 황동에 15~20%의 니켈을 첨가한 합금으로 단단하고 부식에 잘 견디며, 주조와 단조가 가능하다. 선재와 판재로서 스프링, 장식품, 식기류, 가구 재료, 계측기, 의료 기기 등에 사용된다.

3) 청동(bronze)

    ① 청동의 특징

청동은 구리와 주석의 합금이지만 넓은 의미에서는 황동 이외의 구리 합금을 말한다. 청동은 황동에 비하여 주조성이 좋고 내식성과 내마멸성이 우수하므로 화폐, 종, 미술 공예품, 동상, 병기, 기계부품, 베어링 및 각종 일용품 재료로 널리 사용되어 왔다.

    ⓐ 물리적 성질

- 청동의 비중 및 선팽창률은 순구리와 비슷하다.
- 전기전도율은 주석의 함유에 따라 급격히 감소를 한다.

    ⓛ 화학적 성질

- 주석을 10% 정도까지 함유한 청동은 함유량이 증가할수록 내해수성이 좋아지므로 선박용 부품에 널리 사용된다.
- 청동은 고온에서 산화하기 쉬우며 납 함유량이 증가할수록 내식성은 나빠지고, 또 산이나 알칼리 수용액 중에서는 부식률이 높아진다.

    ⓒ 기계적 성질 : 주석 함유량 4%에서 연신율이 최대이며, 15% 이상에서 강도와 경도가 급격히 증대한다.

② 청동의 종류

　㉠ 실용 청동
　　• 포금(gun metal) : 주석 8~12%, 아연 1~2%가 함유된 구리 합금으로, 단조성이 좋고 강력하며, 내식성 및 내해수성이 있어 밸브, 기어, 베어링 부시(bush), 선박용으로 널리 사용된다.
　　• 미술용 청동 : 쇳물의 유동성을 좋게 하는 아연과 절삭성을 좋게 하는 납을 첨가한 것으로, 동상이나 실내 장식품 또는 건축물 재료 등에 쓰인다.
　　• 화폐용 청동 : 3~8% 주석, 1% 아연을 함유한 청동으로 성형성이 좋고 각인하기 쉬우므로 화폐나 메달 등에 널리 사용된다.

　㉡ 특수 청동
　　• 인 청동 : 청동에 1% 이하의 인을 첨가한 것으로, 내마멸성이 크고 냉간가공으로 인장강도, 탄성한계가 크게 증가된다. 스프링, 베어링, 기어 등에 널리 사용된다.
　　• 납 청동 : 4~22% 납, 6~11% 주석을 함유한 것으로, 연성은 저하되지만 경도가 높고 내마멸성이 크므로 자동차나 일반기계의 베어링 부분에 널리 사용된다.
　　• 켈밋 합금(kelmet alloy) : 구리에 30~40%의 납을 첨가한 것으로 열전도, 압축강도가 크고, 마찰계수가 작아 고속 고하중 베어링에 사용된다.
　　• 알루미늄 청동 : 황동이나 청동에 비하여 기계적 성질, 내식성, 내열성, 내마멸성 등이 우수하여 화학기계공업, 선박, 항공기, 차량 부품 등의 재료로 사용된다.

4) 기타 구리 합금

① 규소 청동
규소를 4% 이하 함유한 구리 합금으로 고온, 저온에서 내식성이 좋고, 용접성이 우수하며, 강도도 연강과 비슷하여 화학공업용 재료로 이용된다.

② 베릴륨 청동
구리 합금 중에서 가장 높은 강도와 경도를 가진다. 베릴륨은 값이 비싸고 산화하기 쉬우며, 경도가 커서 가공하기 곤란한 결점도 있으나 강도, 내마멸성, 내피로성, 전도율 등이 좋으므로 베어링, 기어, 고급 스프링, 공업용 전극 등에 쓰인다.

③ 망간 청동
망간이 5~15% 함유된 구리 합금으로, 약 300℃까지는 강도가 저하하지 않으므로 증기기관의 증기 밸브, 터빈의 프로펠러용으로 사용된다. 또 전기저항이 높으므로 전기저항 재료로 사용된다.

④ 크롬 청동
전도성과 내열성이 좋아 용접용, 전극재료 등에 쓰이며, 실용 합금은 0.5~0.8% Cr을 함유하고 있다.

⑤ 코슨 합금

구리에 3~4% 니켈, 약 1%의 규소가 함유된 합금으로서 C합금이라고도 하며, 통신선, 스프링 재료 등에 사용된다.

3 마그네슘과 그 합금

1) 마그네슘의 특성

① 제조법

돌로마이트, 마그네사이트, 소금 찌꺼기, 앙금 등을 원료로 하여, 고온에서 용융, 전해하여 정제되므로 순도 99.99%를 얻을 수 있다.

② 마그네슘의 성질

㉠ 비중이 1.74로 실용 금속 중 비중이 가장 작다.
㉡ 고온에서 발화하기 쉽다.
㉢ 물이나 바닷물에 침식이 쉽다.
㉣ 알칼리성에 거의 부식되지 않는다.

③ 용도

알루미늄 합금용, 구상흑연 주철 재료, Ti 제련용, 사진용 플래시 등이다.

2) 마그네슘 합금

① 마그네슘 합금의 특징

㉠ 마그네슘 합금은 비강도(인장 강도/비중)가 크므로 경합금 재료로 가장 큰 이점이 있다.
㉡ 주물로서의 마그네슘 합금은 인장강도, 연신율, 충격값 등이 알루미늄 합금과 비슷할 뿐만 아니라, 절삭성이 좋으므로 부품의 경량화와 가공비의 절감에 큰 효과가 있다.
㉢ 마그네슘 합금은 항공기 및 육상 수송기 부품, 자동차 및 기타 부품의 기계구조용 재료로서 널리 사용되고 있다.

② 주물용 마그네슘 합금

㉠ Mg-Al계 합금 : 마그네슘에 4~6%의 Al을 첨가한 것으로 다우메탈(Dow metal)이 대표적이며, 주조, 단조, 용해가 쉽다. 인장강도는 Al 6%에서 최대이며, 연신율과 단면 수축률은 Al 4%에서 최대이다. 경도는 Al 10%에서 증가한다.
㉡ Mg-Zn-Zr계 합금 : 이 합금은 인성을 향상시키기 위해서 지르코늄(Zr)을 첨가한 것으로, 지르코늄의 첨가에 의해 결정립경의 미세화로 인하여 상온에서 강도와 인성이 향상된다.

③ 가공용 마그네슘 합금

  ㉠ Mg-Mn계 합금 : 이 합금은 망간을 1.2% 이상 함유하여 내식성을 향상시킨 것으로, 망간의 고용도가 작기 때문에 석출 경화가 어려우므로 열처리에 의해서 성질은 개선되지 않는다.

  ㉡ Mg-Al-Zn계 합금 : 알루미늄과 아연을 10% 이하 첨가한 합금으로 엘렉트론 (Electron)이 대표적이다. 알루미늄과 아연 함유량이 많은 것은 주로 주물용 재료로 사용되며, 내연 기관의 피스톤에 사용할 목적인 것은 고온 내식성을 향상시키기 위해 알루미늄 함량을 증가시킨다.

  ㉢ Mg-Zn-Zr계 합금 : 마그네슘에 아연을 첨가하면 주조 조직이 조대화하여 취약해지므로, 지르코늄을 넣어서 결정립을 미세화함과 동시에 열처리 효과를 향상시킨다.

4 니켈과 그 합금

1) 니켈의 특성

① 니켈은 연성이 크고 냉간 및 열간가공(1,000~1,200℃)이 쉽다.

② 재결정 온도는 530~660℃이며, 인장강도(풀림 시)는 40~50kg, 연신율은 30~45% 정도이다.

③ 경도(HB)는 80~100으로 내식성과 내열성이 크다.

④ 용도 : 화학 및 식품 공업, 진공관, 화폐, 도금 등에 널리 쓰인다.

2) 니켈 합금

① 니켈-구리계 합금

  ㉠ 큐프로니켈(cupro-nickel) : 내식성이 좋고 전연성도 우수하여 열교환기, 콘덴서 등의 재료로 많이 사용된다.

  ㉡ 콘스탄탄(constantan) : 구리에 40~50%의 니켈을 첨가한 합금으로서, 전기저항이 크고 온도계수가 낮으므로 통신 기재, 저항선, 전열선(자동차 히터) 등으로 사용된다.

  ㉢ 모넬메탈(Monel metal) : 구리에 65~70%의 니켈을 첨가한 것으로, 내열 및 내식성이 우수하므로 터빈 날개, 펌프 임펠러 등의 재료로 사용된다.

② 니켈-철계 합금

  ㉠ 인바(invar) : 이 합금은 내식성이 좋고 열팽창계수가 철의 1/10 정도이다. 측량기구, 표준기구, 시계추, 바이메탈 등에 사용된다.

  ㉡ 엘린바(elinvar) : 인바에 12% 크롬을 첨가하여 개량한 것으로 철-니켈-크롬 합금이다. 온도 변화에 따른 탄성계수의 변화가 거의 없으므로 정밀 계측기기, 전자기 장치, 각종 정밀 부품 등에 사용된다.

③ 내식 · 내열용 합금

  ㉠ 하스텔로이(hastelloy) : 니켈, 몰리브덴, 철의 합금으로 비산화성 환경에서 우수한 내식성이 있으며, 염류, 알칼리, 황산, 인산, 유기산 등의 수용액에 적합하다.

  ㉡ 인코넬(inconel) : 니켈, 크롬(11~33%), 철(0~25%)의 합금으로, 내식성과 내열성이 뛰어나며, 특히 고온에서 내산화성이 좋아 전열기 부품, 열전쌍의 보호관, 진공관의 필라멘트 등에 사용된다.

  ㉢ 크로멜(chromel)－알루멜(alumel) : 크로멜은 크롬을 10% 함유한 니켈－크롬 합금이고, 알루멜은 알루미늄을 3% 함유한 니켈－알루미늄 합금이다. 이들 합금은 1,200℃까지 온도 측정이 가능하고, 고온에서 내산화성이 크므로 고온측정용의 열전쌍으로 사용된다.

5 티탄과 그 합금

1) 티탄의 특성

① 티탄은 비중이 4.5, 인장강도가 $50kg/mm^2$로 강도가 크다.
② 고온 강도, 내식성, 내열성이 우수하나 절삭성, 주조성이 불량하다.
③ 용도는 초음속 항공기 외관, 송풍기의 프로펠러 등에 쓰인다.

2) 티탄계 합금

① 티탄계 합금은 티탄의 성질을 개선하기 위하여 알루미늄, 주석, 망간, 철, 크롬, 몰리브덴, 바나듐 등을 첨가한 것이다.
② 몰리브덴, 바나듐은 내식성을 향상시키고, 알루미늄의 첨가로 수소 함유량이 적게 되어 고온 강도를 높일 수 있다.
③ 티탄 합금은 티탄보다 비강도가 높고, 다른 고강도 합금에 비하여 고온 강도가 크기 때문에 제트 엔진의 축류, 압축기의 부품 등에 이용된다.

6 기타 비철 금속 재료

1) 아연과 그 합금

① 아연의 특성

  ㉠ 아연은 비철 금속 중 알루미늄, 구리 다음으로 많이 생산되며, 비중이 7.13이고, 용융 온도가 420℃인 조밀육방격자의 회백색 금속이다.

ⓛ 아연은 수분이나 이산화탄소의 분위기에서는 표면에 염기성 탄산 아연의 피막이 발생되어 부식이 내부로 진행되지 않으므로 철판에 아연 도금을 하여서 사용한다.

ⓒ 용도로는 철제 도금, 다이캐스팅용, 구리, 니켈, 알루미늄 등과 합금하여 사용한다.

② 아연 합금

ⓐ 다이 캐스팅용 합금 : 알루미늄은 가장 중요한 합금 원소이며, 합금의 강도와, 경도를 증가시킴과 동시에 유동성을 개선한다. 주로 자동차 부품, 전기기기, 광학기기, 건축자재, 가정용품 등에 사용된다.

ⓛ 금형용 아연 합금 : 이 합금은 알루미늄 및 구리 함유량을 늘려 강도, 경도를 크게 증가시킨 것으로 다이 캐스팅용에 비하여 생산비가 싸므로 자동차 부품, 항공기 부품, 가구 및 사무용구 등의 재료로 널리 쓰이고 있다.

2) 납과 그 합금

① 납의 특성

ⓐ 납은 비중이 11.36인 회백색 금속으로, 용융 온도(327.4℃)가 낮고 연성이 좋아 가공하기 쉬우며, 불용해성 피복이 표면에 형성되기 때문에 대기 중에서도 뛰어난 내식성을 가지고 있으므로 광범위하게 사용된다.

ⓛ 열팽창계수가 높으며 방사선투과도가 낮기 때문에 축전지의 전극, 케이블 피복, 활자 합금, 베어링 합금, 건축용 자재, 땜납, 황산용 용기 등에 사용되며, X선이나 라듐 등 방사선 물질의 보호재로도 사용된다.

② 납 합금

ⓐ 납-비소계 합금 : 이 합금의 화학 조성은 99.6% Pb, 0.15% As, 0.10% Sn, 0.10% Bi이며, 강도와 크리프 저항이 우수하고, 고온에서 압출가공할 때 수랭하면 강도가 증가한다. 주로 케이블 피복용으로 사용한다.

ⓛ 납-칼슘계 합금 : 이 합금의 화학 조성은 99.9% Pb, 0.008~0.033% Ca, 0.0~0.25% Sn이며, 케이블 피복용 및 크리프 저항을 필요로 하는 관이나 판 등에 이용되는 합금이다.

ⓒ 납-안티몬계 합금 : 납에 안티몬(Sb)을 넣으면 강도가 증가하고 부식성은 납과 비슷하다. 1%의 안티몬을 함유한 합금은 케이블 피복용, 축전지용 전극, 황산용 밸브, 방사선 차폐용 판 등으로 사용된다.

ⓔ 활자 합금 : 활자 합금의 구비 조건은 용융 온도가 낮고, 주조성이 좋아 요철이 잘 나타나며, 적당한 압축 및 충격에 대한 저항성이 커야 한다. 또한 내마멸성과 내식성을 갖고 가격이 저렴해야 한다. 이와 같은 조건을 갖춘 실용합금으로서 납-안티몬-주석계 합금이 있다.

3) 주석과 그 합금

① 주석의 특성

  ㉠ 주석(Sn)은 비중이 7.3인 은색의 유연한 금속으로, 13.2℃에서 변태점이 있다. 보통 사용되는 주석의 순도는 99.8% 이상이며, 불순물 중 납, 비스무트, 안티몬 등은 변태를 지연시키고, 아연, 알루미늄, 마그네슘, 코발트, 망간 등은 변태를 촉진시킨다.

  ㉡ 주석은 상온에서는 연성이 풍부하므로 소성가공이 쉽고, 내식성이 우수하며, 피복가공처리도 쉽고, 독성이 없기 때문에 강판의 녹 방지를 위한 피복용, 의약품, 식품 등의 포장용 튜브, 장식품 등에 널리 쓰인다.

② 주석 합금

  ㉠ 땜납 : 땜납은 보통 주석과 납의 합금으로 구리, 황동, 철, 아연 등의 금속제품의 접합용으로서 기계, 전기기구 등의 부문에서 널리 사용되고 있으며, 융점은 약 300℃ 이하이다.

  ㉡ 퓨터(pewter) : 90~95% Sn, 1~3% Cu의 조성을 가지며, 가단성과 연성이 좋아 복잡한 형상의 제품인 쟁반, 잔, 접시 등의 장식품용으로 이용된다.

4) 베어링용 합금

① 화이트 메탈(white metal) : 주석(Sn)+구리(Cu)+안티몬(Sb)+아연(Zn)의 합금으로, 저속기관의 베어링에 사용된다.

② 베빗 메탈(babbit metal) : 주석계 화이트 메탈로, 연하고 우수한 베어링 합금으로 충격, 진동에 잘 견딘다.

③ 함유 베어링(oilless bearing) : 다공질 재료에 윤활유를 함유하여 급유할 필요를 없게 한 것이다. 이 종류의 베어링은 분말야금법으로 제조되며, 급유가 곤란한 베어링, 항상 급유할 수 없는 베어링, 급유에 의하여 오손될 염려가 있는 베어링, 그리고 베어링면 하중이 크지 않은 곳에 사용된다.

5) 귀금속과 그 합금

① 금과 그 합금

  ㉠ 금의 특성

   • 금은 아름다운 광택을 가진 금속으로서 비중은 19.3이며, 용융 온도는 1,063℃로 전연성이 풍부하다.

   • 화폐, 장식품, 치과용뿐만 아니라 미술공예품에도 사용되며, 최근에는 전자재료로 사용되는 등 공업적으로 중요한 금속이다.

  ㉡ 금 합금

   • 금-구리계 합금 : 금화는 경도를 필요로 하므로 10% 정도의 구리를 함유한 것인데, 약간 붉은빛이 난다.

- 금－은－구리계 합금 : 녹색, 황색의 합금으로 치과용 금은 5% Ag과 3% Cu를 함유한 것이 사용되며, 금침은 15% Ag과 13% Cu인 것이 사용된다.
- 금－니켈－구리－아연계 합금 : 은백색의 합금으로 화이트 골드(white gold)라고 불린다. 치과용과 장식용에 사용된다.

② 은과 그 합금

   ㉠ 은의 특성
- 은(Ag)은 은백색의 면심입방격자로 비중은 10.49이며, 금 다음으로 연성과 전성이 크다.
- 전기와 열의 양도체이며, 내산화성도 있으므로 접점 재료 이외에 치과용, 납접 합금, 장식 합금, 박, 가루로서 사용된다.

   ㉡ 은 합금
- 은－구리계 합금 : 은, 구리 모두 시효 경화성이 있으나 은 쪽이 더 크다.
- 은－금－아연계 합금 : 은의 함유량이 72%에서 공정 조성을 나타내지만, 여기에 아연을 첨가하면 응고점이 저하하며, 은납으로 사용된다.
- 은－팔라듐계 합금 : 팔라듐(Pd)은 은의 내황화성을 개선하므로, 치과용으로는 은에 약 25%의 팔라듐을 첨가한 합금을 사용한다.
- 은－주석－수은－구리계 합금 : 치과용 아말감으로 사용되며, 압축강도는 인장강도보다 높다.

③ 백금과 그 합금

   ㉠ 백금의 특성
- 백금(Pt)은 비중이 21.45이고, A, B, C, D의 4종으로 분류되며, 내식성이 우수하다.
- 내열성과 고온저항이 우수하며 산화되지 않으나, 인, 유황, 규소 등의 알칼리, 알카리토류 금속의 염류에는 침식된다.
- 백금은 내식성이 우수하여 화학적 분석 기기나 전기 접점, 치과 재료 등에 쓰인다.

   ㉡ 백금 합금
- 실용 합금으로 백금－팔라듐계는 유럽에서는 보석용, 팔라듐 함유량이 적은 것은 유리 산업에 이용되고 있다.
- 백금－로듐(Rh)계 합금은 산화 분위기 중에서 고온에서 견디며, 로듐 10%인 것은 열전쌍용으로 고온계에 사용된다.

6) 고용점 금속

① 고용점 금속이란 융점이 2,000~3,000℃ 정도의 높은 금속으로 텅스텐(W), 레늄(Re), 몰리브덴(Mo), 바나듐(V), 크롬(Cr) 등이 있다.

② 이들 금속은 일반적으로 실온에서는 내식성이 뛰어나며, 합금의 첨가에 의해 내산화성, 내열성이 현저히 향상되므로 고온 발열체, 전자공업용 재료, 초내열 재료, 초경 공구, 방진 재료 등에 사용된다.

03 신소재

1 초전도 재료

1) 초전도 상태

어느 종류의 금속은 어떤 임계온도에서 전기저항이 완전히 없어지는 현상을 나타낸다. 이러한 현상을 초전도(super conductivity)라 하며, 이러한 거동을 나타내는 재료를 초전도 재료(super conducting materials)라 한다.

2) 초전도 재료의 특성과 종류

① 특성 : 임계온도(Tc)가 높은 편이 냉각되기 쉽고, 임계자기장(Hc)과 임계전류밀도(Jc)가 높을수록 강한 자기장이 생기므로 기기를 소형화할 수 있어 초전도를 이용하기 편리하다.

② 종류
  ㉠ 니오브−티탄 합금 : 가격이 싸고 가공이 용이하므로, 실용 선재의 대부분을 차지하고 있다.
  ㉡ Nb_3Sn 화합물 : 4.2K에서 10T 이상의 강자기장이 발생하므로 실용성이 높다.
  ㉢ Nb_3Ge 화합물 : 임계온도는 23K 정도이며, 액체 수소 중에서도 초전도성을 나타내는 화합물이다.
  ㉣ Nb_3Al 화합물 : 임계온도는 20K를 넘고, 임계자기장이 40T의 높은 값을 가지는 합금이다.

3) 초전도 재료의 응용

① 대형 응용
  ㉠ 초전도 자석 : 초전도 직류 입자 검출 자성체와 빔(beam) 유도 자성체가 개발되어 많은 양의 전기에너지의 소모를 방지하여 운영비를 절감할 수 있다.
  ㉡ 자기 분리와 여과 : 자기분리장치의 자화계에 초전도체를 이용하여 강화시키면 원광석으로부터 약자성을 띤 불순물을 제거할 수 있으므로 부유 선광법을 대체할 수 있다.
  ㉢ 자기부상열차 : 시속 500km 이상의 속도를 낼 수 있는 고속궤도수송수단인 자기부상열차는 전자파와 초전도성 코일의 자속 간의 상호작용에 의해 차체를 움직이는 추진력을 갖게 된다.
  ㉣ 고출력 케이블 : 낮은 전력 손실과 높은 전력 밀도로 인하여 강제 순환되는 헬륨으로 냉각된 초전도성 케이블의 사용이 고려될 수 있다.

ⓜ 원자로 자기 장치 : 낮은 전력 소모로 높은 자속 밀도를 낼 수 있는 대형의 초전도성 자석은 원자핵 융합에서 자기 제어에 유용한 방법이며, 자석 배치방법에는 토카막 방식과 직렬거울방식이 있다.

ⓗ 자기공명영상과 분광학 : 전기자장과 고주파의 전자파에 의해 생체 내의 양자와 핵이 발생되는 고주파 신호에 의하여 신진대사를 연구하는 의학적 진단방법이다.

② 소형 응용

㉠ 전자공학에 응용되는 초전도 재료에는 납 합금과 니오브가 현재로서는 가장 진보된 소재이다.

㉡ 이들 재료는 거의 얇은 막 형태로 되어 있으며, 컴퓨터에 필요한 고집적 회로기술에 사용되고 있다.

❷ 형상기억합금

1) 형상기억효과의 기구

형상기억합금은 일단 어떤 형상을 기억하면 여러 가지의 형상으로 변형시켜도, 적당한 온도로 가열하면 다시 변형 전의 형상으로 돌아오는 성질이 있다.

2) 형상기억합금의 종류

① 니켈 – 티탄계 합금

이 합금은 내식성, 내마멸성 및 내피로성이 뛰어나지만, 가격이 비싸고 소성가공이 쉽지 않다.

② 구리계 합금

이 합금은 결정립의 미세화가 어려우므로 내마멸성 및 내피로성이 니켈 – 티탄계 합금에 비해서 떨어지지만, 가격이 싸고 소성가공이 용이하다.

3) 형상기억합금의 응용

① 군사용

우주 개발에는 수신용 안테나에, 항공기에는 유압 배관용의 파이프 이음쇠에 많이 사용된다.

② 일반용

고정핀이나 냉난방 겸용 에어컨, 커피메이커 등에 사용되고 있다.

③ 의료용

정형외과, 외과 및 치과에 대부분 응용되고 있다.

④ 초탄성 합금의 응용

치과 교정용 와이어, 안경테(프레임), 전기 커넥터 등에 이용된다.

❸ 복합재료

1) 복합재료의 구성 요소 및 특성

① 구성 요소
ㄱ 복합재료의 구성 요소로는 섬유, 입자, 층, 모재 등이 있다.

ㄴ 복합재료는 요소의 형상 및 구성방법에 따라 여러 가지 종류로 분류되나, 일반적으로
연속 섬유 강화 복합재료, 단섬유 강화 복합재료, 입자 강화 복합재료, 층상 복합재료
등으로 구분된다.

② 특성
ㄱ 종래의 금속재료에 비하여 비강성, 비강도가 대단히 높다.

ㄴ 이방성 재료이다.

ㄷ 단일재료로는 얻을 수 없는 기능성을 갖추고 있다.

2) 보강섬유와 모재

① 보강섬유
대표적인 것은 유리섬유, 탄소섬유, 보론섬유 등의 무기계 섬유와 아라미드 섬유, 폴리에
틸렌 섬유 등의 유기계 섬유 및 위스커 등이다.

② 모재
복합재료에 있어서 보강섬유는 하중에 견디는 역할을 하나, 모재는 섬유를 제자리에 고정
시켜서 구조적인 모양을 이루는 역할을 한다. 또 전단하중이 작용할 때에는 모재가 주로
하중을 지탱하므로 이의 기계적 성질은 매우 중요하다.

3) 복합재료의 용도

① 우주항공 분야
ㄱ 우주항공 구조물 재료로서 필요 조건은 가볍고 강하며, 강성이 커야 한다. 사용되고
있는 복합재료는 섬유강화재 및 샌드위치 구조이다.

ㄴ 보강섬유는 유리 탄소, 보론 및 유기물의 네 종류이고, 모재로서는 에폭시, 페놀 등
플라스틱이 대부분이지만 알루미늄, 티탄과 이의 합금도 있다.

② 자동차 분야
복합재료는 경량, 강성, 내식성이 크므로 자동차 부품재료로서 이의 응용이 클 것으로
기대되고 있다.

③ 스포츠 – 레저 산업 분야
탄소섬유, 보론섬유 등을 사용한 테니스 라켓, 골프채, 낚싯대, 자전거, 스키, 활 등은 기
존의 나무나 금속재료를 사용한 제품에 비하여 성능 면에서 훨씬 뛰어나다.

4 기타 신소재

1) 비정질합금

① 보통의 금속과는 달리 결정립 구조를 갖지 않는 금속을 비정질합금(amorphous alloy)이라고 한다. 이 합금은 결정립계가 없고 원자들이 임의로 빽빽이 차 있다. 이 구조는 유리의 구조와 비슷하기 때문에 이 합금을 금속유리(metallic glass)라고도 한다.

② 이들 재료는 선재, 리본, 판재, 분말의 형태 외에 덩어리 형태로도 가용하며 지속적으로 연구되어 중요한 재료로 부각되고 있다.

③ 비정질합금은 보통 철, 니켈, 크롬으로 구성되며, 탄소, 인, 보론, 알루미늄, 규소를 합금원소로 첨가한다. 이들 합금은 내부식성이 뛰어나고, 연성과 강도가 우수하다. 또한 자기이력손실이 매우 낮아서 변압기, 발전기, 모터, 자기증폭기, 선형가속기용 자기철심으로 적합하다.

2) 나노재료

① 이들 재료의 일부 성질은 전통적인 상업용 재료의 성질보다 우수하다. 우수한 성질로는 독특한 전기, 자기, 광학적 성질과 구조용 혹은 비구조용에 적합한 강도, 경도, 연성, 내마모성, 내부식성을 들 수 있다.

② 나노재료는 절삭공구, 금속분말, 컴퓨터칩, 노트북용 평면 디스플레이, 센서, 각종 전자기 부품에 사용된다.

③ 과립, 섬유, 박막, 복합재료(강화입자 크기 1~100nm)의 형태로 가용하며, 어떤 화학원소의 조합으로도 조성될 수 있다. 그중에서도 탄화물, 산화물, 질화물, 금속 및 합금, 유기 폴리머, 각종 복합재료 등이 중요한 용도에 사용되는 조성이다.

3) 금속발포재

① 금속발포재는 보통 알루미늄합금, 때로는 티타늄이나 탄탈 합금으로도 만든다. 금속이 차지하는 체적분율은 5~20%에 불과하다.

② 비강도와 비강성을 독특하게 조합할 수 있고 매우 경량이므로, 항공우주용을 비롯하여 필터, 경량보, 정형외과용 임플란트 재료로 사용하기에 적합하다.

③ 발포재를 제조하는 한 방법은 기본적으로 용탕에 공기를 불어넣어 표면에 거품이 생기게 한 후, 거품을 걷어서 응고시키는 것이다.

01 구조용 특수강 및 금속재료

1. 개요

구조용 특수강은 기계를 구성하는 중요 부품을 만드는 데 쓰이는 강재이며 인장강도, 탄성강도, 연신율, 단면 수축률, 충격치, 피로한도 등의 기계적 성질이 우수해야 한다. 이 외에 구조성, 단조성, 절삭성 등의 가공성도 좋아야 하는데, 이런 특수한 성질을 주기 위하여 여러 종류의 원소를 첨가한 강을 특수강이라 한다.

2. 종류

1) 강인강

① Ni－Cr강
② Ni－Cr－Mo강
③ Cr강
④ Cr－Mo강
⑤ Mn강

2) 그 외 특수강

① 침탄용 특수강
② 질화강
③ 스프링용 특수강
④ 베어링용 강

3. 특성

1) Ni－Cr강

Ni은 Fe에 고용하여 그 강도를 증가시키며 인성을 해치지 않으므로 합금원소로 가장 좋다. Ni강에 Cr을 첨가하면 Ni강의 특징이 한층 더 강화되며 강인성이 증가하는 동시에 담금질 경화성을 뚜렷하게 개선하므로 구조용 합금강 중에서 가장 중요한 강철이며, 특히 대형 단강재로서 적당하다. 크랭크축, 기어에 사용된다.

2) Ni－Cr－Mo강

구조용 Ni－Cr강에 0.3% 정도의 Mo을 첨가하면 강인성을 증가시킬 뿐 아니라 담금질할 경우에 질량효과를 감소시키며 뜨임 여림을 방지하는 효과를 갖는다. 크랭크축, 터빈 날개, 고장력 볼트 기어류에 사용된다.

3) Cr강

Cr이 시멘타이트 중에 녹아 들어가 탄소강을 강하게 하는 작용을 한다. 암류, 키 등에 사용된다.

4) Cr−Mo강

Mo강이 첨가되면 강이 더욱 강해져서 Ni−Cr강의 대용강으로 사용되며 기계적 성질이나 담금질 질량효과도 Ni−Cr강과 비슷하여 용접하기가 쉬운 장점이 있어 대용강으로 우수하다. 기어, 축류, 암류 등에 사용된다.

5) Mn강

Mn은 강철에 자경성을 주며, Mn을 다량 첨가한 강은 공기 중에서 냉각하여도 쉽게 마텐자이트나 오스테나이트 조직으로 변한다. 구조용으로는 2% Mn 이하의 저망간과 15~17% Mn의 고망간강이 사용된다.

6) 침탄용 특수강

침탄하여 열화를 하여 표면을 단단하게 한다. 캠축, 기어, 스플라인축 등에 사용된다.

7) 질화강

암모니아 기류 중에서 500~550℃로 가열하여 질화를 일으켜 표면적을 경화시킨 강이다. 항공 발동기의 실린더, 캠축, 분사노즐 등의 고도의 내마멸성을 필요로 하는 부분에 사용된다.

8) 스프링용 특수강

냉간가공한 것과 열간가공한 것이 있다.
① 냉간가공 : 철사스프링, 박판 스프링
② 열간가공 : 판 스프링, 코일 스프링

9) 베어링용 강

높은 탄성한도나 높은 피로한도가 요구되는 고탄소 저크롬강을 볼 베어링 및 롤러 베어링의 볼이나 롤러 및 내륜과 외륜에 사용한다.

1. 신금속의 정의

신소재란 물성연구, 재료설계, 재료가공, 시험평가 등의 연구를 통해 기존 소재의 결점을 보완하든가 우수한 특성을 내게 함으로써 새로운 기능의 구조특성을 실현한 고부가가치의 재료를 말한다.

2. 신금속 재료의 기능별 분류

기능		특성	재료의 예	용도
기계적 성질	고강도성	인장, 압축 등의 하중에 대해 피로, 파괴를 견디는 능력이 우수	미세결정금속 단결정금속	항공 우주기기
	초연성	외력을 제거해도 변형한 그대로 있기 쉬운 성질	초소성 합금	항공기, 패널기기부품
	제진성	진동을 잘 흡수하는 성질	제진합금	기기부재
열적 기능	내열성	고온에서도 항장 등이 변하기 어려운 성질	초내열합금	항공기 엔진부품
전기적 기능	초전도성	절대온도 '0℃'에서 갑자기 전기저항이 없어지는 성질	초전도재료	발전기, 송전기
자기적 기능	강자성	자장 중에서 자화하는 성질이 우수한 것	미분말 자성체 희토류 자성재료	자기기록용 재료모터
	고투자성	자기가 통하기 쉬운 성질	아모르퍼스 강자성체	변압기 철심 자기헤드
기타	수소 저장성	열을 가하지 않고 압력변화로 수소를 흡수, 방출하는 성질	수소저장합금	수소 운반 수소자동차 열매체
	형상 기억성	어느 온도에서 변형을 가해도 다른 온도에서 본래의 형상으로 되돌아가는 성질	형상기억합금	파이프이음매 인공관절 인공근육

3. 신소재의 특성

신소재의 공통적 특성은 상품, 수요, 생산 면에서 파악할 수 있다.

1) 상품적 특성

① 고부가가치성 : 기존 소재 대비 가공도 높고 원료 및 코스트의 비중이 상대적으로 낮아 유리한 가격정책이 가능하다.

② 사용상의 복합성 : 설계단계에서부터 몇 개의 소재를 복합화하여 원하는 특성을 이끌어 낼 수 있다.

③ 종류의 다양성 : 초미립자화, 고순도화, 비정질화 등 제조 프로세스의 다양화로 같은 소재에서도 다양한 신소재를 얻을 수 있다.

2) 수요 특성

① 시장의 소규모성 : 기능 및 구조재료로서 대량으로 필요치 않고 수요물량이 대부분 매우 적다.

② 짧은 제품수명 : 새로운 용도는 기술진보와 함께 개량된 다른 신소재와의 경합으로 기존 제품보다 Life Cycle이 짧다.

3) 생산 특성

① 다품종 소량생산성 : 상품 및 시장 면에서의 특성은 소량 생산규모이다.

② 기술집약성 : 연구개발, 제조, 상품화, 마케팅 등 기술집약적 제품이다.

4. 의의와 문제점

1) 의의

① 첨단산업의 기술혁신을 뒷받침하는 기초재료로의 역할

② 가공조립제품의 고도화 등에 기여

③ 고도성장이 예견되는 분야

2) 문제점

① 실용화, 기업화 단계까지 많은 자금과 인력 투입이 필요하다.

② 개발, 기업화에 따르는 리스크가 매우 크다.

③ 고기술이며 가격이 비싸기 때문에 적합한 용도를 발굴 확대해 나가는 것이 어렵다.

5. 개발동향

미국, 일본을 중심으로 국가 차원의 지원체제하에서 개발, 실용화를 추진하고 전기, 전자, 항공기, 자동차 업체 등이 중심이 되어 적극 참여하고 있다. 현재 아모르퍼스합금, 형상기억합금, 초전도재료, 수소저장합금, 희토류 자석, 제진재료, 초내열합금, 고융점금속 등이 가장 활발하게 연구되고 있으며 일부는 실용화 단계에 와 있다.

우리나라의 경우 대학, 연구소 등에서 기초 연구단계인 것이 대부분이며 아모르퍼스합금, 형상기억합금, 초전도재료 등이 비교적 활발히 연구되고 있다.

1. EP의 정의

EP(Engineering Plastic)는 공업용도에 사용되는 총칭으로 그 범위와 종류에 대해 엄밀히 말하자면 일정치 않지만 구조재, 기구부품 및 자동차·전기·전자 분야에 대한 첨단기술 부분에 사용되는 내열성, 강도, 강성에 뛰어난 열가소성 수지라고 정의한다.

2. 기술개발 동향

1) 서론

EP의 부분은 열적 성질(융점 Tm, 글라스 전이점 Tg)에 의해 결정성형과 비결정성형으로 분류된다.

① EP가 크게 신장된 요인
  ㉠ 자동차, 전기, 전자기기를 중심으로 제품이 늘고 포장, 건재, 잡화 분야에서 needs가 증대했다는 것
  ㉡ 상기 needs에 의거한 요구특성에 잘 대응할 수 있다는 것
  ㉢ 자동차 gas 규제, 난연화 규제 등의 사회적 needs, 시류에 즉시 적응했다는 것

② EP 기술개발 기본적 사항
  ㉠ EP 단점을 어떻게 개선할 것인가?
  ㉡ 특징을 어떻게 나타내 신장시킬 것인가?
  ㉢ 어떤 곳에 사용 가능하고 어떻게 사용할 것인가?
  ㉣ 어떤 방법으로 성형 가공성을 높일 것인가?
  ㉤ Cost는 적당한가?
  ㉥ 성형을 가능하게 하는 장치와 성형방법의 확립 측면은 어떠한가?

2) 본론

① EP의 분류 : 열적 성질에 의해 결정성형과 비결정성형으로 대별한다.

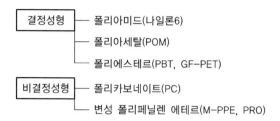

② 성능의 항목별 기술개발 동향

    ㉠ 내열성 : Tm, Tg 향상을 목적으로 한 슈퍼 EP가 있다(폴리옥시벤졸(POS), 액정폴리머(LCP), 폴리에테르설폰(PES) 등).

    ㉡ 강도, 강성 : 폴리머 구조 이외에 보강재(글라스섬유 등)의 종류, 양, 배합상태 등에 의해 강도, 강성을 크게 향상한다.

    ㉢ 터프(tough)화 : EP 본래 특성을 손상시키지 않고 내충격성을 부여한다. 상용화제, 혼화제의 연구개발이 한창이다.

    ㉣ 난연(燗然)화 : 조건은 높은 내열성, 낮은 코스트, 환경친화, 폴리머와 잘 융합, 난연제, 난연조제를 폴리머 속에 이겨놓은 방법을 취하고 있다.

    ㉤ 폴리아미드의 낮은 흡수화 : 강도 저하를 억제한다.

    ㉥ 성형성 방법

        • 이형성의 개량 : 이형제 첨가

        • 결정화 거동의 개선 : 결정화 핵제

        • 장시간 연속 안정 생산성 : 안정제 등

        • 성형조건의 설정 : CAE의 활용 등

③ EP의 장단점 분류

구분	장점	단점
폴리아미드	내열성, 강인성	흡수성
폴리아세탈	내마찰, 마모성, 점착특성	난연성
폴리에스테르	저흡수성, 전기특성	내습열성
폴리카보네이트	투명성, 내충격성	내용제성
변성 폴리페닐렌 에테르	치수안정성, 전기특성	내용제성

④ 기술개발의 문제

    ㉠ 고기능성 재료로서 EP

       • 초고강도, 내충격성

       • 고도전성, 각종 환경의 내성재료

       • 고치수의 안정성

       • 좋은 표면과 외관성형

    ㉡ 내열성에 뛰어난 성형재료

    ㉢ 감성(촉감, 음감 등) 특징재료

    ㉣ Cost Down

3) 결론

현 시점에서는 EP도 과다경쟁의 최근 상황을 탈피해 다소 진정되는 상태에 있는 것처럼 생각된다. 즉, 용도에 따른 재료의 구분이 확실해지는 추세이고, 엔지니어링 플라스틱 이외의 재료 사이에서 Cost, 퍼포먼스, 성형가공기술 등에 대한 우위성이 인식되므로 새로운 용도의 개척이 점점 발전해 나갈 것이라 예상된다.

3. 전망(응용부분)

① 자동차, 수송 분야

② 전자, 전기기기, 정보산업 분야

③ 사무기, OA 분야

④ 주택자재, 건재, 기구, 스포츠, 레저 분야

주조

금속주조 이론

| 개요

1 주조의 개요

① 역사가 가장 오래되었으면서도 가장 보편적인 가공방법이다.

② 금속을 녹여서 용탕(녹은 금속)으로 만들고 용탕을 주형(틀) 안으로 흘려보내어 굳혀서 만드는 공정이다.

③ 순금속의 기계적 성질의 한계를 용탕을 이용해 다른 금속과 합금으로 성질의 수정 개선이 가능하다.

④ 응고되는 과정에서 소재는 수축을 하게 된다(주조공정에서 사용하는 자는 수축을 고려해 치수의 범위가 더 작아진 자를 사용한다).

2 주조의 기능과 이점

① 복잡한 부품형상을 창성할 수 있다.

② 외부와 내부형상을 창성할 수 있다.

③ 일부 주조공정들은 정형화(net shape)되어 있으며, 다른 것들은 준정형화(near net shape)되어 있다.

④ 대형부품을 생산할 수 있다.

⑤ 일부 주조방법들은 대량생산에 적합하다.

3 주조의 단점

① 주조공정마다 각기 단점이 다르다.

② 기계적 성질의 한계

③ 치수정확도와 표면다듬질 불량[예 사형주물(sand casting)]

④ 용융금속을 다루는 작업자의 안전사고 위험

⑤ 환경문제 등

4 주조공정으로 만든 부품

① 대형부품 : 자동차 엔진 블록과 헤드, 난로, 기계 몸체, 기차 바퀴, 파이프, 교회 종, 대형 조각상, 펌프 하우징 등
② 소형부품 : 치과 보철, 보석, 소형 조각상, 프라이팬 등

5 주조작업

① 모형과 주형을 만드는 작업
② 금속을 용해하여 조성과 불순물을 조절하는 작업
③ 주형으로 용탕 주입

6 주조공정의 주요 인자

① 금속의 응고과정 : 주조조직(cast structure), 응고기구(solidification mechanism)
② 용탕의 유입, 유동 : flow analysis
③ 응고 및 냉각 동안의 열 전달
④ 주형재료의 영향
⑤ 주조의 CAE(예 MAGMASOFT, ProCAST)

SECTION 02 | 금속의 응고와 주조조직

---

1 금속의 응고단계

1) 금속의 응고(solidification of metals)

용융금속이 액체상태에서 다시 고체상태로 되돌아가는 변환과정으로, 금속의 종류에 따라 응고과정이 다르게 나타난다.
① 순수금속(pure element)
② 합금(alloy)

2) 순수금속의 응고

① 순수금속의 냉각곡선

순수금속은 용융점(melting point)과 동일한 응고점(freezing point)에서 응고되기 시작한다.

㉠ L(액상, 원자의 결정구조 없음), S(고상, 원자는 격자점에 고정)

㉡ 운동에너지를 열에너지로 방출(응고잠열, latent heat)

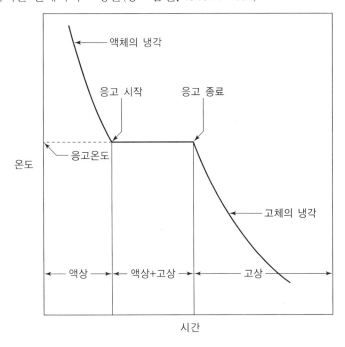

| 순수 금속의 냉각곡선 |

② 순수금속의 응고

㉠ 용탕을 주입하자마자 주형표면의 냉각작용(chilling action)으로 금속의 얇은 막이 바로 형성된다.

• 얇은 막은 응고가 진행됨에 따라 점점 두꺼워지고 주형 공동의 중심으로 진행해 나간다.

• 응고 진행속도는 주형으로의 열전달(heat transfer), 주조금속의 열특성(thermal properties)에 따라 다르다.

㉡ 순수금속 주물의 결정립 구조(grain structure)에서는 주형 벽 근처에는 방향성이 없는 작은 결정립(randomly oriented grains)이 생성되고, 주물 중앙으로 향함에 따라 크기가 큰 주상 결정립(large columnar grains)이 나타난다.

| 순수금속 주물의 결정립 구조 |

3) 합금의 응고

① 합금의 냉각곡선

　㉠ 대부분의 합금은 어떤 온도범위 내에서 응고된다.

　㉡ 구리－니켈합금계의 상태도(phase diagram)와 50% 니켈－50% 구리 성분의 냉각
　　곡선(cooling curve)은 다음과 같이 나타난다.

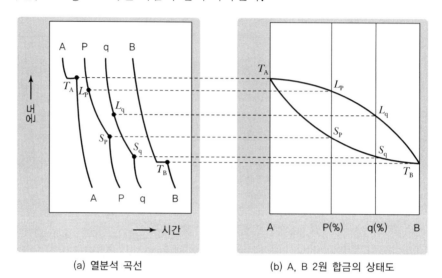

(a) 열분석 곡선　　　　　　　(b) A, B 2원 합금의 상태도

| 구리－니켈합금계의 상태도 |

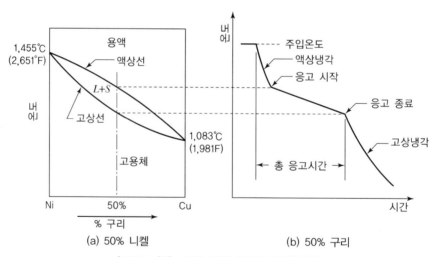

(a) 50% 니켈　　　　　　　　(b) 50% 구리

| 50% 니켈－50% 구리 성분의 냉각곡선 |

② 합금의 응고

　합금주물의 결정립 구조에서는 주물 중앙에서 합금
　원소의 편석(segregation)현상이 일어난다.

　* 편석현상 : 용융금속이 응고할 때 먼저 굳는 부분과 나중에
　　굳는 부분에 따라서 조직이 달라지는 현상

| 합금주물의 결정립 구조 |

② 핵생성과 성장

1) 과냉각되는 경우

핵생성속도가 성장속도보다 빠르며, 구형의 고상으로 응고한다.

2) 핵생성보다 성장속도가 빠른 경우

표면적이 넓은 부분에서 열유동의 반대 방향으로 가늘고 긴 모양으로 성장한다.

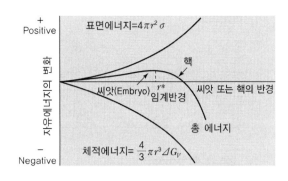

| 자유에너지의 변화 |

3) 수지상정(dendrite)이 형성되는 이유

고용체 합금의 경우 액상점(TL)과 고상점(TS) 사이에서 고−액 공존상태(mushy state)로 존재하기 때문이다.

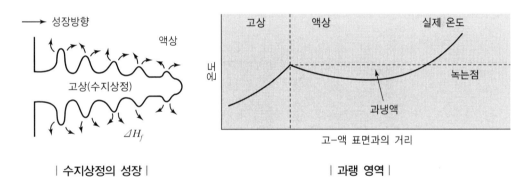

| 수지상정의 성장 |　　　　| 과랭 영역 |

4) 주상정(columnar crystal) 발달

주형벽면에서 주상정이 발달하여 열전달의 반대 방향으로 성장해 나간다.

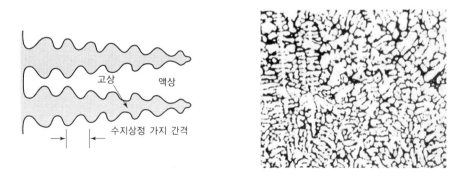

| dendrite의 구조 |

3 응고과정

1) 과랭

융체 또는 고용체가 응고온도선 또는 용해온도선 이하로 냉각하여도 타성 때문에 액체 또는 고용체 상태로 계속되는 현상이다. 과랭도는 빨리 냉각할수록 커지며, 일반적으로 과랭도는 응고점보다 0.1 또는 0.3℃ 이하에서 생기고, 과랭도가 커질수록 많은 핵이 발생한다. 과랭 방지로 접종, 소량의 고체금속 첨가, 용액 진동을 말한다.

2) 결정의 응고과정

결정핵 생성 → 결정핵 성장 → 결정경계(결정립계) 형성 → 결정립 구성

3) 응고속도와 결정립 크기의 관계

① 결정립의 크기는 금속의 종류와 불순물의 양에 따라 다르다.
② 냉각속도가 빠를수록 결정핵은 많아지고 결정입자는 미세하다.
③ 냉각속도가 느릴수록 결정핵은 적어지고 결정입자는 조대하다.

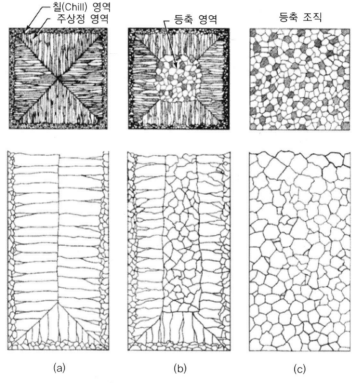

| 응고금속조직의 세 가지 유형 |

4 주조조직의 형성

① 순금속 : 주상정의 발달
② 고용체합금 : 액상점(T_L)과 고상점(T_S) 사이에
   서 고–액 공존상태(mushy–state)
③ 핵생성 촉진제(접종제) : 등축조직 유도
④ 머시영역 : 응고범위($T_L - T_S$)에 비례
⑤ 응고 후 조직

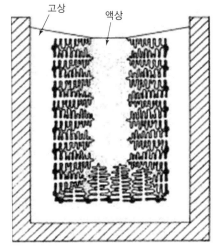

| 주조조직 |

결정형성에는 결정핵 수, 결정속도, 금속의 표면장력, 결정경계에 작용하는 각종 힘과 점성과 유동성이 영향을 미친다.
결정립의 크기는 성장속도에 비례하고 핵 발생속도에 반비례한다. 조직의 종류는 다음과 같다.

㉠ 수지상 조직
  • 용융상태의 금속이 서랭 시 결정격자가 나뭇가지 모양을 이룬 것을 말한다.
  • 이는 합금 형성 시 처음 응고되는 부분과 나중에 응고되는 부분의 농도 차이에 의해서 생긴다.

㉡ 주상조직 : 용탕을 금속 주형에 주입 후 응고할 때 주형의 면에서 중심 방향으로 성장하는 나란하고 가느다란 기둥 모양의 결정을 말한다.

㉢ 입상정(입방정)
  • 알갱이 모양으로 성장한 결정립들이 모두 응고한 상태를 말한다.
  • 입상정은 결정립의 여러 방향을 향하고 있으므로 조직이 균일하여 기계적 성질이 우수하고 응고할 때 발생하는 결함들도 방지할 수 있다.
  • 이러한 조직들은 순금속일 경우와 합금일 경우 결정의 성장방법이 다르다. 순금속은 주상조직이 발달하고 합금은 수지상인 주상수지상정이 형성된다.

합금 냉각속도의 영향
• 합금용탕이 응고되면서 수지상정이 만들어진다.
• 냉각속도가 느리거나 국부적으로 응고시간이 길면 조대한 수지상정 구조를 갖게 되고 수지상정 사이의 간격이 매우 넓다.
• 반대로 냉각속도가 빠르면 조직은 미세해지고 비정질조직(정돈된 결정구조가 없음)이 된다.

결정립 크기의 감소에 따른 현상
결정립의 크기가 작아짐에 따라 ① 주조합금의 강도와 연성이 증가한다. ② 미세기공률(수지상정 사이의 공극)이 감소한다. ③ 응고가 진행되는 동안 고온균열이 생기지 않는다.

비정질합금의 특징

비정질합금은 내부식성과 연성이 뛰어나고, 고강도이며, 자기이력손실이 매우 적고, 와전류에 대한 저항이 높으며, 투자율이 우수하다. 후자의 세 가지 성질을 이용하여 변압기, 발전기, 모터, 안정기, 자기증폭기, 선형가속기 등에 효율성 높은 강자심재료로 사용된다.

⑤ 주물 응고단계의 요약

① 주형표면에 미세결정립 : 온도구배가 심하므로 용탕이 과냉각

② 온도구배가 완만해지면서 열유동과 반대 방향으로 결정립 성장(주상정)

③ 용탕 내부에서는 수지상정이 생기고 성장 시작

④ 응고 완료

※ 부피에 비해 표면적이 넓은 주물은 냉각속도가 빠르고 단면 전체에서 미세등축립을 형성한다.

SECTION 03 | 용탕의 유동

① 용탕의 유동순서

용탕 – 용탕받이 – 탕구(sprue) – 게이트 – 탕도(runner) – 주형공동부(cavity) – 라이저(riser)

② 탕구계(gating system)

1) 개요

주탕에 용탕을 주입하기 위하여 설치하는 경로이며 탕류부, 탕구, 탕도, 주입구로 구성된다.

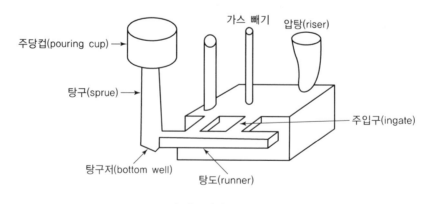

| 탕구계의 구성 |

① 주당컵(pouring cup) : 용탕을 탕구로 받아들이는 고깔형의 컵
② 탕구(sprue) : 탕도로 연결되는 수직통로로 보통 원통 단면
③ 탕도(runner) : 탕구저로부터 주형의 적당한 위치에 설치된 주입구까지 용탕을 유도하는 통로이며, 탕구보다 단면적을 크게 하여 탕의 유속을 느리게 하는 구조
④ 주입구(ingate) : 탕도로부터 분기하여 주형에 들어가는 통로

2) 설치 시 고려사항

① 용탕을 정숙하게 주형에 유입시킬 수 있을 것
② 용탕을 주형의 모든 부분까지 충만하게 채울 것
③ 주형 내의 가스가 용이하게 배출되게 할 것
④ 주형 크기에 따라 예정된 주입시간 내에 주입을 완료할 수 있는 크기의 단면적을 가질 것
⑤ 용탕에 혼입된 용재 불순물 등의 유입을 방지할 수 있는 적당한 높이를 가질 것
⑥ 주형에 충만된 용탕에 충분한 압력을 줄 수 있는 적당한 높이를 가질 것
⑦ 과도한 온도손실을 방지할 수 있을 것

3) 주입구의 위치에 따른 주입법의 종류

① 압상법(하부 게이트)
　㉠ 탕도와 게이트가 주물의 최하단에 위치
　㉡ 가스배출이 용이하며 불순물 혼입이 적음
　㉢ 위로부터 응고가 진행되어 주입이 방해되므로 수축공이 생기기 쉬움, 두께가 얇고 깊은 주물에는 부적당

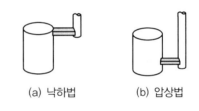

(a) 낙하법　　　　(b) 압상법

| 주입법의 종류 |

② 낙하법(상부 게이트)
　㉠ 탕도와 게이트가 주물의 상부에 위치
　㉡ 주형제각이 용이하며 용탕이 잘 주입되고 압탕의 효과
　㉢ 용탕 주입 시 소용돌이 발생

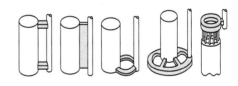

| 게이트의 종류 |

③ 압탕구(riser)

1) 개요

① 주조 시에 용탕이 주입되면 주형 내에서 응고 수축되면서 용탕이 부족하게 되므로 압탕구를 설치하여 부족한 용탕을 보충하고 기공이나 기포 등의 발생 및 수축으로 인한 국부적인 변형을 방지한다. 또한 주형 안이나 용탕 안에 포함되어 있는 가스나 불순물을 추출한다.

② 최종제품은 라이저를 절단하여 사용한다.

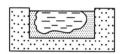

(a) 쇳물 주입 직후

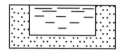

(b) 응고 시 수축 개시

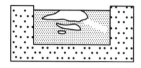

(c) 응고완료 후 수축기공 발생

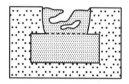

(d) 수축기공이 압탕구(riser)에 집중

| 수축공 및 라이저의 효과 |

2) 설치 시 고려사항

① 주물 본체의 높이보다 높게 한다.

② 주물의 가장 가까운 부분의 응고가 끝날 때까지 용융상태를 유지한다.

③ 단면적을 가급적 크게 하고, 주물의 가장 두꺼운 부분 가까이에 설치한다.

④ 방열효과가 적은 원주형으로 한다.

3) 주입작업 시 고려사항

① 주형에 용탕의 주입이 끝난 후 고온의 용탕을 추가하여 압탕구에 보충함으로써 최후까지 용융상태를 유지한다.

② 탕 안에서 고온의 쇠막대를 상하 운동시켜 탕면에 응고하는 것을 방지한다.

③ 압탕구의 탕면을 보호하기 위해 보온제 등으로 덮어준다.

4 주입온도 및 주입속도와 주입시간

1) 개요

① 용탕을 주형에 주입할 때 주입속도 및 주입온도에 따라 주조품의 상태가 달라지게 됨

② 주입된 용탕은 주형 내부를 유동하면서 응고되고 냉각이 이루어지는데, 이때 주입온도는 주조품의 형상 또는 재질에 따라 적당한 온도를 선정해야 함

③ 주입속도는 주입온도와 관련이 있으며 일반적으로 용탕의 양, 주물형상, 두께 그리고 주형강도 등을 고려하여 신속하고 조용히 주입하는 것이 좋음

2) 주입온도

① 주입온도가 너무 높을 때

주물조직 불균일, 내부에 기공 발생, 조직의 조대화로 취약해짐

② 주입온도가 너무 낮을 때

주물성분 불균일, 주물 내부에 기공 발생

▼ 각종 재료별 주입온도

주조재료	주입온도
주철	1,300~1,350
주강	1,500~1,600
Al	680~750
황동	1,050~1,150
청동	1,150~1,200

3) 주입속도와 주입시간

① 주입속도

㉠ 주입속도가 빠를 때 : 주형 내면의 파손이 우려되고 공기 · 가스 배출 및 불순물의 부유가 어려워지며 주조품에 열응력 발생

㉡ 주입속도가 느릴 때 : 균일한 주조품을 얻기 어렵고 재질이 취성화될 수 있으며 얇은 주조품의 경우 유동이 불량해지게 됨

㉢ 주입속도 계산 : 용융금속의 단위시간당 유량은 비압축성 유체가 관내를 충만하게 흐를 때 다음 식 (1)과 같은 연속법칙이 성립하고, 여기서 유속 v는 베르누이 정리에 의해 식 (2)와 같이 나타난다.

$$Q = A_1 v_1 = A_2 v_2 \quad \cdots\cdots\cdots\cdots\cdots\cdots\cdots\cdots\cdots\cdots\cdots\cdots (1)$$

여기서, Q : 단위시간당 유량(cm^3/sec)

A : 유관의 단면적(cm^2)

v : 유속(cm/sec)

$$v = C\sqrt{2gh} \quad \cdots\cdots\cdots\cdots\cdots\cdots\cdots\cdots\cdots\cdots\cdots (2)$$

여기서, v : 유속(cm/sec)

C : 유량계수

g : 중력가속도($980cm/s^2$)

h : 탕구의 높이(cm)

따라서 단위시간당 유량 Q는 식 (1), (2)에서

$$Q = Av = AC\sqrt{2gh} \quad (C : \text{탕구 내의 저항에 따라 } 0.4 \sim 0.9)$$

② 주입시간

   ⊙ 주조품의 결함을 최소화하기 위하여 주조품의 중량에 따라 주입시간 결정

   ⓛ 다음 식과 같이 일반적인 주입시간 계산식을 사용하거나 다음 표와 같이 각 중량별 경험치를 선정하기도 함

$$T = S\sqrt{W}$$

여기서, T : 주입시간(sec)

           S : 주조품 두께에 따른 계수(주철 : 1.6~2.2, 주강 : 0.5~1.2)

           W : 주조품 중량(kg)

▼ 주철 및 주강의 주입시간

주철		주강	
중량(kg)	주입시간(sec)	중량(kg)	주입시간(sec)
<100	4~8	<100	<4
<500	6~10	100~250	4~6
<1,000	10~20	250~500	6~12
<4,000	25~35	500~1,000	12~20
>4,000	35~60	1,000~3,000	20~50
		3,000~5,000	50~80

SECTION **04** | **용탕의 유동성(주조변수)**

---

❶ 용탕 주입

① 용탕 주입이 성공적으로 이루어지기 위해서는 응고되기 전에 용탕이 주형에 골고루, 특히 주 공동부(main cavity)에 흘러 들어가야 한다.

② 용탕 주입의 성공 여부를 결정하는 요인

   ⊙ 주입온도(pouring temperature)

   ⓛ 주입속도(pouring rate)

   ⓒ 층류(laminar flow) 또는 난류(turbulence)

② 유동 특성

1) Reynolds 수

$$Re = \frac{\nu D \rho}{\eta}$$

2) 층류와 난류

보통 탕구계의 $Re = 2,000 \sim 20,000$

① $Re < 2,000$이면 층류(laminar flow)

② $Re > 20,000$이면 난류(turbulent flow)

3) 용탕의 유동성

주조성은 유동성에 비례하므로 주조에서 좋은 결과물이 나오기 위해서는 용탕의 유동성은 매우 중요한 요소이다.

③ 용탕의 특성

① 점도

점도가 온도에 민감할수록 유동성이 저하된다.

② 표면장력

용탕의 표면장력이 높으면 유동성이 감소된다.

③ 개재물

용해되지 않은 입자인 개재물은 유동성에 심각하게 나쁜 영향을 미친다.

*용제(flux) : 무기화합물로 용해가스와 여러 불순물들을 제거하여 용탕을 정련한다.

④ 합금의 응고형태

수지상정과 같은 형태이며 순금속일수록 유동성이 빠르고 합금은 유동성이 나쁘다.

⑤ 주형모양

탕구, 탕도, 라이저의 모양이 용탕이 잘 흐르지 못하는 구조라면 유동성이 나빠질 수 있다.

⑥ 주형재료와 표면

주형재료의 열전도도가 크면 용탕이 금방 식어 유동성이 안 좋아지고, 주형재료의 표면이 거칠면 용탕의 유동성이 저하될 수 있다.

⑦ 과열 정도

용탕의 융점을 초과한 온도로 더 과열하여 응고를 지연시킨다. ─유동성이 좋아진다.

⑧ 주입속도

얇은 면을 주조로 공정하려면 용탕의 유동성이 빨라야 하지만, 너무 빠르면 난류가 발생해 악영향을 줄 수 있다.

1 응고시간

① 전체 응고시간(total solidification time, T_{TS}) 용탕 주입 후 응고된 주물이 되기까지 필요한 시간

② T_{TS}는 주물의 크기와 모양에 따라 다르며, Chvorinov의 법칙을 따른다.

$$T_{TS} = C_m \left(\frac{V}{A} \right)^n$$

여기서, T_{TS} : 전체 응고시간, V : 주물의 부피, A : 주물의 표면적
n : 지수(보통 $n = 2$), C_m : 주형상수(mold constant)

2 Chvorinov의 법칙

1) 주형상수(C_m)

① 주형상수 C_m은 다음에 의해 결정된다.
  ㉠ 주형재료(mold material)
  ㉡ 주물금속의 열특성(thermal properties)
  ㉢ 용융점에 대한 상대적인 용탕 주입온도(pouring temperature)
② 주물의 형상이 달라도 주어진 주조조건에 따른 C_m 값은 동일한 주형재료, 주조금속, 용탕 주입온도에서 이전에 수행된 실험데이터에 기초할 수 있다.

2) Chvorinov 법칙의 의미

① 주물이 표면적 대비 체적비(volume−to−surface area ratio)가 크면 작은 경우보다 더 천천히 냉각되고 응고됨을 의미한다.
② 주형 공동에 용탕을 보충하기 위하여 압탕의 전체 응고시간 T_{TS}는 주물의 T_{TS}보다 커야 한다.
③ 압탕(riser)과 주물의 주형상수가 같으므로, 압탕(riser)의 표면적 대비 체적비가 높도록 설계해 주물(main casting)이 먼저 응고되도록 한다.
④ 이는 수축(shrinkage)의 영향을 최소화한다.

❸ 응고, 냉각 중의 수축

1) 수축과정

수축과정은 다음과 같다.

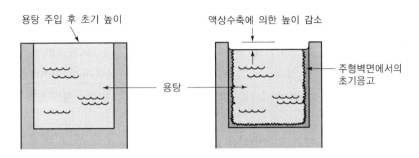

| (a) 용탕 주입 후 초기 높이 | (b) 냉각 중 액상수축(liquid contraction)에 의한 높이 감소 |

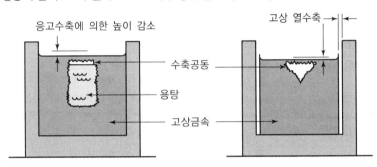

(c) 응고에 의한 수축공동(shrinkage cavity)의 생성과 높이 감소

(d) 고체금속의 냉각 중 열수축(thermal contraction)으로 인한 체적 감소

| 응고 · 냉각 중의 수축과정 |

2) 응고수축(solidification shrinkage)

고체상태(solid phase)는 액체상태(liquid phase)보다 밀도가 크기 때문에 응고수축은 거의 모든 금속에서 일어난다.

① 응고에 의해 금속의 단위 무게당 부피가 감소한다.

② 예외 : 탄소 함량이 많은 주철(cast iron)

③ 응고의 최종 단계인 흑연화(graphitization) 과정에서 상변화(phase change) 시 응고수축을 상쇄시키는 팽창(expansion)이 일어난다.

3) 수축여유(shrinkage allowance)

① 패턴(pattern) 제작자는 주형 공동을 크게 만들어 응고수축(solidification shrinkage)과 열수축(thermal contraction)을 감안하여 설계한다.

② 최종 주물의 크기에 비해 주형의 큰 정도를 패턴수축여유(pattern shrinkage allowance)라 한다.

③ 주물치수(casting dimension)는 길이로 표현되기 때문에, 수축여유도 마찬가지로 길이로 표현된다.

4 방향성 응고

1) 의미

수축의 악영향을 최소화하기 위하여, 공급되는 용탕이 주입구에서 가장 먼 부분에서 먼저 응고되기 시작하고, 여기서부터 응고가 압탕 쪽으로 진행되는 것이 바람직하다.
① 수축공(shrinkage voids)을 예방하기 위해 압탕으로부터 계속적인 용탕의 공급이 이루어진다.
② 이러한 응고과정과 조절방식을 표현하기 위해 방향성 응고(directional solidification)라는 용어가 사용된다.

2) 방향성 응고의 성과

방향성 응고는 주물 설계 시에 Chvorinov의 법칙을 적용하며 주형에서의 방향성 압탕계 설계를 통해 이루어진다.
① 압탕으로부터 멀리 떨어진 부분에 V/A 비율(표면적 대비 부피의 비)이 낮은 주물 부위를 위치시키면 응고가 먼저 진행되며, 나머지 부분에 용탕을 공급한다.
② 냉경(chills) : 주물의 특정 부위를 급속히 냉각시키기 위한 내부 혹은 외부 방열판(heatsinks)

3) 압탕 설계(Riser Design)

압탕(riser)은 주물에서 분리되며, 주조에 다시 용융하여 사용되는 폐기금속(waste metal)이다.
① 단위작업에서 폐기물을 최소화하기 위하여, 압탕의 부피를 최소화하는 것이 바람직하다.
② 압탕의 형상은 보통 V/A 비를 최대화하는 것으로 설계되며, 이로써 압탕 부피가 최솟값으로 줄어들게 된다.

1 주조 결함의 개요

① 주조 시 발생될 수 있는 결함
  ㉠ 응고 시의 수축 결함(shrinkage cavity and crack)
  ㉡ 용탕의 급랭에 따른 급랭조직 형성과 응력 균열
  ㉢ 용탕의 불충진 및 용탕과 세라믹 몰드와의 반응에 따른 기포와 기공 형성 등

② 이러한 결함들이 주조품 사용 시 파손의 원인이 되므로 건전한 주조품의 제조를 위해서는 주조 공정상의 결함 제어가 필수적이다. 주조 공정에서 주요한 공정변수는 용탕의 온도 및 분위기 조절, 몰드 예열 온도 및 시간, 주입 속도를 들 수 있으며, 이러한 공정변수 외에도 몰드 설계와 제작이 주조 결함 제어를 효과적으로 하는 데 중요한 관건이 된다.

2 주조 결함의 영향인자

1) Mold 조건

① Mold는 압탕의 크기와 주입구 위치, 몰드 두께에 따라 용탕의 주입 속도와 흐름 및 용탕 충진 그리고 각 부분에서의 냉각 속도를 좌우하게 되므로 주조 결함 제어에 결정적인 역할을 한다. 즉, 압탕의 크기가 클수록 용탕 중력이 커져서 몰드 내의 용탕 유통 속도가 빨라져 얇은 지역에도 충진이 잘 된 건전한 주조품을 얻을 수 있는 가능성이 높다.

② 주입구 위치에 따라서도 결함 생성 요건에 큰 영향을 미치는데, 일반적으로 시행되는 상부 주입의 경우 몰드 내로 용탕이 주입되는 속도가 빨라서 급속 냉각에 따른 불충진의 발생이 적으나 용탕 유동에 따른 기포 형성의 가능성이 크게 된다. 이에 대하여 하부 주입의 경우 용탕이 채워 올라가는 속도가 늦기 때문에 냉각 속도가 클 경우 몰드 끝까지 용탕이 충분히 채워지지 못할 가능성이 크나, 용탕의 냉각 속도가 완만하고 흐름이 좋은 경우 용탕의 안정적 흐름이 유지되고 건전한 주조품을 만들 수 있는 장점이 있다.

③ 주조품에 따라 얇은 모서리 부분을 아래로 향하게 하는 것이 급속 냉각에 의한 용탕 불충진의 결함을 막는 몰드 설계의 요령이 된다. 몰드 두께에 따라서 용탕의 냉각 속도가 좌우되며 수축 결함(Shrinkage), 불충진 등의 결함이 제어된다. 이 외에도 mold runner 설계 등이 주물 건전성에 영향을 미치게 되어 제품의 수축률을 결정하므로 경제적 손익에 영향을 준다.

2) 주조 변수

① 주조 공정상의 용탕의 온도, 몰드 예열 및 주입 속도도 주조 결함의 형성과 제어에 중요한 역할을 한다.

② 용탕의 주입온도는 일반적으로 금속의 용융온도보다 50~100℃ 높게 하는데, 주입온도가 높으면 용탕의 유동성이 증가되는 것에 반하여, 몰드와의 반응성과 Turbulent 흐름이 크게 되어 기포 형성 가능성이 높다.

③ 이에 비하여 주입온도가 낮으면 용탕의 안정성은 크나 유동성이 떨어져 용탕 불충진의 우려가 있다.

④ 몰드는 가능하면 적절한 온도에서 예열해주는 것이 유리하다. 특히, 고급 정밀 주조품의 경우 몰드 예열을 통한 급랭응고 방지, 용탕 유동성 유지 및 용탕 응고 시 응력 해소와 주조품 건전성에 좋은 영향을 미친다. 그리고 몰드의 충분한 예열에 따라 몰드 내의 수분 건조가 동시에 이루어지는 효과도 얻을 수 있다.

⑤ 주입 속도가 빠를수록 상변화가 있는 일반 탄소강에 응력 균열이 발생될 수 있으나 상변화가 없는 austenite강의 경우 용탕 충진의 충분한 요건을 만들어 건전한 주조품을 만들 수 있으므로, 용탕을 일시에 뒤집어 몰드에 주입하는 roll over 공법과 같은 빠른 주입 공정법이 개발되어 있다.

3) 화학 성분의 영향

① 탄소강의 주조에서 화학 성분은 주조성 향상과 주조 결함 및 주조품의 기계적 특성을 결정하는 중요한 요인이다.

② 화학 성분상의 Si는 응고성을 향상시켜 주므로 주조품에 일정량이 함유된다.

③ Mn의 경우 Fe 탄화물을 안정화시키며 수축 결함 형성을 조장한다.

④ S은 철 용탕의 유동 점착성을 증가시켜 Shrinkage, 냉각 응력·균열의 생성을 유발한다.

⑤ P의 경우 철의 유동성과 내마모성을 증진시키는 장점이 있으나 어느 양 이상에서는 청열취성을 일으키므로 주의해야 한다.

⑥ 모든 탄소강의 강도나 기계적 특성을 결정짓는 탄소 함유량은 그 양이 증가할수록 강도는 증가하나 노치 효과에 의한 취화 경향이 높아져 P, S 함량에 따른 적절한 탄소 함량이 결정되어야 한다.

⑦ 주조의 화학성분 조정에서 탄소 당량(S_c)은 P과 Si의 첨가량에 따라 다음과 같이 계산되는데, $S_c < 1$일 때 아공석강(hypoeutectic steel)으로, $S_c > 1$일 때 과공석강(hypereutectic steel)으로 명명된다.

$$S_c = \left(\frac{C}{4.23}\right) - 0.75\text{P} - 0.312\text{Si}$$

⑧ 이외에도 주조에는 주조 후 응고 시 발생되는 금속과 주형의 수축, 팽창률이 고려되어야 하며, 미세조직의 제어를 위하여 접종제나 방향성 응고를 유도시켜 미세한 결정립자 및 응력 방향으로의 응고 성장을 하게 하여 기계적 특성을 향상시키는 방안도 강구되고 있다.

③ 주물의 결함과 검사

1) 주물의 결함

주형 내에 주입된 용융금속은 응고과정에서 많은 결함 요인을 가지고 있으며 주형 내의 가스나 냉각속도의 차이, 이물질 혼입 등의 원인에 의해 결함이 발생된다.

주물의 결함은 제품 품질과도 직결되므로 결함을 미연에 방지하는 것이 매우 중요하다.

① 기공(blow hole)
　ㄱ 원인
　　• 주형과 core에서 발생하는 수증기
　　• 용탕에 흡수된 gas의 방출
　　• 주형 내부의 공기
　ㄴ 방지법
　　• 쇳물의 주입온도를 필요 이상 높게 하지 않는다.
　　• 쇳물 아궁이를 크게 한다.
　　• 통기성을 좋게 한다.
　　• 주형의 수분을 제거한다.

② 수축공(shrinkage hole)
　ㄱ 원인
　　• 응고온도구간이 짧은 합금에서 압탕량의 부족
　　• 응고온도구간이 짧은 합금에서 온도 구배의 부족
　ㄴ 방지법 : 쇳물 아궁이를 크게 하거나 덧쇳물을 붓는다.

③ 편석(segregation)
　ㄱ 원인 : 주물의 일부분에 불순물이 집중되거나 성분의 비중차에 의하여 국부적으로 성분이 치우치면 처음 생긴 결정과 후에 생긴 결정 간에 경계가 생긴다.
　ㄴ 방지법
　　• 용융금속에 불순물이 흡입되지 않게 한다.
　　• 결정들의 각부 배합을 균일하게 한다.

④ 주물표면 불량
　ㄱ 원인
　　• 흑연 또는 도포제에서 발생하는 gas
　　• 용탕의 압력
　　• 사립의 크기 및 결합력 부족
　　• 통기성의 부족

ⓛ 방지법
- 적당한 모래 입자를 선택한다.
- 적당한 용탕의 표면장력을 선택한다.
- 주형면에 작용하는 압력을 적절하게 맞춘다.

⑤ 치수 불량
ⓐ 원인
- 주물자 선정의 부적절
- 목형의 변형
- core의 이동
- 주물상자 조립의 불량
- 중추의 중량 부족
ⓛ 방지법
- 적당한 주물자를 선정한다.
- 목형의 변형을 방지한다.
- 코어가 이동되지 않게 한다.
- 주형상자의 맞춤을 정확히 한다.

⑥ 변형과 균열
ⓐ 원인 : 금속이 고온에서 저온으로 냉각될 때, 어느 이상의 온도에서는 결정입자 간에 변형저항을 주고받지 않으나, 어떤 온도가 되면 그때부터 저항을 주거나 받게 된다. 이 온도를 천이온도라 하며, 이 온도 이하에서 결정립의 변형과 저지하는 응력을 잔류응력이라 한다. 이상의 원인에 의하여 수축이 부분적으로 다를 때 변형과 균열이 생긴다.
ⓛ 방지법
- 단면의 두께 변화를 심하게 하지 말 것
- 각부의 온도차를 작게 할 것
- 각부는 rounding 할 것
- 급랭하지 말 것

⑦ 유동 불량
주물에 너무 얇은 부분이 있거나 탕의 온도가 너무 낮을 때에는 탕이 말단까지 미치지 못하여 불량주물이 되는 경우가 있다. 보통 주철에서는 3mm, 주강에서는 4mm가 한도이다.

2) 주물의 검사

주조 시 발생된 주물의 결함은 제품의 성능과 품질에 큰 영향을 미치므로 주기적으로 주물의 결함 유무를 확인하여 원인을 파악하고 개선책을 강구해야 한다. 이를 위한 검사법은 크게 파괴검사와 비파괴검사로 대별되며 각각의 용도에 맞는 적절한 검사법이 선정되어야 한다.

① 육안검사법
   ㉠ 외관검사 : 치수 및 거칠기, 표면 균열
   ㉡ 파면검사 : 결정입자 상태, 편석
   ㉢ 형광검사 : 균열 등을 형광물질을 이용하여 판단

② 물리적 검사법
   ㉠ 타진음향 시험 : 소리에 의해 균열 등 판단
   ㉡ 현미경 검사 : 주물의 파면을 연마·부식시켜 결정입자 크기, 조직, 편석, 불순물 등 검사
   ㉢ 압력시험 : 공기압, 수압을 이용하여 주물용기의 내압도 시험
   ㉣ 방사선 검사법 : X선과 γ선을 투과하여 주물 내의 결함 검사
   ㉤ 초음파 탐상법 : 초음파 진동자의 진동반사시간 차이에 의해 주물 내부의 결함 유무 및 그 위치 판단
   ㉥ 자기탐상법 : 주물을 전류로 자화하여 철분 등을 붙여 자력선의 교란에 의해 결함의 위치와 크기 추정

③ 기계적 시험법
   ㉠ 인장시험
   ㉡ 압축시험
   ㉢ 충격시험
   ㉣ 마모시험
   ㉤ 피로시험

④ 화학적 검사법
   주물의 중요부에서 drilling 하여 얻은 chip을 분석장치를 이용하여 화학성분의 종류 및 양을 검사한다.

⑤ 내부응력시험
   주물을 2개소에서 절단하고 각 온도에서 풀림처리(annealing) 하였을 때 절단과 직각방향의 치수변화를 비교한다.

⑥ 유동성시험
   통로가 좁은 나선형 주형(channel)에 탕을 주입하여 각각의 유동한 길이를 비교 측정한다.

1. 개요

주조 시 용탕은 주입속도 및 주입온도에 따라 제품의 품질에 많은 영향을 받는다. 주입된 용융금속은 주형 내를 유동하면서 응고 및 냉각이 이루어지며 이 과정에서 용탕의 산화와 주형 침식을 방지하려면 연속적으로 빠르게 주입하여야 한다. 주입온도 및 속도의 악영향을 고려하여 적절한 주입온도 및 속도의 선정이 중요하다.

2. 주입온도 및 주입속도의 영향

▼ 주입온도 및 주입속도

구분	주입온도	주입속도
높다 (빠르다).	• 주물조직이 불균일하고 주물 내부에 기공이 발생한다. • 조직의 조대화로 인해 취약한 주물이 된다.	• 주형 내면의 파손 우려가 있다. • 공기 및 Gas의 배출이 어렵다. • 불순물의 부유가 어렵다. • 주물에 열응력이 발생한다.
낮다 (늦다).	• 주물성분이 불균일하고 주물 내부에 기공이 발생한다.	• 균일한 주물을 얻을 수 없다. • 취성 재질의 우려가 있다. • 얇은 주물 시 유동 불량이 발생한다.

▼ 금속의 주입온도

종류	주입온도(℃)
주철	1,300~1,350
주강	1,500~1,600
Al	680~720
황동	1,000~1,100
배빗메탈	450

▼ 주철 및 주강의 중량에 따른 주입시간

종류	중량(kg)	주입시간(sec)
주철	100 이내	4~8
	500 이내	6~10
	1,000 이내	10~20
주강	100~250	4~6
	250~500	6~12
	500~1,000	12~20

3. 주입온도의 측정

1) 복사 온도계

물질의 온도가 높아짐에 따라 복사량이 증대한다는 것을 이용하여 복사열을 집중시킨 곳에 열전쌍을 놓고 그 기전력을 이용하여 온도를 측정한다.

2) 광고(光高) 온도계

빛의 밝기를 기준으로 온도를 측정하는 것으로 렌즈를 통하여 측정물을 보았을 때 측정물의 광도와 램프의 광도가 일치하도록 저항기를 조절하고 이것을 온도로 환산한 값을 읽게 한다. 비교적 취급이 편리하고 값이 저렴하여 널리 이용된다.

3) 열전대식 온도계

두 종류의 상이한 금속선인 열전쌍을 이용하여 용탕 온도를 측정하는 것으로 열전쌍의 한쪽은 용융금속에 넣고 다른 쪽은 일정한 온도를 유지하면서 발생된 기전력을 밀리볼트미터(millivoltmeter)로 측정하고 온도로 환산한다.

구분	주조품	단조품
형상	매우 복잡한 형상의 제품을 생산할 수 있다.	복잡한 형상의 제품 생산을 위해서는 단조를 수회 실시하여야 하며 매우 복잡한 형상의 제품은 단조가 불가능하다.
경제성	생산 원가가 단조에 비해 저렴하다.	• 생산 원가가 비싸다. • 고가의 프레스와 금형이 필요하다.
기계적 성질	기공, 편석, 주조조직 등으로 인해 기계적 성능이 단조품에 비해 떨어진다.	기공, 편석, 조대 조직 등의 불균일성을 단조함으로써 기공을 압착시켜 결정립을 미세화하여 조직을 개선하고 기계적 성질을 개선할 수 있다.
제품의 신뢰성	주물기술자의 숙련도, 날씨, 용탕의 상태 등에 따라 품질이 변할 수 있으므로 신뢰성이 떨어진다.	주조품에 비해 균일한 품질의 단조품을 얻을 수 있다.
중량	제품의 크기나 중량에 제한이 거의 없다.	프레스나 해머의 용량(성형하중)에 의해 제품이 제한된다.

1. 주철과 강철의 차이

① 기본적으로 철과 강철 내의 탄소함량에 따라 조성상의 차이를 보인다. 주철은 일반적으로 2%(weight%) 정도의 탄소를 포함하고, 강철은 0.008~2.0% 정도이다. 주철은 철 자체의 원소보다 상대적으로 융점이 낮지만, 강철은 주철보다 융점이 높다. 이러한 차이는 금속의 성형방법 및 사용처에 많은 영향을 준다.

② 주철은 낮은 융점과 상대적 저온에서 잘 흐르는 성질이 있어 주조를 통해 생산되는 제품에 널리 이용된다. 주철은 단조법이 아닌 주조법을 통해서만 생산이 가능하며 주조를 진행하는 과정 또는 주형으로부터 모양을 한번 형성하게 되면 높은 탄소함량으로 잘 부서지는 성질이 있어 용접을 할 수 없는 단점이 있다. 강성이나 파이프 연결성이 강하지 않고 고온 · 고압의 조건을 요한다. 이러한 경우에는 강철이 더 적합할 수 있다.

③ 반면에 강철은 주조와 단조 두 방법을 통해 원하는 모양으로 성형이 가능하다. 또한 용접 시 주철보다 더 강한 성질을 가져 고온 · 고압에서 사용하는 데 적절할 수 있다. 대부분의 강철 합금은 탄소를 함유한 강철을 의미한다.

④ 그러나 최종제품의 사용 목적에 따라서 재료는 "stainless steel"이나 'molybdenum steel"과 같이 높은 등급의 합금이 될 수 있다. 일반적으로 특수 강철합금은 고온에서의 사용이나, 부식 또는 침식에 높은 저항성을 갖는 재료를 의미한다.

▼ 주철과 강철의 비교

구분	주철	강철
탄소함량	2% 이상	0.008~2 %
성형 방법	주조법	주조법 또는 단조법
용접	불가능	가능

2. 주조 공정과 단조 공정의 비교

1) 주조 공정

주조 공정은 재료를 완전히 녹여서 액체 상태로 만든 뒤 주형에 부어 응고시켜 고체화하는 공정이다. 재료는 냉각되면서 주형의 형상을 갖추고 완전히 응고를 마치면 몰드를 제거한다. 조리용 프라이팬은 철을 이용한 주조법으로 만든 대표 제품이다.

2) 단조 공정

단조 공정은 일반적으로 선반에 고정시켜 망치로 때리거나 압력을 가하는 등의 고압을 이용해 잉곳이나 판형의 금속을 성형하는 공정이다. 재료는 용이성을 위해 단조 전에 가열하는 과정을 거치지만 과정 전반에 고체가 존재한다. 주방용 칼은 단조를 통해 만드는 대표 제품이다. 강철은 단조와 주조 모두 가능하기 때문에 제조사는 어떤 공정이 사용되었는지 설명하기 위해 재료등급을 "cast steel" 또는 "forged steel"로 명시한다.

3. 주조와 단조 제품의 차이

1) 주조 제품

외형이 복잡한 제품은 주조를 통해 가장 잘 만들어지는데, 그 이유는 재료를 상대적으로 용이하게 성형할 수 있기 때문이다. 재료를 완전히 녹여 주형에 붓는 방법이기 때문에 챔버나 다른 빈 공간이 필요한 복잡한 내부를 가진 제품을 만들 때 주조가 효과적이다.

2) 단조 제품

단조 공정은 압력을 가함으로써 고체 물질을 필요한 형상으로 변형시키기 때문에 빈 공간 또는 복잡한 설계가 필요한 제품에 이상적인 방법은 아니다. 단조를 통해 제품을 생산하기 위해서는 기계 가공 단계 후에 조각을 하거나 구멍을 내는 것이 필수적이다. 그러나 단조강은 상대적으로 공정이 빠르고 더 높은 강성과 균일성을 제공한다. 제품의 설계 구조가 비교적 간단하고 빈 공간이나 후속적인 기계 가공이 필요하지 않은 경우에는 단조를 통해 내압 성능을 가진 제품을 만든다.

4. 공정의 선택

① 강철은 단조 공정과 주조 공정 모두 적용이 가능하다. 주조는 복잡한 형상의 제품 생산에 더 큰 유연성이 있지만 단조와 주조는 요건에 따라 장점과 단점이 있기 때문에 어느 성형 방법이 우수하다고 할 수 없다. 강철의 높은 용해점은 주조를 어렵게 만들고 용해된 재료가 주형의 모든 틈으로 흐를 수 없게 되면 기공이 형성될 위험이 있다. 다른 한편으로 단조는 대량 생산을 할 때 가격이 적게 들지만 정렬 불량과 같은 자체적인 특정 위험을 나타낼 수도 있다. 즉, 단조는 정렬의 불량으로 인해 잘못된 모양, 균열, 또는 제품 손상이 발생할 수 있다.

② 따라서 비용 대비 품질의 균형을 적절히 유지하는 제품을 만들기 위해서는 제품의 크기, 형상의 복잡성, 로트당 생산량 및 초기 성형 후 필요한 가공 공정의 양과 같은 모든 특성을 고려하는 것이 중요하다. 그러므로 단조 또는 주조 공정은 이러한 요소의 최적 균형을 제공하는 방법을 고려하여 선택해야 한다.

CHAPTER 02 금속주조 공정

주조 공정의 분류

---

① 소모성 주형 공정(expendable mold processes) : 소모성 주형은 주물을 제거할 때 부숴야 한다.
- 주형재료 : 모래, 석고, 기타 유사한 재료를 사용하며 결합제(binders)를 사용하여 형태를 유지한다.

② 영구 주형 공정(permanent mold processes) : 영구 주형은 대량의 주물을 생산하기 위해 계속해서 사용할 수 있다.
- 주형재료 : 금속으로 만든다(가끔 세라믹 내열재료 사용).

주조 공정 : 소모성 주형

---

1 개요

① 응고 냉각 후 주형을 파괴하여 주물을 꺼냄
② 소모성 주형은 모래, 석회, 세라믹 또는 기타 유사한 재료로 만들어지며, 보통 각종 결합제와 혼합하여 사용

2 주조 공정

1) shell molding process : 합성수지 이용

① 개요
ⓐ 모형에 박리제인 규소수지를 바른 후 주형재 140~200mesh 정도의 SiO_2와 열경화성 합성수지를 배합한 것을 놓고 일정 시간 가열하여 조형하는 방법으로서, 독일인 J. Croning이 발명하였기 때문에 Croning법 혹은 C-process라고도 한다.

ⓛ 주물사는 순도가 높은 규사에 5% 정도의 열경화성 수지를 혼합한 resin sand를 사용하는 경우와 페놀수지를 규사 표면에 얇게 입힌 피복사를 쓰는 두 가지 경우가 있다.

② 특징
　ⓖ 장점
　　• 숙련공이 필요 없으며 완전 기계화가 가능하다.
　　• 주형에 수분이 없으므로 pin hole의 발생이 없다.
　　• 주형이 얇기 때문에 통기불량에 의한 주물 결함이 없다.
　　• shell만을 제작하여 일시에 많은 주조를 할 수 있다.
　ⓛ 단점
　　• 금형이 고가이다.
　　• 주물 크기가 제한된다.
　　• 소량생산에는 부적당하다.

③ shell 주형법의 공정

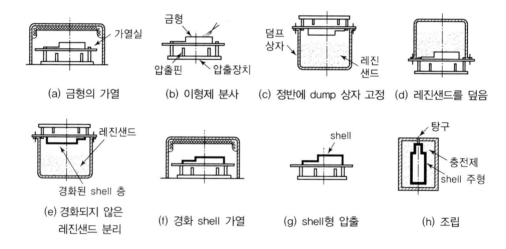

| 셀 주형법의 공정 |

　ⓖ 금속 모형의 가열(150~300℃)
　ⓛ 이형제를 분사하여 도포(실리콘오일)
　ⓒ 정반에 dump 상자 고정
　ⓔ resin sand를 덮고 일정 시간 유지
　ⓜ 미경화 resin sand를 덮고 일정 시간 유지
　ⓗ 경화 shell을 가열(300~350℃)하여 완전히 경화
　ⓢ shell형을 압출핀으로 금형과 분리
　ⓞ shell형을 조립하여 주형 완성

2) investment casting

① 원리

제작하려는 주물과 동일한 모형을 wax 또는 paraffin 등으로 만들어 주형재에 매몰하고 가열로에서 가열하여 주형을 경화시킴과 동시에 모형재인 wax나 paraffin을 유출시켜 주형을 완성하는 방법이다. lost wax법 또는 정밀주조라고도 한다.

② 특징

ㄱ 장점
- 주물 표면이 깨끗함
- 복잡한 구조의 주형 제작에 적합
- 정확한 치수 정밀도

ㄴ 단점
- 주물 크기가 제한된다.
- 주형 제작비가 고가이다.
- 모형은 반복 사용이 어렵다.

③ 주형 제작 공정

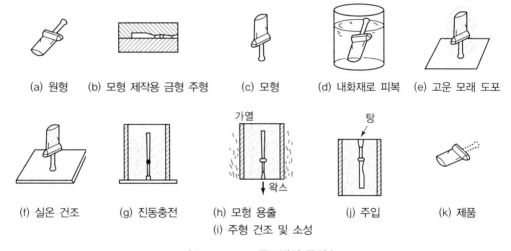

| investment 주조법의 공정 |

ㄱ 모형 제작용 금형(master die) 제작
ㄴ wax 모형을 제작하기 위해서 금형에 용해 wax를 압입 응고시킴
ㄷ 내화재(investment) 피복
ㄹ 모형에 모래 도포 및 실온 건조
ㅁ 주형재를 진동 충전함
ㅂ wax를 주형에서 가열 · 유출시킴(200℃)

ⓢ 2차 가열하여 주형을 경화시킴(900℃)

ⓞ 탕을 주입하여 제품 완성

④ 유사 invest 주조법

㉠ shaw 주조법(shaw process)

• 개요 : 모형에 내화재와 가수분해된 ethyl silicate 및 jelly제의 혼합물을 충전시킨
후 경화되어 경질고무처럼 되었을 때 모형을 뽑아내면 탄성에 의하여 원모형과 같
은 주형으로 된다. 주형을 약 1,000℃로 가열 · 경화시키면 미세한 균열이 주형면
에 발생하여 통기성을 좋게 한다.

• 특징

−대형 주물에 적당

−정밀 주조 가능

−통기성 양호

• 용도

−각종 기어류

−라이너 등의 정밀 주조품

−각종 금형 제작

㉡ 풀몰드법(full−mold process)

• 개요 : 소실모형 주조법이라고도 하며 소모성 모형인 발포성 폴리스티렌 모형을 사
용하는 방법이다. 조형 후 모형을 주형에서 빼내지 않고 주물사 중에 묻힌 상태에서
용탕을 주입하면 그 열에 의해서 모형은 소실되고 그 자리에 용탕이 채워져서 주물
을 만든다.

• 특징

−모형을 분할할 필요가 없어 복잡한 형상의 주물도 만들 수 있다.

−모형을 빼내지 않으며 모형 기울기나 코어가 불필요하다.

−모형의 제조나 가공이 용이하다.

−작업공정이 단축되어 주조원가가 절감된다.

㉢ X−process : investment 주조법에서 wax를 가열하여 제거하지 않고 trichloroethylene
을 증기로 녹여내는 방법이다.

㉣ 마그네틱(magnetic) 주조법

• 개요 : 발포성 폴리스티렌으로 모형을 만들고 이것을 강철입자로 매몰한 후 자력을
이용하여 강철입자를 다져 주형을 만든다. 조형 후에 용탕을 주입하면 모형은 기화
하여 소실되고 그 자리에 용탕이 채워져 응고된다. 주조 후 주형상자를 해체하면 주
형은 저절로 붕괴된다.

• 특징

 −조형이 빠르고 쉽다.

 −주형재료가 간단하고 내구성을 갖는다.

 −주물사의 처리 및 보관이 간단하고 통기성이 좋다.

 −조형비가 적게 든다.

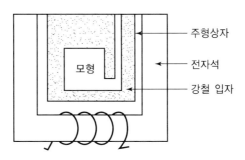

| 마그네틱 주조법의 주형 |

3) CO_2 Gas 주조법

단시간에 건조주형을 얻는 방법으로 주형재인 주물사에 물유리(특수 규산소다)를 5~6% 정도 첨가한 주형에 CO_2 gas를 통과시켜 경화하게 하는 것이다.

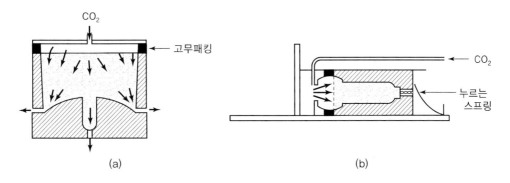

| CO_2법 |

1 개요

① 주물이 쉽게 주형에서 이탈되어 주형을 재사용할 수 있도록 설계한다.

② 금속 또는 흑연을 기계 가공해서 금형 제작, 코어는 금속이나 모래를 사용한다.

③ 금형은 소모성 주형보다 열전도도가 좋기 때문에 응고되는 주물은 빠르게 냉각되고, 그 결과로 미세조직과 결정립 크기에 영향을 준다.

2 주조 공정

1) 원심 주조법

① 개요

원통의 주형을 300~3,000rpm으로 회전시키면서 용융금속을 주입하면 원심력에 의해 용융금속은 주형의 내면에 압착 응고하게 되고 이와 같은 원심력을 이용하여 치밀하고 결함이 없는 주물을 대량 생산하는 방법이다. 주조재료는 주강, 주철, 구리합금이 일반적으로 사용되며 주형에는 모래형, 금형 등이 사용된다. 원심주조는 편석되기 쉬운 결점도 있으므로 회전속도, 주입속도, 주입온도 등의 주입조건을 적정하게 하여 응고속도를 조절할 필요가 있다.

② 특징

㉠ 주물의 조직이 치밀하고 균일하며 강도가 높다.

㉡ 재료가 절약되고 대량생산이 용이하다.

㉢ 기포, 용재의 개입이 적으며 gas 배출이 용이하다.

㉣ 코어, 탕구, feeder, riser가 불필요하다.

㉤ 실린더, 피스톤링, 강관 등의 주조에 적합하다.

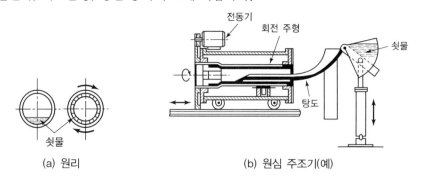

(a) 원리　　　　　　(b) 원심 주조기(예)

| 원심 주조기 |

③ 주조방식

　　㉠ 수평식 : 주형의 축이 수평이며 지름에 비하여 길이가 긴 관 등에 이용

　　㉡ 수직식 : 주형의 축이 수직이며 지름에 비하여 길이가 짧은 윤상체의 주물에 이용

④ 주조 시 유의사항

　　㉠ 사형(砂型)

　　　• 원심력에 의해 주형이 변형 혹은 파괴될 수 있으므로 주물사에 20~30%의 석면을 혼합하여 제작한다.

　　　• 제작된 사형은 철관내면(liner)에 요철을 만들어 주물사의 부착을 돕는다.

　　㉡ 금형(金型)

　　　• 형의 온도가 낮을 때는 주물의 외측이 백선화될 우려가 있으므로 200~300℃ 정도로 예열한다.

　　　• 대형 주물의 주조가 연속된 주조작업 시에는 금형의 과열을 방지하기 위해 수랭시킨다.

⑤ 유사 원심 주조법

　　㉠ 반원심 주조법(semi centrifugal casting)

　　　• 주형을 저속 회전시키고 회전축상의 수직방향의 탕구를 통해 용융금속을 주입한다.

　　　• 중공 주물인 경우 코어가 필요하다.

　　　• 주로 Gear 소재, 차륜 등의 주조에 이용된다.

　　㉡ centrifuging

　　　• 회전축상의 수직방향 탕구에 소형 주형의 탕로를 여러 개 연결하여 원심력으로 용융금속이 각 주형으로 주입된다.

　　　• 소형 주물의 대량생산 시 사용되는 주조법이다.

　　　• 회전수가 비교적 적으며 주로 piston, pistoning 등의 주조에 이용된다.

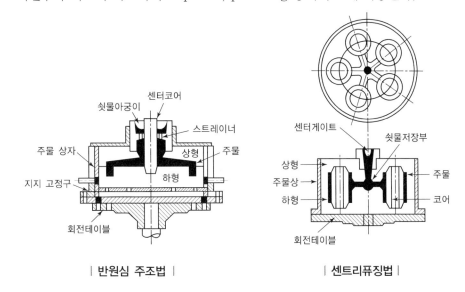

| 반원심 주조법 |　　　　| 센트리퓨징법 |

2) die casting

① 개요

정밀한 금형에 용융금속을 고압, 고속으로 주입하여 정밀하고 표면이 깨끗한 주물을 짧은 시간에 대량으로 얻는 주조방법이다. 주물재료는 Al 합금, Zn 합금, Cu 합금, Mg 합금 등이며 자동차 부품, 전기기기, 통신기기용품, 일용품 등 소형제품의 대량생산에 널리 응용되고 있다.

② 특징

㉠ 장점

- 정도가 높고 주물표면이 깨끗하여 다듬질작업을 줄일 수 있다.
- 조직이 치밀하며 강도가 크다.
- 얇은 주물의 주조가 가능하며 제품을 경량화할 수 있다.
- 주조가 빠르기 때문에 대량생산으로 단가를 줄일 수 있다.

㉡ 단점

- die의 제작비가 고가이기 때문에 소량생산에 부적당하다.
- die의 내열강도 때문에 용융점이 낮은 비철금속에 국한된다.
- 대형 주물에는 부적당하다.

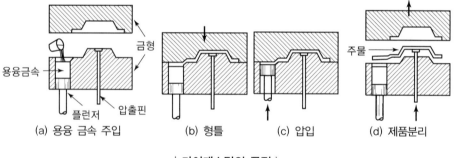

| 다이캐스팅의 공정 |

③ 주조장치

㉠ 열가압실식(hot chamber type)

- 용해로 내에 가압통이 잠겨 있으며 Plunger를 공압, 수압, 유압으로 가압하여 용융금속을 노즐을 통해 금형에 압입하는 방식
- 용융금속이 곧바로 금형에 압입되므로 유동성이 양호
- 용융온도가 높은 금속의 주조에 이용(Cu 합금, Al 합금, Mg 합금)
- 가압력 : 30~100kg/cm^2

ⓒ 냉가압실식(cold chamber type)

- 용해로와 가압실이 서로 분리되어 있어 용융금속을 ladle로 받아 가압실에 넣고 Plunger로 가압하여 금형에 압입하는 방식
- 생산능률 및 유동성이 열가압실식에 비해 떨어짐
- 용융온도가 낮은 금속의 주조에 이용(Zn 합금, Sn 합금)
- 응고 후에 계속 가압하면 단조효과를 기대할 수 있음
- 가압력 : $100 \sim 1,000 \text{kg/cm}^2$

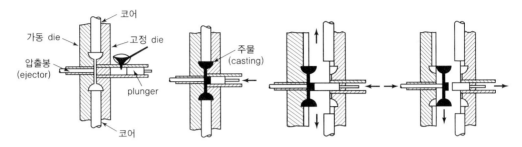

| cold chamber식에 의한 주조과정 |

▼ 다이캐스트기의 특징 비교

열가압실식	냉가압실식
주조압력이 작다.	주조압력이 크다.
주조횟수가 많다(최고 750s/h).	주조횟수가 적다.
가압실이 용융금속 속에 있으므로 철분의 용해량이 많아진다.	가압실과 노가 분리되어 있으므로 철의 용해량이 적다.
알루미늄, 마그네슘, 구리합금 주조가 가능하다.	납, 주석, 아연합금과 같은 저용융점의 합금에 한한다.
주조압력이 작으므로 주물이 비교적 작다.	주조압력이 크므로 기공이 작고 대형도 가능하다.

④ 금형(die)

　　ⓐ 재료 : 고온, 고압이 작용되면서 연속적으로 주조작업이 이루어지므로 내열성, 내압성, 내부식성이 뛰어나야 하며 금형을 정밀하게 가공할 수 있도록 절삭성이 좋아야 한다. 재질이 적절하지 않으면 균열이 발생되어 수명이 짧아지고 불량주물이 나오게 된다.

　　ⓑ 금형 설계 시 주의사항

- 용융금속의 수축량과 금형 자체의 팽창량을 감안한다.
- 탕구나 탕도는 가능한 한 용탕이 부드럽게 흐르도록 한다.
- 사출된 용탕이 금형 내로 들어올 때 금형 내의 공기가 잘 빠져나갈 수 있어야 한다.
- 두께가 균일하도록 가공하며, 마무리 작업면은 한쪽으로 집중시킨다.

⑤ 애큐래드법(acurad process)

    ㉠ 정의 : 2단 사출 다이캐스팅이라 하며 종래의 다이캐스팅법에 비하여 넓은 탕구를 쓰고 용탕의 사출속도와 사출주기를 느리게 한 것이다.

    ㉡ 작업방법 : 두꺼운 탕도를 설치하고 낮은 압력으로 용탕을 금형 안으로 조용히 주입하여 용탕의 앞쪽에 있는 공기 및 가스를 금형으로부터 배제하면서 용탕의 금형공간에 채운다. 그다음 내부 플런저를 작동시켜 주물 내부의 응고수축에 필요한 용탕을 추가로 보급한다.

    ㉢ 특징

- 2단 사출을 실시함으로써 혼입가스에 의한 결함, 수축공 등을 방지한다.
- 주물조직이 치밀하고 미세하다.
- 용접과 열처리가 가능하다.
- 강도와 내압성이 좋은 재질을 얻을 수 있다.

3) 고압응고 주조법

① 개요

고압응고(squeeze casting) 주조법은 주형 내에 주입된 용융 또는 반용융 상태의 금속을 응고가 완료될 때까지 기계적으로 높은 압력을 가하여 제품을 성형하는 방법으로 용탕을 직접 가압 성형하므로 용탕주조법, 단조주조법이라고 한다.

② 특징

    ㉠ 수축공 또는 기공 등의 주물결함이 제거된다.

    ㉡ 잔류가스의 영향이 줄어든다.

    ㉢ 가압에 의해 조직이 미세화되고 균일해지며 밀도가 높아진다.

    ㉣ 주물의 표면이 곱고 윤곽이 뚜렷하다.

    ㉤ 회수율이 높다.

③ 고압응고 주조법의 종류

    ㉠ 플런저 가압응고법 : 잉곳이나 모양이 단순하고 두꺼운 주물의 제조에 적합하며 가압할 때 용탕이 이동하지 않는다.

    ㉡ 압출용탕 단조법 : 얇은 제품의 주조에 적합한 것으로 용탕이 상대적으로 이동한다.

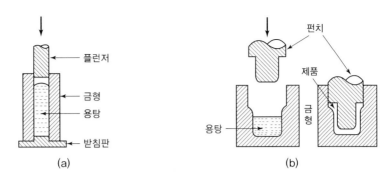

| 고압응고 주조법 |

④ 작업공정

   ㉠ 청소 및 예열

   ㉡ 도형

   ㉢ 용탕 주입(주입온도는 일반 주조에 비해 약간 높음)

   ㉣ 가압

   ㉤ 가압상태 유지

   ㉥ 압력 제거

   ㉦ 제품 빼내기

4) 저압 주조법(low pressure casting)

① 개요

밀폐된 도가니에 압축공기 또는 불활성가스를 불어 넣고 용탕면에 비교적 작은 압력을 가하여 용탕과 주형을 연결하는 급탕관을 통해 용탕을 중력과 반대방향으로 밀어 올려서 주입시키는 주조방법이며 때로는 주형 내의 공기를 빨아내는 진공펌프가 사용된다.

저압 주조법은 다른 주조법과는 달리 쇳물을 주입하는 방향이 중력과 반대방향이며 주입속도를 조절할 수 있다. 일반적으로 Al, Mg 등의 경합금 주조에 사용된다.

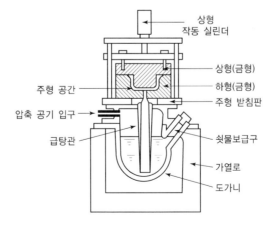

| 저압 주조기의 구조 |

② 특징

　　㉠ 장점

- 압탕, 탕구 등이 필요 없으므로 회수율이 90% 이상으로 높고, 주조 후 끝손질이 줄어든다.
- 기공이나 수축공이 적은 건전한 주물을 얻을 수 있다.
- 용탕의 산화 및 산화물의 혼입이 적기 때문에 깨끗한 주물이 된다.
- 주입속도를 자유로이 조절할 수 있다.
- 복잡하거나 얇은 주물 또는 대형 주물의 주조가 가능하다.
- 설비비가 비교적 적고 기계조작을 자동제어로 할 수 있다.

　　㉡ 단점

- 생산성이 낮다(다이캐스팅의 20~40% 정도).
- 주로 금속의 종류에 제한이 있다.
- 단면이 좁은 곳에는 용탕의 공급이 잘 되지 않는 경우가 있다.

③ 주조장치 및 작업

　　㉠ 주조장치 : 금형개폐장치, 쇳물보유장치, 공기가압제어장치

　　㉡ 금형 : 일반적인 금형과 거의 같으나 탕도나 압탕이 필요 없으며 재질은 보통 주철, 미하나이트 주철이 일반적으로 사용된다. CO_2주형, 셀주형, 흑연주형도 사용할 수 있다.

　　㉢ 주조작업공정

- 도가니, 급탕관, 금형에 도형제(탄산칼슘, 규산나트륨, 수용액)를 도포한다.
- 금형을 조립한다.
- 압축공기의 압력에 의해 금형 안에 용탕을 주입한다.
- 일정시간 가압 후 압력을 제거한다(급탕관 내의 쇳물은 도가니로 되돌아옴).
- 금형을 해체하여 제품을 완성한다.

　　㉣ 작업영향요인

- 용탕온도 : 용탕온도의 편차가 크면 난류의 원인이 되어 기공이 발생되기 쉬우므로 급탕 시에는 용탕온도관리를 잘해야 한다.
- 주입압력 : 주입압력은 일반적으로 $0.1~0.5kg/cm^2$의 범위에서 가해주며 주입압력이 낮으면 용탕의 주입이 불량하게 되고, 압력이 너무 높으면 모래코어의 파손이나 가스빼기 불량의 원인이 된다.
- 주입시간 : 용탕온도, 금형온도에 따라 최적의 주입시간을 선택해야 하며, 안정된 사이클의 주조에서는 주입시간이 일정하다. 보통 2~8분의 범위에서 주입한다.

5) 진공 주조법(vacuum casting)

① 개요

대기 중에서 철강을 용해하고 주조하면 용융금속 중에 O_2, H_2, N_2 등의 gas가 탕에 들어가 blow hole이 발생되거나 기계적 성질이 불량해진다. O_2는 산화물을 형성하고 H_2는 백점 또는 hair crack의 원인이 된다. 진공 주조법은 이를 방지하기 위해 주조 시 공기의 접촉을 차단하고 함유되어 있는 gas를 제거하기 위해 10^{-3}mmHg 정도의 진공상태에서 용해 및 주조작업을 하는 방법이다.

② 진공 주조법의 종류

ㄱ 진공용해 후 주조하는 방법 : 진공실 내에 설치된 고주파 용해로에서 금속 용해 후 곧 바로 진공실 내의 주형에 주입하는 방법

ㄴ gas 제거 후 주조하는 방법 : 용융금속이 담긴 도가니 또는 ladle을 진공실에 넣어 gas 제거 후 대기 중에서 주조하는 방법

ㄷ 주입 시 진공법 : 용융금속이 진공실 내에 있는 쇳물받이로 낙하하면서 동시에 함유된 gas가 제거되는 방법

③ 용도

고급재질의 강주조(베어링강, 공구강, 스테인리스강)

SECTION 04 | **연속 주조**

---

1 종래의 제철공정

	제선	제강	조괴	분괴	열연	냉연
철광석				slab		
석회석 $\Rightarrow$	선철 $\Rightarrow$	강철 $\Rightarrow$	ingot $\Rightarrow$	bloom $\Rightarrow$	hot coil $\Rightarrow$	cold rolled
cokes				billet		
	용광로	전로	casting	분괴압연기	열간압연기	냉간압연기
			냉각 및 재가열			

② 최근의 제철공정

1) 최근 제철공정의 변화

전통적으로 금속 가공공정은 잉곳(ingot)을 만들고 이를 이용하여 제품을 성형하는 것이었다. 최근에는 잉곳 제작 시의 문제(주형분리, 개별가공, 파이핑, 조직변화 등)를 감소시켜 경비를 절감하고 양질의 제품을 생산해내는 연속 주조법으로 빠르게 대체되고 있다.

	제선	제강	연속 주조	열연	냉연
철광석				slab	
석회석 $\Rightarrow$	선철 $\Rightarrow$	강철 $\Rightarrow$	bloom $\Rightarrow$	hot coil $\Rightarrow$	cold rolled
cokes				billet	
	용광로	전로	연속 주조기	열간압연기	냉간압연기

2) 연속 주조법(continuous casting)

① 개요

종래 ingot case의 주조, 형발, 균열, 분괴압연을 생략하고 직접 용강을 주형에 주입하는 방법으로 냉각, 응고시켜 연속적으로 ingot을 주조·생산하는 방법이다.

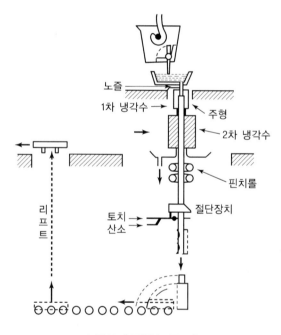

| 강의 수직연속 주조 |

② 장점

㉠ 편석이 적다.

㉡ 냉각조건에 의해서 조직을 조정할 수 있다.

ⓒ 주물표면이 매끄럽고 단면치수를 조정할 수 있다.

ⓔ 재질이 균일한 ingot 생산

③ 단점

ⓐ 실용상 250~300mm 두께에 제한이 있다.

ⓑ 소량, 다품생산에 부적당하다.

④ 연속 주조법의 종류

ⓐ 수직연속 주조 : ingot을 수직 아래쪽으로 연속적으로 roll에 의해 뽑아내는 방법으로 수랭되는 주형에서 나온 ingot은 roll로 지지되고 냉각수에 의해 냉각된다.

ⓑ 완곡연속 주조 : ingot을 연속주조 시 도중에서 구부려 수평으로 뽑아내어 설비 전체의 높이를 낮게 하고 설비비용을 적게 한다.

ⓒ 회전식 연속 주조 : 목적형상의 홈을 판 회전륜에 쇳물을 넣고 회전 중에 응고시켜 ingot을 생산한다.

SECTION 05 | 단결정 주조

---

1 개요

① 반도체 산업의 출현으로 단결정 성장은 미세 전자 장치 생산에서 중요한 부분이 되었다.

② 미세 전자 장치에 이용되는 얇은 웨이퍼는 단결정봉을 절단하여 연마한 것이다.

2 단결정 부품의 주조 기술

1) czochralski 공정 = 결정 풀링(pulling) 방법

결정 seed를 용탕에 담가서 천천히 회전시키면서 약 $10\mu m/s$의 속도로 서서히 당긴다. 액체금속은 seed에서 응고되고 결정구조로 성장한다.

2) floating-zone 방법

단결정에 이어져 있는 다결정의 실리콘 봉을 가지고 시작한다. 이때 유도코일이 두 조각을 가열하여 서서히 위로 이동하면 단결정 방향을 유지하면서 위로 성장한다.

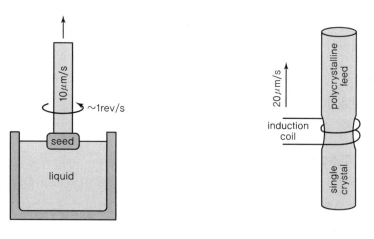

| crystal pulling(czochralski process) | | floating−zone 방법 |

3 터빈 블레이드의 주조법

1) 일반 주조방식의 터빈 블레이드 : 세라믹 주형 인베스트먼트 주조

주조조직은 다결정으로 되며, 이때 형성되는 결정립계는 고온하에서 원심력이 작용하고 있는 블레이드를 크리프변형과 균열에 취약하게 만든다.

2) 방향성 응고 터빈 블레이드

① 인베스트먼트 기술로 세라믹 주형을 준비하여 복사열로 예열시키고, 이때 주형은 수냉각 판에 의해 지지된다.
② 냉각판에서부터 결정이 형성되어 길이방향의 방향성을 갖고 응고되므로, 가스터빈에서 생기는 원심력 방향에 대해 강해진다.

3) 단결정 블레이드

① 주형은 인베스트먼트 주조 기술에 의해 준비되며, 단면 전체에서 하나의 결정만 통과할 수 있도록 좁은 통로의 나사모양 구조를 가지고 있다.
② 값이 비싸지만 결정립계가 없기 때문에 크리프와 열충격에 대한 저항성이 크므로 수명이 길고 신뢰성이 높다.

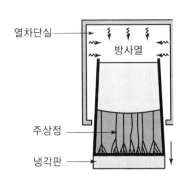

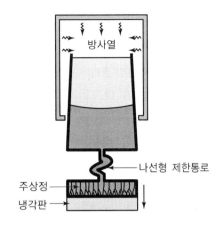

| 방향성 응고 터빈 블레이드 | | 단결정 터빈 블레이드 |

SECTION 06 | 급속 응고와 비정질 합금

① 급속 응고

용탕에 결정이 생길 충분한 시간을 주지 않고 약 10^6K/s의 높은 속도로 급랭시켜 비정질 (amorphous) 합금을 만드는 기술

② 비정질(amorphous) 합금

1) 개요

① 보통의 금속과는 달리 결정립 구조를 갖지 않는 금속
② 결정립계가 없고 원자들이 빽빽이 차 있는 구조
③ 금속유리(metallic glass)라고도 불림

2) 특징

① 균질한 재료이고 결정 이방성이 없다.
② 강도가 높고 연성도 크나 가공경화는 일으키지 않는다.
③ 전기저항이 크고 자기이력 손실과 와전류 손실이 적다.
④ 열에 약하고 현재 기술로는 두께가 얇은 재료밖에 만들 수 없다.

3) 제조법

① 전기도금 또는 화학도금

② 금속가스의 증착, sputtering

③ 급속응고(melt spining)

※ 급속응고는 현재 가장 많이 사용되고 있는 방법이다.
고압으로 회전하는 구리디스크에 빠른 속도로 사출되어 급속 냉각된다.

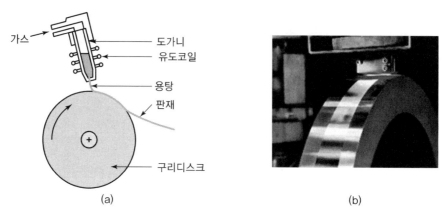

(a)   (b)

| melt spining 공정 |

4) 응용

① 변압기, 발전기, 모터 등에 사용되는 철심(steel core) 등

② 박막피복에 의한 표면 재질 개선, 방식

③ 결정을 만들기 어려워 합금이 되지 않는 금속 간에도 넓은 범위에 걸쳐 합금을 만들 수 있다.

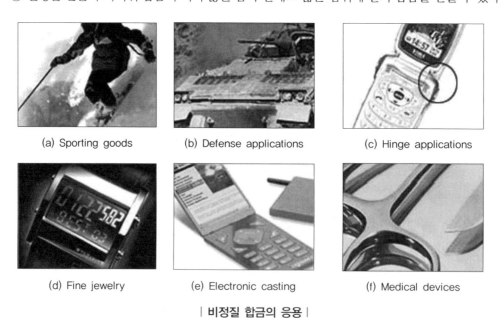

(a) Sporting goods   (b) Defense applications   (c) Hinge applications

(d) Fine jewelry   (e) Electronic casting   (f) Medical devices

| 비정질 합금의 응용 |

01 개별 주조와 연속 주조의 비교

1. 개별 주조와 연속 주조

1) 개별 주조(ingot casting)

다품종 소량생산에 적합(특수강)

2) 연속 주조(continuous casting)

① 장점 : 수율 ↑, 생산성 ↑, 편석이 적음, 에너지 절감
② 단점 : 설비비 ↑, 대량생산에만 적합

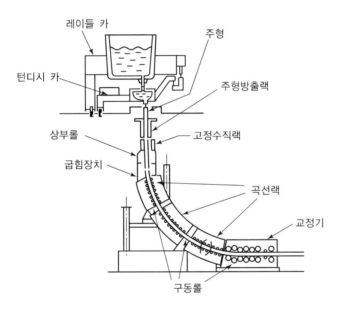

| 강의 연속 주조장치의 단면도 |

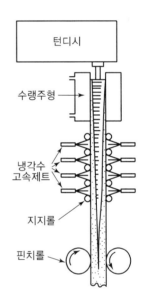

| 강의 연속 주조장치의
주형 부근 세부도 |

2. ingot의 structures(개별 주조의 경우)

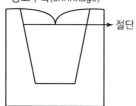

응고수축(shrinkage)

→ 절단

잔류한 $Fe_2O_3 + C \rightarrow Fe + CO\uparrow,\ CO_2\uparrow gas$ 발생
부피팽창
$\updownarrow$ 상쇄
응고는 부피수축

1) capped steel

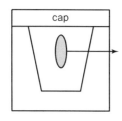

cap

- gas hole : 가장 나중에 응고한 부분에 gas가 가장 많다.
- CO, CO_2 gas가 mold로부터 이탈하는 것을 방지하여 응고수축을 gas 발생에 의한 부피팽창으로 상쇄시킨다.
  ⇒ 수율 ↑, 기계적 성질(연신율) ↓
  예 철근, H빔

2) killed steel

제강 시 Si, Al을 과량 첨가

$Fe_2O_3 + Si,\ Al \rightarrow \underline{Fe + Al_2O_3,\ SiO_2}$
부피팽창이 없다. 즉, CO, CO_2 발생이 없다.

수율 ↓, 가격 ↑, 강도 · 연신율 ↑
예 steel can(deep drawing, 용강판)

3) rimmed steel

capped steel과 killed steel의 중간 정도의 응고수축 → 약간의 응고수축

1. 수축공의 정의

① 주형에 주입된 용탕은 주형 외벽으로부터 냉각, 응고되기 시작하여 점차 내부 또는 상부로 응고가 진행된다.

② 응고될 때 수축에 의해서 용탕이 부족해지고 최후 응고 부위에는 공동이 생기는데, 이를 수축공동(shrinkage cavity)이라고 한다.

2. 생성 원인

1) 주조방안의 불량

① 압탕의 위치와 크기 및 모양이 부적당

② 용탕의 보급이 적절하지 않을 때

2) 주물의 모양과 주형재료의 불량

① 주물의 모양이 용탕의 보급이 곤란한 위치에 살이 두꺼운 부분이 있거나 과열부가 생기는 모양은 수축공을 발생시킨다.

② 십자교차부 또는 돌출된 코어가 용탕으로 둘러싸이는 곳에는 과열부가 생기며 여기에 접하는 주물 부위에 최종 응고부가 생기고 용탕의 보급이 되지 않아 수축공이 생긴다.

3) 용탕 재질의 부적당

주철 주물에서 용탕의 화학조성에서 흑연화에 큰 영향을 미치는 탄소, 규소 함량이 적으면 수축공의 발생이 많아진다.

주조설계(주조방안)

개요

① 주조품의 품질을 좌우하는 주탕, 응고 등에 직접적으로 영향을 미치는 것으로 주조에서 가장 중요하다.
② 탕구, 압탕, 가스빼기, 냉각쇠 등의 위치와 수량, 크기 그리고 주탕 시의 온도, 주입조건 등을 적정하게 선정하고 계획하는 것이다.

주조 방안

1 주형 다지기(ramming)

1) 정의

용탕의 흐름과 압력에 의해 형이 붕괴하지 않을 정도로 모래에 강도를 부여하고 주형틀이 모래의 지지력을 충분히 받게 하기 위한 작업이다.

2) 요점

① 다짐 정도는 통기도와 강도를 고려한다.
② 많이 다지면 강도가 높아져 통기도가 불량하게 되어 주물에 기공이 발생한다.
③ 약하면 강도가 낮아져 주형의 붕괴가 쉽게 일어난다.

② 가스 뽑기(venting)

1) 정의

① 용탕을 주입할 때 제품 러너(runner)부의 공기나 불순물 및 코어에서 발생하는 가스가 잘 배출되도록 하기 위함이다.

② 가스 뽑기는 복잡한 주형이나 탕구에서 먼 부분 또는 가스의 배출이 원활하지 못한 부분에 설치한다.

2) 주형 내의 공기 또는 수증기 배출 방안

① 둥근 조립사를 사용하여 통기도 향상

② 수분과 점결제의 지나친 배합 회피

③ 지나치게 다지지 말 것

3) 대형 주조품 또는 혼성 조형 시 고려사항

① 주형사에 석탄재 또는 코크스 등을 섞어서 다공성이 되도록 한다.

② 공기구멍 또는 가스 배출관을 외기와 통하도록 한다.

③ 용탕을 주입할 때 구멍 주위에 점화하여 가스배출이 용이하도록 한다.

③ 탕구계(gating system)

① 주형의 외부에서 공동 안으로 용탕(molten metal)이 흘러 들어갈 수 있도록 해준다.

② 주입탕구(down sprue)가 있으며, 용탕은 이를 통해 주 공동(main cavity)으로 이어지는 탕도 runner로 흘러 들어간다.

③ 주입탕구 위에 있는 주입컵(pouring cup)은 주입탕구에서 용탕이 튀거나(splash) 난류(turbulence)의 발생을 최소화하기 위해 사용된다.

④ 압탕(riser)

① 응고과정에서 발생하는 부품의 수축을 보상하기 위하여 용탕(liquid metal)을 주형 내에 저장하는 곳이다.

② 이러한 기능을 충족하기 위해 압탕(riser)은 주물이 응고된 후 냉각되도록 설계해야 한다.

5 냉각판(chilled plate)

1) 정의

① 두께 차이가 많은 주물이나 압탕 효과가 불충분한 곳에는 냉각속도의 차에 의해 내부응력이 발생하게 되며 이로 인한 변형 방지를 위해 살이 두꺼운 부분에 주물사 대신에 금속편을 묻어 외부로부터의 강제냉각으로 응고를 조절하는데, 이것을 냉각판이라고 한다.

② 재료로는 주철, 강철, 동합금 등이 사용된다.

2) 종류 및 사용목적

① 외부 냉각판

응고속도의 균일화 및 주조조직의 개량을 목적으로 각 부분에 사용하는 블록형태의 것이다.

② 내부 냉각판

응고속도의 균일화를 목적으로 두꺼운 부분에 삽입하는 형태이다.

③ 냉각금형

주조조직의 개량을 목적으로 주형 또는 코어를 금형으로 한다.

6 기타

① 코어 받침

코어 지지를 위해 사용하며 재질은 쇳물에 녹아버리도록 용탕과 같게 한다.

② 중추

쇳물 주입 시 주물의 압력으로 부력을 받아 상형이 압상되는 것을 방지한다.

01 주물 표면의 청정작업과 마무리

1. 개요

주형 해체 후 주물의 표면에는 주물사가 부착되어 있기 때문에 모래털기를 한다. 주물 표면에 붙어 있는 주물사 및 불순물을 제거하기 위해서는 소량인 경우에는 수동식으로 와이어브러시를 사용하지만 일반적으로 텀블러나 블라스트를 많이 이용한다.

2. 주물 표면의 청정작업

1) 숏 블라스트(shot blast)

① 작업방법

숏 또는 스틸그릿(steel grit)을 고속으로 회전하는 임펠러로 주물 표면에 투사하여 주물 표면을 깨끗하게 하는 장치이다. 숏을 임펠러 중심부에 있는 분배기로 보내면 이 숏은 회전하는 임펠러 날개의 원심력에 의하여 고속으로 사출되며 이로 인해 주물의 표면을 때리면서 깨끗하게 만들어 준다.

② 숏 및 그릿

㉠ 숏은 주물의 크기와 재질에 따라 알맞은 경도와 입도를 가져야 한다.
㉡ 크기가 같은 주물의 경우 주강, 주철, 가단주철, 황동 순으로 와이어를 절단한 작은 입자의 숏이나 그릿을 사용한다.

2) 샌드 블라스트(sand blast)

① 작업방법

압축공기 또는 고압수를 사용하여 노즐에서 모래를 주물 표면에 분사시켜 주물표면을 깨끗이 하는 것으로 모래저장탱크와 혼합실 호스 등으로 구성된다.

② 용도

㉠ 압축공기를 이용한 것 : Al 합금, Cu 합금
㉡ 고압수를 이용한 것 : 주철 또는 주강주물

3) 텀블러(tumbler)

① 작업방법

원통형 또는 다각형의 철제용기에 주물을 넣고 다각형 철편을 같이 넣은 후 매분 $40 \sim 60$회의 속도로 회전시켜 주물 표면의 청정 또는 주물의 코어 모래털기 등을 하는 장치이다.

② 특징

㉠ 장치가 간단하고 설비비가 적게 든다.

㉡ 소음이 크다.

㉢ 제품의 손상이 크다.

4) 화학적 청정법

산에 의한 세척으로 금속표면에 생긴 산화피막을 제거한다. 장시간 세척은 피클링(pickling), 단시간 세척은 산 침적이라 한다.

3. 마무리 작업

1) 핀(fin) 제거, 홈 다듬질

핀 제거는 그라인더를 사용하며 핀의 정도에 따라 해머를 두들기고 좁은 홈의 다듬질은 줄이나 끌을 사용한다.

2) 대량생산의 경우

선반, 밀링, 연삭기 등으로 다듬질하여 정밀도를 향상시킨다.

3) 대형주물의 경우

해머, 핸드 그라인더, 절단기 등을 이용한 손작업으로 다듬질한다.

4) 탕도, 압탕의 절단자국

핸드 그라인더로 다듬질한다.

1. 개요

주물에 결함이 발생하면 보수를 해서 활용할 수 있도록 해야 하며 경제적으로 유리한 방법을 선택해야 한다. 주물은 주방상태로 사용하는 경우와 열처리를 행하여 사용하는 경우가 있다. 주조 완료 후에 주물이 사용목적에 맞는 성질을 갖도록 각종 열처리를 실시한다.

2. 주물의 열처리

1) 열처리 목적

① 주물의 잔류응력 제거
② 주조조직의 개선 및 기계적 성질 향상
③ 절삭성 향상

2) 열처리 방법

① 주철주물 : 흑연화처리, 응력제거풀림, 연화풀림
② 주강 : 풀림, 노멀라이징, 담금질 및 뜨임
③ 비철합금 주물
 ㉠ Al 합금 : 풀림, 시효처리
 ㉡ Cu 합금 : 균질화처리, 풀림 및 시효처리

3. 주물의 보수

1) 용접에 의한 보수

① 특징
가장 널리 이용되는 보수방법이나, 용접 열응력에 의한 변형과 균열 및 재질의 변화 등에 유의해야 한다.

② 종류
 ㉠ 아크용접 : 주강주물, 주철
 ㉡ 가스용접 : Al 합금주물, Cu 합금주물

2) 충전제에 의한 보수

주물표면에 나타난 주물결함을 에폭시 수지 등의 충전재로 메우는 방법으로 결함 부위를 청정, 탈지한 후 주물을 가열상태에서 충전시킨다.

3) 메탈라이징에 의한 보수

다공질, 기포 등 주물 표면의 결함에 사용되는 것으로 전기 아크열로 용해한 미세한 금속입자를 압축공기에 의하여 주물의 결함장소에 분사시켜 결함의 공간을 메우고 주물에 강하게 결합시키는 방법이다.

4) 땜 용접에 의한 보수

납접에 의한 보수는 모재보다 용융속도가 낮은 금속을 용융하여 접착 보수하는 방법으로 모재에 주는 영향이 적어 조직변화, 균열, 잔류응력 발생 등의 결점이 없는 반면 보수 흔적이 뚜렷이 나타난다.

5) 기계적 보수

① 나사를 끼워 맞추어 기공 등의 결함 제거
② 슬리브를 압입하여 기계 가공한 구멍 내벽의 결함 제거

1. 개요

주물제품의 품질수준을 향상시키고 공해문제 또는 인력절감 등을 위해서 주물공장의 자동화가 필요하며 점차 기계화 및 자동화가 확대되고 있다.

2. 자동화의 장점

① 인력을 절감할 수 있다.
② 안전하게 작업할 수 있다.
③ 주물의 품질을 향상시킬 수 있다.
④ 재료를 절감할 수 있다.
⑤ 불량률이 감소하고 생산성을 향상시킬 수 있다.
⑥ 작업환경을 개선한다.

3. 자동화 요소

1) 주물사 처리의 자동화

① 처리장치(생형사)
   ㉠ 주물사 혼련장치
   ㉡ 주물사 분리장치
   ㉢ 주물사 저장 및 공급장치
   ㉣ 주물사 냉각장치
   ㉤ 주물사 운반설비

② 처리과정

| 생형사 처리 시의 모래 흐름 |

2) 조형의 자동화

① 주물사 공급

② 다짐작업

③ 형빼기 및 합형 작업

3) 용해작업의 자동화

① 장입작업의 기계화

② 풍량과 풍압의 자동조정

4) 함유성분의 자동조정

① 장입재료의 성분분석

② 용탕의 성분분석과 조절

5) 주형제작 외의 자동화 시스템

① 운반작업의 자동화

② 주입작업의 자동화

③ 후처리작업의 자동화

④ 집진설비의 자동화

04 분말야금(powder metallurgy)

1. 분말야금의 개요

금속분말을 금형에 넣어 성형기계로 압축 성형한 후 용융점 이하의 온도에서 가열 소결하여 제품화하는 제조법을 말한다.

2. 분말야금의 특징

① 타 금속가공공법보다 정도가 높기 때문에 많은 기계가공을 생략할 수 있다.

② 제조과정에서 융점까지 온도를 올릴 필요가 없다.

③ 재료설계가 용이하여 용해법으로 만들 수 없는 합금을 만들 수 있다.

④ 다공질의 금속재료를 만들 수 있다.

⑤ 자기윤활성을 갖게 할 수 있다.

⑥ 한 LOT 내에서 형태와 치수가 고르며, 좋은 표면 상태를 얻을 수 있다.

⑦ 소결강 부품에서는 표면경화, 열처리, 스팀처리가 가능하다.

⑧ 양산 변경에 신속히 대응할 수 있다.

⑨ 대량생산 시에 경제적이다.

3. 분말야금 공정

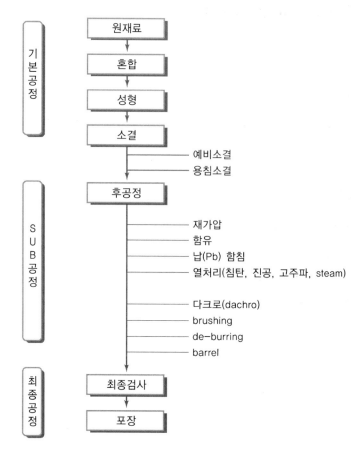

| 분말야금 공정 |

4. 주요 분말야금 공정

1) 혼합

완제품 생산을 위한 주원료와 첨가물의 배합이나 윤활제 첨가를 목적으로 double cone 혹은 V-cone과 같은 혼합기를 사용하며, 적절한 rpm과 혼합시간의 조정으로 반제품의 성형을 하기 위한 준비단계로, 성형할 때 품질의 균일화를 위해서 매우 중요한 공정이다.

2) 성형

혼합공정을 거쳐 mixing된 분말을 반제품의 형태로 만드는 최초의 공정이며 분말입자들이 충분히 결합을 해서 다음 공정을 처리할 때까지 계속 취급하는 데 지장이 없을 정도로 기계적 강도까지를 부여해 주는 과정이다.

예를 들면, 높은 압력을 가하여 성형시킨 성형체라 하더라도 소결 전의 상태만으로는 분말입자 간의 결합력이 아주 낮은 개개 분말입자의 집합체로서 작은 응력으로도 쉽게 파괴된다.

3) 소결

① 분말 중의 각 입자들이 가열에 의해서 원자 간의 접착력으로 결합하고, 이에 따라서 분말 전체의 강도가 증가하며 물질이동에 의해서 밀도의 증가와 재결정을 일으키는 것을 말한다. 즉, 2개 또는 그 이상의 분말입자가 그 계의 어느 한 성분에 융점보다 낮은 온도에서 가열만으로 결합하는 현상이다.

② 기지금속의 용융점 이하의 온도에서 행하여지는 일종의 열처리로서 분말입자 상호 간의 확산이 일어나서 화학적 결합을 하여 요구되는 기계적인 성질을 갖게 되는데, 이러한 열처리가 바로 소결이다. 소결효과는 소결온도, 시간, 분위기, 승온속도, 냉각속도 등에 영향을 받으며, 소결체 특성에도 영향을 미친다.

4) 이차가압

① 재가압

소결품의 밀도를 증가시키는 목적으로 성형압력보다 같거나 다소 높은 압력으로 가압하는 과정으로 제품의 밀도가 증가함에 따라 강도 또한 보완되며, 정밀도를 향상시키는 데 좋은 효과를 얻을 수 있다. 본 공정을 실시하기 위해서는 반드시 예비소결과정을 거쳐야 한다.

② 교정

소결 중에 변형되어 불안정한 치수를 약간의 소성변형을 교정함으로써 정밀한 치수를 얻을 수 있으며 표면상태가 매우 깨끗하다. 성형압력과 유사한 압력이 필요하며 밀도가 약간 증가한다.

5) 함유

① 일반적으로 oilless bearing의 윤활유를 함유시키거나 기계부품에서도 방청을 목적으로 방청유를 함유시키며 이 경우에 보통 진공 함유기를 사용한다.

② 특수한 경우에는 기공을 막아 주기 위해 plastic 또는 paraffin을 함침하는 경우도 있다.

③ 결국, 소결제품 개기공(active pore)에 함침 물질을 넣어 자기윤활이 가능한 제품의 제조 및 기공을 밀폐시켜 기밀을 유지하거나, 후처리(도금)를 위한 목적으로 사용된다.

④ 그 밖에도 Cu, Pb를 사용하는 용침도 있지만, 사용하는 장비는 함유와는 다른 특수한 장비를 사용한다.

6) 침탄

① 원리

침탄 열처리는 저탄소강의 표면에 탄소(C)를 확산시켜 탄소 함량을 0.8~1.0%로 처리하여 사용하며 일반적으로 탄소량이 0.5% 이하인 강이 사용된다. 분말야금공법에서의 침탄 깊이는 부품의 특성마다 차이가 있지만 보통 0.5~1.0mm 정도로 규제된다.

② 특징

침탄한 강은 탄소가 침투한 침탄층(표면)만 경도와 내마모성이 크고 비침탄(내부)한 부분은 강인한 것이 필요할 때 사용된다. 또한 형상이 복잡한 부품에 사용되므로 담금질성이 좋고 열변형이 적은 것이 요구된다.

7) 고주파

유도가열은 강을 경화하는 데 많이 쓰는 방법이다. 주로 제품 일부분의 표면을 경화시키는 데 사용된다.

8) 스팀

bluing이라고 하는 이 증기 처리는 내식성과 내마모성 향상 및 기밀성의 향상을 위해 처리하는 공정으로 철계 표면에 청색의 Fe_3O_4라는 철 산화물을 형성한다.

9) 배럴연마

① 소결부품의 날카로운 모서리를 제거할 뿐만 아니라 제품 표면의 광택효과도 낼 수 있는 공정이며, 용도에 따라 와류식, 진동식, 회전식 등이 사용된다.
② 제품과 연마석을 적당히 움직여 연마석이 제품 주위를 돌면서 마찰운동을 하여 제품에 Burr 제거 연마, 광택 작업을 한다.

5. 사용

초경공구, 오일리스베어링(oilless bearing), 각종 기어, 자석 등을 제조하는 데 쓰인다.

CHAPTER 04 주물재료

SECTION 01 | 주물용 금속재료

1 탄소강

1) 탄소강

① 순철의 종류

ㄱ. α철 : A_3(912℃) 이하의 체심입방격자(예 Fe, Mo, W, K, Na)

ㄴ. β철 : 768~912℃의 체심입방격자

ㄷ. γ철 : 912~1,394℃의 면심입방격자(Al, Cu, Ag, Au)

ㄹ. δ철 : A_4(1,394℃) 이상의 체심입방격자

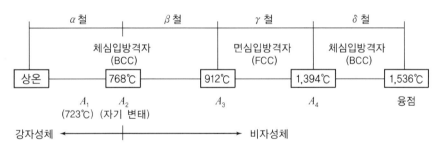

| 순철의 종류 |

체심입방격자(body centered cubic lattice, 體心立方格子)

입방체의 8개 구석에 각 1개씩의 원자와 입방체의 중심에 1개의 원자가 있는 것을 단위포로 하는 결정격자이며, 실제의 결정에서 가장 많이 볼 수 있는 구조이다. 나트륨, 칼륨, 텅스텐 등이 해당되며 체심입방격자 1개가 점유하는 원자 수는 $\frac{1}{8} \times 8 + 1 = 2$개이다.

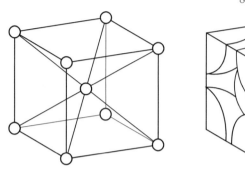

| 체심입방격자 |

면심입방격자(face centered cubic lattice, 面心立方格子)

한 입방체에 8개의 꼭짓점과 6개의 면의 중심에 격자점을 가지는 단위 격자로 된 공간 격자이며 이 입방체의 모서리 길이가 격자 상수(常數)가 된다. 이러한 면심입방격자의 결정을 가지는 물질로는 금·니켈·구리·알루미늄·백금 등이 있다. 면심입방격자 1개가 점유하는 원자의 수는 $\frac{1}{8} \times 8 + \frac{1}{2} \times 6 = 4$개이다.

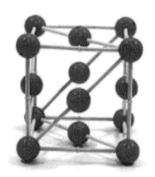 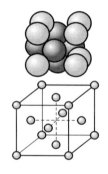 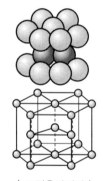

| 면심입방격자 |　　　　　| 조밀육방격자 |

② 순철의 변태점

　㉠ 동소변태 : 원자 배열의 변화가 생기는 변태(A_3 : 912℃, A_4 : 1,394℃ 변태)

　㉡ 자기변태(A_2 변태)

　　• 결정구조에 변화를 일으키지 않는 변태

　　• 순철이 768℃ 부근에서 급격히 강자성체로 되는 변태

2) 철-탄소(Fe-C)계의 평형상태도

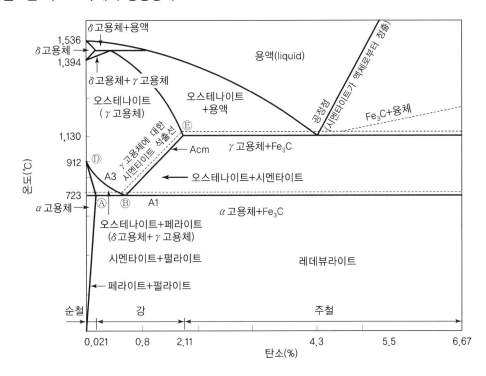

| 철-탄소의 평형상태도 |

Fe-C계의 평형상태를 표시한다. 그림 중의 실선은 Fe-Fe₃C계, 파선은 Fe-C(흑연)계의 평형상태도이다. C는 철 중에서 여러 가지의 형태로 나타난다. 즉, 강철이나 백선에 있어서는 6.67%C의 곳에서 시멘타이트 Fe₃C(철과 탄소의 금속간화합물)를 일으킨다. 실제로 쓰이는 강철은 이 시멘타이트 Fe₃C와 Fe의 이원계이며, 철 중에 함유되어 있는 탄소는 모두 Fe₃C의 모양으로 존재한다.

Fe₃C는 약 500~900℃ 사이에서 불안정하여 철과 흑연으로 분해되기 때문에 철·시멘타이트계는 준안정상태로, 철·흑연계는 안정상태로 표시되고 있으나, 강철에 있어서는 흑연이 유리하는 일이 거의 없으므로, 실선으로 표시된 철-시멘타이트계의 준안정상태로도 설명된다.

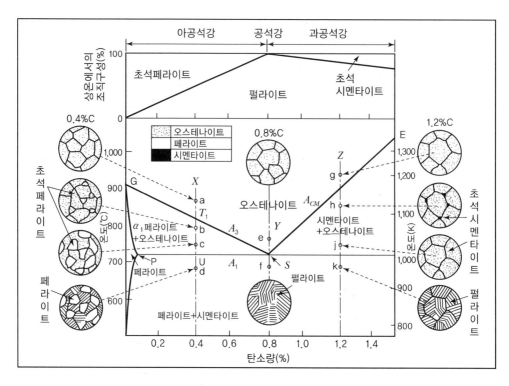

| 탄소강의 조직 |

3) 조직

탄소량에 따라 일반적으로 다음과 같이 분류한다.

① Austenite

γ고용체로 Fe－C계의 탄소강에서는 2.11% 이하의 C가 γ철에 고용된 것을 말하며 Ferrite보다 강하고 인성이 있다.

② Ferrite

α고용체로 Fe－C계의 탄소강에서는 0.021% 이하의 α철에 고용된 것을 말하며 대단히 여리다.

③ Cementite

Fe－C계의 탄소강에서는 6.67%의 C를 함유하고 있으며 단단하고 부서지기 쉽다.

④ Pearlite

Ferrite와 Cementite가 층상으로 된 조직으로 0.8%의 C를 함유하는 공석강이며, 강하고 자성이 크다.

⑤ Ledeburite

2.0%C의 γ고용체와 6.67%C의 Cementite의 공정 조직으로 주철에 나타난다.

4) 탄소량과 조직

① 강철의 표준조직

강철을 단련하여 이것을 A_3 또는 A_{cm} 이상 30~60℃의 온도범위, 즉 상태도 위에서 γ 고용체의 범위로 가열하여 적당한 시간을 유지한 후 대기 중에서 냉각할 때의 조직이다.

② 공석강

0.85%의 C를 함유한 pearlite 조직

③ 아공석강

0.85% 이하의 C를 함유하고 조직이 초석 ferrite와 pearlite로 된 것. 강도와 경도가 증가되고 연신율과 충격값이 낮아진다.

④ 과공석강

0.85% 이상의 C를 함유하고 조직이 cementite와 pearlite로 된 것. 경도는 증가되나 강도는 급속히 감소하며 변형이 어려워 냉간가공이 잘 되지 않는다.

⑤ 포정반응

용액+δ 고용체 ↔ γ고용체

⑥ 공정반응

용액 ↔ 결정 A+결정 B

⑦ 공석반응

고용체 ↔ 결정 A+결정 B

5) 취성

① 청열취성(blue shortness)

철은 200~300℃에서 상온일 때보다 인장강도나 경도가 크고 인성이 저하하는 특성이 있으며 탄소강 중의 인(P)이 Fe와 결합하여 인화철(Fe_3P)을 만들어 입자를 조대화시키고 입계에 편석되므로 연신율을 감소시키고 충격치가 낮아지는 청열취성의 원인이 된다. 이때 강의 표면이 청색의 산화막으로 푸르게 보인다.

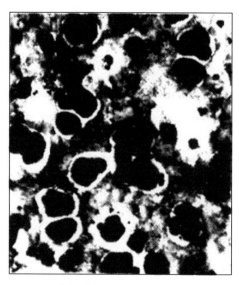

| 청열취성이 형성된 철 |

② **적열취성(red shortness)**

강 속에 함유되어 있는 황(S)은 일반적으로 망간(Mn)과 결합되어 황화망간(MnS)이 되어 존재하지만, S의 함유량이 과잉할 때 또는 Mn의 함유량이 불충분할 때 S는 철(Fe)과 결합하여 황화철(FeS)을 형성하는데, FeS는 결정립계에 그물모양으로 석출되어 매우 취약하고 용융온도가 낮기 때문에 고온 가공성(단조, 압연)을 해친다. 즉, 매우 유해하며 적열상태에서는 강을 취약하게 한다.

③ **뜨임취성(temper brittleness)**

담금질 뜨임 후 재료에 나타나는 취성으로 Ni－Cr강에 나타나는 특이성이다. 뜨임취성에는 두 가지 종류가 있는데, 하나는 450~525℃의 뜨임 온도 범위에서 생기는 것이다. 지속시간이 길수록 두드러지게 나타나며, 뜨임 온도에서의 냉각 속도에 관계가 없다. 다른 하나는 525~600℃의 뜨임 온도 범위의 취성이며 지속 시간에는 관계없고 뜨임 온도로부터의 냉각 속도에 관계가 있다. 전자를 제1취성이라 하며 후자를 제2취성이라 한다. 뜨임 온도로부터 냉각 속도를 크게 하면(예를 들면, 수중급랭) 제2취성이 방지된다. 일반적으로 뜨임취성은 제2취성을 말하는 것이며, Ni－Cr강의 뜨임 취성(제2취성)은 소량의 몰리브덴을 첨가하여 이를 방지할 수 있다.

④ **저온취성(cold brittleness)**

금속재료의 강도와 경도는 온도가 저하됨에 따라 서서히 증가하지만 팽창·수축 등은 저하하고 충격적인 응력이 가해지면 어느 온도 이하에서 급격하게 취약하여 쉽게 파괴되는 경우가 있다. 이 취화현상을 저온 취성이라 한다. 일반적으로 체심 입방 금속에서 볼 수 있으며, 철강재료나 용접 구조물 등에서는 매우 중요한 문제가 된다. 면심 입방형 금속의 Cu, Ni, Al 및 이러한 합금과 18－8 스테인리스강에는 이 현상이 일어나지 않는다.

⑤ 상온취성(cold shortness)

탄소강은 온도가 상온 이하로 내려가면 강도와 경도가 증가되나 충격값은 크게 감소된다. 특히, 인(P)을 함유한 탄소강은 인에 의해 인화철(Fe_3P)을 만들어 결정립계에 편석하여 충격값을 감소시키고 냉간가공 시 균열을 가져온다.

2 주철(cast iron)

2.11% 이상의 탄소를 함유하는 철의 합금으로 단단하기는 하나 부러지기 쉽고 강철에 비하여 쉽게 녹이 슨다. 주조하기 쉬워 공업용 재료로 널리 쓰인다.

1) 주철의 장점

① 주조성이 우수하며 크고 복잡한 것도 제작할 수 있다.
② 금속재료 중에서 단위 무게당의 값이 싸다.
③ 주물의 표면은 굳고 녹이 잘 슬지 않으며 칠도 잘 된다.
④ 마찰저항이 우수하고 절삭가공이 쉽다.
⑤ 인장강도, 휨 강도 및 충격값이 작으나 압축강도는 크다.

2) 주철의 함유원소(구조용 특수강의 원소의 역할)

① 개요

탄소강에 하나 이상의 특수원소를 첨가하고 그 성질을 개선하여 여러 목적에 적합하도록 하기 위하여 특수강을 만드는 것이다.

② 원소의 종류

Ni, Cr, Mn, Si, S, Mo, P, Cu, W, Al

③ 원소의 특성

㉠ Ni : Ar_1 변태점을 낮게 하고 인장강도와 탄성한도 및 경도를 높이며 부식에 대한 저항을 증가시키고 인성을 해치지 않으므로 합금 원소로 가장 좋다.
• 인성증가
• 저온충격저항 증가

㉡ Cr : 일정한 조직인 경우에도 최고 가열 온도를 높이거나 냉각온도를 빠르게 하면 변태점이 내려가므로 조직이 변화하며, Cr이 많아지면 임계냉각속도를 감소시켜 담금질이 잘되고 자경성(탄소강과 같이 기름이나 물에서 담금질하지 않고 공기만으로 냉각하여 경화되는 성질)을 갖게 된다. Cr은 소량으로도 탄소강의 결정을 미세화하고 강도나 경도를 뚜렷하게 증가시키며, 연신율은 그다지 해치지 않는다. 또한 담금질이

잘되고, 내마멸성, 내식성 및 내밀성을 증가시키는 특성이 있다.
- 내마모성 증가
- 내식성 증가
- 내열성 증가
- 담금성 증가

ⓒ Mn : 탄소강에 자경성을 주며 Mn을 전량 첨가한 강은 공기 중에서 냉각하여도 쉽게 마텐자이트 또는 오스테나이트 조직으로 된다.

즉, 탄산제 MnS에 혼재된 S의 나쁜 영향을 중화하고 탄소강의 점성을 증가시킨다. 고온 가공을 쉽게 하며 고온에서 결정의 성장, 즉 거칠어지는 것을 감소하고 경도, 강도, 인성을 증가시키며 연성은 약간 감소하여 기계적 성질이 좋아지고 담금성이 좋아진다.

Mn은 함유량에 따라 저망간강(2%)과 고망간강(15~17%)으로 구분하는데, 저망간강은 값이 싼 구조용 특수강으로 조선, 차량, 건축, 교량, 토목 구조물에 사용하고 고망간강은 경도는 낮으나 연신율이 매우 좋아 절삭이 곤란하고 내마멸성이 크기 때문에 준설선의 버킷 및 핀, 교차레일, 광석 분쇄기 등에 사용한다.
- 점성 증가
- 고온가공 용이
- 고온에서 인장강도와 경도 등 증가
- 연성은 약간 감소

ⓔ Si : 경도, 탄성한도, 인장강도를 높이며, 신율 및 충격치를 감소시키고 결정립의 크기를 증가시키며 소성을 낮게 하고 보통 0.35% 이하를 함유하고 있어 영향이 거의 없다. 내식성이 우수하다.
- 전자기적 특성
- 내열성 증가

ⓜ S : MnS(황화망간)으로 존재하며 비중이 작으므로 표면에 떠올라 제거된다. 일부분에 많이 편석할 경우에는 강재의 약점이 되어 파괴의 원인이 되나, 인장력, 연신율 및 충격치를 감소시킨다.
- 절삭성 증가
- 인장강도, 연신, 취성 감소

ⓗ Mo : Ni을 절약하기 위하여 대용으로 사용하며 기계적 성질이나 담금질 질량 효과도 니켈, 크롬강과 차이가 없어 용접하기 쉬우므로 대용강으로 우수하게 사용된다.
- 뜨임취성 방지
- 고온에서 인장강도 증가
- 탄수화물을 만들어 경도 증가

ⓐ P : Fe₃P(인화철)을 만들고 결정립을 거칠게 하며 경도와 인장강도를 다소 높이고 연신율을 감소시키며 상온에서는 충격치를 감소시켜 가공할 때 균열을 일으키기 쉽게 하며 강철의 상온취성(crack)의 원인이 된다.

ⓞ Cu : 공중 내산성이 증가한다.

ⓩ W : 고온에서 인장강도와 경도를 증가시킨다.

ⓒ Al : 고온에서의 산화를 방지한다.

3) 주철의 원료

① 선철(pig iron, 銑鐵)

㉠ 회선(grey pig iron) : 흑연 탄소가 많으므로 파단면은 회색이며 결정이 크고 재질이 연하며 보통 주물재료에 많이 사용된다.

㉡ 백선(white pig iron) : 함유탄소는 대부분 화합탄소로 존재하며 파단면은 백색을 띤다. 또한 결정이 작고 치밀하며 경도가 크고 여린 성질이 있다. 주로 제강원료로 사용된다.

㉢ 반선(mottled pig iron) : 회선과 백선의 중간조직에 해당되는 것으로 반점이 있다.

② 파쇠(iron scrap)

㉠ 파쇠를 배합하면 주철의 조직은 일반적으로 치밀해지고 가스 발생이 적으며 재질이 좋게 되므로 비교적 많이 혼합한다.

㉡ 강철파쇠(steel scrap)는 선철에 비하여 탄소함유량이 극히 적어 주물에 첨가하면 탄소성분이 감소되고 재질을 강하게 한다.

③ 합금철

㉠ Fe-Mn, Fe-Si, Fe-Cr, Fe-Ni, Fe-W, Fe-Mo 등의 필요한 원소들과 철의 합금 상태로서 특수원소 성분에 50~90%의 철합금을 적당한 양만큼 첨가한다.

㉡ Fe-Mn, Fe-Si 등은 원소성분의 산화손실을 보충할 뿐만 아니라 탈산제, 탈황제 등의 목적으로도 사용된다.

4) 자연시효(natural aging)와 주철의 성장

① 자연시효

주조 후 장시간 외기에 방치하면 주조응력이 자연히 없어지는 현상이다.

② 주철의 성장

고온에서 가열과 냉각을 반복하면 부피가 불어나고 변형이나 균열이 일어나 강도나 수명을 저하시키는 현상을 말한다.

5) 주철의 종류

- 보통주철 : 회주철
- 고급주철 : 펄라이트 주철, 미하나이트 주철
- 특수주철 : 구상흑연주철, 칠드주철, 가단주철, 합금주철

① 회주철(grey cast iron)

탄소가 흑연상태로 존재하여 파단면이 회색인 주철로 보통주철, 특수주철, 구상화 흑연
주철 등이 있다.

| 회주철 |

② 백주철(white cast iron)

탄소가 시멘타이트로 존재하여 백색의 탄화철이 혼합되어 있다. 급랭 때문에 백색을 띠
며 가단주철(열처리)은 백주철 상태로 주조된다.

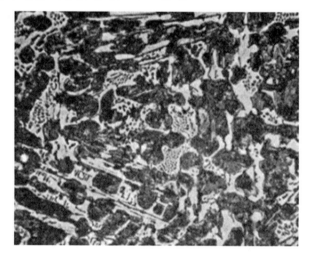

| 백주철 |

③ 반주철(mottled cast iron)

파면이 회색과 백색의 중간인 색상이다.

④ 보통주철

㉠ 인장강도가 $10 \sim 20 \mathrm{kg/mm^2}$

㉡ 두께가 얇은 것은 규소를 많이 넣지 않으면 백주철이 되어 가공이 어렵다.

㉢ 일반 기계부품, 수도관, 난방용품, 가정용품, 농기구에 사용된다.

⑤ 고급주철

㉠ 회주철 중 인장강도가 $25 \mathrm{kg/mm^2}$ 이상인 것

㉡ 흑연이 미세하고 균일하게 분포한 조직으로 바탕은 펄라이트며 일명 펄라이트 주철이라고도 한다.

⑥ 합금주철(alloy cast)

㉠ 정의 : 주철의 여러 가지 성질을 향상시키기 위해 특정한 합금원소를 첨가한 주철로서 강도, 내열성, 내부식성, 내마멸성 등을 개선한 주철이다. 합금주철은 첨가 원소의 함유량에 따라 저합금주철과 고합금주철로 분류된다.

㉡ 합금원소의 영향

• 구리(Cu) : 경도가 커지고 내마모성, 내부식성이 좋아진다.

• 크롬(Cr) : 펄라이트 조직이 미세화되고 경도, 내열성, 내부식성이 증가된다.

• 몰리브덴(Mo) : 흑연을 방지하며 흑연을 미세화하고 경도와 내마모성을 증대시킨다.

• 니켈(Ni) : 얇은 부분의 chill을 방지하고 동시에 두꺼운 부분의 조직이 억세게 되는 것을 방지하며 내열성, 내산성이 좋아진다.

• 티타늄(Ti) : 탈산제이며 흑연화를 촉진한다. 0.3% 이하를 첨가하면 고탄소, 고규소 주철의 강도를 높인다.

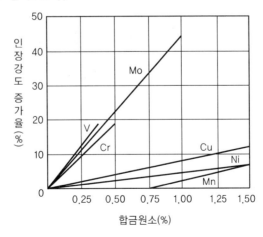

| 인장강도에 대한 합금원소의 효과 |

⑦ **고합금주철**

내열용이나 내산용 또는 높은 강도를 요구하는 등 특수목적에 사용되는 주철

⑧ **미하나이트주철**

㉠ 흑연의 형을 미세하고 균일하게 분포되도록 규소 또는 규소-칼슘분말을 접종한 주철로, 탄소량을 감소

㉡ 바탕이 펄라이트이고 인장강도는 $35\sim45kg/mm^2$

㉢ 담금질할 수 있어 내마멸성이 요구되는 공작기계의 안내면과 강도를 요하는 기관의 실린더에 사용

⑨ **구상흑연주철**

㉠ 정의 : 보통주철은 내부의 흑연이 편상으로 되어 있어 내부 균열이 발생하고 강도와 연성이 떨어진다. 이러한 결점을 개선하기 위해 편상흑연을 큐폴라 또는 전기로에서 용해한 다음 주입 직전에 마그네슘(Mg), 세슘(Ce) 또는 칼슘(Ca) 등을 첨가하여 흑연을 구상화한 것이 구상흑연주철이며 탄소강과 유사한 기계적 성질을 갖는다. 노듈러 주철(nodular cast iron), 덕타일 주철(ductile cast iron)이라고도 한다.

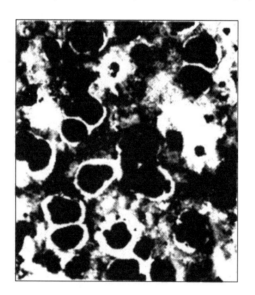

| 구상흑연주철 |

㉡ 특징

- 편상 흑연의 결점을 개선하여 강도와 연성이 우수하다.
- 주조상태에서 흑연을 구상화하였다.
- 열처리를 통해 조직을 개선할 수 있다.

ⓒ 종류
- 시멘타이트형
- 페라이트형
- 펄라이트형

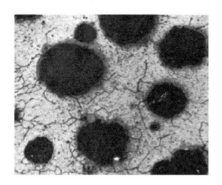 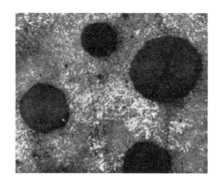

| 페라이트형 | | 펄라이트형 |

② 제조방법
- 큐폴라 또는 전기로에서 선철, 강 scrap을 적절히 배합하여 용해
- 탈황(0.02% 이하)
- 흑연 구상화(마그네슘, 세슘, 칼슘 등 첨가)
- 시멘타이트 분해를 위해 풀림 처리

⑩ 용도 : 자동차 크랭크축, 캠축, 브레이크드럼

⑩ **칠드주철**
ⓐ 정의 : 주형에 쇳물을 주입했을 때 주물의 표면이 주조과정에서 급랭으로 인해 경도가 높은 백주철로 되는 것을 칠(chill)이라 하고 그 재질을 칠드주철이라 한다.

ⓑ 특징
- 냉각속도의 차이에 의해 내·외부의 조직이 다르며 내충격성이 있다.
- 내부는 회주철로 조성되어 연성이 있다.
- 표면은 백주철로 조성되어 마멸과 압축에 잘 견딘다.
- 사형과 금형을 동시에 사용한 냉강주형에서 조성된다.

ⓒ 용도 : 제강용 롤, 분쇄기롤, 제지용 롤, 철도차륜

⑪ **가단주철**
ⓐ 정의 : 보통주철의 결점인 약한 인성을 개선하기 위해 백주철을 고온에서 장시간 열처리하여 시멘타이트 조직을 분쇄하여 인성 또는 연성을 개선한 주철이며 흑연화된 시멘타이트로 인해 파단면이 검은 흑심가단주철, 파단면이 흰색인 백심가단주철 및 펄라이트 가단주철 등이 있다.

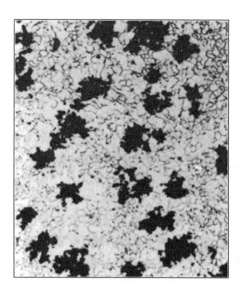

| 가단주철 |

ⓛ 특징
- 탄소강과 유사한 정도의 강도
- 주조성과 피삭성 우수
- 대량생산에 적합
- 보통주철의 취성 개선

ⓒ 종류
- 흑심가단주철 : 일반적으로 많이 이용되는 가단주철로서 백주철 주물을 열처리에 서 가열하여 2단계의 흑연화처리(풀림)에 의해 시멘타이트를 분해시켜 흑연을 입 상으로 석출시켜 제조하며 대량생산에 적합하다.
- 펄라이트 가단주철 : 흑심가단주철의 2단계 흑연화 처리 중 1단계인 850~950℃ 에서 30~40시간 유지하여 서랭한 것으로 그 조직은 뜨임된 탄소와 펄라이트로 되 어 있어 강력하고 내마모성이 좋다.
- 백심가단주철 : 백선 주물을 산화철 분말 등의 산화제로 싸서 풀림상자에 넣고 900~1,000℃의 고온에서 장시간 가열 유지하여 백주철을 탈탄시킴으로써 가단 성을 부여한 것으로 단면이 희고 단단하며 강도는 흑심가단주철에 비해 높고 연신 율은 작다.
- 용도 : 자동차 부품, 기계기어, 파이프 이음쇠, 농기계 부품 등

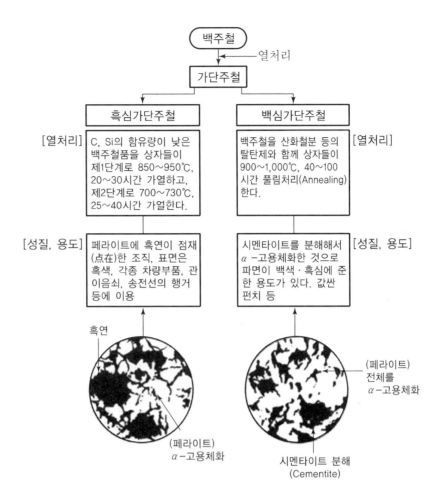

③ 주강

1) 보통주강

① 탄소 함유량에 따른 종류

ⓐ 저탄소강 : C=0.2% 이하의 주물

ⓑ 중탄소강 : C=0.2~0.5%의 주물

ⓒ 고탄소강 : C=0.5% 이상의 주물

② 특징

ⓐ 주철에 비하여 인성과 강도가 크다.

ⓑ 인장강도 : 35~60kg/mm^2, 연율 : 10~25%

ⓒ 조직은 주조상태에서는 억세므로 풀림하여 사용한다.

ⓓ 주철에 비하여 주조성은 좋지 않고 유동성도 적으며 응고 시에 수축도 크다.

ⓔ 얇은 제품의 제작이나 단면의 변화가 심한 곳 또는 불균형한 제품에는 사용되지 않는다.

ⓕ 용접성은 주철에 비해 양호하며 저탄소에 유리하다.

2) 합금주강주물

① Mn, Cr, Mo 등을 함유하여 강도, 인성을 개선한 주물

② 내열, 내식, 내마모성 등의 특성을 갖는 주물

③ 구조용으로는 Mn=1~2%, C=0.2~1.0%의 저 Mn주강에 사용

④ 인장강도가 큰 것을 필요로 할 때에는 Cr, Ni, Ni-Cr 등이 함유된 것을 사용

⑤ 내열합금 및 내식합금에는 Cr=12~27%인 것 또는 18-8 스테인리스강(Cr=18%, Ni=8%) 등 사용

4 동합금주물

1) 황동

① 특성

㉠ 동과 아연(Cu+Zn)의 합금

㉡ 융체의 유동성이 양호하여 비교적 복잡한 주물이라도 쉽게 제작할 수 있다.

② 종류

㉠ 육사황동(muntz metal) : Cu=60%, Zn=40%로 해수에 대한 내구성이 있다.

㉡ 네이벌황동(naval brass) : Cu=70%, Zn=29%, Sn=1%로 내식성을 증가시킨다.

㉢ 델타황동(delta brass) : Cu=55%, Zn=41%, Pb=2%, Fe=2%

㉣ 실루민황동(silumin brass) : Si=3~7%, Zn=2~3%, Cu=나머지

㉤ 칠삼황동 : Cu=70%, Zn=30%의 가장 큰 연율을 가진다.

2) 청동

① 특징

㉠ 동과 주석(Cu+Sn)의 합금

㉡ 주석은 동의 강도, 경도, 내식성을 증가시키는 성질이 아연보다 크다.

㉢ 보통 기계 부분품으로 사용되는 것은 주석 12% 이하인 합금이다.
청동은 Cu=90%, Sn=10%인 것이 많다.

② 종류

㉠ 동화(銅貨) : Cu=95%, Sn=5%

㉡ 동상 : Cu=96%, Sn=4%

㉢ 포금베어링(gun metal bearing) : Sn=12~15%, Cu=나머지

㉣ 인청동 : 0.2~1.0%의 인을 함유하는 청동

㉤ 알루미늄 청동 : Cu=90%, Al=10%의 합금

5 경합금

1) 알루미늄 합금

① 특징

ㄱ 알루미늄은 비중이 2.7이며 주철의 약 1/3 정도이다.

ㄴ 전기전도성이 양호하여 가단성이 있어 판 및 봉재를 만든다.

② 종류

ㄱ No.12 합금

- 자동차의 피스톤, 가정용 기구 등에 사용
- $Al=92\%$, $Cu=8\%$의 합금으로 인장강도는 $12\sim16kg/mm^2$, 연율은 $2\sim4\%$이다.

ㄴ Y합금

- $Cu=4\%$, $Ni=2\%$, $Mg=1.5\%$, 나머지 Al의 합금으로 인장강도는 $20kg/mm^2$, 연율은 $1.2\sim1.5\%$이다.
- 내열성이 좋아 자동차, 항공기 등의 피스톤 합금(piston alloy)에 사용

ㄷ 실루민(silumin)

- $Al-Si$ 합금으로 $Si=11\sim13\%$가량 된다.
- 용해할 때 Na 또는 Na염을 첨가하여 처리하면 조직이 미세화되고 기계적 성질이 양호해진다.
- 인장강도 $18kg/mm^2$, 연율 $4\sim6\%$이고 주조성과 내식성이 모두 양호하다.
- 주형에는 사형, 금속형, 다이캐스팅을 많이 응용한다.

ㄹ 듀랄루민

- $Cu=4\%$, $Mg=0.5\%$, $Mn=0.5\%$와 Fe, Si를 소량 함유하고 나머지 Al으로 되어 있다.
- 열처리한 것은 인장강도 $35\sim44kg/mm^2$, 연율$=20\sim155\%$에 달한다.

2) 마그네슘 합금

① 특징

ㄱ 마그네슘(Mg)의 비중은 1.74이다.

ㄴ 공업용 금속 중 가장 가볍다.

ㄷ 특히 중량이 적은 기계부품의 주물로서 항공기, 자동차, 이화학기계 등에 이용된다.

② 종류

ㄱ 일렉트론(electron)

- 마그네슘이 90% 이상이며 Al, Zn, Mn 등이 약 10% 함유되어 있다.

- 인장강도 $17\sim20kg/mm^2$, 연율 3~5%가량의 합금으로 이용범위가 넓다.
ⓛ 다우메탈(dow metal) : 미국에서 명명한 것이며 $Al-Mg$ 합금으로서 일렉트론과 더불어 널리 쓰인다.

⑥ 화이트 메탈

1) 특징

① Sn, Pb 등을 주성분으로 하는 합금은 백색이므로 화이트 메탈(white metal)이라고 하며 중요한 용도로서는 땜납(solder), 활자금속, 베어링 합금 등에 사용된다.
② 조직은 연한 기지가 속히 마모되고 파인 부에는 기름이 모여 윤활작용을 돕게 한다.

2) 종류

① 동 베어링 합금(Cu계)
  ㉠ $Pb=20\sim40\%$, 나머지가 Cu로 된 합금은 켈밋(kelmet)합금이며 베어링으로 쓴다.
  ㉡ 고속도 내연기관용 베어링으로 사용되고, 특히 자동차 및 항공기에 사용된다.

② 주석 베어링 합금(Sn계)
  ㉠ Sn에 $Sb=6\sim12\%$, $Cu=4\sim6\%$를 첨가한 합금으로 일반으로 배빗메탈(babbit metal)이라고 한다.
  ㉡ 주로 중하중·고속도용, 즉 항공기, 내연기관 주축 및 크랭크핀(crank pin)의 메탈로 사용된다.

③ 납 베어링 합금(Pb계)
  $Sb=10\sim20\%$, $Sn=5\sim15\%$, 나머지 Pb로 된 합금으로 중속도·소하중 축 베어링으로 사용된다.

④ 아연합금(Zn계)
  $Zn=80\sim90\%$에 Cu, Sn 등을 첨가한다.

1 용해로

① 용해로 선택 시 고려사항

금속의 종류, 용해량, 요구되는 품질 및 연료가 용융금속에 미치는 성분의 화학적 변화 등을 고려해야 하며 설비비, 유지비 및 입지조건을 고려할 때도 있다.

② 용해로의 열원

석탄, 중유, 가스, 전기 등을 사용하며 용해하는 금속도 주철, 주강, 비철합금 등 다양하다.

③ 용해로의 기능

원료인 고체 지금(地金)을 용해하여 유동성 부여, 소요목적의 재질로 성분을 조성, 불순물을 제거한다.

▼ 용해로의 종류

종류	형식		열원	용해금속	용해량
도가니로	자연송풍식		코크스	구리합금	<300kgf
	강제통풍식		중유, 가스	경합금, 그 밖의 비철합금	
큐폴라	냉풍식, 열풍식		코크스	주철	1~20t
전기로	아크로	직접아크식	전력(고, 저전압)	주강, 주철	1~200t
		간접아크식	전력(고, 저전압)	구리합금, 특수강	1~20t
	유도로	고주파	전력(1,000~10,000Hz)	특수강	20~10,000kgf
		저주파	전력(50~60Hz)	구리합금, 경합금, 주철	200~20,000kgf
반사로			석탄, 중유, 가스	구리합금, 경합금, 주철	500~50,000kgf

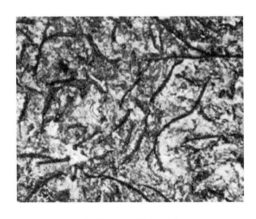

| 철강재료의 제조 |

1) 용선로(cupola)

① 개요

강판제 원통 내부에 내화벽돌을 쌓아 lining 한 것으로 고체연료인 코크스를 열원으로 하여 지금(地金)의 대량 용해에 사용한다. cupola의 규격은 용해층의 안지름과 풍공에서 장입구까지의 높이로 나타내며 그 용량은 시간당 용해할 수 있는 능력(ton)으로 표시한다.

② 특징

ㄱ 구조가 간단하고 제작이 용이하다.

ㄴ 열효율이 좋다.

ㄷ 재료를 재장입하여 연속적인 용해작업이 가능하다.

ㄹ 성분의 변화가 많고 불순물의 혼입이 있다.

ㅁ 수시로 소요량만큼 출탕할 수 있다.

③ 구조

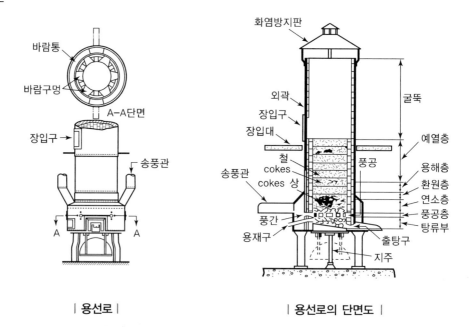

| 용선로 |　　　　| 용선로의 단면도 |

ㄱ 탕류부 : 용탕이 고이는 부분

ㄴ 과열층

- 송풍, 연소, 환원이 이루어지는 곳으로 용해층 밑으로부터 바람구멍 면까지의 부분
- 용해 온도가 가장 높고 화학작용이 활발한 곳이다.

ㄷ 용해층

- 송풍구에서 400~600mm의 범위로서 용해가 진행되는 부분
- 용해층의 지름은 cupola의 규격을 나타낸다.

ⓔ 예열층
  - 용해되지 않고 남아 있는 장입재료가 연통(굴뚝)으로 나가는 폐열에 의해 예열되는 부분
  - 송풍구에서 장입구까지의 높이인 유효높이가 높으면 예열시간이 충분하여 열효율은 좋으나 송풍이 방해를 받는다.
  - 유효 높이는 예열과 송풍 등을 고려하여 결정하며 보통 송풍구가 설치된 노의 안지름의 4~5배로 한다.

④ 분류
  ㉠ lining 재료에 따른 분류

구분	lining 재료	연소성분(제거)	특징
산성로	SiO_2	C, Si, Mn	• 노벽이 슬래그에 의해 침식되기 쉽다. • 황(S)의 제거와 고온용해가 어렵다.
염기성로	MgO, CaO	P, S	• 황의 제거와 탄소의 흡수가 용이하다. • 품질이 나쁜 용해재료도 사용할 수 있다. • 내화벽돌값이 비싸고 노벽의 침식이 심하여 많이 사용되지 않는다.

  ㉡ 공기예열방식에 따른 분류
  - 내연식 : 열효율을 높이기 위해 노내에 공급되는 폐열로 300~500℃ 정도 예열
  - 외연식 : 별도의 가열장치를 이용하여 노내에 공급되는 공기 예열

⑤ 바람구멍(tuyere)
  ㉠ 풍공비(tuyere ratio)
  - 풍공비는 송풍구 소요면적을 노의 단면적으로 나눈 값이며, 3ton 노에서 10~20% 정도가 일반적이다.

$$풍공비 = \frac{풍공의\ 총단면적}{송풍부의\ 노의\ 단면적}$$

  - 풍공의 모양은 단면이 원형, 사각형이며 노저를 향하여 10~15° 정도 경사진 것이 많다.
  ㉡ 풍공비의 영향
  - 풍공비가 과대하거나 풍속이 클 때는 용해재가 산화되거나 냉각되기 쉽다.
  - 풍공비가 너무 작을 때는 중심부의 연소가 불충분하여 균일한 용해가 될 수 없다.
  ㉢ 송풍압력
  - 노의 중심부까지의 공기가 균일하게 들어가도록 충분한 압력이 필요하다.
  - 풍압이 지나치게 클 때에는 바람구멍 부근의 온도가 저하되고 지나치게 작을 때에는 중심부까지 송풍할 수 없으므로 균일한 용해가 불가능하다.

⑥ 장입 및 조업순서

　　㉠ 노의 보수

　　㉡ 베드코크스 장입

　　㉢ 점화

　　㉣ 재료 장입

　　㉤ 송풍

⑦ 송풍량 계산

$$송풍량 \ Q = \frac{WKkL}{600}(\mathrm{m^3/min})$$

　　여기서, W : 용해능력(ton/hr)

　　　　　　L : 탄소 1kg의 연소에 필요한 공기량($\mathrm{m^3/kg}$)

　　　　　　K : 지금(地金) 100kg의 용해에 필요한 cokes 양(kg)

　　　　　　k : cokes 100kg 중에 함유된 탄소량(kg)

2) 전로(轉爐, converter)

① 제강법

　원료 용선 중에 공기 또는 산소를 넣어 그곳에 함유된 불순물을 짧은 시간에 신속하게 산화시켜 강재나 gas로서 제거하는 동시에 이때 발생하는 산화열을 이용하여 외부로부터 열을 공급받지 않고 정련하는 방법

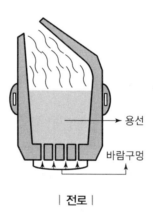

　용선

　바람구멍

| 전로 |

② 특징

　　㉠ 연료비가 불필요

　　㉡ 제강시간이 짧고 대량생산이 가능

　　㉢ 연속 조업과 일관작업이 가능

　　㉣ 원료의 규격이 엄격하고 고철 사용이 곤란

3) 도가니로

① 제강법

도가니 속에 비철금속 합금 등을 넣고 전기, 가스, 중유, 코크스 등에 의해 가열, 용해한다.

② 특징

㉠ Cu 합금 및 Al 합금과 같은 비철합금의 용해에 사용한다.
㉡ 비교적 불순물이 적은 순수한 것을 얻을 수 있다.
㉢ 설비비가 적게 드나 열효율이 낮다.
㉣ 규격은 1회의 용해할 수 있는 구리의 중량(kg)으로 표시한다.

4) 반사로(reverberatory furnace)

① 많은 금속을 값싸게 용해할 수 있다(동합금 용해).
② 대형 주물 및 고급 주물을 제조할 때 사용한다.
③ 용해된 금속의 변질이 적다.
④ 규격은 1회의 용해 중량으로 표시한다.

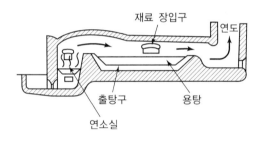

| 반사로 |

5) 평로(open hearth furnace)

① 제강법

축열식 반사로를 이용하여 장입물을 용해 정련하는 방법으로 선철과 고철의 혼합물을 용해하여 탄소 및 기타 불순물을 연소시킨다.

② 특징

㉠ 동일성분의 쇳물을 대량생산할 수 있다.
㉡ 재료와 연료가 직접 접촉하므로 불순물이 섞이기 쉽다.
㉢ 정련시간이 길고 열효율이 낮다.
㉣ 부피가 큰 재료를 비교적 간단하게 용해한다.

③ 종류

    ㉠ 산성 평로 : C, Si, Mn을 제거할 수 있으며 노의 재료는 SiO_2가 대부분이다.

    ㉡ 염기성 평로 : 주로 사용되는 노로서, 노상에 염기성 내화재인 MgO, CaO 등을 사용하여 P, S 등을 제거하며 산성법에 비해 정련이 쉽고 양질의 강을 제조한다.

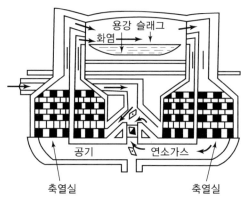

| 평로 |

6) 전기로(electric furnace)

① 제강법

전기를 열원으로 사용하여 탄소전극의 아크열과 유도전류에서 발생되는 열을 이용하여 금속을 용해한다.

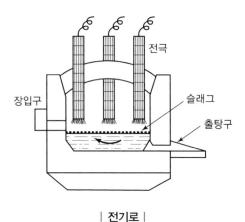

| 전기로 |

② 특징

    ㉠ 조작이 용이하고 온도조절이 정확하다.

    ㉡ 산화 손실이 적다.

    ㉢ 정확한 성분의 용탕을 얻는다.

    ㉣ 용융금속의 불순물 혼입이 적다.

    ㉤ 시설 유지비가 많이 든다.

③ 종류
　㉠ 전기 아크로(electric arc furnace)
　　• 전극과 전극 사이에서 아크를 발생시키는 것과 전극과 금속 사이에서 아크를 발생
　　　시키는 것의 2종이 있다.
　　• 일반으로 조업이 용이하고, 높은 온도를 얻을 수 있다.
　　• 열효과가 좋아 우수한 재질을 만들 수 있어 주강, 특수강, 고급주철 등을 용해하는
　　　데 사용한다.
　　• 사용 전압은 80~120V이며, 전력소비량은 1톤 용해에 750~1,000kW를 요한다.
　㉡ 디트로이트식 전기로(요동식 전기로)
　　• 흑연 전극 사이에 아크를 발생시켜 용해한다.
　　• 용해할 때 자동적으로 앞뒤로 요동시켜 용융 금속을 균일하게 섞는다.
　　• 용량은 100~500kg 정도이다.
　㉢ 고주파 전기로
　　• 전극이 필요 없다.
　　• 자동적으로 내부에서 유동되어 좋은 재질을 만들 수 있다.
　　• 특수강 용해에 널리 이용한다.

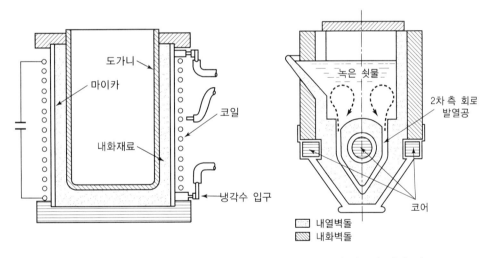

| 고주파 전기로 |　　　　| 저주파 전기로 |

　㉣ 저주파 유도식 전기로
　　• 동일한 합금을 연속적으로 용해할 때 대단히 경제적이다.
　　• 동합금에 많이 사용한다.

1. 천평법칙(lever rule)

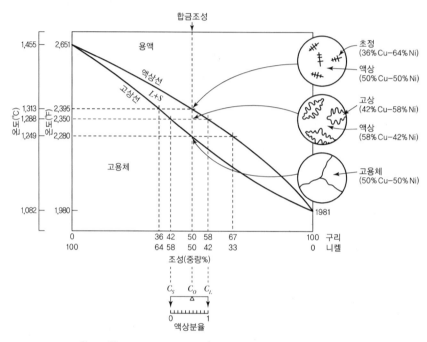

$$고상분율 = \frac{S}{S+L} = \frac{C_0 - C_L}{C_S - C_L}$$

2. 철 – 탄소계 평형상태도(phase diagram)

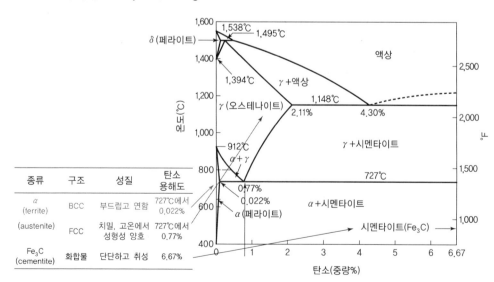

종류	구조	성질	탄소 용해도
α (ferrite)	BCC	부드럽고 연함	727℃에서 0.022%
(austenite)	FCC	치밀, 고온에서 성형성 양호	727℃에서 0.77%
Fe₃C (cementite)	화합물	단단하고 취성	6.67%

3. 공석반응(eutectoid reaction)

1) 공석점(727℃, 0.77%C) 전후의 상변화

γ를 서랭하면서 평형을 유지한 경우, α에 흡수되지 못하는 여분의 탄소는 Fe_3C로 공동 석출됨

2) pearlite－α(ferrite) ＋ Fe_3C(cementite)

① 층상구조(lamellar)로 중간 성질

② 기계적 성질 우수

$$\gamma(0.77\%C) = \alpha(0.022\%C) + Fe_3C\,(6.67\%C)$$
$$100\% = 88.7\% + 11.3\%$$

3) 합금원소의 영향

① 공석온도, 공석조성을 변화시킴

② Ni(FCC 구조) : 공석온도를 낮춤(FCC인 γ 영역을 넓힘)

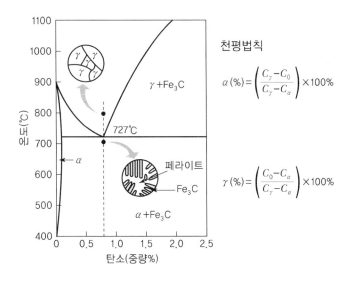

천평법칙

$$\alpha(\%) = \left(\frac{C_\gamma - C_0}{C_\gamma - C_\alpha}\right) \times 100\%$$

$$\gamma(\%) = \left(\frac{C_0 - C_\alpha}{C_\gamma - C_\alpha}\right) \times 100\%$$

③ Cr, Mo(BCC 구조) : 공석온도를 높임(BCC인 α 영역을 넓힘)

④ 공석조성(%C)은 항상 낮아짐

1. 개요

주철의 조직은 냉각속도 및 흑연상태에 따라 다른데, 규소(Si)와 탄소(C)가 많은 영향을 주며 그 중 규소는 흑연의 정출 및 석출에 큰 영향을 준다. 탄소 함유량을 세로축, 규소 함유량을 가로축으로 하여 두 성분의 관계와 냉각속도에 따라 주철의 조직이 어떻게 변화하는가를 나타낸 선도를 마우러의 조직도라 한다.

2. 조직도 및 구역별 조직

1) 조직도

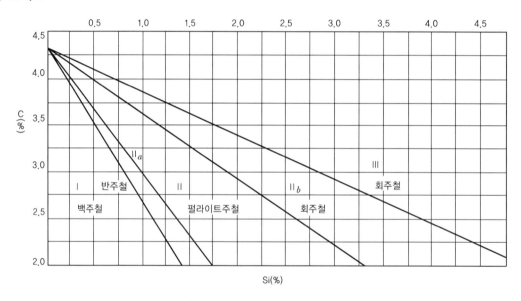

| 마우러의 조직도 |

2) 구역별 조직

구역	조직	명칭
I	펄라이트+시멘타이트	백주철(초경주철)
II$_a$	펄라이트+흑연+시멘타이트	반주철(경질주철)
II	펄라이트+흑연	펄라이트 주철(강력주철)
II$_b$	펄라이트+흑연+페라이트	회주철(보통주철)
III	페라이트+흑연	회주철(연질주철)

03 주물 재료로서 주철의 특성

1. 개요

주철은 복잡한 형태의 주물을 쉽고 값싸게 생산할 수 있고 피삭성, 내마모성, 감쇠능력 등이 좋으므로 기계 구조용 재료로도 많이 사용된다.

2. 주철의 특성

1) 기계적 성질

① 냉각속도, 용해조건 등에 따라 금속조직과 기계적 성질이 달라진다.

② 인장강도는 $10 \sim 40 kg/mm^2$ 정도로 강에 비해 전반적으로 낮다.

③ 기계적 강도는 $400 \sim 500 ℃$까지 감소되지 않으며 내마멸성도 좋다.

④ 압축강도는 인장강도의 $3 \sim 4$배 정도이며, 이러한 특징으로 인해 기계류의 몸체나 베드에 많이 사용된다.

2) 주조성

① 용해온도가 강에 비해 낮으며 용융금속의 유동성이 좋다. 화학성분이 일정할 때는 용해와 주입온도가 높을수록 유동성이 좋으나 불필요한 고온 용해는 피한다.

② 냉각 시 부피의 변화가 나타나고 응고 후에도 온도의 하강에 따라 수축한다. 수축에 의해 내부응력이 생기고 이것은 균열과 수축구멍 등 결함의 원인이 된다.

③ 주물사의 성분 배합이 까다롭지 않다.

3) 내마모성

① 주철은 자체의 흑연이 윤활제 역할을 하고 기름을 흡수하므로 내마멸성이 커진다.

② 펄라이트 부분이 많을수록 마멸이 적으며 자동차의 브레이크 드럼, 실린더 등에 많이 이용된다.

③ 내마멸성을 증가시키기 위해서는 Cr(0.75 이하)을 첨가한다.

4) 감쇠능 및 내식성

① 회주철은 진동 흡수능력이 강이나 다른 금속에 비해 대단히 크다. 이러한 특징으로 진동을 많이 받는 기어, 기어박스, 기계 몸체에 많이 사용된다.

② 주철의 내식성은 강에 비하여 양호하며 Ni, Si 등의 첨가 시 증가한다.

5) 피삭성

① 흑연의 윤활작용과 chip이 쉽게 파쇄되므로 절삭성은 매우 좋다.

② 주철 절삭 시 절삭유를 사용하지 않으나 경도 및 강도가 높아지면 절삭성은 떨어진다.

6) 충격값

① 주철은 깨지기 쉬운 것이 큰 결점이나 고급주철은 어느 정도의 충격에 견딜 수 있다.

② 저탄소, 저규소로 흑연량이 적고 유리 시멘타이트가 없는 주철이 다른 주철에 비해 충격값이 크다.

04 고급주물

1. 개요

보통주물의 인장도는 $10 \sim 20 \mathrm{kg/mm^2}$ 정도이나 고급주물의 인장강도는 $30 \sim 35 \mathrm{kg/mm^2}$ 이다. 고급주물을 만들기 위하여 흑연의 분포상태를 미세하게 하여 강도를 증가시키고, 특수 원소를 첨가하여 주물 자체의 기계적 성질을 개선하여 연신율을 증가시킨다.

2. 종류 및 방법

1) 흑연의 형상, 분포 조절방법

① 에멜법(emmel process)

㉠ 50% 이상의 강철과 선철을 이용하여 전체 탄소의 양을 3% 이하로 저하시켜 조직을 흑연이 미세하고 균등하게 분포되도록 한다.

㉡ 이것을 저탄소 주철 또는 반강 주물(semi−steel casting)이라고 하며 강도는 크지만 구조상 결점이 많다.

② 피보와르스키 법(piwowarsky process)

주입 온도를 높게 하여 흑연이 미세하고 균일하게 되도록 한다. 이 방법으로 만든 것을 고온 주철이라고도 한다.

③ 데셰네 법(deschene process)

주조 시 쇳물에 진동을 주어 밀도가 작은 성분을 위로 떠오르게 하고 흑연의 성장을 방지한다. 이 방법으로 만든 주철을 탈황주철이라 한다.

2) 기지(matrix)의 조직 개선 방법

① 쇳물의 성분을 조정하여 기지의 조직을 개선하는 방법이며 Lanx법이 있다.

② 표준 성분

㉠ TC=2.5~3.5%, Si=0.5~1.5% 또는 TC + Si=4.2%

㉡ CTC=Total Carbon, 전체탄소량

강도가 크고 연성이 있는 조직이며 이 방법으로 만든 주철을 펄라이트 주철이라고 한다.

1. bearing

1) 미끄럼 베어링 설계 시 중요 인자

① 하중

② 회전속도

③ 베어링 온도

④ 윤활방법

⑤ 상대축의 상황 등

2) bearing metal 사용조건

① 윤활유와 그 열화 상황

② bearing metal의 구성상태

③ bearing 표면의 피로상태

④ bearing 표면의 부식상태

⑤ 상대축의 경도

⑥ 축 및 bearing의 마찰, 마모의 상황 등

3) bearing metal 재료에 필요한 성질

① 잘 소착되지 않을 것

② 내식성이 높을 것

③ 피로강도가 높을 것

④ 압축강도가 높을 것

⑤ 마찰이나 마모가 낮을 것

4) 재질별 특성

① 화이트 메탈(Sn 및 Pb계)

㉠ 백색 또는 회백색 외관을 하고 있으며 저하중에서 고하중까지 광범위하게 사용되고 있다.

㉡ 회전 초기에 신속하게 마찰을 경감하는 뛰어난 친근성이 있다.

㉢ 안정된 윤활상태가 될 때까지의 베어링 온도 상승이 적다.

㉣ Sn 합금은 고온에서 기계적 성질이 저하될 우려 때문에 Pb 함유량을 3% 이하로 제한한다.

ⓜ 사용조건
- Sn 합금 : 하중 120kg/cm^2 이하, 속도 10m/s 이하, 베어링 온도 100℃ 이하, 축경 도 HrC 15 이상
- Pb 합금 : 하중 100kg/cm^2 이하, 속도 8m/s 이하, 축경도 HrC 10 이상

② 동합금

ⓐ 내마모성 및 기계적 강도 등을 필요로 하는 곳에 주석 청동주물, 알루미늄 청동주물, 인 청동 등이 사용된다.

ⓑ kelmet metal(Cu−Pb 합금)은 고부하의 베어링에 사용되며 Cu 합금보다 양호한 특 성을 지닌 Bearing Metal로 내연기관에 가장 많이 사용되고 있다.

ⓒ 고부하 내연기관은 베어링 손상방지를 위하여 kelmet 위에 Pb−Sn 합금(두께 0.01~0.03mm 정도)을 입히기(Overlay) 한 후 사용한다.

ⓓ 사용조건
- kelmet metal : 하중 300kg/cm^2, 베어링 온도 150℃ 이하, 회전속도 10m/s 이하, 축경도 HrC 50 이상
- overlay kelmet metal : 하중 350kg/cm^2 이하, 회전속도 12m/s 이하
- 청동 bearing : 하중 75kg/cm^2 이하, 속도 3m/s 이하, 축경도 HrC 25 이상
- 인청동, 알루미늄 청동, 베릴륨 청동 : 하중 150kg/cm^2 이하, 회전속도 5m/s 이하, 축경도 HrC 50 이상

③ 알루미늄 합금

ⓐ Al−Sn 합금(Sn 20% 이상 함유)은 내피로성, 내식성 및 열전도성이 우수하여 고성능 내연기관에 사용된다.

ⓑ Al 합금 고유의 큰 열팽창계수 때문에 온도상승이 격심한 bearing에는 축과 bearing 간극 설계 시 불리하다.

ⓒ 사용조건
- Al−Sn 합금 : 하중 350kg/cm^2 이하, 베어링 온도 150℃ 이하, 회전속도 8m/s 이 하, 축경도 HrC 50 이상
- overlay Al−Sn 합금(Pb−Sn 합금) : 하중, 회전속도 10~20% 정도 향상

④ 아연 합금

ⓐ 다이캐스트를 이용한 대량생산이 가능하므로 경제성이 좋고, 기계적 성질이 양호하며 재질의 균일성이 우수하다.

ⓑ 윤활유와의 친화성과 내마모성이 크다.

ⓒ 사용조건 : 하중 120kg/cm^2 이하, 베어링 온도 130℃ 이하, 회전속도 5m/s 이하, 축 경도 HrC 30 이상

1. 개요

주형에 용탕을 주입하기 전에 용탕의 성분이나 유동성이 목표에 도달하였는지 시험할 필요가 있다. 노전시험은 되도록 신속하게 하여 용탕의 적합 여부를 빨리 판별해야 하며 경우에 따라서는 접종 등의 노전처리가 행해진다.

2. 주철의 노전시험

1) 주철의 칠(chill) 시험

① 목적 및 방법

주철의 흑연화 경향을 평가하기 위한 것으로 냉각속도를 빠르게 할 수 있는 주형에 용탕을 주입하여 시험편을 제작한 후 이 시험편의 칠 깊이와 파면의 상태를 관찰한다.

② 종류

㉠ 쐐기형 칠 시험

㉡ 강제 칠 시험

㉢ 원통형 칠 시험

2) 주철의 유동성시험

① 목적 및 방법

얇은 주물이나 고급 주물에 있어 건전한 주물을 생산하기 위하여 유동성시험을 해야 한다. 여러 가지 시험방법 중 맴돌이형 주형에 용탕을 주입하여 응고하기까지 주입된 거리를 측정하는 방법이 주로 이용된다.

② 유동성 영향 요인

㉠ 주물사의 성질

㉡ 주형의 온도, 표면상태

㉢ 용탕 성분

3) 쇳물표면 무늬모양 시험

용융금속이 냉각될 때 생기는 산화피막의 모양을 쇳물표면의 무늬모양이라 하며 지름과 깊이가 각각 50mm인 생형에 용융금속을 주입하여 그 표면의 무늬모양에 따라 용융금속의 재질을 판별한다.

3. 노전처리

1) 접종

① 정의

용탕을 주형에 주입하기 전에 Si, Fe-Si, Ca-Si 등을 첨가하여 주철의 재질을 개선하는 방법

② 목적

㉠ 강도의 증가

㉡ 조직의 개선과 칠의 방지

㉢ 질량효과의 개선

2) 용탕의 탈황처리

① 황(S)의 영향

㉠ 흑연화 및 접종효과의 감소

㉡ 절삭성 및 유동성 감소

㉢ 열간균열 발생

② 탈황방법

㉠ 치주법 : 레이들 바닥에 탈황제를 놓고 용탕을 그 위에 붓는 방법

㉡ 분사법 : 칼슘카바이드 가루를 질소가스와 함께 용탕 중에 불어 넣는 방법

㉢ 포러스 플러그법 : 레이들 바닥에 설치한 다공성의 내화물을 통하여 압축된 질소가스를 불어넣어 탈황제가 섞인 용탕을 교반시키는 방법

CHAPTER 05 목형(모형)

SECTION 01 | **목형의 일반사항**

■ 목형의 재료

1) 목형의 구비조건

① 잘 건조되어 수분, 수지가 적고 수축이 적을 것
② 재질이 균일해서 변형이 없을 것
③ 가공이 용이하고 가공면이 고울 것
④ 적당한 강도와 경도를 가져 파손이나 마모되지 않을 것
⑤ 가격이 쌀 것

2) 목재의 조직

① 백재(sap wood)
백신 또는 변재라 하며 수피에 가까이 있다.

② 심재(heart wood)
적심이라고 하며 중앙을 수심이라고 한다.

③ 연륜(annual ring)
나이테 부분으로 형성된다.

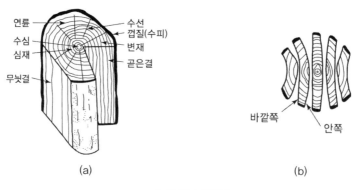

(a)   (b)

| 목재의 단면 |

3) 목재의 수축

침엽수보다 활엽수가 수축이 크며, 심재보다 백재가 수축이 크다.

① 목재의 수축 크기

연륜(나이테 방향) > 연수 방향 > 섬유(수선) 방향

② 목재의 수축 방지
겨울에 벌채할 것

4) 목재의 제재(製材)법

① 곧은결 널(edge grain)
팽창수축이 적고, 가공면이 아름다움

② 무늿결 널(flat grain)
곡면이 되기 쉬우나, 제재가 용이하고 재료량도 많게 된다.

③ 옹이결
특수장식용으로 이용된다.

| 목재의 제재법 |

5) 목재의 건조

벌채한 생나무는 30~40%가 수분을 함유하고 있어 수축, 변형이 생기므로 건조하여 사용한다. 건조하면 부패, 충해의 방지, 강도의 증대, 중량을 경감할 수 있다.

- 자연건조법 : 야적법, 가옥적법
- 인공건조법 : 열기건조법, 침재법, 자재법, 증재법, 진공건조법, 훈재법, 전기건조법, 약제건조법

① **자연건조법(natural seasoning)**

  ㉠ 특징

  - 통풍이 잘되는 곳에 정(井)자로 쌓거나 어긋나게 세워 대기온도에 의한 수액과 수분을 제거하는 방법으로 건조기간이 2~5년 걸리며 충분한 건조에는 10년이 걸린다.
  - 연재는 10%, 경재는 17%의 수분이 제거되고 건조 후 광택과 경도는 감소되지 않으나 긴 시일을 요하므로 균열이 생기기 쉽다.

  ㉡ 종류

  - 야적법 : 환목 또는 큰 목재에 이용
  - 가옥적법 : 판재 또는 할(割)재에 이용

② **인공건조법(artificial seasoning)**

  ㉠ 특징

  - 자연건조법에 비해 건조시간이 짧고 많은 양의 수분을 제거할 수 있다.
  - 건조가 균일하지 않고 불완전하며 변색이 되거나 재질에 해를 주는 경우가 있다.

  ㉡ 종류

  - 열기건조법(hot air seasoning) : 실내공기를 70℃ 정도까지 가열해서 송풍기로 목재 사이에 열기를 보내 건조하는 방법
  - 침재법(water seasoning) : 원목을 약 2주간 수침(水浸)하여 수액과 수분을 치환한 후에 공기의 환기가 잘되는 곳에서 건조하는 방법(균열 방지)
  - 자재법(boiling water seasoning) : 목재를 용기에 넣고 수증기로 내부의 수액을 추출한 후에 건조시키는 방법으로 조작 및 설비가 비교적 간단하고 수축과 변형이 적으며 건조가 빠르나 다소 강도가 떨어지는 결점이 있다.
  - 증재법(steam seasoning) : 가열된 증기를 이용하여 건조하는 방법
  - 진공건조법(vacuum seasoning) : 진공상태에서 건조하며 열원은 gas에 의한 가열 혹은 고주파로 가열장치를 이용한다.
  - 훈재법(smoking seasoning) : 배기 gas 혹은 연소 gas로 건조하는 방법
  - 전기건조법(electric heat seasoning) : 공기 중에서 전기저항열 혹은 고주파열로 건조하는 방법
  - 약제건조법(chemical seasoning) : KCl, 산성백토, H_2SO_4 등과 같은 흡습성이 강한 건조제를 밀폐된 건조실에 목재와 함께 넣고 건조하는 방법이며 대량의 처리에는 부적당하나 소량의 중요한 목재 처리에 적당하다.

6) 목재의 균열

목재를 자연건조법에 의해 건조하면 계절의 변동에 따라 균열이 생기기 쉽다.

① 심할, 윤할, 측할
일반 기후에서 발생한다.

② 성할
폭동 및 엄동이 원인이 되어 발생한다.

③ 전상할
벌채 시에 나무가 서로 부딪쳐 발생한다.

7) 목재의 방부법

① 도포법
표면에 paint나 creosote oil을 도포 또는 주입하는 방법

② 침투법
염화아연, 승홍, 유산동 등의 수용액 혹은 creosote에 목재를 몇 시간 내지 며칠간 침지한 것으로서 가열하면 더욱 깊게 침투된다.

③ 자비법
방부제를 끓여 부분적으로 침입시키는 방법

④ 충진법
목재에 구멍을 파고 방부제를 넣는 방법

8) 재료의 접합 및 도장

① 접합
ㄱ 못, 나사못, clamp에 의한 접합
ㄴ 목재를 서로 짜맞추는 접합
ㄷ 접착제(아교)를 사용하는 접합 : 아교는 60℃ 정도에서 녹여서 사용하며 접착 후 고정된 상태에서 건조시간 4~6시간을 유지해야 한다.

② 도장
조형할 때에 습기가 목형에 스미는 것을 방지하며 주물사와 분리가 잘되도록 하는 역할을 한다.

9) 재료의 규격표시

① 1사이(1才)

　　단면 한 치의 각재로서 길이 12척(3.636m)의 재적(材積)

② 1석

　　10입방척으로 0.278m^{3}에 해당된다.

③ 1평

　　판재의 6척평방의 면적

10) 목재의 기계적 성질

① 인장강도는 압축강도보다 크고 전단강도는 극히 작다.
② 목재의 넓이 방향의 강도가 길이 방향의 강도에 비하여 극히 작다.

11) 목형용 재료

　　미송, 나왕, 소나무, 이깔나무, 벚나무, 박달나무, 회화나무, 전나무

12) 목재의 장단점

① 장점

　　㉠ 공작이 쉽다.
　　㉡ 가볍고 취급이 편리하다.
　　㉢ 수리나 개조하기 쉽다.
　　㉣ 값이 싸다.

② 단점

　　㉠ 조직이 불균일하다.
　　㉡ 변형이 잘 일어나며 파손되기 쉽다.
　　㉢ 수축에 의한 치수가 변한다.

2 구조에 따른 목형의 종류

목형은 소요 형상의 주물을 만들기 위하여 각종 재료로 만든 원형이며, 일반적으로 목재로 되어 있으므로 목형이라고 불린다. 금속과 비금속으로 되어 있어 통칭하여 모형이라고도 한다. 모형은 주물의 기본이 되는 것이므로 좋은 주물을 제작하려면 먼저 정확하고 쉽게 조형할 수 있는 모형을 만들어야 한다.

1) 현형(solid pattern)

① 특징

    ㉠ 제작할 제품과 같은 모양의 모형

    ㉡ 수축여유, 가공여유를 첨가한 모형

② 종류

    ㉠ 단체목형 : 목형을 단일체로 제작, 간단한 형상

    ㉡ 분할목형 : 목형을 2개로 분할 제작, 조형이 쉽고 주형을 쉽게 빼낼 수 있다. 단체목형과 조립목형의 중간 형태

    ㉢ 조립목형 : 분할형보다 많은 편으로 제작, 복잡한 형상

③ 현형에서의 주물중량 계산식

주물의 체적에 대한 수축률은 길이 방향 수축률(ϕ)의 3배이다.

$$W_m = \frac{W_p}{S_p}(1-3\phi)S_m \rightarrow W_m \fallingdotseq \frac{W_p}{S_p}S_m$$

여기서, W_m, S_m : 주물의 중량 및 비중

       W_p, S_p : 목형의 중량 및 비중

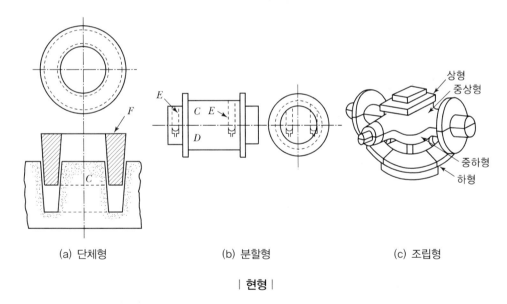

(a) 단체형   (b) 분할형   (c) 조립형

| 현형 |

2) 부분목형(section pattern)

① 특징

모형이 크고 대칭형상, 제작비가 저렴하며 제작 소요시간이 짧고, 정밀한 주형 제작이 어렵다.

② 용도

대형기어, 프로펠러 등의 제작

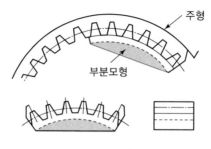

| 기어의 부분목형 |

3) 골격목형(skeleton pattern)

① 주조품의 수량이 적고 형상이 클 때에 사용, 재료와 가공비의 절약
② 대형 파이프, 대형주물, 곡관에 사용

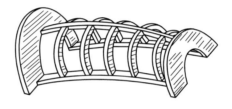

| 기어의 골격목형 |

4) 회전목형(sweeping pattern)

① 주물이 하나의 축을 중심으로 한 회전체가 되어 있을 때 회전축을 포함한 단면의 반을 판으로 만든 목형
② 주물이 대형 또는 제작 개수가 적을 경우에 유리하나 주형 제작에 시간이 걸리기 때문에 주형 작업이 곤란하다.
③ 풀리 및 회전체, 기어, 종 등에 사용

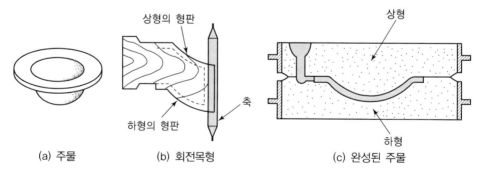

(a) 주물   (b) 회전목형   (c) 완성된 주물

| 회전목형 |

5) 고르개(긁기형)목형(strickle pattern)

① 주물의 단면이 일정하고 길며 제품수량이 적을 때 유리하다.

② 제작비가 저렴하며 가늘고 긴 굽은 파이프 제작이 용이하고, 긁기판과 안내판을 사용한다.

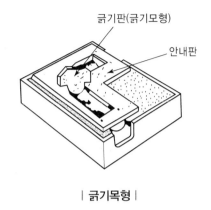

| 긁기목형 |

6) 코어목형(core pattern)

① 코어(core)

주물 제품에 중공 부분이 있을 때 이것에 해당하는 모래주형이다.

② 코어목형

코어를 만드는 목형이다.

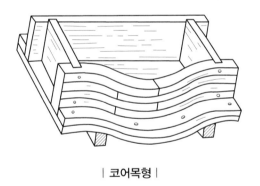

| 코어목형 |

7) 매치 플레이트(match plate)

소형의 주물을 대량생산하고자 할 때 1개의 판에 여러 개의 모형을 붙여 여러 개의 주형을
동시에 제작할 수 있는 것이다. 한쪽 면에만 모형을 붙인 것을 pattern plate라 하며, 주로
기계 조형에 많이 사용한다.

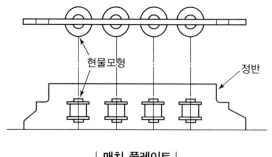

| 매치 플레이트 |

8) 잔형(loose piece)

주형에서 뽑기 곤란한 목형 부분만을 별도로 만들어 두었다가 이것을 조립하여 주형을 제작할 때 목형은 먼저 뽑고 잔형은 주형 속에 남겨 두었다가 다시 뽑는 것이다.

❸ 재료에 따른 모형의 종류

1) 목형

① 목재를 이용한 모형
② 비교적 적은 수의 주물 주조에 적당하다. 크기나 모형에 관계없이 널리 이용되며 가볍고 취급이 용이하다.

2) 금형

① 쇠를 이용한 모형
② 내구성과 정밀도가 좋아 대량생산용으로 적합, 제작비가 비싸다.

3) 석고형

① 석고를 이용한 모형
② 응고 후 수축 변형하지 않는다. 형상이 복잡한 모형을 만들 수 있고 파손되기 쉬우며 가격이 다소 비싸므로 사용이 제한되어 있다.

4) 시멘트형

① 모래에 시멘트를 점결제로서 혼합하여 모형을 제작한다. 중량이 크므로 일반적으로 사용되지 않으나 제작비용이 저렴하다.
② 대형동상, 불상, ingot 케이스의 모형 등에 사용된다.

5) 합성수지형

① 가볍고 표면이 견고하다.

② 마멸에 대하여 저항이 크고 주물사의 분리도 잘된다.

③ 표면이 매끈하고 습기를 흡수하지 않으므로 변형이 적다.

6) 왁스형(wax pattern)

① 재료

밀랍, 파라핀(paraffin), 로진(rosin), 합성수지(resin) 등을 배합한다.

② 특징

인베스트먼트 주조법에 많이 사용, 다량의 모형 제작이 가능하다.

SECTION **02** | **목형의 제작**

① 현도법과 현도에서의 고려사항

1) 현도법

설계도면에는 완성된 주물 치수만이 기재되어 있으므로 주형을 제작하기 위한 모형은 별도의 도면인 현도를 작성하여 제작한다. 현도에는 주조에 필요한 가공 여유, 주물의 두께에 대한 공차, 분할면 및 덧붙이형 등을 고려하여 기입하므로 제작도면과는 다소 변형되는 경우가 많다.

목형의 정밀도는 직접적으로 주물 제품에 영향을 주므로 주의해야 하며 현도에서 설계도면과는 다른 다음과 같은 사항을 고려해야 한다.

2) 현도에서의 고려사항

① 수축여유(shrinkage allowance)

목형은 주물의 치수보다 수축되는 양만큼 크게 만들어야 되는데, 이 수축에 대한 보정량을 말한다.

$$L = l + \frac{\phi}{1-\phi} \times l$$

여기서, L : 목형의 치수

        l : 주물의 치수

$$\phi = \frac{L-l}{L} : 수축률$$

   ㄱ 주물의 수축여유

     • 주철 : 8mm/m

     • 주강주물 · 알루미늄 : 20mm/m

   ㄴ 주물자 : 수축여유를 고려하여 만든 자로 주물의 재질과 같다.

② **가공여유**(machining allowance)

   ㄱ 수기가공이나 기계가공을 필요로 할 때에 덧붙이는 여유치수로, 가공 정도와 재질 및
주물 크기에 따라 여유량이 고려되어야 한다.

   ㄴ 거친 다듬질은 1~5mm, 정다듬질은 5~10mm 가공여유를 둔다.

③ **목형구배**(taper)

   ㄱ 주형에서 목형을 빼내기 쉽게 하기 위해 목형의 수직면에 다소의 구배를 둔다.

   ㄴ 목형의 크기와 모양에 따라 다르나 1m에 6~10mm(1/4~2도) 정도 구배를 둔다.

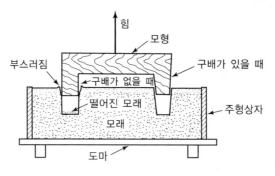

| 목형구배 |

④ **코어 프린트**(core print)

   ㄱ 중공부의 주물을 만드는 데 사용되는 주형의 일부인 코어를 코어 시트(core seat)로
지지하기 위한 목형의 돌기부와 코어의 지지되는 부분을 말한다.

   ㄴ 주형에 쇳물을 부었을 때 코어에서 발생되는 가스를 배출시키기 위하여 사용한다.

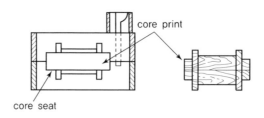

| Core Print |

⑤ 라운딩(rounding)

쇳물이 응고할 때 주형 직각 방향에 수상정(dendrite)이 발달하여 약해지므로 이를 방지하기 위하여 모서리 부분을 둥글게 한다.

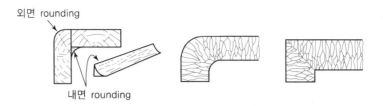

| Rounding과 금속의 결정조직 |

⑥ 덧붙임(stop off)

냉각 시 내부응력에 의해 변형되고 파손되기 쉬우므로 이를 방지하기 위하여 사용한다.

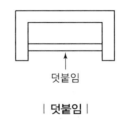

| 덧붙임 |

② 목형 제작용 설비

1) 목형공구

① 톱
  ㉠ 종류 : 세로톱, 가로톱, 양용톱, 실톱 및 세공톱 등이 있다.
  ㉡ 규격 : 톱날부의 길이로 표시한다.

② 끌
  ㉠ 종류 : 마치끌, 밀끌 및 특수끌 등이 있다.
  ㉡ 규격 : 날부의 폭으로 표시한다.

③ 대패
  ㉠ 종류 : 막대패, 중간대패, 다듬질대패 등의 보통대패, 측면대패, 홈대패 및 특수대패 등이 있다.
  ㉡ 규격 : 대팻날의 폭으로 표시한다.

④ 기타 공구

나사송곳, 핸드드릴, 삼각송곳, center 송곳, 4각송곳, 턱촌목, hammer, 보통자, 삼각자, 직각자, compasses, 먹줄, 수준기, 목공 vise, 숫돌, 사포, 장도리 등이 있다.

2) 목공기계

① 목공선반

㉠ 목재를 원통형 또는 회전체로 가공할 때 사용

㉡ 규격 : 베드 표면에서 주축의 높이와 Bed의 길이로 표시

② 목공드릴링 머신

평드릴 및 트위스트드릴을 사용하여 둥근 구멍 가공

③ 실톱기계

공예제품가공에 널리 이용되며 폭이 좁은 실톱을 상하로 움직이고 가공물을 손으로 움직여 곡선을 톱가공할 수 있다.

④ 원형톱

㉠ 원판의 주위에 톱날을 만들어 축에 고정하고 1,200~3,000rpm으로 회전시킨다.

㉡ 규격 : 원판형 톱의 지름으로 표시한 24″, 30″, 40″ 등이 있다.

⑤ 띠톱기계

㉠ 규격 : 풀리의 지름으로 표시하며 24″, 36″, 40″ 등이 있다.

㉡ 제재용에는 톱의 폭이 10~30cm인 것이 사용되고 목공용에는 1~4cm인 톱 사용

⑥ 기계대패

㉠ 평면, 홈, 측면, 경사면 등을 가공

㉡ 규격 : 대팻날의 폭으로 표시하며 15~1,000mm이다.

⑦ 만능목공기계

목공밀링머신이라고도 부르며 가공물의 대소곡선형은 물론 불규칙적인 형상이라도 공구를 교환해서 공작할 수 있는 기계

3 목형의 검사 및 목형차색 구분

1) 검사

치수, 기계가공 여유, 덧붙임, 라운딩, 접촉면 등의 적부 확인

2) 차색 구분

① 주름의 흑피 부분 : 칠하지 않는다.

② 다듬질면 : 적색 래커칠

③ 잔형 : 황색 래커칠

④ 코어프린트 : 흑색 래커칠

CHAPTER 06 주형(mold)

SECTION 01 | 주형재료

1 주물사(molding sand)

주형재료는 특별한 경우에는 금속을 사용하나 일반적으로 모래를 사용하며, 이와 같이 주형 제작에 사용되는 모래를 주물사라 한다. 주물사는 주성분인 모래 외에 주형 제작 시의 요구조건을 충족시키기 위해 첨가제와 점결제 등을 혼합한다. 점결제는 주형이나 코어가 성형성 및 강도를 유지할 수 있도록 모래에 섞어주는 재료이며, 주물사의 고온성을 높이거나 붕괴성을 향상시킨다. 또한 표면이 깨끗한 주물을 얻기 위해 점결제 이외에 첨가하는 물질을 첨가제라 한다.

1) 모래(천연 주물사)의 성분

주성분은 석영과 장석이며 약간의 산화철 및 방해석 등의 혼합물이 포함되어 있다.

2) 모래 이외의 재료

① 석탄, 코크스 분말

주물사의 성형성이 증가하며 모래가 주물 표면에 녹아 붙는 것을 방지하고 모래의 다공화를 증가시킨다.

② 톱밥, 볏짚, 순모

균열을 방지하며 모래의 다공성을 증가시킨다.

③ 당밀, 유지, 인조수지

모래의 강도와 통기성이 증가하며 주물과 모래의 분리가 잘 되므로, 특히 코어샌드에 혼합하여 사용한다.

3) 주물사의 점결제(binder)

① 점결제의 종류
㉠ 무기점결제
- 내화점토
  - 장석, 운모 등이 지압 및 염류 등의 작용을 받아 생성된 것 중 카올린(kaolin)이 본래 위치에 남아 있는 것을 1차 점토라고 하고, 수력에 의하여 장소를 이동한 것을 2차 점토라고 한다.
  - 점착력이 크고 내화도는 1,600~1,700℃이다.
- 벤토나이트(bentonite)
  - 화산재의 풍화로 형성된 몬모릴로나이트(montmorillonite)족의 점토이다.
  - 수분을 가하면 점결성이 클 뿐만 아니라 건조하면 강도가 크고 통기성, 내화도가 크기 때문에 널리 사용된다. 융해성은 크지 않다.
- 특수점토 : 백점토와 일라이트(illite) 등이 있다.

㉡ 유기점결제
열분해 온도가 낮기 때문에 200~300℃ 정도에서 건조해도 큰 건조강도를 가지며 대기 중에서 흡습성이 적고 주입 후의 붕괴성도 좋으며 주물의 표면이 아름답다.
- 유류점결제 : 아마인유, 콩기름 등의 식물성 기름과 광물성 기름, 동물성 기름 등을 사용하며 강도가 크고 흡습성이 작아 코어 제작에 주로 사용된다.
- 수지점결제 : 페놀수지, 요소수지 등 열경화성이 있는 합성수지를 액체 및 분말로 만들어 생사와 배합한다.
- 곡류점결제 : 소맥분, 라이맥분, 옥수수분말, 전분분말 등이 사용되며 건태강도가 커서 사용하기 좋으나 수분흡수로 강도가 저하되며 코어용 점결제로 쓰인다.

㉢ 특수점결제
- 규산소다, cement 및 석고 등도 점결제의 역할을 하며 gas 형법에 사용한다.
- potland cement를 8~12% 정도 첨가하고, 수분을 4~6%로 배합하여 대형의 주형 혹은 core 제조에 사용한다.
- 강도 및 경도가 크고 1,200℃ 정도까지는 연소하지 않으나 고온에서의 붕괴성이 불량하므로 주물에 균열이 발생하기 쉽다.
- 소석고가 점결제로 사용되나 통기도가 불량하고 정밀주조에 사용한다.

② 점결제의 구비조건
㉠ 점결력이 클 것
㉡ 가스의 발생이 적고 통기성이 좋을 것
㉢ 내화도가 클 것

ⓔ 주조 후 점결성을 잃고 부서지기 쉬울 것

ⓜ 장기간 보존하여도 수분 흡수가 적을 것

ⓗ 모래의 회수가 쉬울 것

ⓢ 불순물의 함유량이 적을 것

4) 주물사의 구비조건

① 내화성이 크고, 화학적 변화가 없어야 한다.

② 성형성이 좋아야 한다.

③ 통기성이 좋아야 한다.

④ 적당한 강도를 가져야 한다.

⑤ 주물표면에 이탈이 잘 되어야 한다.

⑥ 열전도성이 불량하고 보온성이 있어야 한다.

⑦ 쉽게 노화하지 않고 복용성이 있어야 한다.

⑧ 적당한 입도를 가져야 한다.

⑨ 염가이어야 한다.

5) 주물사의 종류

① 규사(silica sand)

　ⓐ 천연규사

　　• 풍화된 암석이나 냇가, 바닷가에서 자연적으로 물에 씻기고 밀려 쌓인 모래

　　• 모래입자의 모양이 둥글고 불순물이 섞여 순도와 내화도가 좋지 못하다.

　ⓑ 인조규사

　　• 규산암을 분쇄하여 입도, 순도에 따라 분류한 것

　　• 내화도가 양호하고 모래입자가 예리하다.

② 산사

산에서 채취한 모래로서 수분만 첨가하면 그대로 사용할 수 있는 것

③ 특수사

　ⓐ 지르콘사 : 지산지르코늄($Zr-SiO_4$)이 90% 함유되어 있고 내화도가 2,200℃

　ⓑ 올리빈사 : $MgFe(SiO_4)$가 주성분이고 내화도가 1,700℃

　ⓒ 샤모트사 : 내화점토를 1,300℃에서 가열한 후 파쇄하여 만든 것

6) 각종 주물의 주물사

① 주철용 주물사
   - ㉠ 신사(New Sand) : 산사에 점토(15% 이하), 수분(7~10%) 및 석탄분말(5~20%)을 첨가하여 혼합한 것
   - ㉡ 건조사(Dry Sand) : 신사보다 수분과 점토분을 많이 첨가하여 통기성을 증가시키기 위해 톱밥, 코크스, 흑연, 하천모래를 혼합시킨 것

② 주강용 주물사
   - ㉠ 주철의 주입온도(1,280~1,350℃)보다 높으므로 주물사는 내화성이 크고 통기성이 좋아야 한다.
   - ㉡ 규사와 점결제(내화점토, 벤토나이트)를 배합하여 사용

③ 비철합금용 주물사
   - ㉠ 황동, 청동류는 주철에 비하여 용융온도가 낮으며 가스의 발생도 적으므로 성형성이 좋고 주물표면이 아름다운 주물사를 선택한다.
   - ㉡ 일반적으로 주물사에는 소량의 소금을 첨가하여 사용하며 대형주물에는 신사에 점토를 배합하여 사용한다.

7) 특수 주물사

① 합성사
   내화도가 크고 둥근 입자의 가는 규사를 선택하고 점결제로 벤토나이트가 사용된다.

② 오일샌드
   규사에 전분 또는 벤토나이트를 2~3% 첨가하고 잘 혼합한 후에 아마인유와 어유를 3~5% 첨가한 것으로 주로 코어용에 사용한다.

③ CO_2 프로세스용 주물사
   - ㉠ 탄산가스 주형법에 사용하며 고화(固化)시간이 짧고 주형을 건조할 필요가 없다.
   - ㉡ 특히 결합력이 크고 주물표면이 매끈하며 목형과의 분리가 잘되도록 석탄분말, 톱밥을 첨가한다.

④ 레진샌드(resin sand)
   규사를 열경화성수지로서 결합하여 만든 주물사

⑤ 시멘트샌드(cement sand)
   - ㉠ 시멘트를 주물사의 결합제로 사용하는 것으로 부분형을 연결하여 완성된 주형을 만드는 데 사용

ⓛ 주형 제작시간이 짧고 주형 표면이 매끈하므로 기계가공이 빠르다.

ⓒ 숙련이 필요하지 않고 가격이 싸므로 ingot case의 주형 제작에 널리 사용

8) 기타 주물사

주물사는 주물의 종류, 주형의 종류, 용도에 따라 각각 다른 성분의 주물사가 사용되고 있으며, 일반 모래(山砂)에 요구되는 특성을 고려한 첨가제와 점결제 등을 배합하여 사용한다.

구분	주물사
주입금속	주철용, 주강용 비철합금용
주형종류	생형사, 건조사, Core용 사, Loam사
사용장소	바닥주물사, 표면사, 분리사

① 바닥 주물사(floor sand)

ⓐ 용도 : 바닥 모래용

ⓑ 성분

- 새 모래(山砂)에 오래된 모래를 혼합하여 바닥모래로 사용한다.
- 신사를 절약하고 고사의 접착력을 보완한 것이다.

② 생사 또는 생형사(green sand)

ⓐ 용도 : 일반주철주물, 비철주물 제작

ⓑ 성분

- 산사에 8%의 수분을 넣은 것으로 표면용 모래를 사용한다.
- 바닥모래에 수분을 적당히 가하여 사용하는 경우가 많으며 재사용 시에는 불순물을 분리해내고 손실된 성분을 보충해야 한다.

③ 표면사(facing sand)

ⓐ 용도 : 주물 표면을 매끄럽게 할 때

ⓑ 성분

- 입자가 작고 내화성이 높은 석탄가루나 cokes 가루를 신사, 점결제 등과 배합하여 사용
- 주형의 모래 중 주물과 접촉하는 부분의 주물사(40~50mm의 두께)

④ 코어용 사(core sand)

ⓐ 용도 : core 제작

ⓑ 성분

- 규사성분이 많은 새 모래(60%), 오래된 모래(40%), 점토, 식물유 등을 혼합하여 사용
- 통기성 및 내화성이 좋고, 쇳물의 압력에 견딜 수 있어야 한다.

⑤ 분리사(parting sand)
　　㉠ 용도 : 상하 주형 분리용
　　㉡ 성분 : 상하 주형을 분리할 수 있도록 경계면에 뿌리는 모래로서 점토가 섞이지 않은
　　　　하천사를 주로 사용한다.

⑥ loam사(loam sand)
　　㉠ 용도 : 회전 목형에 의한 주형 제작용
　　㉡ 성분
　　　　• 건조사보다는 내화도가 낮으나 생형사보다는 형이 단단함
　　　　• 고사(묵은 모래) 6, 하천사 4의 비율로 배합하고 15% 점토수로 개며 당밀을 넣는다.
　　　　• 통기도 향상을 위해 쌀겨, 톱밥, 볏짚 등을 가한다.

⑦ gas형 사
　　㉠ 규사에 규산소다를 5% 정도 배합하여 이것에 CO_2 gas를 접촉시켜 경화시키는 주물사
　　㉡ 강도는 건조형보다 크나 주조 후 주형 붕괴가 힘들고 주형 후 장시간 방치하면 표면의
　　　　모래가 쉽게 파손된다.

⑧ 건조사(dry sand)
　　㉠ 용도 : 주강용, 주철재 고급주물 제작
　　㉡ 성분
　　　　• 수분, 점토분 및 내열재를 많이 사용하여 가열 건조
　　　　• 통기성과 내화성 증대를 위해 톱밥, cokes 등 첨가

9) 주물사의 성질

① 모래입자의 모양과 입도분포
　　㉠ 모래입자 모양 : 구형(둥근형) 모래는 유동성과 통기성이 좋고 모래입자가 작고 예리할
　　　　수록 점결제가 많이 필요하므로 강도는 높아지나 통기성은 저하된다.
　　㉡ 입도분포 : 입도의 분포는 주물사의 강도, 통기도 등에 영향을 주며 단일 입도의 경우
　　　　주형의 통기도는 좋아지나 성형성이 나쁘게 되어 주물표면이 거칠게 된다.

② 상온에서의 성질
　　㉠ 습태성질
　　　　• 점결제의 양이 증가할수록 압축강도는 증가하나 통기도는 떨어진다.
　　　　• 훈련시간이 길수록, 다짐횟수가 많을수록 주형의 압축강도는 증가하나 다짐횟수가
　　　　　많으면 통기도는 떨어진다.
　　　　• 점결제의 첨가량이 같을 때에는 입도가 클수록 압축강도와 통기도가 증가한다.
　　　　• 단일 입도의 주물사보다는 복합입도의 주물사가 강도가 크다.

- 조형방법에 따라 다짐의 균일도가 달라진다.
  - ⓒ 건태성질
    - 조형 시의 수분량과 점결제의 양이 증가할수록 건태압축강도는 증가한다.
    - 점결제의 양이 감소할수록, 수분량이 증가할수록 건태 통기도는 증가한다.

③ 고온성질 및 잔류성질
  - ㉠ 고온성질(열간성질)
    - 주형에 용융금속을 주입했을 때 열영향으로 인한 여러 가지 변화를 말하며 보통 고 온강도, 열팽창률, 가스발생량 등이 여기에 속한다.
    - 수분 및 점토 함유량이 많을수록, 온도가 높을수록 고온강도는 증가하나 어느 일정 한 온도에서 최댓값이 된다.
  - ㉡ 잔류성질
    - 주입 후 주형으로부터 주물을 꺼내는 데 필요한 주형의 성질
    - 주형해체작업 시 주형이 붕괴하기 쉬우며 주물사가 주물 표면으로부터 이탈하기 쉬워야 한다.
    - 주물사가 좋은 잔류성질을 갖기 위해서는 수분, 점결제, 첨가제의 함유량이 적절하게 관리되어야 한다.

10) 주물사의 관리

① 주물사의 노화현상
  - ㉠ 규사의 노화
    - 현상 : 규사는 온도에 따라 이상 팽창과 수축이 생기며 급격한 가열 시 입자들의 분 할에 의해 투명한 것이 유백색으로 변하며 노화된다.
    - 영향 : 주물사의 입도가 세밀해져 통기도가 감소한다.
  - ㉡ 점토의 노화
    - 현상 : 주형이 고온의 용융금속과 접촉하면서 점토 내부의 결합수가 증발된다. 이로 인해 점결제로서의 기능이 상실되고 모래층에 미분말 상태로 존재한다.
    - 영향 : 통기도가 불량해지고 강도가 떨어지며 불순물의 혼입과 더불어 내화도가 크게 떨어져 주물결함의 원인이 된다.
  - ㉢ 산화물의 혼입
    - 현상 : 규사와 점토의 일부가 분해되어 유리규소가 생기며, 이것이 용융금속의 산 화로 생기는 FeO와 반응을 일으켜 slag를 형성한다.
    - 영향 : slag에 의한 gas 발생으로 주형에 기공이 생긴다.

② 주물사의 재생처리

    ㉠ 모래털기 : 주입작업이 끝난 주형을 셰이크 아웃머신을 사용하여 진동시켜 주형과 주물을 분리시키는 작업이다.

    ㉡ 철물 제거 : 자기 분리기를 사용하여 모래처리 공정 중에 주형이나 코어에 사용한 철사, 주입 시에 발생된 철편 등을 제거한다.

    ㉢ 분급 : 주물사의 노화현상으로 생성된 규사 및 점토의 미분을 미분제거기 등으로 제거하고 다시 사용 용도에 알맞게 입도가 분포되도록 분급한다.

    ㉣ 배합 : 사용된 모래(고사)의 미분과 불순물을 제거하고 새로운 모래(신사)를 보충하여 입도를 조절한 후 점결제를 첨가하여 다시 사용할 수 있는 상태로 재생한다.

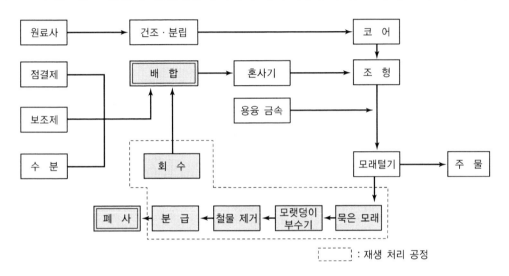

| 주물사의 처리공정도 |

② 주물사의 시험과 강도

주형의 재료인 주물사는 용이성뿐만 아니라 강도, 통기성, 내화성 등 주물제품의 품질을 좌우할 수 있는 주요 인자에 대하여 충분한 검토와 사전 시험 후 주형 제작에 착수해야 한다. 모든 시험조건을 만족할 수 없지만 주형의 성격에 따라 여러 성질을 시험, 관리하여 적당한 주물사를 선정한다.

1) 주물사의 시험

① 수분 함유량(점착력 시험)

    수분의 과다 · 과소는 강도 저하의 원인이 되며 주물사의 점착력은 모래입자, 점토의 양, 수분 함유량에 따라 다르다.

시료 50g을 105±5℃에서 1~2시간 건조하여 무게를 달아 건조 전과 건조 후의 무게를 구한다.

⊙ 표준시험법 : 수분함유량(%) = $\dfrac{\text{건조 전 시료무게(g)} - \text{건조 후 시료무게(g)}}{\text{건조 전 시료무게(g)}} \times 100$

⊙ 현장시험법 : 칼슘카바이드(CaC₂)법, 건조법, 전기법이 있다.

② 점토분 함유량

점토분(%) = $\dfrac{\text{시료(g)} - \text{나머지 무게(g)}}{\text{시료(g)}} \times 100$

③ 입도(grain size)시험

⊙ 입도의 영향

입도가 클 경우	입도가 작을 경우
• 주물표면이 거칠다.	• 통기성이 불량하다.
• 소착되기 쉽다.	• 기공(blow hole)이 발생한다.

⊙ 입도는 모래입자의 크기를 나타내는 것으로 한 변의 길이가 1inch인 정사각형의 체(screen)를 기준으로 하여 1inch 길이의 분할된 체눈(mesh)의 수로써 호칭 번호를 부여한다.

약식 표시	Mesh	비고
조립	50 이하	
중립	50~70	mesh : 1inch 안에 들어 있는 체눈의 수
세립	70~140	
미립	140 이상	

⊙ 모래입도(%) = $\dfrac{\text{체 위에 남은 모래(g)}}{\text{시료(g)}} \times 100$

④ 통기도(permeability)

⊙ 주형에서 발생되는 gas 및 주형 내부의 공기는 기공의 원인이 되므로 주물사 층으로 배출되어야 하며 이러한 정도를 평가한다.

⊙ 표준시험편을 통기도 시험기에 넣어 일정압력으로 한쪽에서 2,000cc의 공기를 주입할 때 공기의 통과시간 및 압력을 측정하여 구한다.

⊙ 통기도가 작으면 주물표면이 매끈하게 되지만 기공이 발생되고 통기도가 크면 주물표면이 거칠고 용탕의 침투가 발생한다.

$$\text{통기도}(K) = \dfrac{Vh}{PAt}\text{(cm/min)}$$

여기서, K : 통기도(cm/min), V : 통과 공기량(cm^3, cc), h : 시험편의 높이(cm)

P : 공기압력(g/cm^2), A : 시험편의 단면적(cm^2), t : 통과시간(min)

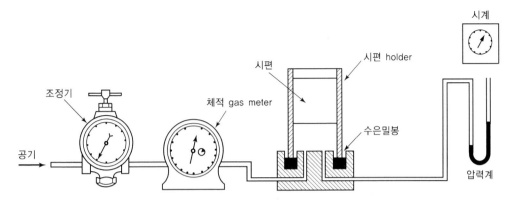

| 통기도 측정장치 |

⑤ 내화도

㉠ 용융내화도 : 시편을 제게르 콘(seger cone)과 같은 형상으로 만들어 노 중에서 가열
하여 90°로 굴곡하는 온도를 제게르 콘과 비교하여 결정한다.

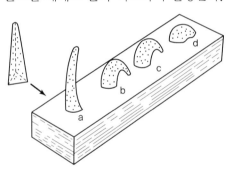

| seger cone(용융내화도) |

㉡ 소결내화도 : 주물의 내화도를 측정하는 것으로 모래 표면에 백금 리본을 대어 일정
온도로 가열 후 내화도를 측정한다.

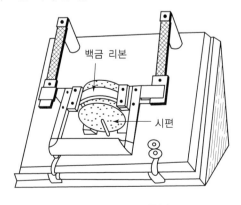

| 소결내화도 시험 |

⑥ 성형성(flowability)

　㉠ 주형을 만들 때 조형의 용이성을 말하며 주형 일부의 다짐효과가 유동 전달되어 구석 구석에 미치는 것이 성형성이 좋은 것이다.

　㉡ 표준 원통 시험편 제작기로 3회 다져서 5.08×5.08 cm의 시편으로 만들고, 이것을 다시 4회 및 5회 다졌을 때 4회 다짐한 높이와 5회 다짐한 높이의 차인 x를 측정한다.

$$성형성(F)(\%) = \frac{5.08 - x}{5.08} \times 100$$

2) 주물사의 강도

① 주물사에 작용하는 쇳물의 압력을 견딜 수 있는지 평가

② 표준시험편 성형 후 인장강도, 압축강도, 굽힘강도, 전단강도 등을 측정하여 표준시험값과 비교

③ 강도가 불충분하면 붕괴되기 쉽고, 강도가 너무 크면 주물의 수축에 의한 균열이 생기며 주형의 해체가 어렵다.

④ 인장강도$(\sigma) = \dfrac{W}{A}$, 굽힘강도$(\sigma_b) = \dfrac{3Wl}{2bh^2}$

⑤ 표면강도 : 주형의 다지기를 알아보는 것으로 생형용 경도계와 건조용 경도계가 있다.

SECTION 02 | 주형 제작

1 주형 제작법

- 주형 제작 시 일반적으로 다짐봉(floor hammer)을 사용하여 형을 제작하나 형이 특수하거나 대형인 경우에는 수작업이 아닌 조형기를 사용한다.
- 주형을 만드는 조형법은 설치방법에 따라 바닥주형, 혼성주형, 조립주형으로 구분되며 주형상자(molding flask)를 이용한다.

1) 바닥주형법(open sand molding)

① 조형방법

　㉠ 바닥모래를 적당한 경도로 다져서 수평면을 고르게 하고 이것에 목형을 넣고 다져 주형을 만든다.

ⓒ 상형을 만들지 않는다.

ⓒ 용융금속이 공기와 접촉하여 거칠게 된다.

② 용도

별로 중요하지 않은 간단한 제품(판류, 심철)

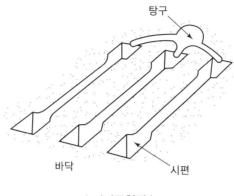

| 바닥주형법 |

2) 혼성주형법(bed in molding)

① 주형방법

ⓐ 아랫상자 부분은 바닥을 이용하고 윗상자만을 이용하여 주형을 제작하는 방법

ⓑ 주물의 대부분을 모래바닥에 파서 수용하고 상형은 주형상자를 사용하여 주형을 제작한다.

ⓒ air vent를 여러 개 세워 가스의 방출을 용이하게 한다.

② 용도

주형 이동이 곤란한 제품(대형주물)

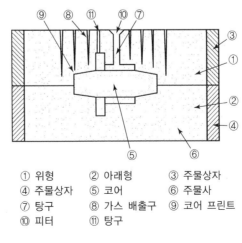

① 위형	② 아래형	③ 주물상자
④ 주물상자	⑤ 코어	⑥ 주물사
⑦ 탕구	⑧ 가스 배출구	⑨ 코어 프린트
⑩ 피터	⑪ 탕구	

| 혼성주형법 |

3) 조립주형법(turn-on molding)

① 주형방법

㉠ 상하형 2개 또는 그 이상의 주형상자를 겹쳐 상자 가운데에서 조형하는 방법으로 가장 많이 사용하는 방법이다.

㉡ 조형이 쉽고 조형된 주형을 운반하기도 편리하여 대량생산에 이용된다.

② 용도

일반 소형주물제품

③ 조형과정

㉠ 정반 위의 모형을 주물상자 가운데 놓은 후 표면사를 뿌린다.

㉡ 주물사를 충진한 후 평면으로 다진다.

㉢ 다져진 형을 180° 뒤집어 나머지 반쪽 모형을 맞대어 붙이고 주형틀을 씌운다.

㉣ 분리사를 뿌리고 ㉣, ㉤을 반복한다.

㉤ 탕구봉을 뽑는다.

㉥ 주형상자를 분리하고 모형을 빼낸다.

㉦ 주형상자를 맞추어 주형을 완성한다.

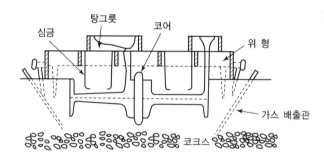

| 조립주형법 |

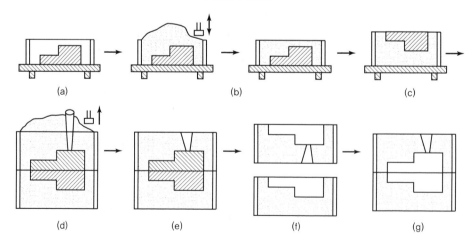

| 조형과정 |

4) 회전주형법

중심선을 통하는 모든 단면이 대칭인 주물을 조형할 때 사용하는 주형방법이다.

5) 고르개 주형법

고르개형을 사용하여 원통형의 주형을 제작할 때 사용하는 주형방법으로 균일한 단면, 가늘고 긴 주물을 제작한다.

6) 코어제작법

코어는 구멍 뚫린 주물을 제작할 때 사용한다.

① 생형용 코어 : 주로 경합금에 사용
② 건조형 코어 : 일반 주물에 사용

7) 기타 주형법

잔형, 드로백(draw back), 긁기형에 의한 주형 제작법 등

2 주형 제작 시 주의사항

용융금속을 주입하여 주물제품을 제작하기 위해서는 그 틀이 되는 주형의 제작이 매우 중요하다. 일반적으로 주형은 주물사를 다져서 제작하며 주형을 구성하는 탕구계의 형상과 치수는 주물의 크기, 용융금속의 재질, 주탕온도, 주형상자의 크기 등에 영향을 많이 받는다. 그러나 이들 사이의 관계가 명확하지 않으므로 주형은 많은 경험에 의해 제작된다.

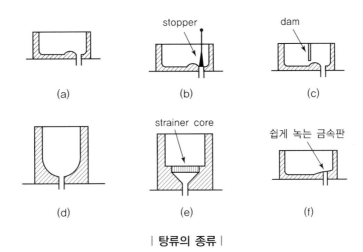

| 탕류의 종류 |

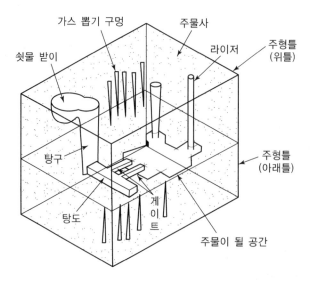

| 주형 각부의 명칭 |

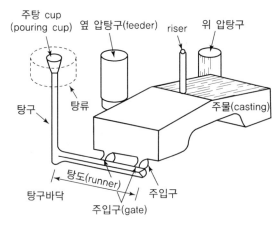

| 주형의 구성 |

1) 습도

습도가 많은 생형일 때는 특히 수분과 점토의 조절이 중요하다.

2) 다지기(ramming)

주형은 용융된 금속의 흐름과 압력에 의해서 형이 붕괴되지 않을 정도로 다지며 너무 세게 다지면 강도는 높아지나 통기성이 불량해진다.

3) 가스 빼기(air venting)

주형 중의 공기, 가스 및 수증기를 배출공(排出孔)을 통하여 배출시키는 구멍을 말하며 통기성을 좋게 할 때는 신사(新砂)를 넣는다.

4) 탕구계(pour system)

① 기능

　주형에 쇳물을 주입하기 위해 만든 통로로 쇳물받이(pouring cup), 탕구(sprue), 탕도 (runner), 주입구(gate)로 구성되어 있고, 유속을 조절하며 불순물을 일부 제거한다.

② 요점

　㉠ 용탕의 주입통로가 크면 용탕의 소모가 많고 주물에서 절단하기 어렵다.

　㉡ 러너가 길어지면 주입되기까지 용탕의 온도가 떨어지므로 너무 길게 하지 않도록 하며, 가스혼입 방지를 위해 가능한 한 조용하고 빨리 주형 내부로 흐르도록 한다.

　㉢ 용탕 주입 시 비산을 방지하고 불순물 혼입을 방지하기 위해 탕류부에 stopper, dam, strainer 등을 설치한다.

　㉣ 탕구는 용탕에 가압효과가 있는 높이로 한다.

　㉤ 주입된 용융금속이 응고할 때 방향성 응고가 되도록 설치한다.

　㉥ 용융금속이 주형 내부로 흘러들어가는 속도를 조절할 수 있도록 한다.

③ 종류

　㉠ 상부게이트 : 탕도와 게이트가 주물의 상부에 설치되어 있으며 주입 시 용탕의 소용돌이가 생기기 쉬우나 조형작업이 간편하고 경제적이어서 많이 이용한다.

　㉡ 하부게이트 : 게이트를 주물 밑면에 설치한 것으로 주형 내에서의 소용돌이와 침식을 최소화할 수 있다. 응고속도의 차이에 의해 압탕의 역할을 발휘하지 못하는 경우가 있다.

　㉢ 단게이트 : 여러 층의 게이트를 사용한 것으로 상부, 하부 게이트의 단점을 보완한다. 용융금속이 아래부터 단계적으로 주입되므로 압탕부의 온도가 가장 높아 압탕의 역할을 충분히 할 수 있다.

④ 탕구비

$$g = \frac{탕구봉\ 단면적}{탕도\ 단면적}$$

　㉠ 주철 : 1 : 1~0.75

　㉡ 주강 : 1 : 1.2~1.5

⑤ 탕구의 높이와 유속

$$v = \sqrt{2gh}$$

⑥ 주입시간

$$t = s\sqrt{W}$$

여기서, W : 주물의 중량, s : 계수

주입속도가 빠르면 열응력이 생기고, 느리면 취성 재질로 된다.

5) 덧쇳물(feeder)

① 주형 내의 쇳물에 압력을 준다.
② 금속이 응고할 때 체적감소로 인한 쇳물 부족을 보충한다.
③ 주형 내의 불순물과 용재(鎔滓)의 일부를 밖으로 내보낸다.
④ 주형 내의 공기를 제거하면 주입량을 알 수 있다.

6) 압탕구(riser)

① 기능

용탕이 주형 각부에 완전히 충만되었는지 확인하고 주형 속의 공기나 먼지, 가스, 수증기, 기타 불순물을 배출시키는 곳이며 덧쇳물의 역할도 겸하는 것으로 탕구에서 멀리 떨어진 곳에 설치한다.

② 요점

㉠ 모양은 보통 방열효과가 적은 원주형 압탕으로서 높이는 압탕지름의 1~2배 정도가 보통이다.
㉡ 압탕구의 위치는 주물의 두꺼운 부분, 응고가 늦은 부분 위에 설치하며 Riser는 주물의 가장 높은 부분 또는 탕도의 반대쪽에 설치한다.
㉢ 압탕구의 용탕은 주형 내의 용탕 응고시간보다 길어야 하고, 응고수축에 대하여 충분히 유동될 수 있도록 송탕거리를 계산한다.

7) 플로 오프(flow off)

쇳물이 주형에 가득 찬 것을 관찰하려고 주형의 높은 곳에 만든 것으로 가스빼기보다 구멍의 단면이 크며 가스빼기로 같이 쓰기도 한다.

8) 냉각판(chilled plate)

① 기능

두께가 같지 않은 주물에서 전체를 동일하게 냉각시키기 위해 두께가 두꺼운 부분에 쓰이고 부분적으로 급랭시켜 견고한 조직을 얻을 목적으로 쓰인다.

② 요점

  ㉠ 가스빼기를 생각해 주형의 측면 또는 아래쪽에 붙인다.

  ㉡ 반복 사용하는 냉각판은 열변형에 따라 표면이 용해되거나 미세한 균열이 발생하므로 사용횟수를 규제한다.

③ 종류 및 사용목적

  ㉠ 외부냉각판 : 블록 형태이며 응고속도의 균일화 및 주조조직의 개량을 목적으로 주물의 각 부분에 사용한다.

  ㉡ 냉각금형 : 주조조직의 개량을 목적으로 주형 또는 코어를 금형으로 한다.

  ㉢ 내부 냉각판 : 응고속도의 균일화를 목적으로 두꺼운 부분에 삽입한다.

9) 코어 받침대(core chaplet)

① 코어의 자중, 쇳물의 압력이나 부력으로 코어가 주형 내의 일정 위치에 있기 곤란할 때 사용

② 코어의 양단을 주형 내에 고정시키기 위해 받침대를 붙이는 데 사용

③ 쇳물에 녹아버리도록 주물과 같은 재질의 금속 사용

10) 중추

주형에 쇳물을 주입하면 주물의 압력으로 주형이 부력을 받아 윗상자가 압상되므로 이를 막기 위해 중추를 올려놓는다. 중추의 무게는 보통 압상력의 3배가량으로 한다.

① 쇳물의 압상력

$$P = AHS\text{(kg)}$$

  여기서, A : 면적, H : 높이, S : 비중

② 코어가 있을 때 압상력

$$P_c = AHS + \frac{3}{4}VS$$

  여기서, V : 코어의 체적

❸ 특수 주형 제작법

주물사를 이용한 생형이나 건조형의 강도 부족, 건조시간 소요, 가스 발생, 내열성 감소 등의 결점을 보완하기 위하여 물유리, 합성수지, 시멘트 등을 사용한 모래형 주형이나 특수한 주형 제작법으로 조형한 주형을 특수 주형이라 한다. 최근에는 주형의 정밀도가 높고 복잡한 형상의 주물이 많아지면서 특수 주형을 많이 사용한다.

1) CO$_2$ 주형

① 조형방법

㉠ 단시간에 경화된 주형을 얻는 방법으로 주형재인 주물사에 물유리를 3~6% 첨가하여 혼련한 후 일반적 조형법으로 주형을 만들고 약 1kg/cm^{2}의 압력으로 CO$_2$ 가스를 통과시켜 경화된 주형을 만든다.

㉡ 물유리를 첨가한 모래로 조형한 주형은 붕괴성이 나빠서 주입 후 탈사가 곤란하므로 피치, 카본블랙 등을 첨가한다.

② 특징

㉠ 장점

• 건조하지 않아도 경도와 강도가 큰 주형을 만들 수 있다.

• 코어를 만들 때는 보강재를 줄일 수 있다.

• 모형이 묻힌 채 주형이 경화되므로 치수가 정밀하다.

• 가스 발생과 수분에 의한 기공 발생이 적다.

㉡ 단점

• 주형이 경화된 후 모형을 꺼내야 하므로 모형 기울기가 커야 한다.

• 주형의 붕괴성이 나쁘고 주물사의 회수율도 낮다.

• 조형 후 빠른 시간 내에 주입해야 한다(강도 저하, 흡습성).

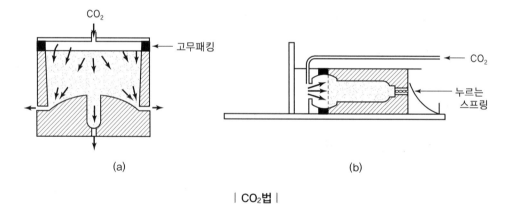

| CO$_2$법 |

2) 자경성 주형

① 조형방법

㉠ 모래에 합성수지, 시멘트, 물유리 등 특수한 점결제와 경화제를 첨가하여 조형하면 주형이 스스로 경화하므로 CO$_2$ 가스 등이 불필요하다.

㉡ 자경성 주형은 점결제와 경화제를 첨가하여 혼련할 때 경화반응이 즉시 일어나므로 조형작업에 맞게 혼련할 필요가 있으며 혼련 후 장시간 방치하면 안 된다.

② 종류

　㉠ 다지기 방식

　　• 발열 자경성 주형 : 점결제로 물유리, 경화제로 $Fe-Si$, $Ca-Si$, $Al-Zn$ 분말을 쓰며 조형 후 주형 자체가 발열 경화하며 발열반응 시 탈수에 의해 주형이 수축되므로 모형 설계 시 수축량을 고려해야 한다. 발열반응 시에는 H_2 가스가 발생하므로 용탕을 주입해서는 안 된다.

　　• 비발열 자경성 주형 : 점결제로 물유리, 경화제로 슬래그($2CaO$, SiO_2)를 사용한다.

　㉡ 유동방식 : 크림 형태의 슬러리(slurry)를 주형상자에 흘려 채운 다음 어느 정도 경화되었을 때 모형을 빼낸 것으로 물유리를 혼합한 주물사에 계면활성제를 첨가하여 유동성을 향상시켜 사용하며 시멘트를 점결제로 사용하는 경우도 있다.

3) 콜드박스형(cold box type)

① 조형방법

　㉠ 규사에 페놀수지와 폴리이소시아네이트(MDI)를 적당량 혼합시켜 코어상자에 공기로 취입하여 조형하며 손 조형도 할 수 있다.

　㉡ 이 주형에 아민가스를 통과시키면 주형이 순간적으로 경화한다.

　㉢ 경화시킨 후 공기를 불어 넣어서 주형 속의 미반응 아민가스를 배출시켜 중화탱크로 보낸 다음 주형을 꺼낸다.

② 콜드박스형 모래

점결제인 페놀수지와 MDI의 두 가지 액체를 약 5 : 5 정도로 하여 모래에 2~3% 첨가한다. 규사 중의 수분은 0.2% 이상이 되면 주형강도가 매우 낮아진다.

③ 용도

복잡한 형태의 코어 제작

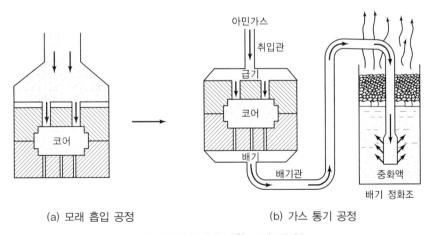

(a) 모래 흡입 공정　　　　　　(b) 가스 통기 공정

| 콜드박스법에 의한 코어 제작 |

4) 칠드주형(chilled casting)

① 개요

금속은 냉각속도의 차이에 의해 조직이 변화하는 성질이 있으며, 필요한 부분에만 금형을 배치한 모래형은 금속에 접한 부분이 급격히 냉각되어 백주철이 되며 그 부분만 경도가 증가되고 그 내부는 서랭되어 흑연의 석출로 연한 조직이 된다. 주물은 보통 주철보다 규소 함유량을 적게 하고 적당량의 망간을 가한다. 이와 같이 냉각속도의 차이를 이용하여 주물의 표면경도를 높이는 주조법을 chilled casting이라 한다.

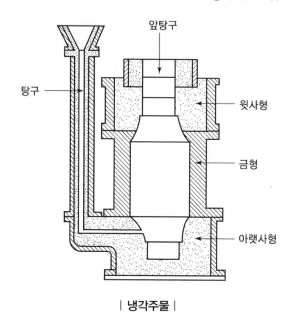

| 냉각주물 |

② 특징

ㄱ 내외부의 경도가 다르다(내부 H_b : 200, 표면 H_b : 350).

ㄴ 표면은 백주철로서 내마멸성이 크며, 내부는 회주철로 조성되어 연성이 있다.

ㄷ chill 깊이 조절에 숙련을 요한다.

③ 용도

압연용 롤, 철도차륜, 분쇄기롤, 제지용 롤

④ chilled casting의 결함 및 대책

ㄱ 수축공동(shrinkage cavity)

• 원인 : 주입 후 용탕이 응고하는 과정에서 생기는 cavity이며 압탕 크기가 부적절하거나 압탕량의 부족에서 기인한다.

• 대책 : 압탕량을 정확히 계산하고 주형에 과열이 생겨 응고가 늦어지는 부분이 없도록 한다.

    ⓛ pin hole
- 원인 : pin hole의 발생은 저온 주입 시 일어나며 동체의 상부에 무수히 발생한다. 또한 동체의 길이가 클 때에 용탕의 온도가 부분적으로 저하해서 생기는 경우와 탈산이 불완전하여 발생되는 경우가 있다.
- 대책 : pin hole의 직경은 1mm 이하인 것으로 절삭 시 육안으로 잘 알 수 없으나 연마 시에 발견되며 적절하게 주입온도를 유지해야 한다.

    ⓒ 축방향 균열
- 원인 : 냉금(chill) 자체의 불완진성에 의한 표면의 냉각속도가 불균일할 때 생기며, 용탕의 재질이 불량하면 더 많이 발생한다.
- 대책 : 주입속도의 부적당도 원인이므로 양질의 용탕과 적당한 주입속도의 조절이 필요하다.

5) 주강주형

① 주강은 주철보다 용융온도가 높으므로 규사성분이 많은 모래로 주형을 만들고 블래킹도 내화도가 높은 것을 사용한다.
② 강철주물은 800℃에서 풀림하여 주조할 때 생긴 내부응력을 제거한다.

6) 청동주물용 주형

주형은 건조주형으로 만들고 쇳물아궁이는 중심부를 크게 만든다.

7) 알루미늄 합금주형

두께가 얇은 것이 많고 수축률이 크므로 아궁이와 덧쇳물은 크게 만든다.

8) 금속제 주형

용해온도가 낮고 수축률이 비교적 작은 금속으로 같은 것을 많이 제작할 때 사용한다.

4 주형 제작기계

1) 주형용 공구

① 주형상자
거푸집이라고도 하고 주철 또는 목재로 만들며 개폐식과 조립식이 있다.

② 주형용 도마
목형 또는 주물상자를 놓는 평평한 도마로서 변형이 적은 것이 필요하다.

③ 목마

회전목형을 고정할 때 사용한다.

④ **주형용 수공구**

㉠ 삽

㉡ 다짐봉(floor hammer) : 주물모래를 다질 때 사용

㉢ 주형 벨로스(bellows) : 작은 불순물 분말을 바람을 일으켜 청소하는 기구

㉣ 체 : 모래 중에 섞인 고형(固形)물 제거 또는 주물표면에 분리사를 뿌릴 때 사용

㉤ 판대기자 : 주형표면의 모래를 고르게 할 때 사용

㉥ 목형뽑개와 공기구멍송곳

㉦ 주물붓

• 둥근붓 : 주형의 결합력을 보충하는 수분 보충용 또는 목형을 뽑기 직전에 목형 주위에 물을 떨어뜨리는 데 사용

• 평붓 : 목형 또는 주형에 붙어 있는 불순물을 제거할 때 사용

2) 주형용 기계

① **주물사 건조로**

㉠ 고정식 건조로

㉡ 이동식 건조로

• 대단히 큰 주형의 건조에 사용하며 연료소비량이 적고 건조 후에 그 자리에서 쇳물을 주입할 수 있다.

• 주형이 가열되어 있으므로 쇳물의 유동성이 좋고 수축이 적어 불량 주물이 적다.

㉢ 코어건조로

• 코어건조로의 구비점

－저온이고 노 내부의 온도가 균일해야 한다.

－코어가 급격한 고온에 접촉되면 모래 및 점결제의 팽창으로 파괴될 염려가 있다.

－건조할 때 습기가 있는 공기가 건조로 내부에 있으므로 노 내부의 환기를 합리적으로 하여야 한다.

－주형 건조와 같이 일정한 시간을 작업하는 것이 아니고, 코어를 수시로 집어넣고 꺼내게 되므로 노의 열손실을 고려하지 않으면 안 된다.

• 코어건조로의 종류

－서랍식 코어건조로(drawer type dry oven)

－개폐식 코어건조로(door type dry oven)

－엘리베이터식 코어건조로(elevator type dry oven)

－컨베이어식 코어건조로(conveyor type dry oven)

－대차식 코어건조로(batch type dry oven)

② 자기분리기

영구자석 혹은 전자석을 이용하여 철편 등을 제거한다.

③ 체

회전식 체와 진동식 체가 있으며 진동식 체는 스프링으로 지지된 체대를 편심축에 의하여 진동시킨다.

④ 혼사기(sand mixer)

서로 반대 방향으로 고속 회전하는 원판에 고정된 pin에 모래가 충돌하여 분쇄되면서 혼합한다.

⑤ 샌드슬링거(조형기)

주로 대형 및 중형 주물의 조형기계로 사용한다.

⑥ 샌드밀

가장 널리 사용되는 것으로 분사(盆砂)와 혼사(混砂)의 목적으로 사용한다.

⑦ 분사기

모래를 사용하여 주물의 표면을 깨끗이 할 때 사용한다.

1. 모래털기 기계

1) 전마기(tumbler)

모래털기와 주물표면을 평활하게 하기 위하여 강제 회전통 속에 주물과 철편을 넣고 회전시키면 상호 충돌에 의하여 작업이 이루어진다.

2) 샌드블라스팅머신(sand blasting machine)

높은 압력의 압축공기와 규사를 분사시켜 주물표면을 깨끗이 한다.

3) 숏블라스팅머신(shot blasting machine)

작은 강구를 큰 원심력으로 주물에 분사시켜 주물표면을 깨끗이 한다.

2. 기계 주형 제작법

1) jolt법

① 조형방법

　　㉠ jolt 운동에 의한 조형방법이다(진동식).

　　㉡ 주물사가 담긴 주형틀을 피스톤 작용에 의해 상부로 밀어올린다.

　　㉢ cylinder 내의 공기를 배제하여 자중에 의해 낙하하면서 본체와 충돌하여 주물사가 다져진다.

② 특징

주형의 하부는 잘 다져지나 상부는 잘 다져지지 않는다.

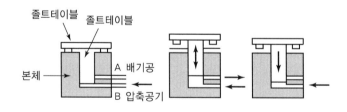

| 졸트법 |

2) squeeze법

① 조형방법

ㄱ squeeze 운동에 의한 조형방법이다(압축식).

ㄴ 주물사가 담긴 주형틀을 압축공기의 힘으로 밀어올려 상부에 고정된 평판에 의해 주물사가 압력을 받아 다져진다.

② 특징

상부는 잘 다져지나 하부는 잘 다져지지 않는다.

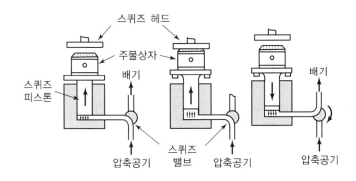

| 스퀴즈법 |

3) Blow법

① 조형방법

ㄱ core 제작 시 이용되는 방법으로서 압축공기를 사용하여 모래를 모래 위에 분사하여 조형한다.

ㄴ core sand를 $5 \sim 7 \text{kg/cm}^2$의 압축공기로 core 틀 속에 넣는다.

ㄷ 이때 모래는 core box에 쌓이고 공기가 밖으로 배출되면서 공기압에 의해 다져진다.

② 특징

다짐 정도가 균등하며 core 대량생산 시 적합하다.

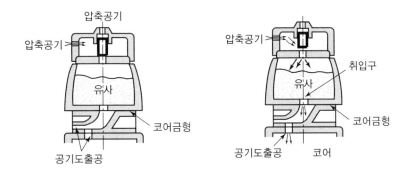

| blow법 |

4) sand slinger법

① 조형방법

impeller 및 belt conveyor 등에 의해 주물사의 운반, 투입, 다짐이 동시에 진행된다.

② 특징

능률적이며 주형의 모든 부분이 균등히 다져진다.

5) 압축 · 진동 혼합법(jolt squeeze molding)

① 조형방법

㉠ 진동법으로 모래를 충전한 후 압축법으로 강도를 보강하는 방법이다.

㉡ 콘베이어를 이용하여 연속적으로 주형틀을 출입시켜 조형작업을 자동적으로 진행한다.

② 특징

압축형과 진동형의 장점을 이용한 것으로 주형공장에서 가장 많이 사용된다.

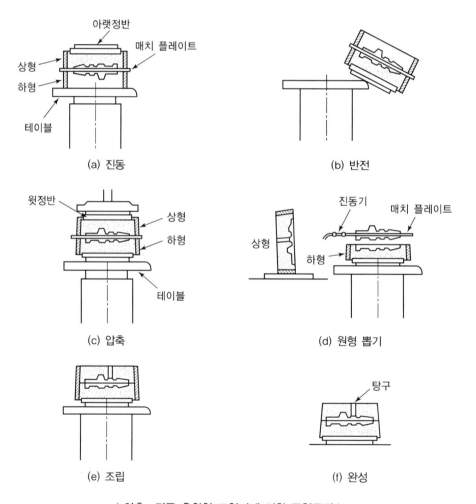

| 압축 · 진동 혼합형 조형기에 의한 주형공정 |

열처리와 표면처리

PROFESSIONAL ENGINEER METAL WORKING

강의 열처리

1 열처리의 목적과 종류

1) 열처리의 목적

탄소강의 기계적 성질을 개선하는 것이 열처리의 목적이다. 즉, 가열 후 일정한 냉각속도로 냉각하여 확산이나 변태를 일으켜 조직을 만들거나 내부의 불필요한 변형을 제거하여 사용하기에 요구되는 조직을 만들어 목적하는 성질이나 상태를 얻기 위한 처리를 열처리라 한다.

2) 열처리의 종류

① 담금질(quenching)

탄소강의 경도를 크게 하기 위하여 적당한 온도까지 가열한 후 급랭시키는 방법이다. 일반적으로 A_3 변태점보다 높은 온도에서 일정시간 유지한 다음 물 또는 기름에서 급랭시킨다. 물은 냉각효과가 뛰어나지만 강 표면의 기포막에 의해 냉각을 방해받아 불균일한 균열이 생길 수 있다. 기름은 냉각효과는 떨어지지만 합금강의 담금질에 적당하다.

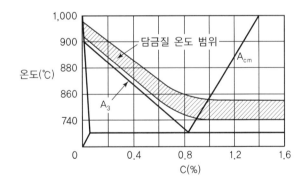

| 탄소강의 담금온도 |

② 뜨임(tempering)

담금질한 강은 경도는 크지만 취약하므로 인성을 증가시키기 위하여 A_1(723℃) 이하의 적당한 온도로 가열 후 냉각시킨다.

③ 풀림(annealing), 소둔

인장강도, 항복점, 연신율 등이 낮은 탄소강에 적당한 강도와 인성을 갖게 하기 위하여 변태온도보다 30~50℃ 높은 온도로 일정 시간 가열하여 미세한 오스테나이트로 변화시킨 후 열처리나 재속 또는 석회 속에서 서서히 냉각시켜 미세한 페라이트와 펄라이트 조직으로 만들어서 강철에 소성을 주게 하고 기계가공을 쉽게 하는 것이다.

　㉠ 완전소둔(full annealing)
- 아공석강(C 0.025~0.8%) : A_3 이상 50℃(912℃ + 50℃)로 가열하여 완전 Austenite화 처리 후 매우 천천히 냉각
- 과공석강(C 0.8~2.0%) : A_1 이상 50℃(723℃ + 50℃)로 가열하여 Austenite와 Cementite의 혼합조직이 되도록 충분히 유지한 다음 매우 천천히 냉각

　㉡ 구상화 소둔(spherodizing annealing)
　　등온냉각 변태곡선(TTT)으로부터 구한 이상적인 소둔공정
- 아공석강 : A_1 이하의 온도에서 처리
- 강을 750℃에서 소둔 처리하면 100% 구상화가 이루어지고 동시에 경도가 최소로 된다.

　㉢ 재결정 소둔(recrystallization annealing)
　　강을 600℃ 이상에서 소둔시키면 재결정이 일어난다(유지시간 0.5~1시간).

　㉣ 응력제거 소둔(stress relief annealing)
　　탄소강은 550~650℃ 온도로 가열한 후 500℃까지 노 내에서 서랭한 후 노에서 꺼내어 공랭한다. 공구 또는 기계부품은 300℃까지 노 내에서 아주 천천히 냉각한 후 꺼내어 공랭시킨다.

　㉤ 균질화 소둔(homogenizing annealing)
　　주조 후 강을 응고시켰을 때 주조상태로의 조직은 대체로 불균질하다. 1,100℃에서 장기간 동안 소둔처리로 조직을 균질화한다.

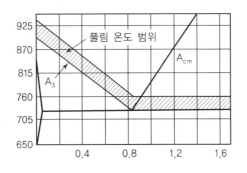

| 탄소강의 풀림온도 |

④ 불림(normalizing)

내부응력을 제거하거나 결정조직을 표준화시킨다. 단조나 압연 등의 소성가공으로 제작
된 강재는 결정구조가 거칠고 내부응력이 불규칙하여 기계적 성질이 좋지 않으므로 연신
율과 단면수축률 등을 좋게 하기 위하여 결정 조직을 조정하고 표준조직으로 만들기 위
해 A_3 변태나 A_{cm} 변태보다 약 40~60℃ 높은 온도로 가열한 오스테나이트의 상태에서
공랭하는 것이다.

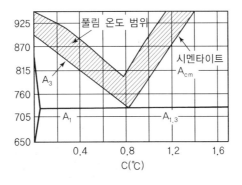

| 탄소강의 불림온도 |

2 철강의 조직

1) 급랭조직

① 오스테나이트(austenite)

탄소가 $\gamma - Fe$ 중에 고용 또는 용해되어 있는 상태의 현미경 조직으로 담금질 효과가 가
장 컸을 때 나타나는 조직이며 특수강(Ni, Mn, Cr를 함유한 강)에서 얻을 수 있고 형상
은 다각형이다.

| 오스테나이트 |

② 마텐자이트(martensite)

탄소강을 수중냉각시켰을 때 나타나는 침상조직으로 경도가 큰 열처리 조직이며 내부식성 및 강도가 크다(HB=600, 수중냉각).

③ 트루스타이트(troostite)

㉠ austenite를 냉각시킬 때 martensite를 거쳐 다음 단계에서 나타나며 탄화철이 큰 입자로 $\alpha-Fe$의 혼합된 조직이다(기름냉각).

㉡ 경도는 크나 martensite보다 작고 부식이 쉽게 된다.

| 트루스타이트 |

④ 소르바이트(sorbite)

㉠ 대강재를 유 중에 냉각시키거나 소강재를 공기 중에서 냉각시킬 때 나타나는 입상조직이다.

ⓛ 트루스타이트보다 경도가 작고 pearlite보다 경하며 강도, 인성, 탄성이 큰 조직으로 스프링에 널리 사용된다.

| 소르바이트 |

2) 서랭조직

① 페라이트(ferrite, α 고용체) 또는 지철

ⓖ 탄소를 소량 고용한 순철 조직으로 강조직에 비하여 경도와 강도가 작다.

ⓛ HB = 30, 인장강도는 30kg/mm^2 정도이며 강자성체이다.

ⓒ ferrite와 Fe$_3$C는 Alcohol, 피크린산, 초산 등에 부식되지 않고 그대로 남아 있기 때문에 현미경에서 백색으로 보인다. 인장강도가 가장 낮다(30kg/mm^2).

② 펄라이트(pearlite)

ⓖ 페라이트와 탄화철(Fe$_3$C)이 서로 파상으로 배치된 조직으로 현미경 조직은 흑백으로 된 파상선을 형성하고 있다.

ⓛ 절삭성이 좋다.

ⓒ HB = 300, 인장강도는 60kg/mm^2 정도이다.

③ 시멘타이트(cementite)

ⓖ 탄화철(Fe$_3$C)로서 침상 또는 망상조직이며, 경도가 가장 크고 취성이 있다.

ⓛ HB = 800, 인장강도는 40kg/mm^2 정도이다.

3 열처리 설비

1) 가열로

① 가열로의 종류
- ㉠ 담금질, 뜨임, 불림용 : muffle로, 전기저항로, 연속가열로, salt bath 등
- ㉡ 풀림용 : 반사로, muffle로, 가동휴로 등

② 가열로의 구비조건
- ㉠ 온도조절이 용이하여야 한다.
- ㉡ 노 내의 온도분포가 균일하여야 한다.
- ㉢ 간접가열로 산화 및 탈탄 등이 없어야 한다.

③ 연료

석탄, cokes, gas, 중유 및 전기 등

2) 냉각장치

① 냉각액의 종류
- ㉠ 물 : 가장 널리 사용된다.
- ㉡ 기름 : 물보다 열처리 효과는 작으나 온도변화에 대한 영향이 작고 균일한 냉각에 적
  당하며 각종 특수강의 급랭에 사용된다.
- ㉢ 소금물, 묽은 황산용액 : 물보다 냉각효과가 더 크다.

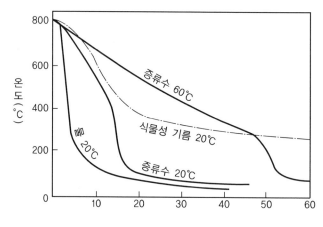

| 냉각제의 종류와 냉각속도 |

② 냉각효과의 순서

기름<물<소금물<묽은 황산용액

냉각액이 항상 일정한 온도를 유지할 수 있도록 가능한 한 냉각조를 크게 하고 냉각액이 잘 순환할 수 있도록 제작한다.

③ 고온계

일반적으로 열전대식 고온계가 사용되며 2개의 상이한 금속을 접합하였을 때 그 접점에서 발생하는 기전력에 의하여 온도를 측정한다.

SECTION 02 | **열처리 작업의 비교**

강의 열처리 종류	강의 열처리 특성	필요한 냉각온도 범위	필요한 냉각속도
노멀라이징(불림)	주조나 단조 후의 편석과 잔류응력을 제거하고 균질화를 위한 열처리	• 변태점 이상으로 가열 • 550℃까지(Ar') 그 이하의 온도	공랭
어닐링(풀림)	주조나 단조 후의 편석과 잔류응력을 제거하고 연화를 위한 열처리	• 변태점 이상으로 가열 • 550℃까지(Ar') 그 이하의 온도	서랭(노랭)
담금질(담금질)	주조나 단조 후의 편석과 잔류응력을 제거하고 경화를 위한 열처리	• 변태점 이상으로 가열 • 550℃까지(Ar') 250℃ 이하(Ar'', Ms)	급랭(수랭, 유랭)
템퍼링(뜨임)	담금질한 후 강인성을 주기 위한 열처리	• 변태점 이하에서 가열 • 강도 요구에 따라 적절히 냉각	서랭
표면 경화	표면은 내마멸성이 높고, 중심부는 내충격성이 큰 이중조직을 가지게 하는 열처리		

강철의 오스테나이트 조직으로부터 담금조직으로의 변화는 서랭하였을 경우의 Ar_1 변태점보다도 훨씬 낮은 온도에서 일어나는 것이다. 지금 Ac_1 이상의 온도로 가열하여 오스테나이트의 상태로 된 강철을 노 중에 냉각하면 아래 그림 (a)와 같이 약 $700℃$에서 Ar_1이 일어나지만 그림 (b)의 공중 냉각에 있어서는 약 $600℃$까지 내려가며 그림 (c)의 유중 냉각에서는 $550℃$ 부근에서 제1변화가 일어나고, $250℃$ 부근에서 제2변화가 일어나는 것이다.

여기서 제1변화는 오스테나이트로부터 트루스타이트가 발생하는 변화로서 이것을 Ar'라고 부르며 제2변화는 오스테나이트로부터 마텐자이트가 발생하는 변화로서 이것을 Ar''라고 부른다. 그림 (d)와 같이 물 중에서 냉각하였을 경우에는 $250℃$ 부근에서 Ar''의 오스테나이트 → 마텐자이트만이 일어나기 시작하고 그것이 완료되기 전에 상온에 도달하므로 결국 강철은 마텐자이트와 잔존 오스테나이트가 섞인 것으로 한다.

Ar'' 점은 그림에 표시한 담금질 상태도와 같이 냉각 속도에 관계없이 거의 일정하지만 Ar'는 냉각 속도를 더함에 따라서 내려간다.

Ac_1점 이상의 온도로 가열된 강철의 냉각속도를 여러 가지로 변화시켜 보면 그것이 너무 작을 경우에는 경화하지 않으나 어느 온도에 달하면 급격하게 경도가 증가한다. 이러한 경우의 냉각속도를 임계냉각속도라고 한다. 이것이 작을수록 강철은 담금질이 잘 되는 것이다.

그리고 바로 마텐자이트가 나타나기 시작하였을 경우의 냉각속도 U를 하부 임계냉각속도, 강철의 전부가 마텐자이트로 될 때의 냉각속도 V를 상부 임계냉각속도라고 하는데, 이 양자 사이의 냉각속도로 담금질하였을 경우에 한하여 앞서 설명한 Ar'와 Ar''의 2단계 변화가 일어나는 것이다. 그리고 탄소강에 있어서는 탄소함유량이 0.85%일 경우에 임계냉각속도가 가장 낮으며 Mn, Cr, Mo 등은 임계냉각속도를 크게 감소시키고, 또한 조립강은 세립강보다 임계냉각속도가 작다.

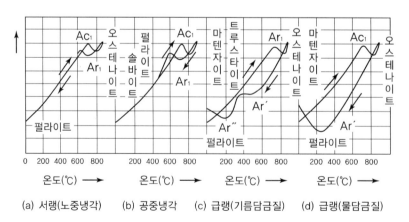

(a) 서랭(노중냉각)   (b) 공중냉각   (c) 급랭(기름담금질)   (d) 급랭(물담금질)

| 탄소강(0.9%C)의 가열과 냉각 시의 체적변화 |

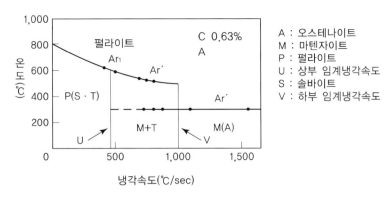

| 냉각속도와 변태온도의 관계 |

1. 강의 급랭조직

강을 고온에서 가열한 후 급랭하면 조건에 따라 다음과 같은 조직으로 변화된다.

1) 오스테나이트(austenite)

① 고온에서 안정된 조직으로서 이 상태에서 담금질하면 담금질 효과가 가장 크다.

② 보통 탄소강에서는 얻을 수 없고 특수강(Ni, Mn, Cr 등을 함유한 강)에서 얻을 수 있으며 다각형의 형상을 갖는다.

③ 이 조직은 Fe의 γ상(相)에 탄소가 고용된 고용체가 A_1 변태점 이상에서만 갖는 다각형 형상의 조직이다.

| 오스테나이트 |

2) 마텐자이트(martensite)

① 탄소강을 물에 냉각시켰을 때 나타나는 침상조직으로서 내부식성, 경도 및 강도가 크게 된다.

② 이 조직은 austenite 계열(A_1 변태점 이상)에서 급랭에 의하여 얻어지는 침상조직으로서 경도가 대단히 큰 것이 특징이다.

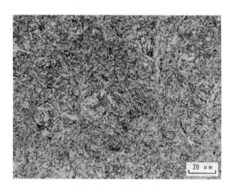

| 마텐자이트 |

3) 트루스타이트(troostite)

① austenite를 냉각시킬 때 martensite를 거쳐 다음 단계에서 나타나며, 탄화철이 큰 입자로 된 조직이다.

② 경도는 크나 martensite보다 작고 부식하기 쉽다.

③ 담금질(quenching)에 의하여 발생한 martensite를 뜨임(tempering)하면 고용된 탄소는 탄화물로서 석출된다.

| 트루스타이트 |

④ 뜨임온도가 상승함에 따라 석출탄화물이 증가하고, 점차로 안정된 탄화물이 되며, 350~400℃에서 ferrite와 미세한 cementite의 혼합조직이 된다.

⑤ 이 조직을 troostite라고 하며 산에 의하여 부식이 쉽게 되기 때문에 흑색으로 보인다.

4) 소르바이트(sorbite)

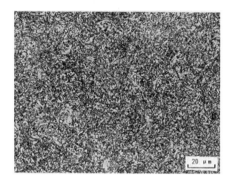

| 소르바이트 |

① 대강재(大鋼材)를 유중(油中)에서 또는 소강재(小鋼材)를 공기 중에서 냉각시킬 때 나타나는 입상조직으로서 troostite보다 경도가 작고 pearlite보다 경도가 크며 강도, 인성, 탄성이 큰 조직이다.

② 담금질에 의하여 얻은 martensite 또는 troostite 조직을 500~600℃에서 고온으로 뜨임하면 cementite의 미세입자의 응집이 한층 진행된 조직을 sorbite라 한다.

③ sorbite는 troostite에 비해서 경도는 낮지만 인성이 크고, perlite에 비하여 높은 강도와 경도를 갖는다.

2. 강의 서랭조직

강을 고온에서 가열한 후 서랭하면 조건에 따라 다음과 같은 조직으로 변화된다.

1) 펄라이트(pearlite)

| 펄라이트 |

① austenite를 매우 천천히 냉각시키면 A_1 변태점 부근에서 pearlite가 완료된다.

② ferrite와 Fe_3C가 파상으로 존재한다.

③ 강조직으로서는 가장 연한 조직이며, 절삭성이 양호하고 300HB, 인장강도는 $60kg/mm^2$ 정도이다.

④ 강을 냉각할 때 γ 고용체인 austenite가 α 철과 cementite가 기계적 혼합물로 나타나는 조직을 pearlite라고 한다.

⑤ 0.83%C인 강을 공석강(eutectoid steel), 그 이하인 강을 아공석강(hypo−eutectoid steel), 0.83%C 이상인 강을 과공석강(hyper−eutectoid steel)이라고 한다.

2) 페라이트(ferrite)

① 탄소를 소량 고용한 순철조직(백색)이고 강자
성을 갖는다.

② 강조직에 비하여 경도와 강도가 낮고 연률이
크며, 30HB, 인장강도는 30kg/mm^2 정도이다.

③ α철 또는 순철은 ferrite조직(순철조직)을 가
지며, 현미경에서 백색으로 보이고 흑점은 개
재물에 의한 것이다.

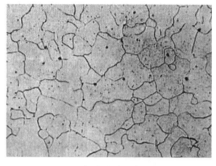

| 페라이트 |

④ 입계에는 불순물 등이 집결되기 쉽고 부식되기
쉽기 때문에 흑색으로 보인다.

⑤ ferrite는 탄소량이 낮기 때문에 담금질효과가 없고, 냉간가공하면 어느 정도 경화되나 풀
림하면 다시 연화된다.

3) 시멘타이트(cementite)

① 탄화철(Fe$_3$C)로서 침상조직 또는 망상조직이고 탄소
강 및 주철 등에 혼재한다.

② 800HB, 인장강도 40kg/mm^2 정도이고 취성이 크다.

③ 강 중의 탄소는 유리상태로 존재하지 못하고 Fe$_3$C인
화합탄소로 존재하며 이 조직을 cementite라고 한다.

④ 이 조직의 강재에서는 A$_1$ 변태점보다 어느 정도 높은
온도로 가열하면 pearlite는 austenite가 되지만 망상
cementite는 그대로 입계에 남기 쉽고 이 상태에서는
담금질하면 담금질 균열이 생기기 쉽다. 이를 방지하
기 위해 구상화(球狀化) 풀림을 한다.

⑤ cememtite는 탄소강 또는 주철 중에 섞여 있으며 경
도가 매우 크고 취성을 수반한다.

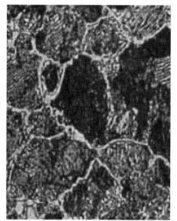

(a) 망상(網狀) cementite
(배율 : ×250)

(b) 구상(球狀) cementite
(배율 : ×400)

| 시멘타이트 |

02 열처리의 작업

1 담금질(quenching)

1) 담금질 이론

① 담금질의 정의

강의 담금질은 오스테나이트 구역온도 이상으로 가열한 후 물이나 기름 등에서 급랭시켜 적당한 기계적 성질을 개선시키는 열처리로서 주로 경화를 목적으로 하며 경화되는 정도는 탄소함유량 및 냉각속도에 따라 달라진다.

② 냉각속도에 따른 변태 차이

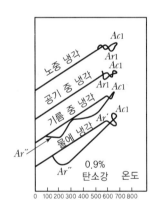

| 0.9% 탄소강의 냉각 속도에 따른 변태 차이 |

   ㉠ pearlite 형성(노중냉각)
- Ac₁ 이상의 온도에 달한 후에 가열로에서 서서히 냉각시키면 먼저보다 다소 낮은 온도에서 Ar_1이 나타난다.
- 그 후 냉각곡선은 가열곡선과 중첩되어 차이가 없어진다.

   ㉡ sorbite 형성(공기 중 냉각) : 공기냉각(air cooling)하면 변태시간이 냉각시간에 추종되지 못하여 실제 Ar_1이 저온 측에 쏠린다. 그러므로 Ar_1 변태가 500℃ 부근에서 생긴다.

   ㉢ trootite 형성(기름 중 냉각) : 제1단계 변태(마텐자이트 변태) Ar'가 600~500℃에서 생기고 제2단계 변태(오스테나이트) Ar''가 300~200℃ 부근에서 나타나며 상온까지 냉각곡선과 가열곡선이 따로 된다.

ⓔ martensite 형성(물에 냉각) : Ac보다 높은 온도에서 물속에 급랭하면, 즉 물속 담금
질(수중급랭, water quenching)하면 변태온도는 더욱 낮은 온도에서 생긴다. 이때
에는 Ar″ 변태만 나타나고 냉각곡선과 가열곡선이 다르게 된다.

ⓜ 각 조직의 경도 크기
M(Martensite) > T(Troostite) > S(Sorbite) > P(Pearlite) > A(Austenite) >
F(Ferrite)

2) 담금질온도(quenching temperature)

① A_{C321} 변태점보다 20~30℃ 더 높은 온도에서 행한다.

② 담금질온도가 높으면 미용해 탄화물이 없어 담금질이 잘 된다.

③ 담금질온도가 지나치게 높을 경우

　ⓖ 결정입자가 크고 거칠다.

　ⓛ 담금질할 때 균열과 변형의 원인이 된다.

　ⓒ 산화에 의한 스케일이 발생한다.

　ⓔ 탈탄에 의해 담금질 효과가 저하된다.

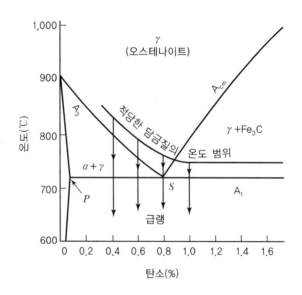

| 담금질온도 범위 |

3) 가열시간

① 가열시간이 너무 길면 재료의 산화에 의한 손실이 발생한다.

② 가열시간이 너무 짧으면 불균일한 온도에 의한 내부응력이 발생한다.

③ 산화 방지를 위해 가열온도를 알맞게 하고 가열로 속에 아르곤 가스, 질소 등을 넣어 무산
화 가열을 한다.

④ 합금원소가 많이 함유될수록 일반적으로 열전도율이 작고 확산속도도 느리므로 가열시
간은 길어진다.

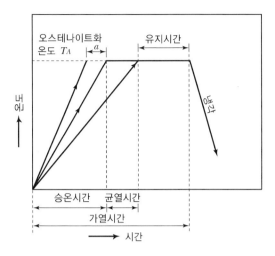

| 가열시간의 정의 |

▼ 탄소강의 담금질 가열시간

두께(mm)	승온시간(h)	유지시간(h)
25	1.0	0.5
50	1.0~1.5	0.5
75	1.0~1.5	1.0

4) 질량효과(mass effect)

재료를 담금질할 때 질량이 작은 재료는 내외부의 온도차가 없으나 질량이 큰 재료는 열의
전도시간이 길어 내외부의 온도차가 생기게 되며, 이로 인한 내부온도의 냉각지연 때문에
담금질 효과를 얻기 곤란한 현상을 질량효과라 한다. 질량이 큰 재료일수록 질량효과가 크
고 담금질 효과는 감소된다.

즉, 질량효과란 질량에 따라 얼마나 균일한 martensite를 얻을 수 있는지를 보는 척도라고
할 수 있고, 담금질 열처리 시 시편의 안쪽으로 들어갈수록 martensite를 얻는 정도가 다른
것을 말한다.

5) 담금질 균열(quenching crack)

① 개요

강재는 급랭으로 체적이 급격히 팽창하며, 특히 오스테나이트로 변태할 때 가장 큰 팽창과 함께 균열을 수반한다. 이처럼 담금질을 할 때 발생되는 균열을 담금질 균열이라 한다. 담금질 균열은 내외부의 팽창 정도의 차이에 의해 내부의 응력이 과대해져 발생된다.

② 발생 원인

⊙ 담금질 직후에 나타나는 균열 : 담금질할 때 재료 표면은 급속한 냉각으 인해 수축이 생기는 반면 내부는 냉각속도가 느려 펄라이트 조직으로 변하여 팽창한다. 이때 내부 응력이 균열의 원인이 된다.

⊙ 담금질 후 2~3분 경과 시 나타나는 균열 : 담금질이 끝난 후에 생기는 균열로 냉각에 따라 오스테나이트가 마텐자이트 조직으로 변할 때 체적팽창에 의해 발생되며 변화가 동시에 일어나지 않고 내부와 외부가 시간적인 차이를 두고 일어나기 때문이다.

③ 방지대책

⊙ 급랭을 피하고 250℃ 부근(Ar''점)에서 서랭하며 마텐자이트 변태를 서서히 진행시킨다.

⊙ 담금질 후 즉시 뜨임 처리한다.

⊙ 부분적 온도차를 적게 하고 부분단면을 일정하게 한다.

⊙ 구멍이 있는 부분은 점토, 석면으로 메운다.

⊙ 가능한 수랭보다 유랭을 선택한다.

⊙ 재료의 흑피를 제거하여 담금액과의 접촉이 잘 되게 한다.

6) 담금질에 의한 변형방지법

① 열처리할 소재를 냉각용액 중에 가라앉게 하지 말 것

② 가열된 소재를 냉각액 중에서 급격히 균일하게 흔들 것

③ 소재를 대칭되는 축방향으로 냉각액 중에 넣을 것. 특히, 축은 수직으로 톱니바퀴들은 수평으로 급랭시킬 것

④ 스핀들(spindle)과 같은 중공(hollow) 물품은 구멍을 막고 열처리 작업을 할 것

⑤ 복잡한 형상, 두꺼운 이형 단면의 소재는 최대 단면 부분이 먼저 냉각액에 닿도록 할 것

7) 담금질할 때의 주의사항

① 일반적으로 강철은 탄소함유량이 많을수록 또한 냉각속도가 빠를수록 담금질 효과가 크다.

② 가공경화를 받아 재질이 불균일한 강철은 담금질 효과를 얻기 곤란하므로 한번 풀림 열처리를 하여 재질을 균일하게 한 후 담금질하는 것이 좋다.

③ 강철은 담금질하면 체적이 약간 증가하므로 그것으로 인하여 제품의 형상이 변화하여 불량품이 생기지 않도록 주의가 필요하다.

② 뜨임(tempering)

1) 뜨임의 정의

담금질한 강은 경도가 증가된 반면 취성을 가지게 되므로 경도가 감소되더라도 인성을 증가시키기 위해 A_1 변태점 이하의 적당한 온도로 가열하여 물, 기름, 공기 등에서 적당한 속도로 냉각하는 열처리이다.

2) 방법

① 저온 템퍼링
  ㉠ 주로 150~200℃ 가열 후 공랭시키며 템퍼링 시간은 25mm 두께당 30분 정도 유지한다.
  ㉡ 공구강 등과 같이 높은 경도와 내마모성을 필요로 하는 경우 마텐자이트 특유의 경도를 떨어뜨리지 않고 치수안정성과 다소의 인성을 향상시킨다.

② 고온 템퍼링
  ㉠ 주로 500~600℃ 가열 후 급랭(수랭, 유랭)시키며 서랭 시 템퍼링 취성이 발생한다.
  ㉡ 기계구조용 강 등과 같이 높은 인성을 필요로 하는 경우 솔바이트를 얻는 처리법이다.

③ 등온 템퍼링(isothermal tempering)
  ㉠ 소재를 Ar″점 이상의 온도로 가열하고 일정시간 유지하여 마텐자이트를 베이나이트로 변태시킨 다음 적당한 온도로 냉각하여 균일한 온도가 될 때까지 유지한 후 공랭시킨다.
  ㉡ 베이나이트 뜨임이라고도 하며 고속도강을 등온 뜨임하면 인성과 절삭능력이 향상된다.

3) 뜨임취성

인성이 경화와 같이 증가하는 것이 아니고 저하하는 것을 말한다.

① 저온뜨임취성
  ㉠ 뜨임온도 200℃ 부근까지는 인성이 증가하나 300~350℃에서는 저하한다.
  ㉡ 인이나 질소를 많이 함유한 강에 확실히 나타난다.
  ㉢ Si를 강에 첨가하면 취성 발생온도가 300℃ 정도까지 상승한다.

② 고온시효취성
  ㉠ 500℃ 부근에서 뜨임할 때 인성이 시간의 경과에 따라 저하하는 현상
  ㉡ 600℃ 이상 온도에서 템퍼링 후 급랭하고 Mo을 첨가하여 취성을 방지한다.

③ 뜨임서랭취성
  550~650℃에서 서랭한 것의 취성이 물 및 기름에서 냉각한 것보다 크게 나타나는 현상

4) 뜨임색(temper colour)

뜨임할 때 담금질한 표면을 깨끗이 닦아서 철판 위에 얹어 놓고 가열하면 산화철의 얇은 막이 생겨 이것이 온도에 따라 독특한 색을 나타내는 것을 말하며, 이것으로 뜨임온도를 판단할 수 있다.

5) 뜨임균열(temper crack)

① 발생 원인
  ㉠ 뜨임 시 급가열했을 때
  ㉡ 탈탄층이 있을 때
  ㉢ 뜨임온도에서 급랭했을 때

② 대책
  ㉠ 급가열을 피하고 뜨임온도에서 서랭한다.
  ㉡ 뜨임 전 탈탄층을 제거한다.

③ 풀림(annealing)과 불림(normalizing)

1) 풀림

① 풀림의 정의
  가공경화나 내부응력이 생기게 된 것을 제거하기 위하여 적당한 온도(A_{321} 변태점 이상)로 가열하여 서서히 냉각시켜 재질을 연하고 균일하게 하는 것

② 풀림 열처리의 목적

  ㉠ 단조, 주조, 기계가공에서 발생한 내부응력 제거

  ㉡ 가공 및 열처리에서 경화된 재료의 연화

  ㉢ 결정입자의 균일화

③ 풀림의 종류

  ㉠ 완전풀림(full annealing, 고온풀림) : 아공석강에서는 Ac_3 이상, 과공석강에서는 Ac_1점 이상의 온도로 가열하고 그 온도에서 충분한 시간 동안 유지하여 서랭시켜 페라이트와 펄라이트(아공석강), 망상 시멘타이트와 조대한 펄라이트(과공석강)로 만든다. 금속재료를 연화시켜 절삭가공이나 소성가공을 쉽게 하기 위한 풀림이다.

  ㉡ 등온풀림 : 사이클 풀림(cycle annealing)이라고 하며 완전풀림의 일종으로 단지 항온변태만 이용한다는 차이만 있을 뿐이다. 강을 오스테나이트화한 후 nose 온도에 해당하는 600~650℃의 노 속에 넣어 5~6시간 유지한 후 공랭시키며 풀림의 소요시간이 매우 짧다. 공구강, 합금강의 풀림시간 단축 시 현장에서 흔히 이용된다.

  ㉢ 응력제거 풀림 : 재결정온도(450℃) 이상 A_1 변태점 이하에서 행한다. 잔류응력에 의한 변형방지가 목적이나 잔류응력 제거와 함께 결정입자를 미세화하고자 할 때는 완전풀림이나 노멀라이징을 하여야 한다.

  ㉣ 연화풀림 : A_1점 근처의 온도에서 가열하여 재결정에 의해 경도를 균일하게 저하시킴으로써 소성 및 절삭가공을 쉽게 하기 위해 행하는 풀림 처리이다. 냉간가공 시 발생된 가공경화를 제거하는 것이 목적이며, 가열온도의 상승과 함께 조직의 회복 → 재결정 → 결정립 성장의 3단계로 연화된다.

  ㉤ 구상화 풀림(spheroidizing annealing) : 펄라이트를 구성하는 시멘타이트가 층상 또는 망상으로 존재하면 기계가공성이 나빠지고 특히 담금질 열처리 시 균열이나 변형 발생을 초래하기 쉬워 탄화물을 구상화시킨다. A_1 온도 부근에서 장시간 가열유지, 반복가열냉각, 가열 후 서랭시킨다. 공구강이나 면도날 등의 열처리에 이용된다.

  ㉥ 확산풀림(diffusion annealing), 균질화 풀림 : 주괴 편석이나 섬유상 편석을 없애고 강을 균질화시키기 위해 고온에서(A_3 또는 A_{cm} 이상) 장시간 가열 후 노 내에서 서랭하며 풀림온도가 높을수록 균질화는 빠르게 일어나지만 결정립이 조대화되므로 주의해야 한다. 침탄 처리한 탄소강을 확산 풀림하여 침탄층의 깊이를 증가시키고 표면에 강인한 펄라이트를 조성하여 내충격성 및 내마멸성을 얻고 편석을 제거한다.

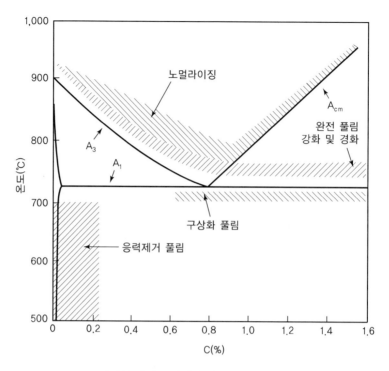

| 탄소강의 노멀라이징 및 풀림온도 |

▼ 풀림의 분류

구분	풀림온도	종류
저온풀림	A_1점 이하	응력제거풀림, 연화풀림, 구상화풀림
고온풀림	A_1점 이상	완전풀림, 등온풀림, 확산풀림

2) 불림(normalizing)

① 개요

압연이나 주조한 강괴는 불순물의 편석 등 조직을 갖지 못하고 급랭에 의한 결정립의 조대화로 인해 정상적인 조직을 갖게 할 필요가 있다.

완전풀림에 의한 과도한 열화와 입자성장을 피하기 위하여 A_{321} 또는 A_{cm}보다 50~80℃ 높은 온도로 가열하여 완전 austenite 상태로부터 정지공기 중에서 실온까지 냉각시켜 강의 내부응력을 제거하고 미세한 조직을 얻은 열처리이다.

② 목적

㉠ 응고속도 또는 가공도의 차이에 따라 발생된 불균일한 조직의 국부적인 차이를 해소하고 내부응력을 제거하며 기계적·물리적 성질을 표준화한다.

㉡ 결정립을 미세화시켜서 어느 정도의 강도 증가를 꾀하고 담금질이나 완전풀림을 위한 예비 처리로써 균일한 오스테나이트를 만든다.

ⓒ 저탄소강의 기계가공성을 개선하여 절삭성을 향상시키고 결정입자의 조정 및 변형
방지를 한다.

③ 불림 처리 강의 특징
ⓐ 단강품
- 가공 등에 의한 잔류응력이 제거되고 결정립이 미세화됨으로써 강도와 인성이 증가
된다.
- 단강품은 일반적으로 불림 또는 풀림을 하여 사용하며 불림을 통해 강도 증가를 꾀
할 수 있다.
- 가열온도가 너무 높으면 결정립이 재차 성장하고 이에 따라 강도와 인성이 저하될
수 있으므로 주의해야 한다.
ⓑ 주강품
- 편석이나 조대화된 결정립을 미세한 펄라이트 조직으로 만든다.
- 편석이 심할 경우에는 노멀라이징 온도를 높이고 유지시간도 길게 한다.

④ 열처리 방법
ⓐ 일반 노멀라이징 : 강을 A_3 또는 A_{cm}선보다 30~50℃ 정도 높은 온도로 가열하여 균
일한 오스테나이트로 만든 다음 대기 중에서 냉각한다.
ⓑ 2단 노멀라이징 : 두께가 75mm 이상 되는 대형부품이나 고탄소강의 백점 또는 내부
균열을 방지하고 구조용 강의 강인성을 향상시키기 위해 550℃까지 공랭 후 노 내에서
서랭시킨다.
ⓒ 항온 노멀라이징 : 저탄소 합금강의 피삭성을 향상시키기 위해 550℃에서 등온 변태
시키고 공랭한다.

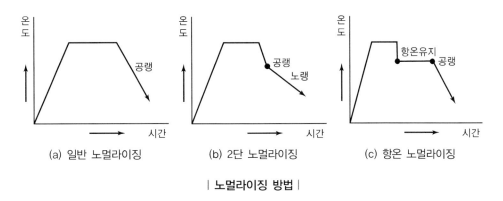

(a) 일반 노멀라이징   (b) 2단 노멀라이징   (c) 항온 노멀라이징

| 노멀라이징 방법 |

1 항온 열처리(TTT선도 이용)

담금질과 뜨임의 두 가지 열처리를 동시에 할 수 있는 열처리법이다. 아래 그림에서 AB 간에 가열하여 austenite로 되게 하고 이를 균일하고 완전한 austenite가 되도록 BC 간을 유지하며 salt bath에서 급랭해서 담금질한다. 뜨임온도에서 DE 간을 유지한 후 공랭하여 뜨임을 행한다.

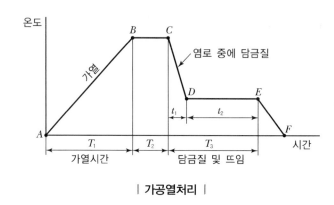

| 가공열처리 |

1) 강의 항온변태선도 또는 TTT선도(Time−Temperature−Transformation diagram)

M_s는 martensite의 개시점, M_f는 완료점을 표시하며 S곡선의 좌단의 nose(또는 knee)가 좌단으로 이동할수록 담금질의 냉각속도가 커야 하기 때문에 담금질하기가 힘든 재료이며 우단으로 이동할수록 재료의 경화능이 커지게 된다. 강의 전조직을 martensite로 할 수 있는 냉각속도(최저속도)를 임계냉각속도(critical cooling rate)라 하며 nose 측에 존재한다. 이때 생긴 조직은 오스테나이트, 마텐자이트, 상부 및 하부 베이나이트(upper and lower bainite) 및 펄라이트 등으로서 베이나이트만이 계단 열처리 조직과 다르다.

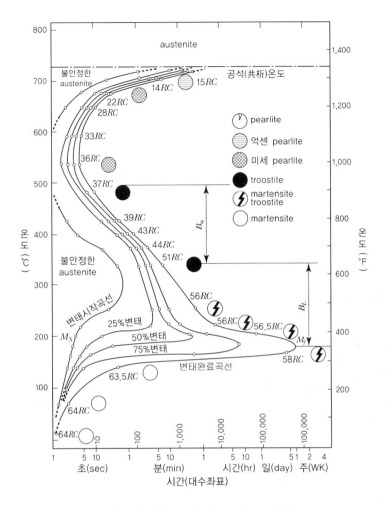

| 항온 열처리에서 얻을 수 있는 조직 |

2) 항온열처리를 응용한 열처리의 종류

① 마퀜칭(marquenching)

M_s(martensite의 개시점)보다 다소 높은 온도의 염욕에 담금질한 후에 내부와 외부 온도가 균일하게 된 것을 마텐자이트 변태를 시켜 담금질 균열과 변형을 방지한다. 합금강, 고탄소강, 침탄부 등의 담금질에 적합하며 복잡한 물건의 담금질에 쓰인다.

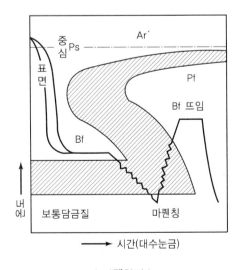

| 마퀜칭질 |

② 오스템퍼(austemper)

　　㉠ M_s 상부과랭 Austenite에 변태가 완
　　료될 때까지 항온 유지하여 베이나이
　　트를 충분히 석출시킨 후 공랭하는데,
　　이를 베이나이트 담금질이라고도 한다.

　　㉡ 뜨임할 필요가 없고 오스템퍼한 강은
　　H_RC 35~40으로서 인성이 크고 담금
　　질 균열 및 변형이 잘 생기지 않는다.

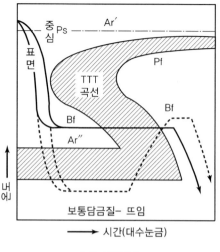

| 오스템퍼 |

③ 마템퍼(martemper)

　　㉠ austemper보다 낮은 온도(M_s 이하)인 100~200℃에서 항온 유지한 후에 공랭하는
　　열처리로서 austenite에서 martensite와 bainite의 혼합조직으로 변한다.

　　㉡ 경도가 상당히 크고 인성이 매우 크게 되나 유지시간이 길어 대형의 것에는 부적당
　　하다.

④ 항온뜨임(isothermal tempering)

　　㉠ M_s 온도 직하에서 열욕에 넣어 유지시킨 후 공랭하여 마텐자이트와 베이나이트가 혼
　　합된 조직을 얻는다. 마텐자이트 내에 일부 베이나이트 조직을 얻기 때문에 베이나이
　　트 템퍼링이라고도 한다.

　　㉡ 뜨임에 의해 2차 경화되는 고속도강이나 공구강 등에 효과적이다.

⑤ 등온풀림(isothermal annealing)

　　㉠ 풀림온도로 가열한 강재를 S곡선의 코(nose) 부근 온도인 600~650℃에서 항온 변
　　태시킨 후 공랭한다. 펄라이트 변태가 비교적 빠른 속도로 진행된다.

　　㉡ 처리시간이 단축되고 연속작업에 의한 대량생산이 가능하다. 공구강, 합금강 등 자경
　　성(self hardening)의 강에 적합하다.

1 개요

소성가공과 열처리를 결합시킨 처리방법으로서 열처리를 통해 얻을 수 없는 조직과 기계적 성질을 갖는다. 통상의 열간가공은 비교적 오스테나이트 영역에서 행하여지지만 최근 강의 강도와 인성을 향상시키기 위해 저온의 오스테나이트 영역에서 또는 변태 중, 변태 완료 후 가공을 행하여 바람직한 미세조직을 얻는 것을 가공열처리(thermo mechanical treatment)라고 하며 특히 고장력 저합금강의 제어압연은 널리 실용화되고 있다.

2 종류

1) 안정한 오스테나이트 영역에서의 가공열처리(단조담금질)

열간단조나 열간압연 후 즉시 담금질을 행하여 경화능을 향상시켜서 강도와 인성의 개선을 꾀한다.

2) 오스포밍

대표적 가공열처리방법으로서 준안정 오스테나이트를 500℃ 부근에서 가공한 후 급랭하여 마텐자이트로 변태시키며 연성과 인성을 그다지 해치지 않고 강도를 향상시키나 탄소량이 적은 강은 효과가 적다.

3) 마텐자이트 변태 중의 가공

오스테나이트계 스테인리스강이나 고Mn강에서는 M_s점 이상의 온도에서 가공할 때 마텐자이트를 형성시키지 않고 변형되어 현저히 강화된다.

4) 페라이트, 펄라이트 변태 중의 가공(아이소포밍, isoforming)

경화능이 그다지 크지 않은 저합금강을 변태점 영역에서 가공하는 조작이며 미세한 페라이트 결정립과 구상탄화물이 분산 석출된 조직으로서 강도와 인성이 향상된다(제어압연강의 강화법).

5) 펄라이트의 가공에 의한 강화

① 파텐팅(patenting)
피아노선 등을 냉간가공할 때 전처리로 오스테나이트화 처리 후 500℃ 정도에서 항온변태

시키며 열욕담금질법에 의해 솔바이트 조직이 얻어져 연성이 커지므로 냉간가공성이 향상된다.

② 블루밍(bluming)

피아노선을 스프링으로 사용하기 위해 냉간가공 후 350℃ 정도로 저온 가열한다. 국부적 변형 제거, 시효경화현상에 의한 탄성한계 상승, 피로특성 개선 등의 효과가 있다.

6) 제어냉각에 의한 강화(제어압연)

① 저탄소 고장력강(TMCP : Thermo Mechanical Control Process)에서 열간압연과 냉각과정을 정밀하게 제어하면 압연상태에서도 높은 강도와 인성을 얻을 수 있다.

② 강인화 기구

　㉠ 압연 전 slab의 가열온도를 가능한 낮춘다(압연 전의 오스테나이트 결정립의 미세화).

　㉡ 저온의 오스테나이트 영역에서 가공하여 재결정 오스테나이트를 미세화시킨다(Nb, Ti 합금원소를 미량 첨가하여 재결정 성장을 억제).

　㉢ A_3 변태점 이하의 2상 영역에까지 가공을 계속하면 가장 우수한 인성을 얻을 수 있다(미변태 오스테나이트 결정립은 더 연신되고 페라이트는 아결정립(sub grain) 형성).

　㉣ 제어압연 종료 후 적당한 속도로 가속냉각(수랭)하거나 급랭 도중 공랭하는 등의 제어냉각을 한다(대폭적인 강도 향상).

1. 개요

강을 담금질했을 때의 경도는 탄소 함유량에 따라 결정되며 합금원소와는 관계가 없다. 또한 동일한 탄소량일 때에도 조직에 따라 경도가 다르며 0.6%C 이상에서는 탄소량이 증가하여도 담금질 경도는 크게 증가하지 않는다.

강의 담금질 깊이는 C%가 많을수록, 합금원소량이 많을수록, 결정립이 조대할수록 커진다. 가장 큰 영향을 미치는 것은 합금원소이다.

담금질 시 동일한 냉각제에서의 경화깊이가 큰 것을 경화능이 좋은 것이라 하고, 반대로 경화깊이가 작은 강은 경화능이 나쁜 강이라 하며 탄소강에 비해 합금강이 경화능이 좋다.

2. 경화능 및 경화능의 표시

1) 경화능(hardenability)

① 열처리 시 동일한 크기의 제품이라 할지라도 강의 화학 조성에 따라 담금질된 경화 깊이가 다르며 이 경화 깊이를 지배하는 강의 성능을 경화능이라고 한다.

② 경화능을 알기 위해서는 담금질된 강의 단면 경도 분포를 측정하면 된다. 큰 강제를 담금질하면 표면만 경화하고 중심부는 냉각속도가 느리므로 Ar′ 변태를 일으켜 경화되지 않는다. 따라서 단면 경도 분포는 U자형을 나타내며 이 곡선을 U곡선이라 한다.

2) 경화능 표시방법

① 임계직경에 의한 방법

㉠ 임계냉각속도가 큰 강은 단면치수가 약간 커져서 중심부의 냉각속도가 작아지면 경화되지 않는다. 반면, 임계냉각속도가 작은 강은 두께가 다소 커져도 중심부까지 경화되어 경화능이 좋게 된다.

㉡ 경화능은 보통 담금질 경화층의 깊이로 결정되며 50% 마텐자이트 조직의 경도, 즉 임계경도인 H_RC 50을 나타내는 부분의 깊이를 담금질 경화층 깊이로 한다. 이 부분은 경화부와 비경화부 경계로서 조직은 50% 마텐자이트와 50%의 펄라이트로 볼 수 있다.

② 조미니 시험법(jominy test)

㉠ 정의 : 한쪽 단면 담금질방법에 의한 경화능 시험으로서 기계구조용 탄소강 및 저합금강의 경화능 시험에 많이 이용되고 있다.

ⓛ 시험편 및 시험장치 : 시험편은 직경 25mm(1inch), 깊이 100mm(4inch)의 원통으로 서 한쪽 끝에 직경 28mm의 플랜지를 달고 있으며 시험장치는 일정한 유량 및 유속으로 물을 분출시켜 반대쪽 시험편의 단면만 냉각되도록 한다.

시험편을 노에서 가열한 후 꺼내어 시험장치를 통해 냉각하면 위로 갈수록 냉각속도가 작아진다. 담금질단으로부터 일정한 간격으로 경도를 측정하여 거리에 따른 경도의 변화를 그래프로 나타낼 수 있으며 이 조직을 조미니 선도 또는 경화능 곡선이라 한다.

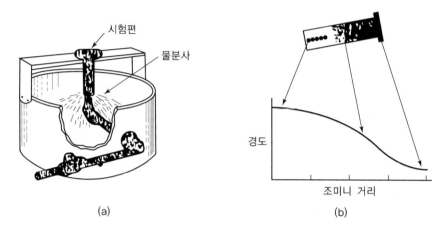

(a)   (b)

| 경화능 시험장치와 시험값 |

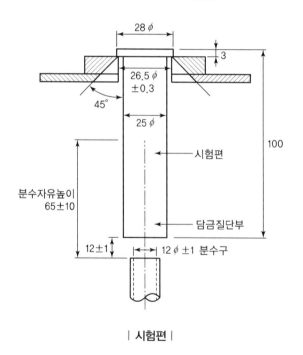

| 시험편 |

서브제로(subzero) 처리(심랭 처리)

1. 개요

담금질 시 탄소량이 많고 냉각속도가 늦으면 잔류 오스테나이트의 양이 많아지며 담금질 경도의 저하, 치수불안정, 연마균열 등의 문제점이 생기므로 담금질한 강의 경도를 증대시키고 시효변형을 방지하기 위하여 0℃ 이하의 온도까지 냉각시켜 잔류 오스테나이트를 마텐자이트 조직으로 처리하는 것으로 볼이나 게이지류의 제작 시 이용된다.

2. 심랭 처리 목적

① 강을 강인하게 만든다.
② 공구강의 경도증대, 성능향상을 꾀한다.
③ 게이지류 등 정밀기계부품의 조직을 안정화시킨다.
④ 시효에 의한 형상 및 치수변형 방지, 침탄층의 경화 목적을 달성한다.
⑤ 스테인리스강의 기계적 성질을 향상시킨다.

3. 처리방법

① 일반적으로 담금질 후 곧바로 심랭 처리를 하며 균열방지를 위해 급랭을 피한다.
② 제품 크기가 크거나 두께가 두껍고 불균일한 것은 심랭 전에 100℃의 물속에서 1시간 정도 템퍼링하여 균열을 방지한다.
③ 표면의 탈탄층이 남았을 경우는 탈탄층을 제거해야 하며 심랭온도에서 충분히 유지한 상온으로 되돌려야 균열이 방지된다.
④ 심랭 처리 시 유지시간은 보통 25mm당 30분 정도이다.
⑤ 심랭 처리 온도로부터 상온으로 되돌리는 데는 공기 중에 방치하는 자연해동 방법도 있지만 작업성이나 잔류응력 해소를 위해 수중에 투입하여 급속 해동시키는 것이 좋다.

| 심랭 처리 제품 |

4. 냉매

1) 드라이아이스

단열제가 내장된 스테인리스강 통 속에 드라이아이스와 에테르를 넣어 −78℃로 유지하여 제품을 침적한다.

2) 액체질소

196℃에서 처리가 가능하므로 초심랭 처리라고 부르며 액체질소의 공급방법에 따라 액체법과 액체질소를 분사시켜 사용하는 가스법이 있다.

5. 초심랭 처리

1) 정의

일반적인 심랭 처리 온도인 −80℃ 전후보다 더욱 낮은 온도인 약 −196℃에서 심랭 처리한 것으로 여러 번 템퍼링해야 하는 내마모용 부품을 1차 템퍼링으로 끝낼 수 있으며, 초심랭 처리를 통해 현저한 내마모성의 향상을 기할 수 있다.

2) 장점

① 잔류 오스테나이트를 거의 전부 마텐자이트로 변태시킨다.
② 내마모성의 현저한 향상과 치수안정성을 갖는다.
③ 조직이 미세화되고 미세 탄화물이 석출된다.

3) 적용 예

공구용 고속도강, 금형부품(STD11), 베어링강 및 스테인리스강, 침탄부품 및 소결합금

1. 오스포밍 공정

강을 재결정온도 이하, M_s점 이상의 온도범위에서 소성가공한 후 소입하는 조작으로 가공온도까지 냉각 중 또는 가공 중에 변태생성물이 생기지 않도록 하는 것이 효과적이다.

2. 오스포밍 곡선

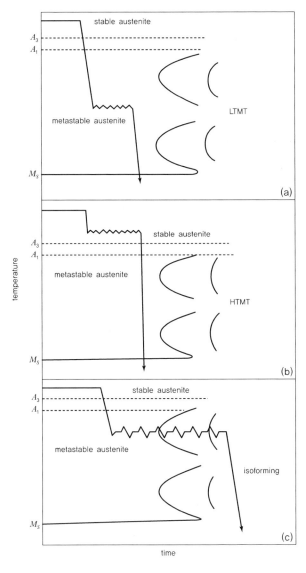

| ausforming 곡선 |

SECTION **01** | **표면경화의 개요**

1 표면경화의 목적

① 물체의 표면만을 경화하여 내마모성을 증대시키고 내부는 충격에 견딜 수 있도록 인성을 크게 하는 열처리
② 표면의 성질(특히, 마멸, 표면압입, 피로 등에 대한 저항성)을 개선

2 표면경화의 분류

① 화학적 표면경화(표면에 탄소, 질소 등을 침투) : 침탄법, 질화법, 청화법, 붕화법
② 물리적 표면경화(선택적 가열기술) : 고주파경화, 화염경화
③ 기타 : 기계적 표면경화 등

SECTION **02** | **표면경화법의 종류**

1 침탄법과 질화법

1) 침탄법

0.2%C 이하이며 저탄소강 또는 저탄소 합금강을 함탄 물질과 함께 가열하여 그 표면에 탄소를 침입 고용시켜서 표면을 고탄소강으로 만들어 경화시키고 중심 부분은 연강으로 만드는 것이다. 침탄강은 마멸에 견디는 표면경화층의 부분과 강인성이 있는 중심으로 구성되어 있어 캠, 회전축 등에 사용된다.

① 침탄용 강의 구비조건

    ㉠ 저탄소강이어야 한다.

    ㉡ 장시간 가열하여도 결정입자가 성장하지 않아야 한다.

    ㉢ 표면에 결함이 없어야 한다.

② 침탄제의 종류

    ㉠ 목탄, 골탄, 혁탄

    ㉡ $BaCO_3$ 40%와 목탄 60%의 혼합물

    ㉢ 목탄 90%와 NaCl 10%의 혼합물

    ㉣ KCN 및 $K_4Fe(CN)_6$ 등의 분말

    ㉤ 황혈염과 중크롬산가리의 혼합물

③ 침탄경화법의 종류

    ㉠ 고체침탄법

    철재의 침탄상자에 고체 침탄제와 침탄 촉진제를 넣고 밀폐한 후 가열 유지하여 저탄소강 표면에 침탄층을 얻는다.

        ⓐ 침탄요소

          • 침탄제에는 목탄, 코크스, 골탄 등이 있고 촉진제로는 $BaCO_3$, Na_2CO_3, NaCl 등이 사용된다.

          • 침탄로 중에서 900~950℃로 가열하여 침탄한 후 급랭하여 경화시킨다.

          • 보통 침탄 깊이는 0.4~2.0mm가 적당하다.

        ⓑ 침탄 시 유의사항

          • 침탄 온도가 높으면 침탄 속도가 빠르나 950℃ 이상이면 오스테나이트 결정립이 조대화된다.

          • 침탄 깊이가 너무 깊으면 비용이 많이 들고 인성이 불리하다.

          • 침탄재 입도가 너무 작으면 열의 통과에 불리하여 시간이 걸린다.

          • 강재에 크롬(Cr)이 함유되면 탄소의 확산이 느려 과잉 침탄이 발생한다.

          • 균일 침탄 및 침탄층의 조절에 신경을 써야 한다.

          • 탄산나트륨이 너무 많으면 강표면에 용착되어 침탄이 어렵다.

        ⓒ 국부적 침탄방지

          • 탄소강에 구리도금을 한다.

          • 가공 여유를 두어 침탄 후 절삭가공하여 침탄부를 깎아낸다.

          • 진흙을 바르고 석면 및 강판으로 두른다.

        ⓓ 침탄 후 열처리

          • 확산풀림 : 탄소의 확산이 느린 Cr 함유강은 탄소가 표면에 집중되어 표면에 과

잉 침탄이 발생되므로 탄소를 내부로 확산시키기 위해 침탄온도에서 30분~4시간 정도 풀림한다.

- 구상화풀림 : 침탄층에 나타난 망상의 시멘타이트는 담금질 전에 구상화하는 것이 좋으며 1차 및 2차 담금질을 할 때는 1차 담금질 후 650~700℃에서 구상화 풀림한다.
- 담금질 : 처리 중의 중심부는 조직이 매우 조대하므로 A_3 이상 30℃ 정도에서 가열 후 유랭시켜 1차 담금질하고 다음에 침탄부(표면)를 경화시키기 위해 A_1점 이상 가열 후 수중에서 2차 담금질한다.

구분	온도	냉각	목적
1차 담금질	A_3 이상 30℃	유랭	조직의 미세화
2차 담금질	A_1점 이상	수랭	표면경화

- 뜨임 : 침탄 후 담금질한 강의 응력제거 및 마텐자이트의 안정화를 위해 저온뜨임(150~200℃) 처리를 하며 저온 뜨임을 통해 연마균열이 방지되고 내마모성이 향상된다.

ⓛ 가스침탄법(gas carburizing)
  ⓐ 침탄방법 : 주로 작은 부품의 침탄에 이용되는 것으로 메탄가스나 프로판가스, 아세틸렌가스 등 탄화수소계 가스를 변성로에 넣어 니켈을 촉매로 하여 침탄가스로 변성한 후, 오스테나이트화된 금속의 표면을 접촉시키면 활성탄소가 침입하여 침탄이 일어난다.
  ⓑ 침탄요소
    - 침탄제 : 일산화탄소(CO), CO_2, CH_4(메탄가스), C_mH_n 등으로 주로 천연가스, 도시가스, 발생로가스 등이 사용된다.
    - 가열온도 및 시간 : 900~950℃에서 3~4시간(최근에는 1,000~1,200℃의 고온 침탄을 많이 사용)
    - 침탄깊이 : 약 1mm
  ⓒ 고온침탄의 장점
    - 침탄시간이 단축된다.
    - 확산구배가 급하지 않다.
    - 깊은 침탄층을 얻을 때 효과적이다.
  ⓓ 가스침탄의 특징
    - 균일한 침탄층을 얻을 수 있다(가스공급량, 혼합비, 온도의 조절).
    - 작업이 간편하고 열효율이 높다.
    - 연속 침탄에 의해 다량 침탄이 가능하다.

ⓔ 침탄 후 열처리
- 1차 담금질 : 고온에서 장시간 가열하므로 성장된 조직을 미세화하기 위해 A_3 점 이상 30℃까지 가열한 후 기름 중에서 1차 담금질한다.
- 2차 담금질 : 표면의 침탄부를 마텐자이트로 변화시켜 경화하기 위한 처리로서 A_3점 이상 가열한 다음 물속에 담금질한다.
- 뜨임 : 담금질한 다음 150~200℃ 정도로 10분 정도 가열하여 응력을 제거하고 인성을 부여하나 경도는 다소 저하된다.

ⓒ 액체침탄법(liquid carburizing, cyaniding, 시안화법)
ⓐ 원리 : 강철을 황혈염 등의 CN화합물을 주성분으로 한 청산소다(NaCN), 청산칼리(KCN)로서 표면을 경화하는 방법이다. 보통 침탄법은 탄소만 침투되지만 청화법은 청화물(CN)이 철과 작용하여 침탄과 질화가 동시에 진행되므로 침탄질화법이라 한다.
ⓑ 종류
- 침지법

구분	내용
원리	청화물에 $BaCl_2$, $CaCO_3$, $BaCO_3$, K_2CO_3, $NaCl_2$, N_2CO_3 등을 첨가하여 녹은 용액 중에 표면 경화할 재료를 일정시간 침지하고 물에 담금질하는 것으로 액체 침탄법이라고도 한다.
장점	• 균일한 가열이 가능하고 제품의 변형을 방지할 수 있다. • 온도조절이 쉽고 일정 시간 지속할 수 있다. • 산화가 방지되며 시간이 절약된다.
단점	• 침탄제의 가격이 비싸다. • 침탄층이 얇다. • 유독가스가 발생한다.

- 살포법 : 청화물을 주성분으로 한 분말제를 가열된 강철에 뿌려 침탄시키고 담금질하는 법이다.
ⓒ 침탄 후 열처리
- 담금질
  - 공랭 후 재가열하여 담금질하거나 침탄온도로부터 730~750℃까지 냉각한 후 담금질한다.
  - 담금질온도가 높으면 잔류 오스테나이트양이 많아져 경도가 저하될 수 있으며, 담금질 변형 방지를 위해 수랭하지 않고 마담금질(marquenching)할 수도 있다.
- 뜨임 : 담금질 후 150~180℃의 저온 뜨임을 실시하여 강의 내부응력을 제거한다.

2) 질화법

① 원리

노 속에 강재를 넣고 암모니아 가스를 통하게 하면서 500~530℃ 정도의 온도로 50~100시간 유리하면 표면에 질소가 흡수되어 질화물이 형성되는데, 침탄보다 더 강한 질화2철(Fe_4N)이나 질화1철(Fe_2N)이 된다. 질화법은 다른 열처리와 달리 A_1 변태점 이하의 온도로 행하며 담금질할 필요가 없고 치수의 변화도 가장 적다.

내마멸성과 내식성, 고온 경도에 안정이 된다.

② 특징

㉠ 경화층은 얇고, 경도는 침탄한 것보다 더욱 크다.

㉡ 마모 및 부식에 대한 저항이 크다.

㉢ 침탄강은 침탄 후 담금질하나 질화법은 담금질할 필요가 없어 변형이 적다.

㉣ 600℃ 이하의 온도에서는 경도가 감소되지 않고 또 산화도 잘 되지 않는다.

㉤ 가열온도가 낮다.

▼ 침탄법과 질화법의 비교

침탄법	질화법
경도가 질화법보다 낮다.	경도가 침탄법보다 높다.
침탄 후의 열처리가 필요하다.	질화 후의 열처리가 불필요하다.
침탄 후에도 수정이 가능하다.	질화 후에는 수정이 불가능하다.
처리시간이 짧다.	처리시간이 길다.
경화에 의한 변형이 생긴다.	경화에 의한 변형이 생기지 않는다.
고온으로 가열되면 뜨임이 되고 경도가 낮아진다.	고온으로 가열되어도 경도가 낮아지지 않는다.
여리지 않다.	질화층은 여리다.
강철 종류에 대한 제한이 적다.	강철 종류에 대한 제한을 받는다.
처리비용이 비교적 적다.	비용이 많이 든다.

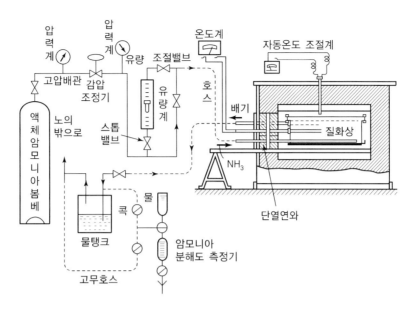

| 질화로와 장치계통도 |

③ 질화법의 종류

　㉠ 가스질화

　　• 질화방법 : 질소는 강에 잘 용해되지 않지만 500℃ 정도로 50~100시간 암모니아
　　　(NH₃) 가스를 가열하면 발생기 질소가 철 등과 반응하여 Fe₄N, Fe₂N 등의 질화물
　　　을 만들면서 강으로 침투되는데, 질화층의 두께는 보통 0.4~0.9mm 정도이며 은
　　　회색의 단단한 경화면이다.

　　• 질화강 함유 원소의 역할
　　　−알루미늄 : 질화물의 확산이 느려 질화강도를 증가시킨다.
　　　−크롬 : 질화층의 깊이가 증가된다.
　　　−몰리브덴 : 처리시간이 길어져도 강재가 취화되지 않는다.

　　• 질화층의 깊이와 경도 분포
　　　−질화층의 깊이 및 경도는 질화온도, 처리시간에 따라 다르며 요구되는 질화깊이
　　　　를 얻기 위해서는 온도와 시간을 적절히 조합해야 한다.
　　　−경도 분포만 고려 시 탄소 함유량이 적은 것이 유리하나 질화층의 박리, 확산층의
　　　　균열이 우려되므로 500~550℃에서 질화 처리 후 600℃ 이상에서 확산시킨 2단
　　　　질화가 효과적이다.
　　　−질화를 요하지 않는 부분은 미리 주석(Sn)이나 땜납 등으로 둘러싸거나 니켈도
　　　　금을 하여 질화상자에 넣는다.

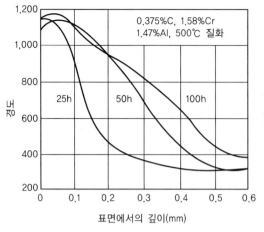

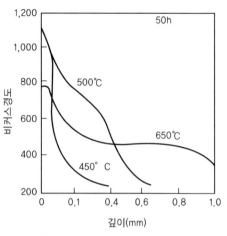

0.375%C, 1.58%Cr
1.47%Al, 500℃ 질화

| 질화 처리시간에 대한 깊이와 경도 |　　| 질화 처리온도에 대한 깊이와 경도 |

ⓛ 액체질화(연질화)

- 질화방법 : 가스질화법은 처리시간이 길고 제한된 질화용 강에만 처리가 가능하므로 이러한 단점을 개선하기 위해 시안화나트륨(NaCN), 시안화칼륨(KCN) 등을 주성분으로 한 염욕로에서 500~600℃로 5~15시간 가열하여 질화층을 얻는다. 특히, 처리 중 반응을 촉진시키기 위해 혼합염 중에 공기를 불어넣는 터프트라이드(tufftride) 방법이 있다.
- 특징
  - 질화 처리시간이 짧다.
  - 저온처리로 균일하고 안정된 조직을 얻는다.
  - 가스질화로 처리가 곤란한 강에도 적용이 가능하다.
  - 유해물질이 발생된다.

ⓒ 이온질화

- 질화방법
  - 연질화법의 시안화합물의 공해대책을 보완한 것으로 밀폐시킨 용기 내에 질소와 수소의 혼합분위기($N_2 + H_2$) 속에서 질화 처리하고자 하는 부품을 음극으로, 별도의 전극을 양극으로 설치한다.
  - 직류전압을 걸어주어 글로우 방전에 의한 혼합가스를 음극의 처리부품에 고속으로 충돌, 가열시키고 동시에 질소를 침투시킨다.
- 특징
  - 작업환경이 좋고 질화속도가 빠르다.
  - 별도의 가열장치가 필요 없다.
  - 가스비율을 변화시켜 질화층의 조성을 제어할 수 있다.
  - 가스질화로 처리가 곤란한 강에도 적용이 가능하다.

－복잡한 형상의 부품은 균일한 질화가 어렵다.

－처리부품의 온도 측정과 급속냉각이 어렵다.

▼ 각종 질화법의 비교

분류	경화층(mm)	표면경도(Hv)	질화제	질화온도(℃)	장점	단점
가스질화	• 화합물층 최대 0.03 • 확산층 최대 0.6	고합금강 (1,000~1,200)	HN_3 (암모니아가스)	520~530 550~590	• 높은 경도 • 내마모성 • 피로강도	• 백층 연마 제거 • 장시간 소요 • 전용 강종이 필요
염욕질화	• 화합물층 최대 0.04 • 확산층 최대 0.4	탄소강 (400~600) 합금강 (600~1,200)	CN염 CNO염	550~580	단시간, 내소착성, 피로강도, 모든 강에 적용 가능, 설비 적음, 어떤 형상도 적용	배수처리에서 CN-제거 대책
가스연질화			RX가스 CO_2 NH_3	550~600	내마모, 내소착성, 피로강도, 내식성, 물처리 대책 불필요	• 설비비가 비쌈 • 오스테나이트강에 부적당
플라즈마질화	• 화합물층 최대 1/1,000 • 확산층 최대 0.4		$N_2 + H_2$	350~600	질화성 양호, 넓은 조건 설정 가능, 화합물층이 양호	• 형상과 크기 제한 • 급랭이 불가능 • 양산 곤란
염욕침황질화	• 화합물층 최대 0.04 • 확산층 최대 0.4		CN염+ 금속황화물	560~570	내소착성	배수 처리설비 필요
가스침황질화	• 화합물층 최대 0.02 • 확산층 최대 0.5	탄소강 400~700 합금강 700~1,200	NH_3 CO_2 N_2 X가스	400~620	내마모, 내소착성, 피로강도, 내식성, 제진성, 스테인리스강에 적당	침황가스 공급장치 및 배기가스 설비 필요

② 선택적 가열기술 : 화염경화, 고주파경화

1) 화염경화(flame hardening)

① 원리

탄소강이나 합금강에서 0.4~0.7% 탄소 전후의 재료를 필요한 부분에 산소-아세틸렌 화염으로 표면만을 가열하여 오스테나이트로 한 다음, 물로 냉각하여 표면만을 오스테나이트로 만드는 경화이다. 크랭크축, 기어의 치면, rail의 표면 경화에 적합하다.

② 종류

    ㉠ 고정식 화염경화 : 피가열물을 코일 중에 정지한 상태에서 냉각시키든가 또는 냉각제에 침지하여 급랭 열처리한다.

    ㉡ 이동식 화염경화 : 피가열물이 긴 것을 연속적으로 가열할 수 있도록 특수버너가 장치되어 있으며 가열한 후에는 급랭하여 표면을 경화시킨다.

③ 특징

    ㉠ 부품의 크기와 형상의 제약이 적다.

    ㉡ 국부 열처리가 가능하고 설비비가 저렴하다.

    ㉢ 담금질 변형이 적다.

    ㉣ 가열온도 조절이 어렵다.

④ 처리방법

    ㉠ 소재 및 가열

      • 소재는 0.4~0.6%의 탄소가 함유된 강이 좋다.

      • 산소−아세틸렌의 혼합비는 1 : 1이 가장 좋으며 토치 불꽃 수와 이동속도에 따라 재료 내부의 열전달 깊이가 다르며 따라서 경화층 깊이도 다르게 된다.

    ㉡ 냉각방법

      • 냉각수조(cooling tank)에 담그는 방법 : 담금질온도가 높아지기 쉬우며 담금질 균열의 발생이 쉽다.

      • 분사장치에 의한 냉각 : 일반적으로 가장 많이 이용된다.

      • 순환되는 물속에 소재를 넣고 가열하는 방법 : 선반 베드 등의 열처리법으로 담금질균열 가능성이 적다.

    ㉢ 후처리 : 인성의 개선과 잔류응력 제거를 위해 템퍼링한다.

2) 고주파 경화

① 원리

소재에 장치된 코일 속으로 고주파 전류를 흐르게 하면 소재 표면에는 맴돌이 전류(eddy current)가 유도되며, 이로 인해 생긴 고주파 유도열이 표면을 급속 가열시키고 가열된 소재를 급랭시키면 소재 표면이 담금질되어 경화되는 표면경화법이다.

② 장점

    ㉠ 표면 부분에 에너지가 집중되므로 가열시간을 단축할 수 있다(수 초 이내).

    ㉡ 피가열물의 strain을 최대한도로 억제할 수 있다.

    ㉢ 가열시간이 짧으므로 산화 및 탈탄의 염려가 없다.

    ㉣ 값이 저렴하여 경제적이다.

③ 표피효과

주파수가 클수록 유도전류가 표면 부위에만 집중적으로 흐르는 것을 말한다. 따라서 주파수가 클수록 경화 깊이는 얇아지고 주파수가 작으면 경화 깊이는 깊어진다.

④ 가열조건

유도경화는 교류전류가 코일을 통하여 흐를 때 코일 내외부에 자장이 발생하면서 코일 내에 삽입되는 철강의 표면에 발생되는 와전류로 가열된다. 철에서는 비자성이 되는 큐리점(768℃) 이상의 온도에서도 히스테리시스에 의해 온도가 상승한다. 큐리점 이상에서는 전류효율이 절반 정도로 저하한다.

가열은 설비주파수, 전력, 코일과 피처리물 간격, 코일의 가열면적, 이송속도가 기본적으로 결정한다.

설비 주파수가 높을수록 장의 침투 깊이가 낮아져 반비례하고, 코일과 피처리물 간격은 2~3mm일 때 가장 효율이 높으며 멀어질수록 낮아진다. 동일 전력량이 가해지는 경우 코일의 가열면적이 넓을수록 가열시간은 많이 요구된다. 또 코일이 이송하면서 가열하므로 이송속도가 감소하면 온도는 상승한다. 그 밖에 설비 주파수가 낮으면 침투깊이는 깊어지지만 효율은 감소한다. 원형 코일은 코일 안쪽에서 가열하는 것이 외부로 가열하는 것보다 효율이 높으며, 이 경우는 코일 내부에 페라이트를 설치하면 차단효과로 인해 외부로 자장이 형성되어 효율을 높인다.

⑤ 요구전력밀도

주파수와 사이즈에 따라 전류효율이 달라져 10kHz 설비에서는 직경 50mm 이상일 때 효율을 80% 얻을 수 있으며, 3kHz 설비에서는 직경 60mm 이상에서는 80%의 전류효율을 기대할 수 있다. 그러나 실제적으로는 설비 자체, 코일과 피처리물 사이에서의 전력손실 등으로 최고 80% 이상의 효율을 얻기는 어렵다.

| 고주파 열처리 |

3 기계적 표면경화

1) 숏트 피닝(shot peening)

냉간가공의 일종이며 금속재료의 표면에 고속력으로 강철이나 주철의 작은 알갱이를 분사하여 금속표면을 경화시키는 방법이다.

2) hard facing

금속표면에 stellite(Co-Cr-W-C 합금), 초경합금, Ni-Cr-B계 합금 등의 특수금속을 융착시켜 표면 경화층을 만드는 방법이다.

01 탄화물 피복법

1. 개요

강의 표면에 초경탄화물을 침투확산 또는 부착시키는 방법으로 초경도의 표면층을 형성하여 내마모성과 내열성을 갖는다. 탄화물 피복법은 처리온도가 높기 때문에 변형 발생요인이 많지만 매우 높은 경도를 얻을 수 있으므로 다이, 펀치, Roll 등과 같은 내마모성이 요구되는 금형재료 및 코팅초경공구 등에 이용된다.

탄화물 피복법의 처리방법은 용융염 중에 침지하는 액체법, 분말 중에 가열하는 분말법, 가스반응 및 이온 등을 이용하는 증착법 등이 있다.

2. 탄화물 피복방법

1) 침지법(TD process)

① 처리공정

ⓖ 처리품의 세정 : 탄화물층의 표면을 매끄럽게 하기 위해 산화 스케일이나 녹을 제거한다.

ⓛ 예열 : 열응력 및 변태응력의 발생을 억제하여 변형과 균열을 최소로 하기 위해 일반적으로 열처리로에서 행하며 복잡한 형상의 부품이나 큰 부품에서 효과적이다.

ⓒ 침지 처리 : 붕소를 주성분으로 하여 탄화물 형성원소를 첨가한 염욕에 모재를 침지시켜 담금질온도로 가열한 후 일정시간 유지하여 $5\sim15\mu$의 탄화물층을 얻는다.

ⓔ 열처리 : 담금질경화가 필요한 경우 수랭 또는 유랭을 하며 뜨임을 하여 모재조직 및 경도를 조정한다.

ⓜ 세정 : 온수 중에 재침지하거나 샌드 블라스트 등을 이용하여 표면에 부착된 염욕을 제거한다.

② 특징

ⓖ 균일하고 양호한 표면층이 형성된다.

ⓛ 초경합금보다 높은 경도와 내마모성을 얻는다.

ⓒ 염욕의 교체로써 탄화물 종류를 쉽게 선택한다.

ⓔ 탄화물층의 박리 또는 균열 발생이 없다.

ⓜ 고온 처리 및 담금질 경화에 의한 변형 발생 가능성이 있다.

2) 분말법

① 처리방법

  ㉠ 소결에 의해 이루어지며 0.1μ 이하의 미세한 WC 입자 속에 강을 파묻고 $1,000\sim1,100℃$ 의 환원성 분위기나 중성분위기 중에 적당한 시간 가열 후 서랭한다.

  ㉡ 처리입자는 WC 외에 티타늄, 몰리브덴, 크롬 등을 사용하기도 한다.

② 특징

  ㉠ 초경도의 표면층을 형성하여 내마모성과 내열성을 갖는다.

  ㉡ 다이, 펀치, 롤 등에 이용되며 수명이 15~30배 향상된다.

3) 증착법

가스반응 및 이온 등을 이용하여 탄화물, 질화물 등의 코팅층을 얻을 수 있는 피복방법으로 물리적 증착법(PVD)과 화학적 증착법(CVD)으로 대별된다.

1. 개요

가스반응 및 이온 등으로 탄화물, 질화물 등을 기판(substrate)에 피복하여 간단하게 표면경화층을 얻을 수 있는 방법으로서 가스반응을 이용한 CVD와 진공 중에서 증착하거나 이온을 이용하는 PVD로 대별되며 공구 등의 코팅에 이용된다.

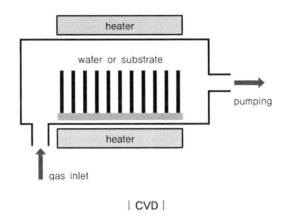

| CVD |

2. CVD(Chemical Vapor Deposition, 화학증착법)

1) 원리

① 가스도금(gas plating), 증기도금(vapor plating) 등으로 불리며 가스반응을 이용하여 탄화물, 질화물 등을 기판에 피복한다.

② 증착하려는 물질의 휘발성 염을 기화실에서 가열 기화한 후 이것을 캐리어 가스(수소, 질소, 아르곤)와 혼합하여 도금실에 보내고 균일하게 고온으로 가열된 모재 표면과 접촉반응시켜 피복물질을 석출한다.

③ 코팅온도 및 처리강종에 따라 다르지만 약 2~4시간 내에 5~15μ의 코팅층이 형성된다.

④ 플라스마 CVD는 플라스마에 의해 반응가스를 분해하여 목적하는 물질의 박막을 기판상에 퇴적(석출)시키는 방법을 말한다. 전자재료로의 CVD에 이용되며, 연속장치도 개발되어 있다. 기술적 진보는 플라스마 에칭과 같다.

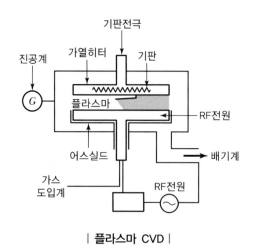

| 플라스마 CVD |

2) 특징

① 장점

㉠ 석출층의 종류가 많아 금속산화물, 질화물, 산화물 등을 피복할 수 있다.

㉡ 균일한 코팅층을 얻을 수 있다.

㉢ 석출속도가 비교적 빠르고 두꺼운 피복이 된다.

㉣ 밀착성이 좋고 핀홀이 적다.

㉤ PVD에 비해 장치가 간단하고 복잡한 형상의 소재도 피복이 가능하다.

② 단점

㉠ 1,000℃ 이상의 고온에서 가열 처리하므로 소재가 제한되고 변형 발생이 있다.

㉡ 큰 도금면적을 얻을 수 없다.

3. PVD(Physical Vapor Deposition, 물리증착법)

1) 이온 플레이팅(ion plating)

① 원리

진공 용기 내에서 금속을 증발시키고 기판(모재)에 음극을 걸어 주어 글로우 방전이 발생되면 증발된 원자는 이온화되며 가스이온과 함께 가속되어 기판에 충격적으로 입사하여 피복시키는 방법이다.

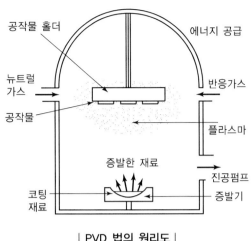

| PVD 법의 원리도 |

② 특징

ㄱ 피막의 밀착성이 매우 우수하고 치밀하다.

ㄴ 코팅온도가 낮으므로 열에 의한 영향이 없다.

ㄷ 여러 종류의 화합물 피막을 얻을 수 있다.

ㄹ 구멍의 내면 등의 피복은 곤란하다.

2) 스퍼터링(sputtering)

① 원리

높은 에너지를 갖는 입자가 target에 충돌하면 이곳으로부터 원자가 튀어나오는 현상을 스퍼터링이라 한다. 진공의 아르곤 분위기에서 전압을 걸면 Ar^+이 타깃($-$)을 충돌하고 이 이온충격에 의해 튀어나온 원자가 ($+$)극인 모재 기판에 붙어 박막이 형성된다.

② 특징

ㄱ 박막 자체의 기능을 이용한 분야(반도체, 센서 등)에 이용된다.

ㄴ 밀착성의 문제로 금형 등의 이용에는 어려움이 있다.

ㄷ 모재의 내마모성, 내열성, 내식성, 장식성을 향상시킨다.

3) 진공증착

진공 중에서 금속을 가열·증발시켜 기판에 부착시키는 방법으로 광학부품, 전자부품에 응용되고 있으나 표면경화를 목적으로 사용하지는 않는다.

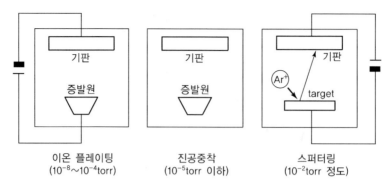

이온 플레이팅
($10^{-8} \sim 10^{-4}$torr)

진공증착
(10^{-5}torr 이하)

스퍼터링
(10^{-2}torr 정도)

| PVD의 종류 및 기본 원리 |

4. CVD 및 PVD의 비교

구분	CVD	PVD
원리	가스에 의해 화학적으로 코팅	이온 등에 의해 물리적으로 코팅
코팅물질	TiC, TiN, TiCN, Al_2O_3	CVD와 동일
처리온도	보통 1,000℃ 이상	보통 500℃ 이하
모재와의 밀착성	우수하다.	CVD보다 다소 떨어진다.
모재형상	형상에 제약이 없다.	복잡한 형상은 불가능
처리모재	초경합금 및 그 이상의 내열성 재료	고속도강, 은납접공구, 초경합금 등
후처리	처리 후 담금질, 뜨임 필요	불필요
변형	변형 발생 가능성이 있다.	CVD에 비해 적다.

5. 대표적 코팅물질의 특성과 적용영역

코팅물질	특성	적용효과
TiCN	• 저온영역에서 경도가 높다. • 초경모재와의 밀착강도가 높다. • 높은 내마찰, 내마모성	• 초경모재와 표층 코팅의 중간에 코팅하여 높은 밀착강도를 갖게 하며 코팅층의 박리를 방지한다. • 내마찰, 내마모성이 높고 릴리프 면의 마모를 개선한다.
TiN	• 강재의 친화성이 없다. • 강재와의 마찰계수가 낮다. • 윤활작용이 있다.	• 팁의 가장 표층에 코팅함으로써 칩이나 공작물과의 마찰저항을 줄이고 칩의 흐름을 원활하게 하는 동시에 발열·마모를 경감시킨다. • 구성인선의 발생을 억제하여 용착이나 치핑을 방지한다.
Al_2O_3	• 고온경도가 높다. • 고온하에서도 화학적으로 안정되고 다른 물질과 잘 반응하지 않는다.	고속절삭 시 발생하는 열에 대하여 화학적으로나 물리적으로도 내성을 가지며 강재가공 시의 크레이터 마모나 주철가공 시의 플랭크 마모에도 높은 항력을 발휘한다.

1. 개요

용융상태의 금속이나 세라믹을 용사 건(spray gun)을 이용하여 모재 표면에 연속적으로 분사시켜서 피막을 적층시키는 방법을 금속용사법(metal spraying)이라 한다. 용사되는 재료는 탄소강, 스테인리스강, 동합금, 세라믹, 초경합금 등이 광범위하게 사용되며 금속의 특성에 따라 내마모성, 내식성, 내열성 등의 요구조건에 부합되는 금속층을 만든다.

2. 종류 및 특징

1) 분말용사법(powder spraying)

① 원리

피복될 금속의 분말을 고온의 화염에 혼합하여 용사한다. 보통 산소-아세틸렌 토치를 이용하고 혼합실에서 부압을 이용한 분말체의 흡입으로 혼합되어 화염과 함께 용융된 상태로 표면에 분사·부착된다.

② 특징

㉠ 화염의 압력에 의하므로 압축공기가 불필요하다.

㉡ 합금분말 등 모든 금속의 용사가 가능하다.

2) 가스용선식 용사법(gas wire type spraying)

① 원리

금속 와이어를 산소-아세틸렌 등의 고온가스로 용융하여 용사하는 방법으로 분말식과 유사하다. 화염의 내부로 금속 와이어가 공급되면 가스 불꽃에 의해 용해되며 압축공기에 의해 분무상태의 용융금속이 표면에 부착된다. 일반적으로 구리 및 알루미늄, 구리합금 및 알루미늄합금 등의 저융점의 금속이 와이어로 사용된다.

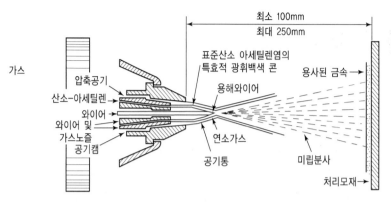

| 용사노즐 |

② 특징

　㉠ 처리모재의 요철이 있어도 평탄하게 부착할 수 있다.

　㉡ 용사피막은 다공질이며 함유성이 있다.

3) 플라스마 용사법(plasma spraying)

① 원리

　㉠ 고온의 플라스마 가스를 이용한 것으로 분말 용사법과 같은 원리이다.

　㉡ 사용가스로는 아르곤과 수소가 이용되며 가스가 분말의 용사를 운반하여 플라스마화
　　한다.

② 특징

　㉠ 분사압력이 대단히 커 부착성도 좋다.

　㉡ 고용융금속 등 모든 금속의 적용이 가능하다.

　㉢ 모재 가열온도가 300℃ 이하이므로 열영향이 적다.

　㉣ 초경피막처리에 응용할 수 있다.

　㉤ 각 입자의 표면이 얇은 산화막으로 피복되어 있어 윤활성이 증가되고 내마모성이 우수
　　하다.

1. 개요

피복하고자 하는 재료를 가열하여 그 표면에 다른 종류의 피복금속을 부착시키는 동시에 확산에 의해서 합금 피복층을 얻는 방법으로 주로 철강제품에 대하여 행한다. 금속침투법의 목적은 내식성, 내열성 등의 화학적 성질을 향상시키는 동시에 경도 및 내마모성의 향상을 목적으로 한다. 금속은 전기도금, 용사, 용융금속의 도금 등으로 피복시키는데, 이는 피복금속의 분말을 밀폐상태로 가열하여 분말금속이 내부로 확산 및 치환되는 현상을 이용한 것이다.

2. 금속침투법(metallic cementation)

1) 세러다이징(sheradizing, 아연침투법)

아연분말 중에 넣고 밀폐하여 가열하면 아연은 활성화되고 내부로 치환되어 확산된다. 처리온도는 350~375℃이고, 2~3시간 처리했을 때 0.06mm 정도의 침투층을 얻을 수 있다. 방식목적으로 많이 사용되며 bolt, nut 등의 소형 부품에 이용된다.

2) Al 침투법(calorizing)

Al 산화물은 대단히 높은 용융온도를 갖는다. 내식성 및 고온 내산화가 요구되는 부분에 적용한다. Al 분말을 소량의 염화암모늄과 혼합시켜 중성 분위기의 약 850~950℃ 정도에서 2시간 정도 가열유지하여 Al을 침투 확산시킨다(고온에서 사용하는 관, 용기 등에 사용).

3) Cr 침투법(chromizing)

1,300~1,400℃에서 3~4시간 가열유지 Cr 증기를 철강제품 표면에 접촉시켜 Cr이 내부로 침투되도록 한다. 사용모재는 0.2%C 이하의 연강이 사용된다. Cr의 조성으로 표면층은 스테인리스강의 성질을 가지므로 내열, 내식, 내마모성이 크다.

4) 규소침투법(siliconizing)

내열성, 내식성이 요구되는 곳에 적용한다. 규소 또는 페로실리콘(FeSi) 합금분말 중에 제품을 넣어 환원성이 염소가스 분위기 중에서 가열하여 확산시킨다. 930~1,000℃에서 저탄소강은 2시간 처리하여 0.5~0.8mm 정도의 Si 피막층을 얻을 수 있다.

5) 보로나이징(boronizing)

비금속인 붕소(B)를 철강재의 표면에 침투하여 붕소화합물을 만든다. 900℃에서 붕소화합물 층이 얻어지는데, 표면경도는 Hv 1,300~1,400, 경화 깊이는 0.15mm 정도이다. 붕소 침투 후 확산 처리를 하여 붕소를 분산시키는 것이 필요하며 인발 또는 deep drawing용 금형의 표면처리에 이용된다.

6) 초경 탄화물 침투법

강의 표면에 텅스텐 탄화물, 티타늄, 몰리브덴, 크롬 등의 탄화물을 침투 확산시킨다. 1,000~1,100℃에서 적당 시간 가열한 후 서랭한다. 내마모성과 내열성을 갖는다. 다이스, 펀치, 날(blade), roll 등의 각종 공구에 이용된다.

▼ 철강의 확산피복에 대한 주요 금속

피복금속	피복방법	성질
Zn	• 용융금속의 피막 • 아연분말 중에서 가열치환 • 할로겐 원소와의 화합물 치환 • 용사	• 내부식성이 향상된다. • 공기 중에서 내부식성이 완전하다.
Al	• 분말 또는 합금철의 분말과 용제와의 혼합물 중에서 피막처리 • 용융금속의 피막 형성 • 용사 • 가열하여 산화물 피막 형성	• 고온산화방지에 적합하다. • 고온분위기의 유황에 대한 저항력이 크다.
Cr	• 분말 또는 합금철의 분말 중에서 피막 형성 • 할로겐 화합물의 치환 • 용사 • 용융염 용융법	내식성, 내마모성이 향상된다.
Si	• 분말 또는 합금철의 혼합물 중에서 피막 형성 • 할로겐 화합물의 치환 확산	질산, 염산, 묽은 황산에 대한 내부식성이 우수하다.
B	분말 또는 합금분말 중에서 피막 형성, 700℃ 이상	• 표면경도가 대단히 크다. • 염산에 대한 내식성이 아주 크다.

1. 개요

주로 고합금 공구강, 금형강 등에 이용되며 산소 분위기 중에서 산소와의 반응으로 산화철 피막을 형성하는 처리이다. 피막층은 다공질의 견고한 산화피막 속에 기름을 흡수하게 하여 윤활성이 향상되며 내마모성을 좋게 하여 공구 등의 기계적 성능을 향상시킨다. 산화 피막법에는 수증기처리법, 산화처리법, 약품처리법 등이 있다.

2. 수증기처리법(steam homo treatment)

1) 처리방법

① 담금질, 템퍼링 등의 열처리와 가공이 완료된 강제부품을 증기처리로(전기로)에 넣고 350~370℃까지 가열하여 균일온도가 되었을 때 증기를 가한 후 30분 동안 유지한다.

② 증기를 가하면서 승온하여 550℃로 되었을 때 1~1.5시간 유지하여 산화피막 Fe_3O_4를 형성한다(두께 $1 \sim 3\mu$).

2) 특징

① 내식성과 윤활성이 증가

② 마찰계수를 낮추어 내마모성 부여

3. 산화 처리(oxidation)

고속도강 등 뜨임온도가 485℃ 이상의 공구강에 적용되는 것으로서 소재의 표면층을 제거한 후 공기 중에서 485℃ 정도로 재가열하면 표면에 다공질의 산화피막층이 형성되어 기계적 성능을 향상시킨다.

4. 약품 처리법

철의 표면에 산화피막을 형성하기 위해 화학약품을 사용하는 방법으로 수산제일철을 가열할 때 발생되는 일산화탄소(CO)에 의해 산화피막을 형성시킨다.

1. 개요

담금질, 템퍼링한 금형 등의 표면에 유황(S)을 확산시켜 윤활성과 피로강도를 향상시킴으로써 내마모성을 얻는 처리법을 설퍼라이징이라고 한다. 이것은 중성 및 환원성의 염욕 중에 유화염을 첨가한 분위기 중에서 생성된 유황을 철강재의 표면에서 내부로 확산시킨다.

2. 처리방법

담금질 및 템퍼링과 병행하여 처리하는 경우가 많으며 이것은 열처리 노 내를 설퍼라이징 처리 분위기로 만들기 때문이다.

1) 노내 분위기 조성

① 중성염 : $BaCl_2$, $NaCl$, $CaCl_2$
② 환원성염 : 시안화나트륨($NaCN$)
③ 유화염 : 황화나트륨(Na_2S, Na_2SO_4)

2) 염욕 조건

① 혼합염의 용융온도는 설퍼라이징 온도보다 낮아야 한다.
② 침유성 염의 점성이 낮을수록 좋다.

3) 처리온도

① 일반 철제품 : 600℃ 이하
② 고속도강 : 550~570℃(템퍼링 온도 부근)
③ 특수공구강 : 150℃

3. 특징

① 표면조도가 좋아진다.
② 마찰계수가 적고 내마모성을 향상시킨다.
③ 질소도 함께 확산되어 질화효과도 있다.

1. 부식 원인

2종의 금속이 서로 접촉해서 수중에 존재할 때에 일어나는 현상이며 전지작용과 비슷하다. 이것을 접촉부식 또는 유전부식(galvanic corrosion)이라고 하며, 이종금속의 접촉점 근처에 많이 생긴다.

양금속 간의 이온화 경향차가 크고 액($液$)의 전도가 좋으며 또한 액의 운동이 심할수록 부식하기 쉽다. 액에 접하는 표면적이 큰 귀금속에 표면적이 작은 비금속이 접촉할 때 심하게 부식이 일어나지만 비금속이 비교적 큰 면적일 때는 거의 생기지 않는다.

철관과 동관을 접촉 배관하여 관 속에 물을 채우면 Fe은 Cu보다 이온화 경향이 크므로 항상 이온(Fe^{++})으로 되어 용출하려고 한다. 이 경향은 수중의 Fe^{++}의 농도가 작을수록 커진다.

한편, 구리는 이온화 경향이 철보다 작으므로 항상 주위의 Cu^{++}가 전하를 상실하고 Cu가 되어 석출된다.

그래서 전류는 물을 통해서 철관으로 향한다. 여기서 철관은 전하가 감소되어 부전기를 지니게 되는데, 접속관을 통해 동관에서 철관으로 흐르는 전류에 의해 중화되어 부식이 계속 진행된다. 이때 수소가스는 동관의 벽면에 박막이 되어 부착하는데, 수중의 용존산소와 결합하여 물이 되고 전기의 전리 현상이 더욱 계속되어 부식작용이 진행된다. 난류 중에 있는 금속의 부식이 매우 빠른 것도 여기에 기인한다. 수중에 염분이 있든가 물이 산성 또는 알칼리성일 경우에는 전도성이 커지므로 부식은 한층 촉진된다.

실제의 예는 이종금속관이 접속되어 있는 경우뿐 아니라 동종 금속관의 납접용접, 금속관과 포금제 기구와의 접속, 기타 금속 소재의 불순물 등으로 인해 부식이 진행된다.

2. 방지대책

이종 금속관이 접촉하고 있는 경우, 비금속의 면적을 귀금속의 면적보다 크게 만든다. 따라서 용접에 사용하는 용접봉, 경납접에 사용하는 경납, 리베팅에 사용하는 리베트 등에 그 주재료보다 이온화 경향이 낮은 금속을 사용하면 좋은 결과를 얻을 수 있다.

1. 개요

금속부식이란 수중, 대기 중 또는 가스 중에서 금속의 표면이 비금속성 화합물로 변화하는 것과 그 밖에 화학약품 또는 기계적 작용에 의한 소모를 포함한 넓은 의미의 부식을 뜻한다.

일반적으로 화학작용에 의한 것을 corrosion이라 하고, 기계적 작용에 의한 것을 errosion이라 한다. 금속재료는 구조용으로 좋으나 부식에 대하여 아주 약하므로 부식방지에 대한 대책을 강구해야 한다.

2. 부식의 종류

1) 전면부식

동일 환경 조건에 접해 있는 금속 표면에 시간이 경과함에 따라 거의 균등하게 소모되어 가는 경우로서 금속재료의 두께를 사용 연수의 부식 예상 두께만큼 두꺼운 것을 사용하여 부식에 대처한다.

예 기체가 함유된 물속의 철, 산성 액체 속의 스테인리스 스틸

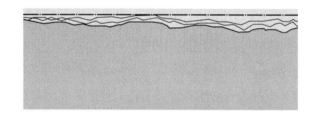

| 전면부식 |

2) 국부부식

금속 자체의 재질, 조직, 잔류응력 등의 차이 조건으로서 농도, 온도, 유속, 혼합가스 등의 차이에 의하여 금속 표면의 부식이 일부분에 공상 또는 구상으로 진행되는 경우이다.

예 해수 속의 스테인리스 스틸

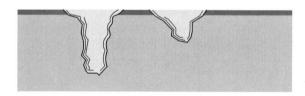

| 국부부식 |

3) 이종금속 접촉에 의한 부식

조합된 금속재료가 각각의 전극, 전위차에 의하여 전지를 형성하고 그 양극이 되는 금속이 국부적으로 부식되는 일종의 전식현상이다.

4) 전식

외부 전원에서 누설된 전류에 의하여 일어나는 부식을 말한다. 예를 들면, 직류의 단선가공식 전철 레일에서 누설한 전류에 의하여 지중 매설관이나 철말뚝이 국부적으로 부식되는 현상이 대표적이다.

5) 극간부식(틈새부식)

금속체끼리 또는 금속과 비금속체가 근소한 틈새를 두고 접촉하고 있을 때 여기에 전해질 수용액이 침투되어 농염 전지 또는 전위차를 구성함으로써 그 양극부의 역할을 하는 틈새 속에서 급속하게 일어나는 부식현상이다.

예 해수 속의 스테인리스 스틸

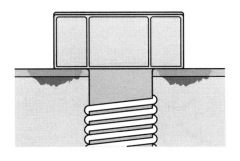

| 극간부식 |

6) 입계부식(intergranular corrosion)

금속의 결정입자 간의 경계에서 선택적 부식이 발생하여 이 부식이 입자 간을 따라 내부로 진입하는 부식현상으로서 물체에 입자부식이 일어나면 기계적 강도가 현저하게 저하된다(알루미늄 합금, 18-8 스테인리스강, 황동 등).

예 부적절한 용접이나 열처리된 스테인리스 스틸

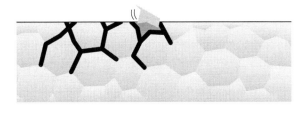

| 입계부식 |

7) 선택부식

어떤 재료의 합금 성분 중에서 일부 성분만이 용해되고 부식이 힘든 금속 성분이 남아서 강도가 약한 다공상의 재질을 형성하는 부식이다. 예를 들면, 황동의 합금 성분은 동과 아연이며 탈아연현상에 의하여 부식된 황동관은 급격한 수압 변동 시 터져버린다.

📖 불안정한 황동의 탈아연현상, 이로 인한 동(구리) 구조의 약화 및 다공화

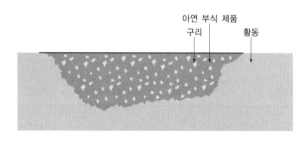

| 선택부식 |

8) 응력부식

응력에는 잔류응력과 외부응력이 있으며, 재질 내부에 응력이 공존하게 되면 급격하게 부식하거나 갈라짐 현상이 생긴다.

📖 염화물 속의 스테인리스 스틸, 암모니아 속의 황동

| 응력부식 |

9) 찰과(擦過)부식

재료의 입자가 접촉해 있는 경계면에서 극소, 근소한 상대적 슬립이 일어나므로 생기는 손상을 말한다.

10) 침식부식

침식부식은 말 그대로 침식현상과 결부된 부식현상으로 이러한 부식현상은 금속의 표면과 부식성 액체의 유동 간의 관계에 따라 부식의 정도가 달라지게 된다. 이 부식현상은 난류가 발생하는 부분 또는 유속이 빠른 부분에서 집중적으로 발생한다. 특히, 이 부식에서는 유체 진행 방향에 따른 일정한 홈이 특징적으로 나타난다.

📖 해수 속의 청동, 물속의 동(구리)

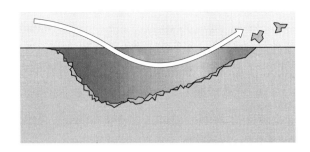

| 침식부식 |

11) 캐비테이션 부식

빠른 유속으로 펌핑되는 액체에서 압력은 감소되고, 이때 압력이 그 액체의 포화증기압 이하가 되면 기포가 발생되며 다시 압력이 상승하면서 발생된 기포가 붕괴하게 되는데, 이때 붕괴하면서 집중적인 충격파가 발생하게 된다. 결론적으로 이런 기포가 붕괴하면서 금속 또는 부식을 방지하는 산화물이 제거된다.

예 높은 온도의 물속 주철, 해수 속의 청동

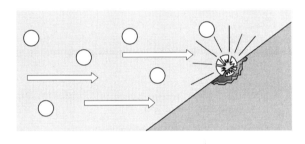

| 캐비테이션 부식 |

12) 부식 피로

순수한 기계적인 피로현상은 재질에 항복인장강도 이하의 인장응력이 주기적이고 반복적으로 작용하여 발생하게 된다. 만약 재질이 갑자기 부식환경에 노출되면 더 짧은 시간에 더 작은 하중으로도 이러한 피로현상이 발생하게 된다. 순수한 기계적 피로현상과 달리 부식과 관계된 피로현상에는 피로한계가 없는 것으로 알려져 있다.

예 부식환경 속의 알루미늄 구조

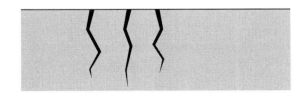

| 부식 피로 |

13) 갈바닉 부식

부식 전해액 속에서 두 종류의 금속재질이 접촉하고 있다면(갈바닉 셀), 부식이 용이한 재질에서는 부식현상이 증가하고(아노드 영역), 부식이 덜 용이한 재질에서는 부식현상이 감소하게 된다. 이러한 갈바닉 셀에서 각각의 금속 및 합금 재질의 부식 정도는 갈바닉 시리즈라고 하는 이온화 경향에 따라 결정된다. 이러한 갈바닉 시리즈는 주어진 환경에서 각기 다른 금속 및 합금의 이온화 경향을 나타낸다.

이러한 갈바닉 시리즈에서 멀리 떨어져 위치하는 재질들일수록 갈바닉 부식효과가 크다. 이 시리즈에서 위쪽에 있는 금속 또는 합금이 부식이 잘되지 않는 재질들이며, 아래쪽으로 갈수록 부식이 잘되는 재질로 구성되어 있다.

예 스테인리스 스틸과 접촉하고 있는 철, 동과 접촉하고 있는 알루미늄

음극방식법(cathodic protection)이라고 하는 부식방지기술은 이러한 갈바닉 부식 방지를 이용하는 것이다. 음극방식법이란 아연 또는 알루미늄과 같은 희생 아노드를 사용하거나 적절한 전류를 흘려 부식을 방지하는 방법이다.

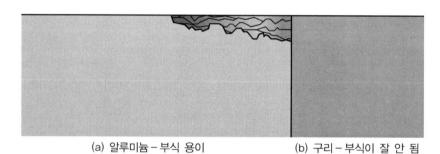

(a) 알루미늄 – 부식 용이   (b) 구리 – 부식이 잘 안 됨

| 갈바닉 부식 |

해수 속의 금속과 합금 갈바닉 시리즈	
음극처리	금
은	구리
황동	스테인리스 스틸(활성)
알루미늄	마그네슘
백금	티타늄(불용성)
스테인리스 스틸(불용성)	청동
주석	철
아연	양극 처리

3. 부식의 원인

1) 내적 요인

부식속도에 영향을 주는 금속재료 면에서의 인자로는 금속의 조성, 조직, 표면상태, 내부응력 등을 들 수 있다.

① 금속조직의 영향

철이나 강의 조직은 일반적인 탄소강이나 저합금강의 조성범위 내에서는 천연수 또는 토양에 따라 부식속도가 크게 달라지지는 않는다. 금속을 형성하는 결정상태 면에서는 일반적으로 단종합금이 다종합금보다 내식성이 좋다.

② 가공의 영향

냉간가공은 금속 표면의 결정 구조를 변형시키고 결정립계 등에 뒤틀림이 생겨서 부식 속도에 영향을 미친다. 대기 중에서와 같이 약한 부식 환경에서는 표면을 매끄럽게 하는 것이 효과적이다.

③ 열처리의 영향

풀림이나 불림은 조직을 균일화시켜서 불균일한 결정 분포 또는 잔류응력을 제거하여 안정시키므로 내식성을 향상시킨다.

2) 외적 요인

① pH의 영향

pH 4~7의 물에서는 철 표면이 수산화물의 피막으로 덮여 부식속도는 pH값에 관계없이 피막을 통하여 확산되는 산소의 산화작용에 의하여 결정된다. pH 4 이하의 산성물에서는 피막이 용해해 버리므로 수소 발생형의 부식이 일어난다.

② 용해 성분의 영향

$AlCl_3$, $FeCl_3$, $MrCl_2$ 등과 같이 가수분해(加水分解)하여 산성이 되는 염기류는 일반적으로 부식성이고 동일한 pH 값을 갖는 산류의 부식성과 유사하다. 한편, $NaCO_3$, Na_3PO_4 등과 같이 가수분해하여 알칼리성이 되는 염기류는 부식 제어력이 있으며, $KMnO_4$, Na_2CrO_4 등과 같은 산화염은 부동상태에 도움이 되므로 무기성 부식 제어제로 이용된다.

③ 온도의 영향

개방 용기 중에서는 약 80℃까지는 온도 상승에 따라 부식온도가 증가하지만 비등점에서는 매우 낮은 값이 이용된다. 그 이유는 온도 상승에 따라 반응속도가 증대하는 반면 산소 용해도가 현저히 저하하기 때문이다.

3) 기타 요인

① 아연에 의한 철의 부식

아연은 50~95℃의 온수 중에서 급격하게 용해하며 전위차에 의한 부식이 발생한다.

② 동이온에 의한 부식

동이온은 20~25℃의 물속에서 1~5ppm이던 것이 43℃ 이상이 되면 급격히 증가하여 수질에 따라 다르지만 70℃ 전후에서 250ppm 정도로 경과하여 부식이 발생한다.

③ 이종금속 접촉에 의한 부식

염소이온, 유산이온이 함유되어 있거나 온수 중에서는 물이 전기분해하여 이종금속 간에 국부 전기를 형성하고 이온화에 의한 부식이 발생한다.

④ 용존산소에 의한 부식

산소가 물의 일부와 결합하여 OH를 생성하고 수산화철이 되어 부식하며, 배관회로 내에 대기압 이하의 부분이 있으면 반응이 심해진다.

⑤ 탈아연현상에 의한 부식

15% 이상의 아연을 함유한 황동재의 기구를 온수 중에서 사용할 때 발생한다.

⑥ 응력에 의한 부식

인장, 압축 응력이 작용하거나 절곡가공 또는 용접 등으로 내부응력이 남아 있는 경우 발생한다.

⑦ 온도차에 의한 부식

국부적으로 온도차가 생기면 온도차 전지를 형성하여 부식한다.

⑧ 유속에 의한 부식

배관 내에 염소이온, 유산이온, 기타 금속이온이 포함되는 경우 유속이 빠를수록 부식이 증가한다.

⑨ 염소이온, 유산이온에 의한 부식

동이온, 녹, 기타 산화물의 슬러지가 작용하여 부식한다.

⑩ 유리탄산에 의한 부식

지하수 이용 시 물속에 유리탄산이 함유되어 있는 경우 부식한다.

⑪ 액의 농축에 의한 부식

대도시에서 노출 배관에는 대기오염에 의한 질소화합물, 유황산화물이 농축하여 물의 산성화에 따른 부식이 발생한다.

4. 부식의 방지대책

1) 배관재의 선정

배관시스템의 동일 회로에는 동일 재질의 배관재를 사용한다.

2) 라이닝재의 사용

전위가 낮은 금속성 배관재에 합성 수지 라이닝을 피복한다.

3) 배관재의 온도조절

배관 내의 온도가 50℃ 이상이 되면 급격히 활성화하여 부식이 촉진되므로 저온수를 이용한 복사방열방식을 채택한다.

4) 유속의 제어

유속이 빠르면 금속산화물의 보호피막이 박리 유출되므로 1.5m/sec 이하로 한다.

5) 용존산소의 제거

개방형 탱크에서 가열, 자동 공기제거기를 사용한다.

6) 부식방지제 투입

부식방식제는 탈산소제, pH 조정제, 연화제, 슬러지 조정제 등이 있다.

7) 급수 처리

① 물리적 처리 : 여과법, 탈기법, 증발법
② 화학적 처리 : 석탄소다법, 이온교환수지법

1. 표면 처리

철 표면의 모든 기름, 흑피(mill scale), 녹, 구도막, 수분, 먼지 등 기타 모든 이물질을 제거하는 과정으로 표면 처리 정도 여하에 따라서 도막의 수명과 부착 등에 큰 영향을 미치게 되므로 철저한 품질관리가 요구된다.

1) 표면처리기술(plant 공사에서 도장작업 전 철재면의 표면처리)

① 용제 세정(solvent cleaning)

용제, 증기, 알칼리, 에멀션 및 수증기를 이용한 세정으로 표면에 부착된 유지, 먼지, 흙 등 기타 오염물을 제거하는 방법이다(SSPC-SP1-63).

② 수공구 세정(hand tool cleaning)

wire brush, 망치, 끌, 스크래퍼, 연마지 등을 이용하여 들뜬 녹, 흑피와 들뜬 도막을 제거하는 방법이다(SSPC-SP2-63(st2)에 해당하며 원표면 상태등급 B.C.D).

③ 동력공구세정(power tool cleaning)

수공구처리법과 모든 제반 조건이 동일하나 표면 처리 시 전기력에 의한 동력 공구를 사용하는 방법이다(SSPC-SP3-63(st3)).

④ 화염세정(flame cleaning)

동력공구처리법과 blast 처리법의 중간 정도로 단단한 흑피와 녹의 건조 및 제거 후 wire brush로 마무리한다(SSPC-SP4-63).

⑤ 완전 나금속(white metal blast cleaning)

sand blast를 사용하여 세정하는 방법으로 눈에 띄는 모든 녹, 흑피도막 및 기타 이물질을 모두 제거한다(SSPC-SP5-63(Sa3)).

⑥ 일반 blast 세정(commercial blast cleaning)

표면적의 2/3 이상까지 눈에 띄는 모든 녹, 흑피 도막 및 기타 이물질을 모두 제거한다 (SSPC-SP6-63(Sa2)).

⑦ brush, blast 세정(brush off blast cleaning)

단단히 부착된 흑피, 도막 및 녹을 제외한 모든 것을 blast 세정한다.

⑧ 산처리(pickling)

대형 구조물 등에서는 적용할 수 없고 소형 구조물 등에서만 이용이 가능하다(SSPC－SP8－63).

이중산 처리 및 전해산 처리로 녹과 흑피를 완전히 제거한다.

⑨ 자연 방치 후 blast 세정

흑피의 일부 또는 전부를 제거하기 위하여 자연 방치 후 blast 세정한다(SSPC－SP9－63T).

⑩ 표면적의 95% 이상까지 눈에 띄는 모든 잔유물을 완전 나금속 세정에 가까이 blast 세정한다(SSPC－SP10－63T(Sa 2 1/2)).

*SSPC(Steel Structure Painting Council : 강구조 도장협의회)

▼ 각국 표면처리 규격비교

| 표면처리법 | USA | Swedish | British | Janpanese |
	SSPC	SIS05 5900	4232	SPS5
white metal blast	SSPC－SP5	Sa 3	first quality	JASH3/JASD3
near white metal blast	SSPC－SP10	Sa 2 1/2	second quality	JASH2/JASD1
commercial blast	SSPC－SP6	Sa 2	third quality	JASH1/JASD1
brush off blast	SSPC－SP7	Sa 1	－	－

2. shot primer

철재 표면 처리 후 녹 발생 방지를 위하여 primer를 도포(25μm)한다.

3. 하도(1st 녹막이 도포)

무기징크계 shop primer 위에 녹막이 도포(하도)를 한다.

4. 중도

하도와 상도의 중간에서 하도의 녹방지 역할을 돕고 도막의 살오름성, 상도와의 부착성 및 도막의 평활성 등을 좋게 하기 위해 도포한다.

5. 상도

상도 도막은 외부의 영향을 직접 받기 때문에 여기에 견딜 수 있는 내성이 있도록 중도 위에 도포하여 방식 도막을 충분히 보호하며 물, 산소 등 부식성 물질이 투과하지 못하도록 한다.

6. 중방식 도료

① 철구조물 : epoxy 에스테르 수지도료(가격 : 중간)

② 교량 : 우레탄 수지도료(가격 : 높음)

③ 지하매설물

　　㉠ 역청질계 도료(가격 : 낮음)

　　㉡ 내수성 우수

④ 내열조건(600℃) : 실리콘 수지도료(가격 : 높음)

⑤ 수관, 수문 매설물

　　㉠ 탈 epoxy 수지도료(가격 : 중간)

　　㉡ 탈 우레탄 수지도료

⑥ 교량, 수문, 선박 : 무기 징크 리치도료(가격 : 높음)

⑦ plant 구조물

　　㉠ 외부

　　　　• 일반 공장지역 : epoxy 하도, 중도, 상도(75μm$+100\mu$m$+50\mu$m)

　　　　• 가혹한 부식조건, 해안지역 : 무기징크 하도, 에폭시 중도, 우레탄 상도

　　㉡ 내부

　　　　일반 공장지역 : epoxy 하도, 중도, 상도(50μm$+100\mu$m$+50\mu$m)

CHAPTER 04 열처리의 실제

SECTION 01 | 고속도강의 열처리

1 개요

고속도강은 탄소강에 크롬, 텅스텐, 코발트, 바나듐 등이 첨가된 합금강으로서 500~600℃의 고온에서도 경도가 저하되지 않고 내마멸성이 커서 고속절삭작업이 가능하다. 고속도강은 담금질한 후에 뜨임을 적절히 함으로써 경도를 높일 수 있으며, 특히 550~580℃에서 뜨임하면 경도가 더 커지는 2차 경화가 나타난다. 고속도강은 주조 또는 단조상태의 조직과 내부응력을 개선하기 위해 풀림을 한다.

2 담금질

1) 처리방법

① 고속도강은 합금원소의 영향 때문에 2단 예열을 충분히 행한다.

② 담금질온도는 1,250~1,350℃로 하며, 조직은 마텐자이트가 형성된다.

③ 고속도강의 가열은 염욕가열이 사용되며 자경성이 좋아 공랭에서도 충분히 경화되지만 산화피막을 억제하기 위해 300℃까지 유랭 후 꺼내어 공랭하는 것이 좋다.

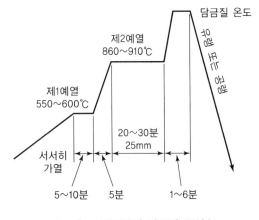

| 고속도 공구강의 담금질 곡선 |

2) 담금질 시 주의사항

① 통상적인 열처리보다 고온에서 행하므로 오스테나이트화 온도조절과 탈탄에 유의해야 한다.

② 탈탄층이 있을 경우 제거하지 않으면 균열이나 변형의 원인이 된다.

③ 고속도강은 열전도율이 낮으므로 2단 예열하며 담금질온도에서도 일정시간을 유지하여 균열 발생을 방지한다.

❸ 뜨임(tempering)

1) 처리방법

① 고속도강의 절삭내구력을 향상시키기 위해 2~3회의 템퍼링이 필요하다. 열처리 시 잔류 오스테나이트는 540~580℃의 템퍼링 온도에서 1~2시간 유지한 후 냉각할 때 마텐자이트로 변태하며 2차로 생성된 마텐자이트에 인성을 주는 재템퍼링이 필요하다.

② 1차 템퍼링에서 필요한 경도에 도달했다면, 2차 템퍼링은 1차 템퍼링보다 10~30℃ 정도 낮은 온도에서 실시한다.

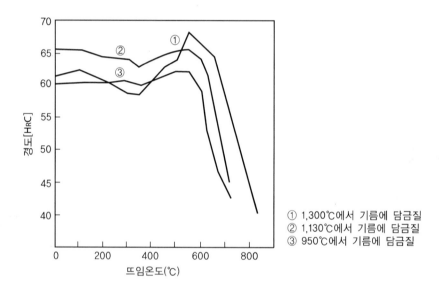

① 1,300℃에서 기름에 담금질
② 1,130℃에서 기름에 담금질
③ 950℃에서 기름에 담금질

| 고속도 공구강의 뜨임온도와 경도의 관계 |

2) 뜨임 시 주의사항

① 뜨임 후 급랭하면 균열이 발생하므로 노 내에서 서랭시킨다.
② 뜨임온도가 600℃ 이상이면 경도가 급감되므로 온도조절에 유의한다.

4 풀림

1) 처리방법

풀림온도는 820~860℃이며 풀림온도에서 5~8시간 유지한 후 20℃/h의 냉각속도로 600℃까지 노랭하여 변태가 끝난 후 꺼내어 공랭시키며 조직은 솔바이트 바탕에 탄화물이 산재된 조직이다.

2) 풀림 시 주의사항

자경성이 크므로 풀림 후 서랭한다.

---

1 기계구조용 탄소강

1) SM 10C~SM 25C 탄소강

불림을 한 상태에서 사용하고 강도를 필요로 하지 않는 부품에 사용한다.

2) SM 30C 중탄소강

담금질 및 뜨임에 의해 기계적 성질이 현저하게 개선된다.

3) SM 40C 탄소강

소형 부품에 적합하며 직경이 큰 부품의 경우 충분한 열처리 효과를 기대할 수 없으므로 합금강으로 대체 사용하고 강도를 필요로 하지 않는 경우 탄소강을 불림 처리하여 사용한다.

4) SM 50C~SM 55C 탄소강

담금질 및 뜨임에 의하여 인장강도와 연신율을 조절하여 강도 및 경도를 필요로 하는 부품에 사용하며, 또한 중심 부분의 강인성을 요구할 때 담금질 및 뜨임을 한 후 사용한다.

2 기계구조용 합금강

1) 크롬강(Cr steel)

탄소강에 1% 내외의 크롬을 첨가한 강으로 0.6~0.85% 정도의 Mn이 함유되어 경화성이 우수하며 큰 부품의 제작에 사용된다.

2) 크롬 몰리브덴강(Cr-Mo steel)

경화성이 크롬보다 좋으며, 뜨임에 대한 저항성이 커서 뜨임 온도가 높아지고 강인성도 크다.

3) 니켈 크롬강(Ni-Cr steel)

경제성 때문에 Cr강, Cr-Mo강, 저Ni-Cr-Mo강을 대신 사용한다. 니켈 및 크롬 함유량이 많은 강은 뜨임 취성이 강하게 나타나므로 뜨임 후 급랭시켜야 한다.

4) 니켈 크롬 몰리브덴강(Ni-Cr-Mo steel)

Ni-Cr강에 Mo을 소량 첨가하여 경화성 및 뜨임 취성완화 등을 개량한 강으로 고온 뜨임이 가능하여 Ni-Cr강과 비교해서 강인성이 크다.

3 스프링강의 열처리는 강인강과 동등

① 대형 스프링은 열간 마무리 가공에 의해 제조되며 탄성한도가 높고 피로한도가 큰 것이 필요하다.
② 담금질·템퍼링에 의해 강인성을 갖게 한다.
③ 최대응역이 표면에 나타나므로 탈탄, 표면의 흠, 거칢 따위의 표면결함은 스프링의 피로나 강도에 크게 영향을 준다.

4 베어링강의 열처리는 공구강과 동일

① 볼 베어링은 레이스와 볼 또는 굴림대로 이루어진다.
② 내압성, 내마모성, 내피로성이 요구되며 1%C-1%Cr의 고탄소 Cr강이 이용된다.
③ 단조, 압연 등에 의해 만들어진 베어링 강재는 초석망상 시멘타이트가 결정립계에 석출이나 층상 펄라이트 조직으로 형성된다.
④ 구상화 어닐링을 쉽게 하기 위해 불림(normalizing) 처리한다.
⑤ Acm변태점 바로 위 890~920℃로 소요시간 가열 후 공랭시킨다(HRC 25~38).

⑥ 노멀라이징 후의 베어링강 균일한 미세 펄라이트 조직을 Ac1 변태점을 넘는 온도로 가열하면 미세한 탄화물은 오스테나이트 중에 고용되지만, 완전히 고용시키는 것은 아니다. 나중에 구상화 시멘타이트가 되는 핵으로서 적량의 탄화물을 남겨둔다.
⑦ 이것을 냉각하여 Ar1 변태점 부근을 서랭하면 전기의 잔존탄화물을 핵으로 하여 오스테나이트 중의 과포화한 탄소가 응집 석출되는데, 이 서랭구역에서 충분한 시간을 취함에 따라 희망하는 크기의 구상화 탄화물의 균일분포가 얻어진다.

SECTION 03 | 공구강의 열처리

1 개요

① 공구강의 열처리에는 어닐링, 노멀라이징, 담금질, 템퍼링 4종류가 있다.
② 통상 어닐링과 노멀라이징은 공구강 제조자, 담금질과 템퍼링은 사용자에서 주로 시행되지만 공구수명이나 열처리 사고의 발생에 큰 영향을 미치는 것은 담금질 작업과 템퍼링 작업이다.
③ 공구의 손모현상은 마모, 균열, 파손, 박리, 영구변형, 석손, 눌린 자국 등이다.

1) 열간가공 후의 조대 망상 탄화물은 노멀라이징으로 개선

① STC, STS, STD 등은 열간가공 후의 상태에서 망상 탄화물이나 조대화한 결정입자가 있으면 어닐링에서도 완전히 소실되지 않고 잔류한다.
② 어닐링에 앞서 노멀라이징을 하여 결정입자를 미세화하고 망목상 탄화물을 고용분산한다.

2) 구상화 어닐링 후 담금질

① 어닐링 : 절삭성 향상을 위한 연화
  ㉠ 담금질의 전처리로서 결정입자나 탄화물 조정
  ㉡ 기계가공, 용접 등에 의한 잔류응력의 제거가 목적(일반적으로 소재 제조자 측에서 어닐링을 하고 나서 출하하므로)

② 구상화 어닐링
  ㉠ Ac1 직하의 온도로 장시간 가열유지 후 냉각
  ㉡ Ac1 직상이나 Ar1 직하로 가열냉각을 수회 되풀이한다(탄화물 신속히 구상화).

ⓒ Ac1 이상 Acm 이하 온도로 1~2h 가열한 후 Ar1 이하까지 매우 천천히 노랭(보통 어닐링)

ⓓ Ac1 이상 Acm 이하 온도로 가열한 후 Ar1 이하에서 S곡선의 코에 해당하는 온도로 담금질하여 그 온도로 유지하다가 변태가 종료된 다음 냉각(등온어닐링)한다.

3) 응력제거 어닐링은 담금질 균열, 변형의 방지

① 단조, 기계가공, 용접 등에서 생긴 잔류응력 제거
② Ac1 이하 온도로 가열유지 후 서랭
③ 단조 후 반드시 어닐링을 실시하여 담금질
④ 한 번 담금질 후 다시 담금질을 반복할 경우 반드시 어닐링(미실행 시 담금질 균열 취약화의 원인)
⑤ 어닐링 온도가 높을수록 강의 표면에 산화, 탈탄, 표면거침이 생기기 쉬워지므로 주의(이를 방지하기 위해서는 상자 어닐링, 분위기를 이용한 광휘 어닐링, 진공 어닐링 실시)

4) 공구성능은 담금질 · 템퍼링 처리로서 결정

① 공구나 금형의 성능에 가장 크게 영향을 주는 것은 담금질과 템퍼링이다(요구되는 경도를 만족시키고 충분한 인성을 주며 더욱이 담금질 균열, 변형으로 탈탄 연질부 따위의 열처리 사고를 일으키지 않으려면 적당한 담금질 조건과 템퍼링 조건을 설정).
② 담금질 : 공구로서 필요한 내마모성, 인성, 연화저항성 등의 재질특성을 주어야 한다(마텐자이트 조직을 얻어 경화되는 조직).
③ 템퍼링 : 담금질에 의한 불안정한 잔류응력을 경감하고, 재질의 안정도를 높여 용도에 적합한 강도와 인성의 좋은 균형이 얻어지도록 가열 처리하는 공정이다.

5) 공구강의 경화능은 반냉곡선 참조

① 공구강은 경화능이 큰 다이스강 STD11 등부터 작은 소재까지 매우 다양하다.
② 공구강의 시험법으로서 기존에 담금질법이나 등온변태(S곡선)로는 불충분하고 반냉시간 − 경도곡선(반냉곡선을 이용)을 이용한다.

② 탄소공구강의 담금질과 템퍼링

1) 담금질온도 : 가능한 낮게

① 담금질온도가 높아지면 조대화하여 약하게 되고, 탈탄되기 쉬우며, 변형이 생기기 쉽다.
② 통상 780~800℃ 담금질온도가 채택된다.

2) 수중담금질의 요령

① 수중담금질할 때 수온을 30℃ 이하로 하고 투입할 때는 공기를 끌어넣지 않도록 재빨리 수중에 침적하여 균일하고 강렬하게 피처리재를 흔들어 준다.

② 증기막 단계에서 비등 단계로 냉각

3) 템퍼링온도는 150~200℃

STC의 템퍼링에서는 마텐자이트와 ε 탄화물로 분해하여 템퍼링 제1단계인 150~200℃ 저온템퍼링이 행해진다.

③ 냉간가공용 합금공구강의 담금질과 템퍼링

합금공구강은 크게 냉간가공용과 열간가공용으로 나뉜다.

1) 담금질온도의 고저는 목적에 따라 정해진다

이 그룹의 퀜칭온도 범위는 약 50℃이다. 어떤 온도를 택할 것인가는 공구의 용도, 형상, 두께, 경화능 냉각방법에 의해 결정해야 한다.

2) 담금질은 유랭 · 열욕 · 공랭

① 통상 유랭으로 충분하지만 변형을 꺼리는 경우나 경화능이 큰 강종에서는 공랭을 해도 좋다.

② 공랭으로 담금질이 잘 될 경우에는 열욕담금질(일반적으로 400~500℃, 180~250℃)을 이용한다.

3) STD11은 고온 템퍼링도 한다

① STD11 500~530℃에서 고온템퍼링이 잘 이용된다.

② 저온템퍼링이 내마모성 향상을 목적으로 하는 데 반해 고온템퍼링에서는 인성 등 기계적 성질의 향상을 목적으로 한다.

③ 절손, 파단, 균열에 대한 저항 증대

④ 방전가공균열에 대해서도 잔류응력 저감에 의해 균열감수성이 작아진다.

4 열간가공용 합금공구강의 담금질과 템퍼링

1) 담금질온도는 고온 특성을 중시

열간 금형의 통상 담금질온도
- STD4 : 1,050~1,070℃
- STD5 : 1,080~1,100℃
- STD6~62 : 1,010~1,030℃
- STF류 : 350~400℃

2) 공랭이라도 충분히 경화 가능

열간가공용 합금공구강은 전체가 매우 경화능이 좋으므로 공랭으로도 충분히 경화가 되며 허용 치수는 반냉곡선을 표준으로 한다.

3) STD는 템퍼링으로 2차 경화시킨다

① STC나 STS는 템퍼링 온도가 높아짐에 따라 템퍼링 경도는 저하한다.
② 고합금계의 냉간 및 열간 다이스강의 경우 500℃ 이상의 템퍼링 온도에서 반대로 경화하는 현상을 나타낸다.
③ 담금질경화(1차경화)에 대해 이것을 템퍼링 2차 경화라고 한다.
④ 2차 경화 경도 : 경도의 최고점을 나타내는 템퍼링 온도는 동일 강종이라도 담금질 조건이나, 특히 담금질온도에 따라 다소 변화한다.

5 절삭용 고속도강의 담금질과 템퍼링

- 고속도 공구강은 드릴, 절단기 등의 적삭공구뿐만 아니라 펀치, 다이 등의 담금질 가공용 공구에 적용한다.
- 담금질에 의해 합금탄화물이 고용되었다가 템퍼링할 때 극히 미세한 탄화물로 다시 석출하여 2차 경화현상을 일으키는 것이나 일반적으로 담금질온도가 높으면 탄화물의 고용량은 증가하고, 따라서 2차 경화의 정도도 커진다.

1) 담금질온도로 HSS의 성능 결정

① 담금질온도의 상승에 수반되는 잔류 탄화물량의 감소, 담금질 경도의 저하, 잔류오스테나이트 양의 증가, 결정입자의 조대화, 템퍼링 경도의 상승, 인성 저하, 절삭 내구수명(연속절삭성능, 내마모성)의 향상 확인

② 높은 담금질온도 : 내열성, 내마모성이 중시되는 bite hod
③ 낮은 담금질온도 : 인성이 요구되는 tap, pinion cutter

2) 담금질은 유랭이나 열욕

① 유랭의 경우 유조에서 재료온도 300~250℃ 정도에서 행하고 그 후 공랭
② 열욕의 경우 욕공으로서는 550~450℃가 이용되며 피처리품의 내외온도가 욕온과 같은 시점에서 인상하여 공랭

3) 담금질온도는 540~570℃

① 담금질된 HSS는 잔류 오스테나이트 및 미고용탄화물이 구성(취약하고 잔류응력도 높으므로 템퍼링에 의해 충분한 경도와 강도, 인성, 내열성을 얻으며 절삭내구성을 구비)
② 담금질온도는 2차 경화 최고점 온도 직상인 540~570℃

6 냉간단조용 HSS의 담금질과 템퍼링

① 인성이 중요하므로 담금질온도는 절삭공구보다 낮은 듯하게 할 것
② 중심부까지 충분한 경도를 주기 위해 담금질가열의 유지시간은 길게 할 것
③ martemper가 좋으며 담금질 균열, 열처리 변형, 잔류응력에 주의할 것
④ 용도, 사용조건 및 수명실적 등에 의해서 목표경도를 설정하고 템퍼링

7 공구강의 열처리 결함

- 담금질 균열, 경도 불량 변형
- 조기에 파손이나 마모 등에 의한 사고 발생

1) 담금질 균열

① 과열에 의한 담금질 균열
　　㉠ 노 내 분위기 조정불량에 따른 표면탈탄
　　㉡ 노 내 온도관리 미비 및 가열유지시간 지연에 따른 과열

② 시효균열에 의한 담금질 균열
③ 불균등 형상에 따른 담금질 균열

2) 경도 불량

① 담금질온도의 부적당, 냉각 불충분, 담금질 부적절 등이 그 원인

② 금형 치수 증대에 의한 경도 불량

③ 템퍼링 부족에 따른 조기균열

3) 치수 변화와 변형

① 과열에 의한 잔류 오스테나이트 증가 때문에 수축

② 잔류 오스테나이트의 경년 변화에 의한 팽창

4) 탈탄

① 탈탄에 의한 담금질 균열 : 탈탄이 존재하는 경우에 담금질 균열이 발생하며 냉각 조정이 엄격하지 않으면 균열

② 절삭여유값의 과소에 의한 탈탄 때문에 담금질 균열 발생

③ 탈탄에 의한 열균열의 조기 발생

5) wire 방전가공에 의한 균열

① 방전가공은 방전에 의한 고열에 의해 금형표면을 용융시켜 가공

② 표면에 반전가공 변질층이 생성되며 이 때문에 금형가공 시나 사용 시 금형에 변형이나 균열의 결함 발생

6) 열처리 조건과 인성

① 공구에 인성이 요구되는 경우는 경도를 낮게 조정해 사용되는 일이 많다.

② 동일 강종이라도 열처리 조건에 따라 인성은 크게 변화한다.

7) 열처리 조건의 상고방식

공구강인 경우 특성이 열처리 조건에 의해 크게 좌우된다. 따라서 열처리하려고 하는 공구에 어떠한 특성이 요구되고 있는가를 충분히 생각하여 적합한 열처리 조건으로 처리하는 것이 중요하다.

1 개요

열처리는 소재를 가열, 냉각하면서 필요한 성질을 부여하는 작업이므로 소재상태, 가열, 온도, 시간, 노 내의 분위기, 냉각재, 냉각속도 등의 영향에 의해 결함의 요인을 안고 있으며 이러한 요인을 사전에 파악하여 결함에 대한 대책을 강구해야 한다.

2 결함의 종류

결함	원인	대책
변형	• 가열 시 재료 지지 불량 • 잔류응력의 과대	• 프레스 담금질, 지지장치 유지 • 담금질 전 풀림 • M_s점 이하에서 서랭 • 되도록 낮은 담금질온도 선정 및 2단 담금질 실시
탈탄	산화성 분위기에서 가열	• 진공, 불활성 가스, 환원성 가스, 중성염의 분위기 • 염욕, 금속욕, 주철분 이용
과열	가열온도가 높고 지속시간이 길다.	• 적정온도 및 적정시간 유지 • 풀림처리로 조직을 미세화시킴
산화	가열온도가 높고 장시간 가열	• 표면피막 제거(산 세척, 샌드블라스트) • 노 내 분위기를 환원식, 중성으로 조성
경도 부족	• 표면탈탄 • 담금질온도가 낮을 때 Ar′ 점에서 서랭 시 • 산화, 과열	• Ar′점 임계구역을 급랭 • 산화, 탈탄방지 • 적정온도 및 적정시간 유지

1 가열에 수반되는 결함

1) 산화

① 공기 등의 산화성 분위기 중에서 가열할 때 생기며, 그 정도는 가열장치, 가열방식, 사용 연료 등에 의해 크게 다르다.

② 스케일 부착은 급랭경화 시 soft spot나 담금질 균열 등의 원인이 된다.

③ 스케일 제거 시 산세(황산 or 염산 온수액)를 시키나, 수소취성이 발생하기 쉬우므로 주의가 필요하다.

2) 탈탄

산화성 분위기, 용융염 중의 슬러지 등에 의해 일어난다.

3) 고온가열과 연소

① 강재를 산화성 분위기 중에서 1,100℃ 이상의 온도로 가열하면 표면은 거칠어지고, 조직은 widmannstaten 조직이 되는데, 이는 취약하며, 인성의 저하 현상을 가져온다.

② 산화성 분위기 중 1,200℃ 이상의 고온으로 가열하면, 국부적 연소, 현미경 조직 조대, 입자 사이 산화물 보임, 고온에선 용융현상 생김(방지를 위해 가열온도 및 시간에 주의)

4) 고온 가열재에도 담금질·템퍼링은 효과가 있다

2 담금질·템퍼링에 수반되는 결함

1) 담금질 균열

① 경화 처리 시 담금질에 의해 부품의 내부에 온도차가 생긴다.

② 이에, 열응력이 발생, M_s 점 이하에서는 마텐자이트와 오스테나이트의 비체적의 차에 의한 변형 응력 발생 및 형상에 따라서 이들 2개가 복잡하게 뒤엉킨다.

③ 형상 측면에서는 두께가 급변하고 있는 곳 혹은 예각인 곳에 담금질 균열이 생기기 쉽다.

④ 담금질 후, 템퍼링을 하지 않을 때, 표면의 거칢이 심할 때, 혹은 단조 후 어닐링을 하지 않고 급랭 처리한 경우 역시 균열이 생기기 쉽다.

2) 변형

① 담금질 가열할 때 가열이 불균일하여 변형되는 것도 있는가 하면, 가열로 내에서 부품이 부적당하게 놓이는 까닭에 변형되는 것도 있다.

② 필요한 열처리 온도와 적절한 강재를 선택하여, 변형을 가능한 한 균일하게 할 필요가 있다.

3) 연화점(soft spots)

가열 시 노 내 온도분포, 가열온도, 가열시간 등이 부적당함에 따라 균일하게 가열되지 않으면 경도가 불균일하며, 연화점이 생성된다.

4) 경도 부족

① 급랭 처리 시 전체적 경도가 낮은 경우의 발생 원인
    노 내 온도분포, 가열온도, 가열시간 등의 부적당에 의한 불균일 가열

② 사용될 강의 경화능을 위해 부품의 크기, 담금질장치의 냉각능력에 대해 충분히 고려

5) 템퍼링에 의한 균열, 경도 불균일

① 예각이 있으면 균열이 생기기 쉬우며, 담금질 후에 장시간 방치하고 나서 템퍼링하면 갈라지는 일이 있으므로 가능한 조기에 템퍼링 실시

② 템퍼링을 위해 급격히 가열하면 온도 불균일에 의해 경도 불균일 발생

6) 템퍼링 취성

담금질한 강을 템퍼링할 때, 템퍼링 온도를 올리면 충격치는 차츰 개선되는 경향이 있으나 300℃ 부근 또는 강종에 따라 500℃ 부근에서 저하하는 현상이 나타나는데, 이를 저온템퍼링 취성이라 한다.

7) 잘 경화된 강의 기계적 성질이 양호

담금질, 템퍼링된 강이 경화가 잘못된 강을 템퍼링 온도를 낮춰서 경도를 똑같이 한 강보다 기계적 성질이 양호하다.

③ 고주파 경화 처리에 수반되는 결함

1) 담금질 균열

① 담금질 균열의 원인
    ㉠ 과열, 과냉, 고주파 경화 처리 전 현미경 조직의 부적합 등

ⓛ C 함유량이 0.5% 정도 되어도 담금질 균열 발생이 쉬움

② 담금질 균열의 방지
　　㉠ 부품의 형상에 주의, 움푹한 곳, 두께가 다른 것 등에 주의
　　ⓛ 사용되는 강에 슬래그가 끼어 있지 않도록 주의

2) 변형

형상이 복잡한 것, 치수가 급격히 변화하는 것 등은 가열냉각에 수반되어 생기는 열응력, 변태응력이 복잡하게 영향을 주어 때로는 큰 변형을 가져온다.

3) 연화부(soft spot), 경화층의 부족

① 가열온도, 가열시간, 냉각방법 등 많은 원인 고려
② 주파수, 가열코일의 형상에도 주의
③ 사용강의 노멀라이징 혹은 담금질, 템퍼링 등의 전열 처리에 주의
④ 경화층의 두께에 따라 적당한 주파수를 택하는 일도 중요

4) 용융결함

부품의 형상, 코일형상, 주파수 등과 관련하여 과열이 생기므로 용융결함을 일으킨다.

5) 연삭균열

담금질 상태의 것이나 저온에서 템퍼링한 것을 연삭하면 국부적으로 발생하는 연삭열에 의해 템퍼링 수축이 일어나고 주위보다 인장되어 균열이 발생하는데, 이를 연삭균열이라 한다.

4 침탄경화에 수반되는 결함

1) 과잉침탄

① 과잉 침탄이 되면 침탄층의 C 양이 과다해져 탄화물이 다량으로 생긴다.
② 고체침탄의 경우 침탄제의 침탄성이 너무 강하든지, 가스침탄의 경우 분위기의 가스 농도가 너무 높은 데 있다.
③ Cr 강이나, Cr-Mo 강 등에 일어나기 쉽다.

2) 이상조직

탈산의 효과가 없는 림드강을 침탄노랭하면 망상 또는 괴상 탄화물과 이것을 둘러싼 페라이트 조직이 되는데, 이러한 조직을 이상조직이라 칭한다.

3) 입계산화

$R_x x$ 가스에 의한 침탄 시 미량의 H_2O 및 CO_2가 함유되어 있으면 이것이 강과 반응함에 따라 결정립계에 산화물을 만든다.

4) 변형

① 저탄소강이라도 표면에 침탄한 경우에는 C가 높아져 있으므로 변형량도 크고 형상에 따라서는 복잡해진다.

② 변형을 적게 하기 위해 침탄가열 경화가 균일하도록 주의하고, 부품설계상 두께의 급변이 없도록 한다.

5) 경도 부족과 불균일 경도

① 원인 : 불균일 침탄의 경우가 많다.

② 침탄작업 중에 균일하게 가열하는 일이 중요하다(가스침탄이라면 노 내 기류, 고체침탄이라면 침탄상자의 크기, 침탄제를 채우는 법 등에 주의하는 것이 중요하다. 담금질 시의 냉각에도 주의를 요한다).

6) 담금질 균열

① 침탄품의 담금질 균열은 조질부품의 경우와 대체로 유사하며 표면의 C 농도가 높으므로 냉각 시 주의한다.

② 사용강의 경화능이 너무 좋아 담금질 균열이 일어나는 경우도 있다.

7) 부식

① 침탄제의 침탄축진제로서 가하는 탄산염 중 융점이 낮은 것이 있으면 침탄 시에 융착물이 부품 표면에 부착하여 침탄을 저해한다.

② 침탄열처리 후 샌드블러스터 등의 공정 뒤에 발견되는 경우가 많다.

③ 부품절삭 후의 표면 녹, 절삭유의 잔류, 침탄촉진제로서의 탄산염량과 혼합상태, 목탄 속의 S, 침탄제 중의 수분 등에 충분히 주의한다.

CHAPTER **05** 비철합금의 열처리

SECTION **01** 비철합금의 열처리 강화기구

---

1 강화 원리

① 동소변태가 없는 비철합금에서 온도에 따른 합금 성분의 용해도 차이를 이용한다.
② 온도 저하에 따른 고용도 감소 합금 성분이 필수이다.
③ 용체화 처리 후 급랭하여 과포화된 고용체에서 시효과정을 통해 석출된 합금성분이 전위의 이동을 방해하여 강화된다.

2 제한 사항

① 시효된 합금은 특정 온도까지만 사용될 수 있고 이를 초과하면 과시효된다.
② 따라서 시간－온도 관계를 적절히 조절해야 한다.

SECTION **02** 석출경화(precipitation hardening)

---

1 개요

① 금속의 모재상(original phase matrix) 내부에 미세하고 균일한 2차 상의 입자를 형성함으로써 금속의 강도와 경도를 증가시킬 수 있다. 이러한 공정은 미세한 입자의 석출상의 형성을 수반하므로 석출경화라고 하며 시간에 따라 경도가 증가하므로 시효경화라고 하기도 한다.
② 금속의 경도를 증가시키는 방법 중 하나로서 합금 내부에 미세하고 균일한 2차 상의 입자를 형성(입자의 석출상의 형성을 수반)해서 경도를 증가시키므로 석출경화라 한다.

② 열처리 공정

석출 경화는 용체화 열처리, 석출열처리 순서에 의해 수행된다.

1) 용체화 열처리(solution heat treatment)

① 용질원자가 완전히 단일상의 고용체로 존재하도록 하는 것으로 단일 상(a)만 존재하는 온도를 오랫동안 유지해서 다른 상(b)이 완전히 용해될 때까지 기다린다. 그 후 낮은 온도(보통 상온)로 급랭시키면 어떠한 확산과 이에 수반된 상(b)의 생성을 막는다.

② 이러면 상온에서는 존재할 수 없었던 단일 상(a)이 B원자가 과포화된 비평형상태로 존재하게 된다. 더군다나 일반적으로 낮은 온도(상온)에서 B의 확산 속도는 굉장히 느려서 비평형상태가 상당히 오랫동안 유지된다(상온에서는 존재할 수 없는 조성을 존재하게 하는 방법. 높은 온도에서 용체화(solution)를 해서 급랭시키면 조성이 미처 바뀌지 못하고 오랫동안 이 상태를 유지한다).

2) 석출 열처리(precipitation heat treatment)

① (2차 열처리) 과포화된 a고용체를 적당히 높은 온도로 가열한다. 이 온도는 확산 속도가 어느 정도 높고 a + b상이 공존하는 온도이다. 이때 Cb의 조성을 갖는 b석출상이 미세하게 분산된 입자의 형태로 형성되고, 이러한 현상을 시효라고 한다.

② 적당한 시효 시간 후에 합금은 상온으로 냉각된다. 일반적으로 냉각속도는 중요하지 않다. b상은 합금의 강도와 경도를 현저히 증가시키는데, 그 정도는 현재 온도와 시효시간에 따라 달라진다(용체화 열처리를 한 합금을 가열시켜 과포화된 B원자의 확산속도를 높여준다. 그러면 B원자가 석출되어 b상이 a상 속에서 미세하게 형성된다. 이렇게 형성된 b상은 합금의 경도를 상당히 높여주어 석출경화한다).

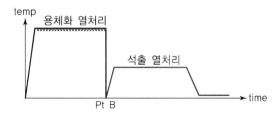

1 개요

① 시효경화(age hardening)는 석출물을 생성시키면서 석출물이 적정한 크기로 성장할 때까지 전위의 이동을 제어하는 능력이 점차로 증가하여 시간에 따라 강도가 증가하는 현상을 말한다. 그러나 석출물이 과도하게 성장하면 석출물 간의 거리가 멀어지므로 전위의 이동에 대한 억제력이 떨어지므로 강도는 감소한다(과시효, overaging).

② 이러한 효과를 거둘 수 있는 합금은 Al계, Cu계, Fe계, Ni계 등 다양하며 많은 합금에서 강도를 증진시키는 공정으로 사용된다.

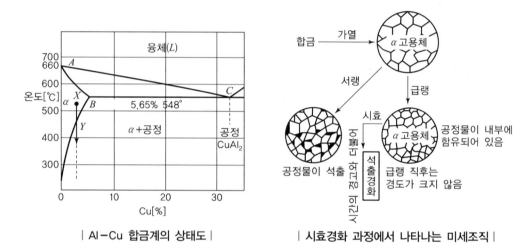

| Al−Cu 합금계의 상태도 | | 시효경화 과정에서 나타나는 미세조직 |

2 Al−Cu계 합금의 석출물

1) 모든 시효 경화 합금은 석출물이 성장하면서 강도가 변화하는데, 이것은 석출물의 성장 초기와 시간의 경과에 따른 석출물의 구조가 변화하는 것과 연관이 있다.

2) Al계 합금은 석출 초기에는 GPZ(Guinier−Preston Zone)라는 미세 석출물을 거쳐서 점차로 다른 구조로 성장한다. 이것은 작은 계면에너지(정합성과 변형에너지)를 최소화하면서 성장하려는 결과이고 석출물의 크기에 따라서 최적 조건이 변하기 때문이다.

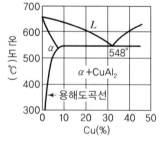

| 용해도곡선과 석출 |

① GP zone

Al-Cu계에서 GPZ는 평형석출물(Θ)와는 달리 Cu의 농도가 증가하는 구역이 발생하는 것으로 정의된다. 따라서 Al matrix의 변형만 존재하고 정합성은 유지된다(이 GPZ는 다른 Al계 합금에서도 생성된다). 계면 에너지는 작은 부피에 상대적으로 적합하도록 최적화 상태이다.

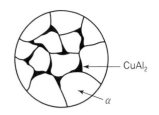

α : Cu를 고용한 Al.
α를 서랭하면, $CuAl_2$를 석출한다. 급랭하면, Cu를 과포화한 상태로 상온으로 되기 때문에 시간의 경과와 함께 결정입자 간에 미세한 $CuAl_2$가 석출해 단단하게 된다.

| GP Zone 미세조직 |

② transition phase

GPZ의 부피가 커질수록 계면의 정합성을 유지하기가 어려워진다. 그러나 모든 계면이 부정합으로 바뀌면 chemical energy의 증가가 갑자기 커지므로 결정 방향에 따라서 일부 정합(또는 반정합)을 유지하다가 최종적인 평형성(Θ, $CuAl_2$, tetragonal 구조)으로 바뀐다. 이러한 중간 과정의 석출물은 Θ''과 Θ' 상으로 부른다.

각 상의 계면 구조는 다음과 같다. 계면의 정합성의 변화에 의거하여 최종적인 석출상까지는 GPZ → Θ'' → Θ' → Θ의 과정을 거치게 된다. 이 과정에서 계면에너지의 변화는 점진적으로 일어나므로 α → Θ로 급격하게 일어나는 경우보다 임계 핵생성 에너지가 작다. Θ'' 상의 핵생성은 GPZ에 제공하며 Θ' 상은 격자의 misfit을 최소로 하기 위하여 a/2 <110> 전위상에서 핵생성하여 근처의 Θ'' 상을 용해시키면서 성장한다. 최종적인 Θ 상은 계면 에너지 증가의 최소화를 위하여 결정립계 핵생성하는 빈도가 크다.

석출상의 변화 mechanism과 quench-in vacancy의 효과

한 석출상이 다른 석출상을 용해시키면서 성장하는 과정은 두 상 간의 Cu의 확산에 의하여 일어난다. 따라서 고온에서 quench-in된 풍부한 vacancy는 이 변화 과정에 큰 영향을 줌으로써 시효 처리시간에 영향을 주게 된다.

예로 GPZ 간의 간격이 λ라 할 때 Cu의 평균확산거리는 ($\lambda/2$)가 될 것이므로 GPZ을 관찰할 수 있는 시간이 t라면 실제 유효확산계수는 $D \simeq (\lambda2/4t)$가 될 것이다.

---

3 시효 경화 과정

① Al합금의 경도가 증가하는 과정은 석출물의 변화와 연관되어 있다. 일반적으로 정합면을 가진 석출상을 전위가 지나가면 정합 계면이 가지는 strain energy field에 의하여 저항력이 크다. 따라서 GPZ부터 점차로 경도가 증가하나 부정합 계면이 증가할수록 저항력의 감소와 석출물 사이의 간격의 증가로 인하여 경도는 감소한다.

② 또한 용질의 양이 증가할수록 석출물의 양(석출물의 간격)이 커지므로 경도는 증가하며 시효처리 온도가 높으면 석출물의 상의 종류가 변하고 성장속도가 빠르므로 과시효현상이 빨리 나타나게 된다.

③ 일반적으로는 1차적으로 GPZ의 solvus 온도 이하에서 시효하여 미세하게 분포된 GPZ를 형성한 후 GPZ와 Θ''상의 solvus 온도 사이에서 2차 시효함으로써 미세한 GPZ이 중간상의 불균일 핵생성 자리를 제공해주는 공정을 택한다(two-step aging).

소성가공

PROFESSIONAL ENGINEER METAL WORKING

소성이론

| 소성가공의 개요

1 탄성과 소성

1) 탄성과 탄성변형

① 탄성(elasticity)

외력을 제거하면 원형으로 돌아가는 성질

② 탄성변형(elastic deformation)

금속뿐만 아니라 일반적으로 고체를 잡아당기면 그 힘의 방향으로 늘어나는데, 힘이 작을 때는 힘에 비례하여 늘어나고(훅의 법칙), 힘을 제거하면 늘어나는 것은 없어지며 처음 길이로 되돌아간다. 이러한 탄성한도 내에서의 변형을 탄성변형이라 한다.

2) 소성과 소성변형

① 소성(plasticity)

재료를 파괴하지 않고 영구히 변형할 수 있는 성질

② 소성변형(plastic deformation)

고체를 당기는 힘이 탄성한도를 초과하면 늘어나는 것이 탄성변형의 경우보다 많이 증가 하여 당기는 힘을 제거해도 처음의 길이로 되돌아가지 않고 늘어난 것이 일부 남아 있게 된다. 이와 같이 탄성한도 이상의 힘을 가하여 변형시키는 것을 소성변형이라 한다.

③ 소성가공(plastic working)

㉠ 소성가공은 금속이나 합금에 소성변형을 하는 것으로 가공 종류는 단조, 압연, 선뽑 기, 밀어내기 등이 있으며 금속이나 합금에 소성가공을 하는 목적은 다음과 같다.
  • 금속이나 합금을 변형하여 소정의 형상을 얻는다.
  • 금속이나 합금의 조직을 깨뜨려 미세하고 강한 성질로 만든다.
  • 가공에 의하여 생긴 내부 변형을 적당히 남겨 놓아 금속 특유의 좋은 기계적 성질을 갖게 한다.

ⓛ 소성가공은 변형을 일으키기 위하여 가열하는 온도에 따라 냉간가공과 열간가공으로 구분한다.
- 냉간가공 : 재결정 온도 이하의 낮은 온도에서 가공
- 열간가공 : 재결정 온도 이상의 높은 온도에서 가공

재결정 온도는 금속이나 합금의 종류에 따라 뚜렷하게 다르므로 냉간가공과 열간가공의 온도 범위는 금속이나 합금의 종류에 따라 다르다.

3) 점성과 점성변형

① 점성(viscosity)

응력을 일정한 값으로 유지할 때 변형이 시간에 따라 연속적으로 증가하는 성질

② 점성변형(viscosity deformation)

점성의 성질을 갖고 있는 변형

② 소성가공에 이용되는 성질

1) 가단성(malleability) 또는 전성

① 정의

단련에 의하여 금속을 넓게 늘릴 수 있는 성질

② 가단성의 크기순서

$$Au > Ag > Al > Cu > Sn > Pt > Pb > Zn > Fe > Ni$$

2) 연성(ductility)

① 정의

금속선을 뽑을 때 길이 방향으로 늘어나는 성질

② 연성의 크기순서

$$Au > Pt > Ag > Fe > Cu > Al > Ni > Zn > Sn > Pb$$

3) 가소성(plasticity)

물체에 압력을 가할 때 고체상태에서 유동되는 성질로서 탄성이 없는 성질

❸ 소성가공의 종류와 장점

1) 소성가공의 종류

① 단조가공(forging)

보통 열간가공에서 적당한 단조기계로 재료를 소성가공하여 조직을 미세화시키고, 균질 상태에서 성형하며 자유단조와 형단조(die forging)가 있다.

② 압연가공(rolling)

재료를 열간 또는 냉간가공하기 위하여 회전하는 롤러 사이를 통과시켜 예정된 두께, 폭 또는 직경으로 가공한다.

③ 인발가공(drawing)

금속 파이프 또는 봉재를 다이(die)를 통과시켜, 축방향으로 인발하여 외경을 감소시키면서 일정한 단면을 가진 소재로 가공한다.

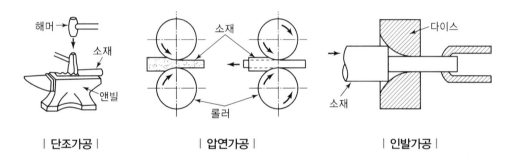

| 단조가공 |　　　| 압연가공 |　　　| 인발가공 |

④ 압출가공(extruding)

상온 또는 가열된 금속을 실린더 형상을 한 컨테이너에 넣고, 한쪽에 있는 램에 압력을 가하여 압출한다.

⑤ 판금가공(sheet metal working)

판상 금속재료를 형틀로써 프레스(press), 펀칭, 압축, 인장 등으로 가공하여 목적하는 형상으로 변형 가공한다.

⑥ 전조가공

작업은 압연과 유사하나 전조 공구를 이용하여 나사(thread), 기어(gear) 등을 성형하는 방법이다.

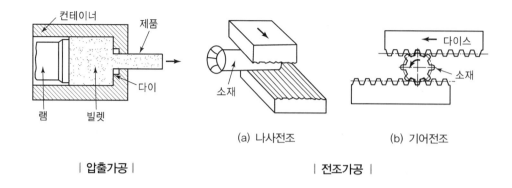

| 압출가공 |

(a) 나사전조　　(b) 기어전조

| 전조가공 |

2) 소성가공의 장점

① 보통 주물에 비하여 성형된 치수가 정확하다.

② 금속의 결정조직이 치밀해지고 강한 성질을 얻는다.

③ 대량생산으로 균일제품을 얻을 수 있다.

④ 재료의 사용량을 경제적으로 조절할 수 있다.

1 냉간가공(상온가공, cold working)

1) 정의

재결정 온도 이하에서 금속의 인장강도, 항복점, 탄성한계, 경도, 연율, 단면수축률 등과 같은 기계적 성질을 변화시키는 가공

2) 특징

① 가공면이 아름답고 정밀한 모양으로 가공한다.
② 가공경화로 강도는 증가하나 연신율이 작아진다.
③ 가공 방향으로 섬유조직이 생기고 판재 등은 방향에 따라 강도가 달라진다.

2 열간가공(고온가공, hot working)

1) 정의

재결정 온도 이상에서 하는 가공

2) 장단점

① 장점
　㉠ 한번에 많은 양을 변형할 수 있고 가공시간이 짧다.
　㉡ 동력이 적게 든다.
　㉢ 조직을 미세화할 수 있다.

② 단점
　㉠ 표면이 산화되어 변질될 우려가 있다.
　㉡ 균일성이 좋지 않다.
　㉢ 치수 변화가 많다.

1. 재결정

금속의 결정입자를 적당한 온도로 가열하면 변형된 결정입자가 파괴되어 점차 미세한 다각형 모양의 결정입자로 변화하는 현상이다.

2. 가공도와 재결정 온도

재결정 온도와 가공도의 관계를 보면 가공도가 큰 재료는 새로운 결정핵이 생기기 쉬우므로 재결정이 낮은 온도에서 생기고, 가공도가 작은 재료는 결정핵의 발생이 적어 높은 온도까지 가열하지 않으면 재결정이 완료되지 않으므로 높은 온도에서 생긴다.

일반적으로 변형량이 클수록, 변형 전의 결정립이 작을수록, 금속의 순도가 높을수록, 변형 전의 온도가 낮을수록 재결정 온도는 낮아진다.

3. 가공경화와 재결정 온도

금속재료를 상온에서 forging, rolling, 인발, 압출, press 가공 등의 가공을 하면 강도와 경도가 증가하고 연율은 줄어든다. 이 현상을 가공경화라 하며 상온에서 금속의 유동성이 불량한 상태에서 가공하기 위한 큰 외력이 증가하므로 내부응력이 증가하여 발생한다. 이때 조직에서 부서진 결정 입자가 있는데, 이것을 가열하여 어떤 온도로 유지하면 새로운 결정 입자가 생겨 가공경화된 부분이 원상태로 돌아간다.

이와 같이 재결정이 생기는 온도를 재결정 온도라고 하며 강철은 400~500℃ 정도이다. 재결정 온도 이상에서 가공하면 가공경화가 발생하지 않는데, 이와 같은 가공을 열간가공이라 하며, 재결정 온도 이하의 가공을 냉간가공이라 한다.

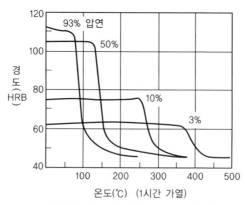

| 재결정 온도에 따른 경도의 변화 |

02 반성품(半成品)의 표면결함 및 제거법

1. 개요

강괴의 결함은 bloom, billet, bar 등으로 압연될 때 가열과 압연 과정 중에 반성품의 표면에 나타난다. 비용 절감을 위해 이러한 결함은 빨리 제거해야 하며 분괴공정 전의 강괴에서 제거하는 것이 바람직하다.

반성품의 표면결함은 강괴의 결함 또는 주입 시의 불량요인, 가열, 압연방법 등에 따라 생기게 된다.

2. 결함의 종류

1) 강괴 균열(ingot crack)

원인	대책
과도하게 높은 온도에서의 주입(수지상 결정의 과도 성장)	주입온도를 낮춘다.
유황의 함유(적열취성)	Mn 첨가(FeS을 MnS 상태로 변경)
주형 중에서 용탕의 튐	• 주형도료 사용 • 주형의 구조 개선 • 주입방법 변경

2) 딱지(scab)

① 현상

강괴 주입 시 용탕이 주형 내벽에 튀어 올라 주형벽에서 급격히 응고 산화하여 표면에 마치 개의 귀(dog ear) 모양처럼 나타난다.

② 대책

㉠ 주입속도 조절

㉡ 주형 도장(흑연, 알루미늄칠, 기름)

㉢ 주입방법 개선

3) seam

① 현상

㉠ 강괴 균열에 기인하는 길고 심한 균열

㉡ 정도가 얕고 집중되어 나타나는 짧은 균열

② 대책

   ㉠ 길고 심한 seam은 강괴균열의 대책과 같음

   ㉡ 압연온도를 적절하게 조절

   ㉢ 급격한 가열을 피함

4) cinder patch

① 현상

   가열로의 노저에 있는 스케일이 강괴에 부착하여 생기며 일반적으로 강괴의 하부에 딱지 모양으로 나타남

② 대책

   고온 강괴 하부를 위로 향하도록 하여 균열로에 장입

5) 소괴(burned steel)

① 현상

   강괴를 균열로에서 가열할 때 화염이 강괴의 표면이나 모서리 부분에 닿아 생기는 것으로 결정립계가 과열로 인하여 산화되어 분리압연 중에 강괴균열이 발생

② 대책

   특별한 대책이 없으며 재용해한다.

6) laps

압연기 pass에 재료를 장입하여 생기는 것으로 fin 또는 돌기물의 원인이 된다.

3. 표면결함 제거법

1) 인공적 제거

① 정(chisel) 및 해머로 결함부위를 제거한다.

② 주로 연한 재료에 적용되나 소요시간이 길다.

2) 기계적 제거

① 플레이너, 밀링머신으로 절삭한다.

② 다른 방법에 비해 금속의 손실이 많다.

③ 주로 대형 bloom에 적용하며 설비비가 비싸다.

3) 용삭 제거(scarfing)

① 산소로 강재의 표면을 산화, 용융시킨다.

② 국부고온 가열로 담금질 효과에 의한 용삭 균열 발생이 우려된다.

③ 용삭 시 용융금속이 응고하여 처리비용이 싸다.

④ 처리속도가 비교적 빠르며 처리비용이 싸다.

⑤ 용삭 후에는 가열하여 내부응력을 제거해야 한다.

4) 연삭 제거(grinding)

① 주로 경도가 높은 금속(스테인리스강)에 적용한다.

② 처리 시 결함의 재발생이 적으나 처리비가 고가이다.

5) 기타 방법

압연과정에서 hot scarfer를 채택하여 제거한다.

1. 윤활제의 역할

① 마찰과 마모를 줄이기 위함 → 금형 수명 증가

② 금형과 제품을 분리하는 이형제 → 제품 표면 향상

③ 가열된 소재와 금형 사이의 열적 차폐물 → 냉각속도 지연 → 금속 유동속도 증가

2. 윤활제의 필요조건

① 독이 없고, 알레르기를 일으키지 않아야 한다.

② 사용 및 제거가 쉬워야 한다.

③ 화학반응이나 부식이 없어야 한다.

▼ 각종 소성가공에 사용되는 윤활제

가공대상	온도	단조	압연	압출	봉 및 선재인발	판재가공
알루미늄	냉간	FA+MO, S	FA+MO, MO	D, G, MS, L, S	MO, E, Wa, FA+MO	FO+MO, E, L, Wa, S
	열간	MO+G, MS	FA+CO, FA+E	D, G, Pl	–	G
베릴륨	열간	MO+G, J	G	MS, G, J	G	–
구리	냉간	S, E, T	E, MO	S, T, L, Wa, G, MS	FO+E+S, MO, Wa	FO+E, FO+MO, S+Wa
	열간	G	D, E	D, MO+G	–	G
납	냉간	FO+MO	FA+MO, EM	D, S, T, E, FO	FO	FO+MO
	열간	–	–	D		–
마그네슘	냉간	FA+MO, CC+S	D, FA+MO	D, T	–	FO+MO
	열간	W+G, MO+G	MO+FA+EM, D, G	D, Pl	–	G+MO, S+Wa, T+G
니켈	냉간	–	MO+CL	CC+S	CC+S, MO+CL	E, MO+EP, CL, CC+S
	열간	MO+G, W+G, Gl	W, E	Gl, J	–	G, MS
내열금속	열간	Gl, G, MS	G+MS	J+Gl	G+MS, Pl	MS, G
강(탄소강 및 저합금강)	냉간	EP+MO, CC+S	E, CO, MO	CC+S, T, W+MS	S, CC+S	E, S, Wa, FO+MO, Pl, CSN
	열간	MO+G, Sa, Gl	W, MO, CO, G+E	Gl, G	–	G
강(스테인리스)	냉간	CL+MO, CC+S	CL+EM, CL+MO	CC+S, CP, MO	CC+S, CL+MO	FO+MO, Wa, Pl, EP+MO, S
	열간	MO+G, Gl	D, W, E	Gl	–	G
티타늄	냉간	S, MO	MO, CC+FO, G	CC+G, CC+S	CC+Pl	CL, S, Pl, Wa
	열간	W+G, Gl, MS	Pl, CC, G, MS	J+Gl, Gl	–	G, MS

CC	전환피복	CSN	화학물 및 합성물	FA	지방산	J	재키팅	PI	폴리머	W	물
CL	염소처리 파라핀	D	무윤활	FO	지방유	L	라놀린	S	비누	Wa	왁스
CO	복합유	E	에멀션(유화액)	G	흑연	MO	광유	Sa	소금		
CP	구리판	EP	극압유	GI	유리	MS	이황화몰리브덴	T	수지(동물성유)		

CHAPTER 02 단조가공

│ **단조의 개요**

---

1 정의

단조(forging)란 금속을 소성유동이 잘되는 상태에서 정적 또는 동적인 압력을 가하여 결정립을 미세화하고, 조직을 균일화하는 동시에 소정의 형상으로 성형하는 가공이다.

2 작업

일반적으로 금속은 고온에서 소성이 크므로 단조할 때는 고온으로 가열하며, 작은 규모에서는 hand hammer와 anvil로 단조할 수 있으나, 일반적으로 동력 hammer, press 및 die 등의 장비를 이용한다.

3 특징

연속된 판 및 단면재를 만들어 내는 압연(rolling)과는 달리 단조에서는 개개의 제품을 만들며, 금속유동과 결정립 구조를 조절할 수 있기 때문에 강도와 인성이 큰 제품을 얻을 수 있는 것이 특징이다.

4 종류

① 단조물 크기 : 대물단조, 소물단조
② 단조기계 : press 단조, hammer 단조
③ 단조온도 : 열간단조, 냉간단조
④ 단조형 : 자유단조, 형단조

■ 변형저항과 단조 energy

단조기계는 순간적으로 충격력을 가하는 기계해머류, 기계프레스 및 천천히 가압하는 유압프레스 등으로 구분할 수 있다. 기계해머는 낙하 중량과 타격속도를 이용하여 가공하며 프레스는 해머에 비해 단시간의 충격이 아니고 내부까지 그 작용을 임의 시간 동안 가할 수 있다. 일반적으로 기계해머는 낙하 중량으로, 유압프레스는 램의 압력으로 용량을 표시한다.

1) 변형저항(K)

① 변형저항이 영향을 받는 원인

⊙ h/A_o의 비율이 작을 때에는 크게 된다(여기서, h : 높이, A_o : 단면적).

ⓒ 접촉면의 중심부는 외주변보다 크고 같은 분포상태를 갖지 않는다.

ⓒ 접촉면이 거칠 때에는 크게 된다.

ⓔ 변형속도가 크게 되면 증가한다.

ⓜ 가공온도가 높으면 작아진다.

② 변형저항 계산

$$K = K_0 + K_1, \ E_K = KV_K \qquad \therefore K = \frac{E_K}{V_K}$$

여기서, K_1 : 외부조건에서 오는 저항

K : 이론적 변형저항

E_K : 전체에너지

V_K : 체적

2) 단조 energy(E)

$$E = Ph = \frac{mv^2}{2}\eta = \frac{v^2}{2g}W\eta \qquad \therefore P = \frac{v^2}{2gh}W\eta$$

여기서, W : 해머의 중량(kg)

v : 타격순간의 해머속도

η : 해머의 효율

h : 타격에 의한 단조재료의 높이변화

P : 타격하는 힘

2 단조공정의 마찰언덕(friction hill)

① 슬래브법(slab method)을 이용하면, 원기둥 소재를 단조할 때 소재와 금형의 접촉면에서의 압력분포를 구할 수 있다.

② 시편의 옆면을 구속하지 않은 채로 업세팅 할 때(평면응력), 전단에너지 항복조건을 사용하는 경우의 수직응력 분포는 다음 그림과 같다. 모서리부에서는 단축압축을 받으므로 압력이 Y가 되고, 변을 따라서도 마찰이 있으므로 마찰언덕이 나타난다.

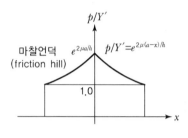

| 압력분포 |

$$p(x) = Ye^{2\mu(r-x)/h}$$

$$F = \int_0^r p(2\pi x)dx = \frac{\pi Yh^2}{2\mu^2}\left(e^{2\mu r/h} - \frac{2\mu r}{h} - 1\right) \cong \pi r^2 Y\left(1 + \frac{2\mu r}{3h}\right) = \pi r^2 p_{av}$$

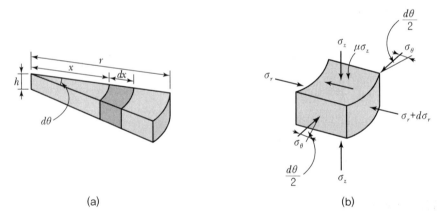

(a)   (b)

| 원기둥 압축 시 |

1 열간단조와 냉간단조

재료를 기계나 해머로 두들겨 성형하는 가공을 단조라고 하며, 단조에는 열간단조와 냉간단조가 있다.

① 열간단조(hot forging) : hammer 단조, press 단조, upset 단조, 압연단조
② 냉간단조(cold forging) : cold heading, coining, swaging

▼ 열간단조 · 냉간단조의 장단점

장단점	열간단조	냉간단조
장점	• 주조조직의 유공정(pin hole)이 제거된다. • 치밀하고 균일한 조직이 된다. • 소성이 증가한다. • 가공이 용이하고, 표면의 거친 가공이 용이하다.	• 가공면이 아름답고 정밀하다. • 사용재료의 손실이 적다. • 제품의 치수를 정확히 할 수 있다. • 어느 정도 기계적 성질을 개선시킬 수 있다.
단점	산화로 정밀한 가공이 곤란하다.	가공이 어렵다.

2 단조공정의 종류

1) 자유단조(open-die forging)

• 개방형 형틀을 사용하여 소재를 변형하는 것이다.
• 가공물에 압력을 가할 때 가압력의 방향과 직각 방향인 금속유동에 구속을 주지 않는 단조를 자유단조라 하며, 주로 소형물(小形物)이 많고 단조 후에 기계가공을 하는 경우가 많다.

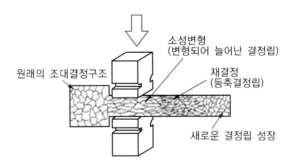

① 늘이기(drawing)
굵은 재료를 때려 단면을 좁히고 길이를 늘이는 작업

② 굽히기(bending)
　　㉠ 재료의 바깥쪽은 늘어나고 안쪽은 압축된다.
　　㉡ 응력과 변형이 없는 중립면은 안쪽으로 이동한다.
　　㉢ 바깥쪽이 얇아지는 것을 방지하기 위해 덧살을 붙인다.

③ 눌러붙이기(up-setting)
　　늘이기의 반대로 긴 재료를 축 방향으로 압축하여 굵게 하는 작업으로 재료의 길이는 지름의 3배 이내로 한다.

④ 단짓기(setting down)
　　재료에 단을 짓는 작업

⑤ 구멍뚫기(punching)
　　펀치를 때려 박아 구멍을 뚫는 작업

⑥ rotary swaging
　　주축과 함께 die를 회전시켜서 die에 타격을 가해 단조하는 작업

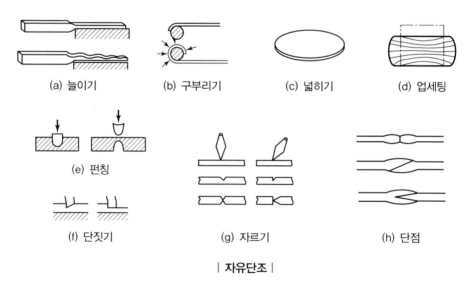

(a) 늘이기　　(b) 구부리기　　(c) 넓히기　　(d) 업세팅

(e) 펀칭　　(g) 자르기　　(h) 단점

(f) 단짓기

| 자유단조 |

2) 형단조(closed-die forging)

① 정의
　　㉠ 2개의 다이(die) 사이에 재료를 넣고 가압하여 성형하는 방법이다.
　　㉡ 압축에 의한 금속의 유동이 형(찔, die) 내에서만 행해지며, 여분의 금속은 형의 접합면 사이에 flash로 유출된다.
　　㉢ 절삭가공 또는 자유단조 후 절삭가공에 의한 제품에 비하여 조직이 미세하고 강도가 크다.

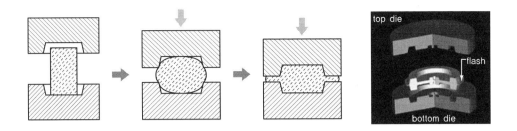

② 특징

형상이 복잡한 제품을 값싸게 대량생산할 수 있는 장점이 있으나, 형틀의 가격이 비싸다.

③ 형재료의 구비조건

① 내마모성이 커야 한다.

② 내열성이 커야 한다.

③ 수명이 길어야 한다.

④ 염가이어야 한다.

⑤ 강도가 커야 한다.

④ 형단조의 특징

대량생산에 적합하고 제품을 빨리 만들 수 있다.

⑤ 종류

드롭형 단조, 업셋단조

3) 업셋단조(upset forging)

가열된 재료를 수평으로 형틀에 고정하고 한쪽 끝을 돌출시킨 후 돌출부를 축 방향으로 헤딩 공구(heading tool)로 타격을 주어 성형한다.

4) 압연단조

1쌍의 반원통 롤러 표면 위에 형을 조각하여 롤러를 회전시키면서 성형하는 것으로 봉재에 가늘고 긴 것을 성형할 때 이용한다.

5) 콜드 헤딩(cold heading)

볼트나 리벳의 머리 제작에 이용한다.

6) 코이닝(coining)

동전이나 메달 등을 만드는 가공법이다.

7) 스웨이징(swaging)

봉재 또는 관재의 지름을 축소하거나 테이퍼(taper)를 만들 때 사용한다.

8) 단접(smith welding)

① 정의

연강과 같은 재질은 고온에서 점성 및 금속 간에 친화력이 크게 되는데, 이런 상태에서 두 소재를 서로 접촉시키고 해머로 충격을 가하여 접합하는 방법이다.

② 종류

맞대기 단접, 겹치기 단접, 쪼개어 물리기 단접

9) 타이어 압연(tire forging)

기차 혹은 전차 타이어의 압연에는 특수전문기계로서 타이어 압연기(tire forging mill)가 사용된다.

3 단조온도

소재를 단조할 때는 산화작용, 단조지느러미(fin), 가공여유 등의 이유로 중량이 상당히 감소한다. 산화작용은 대체적으로 연료의 종류, 가열로의 종류, 가열시간, 가열속도에 의하여 다르며 1~9%의 재료 손실이 따른다. 단조성을 확보하고 단조제품의 품질을 위한 가열작업과 단조온도는 매우 중요하다. 단조 종료온도가 그 재료의 재결정온도 바로 위에 있는 것이 가장 이상적인 단조온도이다.

가열된 색을 보고 측정 : 암갈색<…<백색<휘백색(1,300℃ 이상)

1) 재료 가열 시 주의사항

① 너무 급하게 고온도로 가열하지 말 것(재질이 변화하기 쉬우므로)
② 균일하게 가열할 것(정확하고 균일한 형상이 되고 변형이 작으므로)
③ 필요 이상의 고온으로 너무 오래 가열하지 말 것(산화하여 변질되므로)

2) 최고 단조온도

단조할 때 제일 높은 온도로, 이 이상에서는 재료의 산화가 심해지고 과열되면 버닝(burning)이 생긴다. 연소나 용융 시작온도의 100℃ 이내로 접근하지 않도록 한다.

3) 단조완료온도

단조는 열간가공이므로 가공과 동시에 결정입자가 미세화되나 가공작업이 완료되어도 재결정 온도 이상에 있을 때에는 결정입자가 다시 조대화된다. 그러므로 단조완료온도는 재결정 온도 근처로 하는 것이 좋다.

▼ 각 재료의 최고 단조온도 및 단조완료온도

재료	최고 단조온도	단조완료온도
탄소강 ingot	1,200℃	800℃
Ni강	1,250℃	850℃
고속도강	1,200℃	1,000℃
스테인리스강	1,300℃	850℃

4 단조재료

1) 단련강(wrought steel)

① 기계적 성질이 연강보다는 떨어지나 연성이 크고, 가단성이 좋아 특수 용도에 사용된다.
② 봉재, 선재, 판재 등으로 목공구 및 기계제작 등에 사용된다.

2) 탄소강

① 주로 탄소(C)만을 함유(0.035~1.7%)한 강철로서 탄소함유량에 따라 연강, 반경강, 경강, 탄소공구강이 있다.
② 인장강도, 경도, 항복점은 탄소함유량(C=0.86%)까지 증가되고 연율, 단면수축률, 충격치 등은 감소한다.

3) 특수강

① 탄소강에 Ni, Cr, W, Si, Mn, Co, V 등의 원소 중 하나 또는 둘 이상이 함유된 강
② 구조물 강철, 공구용 강철, 특수목적용 강철(내열, 내식, 밸브, 전기용) 등으로 나누며 용도가 매우 다양하다.

4) 동합금

① 황동
  ㉠ 칠삼(七三)황동
    • 선, 파이프, 탄피 등의 제작에 사용
    • 상온가공 시 경도와 인장강도는 증가되고 연율은 감소한다.

ⓛ 육사황동 : 판재 및 봉재로 사용

② 청동(bronz)

단면용 청동은 판재, 선재, 샤프트, 봉재 등에 사용되며 Sn이 소량 포함된 것은 상온가공 하고 많이 들어간 것은 500~600℃에서 고온가공을 한다.

ⓖ 인청동 : 스프링, 샤프트 등에 사용

ⓛ Si 청동 : 와이어(wire)용

ⓒ Ni 청동 : 터빈 블레이드용

ⓔ Al 청동 : 내식용

ⓜ 경합금 : Al은 판재, 봉재, 선재 및 파이프 등의 제작에 사용

5 가열로

• 직접식 가열로 : 고정식 벽돌화덕, 이동식로
• 간접식 가열로 : 반사로, 가스로, 중유로, 전기저항로, 염조로

1) 벽돌화덕

cokes, 목탄, 석탄 등의 연료를 사용하여 소형물의 가공에 적합하다.

2) 지면화덕(floor hearth)

대형물의 가공에 적합하며 불필요 시 작업장으로 활용할 수 있다.

3) 반사로

무연탄, 중유가스를 사용하며 대형물 가공에 적합하다.

4) 연속식 가열로

가열물을 중단 없이 공급할 수 있으므로 작업의 능률을 올릴 수 있다.

5) 전기저항로

온도조절이 용이하고 가공재의 재질 변화가 좋다.

6) 기타 가열로

상자형 가열로, 고주파로, 중유로 등이 있다.

▼ 가열로의 특징 및 용도

가열로 명칭	연료 또는 열원	특징	용도
벽돌화덕	코크스, 목탄, 석탄	구조가 간단하고 사용하기 쉬우나 온도조절이 곤란하고 균일하게 가열하기 어렵다.	작은 물건을 가열하는 데 가장 많이 사용된다.
반사로	무연탄, 중유, 가스	큰 물건 가열에 사용된다.	큰 물건용
가스로	가스	조작이 간편하고 온도조절이 쉽다.	작은 물건용 및 열처리용
중유로	중유	특수 분사용 장치가 필요하며 조작이 용이하다.	중형 및 소형물건에 사용
전기로 (전기저항선식)	전열	온도 조절이 가장 쉽고 작업이 용이하며 재질의 변화도 적다.	열처리용
염조로, 연로	각종 연료	일정한 온도로 균일하게 가열할 수 있다.	열처리용
고주파로	전기유도열	빨리 가열하여 시간이 적게 걸린다.	작은 물건용 및 열처리용

SECTION 04 | 단조성과 단조 결함

1 단조성(forgeability)

단조적 방법으로 금속재료를 단조품으로 제조하는 성능을 말한다(가단성). 단조성에는 유동성, 수축성, 편석 등이 있다.

① 유동성 : 액체금속이 금형에 차는 능력이다.

② 수축성 : 단조 응고 시 체적이 줄어드는 정도이다.

③ 편석 : 금속의 냉각응고과정 중 결정 전후의 차이로 인한 금속 내부 화학성분 조직의 불균일성을 말한다.

2 단조 결함(forging defects)

1) 개요

대형 단조품은 여러 가지 결함으로 인해 단조품을 폐기하는 경우가 있다. 본래 결함에는 강괴의 응고 시에 생기는 것이 많으며 단조품의 결함은 단조 소재인 강괴의 결함과 구별하기 어려운 점이 있다.

2) 단조 결함의 종류

① 표면 결함

ㄱ 현상 : 단조품 표면의 균열

ㄴ 원인 : 강괴의 단조 불량, 가열 중의 국부적 산화 및 과열, blow hole 및 과도한 압하

② 내부 결함

ㄱ 현상 : blow hole의 미압착, 백점, ghost crack(황화물에 의한 국부적 균열)

ㄴ 원인 : 원강괴의 불량

3) 결함 대책

구분	대책
강괴	원강괴 품질의 확보(진공조괴법 등을 통한 결함 제거)
단조 전 처리	• 강괴의 충분한 육안검사 • 균열상태로 가열되지 않도록 조치 • 균열 제거(기계가공)
단조 중 처리	• 결함 발생 시 작업 중지, 열간에서 제거(녹여 없앰) • 단조완료온도가 낮지 않도록 한다.
단조 후 처리	• 열적 취급의 유의 • 급랭 방지

① 웨브 부분의 좌굴로 인한 겹침 : 초기 두께를 두껍게

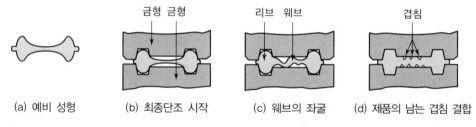

(a) 예비 성형 (b) 최종단조 시작 (c) 웨브의 좌굴 (d) 제품의 남는 겹침 결합

| 단조 결함 : 웨브의 좌굴로 인한 겹침 |

② 소재가 과도하여 생기는 내부 결함 : 금형공동부가 미리 채워지고 중앙부의 재료가 이미 충전된 부분을 지나간다.

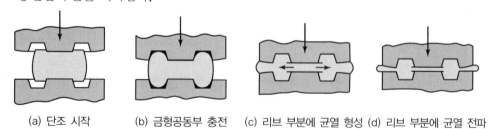

(a) 단조 시작 (b) 금형공동부 충전 (c) 리브 부분에 균열 형성 (d) 리브 부분에 균열 전파

| 단조 결함 : 금형 내부에서 소재의 유동양상(flow pattern) |

1 단조기계

1) 단조해머(forging hammer)

가공물에 순간적 타격력을 작용시키는 기계

① 낙하해머(drop hammer)

belt, rope, board 등을 이용하여 램을 일정한 높이까지 끌어올린 후 낙하시켜 타격을 가하는 해머로, 용량은 낙하 전 중량의 75%로 표시하고 해머의 효율은 anvil ratio(낙하 중량/앤빌중량)와 낙하속도의 함수로 표시한다.

② 스프링 해머

㉠ 램(ram)의 속도를 크게 하여 타격에너지를 증가시키고 크랭크핀의 위치를 조절하여 stoke를 변경할 수 있다.

㉡ 크랭크의 회전수는 대형물일 때 70회/min, 소형물일 때 200~300회/min이나 stoke가 짧고 타격속도가 크므로 소형물 단조에 적합하다.

③ lever hammer

구조는 비교적 간단하나 타격횟수가 많아 앤빌면과 램면과의 평행관계가 유지되지 않는 결점이 있다.

④ 공기해머

자체 내에 공기압축장치가 있어 이 압축공기에 의하여 램을 상하로 운동시키며 조작이 간단하여 2ton 이하의 공작물 단조에 널리 사용된다.

⑤ 증기해머(steam hammer)

타격력 조절이 쉽고 해머의 용량은 250kg~10ton이 보통이며, 큰 것은 50~100ton에 이르는 것도 있다.

2) 프레스(press)

① 특징

해머와 같이 타격을 가하지 않고 저속운동으로 압력을 가하여 해머에 비하여 작용압력이 내부까지 잘 전달되며, 에너지 손실 및 진동이 적다.

② 용량(P)

$$P = \frac{A_e K_f}{\eta} (\text{kg})$$

여기서, A_e : 유효단면적, K_f : 변형저항(kg/mm^2)

일반적으로 변형저항 K_f는 탄소강 : 10~20, 자유구멍뚫기 : 12~15, 밀폐구멍뚫기 : 30~40이다.

③ 프레스의 종류
- 수압프레스
- 기계프레스 : crank 프레스, knuckle joint press, 마찰 프레스, upset 단조기, trimming press

　㉠ 수압프레스 : 램 하강용 실린더 내의 수압은 200~300kg/cm²이고, 복귀실린더 내의 수압은 10kg/cm² 정도이다.

　㉡ 증기수압프레스(steam hydraulic press) : 고압의 증기로 작동되는 pump에 의하여 고압의 압력수를 프레스 cylinder 내에 공급하는 것으로서 가공 실린더 압력은 400~500kg/cm²이 되어 순수 수압프레스보다 고압이다.

　㉢ 공기수압프레스(air hydraulic press) : 증기수압프레스의 증기 대신 공기를 공급하는 것으로서 나머지의 작동원리는 동일하다. 용량은 낙하 부분의 전체 중량을 톤(ton)으로 표시한다.

　㉣ 전기수압프레스(electric hydraulic press) : rack과 pinion의 작동으로 압력 수를 발생시키는 프레스이며 수압은 400~500kg/cm² 정도이다.

　㉤ 크랭크프레스 : 기계프레스(동력프레스, 파워프레스)

2 단조용 공구

1) 앤빌(anvil)

① 재질

연강으로 만들고 표면에 경강으로 단접한 것이 많으나 주강으로 만든 것도 있다.

② 앤빌의 크기

중량으로 표시하며 보통 130~150kg이고 큰 것은 250kg, 작은 것은 70kg 정도인 것도 있다.

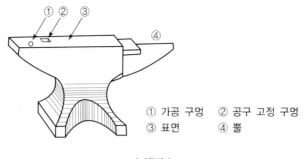

① 가공 구멍   ② 공구 고정 구멍
③ 표면   ④ 뿔

| 앤빌 |

2) 표준대 또는 정반

기준 치수를 맞추는 대로서 두꺼운 철판 또는 주물로 만든다. 단조용은 때로 앤빌 대용으로 사용된다.

3) 이형공대(swage block)

300~350mm 각(角) 정도의 크기로 앤빌 대용으로 사용되며, 여러 가지 형상의 이형틀이 있어 조형용으로 사용된다.

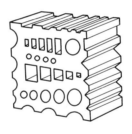

| 스웨이지 블록 |

4) hammer

해머는 경강으로 만들며 내부는 점성이 크고 두부는 열처리로 경화하여 사용한다.

① hand hammer
무게 1/4~1kg 내외의 것으로 규격은 무게로 2kg, 1kg 등으로 표시한다.

② 대메(sledge hammer)
무게 3~10kg인 해머는 대메라고 부르며 손잡이 길이는 약 1m 내외로서 강하게 때리는 데 사용한다.

5) 집게(tong)

가공물을 집는 공구로서 여러 종류가 있고 각종 목적에 사용하기에 편리하게 되어 있으며 전체 길이로 표시한다.

6) 정(chisel)

① 재료를 절단할 때 사용하는 것으로 직선절단용, 곡선절단용이 있다.
② 상온재 절단에는 각이 60°, 고온재의 절단에는 각이 30°인 점을 사용한다.

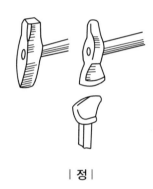

| 정 |

7) 다듬개

가공물의 표면에 대고 위에서 때려 가공물을 다듬기 하여 형상을 만드는 공구

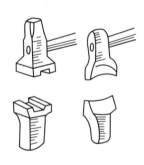

| 다듬개 |

8) 단조용 탭(swage)

단조재에 원형, 사각형, 육각형 등의 단면을 얻는 데 사용한다.

01 단조금형의 설계

1. 개요

동일한 모양의 단조품을 대량생산할 때 형단조를 사용하면 치수정밀도가 높고 성형을 빨리 할 수 있으므로 각종 기계부품의 제작에 많이 이용된다. 이와 같은 형 단조 시 단형(forging die)의 설계 및 제작은 매우 중요하다.

2. die의 종류

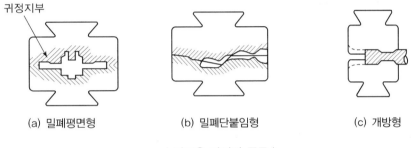

| 단조용 다이의 종류 |

▼ 다이별 특징

구분	특징
밀폐형	플래시(flash)부에 재료의 유출저항을 증가시켜 형 내에 재료가 완전히 충만되어 성형
개방형	• 재료가 횡방향으로 자유로이 흐르게 한 형식 • 자유단조와 밀폐형 단조의 중간
1회 가열형	• 하나의 형에 마무리형, 절단형, 늘이기형 등을 조합하여 만든 것 • 소재를 한 번 가열한 상태에서 성형하여 마무리 가공함

3. 단조 die 재료의 구비조건

① 내열, 내마모성이 클 것
② 충격에 강하고 강인할 것
③ 열처리가 용이할 것
④ 기계 가공이 용이할 것
⑤ 가격이 저렴할 것

4. 단조금형의 구성 및 제작요점

1) 열간 단조금형

① 플래시(flash)

  ㉠ 플래시는 금형의 파팅라인상에서 금형 사이로 재료가 흘러나오는 것을 방지하고 상형과 하형의 타격을 완화하는 역할을 한다.

  ㉡ 플래시 홈의 체적은 금형설계방안 및 가열온도, 스케일, 수축 등의 작업조건에 따라 결정한다.

  ㉢ 보통 플래시의 두께가 작을수록 하중이 커지므로 프레스 용량에 알맞은 플래시 두께를 설정해야 한다.

② 파팅라인(parting line)

  ㉠ 단조작업, 금형가공이 용이하도록 1평면으로 한다.

  ㉡ 형조각 깊이를 낮게 한다.

  ㉢ 파팅라인의 경사를 작게 하여 플래시 제거가 용이하게 한다.

  ㉣ 다듬질 여유를 가능한 한 작게 하고 경사지지 않도록 한다.

③ 빼기경사

  ㉠ 빼기경사는 단조품에서 금형을 빼내기 쉽게 하고 재료의 흐름을 좋게 한다.

  ㉡ 빼기경사가 크면 재료의 소비가 많아지고 후가공의 절삭여유가 커지므로 가능하면 작게 한다.

  ㉢ 내측의 빼기경사는 금형의 볼록부에 접하므로 외측보다 $2\sim3°$ 크게 한다.

  ㉣ 빼기경사의 값은 형조각의 깊이가 깊을수록 크게 한다.

단조면 깊이	외측 빼기경사	내측 빼기경사
60mm 미만	$7°$	$7°$
60mm 이상	$7°$	$10°$

④ 라운딩(Rounding)

  ㉠ 재료의 흐름을 좋게 함과 동시에 균열을 방지하여 금형 수명을 연장한다.

  ㉡ 모서리부의 라운딩이 작으면 접힘(fold)이 발생하거나 눌림(shear droop)이 심해지고, 타격 시 응력의 집중과 균열이 발생될 수 있다.

⑤ 안내장치

  ㉠ 상하 금형의 어긋남을 방지하기 위하여 위치결정의 기능이 있는 안내장치를 설치한다.

  ㉡ 안내장치는 볼록, 오목부를 가공하여 안내하거나 가이드 포스트, 가이드 부시에 의한 안내방식이 있다.

  ㉢ 안내장치는 단조품의 형상이 불균일하거나 해머정밀도가 나쁜 경우에만 적용한다.

⑥ 가공여유

정밀한 die 제작 시 기계가공의 여유를 둔다.

기준치수(mm)	50 이하	50~125	125~250	250~500	500 이상
가공여유(mm)	2.5	3.0	4.0	4.5	6.0

2) 냉간 단조금형

① 펀치의 강도

펀치가 가늘고 긴 모양이 되면 좌굴파괴를 일으키므로 이를 방지하기 위해 펀치길이는 일반적으로 지름의 4.5배 이하, 대량생산일 경우 지름의 3배 이하가 적합하다.

② 펀치의 형상

㉠ 전방 압출 펀치의 선단은 각도를 약간 주거나 평면인 것이 좋으나 후방 압출 펀치는 선단의 형상이 압출압력에 영향을 준다.

㉡ 압출압력은 선단의 각도가 120°일 때가 가장 작고 평면일 때가 가장 크나, 보통 5~15°의 원추형으로 한다.

㉢ 재료와의 마찰을 적게 하기 위해서 선단에 평행부를 만들고 그 후방에 지름의 여유를 두는 경우가 있는데, 평행부의 길이는 보통 1~3mm로 한다.

③ 다이의 보강

냉간 단조작업에서는 원주방향의 높은 하중이 걸리므로 다이를 외주에서 보강링으로 열박음 또는 억지 끼워 박음하여 사용한다.

④ 다이의 분할

㉠ 다이 구멍의 모서리에 응력집중에 의한 균열방지를 위해 라운딩을 한다.

㉡ 라운딩을 주지 않을 경우에는 다이를 가공방법을 고려하여 가로, 세로, 혼합분할 등을 하여 집중응력을 피한다.

02 단조작업 시 업세팅(upsetting) 3원칙

단조작업 시 업세팅 3원칙은 다음과 같다.

1. 제1원칙

1회 타격으로 제품을 완성하려면 업셋할 길이 L은 소재 직경 D의 3배 이내로 한다(보통 2.5배).

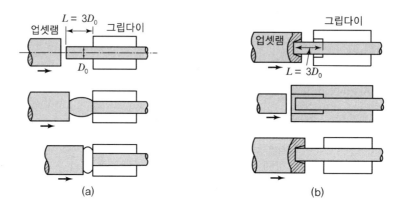

| 업셋단조의 제1원칙 |

2. 제2원칙

제품직경이 $1.5D$보다 작을 때는 L을 $(3\sim6)D$로 한다. 소재의 길이가 너무 길면 1회에 작업하지 않고 중간공정으로 테이퍼 예비형상을 만든 후 최종제품을 성형하는 것이 바람직하다.

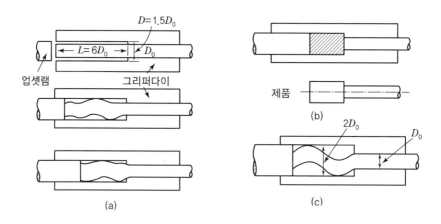

| 업셋단조의 제2원칙 |

3. 제3원칙

제품직경이 $1.5D$이고 $L > 3D$일 때 업셋램과 die의 간격은 D를 넘어서는 안 된다.

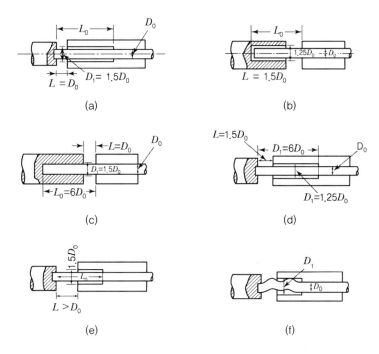

(a)

(b)

(c)

(d)

(e)

(f)

| 업셋단조의 제3원칙 |

1. 코이닝(coining)

① 폐쇄단조의 또 다른 예로 동전을 성형하는 방법이며, 소재는 완전히 밀폐된 금형공동부 내에서 변형된다.

② 동전이나 메달의 구체적인 최종형상을 만드는 데 소재의 유동응력보다 5~6배 높은 압력이 필요하며 특정한 제품의 경우에는 구체적인 형상을 얻을 때까지 몇 단계의 코이닝작업이 필요한 경우도 있다.

③ 코이닝작업은 단조제품이나 기타 제품의 표면 정도를 높이고 원하는 치수정확도를 얻기 위한 마무리작업(sizing)에 사용되며 이때 소재의 모양에 거의 변화가 없으면서도 높은 압력이 필요하다.

④ 코이닝에는 윤활제를 사용하지 않는데, 그 이유는 금형공동부에 갇힌 윤활제는 금형표면의 미세한 형상이 복사되는 것을 방해하기 때문이다.

2. 궤도단조(orbital forming)

① 회전단조 또는 요동단조라고도 하며, 금형이 궤도를 따라 움직이며 소재를 점차적으로 성형해 나가는 작업이다.

② 단조하중이 작고 작업이 조용하며 생산품목에 대한 유연성이 높다.

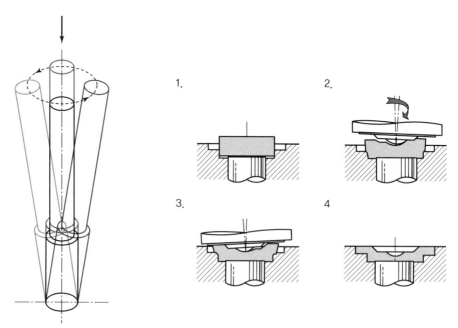

| 궤도단조 공정의 개략도 |

3. 헤딩(heading)

① 기본적으로 업세팅작업이며 둥근 봉이나 선의 한쪽 끝에 단면적이 큰 부분을 만드는 데 적용된다.

② 볼트, 스크루, 리벳, 못, 기타 체결용 부품들의 머리 부분을 만들 수 있다.

③ 구속받지 않은 소재의 길이가 지름보다 상대적으로 길 경우 좌굴(buckling)이 일어나기 쉽다.

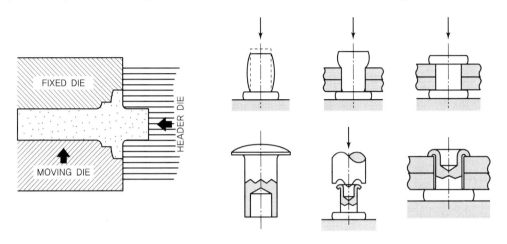

| 각종 헤딩 공정 |

4. 천공(piecing)

소재의 표면에 펀치를 압입시켜 공동부나 압입된 형상을 만드는 공정으로, 소재는 금형공동부 내에 구속되는 경우와 금형을 사용하지 않고 그대로 천공하는 경우가 있다.

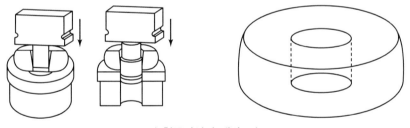

| 천공작업의 개략도 |

5. 허빙(hubbing)

금속소재의 표면을 특정한 형상을 가진 경화처리된 펀치로 압입하는 작업으로, 만들어진 공동부는 다른 제품을 성형하는 데 쓰일 금형으로 사용된다.

6. 코깅(cogging)

단신작업(drawing—out)이라고도 하며, 단면적을 감소시키고 길이 방향으로 늘리는 단조작업이다.

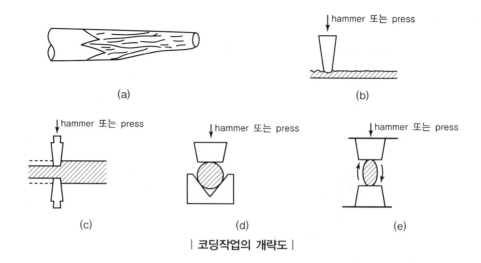

(a)

(b)

(c) (d) (e)

| 코딩작업의 개략도 |

7. 압연단조(roll forging)

크로스 롤링(cross rolling)이라고도 하며 공형(공형, shaped grooves)을 가진 한 쌍의 롤 사이에 소재를 통과시켜 단면적을 줄이거나 형상을 만드는 작업이다.

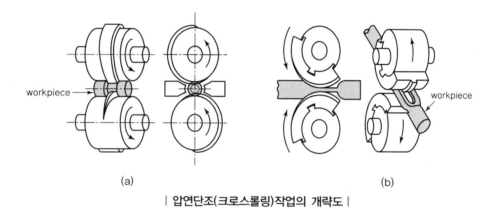

(a) (b)

| 압연단조(크로스롤링)작업의 개략도 |

8. 강구전조작업(screw rolling)

압연단조와 비슷한 공정으로 볼베어링에 쓰이는 강구는 보통 이 방법으로 제조된다.

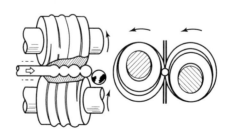

| 볼의 전조 |

9. 링압연(ring rolling)

맞물려 회전하는 roller 사이에서 가공물을 단조하는 것으로서, roller의 홈 또는 돌기를 이용하여 소정의 단면 형상을 갖는 단조물을 얻을 수 있으며, 차축(車軸, axle) 및 leaf spring 등을 제작할 수 있다.

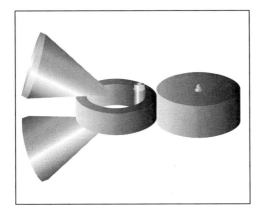 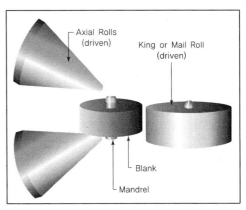

| 링압연작업의 개략도 |

10. 스웨이징(swaging)

회전스웨이징(rotary swaging) 또는 반지름방향단조(radial forging) 주축과 함께 형(型, die)을 회전시켜 형에 타격을 가하여 단조하는 것이다. 형과 hammer가 회전하면서 hammer 머리가 roller에 접할 때 형을 타격하고, hammer가 roller와 roller 사이에 있을 때는 원심력에 의하여 형이 열리고 이때 소재가 공급된다.

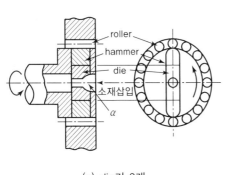 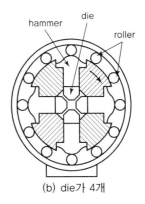

(a) die가 2개   (b) die가 4개

| 스웨이징작업의 개략도 |

단조작업 중에 소재는 주로 압축응력을 받지만, 불균질 변형으로 인해 2차 응력인 인장응력이 생길 수 있으며, 변형이 심해지면 표면에 균열이 생기기도 한다. 단조 중에 나타나는 표면균열 외에도 금형 내에서 소재유동의 부적절로 인해 다른 종류의 결함이 생길 수 있다. 그림과 같이 웨브(web)에서의 재료가 과다하면 단조 중에 좌굴이 생겨 겹침이 될 수 있다.

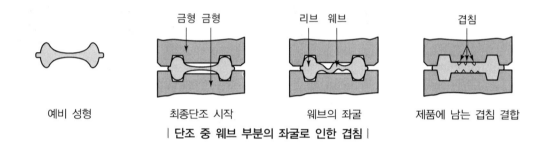

| 단조 중 웨브 부분의 좌굴로 인한 겹침 |

그러나 반대로 웨브 부분이 너무 두꺼우면, 여분의 재료가 이미 단조된 부분으로 유동하여 단조품 내부의 겹침 결함(lap)이 될 수 있다. 재료를 적절하게 분배하고 금형공동부에서 유동을 조절하는 것이 중요하다.

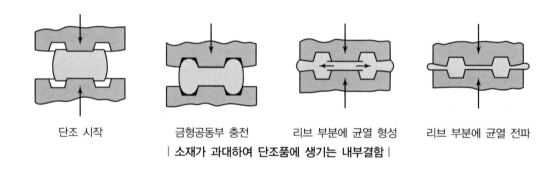

| 소재가 과대하여 단조품에 생기는 내부결함 |

금형공동부의 반지름은 이러한 결함의 생성에 매우 중요한 영향을 끼친다. 다음 그림과 같이 코너 반지름이 크면 재료가 잘 유동하고, 반지름이 작으면 재료가 겹쳐져서 콜드 셧(cold shut)이라는 겹침 결함이 생긴다.

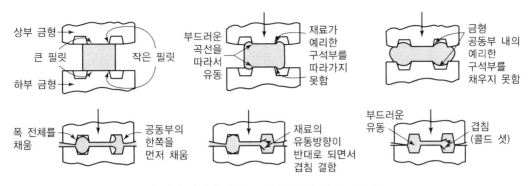

| 필릿 반경의 영향으로 단조품에 생기는 결함 |

05 단류선 양상

1. 형성과정

재료를 가압성형하면 그 결정조직은 재료의 유동 방향에 따라 섬
유상의 조직(fiber structure)을 형성한다.

| 단류선 양상 |

2. 특징

단류선의 방향으로 인장강도, 연신율, 충격치 등의 기계적 성질이
매우 향상된다.

CHAPTER 03 | 압연가공

SECTION 01 | 압연의 개요

1 개요

1) 정의

상온 또는 고온에서 회전하는 롤러(roller) 사이에 재료를 통과시켜 그 재료의 소성변형을 이용하여 강철(steel), 구리합금, 알루미늄합금(aluminium alloy) 등의 각종 판재, 봉재 및 단면재 등을 성형하기 위한 작업(예 기차레일)

2) 압연가공의 특징

주조 및 단조에 비하여 작업속도가 빠르고 생산비가 적게 든다.

3) 열간압연(hot rolling)의 특징

① 압연재료의 재결정 온도 이상에서 작업한다.
② 재료의 가소성이 크므로 압연가공에 대한 소비동력이 적다.
③ 많은 양의 가공변형을 쉽게 할 수 있고, 단조물과 같은 좋은 성질을 가진 재질이 된다.
④ 열간 압연재료는 재질의 방향성이 생기지 않는다.
⑤ 압하율을 크게 할 수 있다.
⑥ 가공시간을 단축할 수 있다.

4) 냉간압연(cold rolling)의 특징

① 재결정 온도 이하에서 작업한다.
② 정밀한 완성가공재료를 얻을 수 있다.
③ 냉간 압연판은 조직에 방향성이 생긴다.
④ 내부응력이 커지며 가공경화에 의한 취성이 증가한다.
⑤ 스케일 부착 및 흠집이 없으며 표면이 깨끗하고 아름답다.
⑥ 박판용으로 0.1mm 이하의 것도 제조 가능하다.

5) 굽힘 방향

판금을 굽힐 때 꺾어 굽히는 선이 판금의 압연 방향과 평행하면 판의 연신율이 나빠 균열이 생기기 쉬우므로 꺾어 굽힘선을 압연 방향과 90° 방향으로 하거나, 두 방향으로 꺾어 굽힐 때는 45° 방향이 되게 한다.

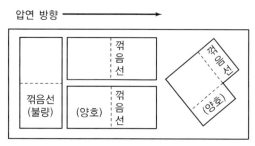

| 압연 방향에 대한 굽힘 방향 |

② 압연의 조직

압연에 의하여 금속의 주조조직(鑄造組織)을 파괴하고, 내부의 기공을 압착하여 균질하게 한다. 그림은 압연작업에서 조직의 변화를 보여 주는 것으로서 압연 전의 결정입자가 신연되고 조직이 치밀해지며 방향성을 갖는다.

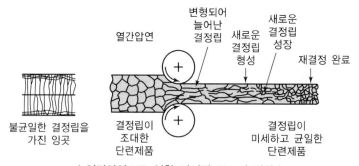

| 열간압연으로 인한 결정립 구조의 변화 |

③ 분괴압연(blooming)

1) 정의

제강에 의해 만들어진 강괴(ingot)를 가열하여 제품의 중간재를 만드는 압연으로 입자가 미세화되고 재질이 균일해지며 주조 시의 기포 등을 없앨 수 있다.

2) 잉곳(ingot)

클수록 재질이 좋고 금속의 이용률이 높아진다.

① 블룸 : 라운드, 빌렛, 슬래브, 시트 바, 섹션
② 슬래브 : 플레이트, 넓은 스트립

3) 분괴압연기에서 압연된 강판의 종류

① 블룸(bloom)

대략 정사각형에 가까운 단면을 갖고 크기는 250×250mm에서 450×450mm 정도이다.

② 빌렛(billet)

단면이 사각형으로서 단면치수가 40×50mm에서 120×120mm 정도인 4각형 봉재이다.

③ 슬래브(slab)

장방형의 단면을 갖고 두께 50~150mm, 폭 600~1,500mm 정도인 대단히 두꺼운 판이다.

④ 시트 바(sheet bar)

분괴압연기에서 압연한 것으로 슬래브보다 폭이 작다. 폭이 200~400mm 정도이고 길이 1m에 대하여 10~80kg인 평평한 소재이다.

$$\text{압하율} : \frac{h_o - h_1}{h_o}$$

⑤ 시트(sheet)

폭 18″ 이상이고, 두께 0.75~15mm 정도인 판재이다.

⑥ 넓은 스트립(wide strip)

폭 450mm 이하이고, 두께 0.75~15mm 정도인 코일상태의 긴 판재이다.

⑦ 좁은 스트립(narrow strip)

폭 450mm 이상이고, 두께 0.75~15mm 정도인 코일상태의 긴 판재이다.

⑧ 플레이트(plate)

두께 3~75mm인 긴 평판으로, 원판이라고도 한다.

⑨ 플랫(flat)

폭 20~450mm 정도이고 두께 6~18mm 정도인 평평한 재료이다.

⑩ 라운드(rounds)

지름이 200mm 이상인 환(丸)재이다.

⑪ 바(bar)

지름이 12~100mm인 봉재 또는 단면이 100mm×100mm인 각재로서 긴 소재의 봉재이다.

⑫ 로드(rod)

지름이 12mm 이하인 봉재로서 긴 것 또는 코일상태의 재료이다.

⑬ 섹션(section)

각종 형상을 갖는 단면재이다.

SECTION 02 │ 평판압연 역학과 이론

1 마찰력과 접촉각의 관계 및 중립점

1) 마찰력과 접촉각의 관계(α : 접촉각, ρ : 마찰각, μ : 마찰계수, $\tan\rho = \mu$)

α는 접촉각이고 이 각이 크면 압연작업 초기의 압입위치 AA'에서 롤러의 압력 P와 P로 인하여 생기는 마찰력 μP와의 합력 F의 압연 방향 x에 대한 분력 F_x의 방향은 압연재료의 진행 방향과 반대가 된다. 이로 인하여 재료는 자력으로 압연 롤러에 물리지 않기 때문에 압연 불가능한 상태가 된다.

다음 그림 (a)는 재료가 롤러에 압입되지 않을 때이고 그림 (b)는 재료가 자력으로 압입되는 한계($\rho = \alpha$)이다. (a)와 같은 것은 $\mu < \tan\alpha$가 될 때 생기고 $\mu \geq \tan\alpha(\alpha < \rho)$가 되면 재료가 압연 롤러에 물려 들어가 압연이 가능하게 된다(μ : 재료와 롤러 사이의 마찰계수).

만일 $\mu < \tan\alpha$가 되는 때에도 재료가 롤러 사이에 압입된다면, 즉 α가 너무 크지 않다면 계속적으로 압연이 가능할 것이다(그 범위는 $2\rho > \alpha > \rho$로, $\rho = \tan^{-1}\mu$일 때 성립한다).

계속적으로 압연이 가능한 범위 : $2\rho > \alpha > \rho$

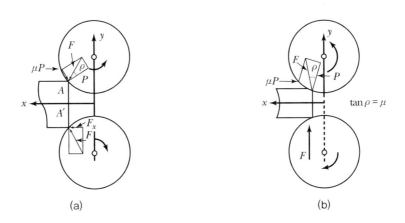

| 마찰력과 접촉각의 관계 |

2) 중립점(non slip point)

압하량에 비하여 재료의 폭이 상당이 클 때에는 넓이의 증가가 무시되고 압연으로 인한 재료밀도(density)의 변화가 없으므로 압연 도중의 단면 CC' 부분의 재료 통과속도 v는

$$즉, \ v_0 h_0 = v_1 h_1, \ h = H_1 + 2R(1 - \cos\theta)$$

$$따라서 \ v = \frac{v_0 h_0}{h_1 + 2R(1 - \cos\theta)}$$

여기서, $h_1 > h > h_0$ 이므로 $v_0 < v < v_1$ 이 되고 재료가 롤러 압입구에서 출구로 향하여 재료의 통과속도 v는 크게 된다. 롤러의 원주속도는 일정하나 압연 롤러와의 접촉면 ACB, $A'C'B'$ 위의 모든 점에서 재료의 속도가 롤러의 원주속도와 동일하게 되지 않고 입구 AA'에서는 재료의 속도가 느리고 뒤로 미끄러지며(back sliding), 출구 BB' 부분에서는 반대로 속도가 빠르게 되어 앞쪽으로 슬라이딩(advance sliding)이 생긴다. A와 B 사이의 어떤 점에서는 재료의 통과속도와 압연롤러의 원주속도가 등속으로 이동되는 점이 있게 된다. 이 점을 논 슬립 포인트(non slip point) 또는 중립점이라고 하며 이 점을 경계로 압연롤러와 재료의 마찰력 방향이 변한다.

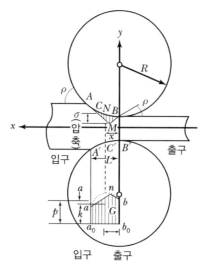

- 실선 : 이론 계산치
- 점선 : 실험 측정치

| 압연재료 중의 응력분포 |

2 압연가공의 영향 인자

1) 중립점의 영향 인자

① 마찰계수

마찰계수가 클수록 중립점은 입구점으로 이동하며 최대 롤압력이 커진다.

② 압하율

압하율이 클수록 중립점이 입구점으로 이동하며 접촉호의 길이가 길어져서 롤 최대압력이 커진다.

③ 전방장력, 후방장력

㉠ 항복응력이 낮아져 롤 최대압력이 감소한다.

㉡ 전방장력이 가해지면 중립점이 입구점으로 이동한다.

㉢ 후방장력이 가해지면 중립점이 출구점으로 이동한다.

2) 압연가공의 영향 인자

압연에 영향을 주는 요인은 매우 복잡하여 단정적으로 말할 수 없으며 압연성능을 예측하기도 어렵다. 일반적으로 압연에 영향을 주는 인자에는 압연속도, 마찰 및 윤활, 압연온도, roll 규격, 전후방 인장 등이 있다.

① 압연속도(rolling speed)

    ㉠ 압연속도가 빨라지면 마찰계수가 작아지고 결국 압연압력이 작아지므로 고속에서 압연하면 저속일 때보다 얇은 판을 만들기 쉽다.

    ㉡ 고속 압연에서는 roll이 베어링의 중심에서 회전하지만 저속일 때는 유막의 두께 차에 의해 편심효과가 생기며 이로 인해 판 두께가 증가한다.

② 마찰계수와 윤활유

    ㉠ 압연 윤활유는 마찰을 감소시키는 윤활작용과 냉각작용을 함과 동시에 표면상태를 깨끗이 한다.

    ㉡ 압연용 윤활유의 구비조건

        • 윤활효과가 클 것

        • 유막강도가 클 것

        • strip의 표면이 깨끗할 것

        • 냉각효과가 있을 것

        • oil의 성상에 안전성이 있을 것

        • 풀림이 소착되지 않을 것

    ㉢ 냉간압연 시 마찰계수(μ)의 최대치는 0.15, 최소치는 0.02 정도이며 마찰계수가 작을수록 압연압력은 작아진다.

    ㉣ 마찰계수가 크면 압하율을 증가시킬 수 있으므로 roll면에 작은 홈을 파거나 가성소다액으로 탈지하는 방법도 이용된다.

③ roll

    roll의 직경이 작으면 압연 압력이 저하되며 strip과의 접촉길이(contact length)도 감소한다.

④ 전후방 인장(front and back tension)

    ㉠ 전후방의 인장력이 증가함에 따라 압연력은 감소된다.

    ㉡ 전방장력은 선진율을 증가시키고 후방장력을 감소시킨다.

    ㉢ 일반적으로 전방장력을 작용시켜 압연압력을 감소시키고 roll의 마모를 줄이며 가공면의 평활도 등을 개선한다.

⑤ 압연온도

    ㉠ 일반적으로 압연온도의 증가에 따라 압하력은 증가하나 일정온도 이상이 되면 하강한다.

    ㉡ 온도의 변화에 따른 roll의 변형이 판의 두께에 영향을 미치는 것을 고려해야 한다.

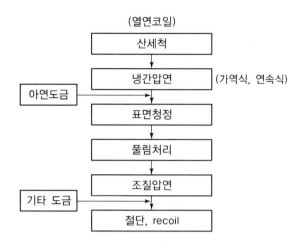

| 냉연강판의 제조공정 |

⑥ 압하율 증가방법

　　㉠ 지름이 큰 롤러를 사용한다.

　　㉡ 압연재의 온도를 높게 한다.

　　㉢ 롤러의 회전속도를 낮춘다.

　　㉣ 압연재를 뒤에서 밀어준다.

　　㉤ 롤러 표면에 롤러 축에 평행인 홈을 만들어 준다.

SECTION 03 | 압연 작업

1 열간압연과 냉간압연

1) 열간압연(hot rolling)

① 강철에 대하여 일반적으로 잉곳(ingot)은 가열로에서 1,100~1,200℃로 가열한 후 롤러 내를 걸쳐 잉곳 압연기(blooming mill)로 압연한 후 이것을 중형 압연기로 각종 단면 또는 형상의 재료를 만든다.

② 얇은 철판을 제작할 때에는 소재를 800~900℃로 가열하고 처음에는 한 장씩, 다음에는 두 장씩 압연하여 얇아진 것을 겹쳐서 가열한 후 다시 압연한다.

　　적당한 치수가 되면 완성 롤러에서 치수대로 압연하고 절단기로 자른다. 교정기 (straightening roller)에 넣어 잘 펴고 750℃에서 풀림하여 사용한다.

| (a) 열간압연의 경우 | (b) 냉간압연의 경우 |

| 롤크라운 |

2) 냉간압연(cold rolling)

① 정밀 치수 및 정마된 표면이 요구될 때 또는 황동 및 인청동 등의 특수재료에 적용된다.
② 압연재료의 표면을 황산 또는 초산 등으로 깨끗이 씻고 그 표면에 윤활유를 치고 가동한다.
③ 기름은 압연할 때 마찰을 적게 하고 가공한 표면을 아름답게 한다.

② 평판압연과 기타 압연작업

1) 평판압연과 형상압연의 공정

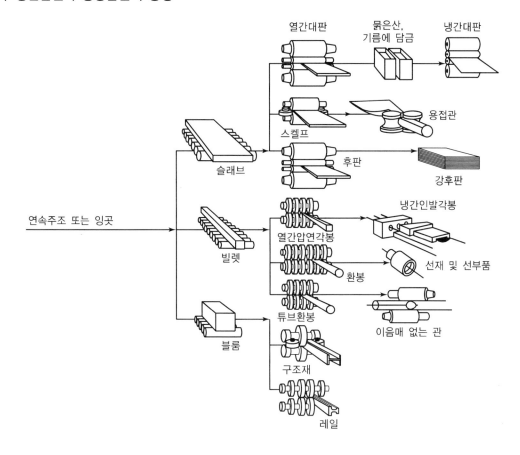

2) 선재 및 봉재와 단면재의 압연

① 선재압연기

ㄱ 가열로에서 나온 소재가 가공공정의 진행에 따라 점점 회전속도가 빨라지면서 선재로 가공되는 방식

ㄴ 압연기의 용량은 비교적 작고 사람의 힘이 상당히 필요하나, 작업은 비교적 간단하다.

② 봉재압연기 및 단면압연기

봉 및 단면재와 같은 형상을 한 캘리버(caliber)를 갖는 압연용 롤러를 사용하여 압연한다.

SECTION **04** │ **압연 결함**

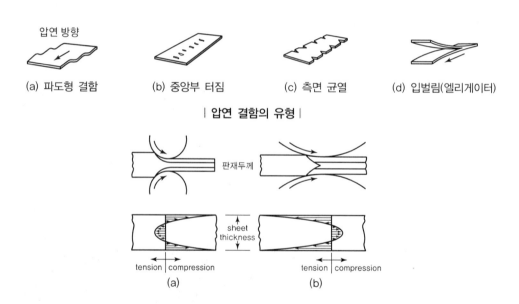

| 압연 결함의 유형 |

- 반경이 작은 롤 또는 압하율이 작을 때(그림 (a)) : 소재의 표면 부근에서만 소성변형
- 반경이 큰 롤 또는 압하율이 클 때(그림 (b)) : 전반적인 부피변형, 접촉부에서 표면에 마찰로 인한 구속

| 평압연에서 발생하는 잔류응력과 롤 반경의 영향 |

1 롤(roller)

1) roller 각부의 명칭

① 롤러 몸체(body)

② 네크(neck)
몸체를 지지하는 축부

③ 웨블러(webbler)
회전전달부

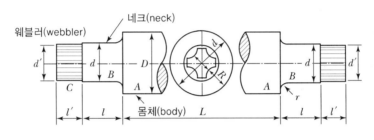

| 롤러의 각부 명칭 및 치수 |

2) roller의 종류

- 압연 roll의 재질이나 기계적 성질은 사용되는 압연기와 작업조건에 맞게 선정되어야 하며 재질은 주철 및 강철이 사용된다.
- roll은 사용 중에 여러 가지 형태로 변형되며 이러한 휨과 온도에 따른 변형을 최소화하기 위해 많은 대책이 강구되고 있다. 압연기 중에서 가장 중요한 부분은 roll이며 이것의 양부에 따라 제품의 형상, 압하율이 결정된다.
- roll은 압연작용을 하는 roll body, 이것을 지지하는 축 부분인 roll neck, 회전전달부인 webbler 등의 세 부분으로 되어 있다.

① 표면형상에 따른 종류
ㄱ 평롤러(plain surface roller) : 판재용 압연에 사용
ㄴ 홈롤러(grooved roller) : 각종 단면재용의 압연에 사용

② 재질에 따른 종류

　ㄱ 주철롤러

　　• 샌드롤러(sand casting roller) : 펄라이트 주철로서 내부와 외부의 경도차가 적다.

　　• 칠드롤러(chilled roller) : 펄라이트 조직으로 칠드층의 깊이가 15~40mm이다.

　　• 구상흑연주철 롤러(noduler cast iron roller)

　ㄴ 강철롤러

　　• 주강롤러 : 열간압연에 주로 이용

　　• 단조롤러 : 냉간압연 및 경합금 압연

3) roller의 절손원인

① 롤러 네크(neck)의 절손

　ㄱ 주물 불량

　ㄴ 작업온도 불균일

　ㄷ 롤러 조절 불량

② 네크와 동체 경계의 절손

　ㄱ 각종 진동 및 충격

　ㄴ 하우징 조절 불량

③ 동체절손

　ㄱ 비교적 저온 재질 또는 부주의 작업

　ㄴ 작업온도가 지나치게 저온이거나 압하율이 클 때

　ㄷ 상단 및 하단 롤러의 수평이 맞지 않을 때

④ 롤러 표면의 거칠기

　ㄱ 재료의 과열

　ㄴ 롤러의 경도 부족

4) roller의 구비조건

① 작동 roll

　ㄱ 압연 시의 하중 cycle에도 피로하지 말 것

　ㄴ 표면 경도가 높고 그 경화 깊이도 깊을 것

　ㄷ 내마모성이 높을 것

　ㄹ 연마가공 등의 기계가공이 용이할 것

② 보조 roll
  ㉠ spring이 생기지 말 것
  ㉡ 휘거나 편심이 생기지 말 것
  ㉢ 내마모성이 높을 것

2 압연기

압연기는 그 기준에 따라 여러 가지 종류가 있다. 압연온도에 따라 열간압연기, 냉간압연기 등으로 분류되며, 압연제품의 종류에 따라 분괴, 빌렛, 슬래브, rod, bar, sheet 압연기 등으로 분류할 수 있다. 그러나 일반적인 분류방법은 압연 roll의 개수 및 조립형(roll의 배열)에 따라 분류하는 것이다.

1) 압연기의 종류

① 압연 작업온도에 따른 종류
  ㉠ 열간 압연기
  ㉡ 냉간 압연기

② 압연 제품에 따른 종류
  ㉠ 빌렛 압연기(billet mill)
  ㉡ 섹션 압연기(section mill)
  ㉢ 슬래브 압연기(slab mill)
  ㉣ 로드 압연기(rod mill)
  ㉤ 바 압연기(bar mill)
  ㉥ 시트 압연기(sheet mill)
  ㉦ 분괴 압연기(blooming mill)

③ 압연 롤러의 개수 및 조립형식에 따른 종류
  ㉠ 2단식 압연기
  ㉡ 3단식 압연기
  ㉢ 4단식 압연기
  ㉣ 특수 압연기

2) 압연기의 특징

① 비가역 2단 압연기
  ㉠ 롤러의 절손을 방지하기 위하여 일반으로 지름이 큰 것을 사용한다.
  ㉡ 주로 소형재의 압연에 사용되고 얇은 판재는 여러 장을 겹쳐서 사용한다.

② 가역 2단 압연기

　　㉠ 역전 가능한 원동기 또는 장치가 부착되어 있다.

　　㉡ 재료가 한 번 통과할 때마다 상부롤러를 조금씩 내린다.

　　㉢ 주로 소형재료의 압연에 사용한다.

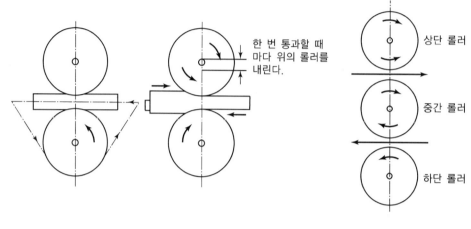

| 2단 압연기(비가역 및 가역식) |　　　　　| 3단 압연기 |

③ 3단 압연기

　　㉠ 롤러를 역전시키지 않아도 재료를 왕복 운동시킬 수 있다.

　　㉡ 선재 및 각종 단면의 섹션바(section bar) 등에 사용한다.

　　㉢ 대형 압연물에 사용한다.

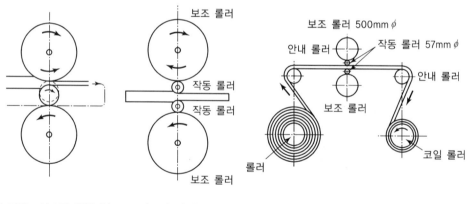

| 라우드식 3단 압연기 |　　| 4단 압연기 |　　| 코일장치를 갖는 4단 압연기 |

④ 4단 압연기

　　㉠ 소경의 작업롤 1쌍과 그것을 지지하는 큰 지름의 보조 roll로 구성

　　㉡ 주로 냉간압연에 사용되며 압연표면이 특히 아름답게 된다.

⑤ 6단 압연기

　　㉠ 얇은 판재의 냉간압연용으로 사용되며 최소두께 0.02mm까지 압연이 가능하다.

　　㉡ 제품의 두께 변동이 극히 적다.

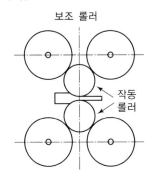

| 6단 압연기 |

⑥ 센지미어 압연기(sendzimir mill)

　　㉠ 강력한 압연력을 얻으며 압연판재가 균일하게 된다.

　　㉡ 스테인리스강판, 고탄소강판 등의 경재를 냉간압연하는 데 적당하다.

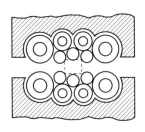

| sendzimir 압연기 |

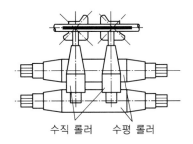

| 유니버설 압연기 |

⑦ 유니버설 압연기(만능압연기)

　　㉠ 압연할 때 측면으로 확대하는 것을 방지하고 균일하게 압연이 되도록 설계되어 있다.

　　㉡ 수평롤과 수직롤로 구성된다.

⑧ 유성압연기(planetary rolling mill)

　　작업롤러의 자전과 공전에 의하여 소재를 압연하며 1회 통과로 큰 압하량을 얻을 수 있다.

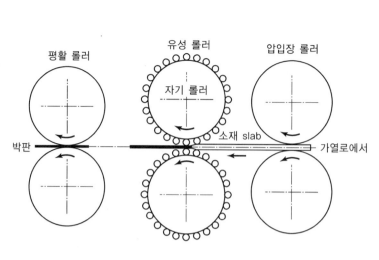

평활 롤러   유성 롤러   압입장 롤러

자기 롤러

소재 slab

박판   가열로에서

| 유성압연기 |

1. 개요

① 압연기의 주요 부품은 bearing, roll, 하우징(housing)이며 roll에 동력을 전달하고 속도를 조절한다.

② 그 밖에 전후방 테이블, manipulator, guide 등의 부속장치가 있다. 압연기는 대단히 견고하고 강력한 구조이어야 하며 큰 용량의 전동기가 필요하다.

2. 압연기의 구성

1) 하우징(housing) 또는 roll stand

roll을 지지하는 부분으로 open – top housing(u – type)과 closed – top housing(o – type)의 두 가지가 있다.

이것은 guide와 guard를 설치할 수 있는 단일체의 주철 또는 주강품으로 되어 있으나 두꺼운 판이나 slab를 용접하여 만들기도 한다.

2) roll

압연기 중에서 가장 중요한 부분이며 압연작용을 하는 롤몸체(roll body), 이것을 지지하는 축 부분인 roll neck, 회전 전달부인 웨블러(webbler) 등의 3부분으로 되어 있다.

3) 압연 roll용 bearing

롤용 베어링에는 롤로 베어링(roller bearing)과 초크 베어링(chock bearing)이 사용된다. 롤러 베어링은 전동체가 roller인 구름 bearing이며, 초크 베어링은 roller와 bearing case 사이에서 압연하중을 지지하는 마찰 베어링이다.

초크 베어링의 재료는 배빗(babbit metal), 포금(gun metal), white metal 등이 사용된다.

4) 롤 승강장치

2단 압연기로 압연할 때 강재가 한 번씩 통과할 때마다 상단 롤을 하강시키면서 압연하게 된다. 롤을 상승시키는 장치는 유압식과 전동식이 있고, 전동기는 역전 및 속도 변환이 가능한 것이 사용된다.

5) edger 또는 edging roll

제품의 가장자리를 압연하거나 유니버설 밀(universal mill)에 사용되는 것으로 보통 압연기에서는 하우징과 따로 떨어져 설치되어 있으나 유니버설 밀에서는 수평 roll 하우징에 붙여 설치되어 있다.

6) 전후방테이블(front and back roller table)

각 패스에서 재료를 장입 또는 받는 테이블이며 속도는 롤의 주속도와 일치해야 하고 폭도 같아야 한다.

7) manipulator

재료를 회전시켜 다른 패스로 보내거나 재료의 위치를 바로잡는 조종장치이며 수직과 수평의 양방향으로 작용할 수 있어서 재료의 각도를 90° 회전시킬 수 있다.

8) guide와 guard

재료를 정확한 위치로 패스에 압인시키거나 빼낼 때 안내 역할을 하는 장치이다.

3. 압연기의 작동

① 전동기가 회전할 때 그 회전력이 커플링, 스핀들을 거쳐 유니버설 커플링으로 연결된 웨블러에 전달된다.
② 전달된 회전력이 하우징에 있는 roll을 구동하게 된다.
③ 롤의 승강에는 나사장치가 사용되고 있으며 압연기 전후방에는 전후방 롤러 테이블이 있어 재료운반에 사용되고 이 테이블의 속도는 압연 롤의 속도와 같다.

02 능률적인 압연을 위한 방안

1. 개요

생산성 및 회수율 향상을 위해 압연 소재인 slab의 중량과 두께가 점차 증가되고 있으며 이에 따라 압하량이 커지고 전동기 출력 roll의 접촉각 등의 문제가 대두된다.

또한 slab 중량의 증가로 인해 테이블 길이가 길어지고 테이블상의 압연소재의 온도 저하에 따른 제품의 품질에도 영향을 미친다.

이러한 문제 요인을 감안해 다음과 같이 압연생산능력의 향상방안이 채택되고 있다.

2. 고능률 압연

1) 압연기의 고속화

① 조(粗)압연기의 tandem화

㉠ 압연소재의 온도 저하를 방지하기 위해 수동조작을 줄이고 자동화하여 압연속도를 고속화한다.

㉡ 테이블 사이의 거리를 단축시키기 위해 최종 스탠드 2개를 tandem으로 couple화하여 연결한다.

② 압연기의 고속화와 가속압연

㉠ 생산성 향상과 압연온도를 유지하기 위해 고속 및 가속압연을 실시한다.

㉡ 고속 및 가속압연은 완성온도를 균일화하고 제품의 두께 편차를 줄인다.

2) 롤의 수명연장

① roll의 교환횟수를 적게 한다.

㉠ 충분히 냉각한다.

㉡ 국부하중이 걸리지 않도록 한다.

㉢ 급격한 열팽창을 방지한다.

㉣ 표면층의 균열 및 피로층을 제거한다.

② roll 냉각을 효과적으로 하여 롤의 표면거칠기를 좋게 하고 수명을 연장시킨다.

3) 롤교환시간 단축

소재설비의 대형화에 따른 압연능률의 증대로 roll 교환의 빈도가 매우 높아지고 있으므로 roll의 교환시간을 단축하는 것이 생산성 향상에 중요한 요인이다.

4) mill 운전의 자동화

computer controller 등을 이용하여 압연기의 압하 및 속도 설정 등의 소비시간을 단축하고 missroll을 줄인다.

Question
03 전조(form rolling)

1. 전조의 개요

1) 전조

다이나 roll과 같은 성형공구를 회전 또는 직선운동시키면서 그 사이에 소재를 넣어 공구의 표면형상으로 각인하는 일종의 특수압연방법이다.

2) 전조제품

원통 롤러, ball, ring, 기어, 나사, spline 축, 냉각 fin이 붙은 관

3) 전조의 특징

① 압연이나 압축 등에서 생긴 소재의 섬유가 절단되지 않기 때문에 제품의 강도가 크다.
② 소재나 공구가 국부적으로 접촉하기 때문에 비교적 작은 가공력으로 가공할 수 있다.
③ chip이 생성되지 않으므로 소재의 이용률이 높다.
④ 소성변형에 의하여 제품이 가공 경화되고 조직이 치밀하게 되어 기계적 강도가 향상된다.

2. 전조의 종류

1) 나사전조(thread rolling)

① 가공방법
제작하고자 하는 나사의 형상과 pitch가 같은 die에 나사의 유효지름과 지름이 거의 같은 소재를 넣고 나사전조 die를 작용시켜 나사를 만든다.

② 나사전조기의 종류
㉠ 평 die 전조기 : 한 쌍의 평다이 중 하나는 고정하고 다른 하나를 직선운동을 시켜 1회의 행정으로 전조를 완성한다.
㉡ roller die 전조기 : 2개의 roller die로 되어 있는데, 두 축은 평행하고 그중 하나는 축이 이동하도록 되어 있으며 다른 하나는 위치가 고정되어 있다.
㉢ rotary planetary 전조기 : 자동으로 장입된 소재가 타단에서 완성된 나사로 나오며 대량생산에 적합하다.
㉣ 차동식 전조기 : 2개의 둥근 다이를 동일 방향으로 회전시키며 소재를 다이의 원주속도 차의 1/2 속도로 공급하여 다이의 최소간격을 통과할 때 나사가공이 완성된다.

③ 나사전조의 특징

　㉠ 소성변형에 의해 조직이 양호하다.

　㉡ 인장강도가 증대된다.

　㉢ 피로한도가 상승되어 충격에도 강하게 된다.

　㉣ 정밀도가 높다.

　㉤ 제품의 균등성이 좋다.

　㉥ 가공시간이 짧으므로 대량생산에 적합하다.

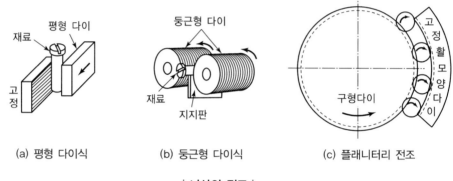

(a) 평형 다이식　　　(b) 둥근형 다이식　　　(c) 플래니터리 전조

| 나사의 전조 |

2) ball 전조(ball rolling)

① 2개의 다이인 수평 롤러는 동일 평면 내에 있지 않고 교차되어 있어 소재에 전조압력을 가하면서 소재를 이송한다.

② 다이의 홈은 ball을 형성하는 가공면이며 산은 소재를 오목하게 파이게 하면서 최후에는 절단하는 역할을 한다.

3) 원통 roller 전조(cylindrical roller rolling)

ball의 전조에서처럼 다이인 roller를 교차시킬 수 없고 평행하게 하여야 하며 한쪽의 다이 roller에만 필요한 나선형의 홈을 만들어 가공한다.

4) gear 전조

① 기어 전조기의 종류

　㉠ rack die 전조기

　　• 한 쌍의 rack die 사이에 소재를 넣고 압력을 가하면서 rack을 이동시켜 소재를 굴리면 die의 홈과 맞물리는 gear가 전조된다.

　　• spline 축의 전조에도 이용되며 소형 gear의 가공에 적합하다.

ⓛ pinion die 전조기 : pinion die를 소재에 접촉시키면서 압력을 가한 상태에서 회전시키면 치형이 만들어지며 전조력이 클 때에는 2개 또는 3개의 pinion die로 다른 방향에서 가압한다.

ⓒ drill 전조 : 드릴과 탭의 홈을 가공할 때 사용한다.

ⓔ hob die 전조기

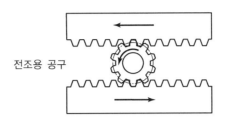

전조용 공구

| 기어의 전조 |

② 기어 전조기의 특징

ⓐ 재료가 절약되고, 원가가 적게 든다.

ⓑ 결정조직이 치밀해진다.

ⓒ 제작이 간단하고 빠르다.

ⓓ 연속적인 섬유조직을 가진 강력한 재질로 된다.

CHAPTER 04 압출가공

SECTION 01 | 압출의 개요

1 정의

Al, Cu, Mg, Pb 등 및 그 합금의 각종 단면재, 관재를 얻을 때 소성이 큰 상태에서 billet을 container(chamber)에 넣고 강력한 압력을 작용시켜 die orifice를 통하여 밀어내는 가공을 압출(extrusion) 또는 압출가공이라 한다.

2 작업

① 압출이 되는 동안 die의 형상과 크기가 정해져 있으므로 제품의 단면은 일정하며 Al, Cu, Mg, Pb 등 재료의 거의 모든 단면재의 압출이 가능하다.
② 압출이 종래에는 연질금속에 한정되었으나, 최근에는 각종 강재 및 특수강에도 적용된다.
③ 압출에는 큰 압력이 필요하므로 일반적으로 열간압출(hot extrusion)을 시행하나, 연성이 큰 재료에는 냉간압출(cold extrusion)이 가능하다.

3 특징

① 수차에 걸쳐 압연할 대형주괴를 1회 압출로 얻을 수 있다.
② 압연제품에 비하여 '강도/비중'의 값이 크다.
③ 치수정밀도와 표면의 정도가 높다.

4 용도

① 열간 압연이 곤란한 관류 및 이형단면재의 가공
② 케이블(cable)에 연관을 씌워 연피복 케이블 제작

1 압출비

① 압출 후의 단면적에 대한 초기 단면적의 비이다.

$$압출비 = \frac{압출\,후의\,길이}{빌릿의\,초기길이}$$

② 압출비가 클수록 압출하중이 증가한다.

2 압출 시의 금속유동

① 빌릿-용기-다이 간에 마찰이 낮을 때 얻는 균일한 유동양상을 나타낸다. 이러한 유동은 윤활제를 매우 효과적으로 사용하였거나 간접압출의 경우에 나타난다.

② 접촉면에서 마찰이 클 때는 데드메탈영역(dead-metal zone)이 발생한다.

③ 재료가 다이 출구로 유동함에 따라 전단을 심하게 받은 부분이 깔때기의 형상으로 형성된다.

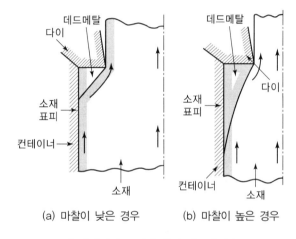

(a) 마찰이 낮은 경우   (b) 마찰이 높은 경우

| 컨테이너 구석에 생긴 데드메탈 |

④ 빌릿표면(산화층 및 윤활제와 함께)은 전단을 심하게 받으면서 압출되므로, 압출제품에 결함이 생길 수 있다.

⑤ 금속유동의 종류

마찰에 의한 금속의 유선 특성

㉠ A형 : chamber와 billet의 계면마찰이 적은 경우의 유선

㉡ B형 : chamber와 billet의 계면마찰이 큰 경우의 유선

㉢ C형 : 온도가 강하하여 billet의 강도가 증가한 경우의 유선

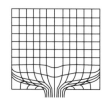
(a) A형(마찰이 적을 때)

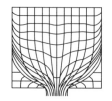
(b) B형(마찰이 클 때)

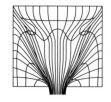
(c) C형(열의 영향을 받은 것)

| 금속유동의 종류 |

SECTION **03** | **압출 작업**

■ 열간압출과 압출 시 고려사항

1) 열간압출

① 열간압출작업으로 각종 재료를 다양한 단면형상과 치수로 성형

② 압출비는 보통 10~100 또는 그 이상

③ 램속도는 0.5m/s까지 가능하며, 알루미늄, 마그네슘, 구리 등에는 속도를 낮게, 강, 티타늄, 내열합금에는 속도를 높게 한다.

④ 열간압출에는 수평형 유압프레스, 냉간압출(단조)에는 수직형 유압프레스를 사용한다.

2) 압출 시 고려사항

① 압출 시 고려사항

열간압출 시에는 열간에서 재료의 변형률속도 민감성 외에도 다음 사항을 고려하여야 한다.

㉠ 용기 내에서 빌릿의 냉각으로 매우 불균질한 변형이 생긴다.

㉡ 압출하기 전에 빌릿을 가열할 때, 불활성기체의 분위기에서 가열하지 않으면 표면에 산화막이 생긴다.

㉢ 산화막의 마찰특성으로 인해, 재료의 유동양상에 영향을 줄 수 있다.

㉣ 압출제품의 표면이 산화막으로 덮여서 불량하게 된다.

② 대책

램의 앞면에 압출판(dummy block)을 붙이고 램의 지름을 용기의 지름보다 약간 작게 한다.

③ 압출 후 주로 산화층으로 이루어진 얇은 원통형의 각(skull)이 용기 내에 남게 되고 압출된 제품에는 산화물이 개재되지 않는다.

④ 열간압출의 온도범위는 단조의 경우와 유사하다.

2 압출공정의 종류

1) 램(ram)의 진행방향과 압출재료의 유동방향에 따른 압출방법

① 직접 압출(전방압축) : 램의 진행방향과 압출재의 유동방향이 같은 경우로 역식 압출보다 소비동력이 크다.

② 역식 압출(후방압출) : 램의 진행방향과 압출재의 유동방향이 다른 경우로 컨테이너에 남아 있는 재료가 직접압출에 비하여 적고 압출마찰이 적으나 제품표면에 스케일(scale)이 부착하기 쉬운 결점이 있다.

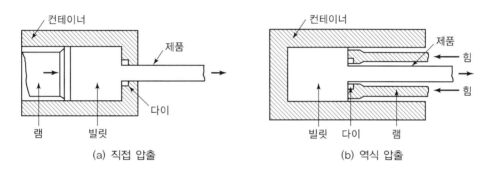

| 직접 압출과 역식 압출 |

2) 용도에 따른 압출방법

① 봉재 및 단면재의 압출

② 관재압출(tube extrusion) : 미리 구멍을 뚫은 소재에 심봉(mandrel)을 삽입하여 압출한다.

③ 충격압출(impact extrusion) : Zn, Pb, Sn, Al 및 Cu와 같은 연질금속을 다이에 놓고 펀치에 충격을 가함으로써 치약 tube, 약품 등의 용기, 건전지 케이스 등을 제작하는 방법이다.

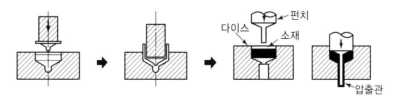

| 충격압출 |

③ 윤활제와 압출온도 및 압출구의 용도

1) 윤활제

① 윤활의 목적
  ㉠ die의 과열 및 마모 방지
  ㉡ 가열된 billet의 냉각 방지

② 윤활제의 조건
  ㉠ 점도 변화가 없어야 한다.
  ㉡ billet을 공급시키는 압력에 견뎌야 한다.
  ㉢ 연속적으로 소재의 표면에 배출되어야 한다.
  ㉣ 단열작용이 필요하다.

③ 열간압출 윤활제
  ㉠ 등유 또는 실린더 오일에 흑연을 혼합하여 사용한다.
  ㉡ Pb, Sn, Zn 등은 윤활제를 사용하지 않는다.

④ 냉간충격압출
  철, 강철을 압출할 때에는 인산염을 피복하고 이것에 에멀션(emulsion) 수용액을 사용
  한다.

2) 압출온도와 압력

① 온도가 상승함에 따라 유동성이 양호해지고 압출압력을 감소시킬 수 있다(열간압출).
② 압출가공 시에는 자체 내의 발생열이 상당히 크며 이를 고려한 가공온도의 설정이 필요
  하다.
③ 열간압출 시 너무 온도가 높으면 die의 윤활이 곤란해지고 die가 연화되어 수명이 단축
  된다.

재질	압출온도(℃)	평균 압출저항력(kg/mm^2)
탄소강	1,200~1,300	70~100
SAE1000 및 저합금강	1,200~1,300	70~100
알루미늄 및 그 합금	370~480	40~85
동 및 황동	650~870	25
청동	87~1,000	65~90
납 및 그 합금	210~260	5.5~10
주석 및 그 합금	65~85	25~70
아연	250~300	70

3) 압출제품 및 용도

① 열간압출제품 및 용도

재료명	제품 및 용도
납 및 그 합금	가스, 수도관, 케이블선 피복, 땜 납선 또는 봉
동 및 그 합금	전선, 콘덴서 및 열 교환기용 파이프, 가구 관 이음
알루미늄 및 그 합금	건축재료, 차량, 선박구조 장식용, 가정용 기구
아연 및 그 합금	도수관, 전기접점, 메탈스프레이와이어
강철 및 특수강	기계, 차량부품, 토목, 건축구조부재, 보일러파이프 열교환기, 화학기계
니켈 및 그 합금	가스터빈 블레이드, 각종 내열 부재

② 냉간압출제품 및 용도

재료명	제품 및 용도
납, 주석 및 그 합금	각종 파이프, 케이스, 용기
동 및 그 합금	각종 전기용 기구와 부품, 기계용 부품, 탄피
알루미늄 및 그 합금	각종 케이스, 각종 파이프, 전기기구, 카메라부품, 식용품 케이스 기계 및 기구용
아연 및 그 합금	건전지 케이스
강철 및 특수강	기계부품, 차량부품, 탄피, 단면제

SECTION **04** | **압출 결함**

---

1 표면균열

① 압출온도, 마찰, 속도 등이 너무 높으면, 표면온도가 급격하게 증가하여 표면균열(surface cracking), 즉 속도균열을 야기한다.

② 이때의 균열은 결정립 간의 결정립계를 따라서 일어나며 보통 적열취성(hot shortness)에 기인한다.

③ 이 결함은 알루미늄, 마그네슘, 아연 합금 등에 잘 생기며 몰리브덴 합금에도 생긴다.

④ 소재의 온도와 압출속도를 낮춤으로써 방지할 수 있다.

2 파이프 결함

① 압출 후반부에 압출판이 데드영역을 건드리면, 정상상태의 유동에서 벗어나기 시작하면서 압출판과 소재의 접촉면의 중심에 인장이 작용하여 소재의 중심부가 압출판으로부터 떨어진다.

② 이렇게 압출제품의 중심부가 비는 현상을 파이프 결함(extrusion defect 또는 tailpipe, fishtailing이라고도 함)이라고 한다.

③ 데드영역을 짧게 함으로써 줄일 수 있다.

3 내부균열

① 압출제품의 중심부에 생기는 균열을 중심부 균열 또는 셰브론 균열(chevron cracking)이라고 한다.

② 이 균열은 다이 내의 변형영역에서 중심선을 따라서 정수압으로 인한 인장응력상태(2차 인장응력) 때문에 생긴다.

③ 정수압 인장에 영향을 주는 주요 인자는 다이각도, 압출비(단면적 감소율), 마찰 등이다.

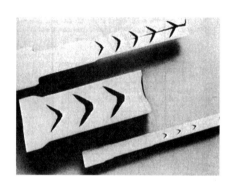

| 압출제품에 생긴 셰브론 균열 |

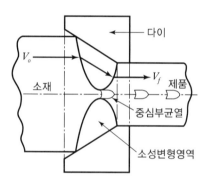

| 불균질 변형으로 인한 소성변형영역 분리 |

1 압출기와 압출공구

1) 압출기

① 압출기의 구조

컨테이너(container), 램(ram), 다이(die)로 구성

② 압출기의 형식

㉠ 단동식 : 봉재, 각재, 단면재 및 파이프 제작용

㉡ 복동식 : 파이프 제작 전문용

③ 압출기의 종류

유압식 압출프레스, 토글프레스, 크랭크프레스 등 사용

2) 압출공구

① 압출공구의 종류

컨테이너, 다이, 플런저, 압판, 맨드릴 등

② 압출공구의 재질

압출공구	재질	C(%)	Ni(%)	Cr(%)	W(%)	인장강도(kg/mm^2)
컨테이너	Ni−Cr강	0.3	4	1.5	−	130
다이	Cr−W강	0.25	2	3	8~10	110~170
플런저	Ni−Cr강	0.3	4	1.5	−	140~150
압판	Ni−Cr강	0.3	4	1.5	−	130
맨드릴	Cr−W강	0.25	2	3	8~10	110~170

SECTION **01** 인발의 개요

---

① 인발가공은 테이퍼 구멍을 가진 다이에 재료를 통과시켜 다이 구멍의 최소 단면 치수로 가공하는 방법으로, 외력으로는 인장력이 작용하고 die 벽면과 소재 사이에는 압축력이 작용하여 지름 5~10mm인 봉재나 두께 1.5mm 이하인 파이프 등 소 단면재를 가공한다.

② 주로 상온에서 행하나 가공 중 변형에 의한 발생열이 상당히 많다.

SECTION **02** 인발 역학과 이론

---

1 인발하중(drawing force)

1) 이상 변형의 경우

마찰 및 과잉 일을 무시한다.

$$F = Y_{avg} A_f \ln\left(\frac{A_0}{A_f}\right) \rightarrow \sigma_d = Y_{avg} \ln\left(\frac{A_0}{A_f}\right)$$

$$\left(Y_{avg} = \frac{1}{\varepsilon_1} \int_0^{\varepsilon_1} \sigma d\varepsilon = \frac{1}{\varepsilon_1} \int_0^{\varepsilon_1} (K\varepsilon^n) d\varepsilon = \frac{K\varepsilon_1^{\,n}}{n+1} \right)$$

2) 이상 변형, 마찰 및 과잉 일을 포함하는 경우

다이각(α in radians)이 작을 때

$$F = Y_{avg} A_f \left[\left(1 + \frac{\mu}{\alpha} \right) \ln \left(\frac{A_0}{A_f} \right) + \frac{2}{3} \alpha \right]$$

마찰의 영향   과잉 일의 영향

② 인발가공의 영향인자

소재가 die를 통하여 선재로 인발될 때 필요한 힘을 인발력이라 하며 재료 인발력의 일부는 다이에 의하여 재료에 압축하는 힘으로 변화하고 마찰력의 작용에 의해 인발변형이 진행된다. 인발력은 다이각, 단면수축, 마찰계수 및 재료의 내력 등에 따라 달라진다. 인발력의 측정은 드로벤치의 경우 스트레인 게이지식의 장력계를 접촉시켜 측정되나, 연속인발의 경우는 다이에 압열계를 설치해야 한다.

1) 단면 감소율 · 가공도

$$\text{단면감소율} : \frac{A_0 - A_1}{A_0} \times 100\% \ , \ \text{가공도} : \frac{A_1}{A_0} \times 100$$

① 단면 감소율의 증가와 더불어 인발응력도 증가한다.
② 단면 감소율을 크게 하면 목적하는 지름까지의 인발횟수를 작게 할 수 있고 능률을 크게 할 수 있으나 인발응력도 증가되어 인발이 불가능해질 수도 있다.

2) 인발지름

보통 신선에서 Ni-wire, Cu-wire 또는 파이프 등은 인발 후의 지름이 다이 구멍보다 작게 되고 파이노선과 같이 굳은 선은 굵어진다.

3) 다이 각도(angle of die)

① 단면 감소율의 증가와 더불어 가장 적당한 다이의 각도는 증가된다.
② 역장력이 작용하면 다이 각도의 영향이 작아지고 다이의 선택 범위가 넓어진다.

4) 마찰력

작을수록 좋으며, 마찰계수는 다이의 압력, 다이 내부의 표면상태, 윤활제 및 윤활방법 등에 따라 다르다.

5) 역장력(back tension)

인발 방향과 반대 방향으로 가한 힘

① 다이의 마멸이 적고 수명이 길어지며 정확한 치수의 제품을 얻을 수 있다.

② 역장력이 커질 때 인발력도 증가하나 인발력에서 역장력을 뺀 다이추력은 감소된다.

③ 소성변형이 중심부와 외측부가 비교적 균등히 이루어지고 변형 중에 발생열도 적어진다.

④ 제품에 잔류응력이 작아지며 다이 온도의 상승도 작아진다.

6) 인발속도

① 저속에서는 인발속도가 증가하면 인발력이 증가하나 속도가 어느 이상이 되면 인발력에 대한 속도의 영향은 적다.

② 고속도에서는 마찰에 의해 선재 내부에 고온이 발생되고 내외부의 온도 차이에 따른 잔류응력이 발생된다.

SECTION **03** │ **인발 작업**

---

❶ 인발공정의 종류

1) 봉재인발(solid drawing)

① 봉재 및 단면재로 드로잉하는 것

② 인발기(draw bench)를 사용함

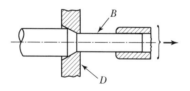

B : 관   D : 다이

| 봉 또는 선의 인발 |

2) 관재인발

① 관재를 인발하여 다이를 고정시키고 외경을 일정한 치수로 한다.

② 관재를 인발하여 심봉 또는 맨드릴을 사용하여 내경을 일정한 치수로 한다.

③ 원형관, 이형단면관 등의 각종 형상을 한 다이를 사용한다.

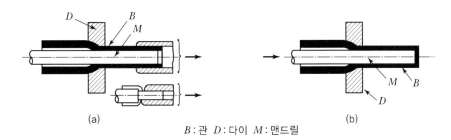

B : 관 D : 다이 M : 맨드릴

| 관의 인발(맨드릴을 사용하는 경우) |

3) 신선 또는 선재인발(wire drawing)

지름 5mm 이하의 가는 선재를 인발한다.

4) 인발공정(강선)

① ingot → bloom → billet → strip 순으로 소재가 가공되며 strip에서 가공 경화된다.

② 연강선은 풀림, 경강선은 패턴팅(patenting) 처리를 하여 소르바이트(sorbite) 조직으로 만들며 이러한 열처리는 냉간가공을 쉽게 하기 위한 것이다.

③ 묽은 염산 또는 황산에 재료를 침지시켜 산화막을 제거한 후 충분히 수세한다. 산화막은 die의 손상을 초래할 수 있으며 강선에 나쁜 영향을 미침

④ 석회액에 세척하여 산을 중화하며 중화 시에는 윤활성을 좋게 하기 위해 석회 피막을 남긴다.

⑤ 다이에 통과시켜 drawing하며 매우 가는 선의 인발에서는 단면 감소율이 80~85%에 도달하면 다시 풀림 처리한다.

② die와 die 윤활

인발가공에서 가장 중요한 역할을 하는 것은 die이며 구멍형 다이와 롤형 다이로 구분된다. 다이는 구조에 나타난 바와 같이 각부에 표시된 명칭이 있는데, 주로 안내부(approach)에서 재료의 가공이 이루어진다. 또한 인발가공에서는 다이와 함께 적절한 윤활제를 사용하는 것이 중요하다. 인발 시는 다이의 압력이 대단히 높아 경계윤활상태가 되므로 이러한 조건에서 제품의 표면을 매끈하게 하고 마찰력을 감소시켜 다이의 마모를 적게 하기 위해서는 적절한 윤활제의 공급이 필수적이다.

1) die의 형태

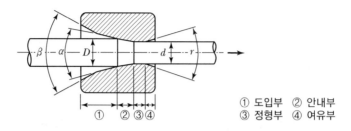

| ① 도입부 ② 안내부
| ③ 정형부 ④ 여유부

| 다이의 형상 |

① 도입부(bell)

　윤활제 공급 및 소재의 안내, $\beta = 60$

② 안내부(approach)

　㉠ 소재를 감축시켜 실제로 가공

　㉡ 다이스 각 : 재질에 따라

　㉢ Al, Ag : 15~18°, Cu : 12~16°, 강선용 : 6~11°, 황동 및 청동 : 9~12°

③ 정형부(bearing)

　정형부의 길이는 연질의 선에는 짧고, 단단한 재질의 선에는 길게 한다.

④ 여유부(relief)

　소재를 도피시키며 보통 30~60°이나, 60°가 많다.

⑤ 다이의 재료

　㉠ 강철 및 합금다이(steel and alloy steel die) : 지름이 큰 것을 드로잉할 때 사용

　㉡ 칠드 주철다이(chilled cast iron die) : 지름이 큰 것을 드로잉할 때 사용

　㉢ 경질 합금다이 : 가는 선을 드로잉할 때 사용

　㉣ 다이아몬드 다이(diamond die) : 0.5m 이하의 가는 선재 및 정밀한 치수로 인발할 때 사용

2) 윤활

① 윤활유의 작용

　㉠ 다이의 마모를 적게 한다.

　㉡ 경계윤활상태에서 마찰력을 감소시킨다.

　㉢ 제품의 표면을 매끄럽게 한다.

　㉣ 냉각효과를 갖는다.

　㉤ 사용 중에 안정상태가 유지되어야 한다.

　㉥ 사용 후에 쉽게 제거되어야 한다.

② 윤활제의 종류

　　㉠ 고형윤활제 : 석회, 그리스, 비누, 흑연, 식물유, 에멀션 등 사용

　　㉡ 강철용 감마제 : 물+석회(또는 인산염피복)+비누가루를 묻혀서 건식법으로 인발

　　㉢ 식물유 : 습식법에 사용되는 것으로 비누(1.5~3%)를 첨가하고 많은 물을 혼합한 것
　　　사용

　　㉣ 에멀션(emulsion) : 비누와 식물유로 된 것으로 구리합금 및 알루미늄합금용의 인발
　　　감마제로 사용

1 중심부 균열(center cracking)

중심부 균열과 같이 압출과 유사한 결함 발생

2 솔기 결함(seam)

① 소재의 길이 방향으로 생기는 흠집 또는 접힌 자국
② 인발에서만 발생하는 결함

3 잔류응력

① 냉간 인발의 경우, 소재에 불균질 변형이 발생하여 잔
　류응력 발생
② 응력부식균열과 제품의 휨 요인

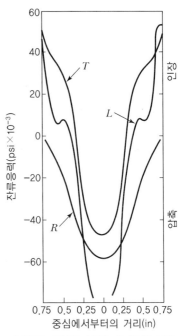

| 냉간 인발된 ANSI 1045 탄소강
환봉에 나타난 잔류응력(T : 횡방향,
L : 길이방향, R : 반경방향) |

❶ 신선기

1) 단식 신선기

다이를 통하여 뽑힌 선을 직접 드럼에 감는 방법으로 강철, 구리, 알루미늄선을 드로잉하는 데 사용한다.

2) 연속식 신선기

① 다이를 통하여 인발된 선재가 연속적으로 다음 다이에 들어가 한 대의 신선기에서 연속 작업할 수 있는 방법으로 능률이 좋다.

② 수직식, 수평식, 콘식(cone type)이 있다.

③ 일반적으로 1/4inch 이하의 세 선을 인발 시에 사용한다.

❷ 인발기

일정한 치수의 다이를 사용하고 가공심봉을 사용하여 파이프를 인발하는 시설로 봉재 인발된다.

❸ 각종 인발장비

1) 드로 벤치(draw bench)

① 하나의 다이를 사용

② 긴 수평형 인장시험기와 비슷한 형태

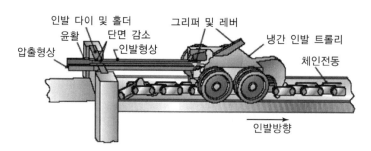

| 드로 벤치(draw bench) |

2) 불 블록(bull block)

① 회전하는 드럼을 이용하여 인발

② 수 킬로미터의 매우 긴 선재나 봉재의 인발 혹은 13mm 이하의 직경을 가지는 작은 단면
적의 선재의 인발에 적용

③ 소재에 걸리는 장력이 인발 하중의 역할을 함

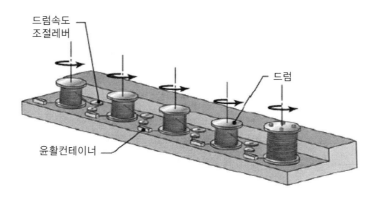

드럼속도
조절레버

드럼

윤활컨테이너

| 불 블록(bull block) |

CHAPTER **06** 제관가공

PROFESSIONAL ENGINEER METAL WORKING

SECTION **01** | 제관(pipe making)

---

1 제관의 분류와 천공제관법

pipe는 크게 seamless pipe와 seamed pipe로 대별된다.

• seamless pipe : 대부분 열간압연에 의해 제작되며, 압연에 의해 제작이 곤란한 stainless steel이나 생산량이 적은 비철금속의 경우 열간압출에 의해 제작된다.

• seamed pipe : 용접을 통해 제작되며 강철 strip을 pipe 모양으로 성형하여 단접, gas 용접, 전기저항용접을 한다. 보통 단접은 소구경의 대량생산에 널리 이용된다.

1) 제관의 분류

① 이음매 없는 관 : 만네스만 압연천공법, 압출법, 엘하트 천공법
② 이음매 있는 관 : 단접관, 용접관, 냉간 다듬질관

2) 천공제관법

① 천공제관법의 종류

㉠ 만네스만 압연천공법 : 강철파이프의 제조방법으로 가장 널리 사용
  • 파이프 치수가 40~110mm 정도인 것 : 천공 압연기(piercing mill) → 플러그 압연기(plug rolling mill) → 마관기(reeling machine, 단면 형상 균일) → 재가열로 → 정경 압연기(sizing machine), 규정치수로 조정
  • 파이프 치수가 90~400mm 정도인 것 : 제1천공기 → 제2천공기 → 재가열로 → 플러그 압연기 → 마관기 → 재가열로 → 정경 압연기

㉡ 에르하르트 제관법(ehrhardt process)
  • 천공기에서 뚫린 파이프 소재를 유압프레스에서 점차적으로 작은 치수인 다이를 통과시켜 외경을 축소하는 압출 제관법
  • 지름이 작은 것, 두께가 얇은 것, 길이가 긴 것 등을 만들기 불편하다.

- 제품의 두께에 차이가 많다.
- 외경이 달라짐에 따라 많은 심봉을 필요로 한다.

ⓒ 압출법

② 천공작업기계

ⓐ 만네스만 천공기(Mannesmann piercer)
- roll의 중앙부는 25mm의 평탄부가 있고 양 끝을 향하여 5~10° 경사된 2중 원추형 roll 2개를 상하에 수평으로 축이 6~12° 교차되어 있어 billet의 가공속도(이동속도)를 조절한다.
- 두 roll의 중앙부는 지름이 크며 표면속도가 증가하여 billet은 비틀림과 함께 표면은 인장을 받아 늘어나고 중심은 외측으로 유동하며 이때 소재 중심에 mandrel을 압입하여 roll과 함께 회전시켜 pipe 소재를 만든다. 이때 회전압축에 의해 pipe의 균열 및 나선 형상의 흠집이 발생하기 쉽다.

  소재는 원통형이며 center hole을 만들고 가열로에서 압연온도까지 가열한 후 roll 사이에 도입시킨다.

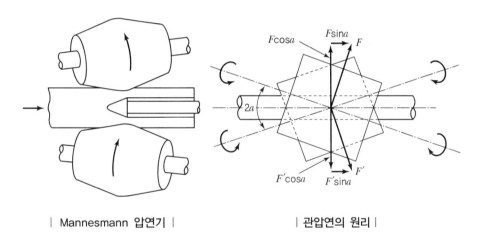

| Mannesmann 압연기 | | 관압연의 원리 |

ⓑ 스티펠 천공기(stiefel piercer)
- 파이프의 지름을 확대하는 데 사용한다.
- 작은 지름을 만들기 곤란한 압연방법으로 얇고 길게 늘인다.

ⓒ 플러그 압연기(plug mill)
- 깊이가 순차적으로 다른 수많은 반원형을 한 홈을 형성한 상하 2개의 롤러를 조립하여 원형 공형(孔型)을 만들고 그 사이에 플러그를 배치하여 작업한다.
- 방향성이 있어 한 번의 압연으로는 파이프의 두께가 불균일하게 되므로 90° 회전시켜 같은 공형을 두 번 통과시키고 다음 공형 공정에 옮긴다.

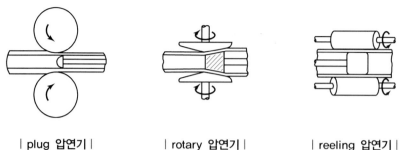

| plug 압연기 | | rotary 압연기 | | reeling 압연기 |

ㄹ 필거 압연기(pilger mill)
- 플러그 압연기를 사용한 때보다 대단히 길이가 큰 파이프도 제작할 수 있다.
- 롤러의 마모가 심하고 충격을 받게 되어 롤러의 재질로서 Ni이 들어간 특수강을 사용한다.
- 형상이 복잡하므로 제작하기 어렵고 제품이 국부적으로 두꺼운 곳과 얇은 곳이 있어 불균일하게 된다.

ㅁ 마관기(reeling machine)
- 플러그 압연기 및 필거 압연기 등에서 압연된 파이프는 두께가 균일하지 않고 작은 흠집들이 남으므로 이것을 조정할 때 사용한다.
- 파이프의 단면형상이 균일하게 되고 외면에 광택이 생긴다.

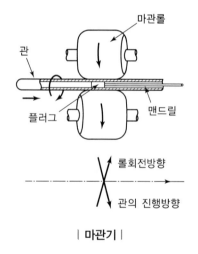

| 마관기 |

ㅂ 정경 압연기
- 마관기를 거친 파이프들은 외경이 꼭 지정된 치수로 되어 있지 않으므로 이것을 정경 압연기에서 규정치수로 조정한다.
- 정확한 반지름의 홈이 파져 있는 롤러로서 여러 대가 90°씩 회전된 위치에 설치되어 있다.

② 단접 및 용접관의 제관

```
빌릿 → 강판대강 → 성형롤러 → 가열단접법, 가스용접법, 전기용접법
```

1) 가열 단접법

강철 밴드(band)를 길이 약 6m로 절단하여 가열로에서 1,300℃까지 가열하여 다이에 통과시키면 양단 부분이 압착되어 강관이 제작된다.

2) 가스 용접법(gas welding process)

강철 밴드를 성형 롤러에서 원형으로 성형하고 접촉 부분을 아세틸렌가스로 용접하는 방법이다.

3) 심 파이프 용접법(seamed pipe welding process)

① 전기저항 또는 고주파를 이용하는 용접법이다.
② 슬리팅(slitting) → 성형(forming) → 용접(welding) → 정경(sizing) → 절단(cutting)
   → 완성가공(finishing) 등의 공정을 거친다.

CHAPTER 07 프레스 가공

SECTION 01 | 프레스 가공의 개요와 종류

1 프레스 가공의 개요

1) 프레스 가공

프레스기계를 이용한 가공

2) 프레스

회전운동을 직선운동으로 바꾸는 등 각종 기구를 이용하여 펀치와 다이 사이의 소재를 가압하여 성형하는 기계

3) 프레스 가공의 특징

대량생산이 가능하고 고속 및 대용량으로 할 수 있다.

4) 프레스 제품

각종 용기, 장식품, 가구 및 자동차, 항공기, 선박, 건축 등의 구조물

2 프레스 가공의 특징

① 복잡한 형상을 간단하게 가공한다.
② 절삭에 비해 인성 및 강도가 우수하다.
③ 정밀도가 높고 대량생산이 가능하다.
④ 재료 이용률이 높다.
⑤ 가공속도가 빠르고 능률적이다.
⑥ 절삭가공만큼 숙련된 기술을 요하지 않는다.

③ 프레스 가공의 종류

1) 전단가공(shearing)

목적에 알맞은 형상의 공구를 이용하여 금속소재에 전단변형을 주어 최종적으로 파단을 일으켜 필요한 부분을 분리시키는 가공으로, 소재는 펀치(punch)와 다이(die) 사이에서 소성변형과 전단단계를 거쳐 최종적으로 파단이 된다.

① 전단력 및 파단면의 형상

ㄱ. 전단력

$$W = \pi\,d\,t\,\tau \,\text{(kg)}$$

여기서, W : 펀치에 작용하는 전단하중(kg)

τ : 소재의 전단강도(kg/mm^2)

t : 소재의 두께

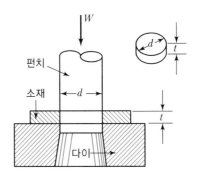

| 펀치와 다이 |

ㄴ. 파단면의 형상
- 파단면은 압축과 굽힘으로 인하여 윗면은 둥글게 되며 재료의 흐름이 일어난 전단면은 깨끗하고 파단된 면은 거칠다.
- 일반적으로 균열은 전단단계에서 파단이 일어나기 시작할 때 날끝에서부터 발생하지만, 날끝이 무뎌지거나 연한 재료를 사용하는 경우에서는 균열이 날끝 주위부터 시작되면서 제품 측면에 거스러미(burr)를 발생시킨다.
- 거스러미는 전단가공의 특징으로 완전히 없앨 수는 없으며 판 두께의 10% 이하로 규제되는 조건이 적용된다.

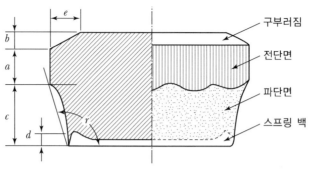

| 파단면의 형상 |

② 전단에 소요되는 동력(H_{ps})

$$H_{ps} = \frac{Wv_m}{75 \times 60 \times \eta}$$

여기서, v_m : 평균전단속도(m/min)

η : 기계효율(0.5~0.7)

③ 전단가공의 종류

　㉠ 블랭킹(blanking) : 판재를 펀치로 뽑는 작업을 말하며 그 제품을 blank라고 하고 남은 부분을 scrap이라 한다.

　㉡ 펀칭(punching) : 원판 소재에서 제품을 펀칭하면 뽑힌 부분이 스크랩이 되고 남은 부분은 제품이 된다.

　㉢ 전단(shearing) : 소재를 직선, 원형, 이형의 소재로 잘라내는 것을 말한다.

　㉣ 분단(parting) : 제품을 분리하는 가공으로, 다이나 펀치에 shear를 둘 수 없으며 2차 가공에 속한다.

　㉤ 노칭(notching) : 소재의 한쪽 끝에서 다른 쪽 끝까지를 직선 또는 곡선상으로 절단한다.

　㉥ 트리밍(trimming) : 지느러미(fin) 부분을 절단해내는 작업으로, punch와 die로 drawing 제품의 flange를 소요의 형상과 치수로 잘라내는 것이며 2차 가공에 속한다.

　㉦ 셰이빙(shaving) : 뽑기하거나 전단한 제품의 단면이 아름답지 않을 때 틈새(clearance)가 작은 펀치와 다이로 매끈하게 가공한다.

　㉧ 브로칭(broaching) : 절삭가공에서의 broach를 press 가공의 die와 punch에 응용한 것이라 볼 수 있으며 구멍의 확대 다듬질, 홈가공은 punch를 broach로 하고, 외형의 다듬질에는 die를 broach로 한다.

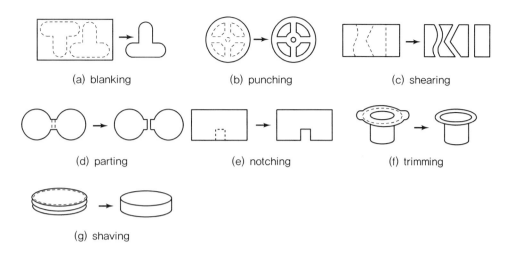

(a) blanking　　(b) punching　　(c) shearing

(d) parting　　(e) notching　　(f) trimming

(g) shaving

| 전단가공의 종류 |

2) 굽힘가공(bending)

① 스프링 백(spring back)

　㉠ 소성변형에 의해 재료는 굽혀지나 탄성변형도 있으므로 외력을 제거하면 원래의 상태로 되돌아가려는 성질을 스프링백이라 한다.

　㉡ 특히, 외측에 인장응력, 내측에 압축응력이 작용하는 굽힘가공에서 그 현상이 심하며 탄성한도가 높고 경한 재료일수록 spring back 양이 크다.

　㉢ 스프링백은 재질, 작업조건, 금형구조 등의 여러 가지 조건에 영향을 받는다.

② 스프링 백의 현상

　㉠ 재질의 영향 : 탄성한도, 인장강도가 높은 것일수록 스프링 백이 크고, 연성이 큰 것일수록 가공성이 좋은데, 스프링 백이 작으므로 필요에 따라 풀림 열처리를 고려한다.

　㉡ 굽힘 반지름의 영향 : 보통 판 두께에 대한 굽힘 반지름의 비가 클수록 스프링 백이 커진다. 즉, 같은 판 두께에 대하여 굽힘 반지름이 클수록 스프링 백 양이 크고 굽힘 반지름이 작을수록 양이 작다. 따라서 가능한 한 최소 굽힘 반지름에 가깝게 굽힘가공하는 것이 필요하다.

　㉢ 다이 어깨 폭의 영향 : 다이 어깨 폭이 좁아지면 스프링 백 양이 증가하여 제품 각도의 불균일이 많아지고 어깨 폭이 넓어지면 스프링백 양이 작아지나 형상불량이 나타난다. 같은 어깨 폭에 대해서는 굽힘 반지름이 크면 클수록 스프링 백이 증가되며 대체로 어깨 폭/판두께 비가 8 이상이 되면 거의 일정한 값으로 작아진다.

　㉣ 패드 압력의 영향 : V 굽힘 시에는 대체로 사용하지 않지만 U 굽힘 시에는 패드 압력을 이용하여 스프링 백이 작도록 한다.

③ 스프링 백의 원인

ㄱ 경도가 높을수록 커진다.

ㄴ 같은 판재에서 굽힘 반지름이 같을 때에는 두께가 얇을수록 커진다.

ㄷ 같은 두께의 판재에서는 굽힘 반지름이 클수록 크다.

ㄹ 같은 두께의 판재에서는 굽힘 각도가 작을수록 크다.

④ 스프링 백의 방지대책

ㄱ V 굽힘 금형

• 펀치 각도를 die 각도보다 작게 하여 과굽힘(over bending)한다.

• die에 반지름을 붙여 굽힘판 중앙에 강한 압력을 가한다.

• 펀치 끝에 돌기를 설치하여 bottoming 시킨다.

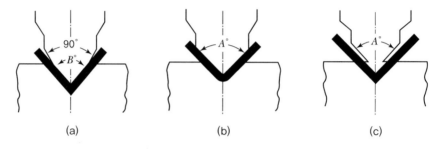

| V 굽힘에서의 펀치, 다이 형상 |

ㄴ U 굽힘 금형

• 펀치 측면에 taper를 약 3~5° 준다.

• 펀치 밑면에 돌기를 설치하여 bottoming시킨다.

• 다이 어깨부에 rounding을 붙이거나 taper를 붙인다.

• 펀치 밑면을 오목하게 한다(굽힘 밑면의 탄성회복에 의한 스프링 백 제거).

• 펀치와 다이의 틈새를 작게 하여 제품 측면에 ironing(다림질)한다.

• die 측면을 hinge(경첩)에 의한 가동식으로 과굽힘한다.

• 패드의 압력조정을 통하여 스프링 백과 스프링거를 상쇄시킨다.

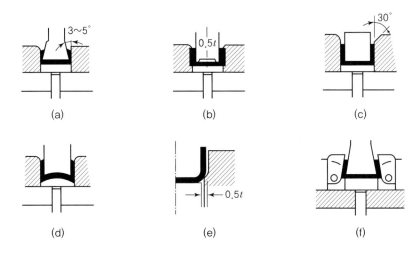

(a)　　　(b)　　　(c)

(d)　　　(e)　　　(f)

| 금형 형상에 따른 스프링 백 방지 |

⑤ 굽힘길이

재료의 전개길이, 즉 가공 전의 판재 길이를 구하려면 중립면의 길이를 구한다. 전체 길이를 L이라 하면

$$L = L_1 + L_2 + (R+d)\frac{\pi\alpha}{180}$$

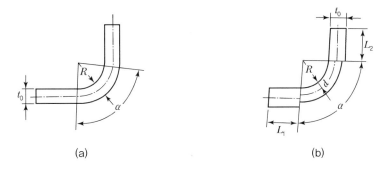

(a)　　　(b)

| 굽힘길이 |

$\dfrac{d}{t_0}$ 는 $\dfrac{R}{t_0}$ 의 함수로서 굽힘가공법 또는 판재의 압축력과 인장력이 작용하면 변한다. 그리고 $\dfrac{R}{t_0}$ 이 증가하면 $\dfrac{d}{t_0}$ 도 증가한다.

⑥ 굽힘가공의 종류

㉠ 비딩(beading) : 보강 · 장식을 목적으로 drawing 된 용기에 홈을 내는 가공이다.

ⓛ 컬링(curling) : 용기의 가장자리를 둥글게 말아 붙이는 가공이며 통의 가장자리 hinge, 판으로 된 손잡이에 이용한다.

ⓒ 시밍(seaming) : 판과 판을 잇는 방법이다.

3) 딥 드로잉(deep drawing) 가공

① 드로잉률과 드로잉비

ⓐ 드로잉률(drawing coefficient)

한계 드로잉률 : 0.55~0.6

$$m = \frac{d_p}{D_0} \times 100$$

여기서, D_0 : 소재의 지름

d_p : 펀치의 지름

ⓑ 드로잉비(drawing ratio)

$$Z = \frac{D_0}{d_p}$$

② 단면감소율

$$d_1 = m_0 d_0, \ d_2 = m_1 d_1, \cdots, d_n = m_{n-1} d_{n-1} \ \text{등은 1회, 2회, } \cdots n \text{회 등의 감소율}$$

여기서, d_0 : 처음 소재의 지름, d_1 : 1회의 공정에서 얻은 지름,

d_2 : 2회의 공정에서 얻은 지름, d_n : 최종 n회 가공에서 얻은 지름

감소율은 제품의 두께에도 관계있고 t/d_0가 큰 것은 단면감소율을 작게 한다.

또한 $t/d_0 \times 100 = 0.3$ 이하인 것은 딥 드로잉이 곤란하다.

③ 펀치와 다이의 간격(C_p)

간격 C_p가 너무 작으면 펀치에 작용하는 하중이 너무 크게 된다. C_p가 너무 크게 되면 제품에 주름이 잡힌다.

ⓐ $C_p = (1.05 \sim 1.30)t$: 제품의 치수가 엄격하지 않을 때

ⓑ $C_p = (1.4 \sim 2.0)t$: 제품의 치수가 엄격할 때

④ 딥 드로잉 가공의 종류(박판의 특수 성형법)

press 가공에서 사용하는 die는 punch보다 고가이며 제작이 어렵고 많은 노력을 요한다. 따라서 탄성이 풍부한 고무나 액체를 펀치나 다이 대신 사용하여 금속박판을 가공하거나 선반 주축의 회전력을 이용한 가공법 등을 사용하며, 이 방법은 특수 성형법으로 분류된다.

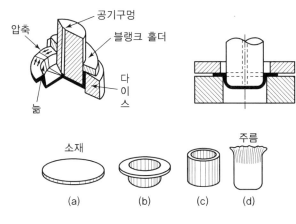

| 딥 드로잉 |

㉠ 커핑(cupping) : 단일 공정에서 제작되는 제품이 컵 형상으로 만들어지는 과정이며 1차 drawing이라고도 한다.

㉡ 딥 드로잉(deep drawing)

ⓐ 직접 딥 드로잉(direct deep drawing) : 용기의 내외면이 커핑 때와 같다.

ⓑ 역식 딥 드로잉(inverse deep drawing)

• 방식 : 용기의 하부에서 반대로 펀치를 압입하여 용기의 내외면이 반대로 되는 방식

• 특징

‒큰 단면감소율을 얻을 수 있다.

‒중간에 annealing이 필요 없다.

‒복잡한 형상에서도 금속의 유동이 잘된다.

‒두께 1/4inch보다 두꺼운 판의 작업은 어렵다.

‒정확한 조정을 요한다.

㉢ 벌징(bulging) : 최소지름으로 드로잉한 용기에 고무를 넣고 압축하는 고무벌징과 액체를 넣는 액체벌징이 있으며 배(통 따위의)모양의 볼록한 형상을 만든다. 화병같이 입구보다 중앙 부분이 굵은 용기를 만들 때 사용한다.

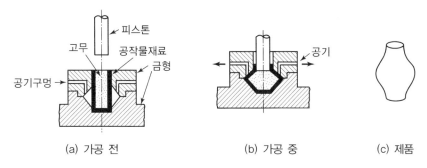

(a) 가공 전   (b) 가공 중   (c) 제품

| 벌징 가공 |

ⓔ 마르폼 방법(marform process) : 탄력이 좋은 고무를 램에 장착시켜 액압실린더에 부착한 후 die로 사용하고 punch를 가압하면 고무의 탄성에 의해 펀치의 형상으로 소재가 성형된다.
- 경제적이며 소량 소품 제작에 유리하다.
- 소재 결함이 적다.
- 모서리 반지름을 작게 할 수 있다.

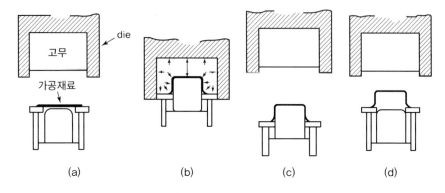

| 마르폼 성형공정 |

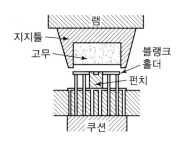

| 마르폼법 |

ⓜ 스피닝(spinning) : 회전하는 선반의 주축에 다이를 고정하고 그 다이에 blank를 심압대로 눌러 blank를 다이와 함께 회전시켜 spinning stick이나 roller로 가공하는 것으로 소량생산에 적합하며 원통형인 것 외에는 가공할 수 없다. 모방장치를 가진 유압구동 기계를 사용하면 보다 두꺼운 소재도 간단히 가공할 수 있다.
- 축대칭 제품의 소량생산에 적합하다.
- 프레스가 없을 때 이용한다.
- 원통형의 제작만 가능하다.
- 윤활을 충분히 해야 한다.
- 아이어닝 가공을 병행하면 제품의 정밀도와 기계적 성질이 개선된다.
- 1공정으로 도달할 수 있는 가공의 최대 각도는 Al 20°, 스테인리스 30° 정도이다.

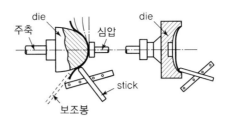

| 스피닝 |

ⓗ 인장성형법(stretch forming)

- press 굽힘가공에서 spring back을 제거하거나 줄이기 위해 굽힘가공 중에 소재를 항복응력 이상까지 인장하거나 압축을 하면서 성형하는 방법
- 소재의 양단을 jaw에 물리고 펀치로 가압하거나 고정된 펀치에 소재 양단을 인장하여 가공한다.
- jaw에 물리는 재료 손실이 있으나 항공기, 지붕 panel 등의 성형에 많이 이용된다.

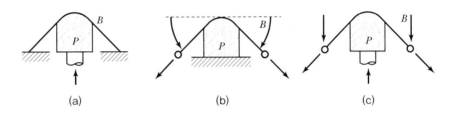

(a) (b) (c)

| 인장성형가공법 |

4) 압축가공

① 압축력

$$P = K_f\, A$$

여기서, A : 유효단면적

K_f : 압축저항(압축변형 $\dfrac{h_0 - h_1}{h_0} \times 100\%$ 의 함수)

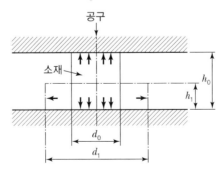

| 압축가공 |

② 압축가공의 종류

　　㉠ 압인가공(coining) : 소재 면에 요철을 내는 가공으로 표면형상은 내면의 것과는 무
　　　　관하며 판 두께의 변화에 의한 가공이다. 화폐, medal, badge, 문자 등은 압인가공
　　　　하는 경우가 많다.

　　㉡ 엠보싱(embossing) : 요철이 있는 die와 punch로 판재를 눌러 판에 요철을 내는 가공
　　　　으로서 판의 내면에는 표면과는 반대의 요철이 생기며 판의 두께에는 거의 변화가 없다.

　　㉢ 스웨이징(swaging) : 재료의 두께를 감소시키는 작업으로 소재의 면적에 비하여 압
　　　　입하는 공구의 접촉면적이 대단히 작은 경우이다.

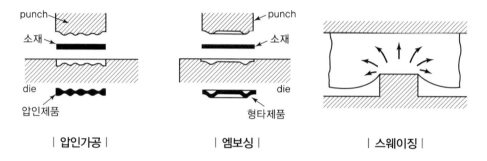

| 압인가공 | 　　　 | 엠보싱 | 　　　 | 스웨이징 |

| **프레스의 종류와 다이**

---

1 프레스의 종류

1) 인력 프레스

수동 프레스로서 족답(足踏) 프레스가 있으며 얇은 판의 펀칭 등에 주로 사용한다.

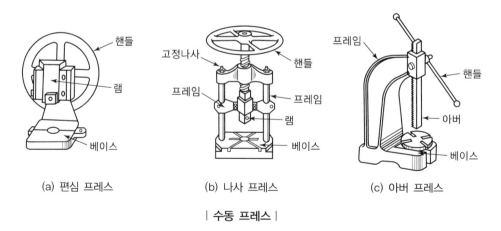

(a) 편심 프레스　　　　(b) 나사 프레스　　　　(c) 아버 프레스

| 수동 프레스 |

2) 동력 프레스

① 기력 press 또는 power press

ㄱ 크랭크 프레스(crank press) : 크랭크 축과 커넥팅로드와의 조합으로 축의 회전운동을 직선운동으로 전환시켜 프레스에 필요한 램의 운동을 시키는 기계이다.

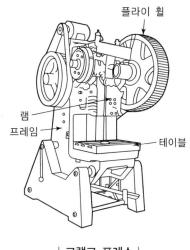

| 크랭크 프레스 |

ㄴ 익센트릭 프레스(eccentric press)

- 페달을 밟으면 클러치가 작용하여 주축에 회전이 전달된다.
- 편심주축의 일단에는 상하 운동하는 램이 있고 여기에 형틀을 고정하여 작업한다.
- 뽑기작업, 블랭킹작업 및 펀칭에 사용한다.

ㄷ 토글 프레스(toggle press) : 크랭크장치로서 플라이 휠의 회전운동을 왕복운동으로 변환시키고 이것을 다시 토글(toggle)기구로 직선운동을 하는 프레스로, 배력장치를 이용한다.

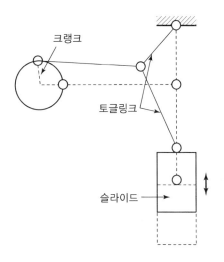

| 토글 프레스 |

ⓔ 마찰 프레스(friction press) : 회전하는 마찰차로 좌우로 이동시켜 수평마찰차와 교
대로 접촉시킴으로써 작업한다. 판금의 두께가 일정하지 않을 때 하강력의 조절이 잘
되는 프레스이다.

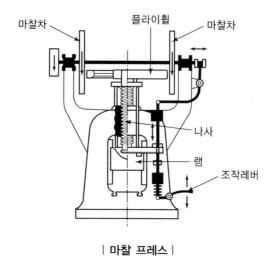

| 마찰 프레스 |

② 액압 프레스

ⓐ 용량이 큰 프레스에는 수압 또는 유압으로 기계를 작동시키는 프레스이다.

공칭압력＝피스톤면적 × 액체압력

ⓑ 특징

• Press의 작동 행정을 임의로 조정할 수 있다.

• 행정에 관계없는 가공력을 갖는다.

• 큰 용량의 가공이 가능하다.

• 과부하의 발생이 거의 생기지 않는다.

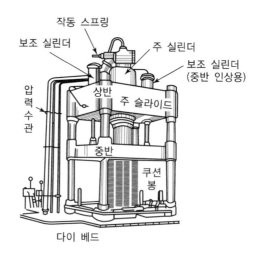

| 액압 프레스 |

② 다이(die)

1) 뽑기형틀(blanking die)

① 단일 뽑기형틀(plain blanking die)

판금소재(blank)를 적당한 형상으로 뽑기하는 형틀로 보통 많이 사용된다.

② 다열형틀(follow die)

한 개의 형틀에 여러 개의 공구를 고정하여 프레스가 한 번 작동할 때 같은 제품을 여러 개 만들 수 있다.

③ 다단 뽑기형틀(multiple or gang die)

한 개의 제품을 만들 때 재료가 순차적으로 이동되면서 형상이 다른 형틀의 가공을 받아 제품이 완성되는 방법이다.

④ 복식 뽑기형틀(compound die)

상하형틀이 각각 펀치와 다이를 가지고 있어 외형 및 구멍 등을 한 번에 뽑는 뽑기형틀이다.

2) 드로잉형틀(drawing die)

한 개의 형틀에 여러 개의 공구를 고정하여 프레스가 한 번 작동함에 따라 같은 제품을 여러 개 만들 수 있다.

① 단동식 형틀(single action die)

준비된 소재를 펀치로 눌러서 조형한다.

② 복동식 형틀(double action die)

1차 작동으로 가공물을 고정하고, 2차 작동으로 가공물을 조형한다.

3) 굽힘형틀(bending die)

단압, 복압, 원형 굽힘형틀이 있다.

③ 프레스의 안전장치

① 1행정 1정지기구
② 급정지기구
③ 비상정지장치
④ 미동기구

⑤ 안전블록

프레스는 슬라이드가 불시에 하강하는 것을 방지할 수 있는 안전블록 및 안전블록 사용 중에 슬라이드를 작동시킬 수 없도록 하기 위한 인터록기구를 가진 것이어야 한다.

⑥ 양수조작식 방호장치

⑦ 가드식 방호장치

⑧ 광전자식 방호장치

신체의 일부가 광선을 차단한 경우에 광선을 차단한 것을 검출하여 이것에 의해 슬라이드의 작동을 정지시킬 수 있는 구조의 것이어야 한다.

⑨ 손쳐내기식 방호장치

⑩ 수인식 방호장치

⑪ 과부하 방지장치

기계프레스의 슬라이드 내부에는 압력능력 이상의 부하로 사용할 경우에 프레스를 보호하기 위하여 과부하 방지장치를 설치하여야 한다.

⑫ 과도한 압력상승 방지장치

기계프레스는 클러치 또는 브레이크를 제어하기 위한 압력이 과도하게 상승하는 것을 방지할 수 있는 안전장치 및 압력이 소요압력 이하로 저하된 경우 자동적으로 슬라이드의 작동을 정지시킬 수 있는 기구를 가진 것이어야 한다.

01 프레스 가공의 결함 및 대책

1. 개요

드로잉가공에서 가공된 용기가 파단되는 원인은 여러 가지가 있으며 펀치, 다이, 작업조건, 소재 등이 복합되어 발생되는 경우가 많다. 전단금형에서 가공한 제품의 불량원인은 대부분 금형에 의한 것이 많다.

2. 프레스 가공의 결함 및 대책

1) 드로잉 가공

① 바닥 부분의 파단

원인	대책
• 펀치의 각 반지름이 너무 작음 • 블랭크 홀딩력이 너무 큼 • 블랭크의 치수가 너무 큼 • 드로잉 및 재드로잉률이 너무 작음 • 틈새가 너무 작음 • 윤활유가 부적당 • 드로잉 가공속도가 너무 빠름 • 블랭크 홀더의 표면 가공상태가 불량	• 펀치의 각 반지름을 크게 함 • 블랭크 홀딩력을 조정하여 적당히 함 • 블랭크 치수를 적당히 하고 틈새를 크게 함 • 드로잉률을 적당히 하고 가공속도를 늦추며 적당한 윤활제 선택

② 용기의 다이 각 반지름 부위 균열

원인	대책
• 다이의 각 반지름이 작고 펀치와 다이 사이의 틈새가 충분치 못함 • 다이 각 반지름의 가공상태가 나쁨	• 다이 각 반지름을 적당히 크게 함 • 펀치와 다이의 틈새를 적당히 크게 함

③ 용기의 주름

원인	대책
• 블랭크의 크기가 너무 큼 • 블랭크 홀딩력이 부족하고 비드형상 및 위치가 부적절 • 드로잉 공정수를 너무 단축함 • 다이의 각 반지름이 너무 큼	원인이 되는 각 인자의 조건을 적절히 조정하여 시험 드로잉 작업을 함

④ 용기의 선단에 생기는 귀

원인	대책
• 소재의 압연 방향에 따른 이방성 • 펀치와 다이의 편심 • 블랭크 홀더의 압력이 서로 다름	재료에 풀림처리하면 최소로 할 수 있음

⑤ shock mark, stepring

원인	대책
• 펀치 또는 다이의 각 반지름이 다름 • 다이 각 반지름 부위의 형상이 매끄럽지 못해 소재 변형에 저항이 있음	• 다이의 각 반지름 부분을 매끄럽게 가공 • 블랭크 홀딩력과 비드의 높이 조정

2) 전단가공

① 펀치의 변형 마멸, 파손
펀치의 재질과 가공상태가 나쁠 때 발생되며 강도를 높이고 정밀하게 가공한다.

② 펀치의 치우침
프레스램의 상하운동이 부적절하고 펀치의 고정 불량, 금형의 안내 불량에 의해 발생되며 프레스의 정밀도를 보완하고 정밀 금형에는 가이더 포스트를 설치하는 등 펀치의 고정과 안내를 확실히 한다.

③ 다이의 손상
다이 날끝의 미세한 치핑(chipping)과 날끝 마멸은 날끝 경도가 너무 높거나 다이의 재료 불량에서 기인한다. 윤활유를 사용하고 날끝에 인성을 부여하기 위해 뜨임을 하며 가공 속도를 줄여야 한다. 마모된 날끝은 재연삭한다.

3) 굽힘가공

① 굽힘균열
㉠ 굽힘선을 압연 방향과 직각으로 한다.
㉡ 버(burr)의 방향을 굽힘의 내측으로 한다.
㉢ 버를 제거한다.
㉣ 굽힘 반지름/판 두께의 비를 0.5 이상으로 한다.

② 쇼크마크
㉠ 다이 각 반지름의 형상을 테이퍼로 한다.
㉡ 금형에 초경 또는 TD처리를 한다.

③ 형상 및 정밀도 불량

현상	원인	대책
U 굽힘 시 측벽 또는 밑면이 부풀어 오름	틈새가 크다.	• 적정 틈새로 수정 • 녹아웃 패드 사용
굽힘선의 직각 불량	• 블랭크의 위치 불량 • 프레스의 정밀도 불량	• 프레스 교체 • 녹아웃 핀, 패드 사용
비틀림	• 굽힘선의 좌우 길이가 다르다. • 굽힘선이 비교적 작다.	안내장치를 붙여 아이오링과 같이 작업한다.
좌우측벽의 형상변형	좌우의 굽힘 시 인장력이 균일하지 않다.	• 다이각 반지름, 틈새, 윤활을 재검토한다. • 굽힘가공 후 트림한다.
구멍 정밀도	구멍이 굽힘선에 너무 가깝다.	• 구멍위치를 변경한다. • 굽힘 후 가공한다.

1. 개요

금형 가공제품의 양상이 점차 복잡해지고 정밀도의 요구 수준이 점차 높아지면서 원가절감과 품질 향상을 꾀하고 경쟁력을 갖추기 위해서 프레스 가공 및 line의 자동화는 필연적이라 할 수 있다. 프레스 가공의 자동화 기술은 작업점의 가공재료 자동공급, 가공제품의 자동취출뿐만 아니라 최근에는 작업능률을 향상시키기 위해 press 기계의 생산시스템이 자동화되고 자동금형 교환 장치 등의 채용을 통한 press 금형에 대한 자동화도 확대되는 추세에 있다. 자동화와 병행하여 다품종 소량생산, 제품의 cycle time 단축 등에 대한 금형비의 저감대책(금형부품 구조의 표준화), 재료이용률의 향상, 작업 시의 안전대책 등도 자동화의 큰 요소로서 고려되어야 한다.

2. 자동화의 양상

1) 장점

① 생산성 향상을 통해 제품원가를 저감할 수 있다.
② 작업인원을 줄일 수 있다.
③ 작업자의 숙련을 필요로 하지 않는다.
④ 제품의 정밀도가 향상된다.
⑤ 재료이용률이 증대되고 반제품의 재고가 없어진다.
⑥ 설비면적 및 작업공간을 줄일 수 있다.
⑦ 생산관리가 용이해진다.

2) 단점

① 설비비가 많이 소요된다.
② 금형설계 및 제작에 많은 노력이 요구된다.
③ 일정량 이상의 생산이 필요하다.

3. 프레스 가공의 자동화

1) 순차이동(progressive) 가공

① 정의

㉠ 프레스에서 가공할 소재를 연속적으로 이동시키면서 여러 단계의 공정을 거쳐 하나의 제품으로 가공하는 것으로서 고능률의 프레스 가공방식이다.

ⓛ 순차이송작업은 박판프레스 가공의 기본작업은 물론 피어싱이나 블랭킹 등의 전단작업과 굽힘, 드로잉 등의 성형작업을 개별적으로 또는 복합적으로 조합하여 이루어진다.

② 특징
　ⓐ 소재의 자동 공급 및 제품의 배출, 회수가 가능하다.
　ⓛ 프레스 기계가공이 고속화된다.
　ⓒ 제품의 가공 정밀도가 향상된다.
　ⓔ 타 부품과의 복합가공이 가능하다.
　ⓜ 가공 중 변형 가능성이 있다.
　ⓗ 재료 및 press 기계(금형설계)에 제약이 있다.

2) 트랜스퍼(transfer) 가공

① 정의
순차이동가공은 소재공급장치 등을 이용한 고도의 자동작업이 가능하나 드로잉 깊이, 성형의 정도가 큰 경우나 재료의 두께가 두꺼운 경우 등에는 제품 정도, 이송 정도, 재료이용률 등으로 인해 각 작업공정을 개별적으로 나누어 작업하는 것이 유리하다. 이와 같이 작업을 차례로 각 공정의 형(型)으로 보내고 한 대의 프레스 내에서 스트로크마다 제품을 생산하도록 한 것이 트랜스퍼 프레스 가공이다.

② 특징
　ⓐ 생산성이 높고 공정단축으로 생산관리가 쉽다.
　ⓛ 제품의 정밀도가 균일하고 품질관리가 쉽다.
　ⓒ 순차이동 가공에 비해 구조가 간단하고 다이의 제작, 보수가 쉽다.
　ⓔ 설비 투자비용이 크고 생산규모가 일정량 이상이어야 한다.
　ⓜ 중간 풀림이 필요한 제품에는 부적당하다.

4. 자동화기기 및 장치

1) 적재장치

① 정의
원재료, 소재 또는 반가공 제품을 가공하기 위하여 적재하거나 투입하고 바른 방향과 위치로 배치하거나 정렬시켜 주는 장치이다.

② 종류
　ⓐ reel stand : 코일재를 장착하는 장치 중 가장 형식이 간단한 장치로, 경량 코일재용으로 사용되며 수직면에 회전하는 +자 암(arm)이 장치되어 있다.

ⓛ coil grade : 중(中)하중용의 코일재를 장착하는 것으로 박스형의 구조로써 코일의 외측을 지지한다.

ⓒ uncoiler : 중(重)하중용의 코일을 장착하는 장치로, 맨드릴 타입과 콘타입이 있으며 코일의 내경부를 지지한다.

ⓔ destacker : 프레스 가공의 자동화 라인에 사용되며 적재된 소재를 항상 일정한 높이로 유지시키면서 1매씩 로봇을 이용하여 프레스 내의 다이 위에 이송시키는 장치이다.

2) 이송장치

① 정의
적재장치로부터 보내온 소재를 바른 방향으로 가공 cycle에 맞게 가공작업기구로 보내거나 빼내는 장치이다.

② 종류

㉠ roll feeder : 프레스의 크랭크 축단부에 부착된 편심판으로부터 이송동력을 전달받아 롤에 전달된 회전운동을 한 방향 클러치를 통해 간헐 회전운동으로 변환시키는 장치이다.

㉡ gripper feeder : roll feeder와 이송전달방식은 유사하나 이송길이를 조정할 수 있어 폭이 좁은 재료의 짧은 피치 이송에 많이 사용한다.

㉢ cam feeder : 고속 프레스의 전용 feeder로서 프레스로부터 동력을 전달받아 분할캠의 분할 수, 변환기어 또는 변환롤의 선택에 따라 짧은 피치를 고속도로 이송한다.

㉣ NC roll feeder : NC 조작을 통한 이송량 설정이 간단하며 다품종 소량생산에서 활용성이 높고 소재 및 이송량의 제약이 적어 프레스 자동화에 널리 사용된다.

㉤ robot : destacker와 press, press 사이에 설치되어 가공물을 자동적으로 이송시키거나 press에 loading 하는 역할을 한다.

㉥ conveyor unit : press와 press 간 이송장치로서 정확한 위치이송이 필요치 않은 semi-auto line에 적용한다.

㉦ loader : 소재를 press 금형 위에 정확히 올려놓는 장치로서 위치제어가 정확해야 하고 빠른 속도가 요구된다. 서보모터 구동방식과 link를 이용한 것이 있다.

3) 취출장치(unloader)

프레스로부터 가공이 끝난 제품을 자동으로 취출하는 장치로서 보통 line 장치에 의해 up-down 및 feeding이 가능한 구조로 되어 있다.

4) 급속금형 교환장치

① QDC(Quick die Change) 장치

금형의 탈·부착에 소요되는 시간과 압력의 낭비를 제거시키기 위한 장치로서 유압 등을 이용하며 자동적으로 lifter, change류 등을 제거한다.

② ADC(Auto die Change) 장치

press 가공 중에 자동 clamp를 이용하여 다음 작업에 사용될 금형을 moving bolster에 준비하는 장치로서 기존 금형의 인출, 인입, setting 등을 자동적으로 행할 수 있다.

1. 개요

전단금형으로 금속소재를 전단할 때는 펀치(punch)와 다이(die) 사이에 소재를 올려놓고 펀치에 힘을 가하여 펀치가 소재를 눌러 날끝 부분에 집중적으로 응력을 발생시켜 전단한다. 그러나 통상의 전단에서는 소재의 측면에 burr가 발생되거나 흠집, 휨, 찌그러짐의 불량요인이 많으며 이러한 현상을 방지하거나 최소화하여 깨끗한 전단면을 얻고자 하는 가공이 정밀전단가공법이다.

2. 미세 블랭킹

1) 정의

절단선 윤곽이 폐곡선으로 구성된 제품의 외형을 전단해내는 가공으로 die set 제작에서 펀칭까지 동일기계에서 가공하여 미세펀칭을 용이하게 하여 자동가공을 가능하게 한 가공법

2) 장점

① 펀치, die hole 등의 위치가 공통이기 때문에 중심을 맞출 필요가 없다.
② die set 제작시간이 짧다.
③ 응력집중이 발생하기 쉬운 어려운 형상의 펀치도 성형할 수 있다.
④ 펀치와 다이 사이의 틈새를 임의로 설정할 수 있다.
⑤ 정밀도가 높다(약 20μm).

3. 고속프레스 가공

고속프레스 가공은 최근에 많은 발전을 가져온 것으로 1,400~1,500slot/min의 속도로 가공되며 생산 시 프레스 상태를 안정적으로 관리하고 제품의 일정범위로 유지하기 위해 제어장치를 이용한다. 제어장치는 치수의 측정, 압입력, 이탈력, 스프링의 힘, 부하상태 파악, Data 해석 처리, 카운터 기능 등을 제어한다.

4. Fine Blanking

1) 정의

펀치 주위에 설치된 스트리퍼판에 삼각비드를 설치하여 블랭킹 작업 시 펀치 날끝 부위에 높은 압축응력을 발생시킴으로써 깨끗한 전단면을 얻도록 함과 동시에 블랭킹할 때 하부 쿠션에 의해 펀치 반대쪽으로 블랭크를 강하게 받쳐서 휨과 눌림이 적은 블랭크를 만들기 위한 정밀가공이다.

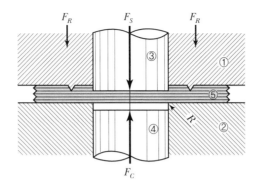

F_S : Blanking force   ① Stripper plate(indenter plate)
F_R : Ring indenter force   ② Blanking die
F_C : Counter force   ③ Blanking punch
R : Small cutting edge   ④ Counter punch
     radius of die   ⑤ Material

| 펀치와 다이에 의한 전단작업과 주요 공정변수 |

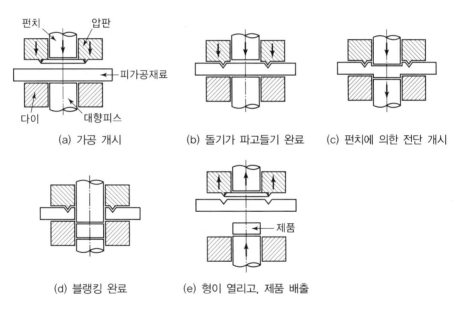

(a) 가공 개시   (b) 돌기가 파고들기 완료   (c) 펀치에 의한 전단 개시

(d) 블랭킹 완료   (e) 형이 열리고, 제품 배출

| 전단공정의 개략도 |

2) 장점

① 제품의 평활도 및 정밀도가 우수하다.

② 제품의 잔류응력 분포가 균일하다.

③ 가공 시 충격이 작아 소음 및 진동에 유리하다.

④ scrap의 처리가 용이하다.

⑤ 가공시간 및 비용을 줄일 수 있다.

1. 개요

전단금형은 판재에서 필요한 형상을 전단하여 분리하는 블랭킹 금형과 제품 또는 판재에 소요의 구멍을 뚫는 펀칭작업을 하는 피싱금형으로 구분된다. 전단금형에서 가공제품 불량원인은 대부분 금형에 의한 것이며 제품의 형상, 크기, 두께, 정밀도, 생산수량 등을 적절히 고려하여 설계하여야 한다.

2. 다이

1) 다이날끝형상

다이날끝형상은 설계 양부에 따라 펀치의 수명과 제품의 정밀도에 영향을 끼친다. 다이는 블랭킹된 제품이 쉽게 취출되도록 재료두께에 따라 여유각을 적절히 둔다.

날끝으로부터의 여유각	2단계의 여유각	평행부와 여유각	2단의 평행부

2) 다이의 크기

다이블록은 열처리에 의한 변형이나 가공압력에 따른 변형 또는 축방향 하중에 의한 굽힘모멘트의 작용 등으로 금형의 수명이 짧아지므로 충분한 강도를 갖도록 설계해야 한다.
일체형 다이의 경우 다이블록의 두께는 다음의 식으로 구한다.

$$H = k^3 \sqrt{P}$$

여기서, k : 전단윤곽 길이에 따른 보정계수, P : 펀치하중

3) 다이의 분할

다이 제작 시 비용 절감과 정밀도 향상을 위해 다이부품은 기계가공이 가능하도록 설계되어야 하며 분할된 다이로 제작한다.
일체형 다이에 비해 분할된 다이는 다이의 정밀도, 제작의 용이성, 재료비 및 가공비의 절약이라는 측면에서 유리하지만 금형의 강성과 보수 면에서 분할방법을 고려해야 한다.

3. 펀치

1) 펀치의 기능

① 날끝부 : 날끝으로 재료를 가공한다.

② 스터드부 : 정확한 위치에서 펀치 고정판에 고정한다.

③ 중간부 : 날끝부와 스터드부(생크부)의 중간에서 양쪽 부분을 연결하고 펀치 전체길이를 조정한다.

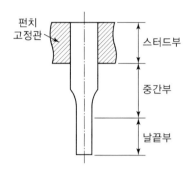

| 펀치의 기능별 부분 |

2) 날끝부 길이

날끝부의 길이는 단이 있는 펀치 날끝부의 좌굴, 스트리퍼판의 운동량에 대한 여유, 재연삭 시의 여유 등을 고려한다.

3) 펀치의 고정

① 펀치 고정판에 단이 없는 펀치 스터드부의 고정은 코킹, 접착제, 나사, 클램프, ball lock, 핀 등에 의한다.

② 펀치 고정판의 두께는 금형 및 하중의 크기에 따라 다르며 펀치길이의 30~40%, 펀치 생크 지름의 1.5배, 다이블록 두께의 60~80%로 한다.

4. 스트리퍼판(stripper plate)

1) 스트리퍼판의 기능(스프링식)

① 제품의 정밀도 향상을 위해 strip에 미리 압력을 가한다.

② 전단작업 시 주름, 파단을 방지한다.

③ 펀치를 안내한다.

④ 성형제품에 리스트라이킹을 준다.

⑤ 다이 레벨보다 이송 레벨이 높은 경우 사용한다.

⑥ 블랭킹, 피어싱 등의 가공작업 후 펀치로부터 스트립을 떼어낸다.

2) 두께 및 틈새

스프링식 스트리퍼판의 두께는 펀치 고정판과 마찬가지로 다이 두께의 60~80%로 하고 틈새는 가공정밀도를 향상시키기 위한 안내 기능 시 펀치와 다이의 틈새보다 작게 하며 보통 보조 가이드핀을 펀치 고정판에 부착하여 설계한다.

5. 배킹 플레이트(backing plate)

프레스 작업 중 펀치에 하중이 걸리면 펀치 머리부에 압력이 전달되고 이 압력에 의해 펀치 홀더와 펀치의 파손이 유발되며 이것을 방지하기 위해 사용하는 것이 배킹 플레이트이다.

▼ 배킹 플레이트 재질에 따른 평균압력

배킹 플레이트의 재질	$P(\text{kgf/mm}^2)$
주물다이세트	4 이하
강재다이세트	6 이하

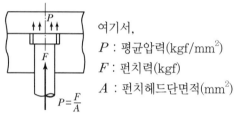

여기서,
P : 평균압력(kgf/mm^2)
F : 펀치력(kgf)
A : 펀치헤드단면적(mm^2)

$$P = \frac{F}{A}$$

| 배킹 플레이트와 평균압력 |

6. 전단각

전단력이 프레스 하중의 50%를 넘게 되면 전단을 검토하며 블랭킹의 경우 다이 측에, 피어싱의 경우 펀치 측에 설치한다. 전단각을 주면 전단이 국부적으로 진행되기 때문에 하중이 작아지고 충격이 감소된다.

7. 소재 안내장치

프레스 작업 시 재료를 정위치시키는 것과 반복작업을 할 때 재료의 위치가 변하지 않고 안전하고 능률적으로 작업을 계속하기 위해 다이에 재료의 안내판을 설치한다.
일반적으로 스트리퍼판, 핀, 버튼, 앵글 안내판 등을 단독 또는 조합하여 사용하고, 소재가 길 경우에는 가이드 레일을 설치하여 안내기능을 할 수도 있다.

05 굽힘가공 시 유의사항

1. 개요

굽힘가공은 그 부품의 형상에 따라 여러 가지가 있고 굽힘과 드로잉, 굽힘과 압축성형 등 다른 공정과 복합된 가공이 점차 많아지고 있다.

따라서 굽힘가공이 잘 되지 않는 경우가 있으므로 재료나 제품형상에 대하여 검토하는 것이 필요하다. 프레스 기계의 선정도 부품의 가공법과 금형 정밀도에 따라 적합한 기계를 선택해야 하며 제품에 충분한 가공력을 가할 수 있어야 한다.

2. 굽힘 제품에 대한 주의사항

1) 재료상의 주의

① 재질

균일한 재료를 사용해야 하며 화학성분, 조직, 기계적 성질이 불균일하면 변형 시 미끄러짐이 발생하거나 스프링 백이 불균일해진다.

② 판 두께

허용공차가 적은 두께의 균일한 판재를 사용한다. 판 두께가 너무 두꺼우면 금형 및 기계에 무리한 힘을 가하게 되며, 너무 얇으면 성형이 불충분해진다.

③ 방향성

압연된 소재는 압연 방향으로의 연성은 크고 압연 방향에 직각 방향으로는 작아지므로 압연 방향으로 굽힘선을 선정해서는 안 된다. 판재의 이방성을 피하기 위해 블랭크 배열을 압연 방향과 각도가 지도록 해야 한다.

④ 절단면 상태

Blank 소재를 전단 시는 파단면을 반드시 굽힘의 내측으로 한다. 파단면 표면의 Burr로 인해 외측으로 하여 굽히면 그 단면에 균열이 발생할 수 있다.

⑤ 표면상태

표면에 결함이 없는 재료를 선정해야 하며 재료의 국부적인 흠집이나 결함은 가공 시 균열의 원인이 된다.

2) 형상상의 주의

① 제품형상의 변형

제품형상에 따라 굽힘면에 응력이 집중하여 균열이 생기거나 잘 굽혀지지 않는 경우가 있으므로 굽힘선의 위치를 변경하거나 노치 등을 붙여서 가공한다.

② 구멍 있는 판의 굽힘

블랭크에 있는 구멍은 굽힘가공 시 찌그러들 수 있으며 이것을 방지하기 위해 보조구멍을 별도로 만들거나 굽힘가공 후 구멍을 나중에 가공한다.

③ 보강 리브

얇은 판의 굽힘 시 외력에 의해 변형되기 쉬우며 정밀도도 떨어지므로 리브(rib)를 붙여 보강한다.

3. 굽힘작업 시 주의사항

1) 금형의 설치

금형의 하중 중심을 프레스 기계의 중심에 맞춘다. 상하의 금형은 평행하게 정확히 맞추고 작업 중 어긋나지 않도록 확실하게 설치한다.

2) 스토퍼(stopper)

스토퍼는 작업 중에 밀려서 어긋나지 않도록 하며 가공재료도 판 두께가 일정한 것을 사용해야 원활한 굽힘가공이 가능하다.

3) 기타

같은 판을 여러 군데 굽힐 때 굽힘의 순서가 틀리면 금형이나 기계에 닿아 굽힘이 불가능하게 되는 경우가 있으므로 순서를 잘 검토한다.

4. 최소 굽힘반지름

1) 정의

굽힘각도가 커짐에 따라 외측 표면의 인장변형이 증가하여 재료의 연성한계를 초과하면 굽힘의 외측에서 균열이 생기게 되는데, 이와 같이 균열이 생기지 않고 가공할 수 있는 한계의 내측반지름을 최소 굽힘반지름이라 한다.

2) 영향인자

① 재질이 연할수록 작아진다.
② 판 두께가 얇을수록 작아진다.
③ L굽힘보다 V굽힘의 경우가 작아진다.

1. 개요

프레스 금형에서의 틈새는 펀치와 다이의 한쪽 틈새량을 말한다. 좋은 전단면을 얻기 위해서는 클리언스의 선택이 무엇보다 중요하다. 클리언스가 클수록 전단력은 감소하나 굽힘량이 많아져 2중의 전단면이 생긴다. 이와 같이 틈새는 제품단면형상, 전단력, 치수정밀도와 밀접한 관계가 있다.

2. 틈새와 단면형상

① 전단된 제품의 단면은 눌린 면, 전단면, 파단면, 버(burr)의 4부분으로 되어 있다. 일반적으로 경질재료는 눌린 면과 전단면은 작고 단면의 대부분은 파단면으로 된다. 같은 재료에서는 틈새량에 따라 단면형태가 다르게 된다.

② 틈새가 너무 작으면 상하의 균열이 잘 맞지 않고 단면상태가 나쁘게 되며, 너무 크면 굽힘 모멘트가 커져 제품의 정밀도가 나빠지고 파단면이 증가한다.

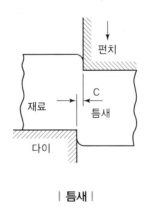

| 틈새 |

3. 틈새와 전단저항

① 전단가공에서는 보통 틈새가 커지면 전단저항이 작아진다. 펀치와 다이 사이의 틈새가 커지면 측방력도 커지므로 균열이 발생하는 쐐기효과가 커진다. 이 때문에 틈새가 커지면 보통 전단저항이 작아진다.

② 전단저항은 틈새 이외에도 사용하는 공구형상, 작업조건 등에 따라서도 변화한다.

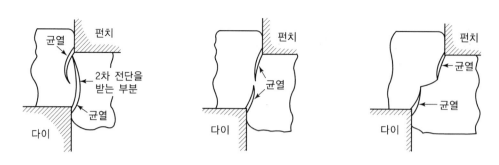

| 클리어런스가 전단에 미치는 영향 |

4. 적정틈새

① 적정틈새란 전단과정 중 펀치 및 다이의 절삭날이 있는 곳에서 발생된 상하 crack이 중간위치에서 꼭 합치되는 것과 같은 틈새를 말한다.

▼ 재료의 적정틈새

재료	틈새(%)	재료	틈새(%)
연강	6~9	Cu 합금	6~10
경강	8~12	알루미늄(연질)	5~8
스테인리스강	6~10	Al 합금	6~10

② 전단가공 시 적정틈새의 설정이 중요하다. 이 틈새량은 재료의 연성에 따라 다르며 두께에 비례한다. 틈새는 재료의 두께에 대한 %이다.

1. 개요

순간적으로 높은 energy를 방출하여 성형하는 것으로 고압을 고속으로 작용시켜서 생긴 고에너지를 이용하므로 고속성형법(high velocity forming process)이라고도 한다.

이 방법은 가공속도가 빠르기 때문에 고장력합금과 같이 경도가 큰 재료나 형상이 복잡한 것도 1회 가공으로 손쉽게 완전성형이 가능하다. 시설비가 비교적 적으므로 경제적일 수 있으나 대량생산 시 생산성이 떨어지므로 비경제적이다.

2. 종류 및 특징

1) 폭발성형법(explosive forming)

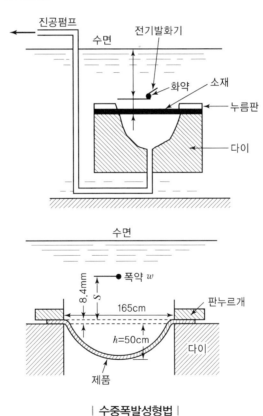

| 수중폭발성형법 |

① 폭약을 점화시켰을 때 고에너지의 충격파를 이용하는 방법으로 수중 또는 gas 중에서 폭발시켜 물에 작용하는 수압 및 gas압에 의해 성형한다.

② 소재에 가해지는 압력의 조절은 화약의 위치 조정으로 가능하다.

③ die의 형식에 따라 open die식, closed die식이 있다.

2) 액중 방전성형법(electro hydraulic forming)

① 폭발성형법의 폭약 대신 전기 에너지를 이용하는 것으로 고압으로 충전된 대전류를 액 중에서 방전하여 가열될 때의 물의 팽창과 그 충격으로 성형한다.

② 대부분의 재료를 광범위하게 가공할 수 있으며 항공기 제작 시 성형가공에 이용된다.

3) 전자성형법(magnetic forming)

① 콘덴서에 충전된 고압의 전류를 단시간에 방전할 때 생기는 고밀도의 자장으로 성형하는 방법이며 인력과 반발력의 세기는 전류의 크기에 비례한다.

② 도전성이 좋은 재료는 전자력으로 직접 성형하고, 불량한 재료는 도전성이 좋은 재료를 보조로 사용하여 성형하나 큰 제품의 성형에는 적합하지 않다.

4) gas 성형법(gas forming)

① gas를 점화할 때 생기는 고에너지의 폭발압력을 이용하는 방법으로 폭발이 안정되어야 한다.

② 사용 gas는 수소, 메탄, 에탄, 천연가스로서 유해하지 않아야 하며, 일정 온도와 압력하에서도 gas체를 유지해야 한다.

1. 개요

드로잉은 평면 블랭크를 원통형, 각통형, 반구형, 원추형 등의 밑바닥이 있고 이음매가 없는 용기로 성형가공하는 작업으로서 제품의 성형은 다이 위에 놓여 있는 소재를 펀치가 하강하면서 소재를 다이 속으로 유입시켜 원통형상으로 가공한다.

이때 응력이 작용 분포가 불균일할 수 있으며 적절한 금형 설계를 통해 용기의 파단, 주름, 균열 등을 방지해야 한다.

2. 설계 시 고려사항

1) 드로잉률

재료의 변형상태, 성질, 가공 조건에 의하여 1회로 가공할 수 있는 가공량에 한계가 있으며 만약 이 한계 이상의 가공을 할 경우 파단이 생겨 더 이상의 가공이 불가능하다.

2) 블랭크 홀딩력

드로잉 가공 시 소재가 되는 블랭크의 홀딩력이 너무 크면 다이 속으로 유입될 때 큰 마찰에 의해 파단이 되고 너무 작으면 주름이 생긴다. 따라서 주름이 생기지 않는 최소의 블랭크 홀딩력을 선정해야 한다.

$$H = h_s \times S(\mathrm{kgf})$$

여기서, H : 홀딩력

h_s : 단위 면적당의 최소 블랭크 홀더압력($\mathrm{kg/mm^2}$)

S : 블랭크 홀더와 접촉된 블랭크 최소 면적($\mathrm{mm^2}$)

3) 드로잉 틈새

① 정의

펀치와 다이 사이의 간격을 틈새(clearance)라 하며 보통 판 두께(t)를 기준으로 하여 표시한다.

② 틈새의 기준

㉠ 약간의 아이어닝으로 작은 주름을 없앨 것 : $(1.05\sim1.10)t$

㉡ 전혀 아이어닝 하지 않는 경우 : $(1.40\sim2.00)t$

㉢ 비교적 균일한 두께의 벽이 필요한 경우 : $(0.9\sim1.0)t$

4) 다이 및 펀치의 각 반지름

① 다이의 각 반지름

다이의 각 반지름(R_d)이 너무 작으면 소재가 드로잉될 때 다이 반지름 부위에서 큰 저항을 받아 제품이 파단되며 반대로 반지름이 크게 되면 최대 드로잉 압력이 작아지고 드로잉 한계는 좋지만 제품의 body에 지름을 발생시킬 수 있다.

보통 제1드로잉 시 R_d는 $(4{\sim}6)t \leq R_d \leq (10{\sim}20)t$로 선택되나 절대적인 값의 결정은 많은 시험이 필요하다.

② 펀치의 각 반지름

펀치의 각 반지름(R_P)이 클수록 드로잉하기가 쉬워지나 너무 크면 펀치 끝의 반지름 부분에 주름이 발생하여 드로잉이 어려워진다. 또한 너무 작으면 펀치 외측에 걸리는 인장변형이 크게 되어 모서리가 얇아지면서 파단될 수 있다.

보통 펀치의 각 반지름은 제1드로잉의 경우 $(4{\sim}6)t \leq R_P \leq (10{\sim}20)t$로 한다.

3. 드로잉 금형설계

1) 다이설계

① 드로잉 다이의 코너부 형상은 R형, 테이퍼형, R−테이퍼형의 3종류로 나눌 수 있으며, 다이 각 반지름 설계 시 주의해야 한다.

② 보통 원통 및 각통 드로잉의 다이는 드로잉부의 형상을 그대로 직선으로 만드는 경우가 많으나 소재와 다이 사이의 윤활막 파단이나 녹아 붙음(seizure)을 방지하고 녹아웃력 감소를 위해 다이 내부를 릴리프하는 경우가 있으며, 특히 아이어닝 가공 시는 가능한 한 직선부를 적게 한다.

▼ 다이 각 반지름부의 형상과 그 특징

각 반지름 형상	용도 및 특징
R형	• 보통 소형품 박판 드로잉에 적합 • 플랜지가 있는 제품 녹아웃에서의 리턴 가공 가능 • 아이어닝 가공에는 적합하지 않음
테이퍼형	• 주름의 발생이 적고 아이어닝 가공에 적합 • 블랭크 홀더가 없는 드로잉 가공에 사용 • 플랜지가 없는 제품의 드로잉 낙하용
R−테이퍼형	• 아이어닝 양이 특히 많은 제품에 적합 • 가공 시의 저항이 적음 • 플랜지 없는 제품의 드로잉 낙하용

○ 드로잉할 때 직선부와 곡선부의 변형이 다르며 균일한 제품을 성형하기 위해서 직선부에 원형 및 사각 모양의 비드를 설치하여 곡선부와의 유입저항을 비슷하게 조절한다.

▼ 비드 설계치수

비드요소	설계치수
비드폭(W)	$(10 \sim 15)t$ 이하
비드높이(h)	$(1/2 \sim 1/3)\,W$ 이하
비드 끝~다이 입구 거리(S)	$(2 \sim 3)\,W$, 최소 20mm 이상

○ 일반적으로 적정한 비드 치수를 결정하는 것은 곤란하여 시험 드로잉을 통해 결정한다.

1. 개요

판재의 성형성 시험은 얇은 판을 매끈하고 결함 없이 성형할 수 있는가를 평가하는 시험으로 일종의 연성시험이며 인장시험 등의 재료시험과 같이 1축 상태가 아니고 소성 변형으로써 평판을 컵모양으로 입체화하기 때문에 응력상태가 복잡하다.

성형성을 알기 위한 시험방법에는 실제의 가공과정에서 재료가 받는 것과 동일한 변형을 주어서 그 특성치를 비교하는 방법과 인장시험의 특성치로 판단하는 방법이 있다.

2. 코니컬 컵 시험(conical cup value)

시험편을 타발에 의해 원판상으로 제작하여 압연 방향이 어느 방향인가를 기입해 주고 결과 해석을 참고로 한다. 원판상의 시험편을 펀치로 압입하여 저부가 파단하기까지 원추컵모양으로 성형한다. 이때 외경의 최대, 최소치를 0.05mm까지 측정하고 5회 이상 평균치를 코니컬 컵치(CCV)로 나타낸다.

3. 에릭슨 시험(Erichsen Test)

다이와 스트리퍼판 사이에 시험편을 끼우고 펀치가 시험편을 누르기 시작하여 시험편의 후면에 crack이 나타나는 것을 거울로 확인한 후 crack이 나타나면 작업을 중단하고 펀치가 이동한 거리를 에릭슨치로 나타낸다.

펀치의 속도는 0.1m/sec를 표준으로 하며 크랙이 생길 때까지 펀치가 이동한 거리는 소수점 이하 2자리에서 반올림한다. 판의 두께, 열처리조건, 표면상태, 펀치압입속도에 따라 에릭슨치가 달라진다.

4. 액압 벌지 시험

원판상의 시험편의 둘레를 액압을 가하여 파단 시 팽창된 높이 h 또는 h/r, $(h/r)^2$를 구한다. h는 일반적으로 r에 비례하고 판 두께에는 별영향이 없으며 h/r, $(h/r)^2$의 값은 재질판정에 편리한 무차원의 양이 된다.

5. 한계 드로잉률

블랭크를 원통상의 제품으로 가공하는 경우 1회에 가공할 수 있는 가공량에 한계가 있고 이 한계 이상의 가공을 하는 경우 파단이 생긴다.

드로잉률(m)은 드로잉하는 제품의 블랭크 지름을 D, 드로잉 펀치의 지름을 d로 할 때 $m = d/D$로 나타낸다. 이때 파단이 생기지 않고 deep drawing하는 최소의 드로잉률을 한계 드로잉률이라 하며 이것은 가공한계 값으로서 성형성의 양부를 판단하는 비교 기준이 된다.

1. 초소성 성형과 확산접합

Hi−Tech의 집합인 항공우주산업에서는 Ti 합금의 초소성 성형과 확산 접합을 이용한 가공이 유용하게 사용되고 있다. Ti 합금은 확산 접합하기 쉬운 재료이므로 성형과 접합을 동시에 행해서 복잡한 구조를 가진 부재를 일체로 성형하는 기술이 개발되어 있다. 다음 그림은 Ti 합금판재를 확산 접합과 초소성 성형으로 만든 구조물을 나타낸 그림이다. 이 기술은 종래 rivet에 의해 체결하는 것에 비해 제조공정의 단축과 부품 수가 줄어들어서 중량과 제조 원가가 감소되었다. 최근 Al 합금 (7475−T6)의 구조물도 초소성 성형과 확산접합을 이용하여 제작할 수 있는 방법을 개발 중이다.

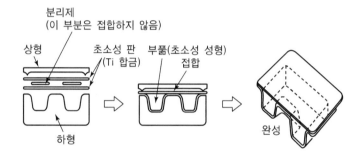

| 초소성 성형과 확산 접합 |

1) 초소성 성형(super−plastic forming)

① 초소성(superplasticity)

특정온도(통상 700~900℃)에서 결정립이 매우 미세한 합금에 충분히 낮은 변형률속도로 힘을 가하면 파단되기까지 연신율이 수백 %에서 최대 2,000%에 달하는 큰 소성변형이 일어나는 재료의 성질을 말한다. 고온상태에서 유리와 폴리머, 미세한 결정립의 Zn−Al 합금(Zn−22AL), Ti 합금(Ti−6Al−4V) 등이 있다.

② 초소성 합금의 특징

연성이 크고 강도가 낮아서 보통의 소성가공 방법이나 플라스틱 가공법으로 복잡한 형상을 성형할 수 있다.

③ 초소성 합금의 변형기구

금속재료의 소성변형기구는 dislocation에 의한 결정립의 변형이 일반적이고, 변형 후 결정립은 힘이 작용하는 방향으로 인장된 형상으로 변형된다[그림 (a)]. 이것에 대해 결정립이 변형되지 않고 회전과 입계의 미끄럼에 의해 이동하면 겉보기에는 소성변형한 것과 같다[그림 (b)]. 이것이 미세결정립의 초소성 변형기구이다. 초소성에는 변태유기초소성도 있는데, 이것은 작은 힘을 가한 상태에서 변태온도의 상하로 가열냉각을 반복하면 큰 변형이 발생하는 현상이다.

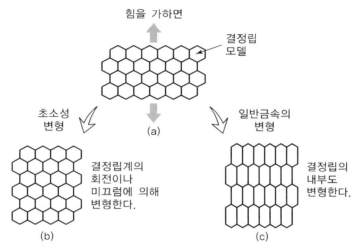

| 초소성 변형기구 |

④ 초소성 합금의 제조법

초소성의 성질은 금속학적인 결정조직의 특징에 의한 것이다. 이러한 성질을 가지도록 하기 위해서는 소성가공과 열처리를 잘 조합해서 보통 결정립의 직경보다 작은 평균직경(보통 $10 \sim 15 \mu m$)을 가진 미세한 결정립을 가진 조직을 만들어야 한다.

⑤ 초소성 합금의 가공상 이점

㉠ 공구비용 절감 : 가공온도에서 피가공재료의 강도가 낮으므로 강도가 작은 공구재료를 사용해도 된다.

㉡ 2차 가공 불필요 : 가공오차가 작고 미세한 부분이 있는 복잡한 형상도 성형할 수 있다.

㉢ 제품의 중량 경감과 재료비 절감 : 재료의 성형성이 커서 리벳과 같은 기계 접합을 하지 않아도 된다.

㉣ 성형품에 잔류응력이 거의 없다.

⑥ 초소성 가공의 한계

㉠ 제품의 사용 온도에 대한 제약 : 소재가 초소성을 나타내는 온도에서는 사용에 대한 제약을 받는다.

ⓛ 느린 가공속도 : 초소성재료는 변형률속도에 매우 민감하므로 충분히 낮은 속도(10^{-4} ~10^{-2})로 가공해야 한다. 가공시간은 수(數)초에서 수 시간 정도이며 가공주기가 일반 성형법보다 길어서 개별작업에만 활용된다.

2) 확산접합(diffusion bonding)

주로 확산에 의한 고체상태의 접합으로 결합되는 금속들 사이에 충분한 확산이 일어나도록 $0.5\,T_m$ 정도의 온도에서 접합한다. 접합면에 약간의 소성변형도 결합에 도움을 준다.

① 확산(diffusion)

원자가 위치를 바꾸는 데 필요한 충분한 에너지(활성화 에너지)를 가지게 되어 결합을 파괴하고 새로운 위치로 도약하는 확률을 확산이라고 한다.

ⓐ 확산 기구
- 빈자리에 의한 것
- 틈새에 의한 것

ⓑ 기술공정에 이용한 예
- 침탄법
- 반도체 생산 : 실리콘의 경우 인이나 붕소 같은 불순물의 종류와 농도를 조절하면 전기 전도도를 조절할 수 있다.

② 확산접합

ⓐ 접합강도에 영향을 주는 인자 : 접합면에 작용하는 압력, 온도, 접촉시간, 접착면의 청정도에 좌우된다.

ⓑ 특징
- 접합한 접촉 경계면은 모재와 같은 물리적·기계적 성질을 갖는다.
- 일반적으로 이종 금속의 접합에 적당하다. : Ti, Be, Zr 등과 같은 반응성 금속과 내열합금 및 복합재료에 사용할 수 있다.
- 확산에 의한 공정이므로 다른 가공법에 비해 속도가 느리다.

ⓒ 응용분야 : 항공산업, 핵 산업, 전자산업 등 수요가 적고 형상이 복잡한 부품 제작에 활용되고 있다.

2. 초전도재료의 소성가공

초전도재료의 응용도 취급하기 쉽게 선재나 판재로 공급해야 하므로 소성가공 기술이 중요한 역할을 하고 있다.

1) 초전도성(super-conductivity)

일부 금속과 합금의 전기 비저항은 온도의 감소에 따라 0K 부근에서는 대단히 낮은 값을 가진다. 1911년 Leiden 대학의 K.Onnes 교수는 약 4K 이하에서 Hg의 전기 비저항이 측정할 수 없을 만큼 작다는 것을 발견하고 이 현상을 초전도도라고 명명하였다. 지금까지는 가장 고온에서 초전도성을 나타내는 합금은 란탄(lantanum), 스트론튬(strontum), 구리, 산소 등의 합금이다.

2) 초전도재료의 선재가공

Nb$_3$Sn 초전도재료는 이미 선재화에는 성공하였다. 그림 (a)는 Nb$_3$Sn의 초전도 선의 단면을 확대한 그림이다. 제조방법은 그림 (b)와 같이 우선 다수의 Nb봉을 Cu-Sn 합금 파이프에 채워 넣어서 인발가공하여 1mm 정도까지 가늘게 제조하고 이 선재의 다발을 구리파이프에 다발로 묶어서 넣고 재인발을 시행하여 소정의 직경까지 가공한다. 그 후 열처리에 의해 Nb$_3$Sn이 석출되게 한다.

이 재료 이외에 NbTi 초전도재의 선재화에도 성공하였다. 이들은 초전도재료로 액체 질소온도 영역(약 77K)에서 실용화가 기대되는 금속간화합물이다. 또 그 일종인 산화물 초전도체는 극히 취성은 크지만 최근에는 이 재료의 선재화를 목표로 해서 활발히 연구가 진행 중이다.

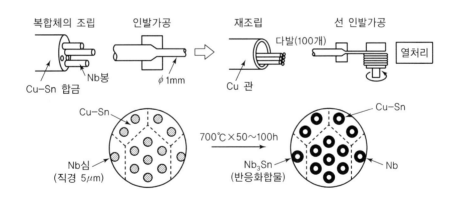

| 초전도선의 제조공정 |

3) 초전도재료의 응용영역

초전도재료가 개발되면 고압동력선, 고출력 전자석, 각종 전기 및 컴퓨터 부품의 효율을 크게 증가시킬 수 있다. 즉, 비저항이 존재하지 않으면 전력 송신선으로 사용할 경우 100%의 효율로 전력을 보낼 수 있다.

또한, 전류에 흐르는 코일에 의해 발생하는 전자장의 세기를 제한하는 인자는 전선에서 저항손실로 인해서 생긴 열의 제거속도이므로, 초전도재료를 사용하면 대단히 높은 장(field)의 전자석을 만들 수 있다.

용접

PROFESSIONAL ENGINEER METAL WORKING

CHAPTER 01 용접 개요

SECTION 01 | 용접의 개요

---

1 용접의 정의와 장단점

1) 용접의 정의

고체상태의 금속재료를 열이나 압력 또는 열과 압력을 동시에 가해서 야금적으로 접합시키는 것을 용접이라 한다.

용접가공은 일반적으로 단조, 프레스, 주조, 절단 등을 통해 소정의 모양과 치수로 제작된 부재를 조립하여 제품화하는 것이며 금속의 접합을 위해 산화피막을 제거하고 산화물의 발생을 방지하면서 표면의 원자가 서로 접근하도록 한다.

용접법은 riveting, bolting 등의 기계적 접합과는 다른 야금적 접합법으로서 융접, 압접, 납접 등으로 분류한다.

2) 용접의 장단점

장점	단점
• 재료가 절약된다.	• 열영향을 받아 재질이 변하기 쉽다.
• 공정수가 절약된다.	• 용접균열이 생긴다.
• 접합효율이 좋다.	• 수축응력 및 잔류응력이 생기기 쉽다.
• 중량을 가볍게 할 수 있다.	• 품질검사가 곤란하다.
• 보수하기 쉽다.	
• 설비비가 싸다.	
• 기밀을 요할 수 있다.	

2 용접의 종류와 이음

1) 용접의 종류

① 납접(soldering)

모재를 용융시키지 않고 별도로 용융금속을 접합부에 넣어 용융 접합시키는 방법이며 450℃ 이하일 때를 연납접(soft soldering), 450℃ 이상일 때를 경납접(brazing)이라고 한다.

② 단접(forge welding)

③ 압접(pressure welding or smith welding)

접합부를 냉간상태 그대로 또는 적당한 온도로 가열한 후 기계적 압력을 가하여 접합하는 방법

㉠ 테르밋 가압용접(thermit pressure welding)

㉡ 전기저항용접(electric resistance welding)

• 버트용접(butt welding)

• 스폿용접(spot welding)

• 심용접(seam welding)

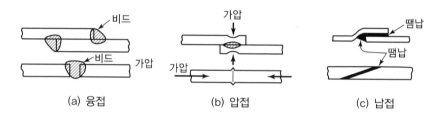

(a) 융접   (b) 압접   (c) 납접

| 융접, 압접, 납접의 비교 |

④ 융접(fusion welding)

접합하고자 하는 물체의 접합부를 가열 용융시키고 여기에 용가제를 첨가하여 접합하는 방법

㉠ 가스용접(gas welding)

• 산소 아세틸렌 가스용접(oxygen−acetylen gas welding)

• 원자수소가스용접(atomic hydrogen gas welding)

㉡ 아크용접(arc welding)

• 탄소아크용접(carbon arc welding)

• 금속아크용접(metallic arc welding)

㉢ 테르밋융착용접(thermit fusion welding)

ⓔ 특수용접(special welding)
- 전자 빔 용접(electron beam welding)
- 일렉트로 슬래그 용접(electro slag welding)
- 플라스마 용접(plasma welding)
- MIG 용접
- TIG 용접

2) 용접이음

용접이음의 형식은 용접하는 방법, 모재의 두께 · 재질, 구조물의 모양과 종류 등에 따른 많은 종류가 있다. 용접부의 형상은 용접부의 재질적 균형, 변형 및 응력 발생의 최소화를 위한 고려가 필요하며 형상에 따라 크게 맞대기 용접, 필릿 용접, 플러그 용접, 덧살올림용접으로 분류된다.

① 용접이음의 형식

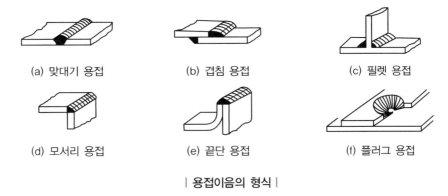

(a) 맞대기 용접 (b) 겹침 용접 (c) 필렛 용접

(d) 모서리 용접 (e) 끝단 용접 (f) 플러그 용접

| 용접이음의 형식 |

ⓐ 맞대기용접(butt weld)
- 일반적으로 신뢰도가 높은 이음이 요구될 때 사용되는 것으로 대략 같은 면에서 접합되는 두 부재의 사이에 홈(groove)을 만들어 용접한다.
- 홈의 모양은 I형, V형, U형, H형 등 여러 가지가 있으며 판두께, 용접방법 등을 고려하여 적당한 형을 선정한다. 홈은 부재의 용접을 쉽게 하기 위한 형상이며 용접결함이 발생하지 않는 범위에서 용착부가 작아지도록 좁게 한다.
- 맞대기 이음의 경우에는 용접량을 덜기 위해 판두께에 따라 I형에서 V형, X형 등으로 홈을 선정한다.

ⓑ 필릿용접(fillet weld)
- 개요 : 이음 형상이 겹치기와 T형으로 용접단면이 직교된 면이기 때문에 삼각 형상의 단면을 가진다. 표면의 모양에 따라서는 오목한 필릿과 볼록한 필릿이 있으며 용접시공이 비교적 쉽다.

- 특징
  - 용접 변형량이 홈용접보다 작다.
  - 이음부의 응력 집중이 크다.
  - 루트(root)에 용접결함이 발생하기 쉽다.
  - 비파괴시험이 어렵다.

ⓒ 플러그용접(plug weld)
- 포개진 두 부재의 한쪽에 구멍을 뚫고 그 부분을 표면까지 용접으로 메꾸어 접합하는 것이며 주로 얇은 판재에 적용된다.
- 구멍의 가공은 원형이나 타원형이 많이 사용되며 모양에 따라 플러그용접과 슬롯용접으로 나눈다. 슬롯용접의 경우 구멍이 커서 메우는 양이 많을 때는 구멍 속을 필릿용접을 하여 일부분만 메운다.

ⓔ 덧살올림 용접(built up welding)
1회의 패스로 용접하여 비드를 형성하는 것이 아니라 부재의 표면에 여러 번 용착금속을 입히는 것으로 주로 마모된 부재를 보수하거나 내식성, 내마모성 등이 좋은 금속을 모재 표면에 피복할 때 이용된다.

② 맞대기 이음부의 형상 및 모재의 두께

▼ 형식별 모재의 두께

형식	모재의 두께(mm)
I형	1~5
V형	6~12
X형	12~25
U형	16~50
H형	25~50

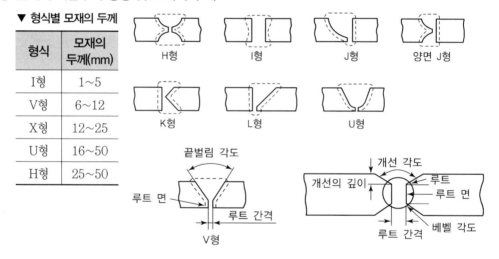

| 모재의 두께에 따른 이음부의 형상 |

③ 용접자세와 기호 및 기재방법

1) 용접자세

① 아래보기자세(F : flat welding)
모재를 수평으로 놓고 용접봉을 아래로 향한 용접자세

② 수평자세(H : horizontal welding)

모재의 용접면이 수평면에 대하여 90°이거나 수평면에 수직인 면에 45° 이하로 경사되고, 용접선(bead)이 수평이 되게 하는 용접자세

③ 수직자세(V : vertical welding)

용접선이 수평면에 수직인 면이나, 수직면과 45° 이내의 각을 이룬 면이 되게 하는 용접자세

④ 위보기 자세(OH : overhead welding)

용접선이 수평이며, 용접봉을 모재의 아래쪽에 대고 위를 향하여 용접하는 자세

⑤ 수평필릿자세(H－fillet)

2) 용접기호

방법	종류		기호	비고
arc 및 gas 용접	홈용접	I형				
		V형, X형	∨	X형은 설명선의 기선에 대칭되게 그 기호를 기재한다.
		U형, H형	∪	H형은 기선에 대칭되게 그 기호를 기재한다.
		L형, K형	|/	K형은 기선에 대칭되게 그 기호를 넣고, 세로선은 왼편에 기입한다.
		J형, 양면 J형	|)	양면 J형은 기선에 대칭되게 기호를 넣고, 세로선은 왼편으로 한다.
		Flare V형, Flare X형	⌣⌣	Flare X형은 기선에 대칭되게 이 기호를 넣는다.

구분		기호	비고
용접부의 표면 상황	평평한 것	—	
	볼록한 것	⌒	기선의 바깥쪽으로 볼록
	오목한 것	⌣	기선의 바깥쪽으로 오목
용접부의 다듬질 방법	Chipping	C	다듬질 방법을 구별하지 않을 때에는 F
	연마 다듬질	G	
	기계 다듬질	M	
현장용접		⚑	온둘레용접이 분명할 때는 생략
온둘레용접		○	
온둘레현장용접		○⚑	

3) 용접기재방법

① 용접하는 쪽이 화살표 반대쪽인 경우

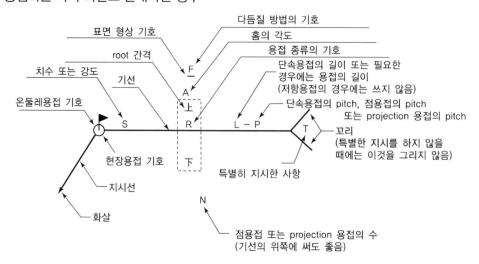

② 용접하는 쪽이 화살표 쪽인 경우

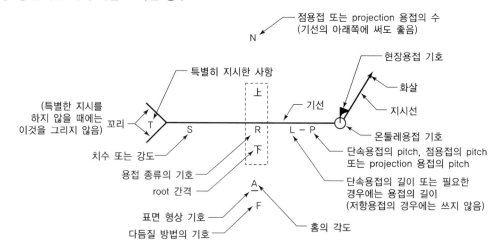

④ 용접 후 잔류응력을 제거하는 방법

1) 피닝(peening)법

각 용접층마다 비드 표면을 두드려서 소성 변형시켜 응력을 제거하는 동시에 변형을 교정하는 것

2) 응력제거풀림법(stress relief annealing)

a_1 변태점 이하의 응력제거 풀림방법이며 치수의 교정, 연성의 증가, 충격치의 회복, 강도의 증가 등을 기대할 수 있다.

3) 저온응력제거법(low temperature stress relief)

용접선의 양쪽을 저속으로 이동하는 가스화염으로 폭 약 150mm에 걸쳐서 150~200℃로 가열한 후 물로 즉시 냉각시켜 용접선 방향의 인장응력을 완화하는 방법으로 linde법이라고 한다.

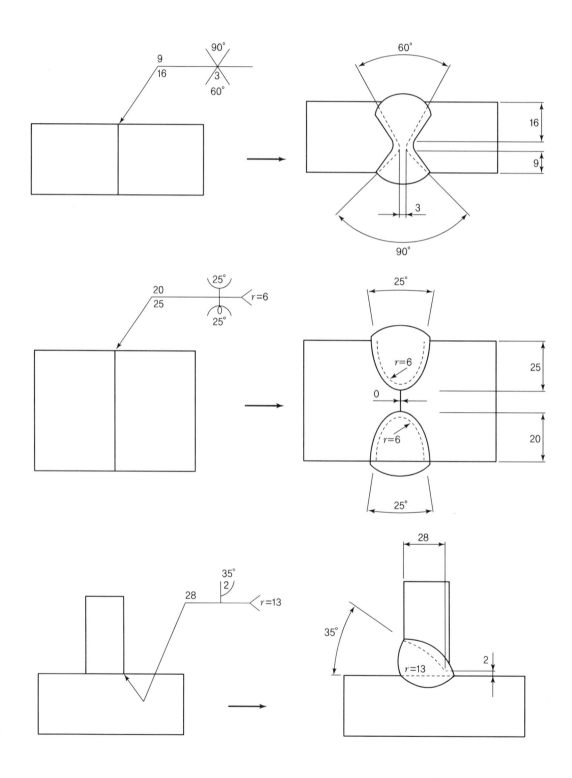

용접법은 열원에 따라서 다음과 같이 분류할 수 있다. 이 중에서 일반적으로 널리 쓰이는 것은 oxy
−acetylene gas welding과 gas tungsten arc welding 등이다. electro−slag welding의 경우
에는 아크용접법이 아니지만 시작 단계에서 아크를 사용하므로 아크용접법 또는 세미−아크용접
법으로 분류하기도 한다.

▼ **열원에 따른 대표적인 용접법**

열원	용접법	약칭
gas	oxy−acetylene gas welding	OAW
arc	shielded metal arc welding	SMAW
	gas tungsten arc welding	GTAW
	plasma arc welding	PAW
	gas metal arc welding	GMAW
	submerged arc welding	SAW
arc(semi−arc)	electro−slag welding	ESW
high energy	electron beam welding	EBW
	laser beam welding	LBW

다음 그림에는 가스용접(gas welding), 아크용접(arc welding) 및 전자빔용접(electron beam
welding)법을 도시하였다. 그림에서 보는 바와 같이 다른 방법에 비하여 전자빔용접의 폭이 제일
좁으며 에너지의 효율이나 속도가 좋다.

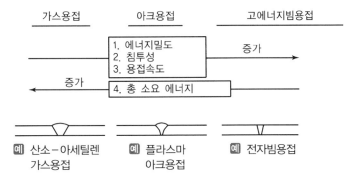

| 가스, 아크 및 고에너지 빔용접법의 비교 |

SECTION **01** | 아크(arc)용접

■ 아크용접의 개요

1) 정의

아크용접기는 용접 아크에 전력을 공급해 주는 용접장치이며 전원으로부터 전압과 전류를 작업의 필요에 따라 변화시켜 용접작업에 적합하도록 한다.

아크용접기는 직류 및 교류 아크용접기로 분류되며 초기에는 아크 안정성이 좋은 직류아크용접기가 사용되었으나 현재는 용접봉의 개량에 의해 교류에서도 안정된 아크를 발생할 수 있어 교류아크용접기가 일반적으로 널리 사용된다.

그러나 얇은 판의 용접이나 불활성 가스 금속아크용접, 스터드용접 또는 정밀용접에는 직류 아크용접기가 많이 사용된다.

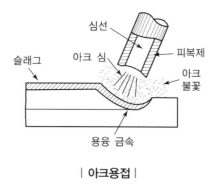

| 아크용접 |

① 피복아크용접 원리

피복아크용접법은 피복아크용접봉과 모재의 사이에 교류 혹은 직류 전류에 의한 아크를 발생시켜 약 4,000~5,000℃에 달하는 온도에서 피복아크용접봉 및 모재를 용융시켜 접합시키는 용접법이다.

피복아크용접봉의 심선 및 용접제는 아크열에 의해 용융되어 모재로 이행하고, 동시에 녹은 모재의 야금반응에 의해 용접금속과 슬래그를 생성한다.

피복제는 아크열에 의해 분해되어 가스를 발생하여 아크 주위를 감싸, 용접금속이 대기 중의 산소와 질소의 악영향을 받는 것을 방지한다.

용접금속은 피복제, 심선 및 모재와의 야금반응의 결과로서 생성되는 것으로, 이들 조합의 하나라도 변화되면 다른 특성의 용접금속이 생성된다. 특히 피복제 및 심선의 영향이 크다. 동일한 심선(또는 피복제)이 사용되어도 피복제(또는 심선)가 변화하면 특성이 다른 용접봉이 만들어진다.

피복아크용접은 탄산가스 아크용접이나 미그 용접 등의 용극식(전극 와이어는 용접 모재와 동일한 금속을 사용) 가스실드 용접과 비교 시 능률성에서는 뒤떨어지지만, 이동성, 간편성, 작업환경성, 비용면에서 우수하여, 알루미늄이나 마그네슘 등 산소나 질소와의 친화력이 강한 금속을 제외한 거의 대부분의 금속, 특히 탄소강을 비롯한 각종 합금강의 용접에 사용되고 있다.

2) 분류

① 용접봉에 따른 분류
  ㉠ 금속아크용접(3,000℃의 열)
  ㉡ 탄소아크용접(4,000℃의 열)

② 전원에 따른 분류
  ㉠ 직류아크용접
  ㉡ 교류아크용접

3) 개로전압

공기저항을 깨고 아크를 발생시키는 전압으로 직류(D.C)에서는 50~80V이고, 교류(A.C)에서는 70~135V이다.

4) 아크를 연결하는 데 필요한 전압

아크 발생 후에는 전압이 감소하는데, 20~30V 정도면 아크는 계속된다.

② 아크용접기(arc welder)

1) 직류아크용접기(D.C arc welder)

① 종류
  ㉠ 정류기형 직류용접기
    • 원리 : 삼상교류를 전원으로 하고 셀레늄(selenium), 실리콘(silicon), 게르마늄(germanium)을 쓴 반도체 정류기로, 교류를 직류로 정류한 용접기

- 특징
  - 한쪽 방향으로는 전류를 잘 통하게 하고, 다른 방향으로는 저항을 크게 하여 작은 전류만 통해도 온도를 상승시키고 그로 인하여 효과를 더욱 크게 한다.
  - 회전부분이 없으므로 무부하 손실이 적으며 값이 싸고 수리도 간단하다.

© 전지식 직류용접기 : 축전지를 전원으로 쓰는 것으로 전압은 48V이며 전류 조정은 직렬저항으로 하여 사용한다.

© 발전기식 직류용접기
- 원리 : 직류 발전기 또는 교류 모터를 이용하는 방법
- 종류
  - 정전압형 : 부하가 변동하여도 전압이 일정하게 유지되는 형식으로 리액턴스(Reactance)는 아크가 발생할 때 전류를 안정시키기 위해 사용하며 직렬저항 중 손실을 적게 하기 위해 55~60V로 정하고 있다.
  - 정전류형 : 아크전압이 자주 변하여도 아크전류는 일정하여 아크가 안정되어 있다.
  - 정전력형 : 정전압형의 결점을 보충하기 위하여 전류가 증가하였을 때 자동으로 전압이 강하하도록 설계된 것으로 일정한 전력을 갖게 한다.

② 특징
③ 아크가 안정되어 나선봉으로도 용접할 수 있다.
© 아크가 길면 용입불량이 생길 염려가 있다.
© 정극성에 두꺼운 모재를 연결하고 얇은 모재나 비철금속의 경우는 역극성으로 하는 것이 유리하다.

2) 교류아크용접기(A.C arc welder)

① 변압기의 원리

$$\frac{V_1}{V_2} = \frac{N_1}{N_2}$$

여기서, V_1 : 1차 전압, N_1 : 1차 코일의 감은 수
V_2 : 2차 전압, N_2 : 2차 코일의 감은 수

P를 용량(kW), I를 전류라 하면

$$P = VI$$

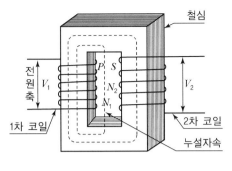

| 변압기의 원리 |

② **특성**

   ⊙ 일종의 변압기로서 2차 전류를 통과시킬 때 무부하 전압이 70~80%로 떨어지는 특성을 가진 용접기이다.

   ⓛ 리액턴스를 크게 하고 개로전압을 높게 함으로써 용접기의 효율이 25~40% 정도로 되며 안정성은 떨어지나 가격이 싸다.

③ **종류**

   ⊙ 가동 철심형(movable core type)

   비교적 널리 사용되는 용접기로서 코일을 감은 가동 철심을 움직여 그로 인해 누설자속의 증감이 일어나고 전류의 세기가 변화된다.

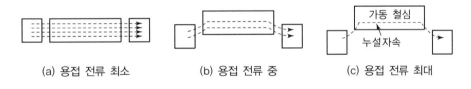

(a) 용접 전류 최소   (b) 용접 전류 중   (c) 용접 전류 최대

| 가동 철심의 위치와 누설자속 |

   ⓛ 가동 코일형(movable coil type)

    • 용접기 케이스 내에 1차 코일과 2차 코일이 동일 철심 위에 감겨있으며 고정된 2차 코일과 핸들 나사에 의해 상하로 이동하는 1차 코일 간의 거리를 변화시켜 전류의 세기가 변화된다.

    • 1차 코일과 2차 코일이 가까워졌을 때 많은 전류가 흐르며 작은 전류에서도 아크가 일정하다.

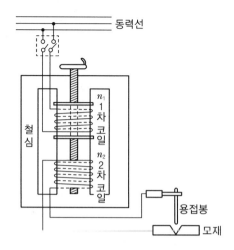

| 가동 코일형 교류아크용접기의 원리 |

ㄷ 가포화 리액터형(standard reactor control type)
- 가포화 리액터를 조합한 것으로 직류여자코일에 가포화 리액터 철심이 감겨있으며 전류의 조정이 전기적으로 작동되므로 마멸 부분이 없어 원격조작이 간단하다.
- 전류 조정이 용이하고 전기적으로 전류 조정을 하기 때문에 가동 코일형이나 가동 철심형과 같이 이동 부분이 없으며 소음이 없고 원격조정이나 부하가 일시에 크게 걸려도 용이하게 작업을 수행할 수 있는 장점이 있다.

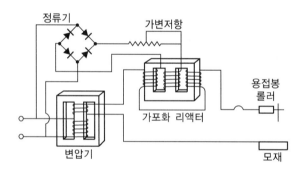

| 가포화 리액터형 교류아크용접기의 원리 |

ㄹ 탭 전환형(tapped secondary coil control type)
철심에 1차와 2차 코일을 가까이 감고 제2의 철심에 권수가 다른 2차 코일을 감고 여기에 탭을 만들어 감은 수의 비율 변동으로 전류를 조정한다.

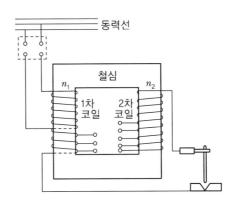

| 탭 전환형 교류아크용접기의 원리 |

3) 고주파아크용접기(high frequency arc welder)

무부하 전압을 높이지 않고 작은 전류로 얇은 판의 용접을 쉽게 할 수 있다.

4) 자동아크용접기

① 원리

전극봉을 기계장치로 일정하게 공급하고 용접선(bead) 방향으로 용접봉을 이동시켜 용접하는 용접기

② 장점

㉠ 용접속도가 수동식에 비하여 3~6배 빠르다.

㉡ 아크가 안정되어 우수한 용접이 가능하다.

㉢ 작업자에 관계없이 능률적으로 작업할 수 있다.

㉣ 대량생산으로 생산비가 적게 든다.

③ 종류

자동금속아크용접기, 자동탄소아크용접기

5) 직류용접기와 교류용접기의 비교

항목	교류용접기	직류용접기
아크의 안정	직류와 거의 같으나 소전류 용접에서는 다소 불안정하기 쉽다.	매우 안정하다.
박판의 용접	소전류에서는 아크가 불안정하기 쉬우므로 직류보다 불량하다.	소전류에서는 아크의 안정이 좋고, 극성을 바꿈으로써 열 배분이 되어 박판에 좋다.
특수강, 비금속의 용접	일반적으로 직류가 좋다.	양호하다.

항목	교류용접기	직류용접기
일반용접	용접기의 값이 싸고 조작이 간단하여 많이 쓴다.	교류보다 못하다.
전격의 위험	직류보다 무부하 전류가 높으므로 위험하다.	무부하 전류가 낮아 전격의 위험이 적다.
기타	무게, 용량이 작고 고장이 적다.	구조가 복잡하고 고장이 잘 생긴다.

6) 아크의 극성효과와 아크 안정

① 개요

아크용접에서 용접봉과 모재는 전극으로서, 각각 양극(+) 또는 음극(−)에 연결할 때의 용접 성질이 다르다. 이와 같이 아크용접에서 전극에 따라 달라지는 성질을 극성 (polarity)이라고 한다.

극성의 선택은 용접봉의 크기, 피복제의 종류, 용접이음형식, 심선재질, 용접자세에 따라 이루어진다.

② 극성효과

㉠ 직류용접 시의 극성

• 개요 : 직류용접기의 아크열은 전류가 한쪽 방향으로만 흐르기 때문에 양극과 음극의 열 집중이 다르며 보통 양극 측에 60~70%의 아크열이 발생된다. 용접봉을 음극(−), 모재를 양극(+)에 연결한 것을 정극성(DCSP)이라고 하며 반대의 경우로서 용접봉을 양극(+)에 연결한 것을 역극성(DCRP)이라고 한다.

• 극성과 용접 특성

– 정극성 : 전자의 충돌을 받는 모재(+)의 용융량이 많아 용입이 깊고 용접봉의 용융이 늦다. 따라서 비드는 너비가 좁고 용입된 깊이가 깊게 된다.

– 역극성 : 정극성과는 반대로 용접봉의 용융속도가 빨라 소모가 빠르고 모재의 용입이 낮아진다. 주로 특수강, 비철금속의 용접에 이용되며 용락(burn through)을 피할 수 없으므로 두께가 얇은 판을 용접하는 데 용이하다.

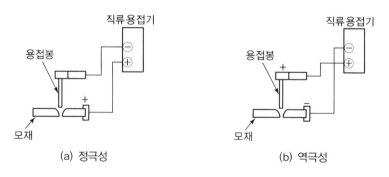

| 직류아크용접의 극성 |

ⓛ 교류용접 시의 극성
- 용접 특성
  - 직류와 달리 교류에서는 극성이 주파수와 같은 횟수로 변화되므로 용접봉 쪽과 모재 쪽에서 발생되는 아크열량은 서로 같다.
  - 교류용접은 직류의 정극성과 역극성의 중간상태로서 양자의 특징이 있어 비드도 너비가 약간 넓고 적당한 깊이의 용입을 얻을 수 있다.
- 용접봉 : 비피복 용접봉을 사용하여 용접할 때는 아크가 교류 특성에 의해 안정성이 나쁘므로 용접을 할 수 없다. 피복 용접봉은 고온에서 가열된 피복제가 이온(ion)을 발생하고 이온에 의해 아크가 안정되어 용접이 가능하다.

③ 아크의 안정
ⓗ 수하특성(dropping characteristics) : 일반적으로 아크용접 회로의 전원은 아크전압 근처에서 용접전류가 정전류 특성을 가지고, 용접 중 전류값의 변화가 되도록 작고, 아크가 단락되었을 때 흐르는 전류가 적당히 제한되어야 하므로 전원의 외부 특성 곡선은 부하 전류가 증가하면 단자전압이 저하하는 현상을 보이는 것이 필요하며, 수하특성은 이러한 전원 특성을 말한다.

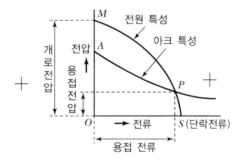

| 수하특성 |

ⓛ 정전압(constant voltage)특성 : 수하특성과는 반대로 부하전류가 변하여도 단자전압이 거의 일정 전압을 갖는 특성으로, 아크 길이가 짧아지면 전류값이 증가하여 아크를 일정한 범위에서 멈추게 하여 아크를 안정시킨다.

❸ 아크용접봉

1) 용접봉의 심선(心線)

① 심선의 지름
1.0~8.0mm까지 10종이 있으나 3.2~6mm가 널리 쓰인다.

② 심선의 재질

모재가 주철, 특수강, 비철합금일 때에는 동일 재질의 것이 많이 사용되나 모재가 연강
일 때에는 탄소가 비교적 적은 연강봉이 사용된다.

③ 심선 원소의 영향

    ㉠ C : 적게 넣음으로써 강철의 연성을 크게 하고 용해온도를 높여 잘 용해되도록 하여,
        용접조작을 쉽게 하기 위한 것이다.

    ㉡ Mn : S의 유해작용을 감소시키고 탈산의 역할을 하나, 많으면 재질이 경화된다.

    ㉢ P : 상온 취성이 있어, 용접부에 균열이 생기는 원인이 되기 쉽다.

    ㉣ S : 고온 취성이 있다.

④ 아크의 길이

아크의 길이는 2~3mm 정도이나 보통은 심선의 지름과 같은 길이로 한다.

2) 피복(被覆)제

금속아크용접의 용접봉으로는 비피복용접봉(bare electrode)과 피복용접봉(covered
electrode)이 사용된다. 비피복용접봉은 주로 자동용접이나 반자동용접에 사용되고 피복아
크용접봉은 수동아크용접에 이용된다.

피복제는 여러 기능의 유기물과 무기물의 분말을 그 목적에 따라 적당한 배합 비율로 혼합한
것으로 적당한 고착제를 사용하여 심선에 도포한다. 피복제는 아크열에 의해서 분해되어 많
은 양의 가스를 발생하며 이들 가스가 용융금속과 아크를 대기로부터 보호한다. 또한 피복
제는 그 목적에 따라 조성이 대단히 복잡하고 종류도 매우 많다.

① 피복제의 역할

    ㉠ 공기 중의 산소나 질소의 침입이 방지된다.

    ㉡ 피복제의 연소 gas의 ion화에 의하여 전류가 끊겼을 때에도 계속 아크를 발생시키
        므로 안정된 아크를 얻을 수 있다.

    ㉢ slag를 형성하여 용접부의 급랭을 방지한다.

    ㉣ 용착금속에 필요한 원소를 보충한다.

    ㉤ 불순물과 친화력이 강한 재료를 사용하여 용착금속을 정련한다.

    ㉥ 붕사, 산화티탄 등을 사용하여 용착금속의 유동성을 좋게 한다.

    ㉦ 좁은 틈에서 작업할 때 절연작용을 한다.

② 피복제의 종류 및 성분

    ㉠ 아크 안정제

        • 기능 : 피복제의 성분이 아크열에 의해 이온(ion)화하여 아크전압을 낮추고 아크를
          안정시킴

- 성분 : 산화티탄(TiO_2), 규산나트륨(Na_2SiO_3), 석회석, 규산칼륨(K_2SiO_3)
  - ○ 가스 발생제
    - 기능 : 중성 또는 환원성 가스를 발생하여 아크 분위기를 대기로부터 차단·보호하고 용융금속의 산화나 질화를 방지
    - 성분 : 녹말, 톱밥, 석회석, 탄산바륨($BaCO_3$), 셀룰로오스(cellulose)
  - ○ 슬래그 생성제
    - 기능 : 용융점이 낮은 가벼운 슬래그(slag)를 만들어 용융금속의 표면을 덮어 산화나 질화를 방지하고 용융금속의 급랭을 방지하여 기포(blow hole)나 불순물 개입을 적게 함
    - 성분 : 산화철, 석회석, 규사, 장석, 형석, 산화티탄
  - ② 탈산제
    - 기능 : 용융금속 중의 산화물을 탈산 정련하는 작용
    - 성분 : 규소철($Fe-Si$), 망간철($Fe-Mn$), 티탄철($Fe-Ti$), 알루미늄
  - ⑩ 합금 첨가제
    - 기능 : 용접 금속의 여러 성질을 개선하기 위해 첨가하는 금속 원소
    - 성분 : 망간, 실리콘, 니켈, 크롬, 구리, 몰리브덴
  - ⑪ 고착제(Binder)
    - 기능 : 용접봉의 심선에 피복제를 고착시킴
    - 성분 : 물유리, 규산칼륨(K_2SiO_3)

③ **피복제의 방식**
  - ㉠ 가스 발생식 용접봉 또는 유기물형 용접봉
    - 원리 : 고온에서 가스를 발생하는 물질을 피복제 중에 첨가하여, 용접할 때 발생하는 환원성 가스 또는 불활성 가스 등으로 용접부분을 덮어 용융금속의 변질을 방지한다.
    - 특징
      - arc가 세게 분출되므로 arc가 안정하다.
      - 전자세의 용접에 적합하다.
      - 용접속도가 빠르고 능률적이다.
      - slag는 다공성이고 쉽게 부서져 slag의 제거가 용이하다.

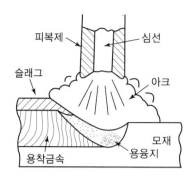

| 슬래그 생성식 용접봉 | | 가스 발생식 용접봉 |

ⓛ 슬래그 생성식 용접봉 또는 무기물형 용접봉 : 피복제에 고온에서 slag를 생성하는 물질을 첨가하여 용접부 주위를 액체 또는 slag로 둘러싸서 공기의 접촉을 막아주며, 용접부의 온도가 내려감에 따라 slag가 용접부 위에서 굳어 급랭을 방지한다.

ⓒ 반가스식 용접봉 : 가스 발생식 용접봉과 슬래그 생성식 용접봉을 절충한 것으로 슬래그 생성식 용접봉에 환원성 가스나 불활성 가스를 발생하는 성분을 첨가한 것이다.

3) 아크절단과 용접봉의 표시 및 나선봉의 결점

① 아크절단

주철이나 황동 등 가스절단이 어려운 금속의 절단에 편리하며 용접의 경우보다 대전류인 긴 아크를 사용한다.

② 용접봉의 표시

E 45 △ □

여기서, E : 전극봉(Electrode)

45 : 용착금속의 최저인장강도(kg/mm^2)

△ : 용접자세

(0, 1 : 전자세, 2 : 하향 및 수평 용접, 3 : 하향용접, 4 : 전자세 또는 특정자세)

□ : 피복제

③ 나선봉의 결점

㉠ 보존 중 녹이 생겨 용착을 방해한다.

ⓛ 용접부가 공기 중에 노출되어 산화물이 용접부에 들어가기 쉽다.

ⓒ 용접 중 고온 기화로 성분의 변화를 일으켜서 기계적 성질을 불량하게 한다.

4) 피복아크용접봉의 종류와 특성

피복아크용접봉은 피복제와 심선의 조합에 따라 다양하게 생산되어 있어, 모재 재질, 판두께, 용접자세, 용접부(용접금속)에 요구되는 특성 등을 고려하여 선택 및 적용한다.

용접봉의 적정한 선택이 용접부의 품질과 특성을 결정짓는 제일의 요인으로, 용접시공관리자 및 용접기능자가 용접봉의 특성을 잘 이해하고 적정하게 선택 및 사용함으로써 양호한 용접 결과가 얻어진다.

피복아크용접봉은 피복제와 심선으로 구성되는데, 연강용 및 저합금강용 용접봉의 심선은 대부분의 경우 불순물이 적은 극연강선이 사용된다.

▼ 각 피복계 용접봉의 피복제 성분

D4301 (일미나이트계)	일미나이트 35	석회석 6	Fe−Mn 15	이산화망간 5	규사 10	칼륨장석 16	전분 5	활석 8
D4303 (라임티탄계)	산화티탄 34	백운석 3	규사 10	장석 10	운모 6	Fe−Mn 10	전분 4	
D4313 (고산화티탄계)	산화티탄 45	Fe−Mn 13	전분 2	활석 12	셀룰로오스 5	장석 20	석회석 4	
D4316 (저수소계)	석회석 50	형석 20	Fe−Si 10	Fe−Mn 2	철분 10	운모 7		
D4327 (철분산화철계)	철분 50	철광석 30	규사 20	칼륨장석 10	Fe−Mn 16	활석 10	셀룰로오스 3	

▼ 국가별 용접봉 모델명

한국	일본	미국
E4301	D4301	E6001
E4303	D4303	E6003
E4313	D4313	E6013

▼ 각종 연강용 피복아크용접봉의 용접성 및 작업성 비교표

성능 비교		일미나이트계 D4301	라임티탄계 D4303	고셀룰로오스계 D4311	고산화티탄계 D4313	저수소계 D4316	철분산화철계 D4327	철분저수소계 D4326	특수계 D4340
용접성	내균열성	○	○	○	△	◎	△	◎	△
	내기공성	○	○	△	△	◎	△	◎	△
	충격특성	○	○	○	△	◎	△	○	△
작업성	작업의 난이성 하향	◎	◎	△	◎	○	-	-	-
	횡향	◎	◎	△	◎	○	◎	◎	◎
	입향 위로	◎	◎	○	△	○	-	-	-
	입향 아래로	-	△	◎	○	◎		-	-
	상향	◎	◎	○	△	◎	-	-	-
	비드외관 하향	○	◎	△	◎	△	-	-	-
	횡향	○	◎	△	◎	△	◎	○	◎
	입향, 상향	○	◎	○	◎	◎	-	-	-
	용입성	◎	○	◎	△	○	△	△	△
	스파크	○	○	△	◎	○	○	○	○
	슬래그 격리	○	○	○	△	◎	◎	○	◎
	비드 신장성	○	◎	△	○	△	◎	○	◎
	박판에 적용	○	◎	△	◎	△	○	△	○

◎ : 우수하다, ○ : 보통, △ : 열등하다, - : 나쁘다

피복제는 물유리(water glass)를 고착제로 하여 각종 광물질과 유기물질, 금속 분말을 섞어 고압에서 심선 표면에 균일하게 도장한 후, 건조 고착화시킨 것이다.

피복제 원료는 제각각의 역할을 갖고 있는데, 크게는 가스 발생제, 슬래그 생성제, 아크 안정제, 합금제, 탈산제, 산화제, 고착제로 분류할 수 있다. 일반적으로 한 가지 원료가 한 가지 역할을 하기보다는 다수의 역할을 하고 있다.

용융된 피복제는 용융된 심선 및 모재와 실드가스 사이에서 화학반응을 일으켜 슬래그를 생성한다. 슬래그는 용융금속의 인, 유황 등의 불순물을 화합물의 형태로 자기 자신 속에 포함시켜 용융금속의 품질 특성을 높여준다. 또한 슬래그는 용융금속을 덮어, 그 응고 현상을 지배하여 용접봉에 각각의 특징적인 용접 작업성(편리한 사용, 비드 형상, 슬래그 격리성 등)을 부여한다.

JIS(일본공업규격)에서는 연강용 용접봉의 피복계를 9종류로 분류하고 있다. 각 피복계에 따라 그 용접 특성이 크게 다르므로, 사용 시 선택을 잘못하면 결정적인 결함을 일으킬 수도 있다.

▼ 업체별 피복아크용접봉의 모델 분류

KS(JIS)	AWS	고려	조선선재	현대	세아 ESAB
E4301	E6019	KI-101LF	CS-200	S-4301	SM-4301
E4301	E6109		CS-201		
E4301	E6019		CS-204		
E4303		KT-303	LT-25	S-4303V	
E4303		KT-606	LTI-25	S-4303T	
E4311	E6010	KCL -10	CL-100	S-6010D	SM-6010
E4311	E6011	KCL -11	CL-101	S-6011D	SM-6011
E4313	E6013	KR-3000	CR-13	S-6013G S-6013LF	SM-6013
E4313	E6013	KR-3000V	CR-13V	S-6013V	SM-6013V
E4316	E7016	KH-500LF	LH-100	S-7016M	SM-7016
E4316	E7048	KH-500VF	LH-100V	S-7048V	
E4316	E7016	KH-500W	LH-28W	S-7016O	
E4324	E7024	K-7024	CR-24	S-7024F	SM-7024
E4324	E6027		CF-120		SM-6027
E4324	E6027	KF-300LF	CF-120Z	S-6024LF	

4 특수 아크용접

1) 서브머지드 아크용접(submerged arc welding)

① 원리

분말로 된 용제(flux)를 용접부에 뿌리고, 용접봉의 심선이 들어간 상태에서 용제 속에서 모재와 용접봉 사이에 아크를 발생시켜, 아크열로써 용접봉 및 모재를 용해하여 용접하는 방법이다. 보통 용접봉은 코일로 되어 있으며 대차에 싣고 자동용접장치와 모터 조절식 대차로 필요에 따라 속도를 조절하는데, 아크전압의 변동에 따라 용접봉 공급 속도를 조절한다. 현재 반자동식으로만 수행되고 있으며 operator가 승차하여 감시 및 일부 조정을 한다. 열손실이 가장 적으며, 유조선 및 유류 탱크 등의 용접에 적합하다.

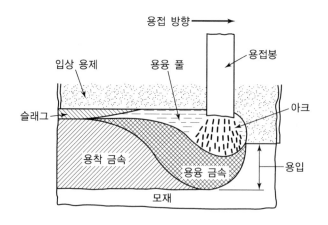

| 서브머지드 아크용접 |

② 장단점

　㉠ 장점

　　• 일정 조건에서 용접이 시행되므로 강도가 크고, 신뢰도가 높다.

　　• heat energy의 손실이 적고 용접속도는 수동용접의 10~20배 정도 크다.

　　• weaving할 필요가 없어 용접부 홈을 작게 할 수 있으므로, 용접재료의 소비가 적고 용접부의 변형도 적다.

　　• 용접 중 대기와의 차폐가 확실히 되며 대기 중의 산소, 질소 등의 해가 적다.

　㉡ 단점

　　• bead가 불규칙적일 경우와 하향 용접 외의 용접은 곤란하다.

　　• 용접홈의 가공정밀도가 좋아야 한다.

　　• 설비비가 많이 든다.

　　• 아크가 보이지 않으므로 용접의 적부 확인이 불가능하다.

　　• 용제는 흡습이 쉽기 때문에 건조나 취급 시 주의가 필요하다.

③ 용접장치

　㉠ 와이어 송급장치 : 롤러의 회전에 의해 접촉 팁을 통해 와이어를 송급하며 와이어 끝과 모재 사이에서 아크를 발생시킨다.

　㉡ 전압 제어기 : 전압을 일정하게 유지하고 송급속도 및 아크길이를 조정한다.

　㉢ 용제 호퍼(hopper) : 호스를 통해 용제를 공급하는 장치이며 와이어보다 앞에 위치하여 용접선에 용제를 살포한다. 용제는 용융되어 도체의 성질을 띠며 용융되지 않은 용제는 진공회수장치에 의하여 회수되어 다시 사용된다.

　㉣ 용접 전원 : 전원으로는 교류와 직류가 쓰이며, 교류가 설비비가 적고 자기불림(magnetic blow)이 없어 유리하다.

ⓜ 주행대차 : 용접 헤드인 와이어 송급장치, 접촉팁, 용제 호퍼를 싣고 가이드레일 위를
용접선에 평행하게 이동한다.

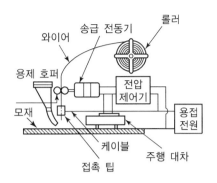

| 서브머지드 아크용접장치 |

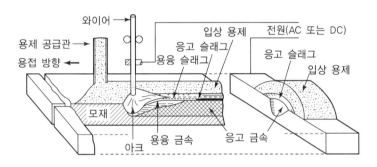

| 서브머지드 아크용접의 아크상태와 용착상황 |

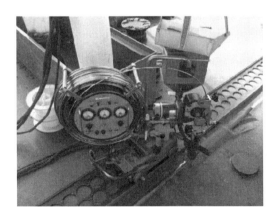

| 서브머지드 아크용접장치의 실제 |

④ 용접용 재료

ⓐ 와이어

• 와이어는 망간 함유량과 몰리브덴 함유량의 다소에 따라 고망간계, 중망간계, 저망
간계 와이어 및 망간 몰리브덴계 와이어로 분류되며 코일 모양으로 감은 것을 사용
한다.

- 와이어의 지름은 2.4~7.9mm 범위의 것이 많이 쓰이며 보통 와이어의 표면은 접촉 팁과의 전기적 접촉을 원활하게 하고 녹을 방지하기 위해 구리도금 한다.

ⓒ 용제
- 용융 용제(fused flux) : 가장 많이 사용되는 것으로 조성이 균일하고 흡습성이 작다. 용제는 규산, 산화망간, 산화바륨, 석회석 등의 피복제 성분을 혼합하여 용융한 다음 유리 상태로 분쇄한 것이며, 일반적으로 입도가 작을수록 용입이 얕고 너비가 넓은 깨끗한 비드가 형성된다.
- 소결형 용제(sintered flux) : 원료 광석 분말과 탈산제 용착금속에 대한 합금원소 등을 함유시켜 원료가 용해되지 않을 정도의 낮은 온도에서 작은 입도로 소결한 것으로 금속의 화학성분, 기계적 성질을 쉽게 조정할 수 있다.
  큰 전류에서도 비교적 안정된 용접을 할 수 있으며 연강은 물론 저합금강, 스테인리스강, 고장력강의 용접에 적합하다. 소결형 용제는 300~500℃에서 소결한 저온 소결형과 750~1,000℃ 정도의 비교적 높은 온도에서 소결한 고온 소결형으로 분류되며, 저온 소결형은 보통 본드 용제(bonded flux)라고 한다.

2) 불활성 가스 아크용접

용접할 부분이 공기와 차단된 상태에서 용접하기 위하여 불활성 가스(아르곤, 헬륨)를 금속 용접봉을 통하여 용접부에 공급하면서 용접하는 방법이다.

스테인리스, 알루미늄, 마그네슘 등의 용접에 좋으며 전극봉은 텅스텐 또는 금속을 사용하며 산화, 질화 등을 억제하여 용접 품질을 좋게 한다.

① 불활성 가스 금속아크용접 또는 MIG(metal insert gas) 용접
  ㄱ 원리 : solid 와이어를 일정 속도로 토치의 노즐로부터 송급하여 와이어 선단과 피용접물 간에 아크를 발생시키고 그 열로 용접하는 방식으로서 TIG 용접과 마찬가지로 Ar, He의 분위기 중에서 실시한다.
    요즈음은 비싼 Ar이나 He 대신에 CO_2 가스를 사용하는 CO_2 아크용접이 탄소강의 용접에 많이 쓰이고 있다.

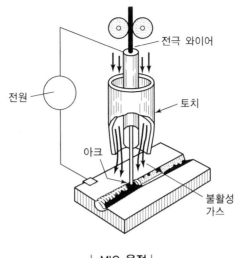

| MIG 용접 |

ⓛ 특징

- 대체로 모든 금속의 용접이 가능하다(두께 3mm 이상일 때).
- 용제를 사용하지 않으므로 slag가 없어 용접 후 청소가 필요 없다.
- spatter나 합금원소의 손실이 적다.
- 값이 비싸다.
- 전자세의 용접이 가능하다.
- 용접 가능한 판의 두께 범위가 넓다.
- 능률이 높다.
- 응고속도가 빠르므로 기공이 비교적 많이 발생한다.
- 장비가 복잡하고 토치가 비교적 무겁다.

ⓒ 전원 : 피복아크용접용 직류 용접기를 역극성으로 하여 MIG 용접에 사용할 수 있다. 그러나 MIG 용접은 피복아크용접이나 TIG 용접과는 달리 상승 특성이 있으므로 이에 적합한 정전압 특성 또는 상승 특성을 갖는 직류 용접기를 사용해야 한다.

② 불활성 가스 텅스텐아크용접 또는 TIG(Tungsten Insert Gas) 용접

ⓐ 원리 : 불활성 가스 아크용접은 종래의 피복아크용접 또는 가스용접에 의해서는 용접이 곤란한 각종 금속의 용접에 쓰이는 방법으로서 Ar 또는 He 등과 같이 고온에서도 금속과 반응하지 않는 불활성 가스의 분위기 중에서 텅스텐 전극봉과 피용접물 사이에 아크를 발생시켜서 그 열로 용접하는 것이다.

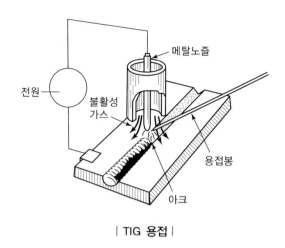

| TIG 용접 |

ⓛ 특징
- 피복제 및 플럭스가 불필요하다.
- 용접의 품질이 우수하다.
- 용접능률이 높고 전자세 용접이 용이하다.
- 설비비가 비교적 높다.

ⓒ 전원 : 교류 또는 직류가 모두 사용되지만 그 특성은 매우 다르므로 사용 시 선정에 주의해야 한다.
- DCSP(직류 정극성)
  - 클리닝 작용이 없어 Al 등의 경합금 용접에 사용되지 않는다.
  - 용입이 깊고 용접속도가 빠르므로 자동 용접에는 주로 DCSP(He 가스 사용)가 사용된다.
- DCRP(직류 역극성)
  - 용접봉의 크기가 정극성에 비하여 약 4배 정도 큰 것이 필요하다.
  - Al 등의 표면에 있는 산화피막이 자동적으로 제거되어서 용접이 용이하게 된다.
  - 용입은 얕고 평평하게 된다.
- 교류
  - DCRP와 DCSP의 중간 상태가 되므로 각각의 특징이 모두 이용될 수 있다.
  - 산화막 클리닝 작용이 있으며 전극봉도 비교적 작은 것을 이용할 수 있다.

ⓔ 클리닝 작용(청정작용) : 알루미늄의 용접에 있어서는 표면 산화물이 내화성이고 융점이 모재의 융점(660℃)보다 훨씬 높아(2,050℃) 이것을 제거하지 않으면 용접이 곤란하므로 피복아크용접에서는 피복제 또는 용제를 써서 화학적으로 제거하고 있다. TIG 또는 MIG 용접의 직류 역극성 또는 교류용접에서 Ar 가스를 사용하면 마치 샌드블라스트를 한 것과 같이 표면의 산화물이 제거된다.
직류 정극성이나 역극성에서 He 가스를 사용하면 클리닝 작용이 없다.

ⓜ 불활성 가스 : He 가스는 가벼우므로(공기의 1/7) Ar 가스에 비하여 소요량이 많고 (Ar의 약 2배), 노즐이 나오면 곧 위로 올라가므로 위보기 자세에 적합하다. Ar 가스는 공기보다 무거워서 용접부의 도포효과가 크다.

ⓑ 특수용도 : TIG 용접을 파이프 용접의 root pass에 사용하면 내면이 매끈한 표피 비드를 얻을 수 있고 루트 터짐이 방지된다. 루트면이 밀착하고 있을 경우에는 용접봉을 쓰지 않고 TIG 토치만으로 용접한다.

3) CO_2가스 아크용접

① 원리

MIG 용접의 불활성 가스 대신에 CO_2를 사용한 소모식 용접봉으로 구조용강, 고장력강, 스테인리스강의 용접에 적합하다.

이산화탄소는 불활성 가스가 아니므로 고온에서 산화성이 커 규소, 망간, 알루미늄 등과 같은 탈산제를 많이 함유한 금속 wire를 사용한다. 실드 가스는 이산화탄소－아르곤 $(CO_2 - Ar)$, 이산화탄소－산소$(CO_2 - O_2)$ 등 여러 혼합법이 사용되기도 한다.

② 특징

ⓐ 산화나 질화가 없어 우수한 용착금속을 얻는다.

ⓑ 용착금속 중 수소 함유량이 적어 수소로 인한 결함이 거의 없다.

ⓒ 용입이 양호하다.

ⓓ 자동 또는 반자동 용접에 따른 고속 용접이 가능하다.

ⓔ 시공이 편리하다.

ⓕ 모재 표면이 비교적 깨끗하지 않아도 된다.

③ 용접장치

ⓐ 용접장치는 와이어 송급장치, 제어장치, 가스 조정기 등이 있다.

ⓑ 용접 토치는 수랭식과 공랭식이 있으며 용접용 전원은 직류 정전압 특성을 가지고 있다.

④ 용접용 재료

　㉠ 와이어 : 탈산제의 공급방식에 따라 와이어만
　　있는 솔리드 와이어(solid wire), 용제가 미리
　　심선에 들어있는 복합 와이어(flux cored
　　wire), 자성을 가진 이산화탄소 기류에 혼합
　　하여 송급하는 자성용제(magnetic flux) 등
　　이 있다.

　㉡ 실드 가스 : 액화 이산화탄소가 사용되며 순도
　　가 높고 수분 함유량이 적어야 한다. 송급량은
　　이음형상, 노즐과 모재 간의 거리, 작업환경
　　등에 의해 결정된다.

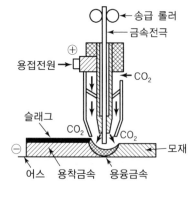

| 탄산가스 아크용접 |

4) 원자수소 아크용접

① 원리

2개의 텅스텐 전극 사이에 arc를 발생시키고 이 arc에 H_2를 분사할 때 H_2가 arc 열에 의
해 H로 분해된 후 용접부에서 H_2로 환원될 때 발생하는 열에 의하여 용접한다.

② 특징

　㉠ 용접부의 산화 및 질화가 방지된다.

　㉡ 용접조직이 좋다.

　㉢ 기계적 강도가 크다.

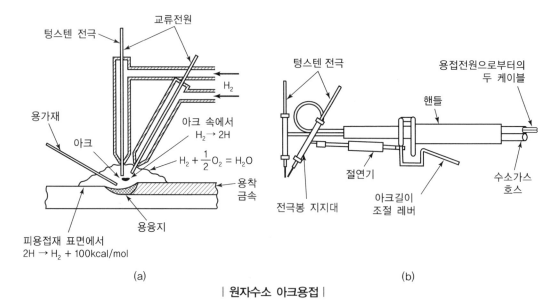

| 원자수소 아크용접 |

5) 일렉트로 슬래그 용접(electro-slag welding)

① 원리

일렉트로 슬래그 용접은 아크열이 아닌 와이어와 용융 flux 사이에 통전된 전기저항열을 이용하여 모재와 전극 와이어를 용융시키고 수랭되는 구리판을 위로 이동시키면서 연속 주조방식에 의해 단층 상진 용접을 한다.

미끄럼판과 모재는 밀착되어 용접 금속과의 사이에 얇은 슬래그만을 만들어 비드 외관이 아름답다.

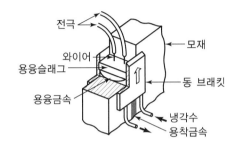

전극
모재
와이어
용융슬래그
동 브래킷
용융금속
냉각수
용착금속

| 일렉트로 슬래그 용접 |

② 특징

㉠ 두꺼운 판의 용접에 유리하다.

㉡ submerged arc 용접에 비하여 홈가공 등을 할 필요가 없어 경제적이다.

㉢ 용접속도가 서브머지드 용접에 비해 빠르다.(2~3배)

㉣ 용접부의 변형이 적고 산소, 질소 등의 악영향이 없다.

③ 용접원리 및 기구

㉠ 전극 와이어와 용제는 서브머지드 용접과 거의 같은 계통으로 사용되며 전극은 고정식과 두꺼운 판에 일반적으로 사용되는 진동식이 있다.

㉡ 전극 와이어의 지름은 보통 2.5~3.2mm 정도이고 피용접물의 두께에 따라 1~3개를 사용하며 자동 공급된다.

㉢ 용접 전류는 대전류이고 용접부위의 많은 열을 흡수하는 구리 미끄럼판은 용융슬래그를 가두는 주형의 역할을 하며 냉각장치가 필요하다.

④ 용도

수력발전소의 터빈 축, 대형 공작기계 베드, 대형 프레스, 두꺼운 판의 보일러드럼, 차량

6) 아크스폿용접 또는 플러그용접

① 원리

아크를 0.5~5sec 동안 발생시켜 모재를 국부적으로 용해하고 용착금속을 응고시키면 상판과 하판이 용접된다.

② 특징

    ㉠ 전기저항스폿용접은 300~1,000kg의 최대 가압력이 필요하나 아크스폿용접은 손으로 누르는 정도로 족하다.

    ㉡ 전기저항스폿용접은 양면에서 전극으로 가압하나 아크스폿용접은 한쪽 면에서 한다.

    ㉢ 아크스폿용접은 상하판의 두께 차가 커도 지장이 없다.

    ㉣ 전기저항스폿용접은 전류가 널리 퍼지기 때문에 pitch의 제한이 있으나 아크스폿용접은 pitch의 제한이 없다.

7) 스터드(Stud)용접

지름 10mm 이하의 강과 황동재의 짧은 stud bolt 등을 평판에 대고 전류를 보내면 아크를 발생하면서 1sec 이내에 용융상태가 되어 용접된다.

SECTION 02 | 가스(gas) 용접과 절단

1 gas 용접

1) 개요

가스용접법은 각종 가연성 가스와 산소의 반응 시에 생기는 고열, 즉 가스 연소열을 용접열원으로 이용하는 방법이며 모재의 종류, 판두께, 이음형상 등에 의해 용접봉을 사용할 때와 사용하지 않을 때가 있다.

가스용접의 이점은 가열할 때 열량조절이 비교적 자유로워 열감수성에 의해 균열 발생의 우려가 있는 금속이나 얇은 판, 파이프, 비철금속 및 그 합금, 특히 용융점, 비등점이 낮은 금속을 용접하는 데 적합하다는 것이다.

가연성 가스는 아세틸렌가스, 수소가스, 메탄, 에탄 등의 종류가 많으나 가장 양호한 야금적 용접부를 얻을 수 있는 것은 산소-아세틸렌 가스용접이며 일반적으로 이것을 가스용접이라 한다.

① 가스용접의 종류

    ㉠ 가스용접법(gas fusion welding) : 용접할 부분을 가스로 가열하여 접합

    ㉡ 가스압접법(gas pressure welding) : 용접부에 압력을 가하여 접합

② 아세틸렌가스와 산소의 화학반응

$$2C_2H_2 + 5O_2 \rightarrow 4CO_2 + 2H_2O + 193.7kcal$$

아세틸렌 용적 1에 대하여 완전 연소에 필요한 산소 용적은 $2\frac{1}{2}$배가 된다.

③ 용접불꽃

　㉠ 산소 : 색, 냄새, 맛이 없고 비중은 1.105로서 공기보다 무거우며 산소 자신은 타지 않고 다른 물질이 타도록 도와주는 조연성 가스이다.

　㉡ 카바이드(CaC_2) : 석회석과 석탄 또는 코크스를 혼합시켜, 이것을 전기로 속에 넣고 3,000℃로 가열하여 용융 화합시킨 것

　　• 화학방정식 : $CaO + 3C = CaC_2 + CO$

　　• 성질

　　　– 무색투명하다.(시판되는 것은 불순물이 포함되어 회갈색 또는 회흑색을 띤다.)

　　　– 돌과 같이 단단하고, 비중은 2.2~2.3이다.

　　　– 물과 작용하여 아세틸렌가스가 발생하고, 소석회의 백색 분말이 남는다.

$$CaC_2 + 2H_2O = C_2H_2 + Ca(OH)_2$$

　　• 순수한 카바이드 1kg으로 348L의 아세틸렌이 발생하나 불순물이 포함된 시판 제품은 230~300L가 발생한다.

　㉢ 아세틸렌가스

　　• 순수한 것은 냄새가 없고 무색이다. 불순물(PH_3, H_2S, NH_3)을 포함하고 있을 때 악취가 난다.

　　• 공기보다 가볍다(공기의 0.906배, 1L의 무게는 15℃ 1기압하에서 1.176g).

　　• 각종 액체에 잘 용해된다.(물에는 같은 양, 아세톤에는 25배가 용해)

　　• 산소와 적당히 혼합하여 연소시키면 높은 열을 낸다(3,000~3,500℃).

　㉣ 용해 아세틸렌가스

　　• 아세톤(acetone)에 용해되는 성질을 이용하여 저장 운반한다.

　　• 15℃ 15기압하에서 아세톤 1L에 아세틸렌 324L가 용해된다.

　　• 사용상의 주의점

　　　– 용기를 바로 세우고, 통풍이 잘되고 직사광선이 들지 않는 곳에 둘 것

　　　– 이음부는 비눗물로 검사한다.

　　　– 용기의 안전 valve는 70℃에서 녹으므로 가열되지 않도록 한다.

ⓜ 산소-아세틸렌불꽃

- 중성불꽃 : 표준불꽃(neutral flame)이라고
하며, 산소와 아세틸렌의 혼합 비율이 1 : 1
인 것으로 일반 용접에 쓰인다.

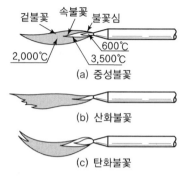

| 아세틸렌 불꽃 |

- 백심의 끝부분 바로 밑이 온도가 가장 높
으며 불꽃의 끝으로 갈수록 온도는 점점
낮아진다. 백심은 혼합가스를 연소시켜
백색을 띠며 실제 용접열로 사용되는 부분
이다.
- 겉불꽃에서는 공기 중의 산소와의 반응에
의해 이산화탄소와 수증기로 기화되는 물
이 생성되며 이들 가스에 의해 용접부가 보호된다. 대부분의 용접작용에 사용되
는 불꽃이다.
- 탄화불꽃 : 산소가 적고 아세틸렌이 많을 때의 불꽃(아세틸렌 과잉불꽃)으로서 불
완전 연소로 인하여 온도가 낮다. 스테인리스 강판의 용접에 쓰인다.
  - 아세틸렌의 과잉으로 탄소(C)의 여분에 의해 탄소가 백색으로 가열되어 빛나며
상대적으로 산소가 부족하여 연소가 불충분하게 되며 온도가 낮으므로 용접에는
불리하다.
  - 이 불꽃은 표준불꽃에서 불꽃 중심이 더 길어지며 산화나 급열을 피하기 위해 비
철 경질재료(스테인리스강, 니켈강)의 용접에 이용된다.
- 산화불꽃 : 중성불꽃에서 산소의 양을 많이 공급했을 때 생기는 불꽃으로서 산화성
이 강하여 황동 용접에 많이 쓰이고 있다.
  - 백심이 짧아지고 속불꽃이 없어져서 바깥 불꽃만으로 된다.
  - 온도가 높아지며 용착 금속의 산화 또는 탈탄이 발생되나 산화불꽃이 심하지 않
을 때는 황동, 청동 용접에 이용된다.

2) 가스용접장치

① 아세틸렌 발생기(acetylene gas generator)

아세틸렌가스 발생기는 카바이드에 물을 작용시켜 아세틸렌가스를 발생시키고 동시에
아세틸렌가스를 저장하는 장치를 말한다.

아세틸렌가스를 발생시킬 때에는 화학반응에 따른 열이 많이 발생된다. 아세틸렌 발생기
는 카바이드와 물을 작용시키는 방법에 따라 투입식, 주수식, 침지식으로 분류되며 발생
된 아세틸렌가스의 압력에 따라 고압식, 중압식, 저압식으로 분류된다. 또한 사용 목적에
따라 작업상 이동할 수 있는 것을 이동식, 정지하여 사용하는 것을 고정식 발생기라 한다.

㉠ 아세틸렌가스의 화학반응 : 칼슘카바이드(CaC₂)와 물의 반응이다.

$$CaC_2 + 2H_2O \rightarrow C_2H_2 + Ca(OH)_2 + 31.872kcal$$

㉡ 아세틸렌 발생기의 종류

ⓐ 투입식

• 원리 : 많은 양의 물속에 카바이드를 소량씩 투입하여 비교적 많은 양의 아세틸렌가스를 발생시키며 카바이드 1kg에 대하여 6~7리터의 물을 사용한다.

• 특징

－청정작용이 되어 순도가 높고 반응열에 의한 온도상승이 없다.

－다량의 가스를 필요로 할 때 사용한다.

－아세틸렌의 손실이 있으며, slag의 제거가 어렵다.

－발생기의 조작이 쉽고, 가장 안전하다.

－물의 사용량이 많고, 설치 장소가 비교적 넓다.

ⓑ 주수식

• 원리 : 발생기 안에 들어 있는 카바이드에 필요한 양의 물을 주수하여 가스를 발생시키는 방식으로 소량의 gas를 요할 때 사용된다.

• 특징

－주입물의 자동조절이 용이하고 slag의 제거가 쉽다.

－적은 양의 가스를 필요로 할 때 사용한다.

－온도가 상승하기 쉽고 순도가 투입식에 비하여 낮다.

－물의 소비량이 적고 연속적인 가스 발생이 가능하다.

－기능이 간단하여 안전하다.

－설치면적이 적고 비교적 능률적이다.

－카바이드가 과열되기 쉬운 결점이 있다.

ⓒ 침지식

• 원리 : 투입식과 주수식의 절충형으로 카바이드를 물에 침지시켜 가스를 발생시키며 이동식 발생기로서 널리 사용된다.

• 특징

－가스 소비량에 따라 발생량을 조절할 수 있다.

－구조 및 설비가 간단하여 이동용으로 많이 이용되고 있다.

－급격한 온도상승과 과잉가스가 발생할 수 있다.

－폭발의 위험성이 크다.

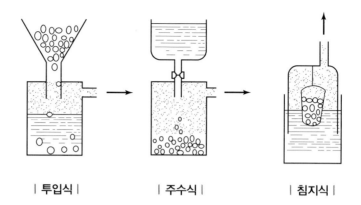

| 투입식 | | 주수식 | | 침지식 |

② 아세틸렌 청정기 및 안전기

　　㉠ 아세틸렌 청정기(acetylene cleaner) : 불순물 제거장치

　　　　• 불순물 : 인화수소(H_2P), 황화수소(H_2S), 암모니아(NH_3) 등

　　　　• 아세틸렌 청정법의 종류 : 수세에 의한 방법, 여과에 의한 방법, 화학처리법 등이 있는데, 일반적으로 화학처리법이 쓰인다.

　　㉡ 안전기(safety device) : 용접작업 중 역화(back fire) 현상이 생기거나 torch가 막혀서 acetylene 쪽으로 역류하여 역화나 역류작용이 발생기 내에 영향을 미치면 위험하므로 안전기를 사용한다.

　　　　• 역류역화 및 인화역화의 원인
　　　　　　－ 토치의 성능이 나쁠 때
　　　　　　－ 토치의 취급을 잘못할 때
　　　　　　－ 팁에 석회분말, 찌꺼기 등의 불순물이 막혔을 때
　　　　　　－ 팁이 과열되었을 때
　　　　　　－ 아세틸렌가스의 공급이 부족할 때
　　　　　　－ 토치의 연결나사 부분이 풀렸을 때

　　　　• 안전기 취급상의 주의사항
　　　　　　－ 1개의 안전기에는 1개의 토치를 사용할 것
　　　　　　－ 수위는 작업 전에 점검할 것
　　　　　　－ 한랭 시 빙결되었을 때는 화기로 녹이지 말고 따뜻한 물이나 증기로 녹일 것
　　　　　　－ 수위의 점검을 확실히 할 수 있게 안전기는 잘 보이는 곳에 수직으로 걸 것

③ 산소용기(산소통 : bomb)

　　순도 99.5% 이상의 산소는 온도 35℃에서 150기압으로 압축하여 충전하며 이것을 감압용 밸브를 통하여 5~20kg/cm^{2}의 압력으로 떨어뜨려 아세틸렌가스와 혼합하여 사용한다.

○ 용기 내의 산소량 계산식

$$L = V \times P$$

여기서, V : 용기 내의 용적(L)
L : 용기 내의 산소용량(L)
P : 압력계에 지시되는 용기 내의 압력(kg/cm^2)

ⓒ 산소용기 취급사항
- 충격을 주지 말 것
- 항상 40℃ 이하로 유지할 것
- 직사광선을 피하고, 밸브에 기름을 묻히지 말 것
- 가연성 물질을 피하고, 밸브의 개폐는 조용히 할 것
- 운반할 때는 운반 용구에 세워서 할 것

3) 가스용접의 장단점

① 장점
㉠ 응용범위가 넓다.
㉡ 가열 조절이 비교적 자유롭다.
㉢ 설비비가 싸고, 운반이 편리하다.
㉣ 아크용접에 비하여 유해광선의 발생이 적다.

② 단점
㉠ 아크용접에 비하여 불꽃의 온도가 낮고 열효율이 낮다.
㉡ 열집중성이 나빠서 효율적인 용접이 어렵다.
㉢ 폭발의 위험성이 크다.
㉣ 금속이 탄화 및 산화될 가능성이 높다.
㉤ 아크용접에 비해 가열범위가 커서 용접응력이 크고 가열시간이 오래 걸린다.
㉥ 아크용접에 비해서 일반적으로 신뢰성이 적다.

4) 가스용접봉의 구비조건

① 모재와 동일하며, 불순물이 혼합되지 않을 것
② 강도가 크고 산화된 것은 제거한 후 사용할 것
③ 용융온도가 모재와 같고, 기계적 성질이 양호할 것

5) 용제(flux)

① 작용

용제는 용접면에 있는 산화물을 녹여 슬래그(slag)로서 제거하고 또한 작업 중에 용접부를 공기와 차단하여 산화작용을 방지하는 역할을 한다.

② 모재의 재질에 따른 용제

모재의 성질	용제
연강	사용하지 않음
반경강	중탄산나트륨+탄산나트륨
주철	붕사+중탄산나트륨+탄산나트륨
구리합금	붕사
알루미늄	염화리튬(15%), 염화칼륨(45%), 염화나트륨(30%), 불화칼륨(7%)

6) 가스용접작업

용접작업 시 용접부에 결함이 되도록 없어야 하며 변형을 적게 하고 용접능률을 좋게 하여야 한다. gas 용접은 토치와 용접봉의 이동방향에 따라 전진용접과 후진용접으로 분류하며, 용접의 용착법은 용접하는 진행방향에 의해 구분된다.

용착순서 결정 시 불필요한 변형이나 잔류응력의 발생을 될 수 있는 한 억제하는 쪽이 바람직하다.

① 전진용접(forward welding)

ㄱ 가스 토치의 방향이 용접의 진행방향과 같은 것

ㄴ 용접하기 쉬우나 용접봉이 장해가 되어 화염의 분포가 균일하지 않으며, 가열 범위가 넓어 변형이 많이 생기기 쉽다.

ㄷ 화염으로 용융금속을 불어내어 용입이 방해되며 모재가 과열되고, 용융금속의 산화가 심하나 bead 표면은 깨끗하다.

ㄹ 5mm 이하의 얇은 판의 맞대기 용접이나 비철 및 주철 용접에 이용한다.

② 후진용접(backward welding)

ㄱ 화염이 용접부를 집중 가열하므로 열 이용률이 높고 두꺼운 판재의 용접에 적합하다.

ㄴ 용접봉의 weaving이 없으므로 groove가 좁아도 되며, 용접봉 및 gas 소비량이 적고 용접속도가 크며 용접부의 변형도 적다.

ㄷ bead는 전진용접의 것만큼 매끈하지 못하며 bead가 높다.

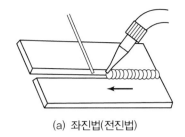

(a) 좌진법(전진법)

(b) 우진법(후진법)

| 가스용접법 |

7) 용착법

① 전진법

이음의 한쪽 끝에서 다른 쪽의 끝으로 용접을 일정하게 진행하는 방법으로 가장 일반적인 용착법이다.

㉠ 용접이 끝나는 쪽의 수축 및 잔류응력이 크다.

㉡ 용접작업이 능률적이다.

㉢ 잔류응력의 비대칭으로 변형이 발생된다(가용접 필요).

㉣ 얇은 판의 용접 및 자동용접법으로 쓰인다.

② 후진법

용접진행방법과 용착방법이 반대인 용착법

㉠ 잔류응력이 균일하여 변형이 작다.

㉡ 비능률적이다.

㉢ 두꺼운 판의 용접에 적합하다.

③ 대칭법

이음 중앙에 대해 대칭으로 용접을 실시하는 방법으로 이음의 전 길이를 분할하며, 잔류응력에 따른 변형을 대칭으로 유지한다.

④ 비석법

이음되는 전 길이에 대해 일정한 길이를 뛰어넘어 용접하는 방법

㉠ 변형과 잔류응력이 균일하다.

㉡ 비능률적이다.

㉢ 용접 시작부분과 끝부분의 결함발생이 많다.

⑤ 빌드업법

㉠ 비능률적이다.

㉡ 두꺼운 판 용접 시 첫 층에 균열 발생이 쉽다.

8) 가스압접(pressure gas welding)

① 개요

가스압접은 열원을 산소-아세틸렌 불꽃에서 얻어 맞대기 접합부를 그 재료의 재결정 온도 이상으로 가열한 후 축 방향으로 압축력을 가하여 압접하는 방법이다. 가스압접에는 밀착 맞대기법, 개방 맞대기법의 두 종류가 있으나 일반적으로 산화작용이 적고 겉모양이 아름다운 밀착 맞대기법이 많이 이용된다.

가스압접은 이음부의 강도가 높으나 가열시간이 길며 일반적으로 철근, 파이프라인, 철도레일 및 차량 부품의 용접에 응용된다.

② 특징

㉠ 이음부의 탈탄층이 없다.

㉡ 전기가 필요 없다.

㉢ 압접이 기계적이어서 작업자의 숙련도에 차이가 나도 큰 문제가 없다.

㉣ 장치가 간단하고 시설비가 싸다.

㉤ 용접봉이나 용제가 필요 없다.

㉥ 이음 단면의 가공정도 및 청정도가 압접품질에 영향을 미친다.

③ 밀착 맞대기(closed butt) 용접

㉠ 압접면을 맞대 놓고 적당한 압력으로 밀착시킨 상태에서 가열하는데, 접합면이 균일 온도로 되어 압접재가 일정량만큼 줄어들면 용접을 완료한다.

㉡ 용접면의 균일 가열이 어려우며 접합면의 불순물을 미리 제거하여야 한다.

㉢ 적은 단면재에 주로 적용한다.

④ 개방 맞대기(open butt) 압접

㉠ 압접면 사이에 torch를 넣고 압접면을 가열하여 용융상태가 될 때 압력을 가하여 용접을 완료한다.

㉡ 용접면의 균일가열이 용이하고 접합면의 불순물은 용해되어 탈락되므로 미리 청소할 필요가 없다.

㉢ 큰 단면재의 압접이 가능하다.

⑤ 압접성에 영향을 주는 요인

㉠ 가열온도 : 안정된 불꽃에 의해 이음부 전면을 균일하게 가열해야 한다. 이음면이 깨끗할 때는 900~1,000℃ 정도로 가열하나 이음효율을 높일 목적으로 1,300℃ 정도의 온도를 채택한다.

㉡ 압접면 : 압접면은 기계가공을 하여 매끈한 면으로 만들어야 하며, 이음 단면은 이물질을 깨끗이 제거하여 이음 후의 기계적 성질이 저하되지 않도록 한다.

ⓒ 압접압력 : 이음면에 가하는 축 방향 압력은 모재의 종류, 모양, 치수 등에 따라 다르다. 일반적으로 연강, 고탄소강 등은 처음부터 끝까지 일정한 압력을 주어 정해진 양의 업셋(upset)을 주어서 이음을 완료한다.

2 gas 절단

1) 원리

금속재료를 절단하는 데는 전단기, 기계톱 등이나 가스절단을 이용한다. 가스절단(gas cutting)은 절단재료를 산소-아세틸렌 가스 불꽃으로 일정한 온도로 예열한 후 팁의 중심에서 고압의 산소를 불어 내어 철을 산화시켜서(용융점이 모재보다 낮으므로) 용융함과 동시에 산소 분출의 기계적 에너지에 의해서 연속으로 절단하는 것이다.

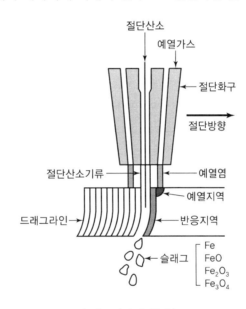

| 가스절단의 원리 |

▼ 재료별 절단의 난이

절단하기 좋은 재료	연강, 주강
절단이 어려운 재료	주철
절단이 안 되는 재료	구리, 황동, 청동, 알루미늄, 납, 주석, 아연

2) 가스절단이 가능한 재료의 조건

가스절단에서는 철의 연소가 무엇보다 중요하기 때문에, 절단 가능 조건으로서 연소성의 정도가 크게 영향을 끼친다. 더구나 용융을 수반하는 절단이므로, 열적인 문제와 온도적인 문제가 절단 가부에 있어서 중요하다.

① 절단 재료의 발화온도가 그 재료의 용융점보다 낮을 것

　연소되기 전에 녹아버리면 산소기류에 불려 날아가 연소물이 없어져 버리므로, 연소에 의한 에너지의 공급이 없기 때문에 절단할 수 없다.

② 산화물의 용융온도가 절단 재료의 용융온도보다 낮을 것

　산화물의 용융온도가 절단재의 용융온도보다 높으면, 산화물이 먼저 응고되어 산화물이 흐르기 어렵게 되므로 산화물의 제거가 안정화되지 못하고 더 나아가서는 연소부가 안정화되지 않는다.

③ 산화물의 유동성이 좋아, 절단재에서 격리가 쉬울 것

　산화물이 연소부분에 체류하면 철의 연소를 방해하므로 절단이 어렵게 된다. 또한 격리가 나쁜 경우도 마찬가지이다.

④ 절단재에 포함된 불연소물 등의 불순물이 적을 것

　연소를 방해하는 불순물 또는 유동성을 저해하는 불순물이 많으면 연소가 안정화되지 않으며 발열량이 부족하게 되는 문제가 발생한다.

⑤ 이러한 조건들을 만족하는 재료는 철, 탄소강, 저합금강 등 몇 가지 금속이지만, 탄소강도 탄소함유량이 많으면 절단이 불가능하다.

3) 절단면 거칠기의 형성

절단부의 각 부분은 응고부, 용융부, 반응부로 나뉜다.

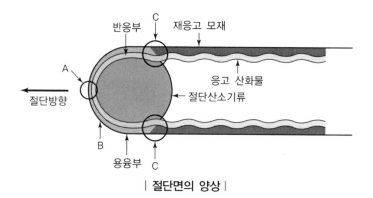

| 절단면의 양상 |

절단부의 온도는 절단진행면 선단의 A부분이 가장 높고, B부분에서 C부분으로 갈수록 점점 낮아진다. 이처럼 온도 분포에 차이가 있기 때문에, 온도가 높은 쪽에서 낮은 쪽으로 용융금속의 흐름이 발생하여, C부분으로 용융금속이 모여들어 그 층이 두꺼워진다. C부분에 모인 용융금속은 절단이 진행됨에 따라(산소기류가 절단방향으로 진행), 모재에 열을 빼앗기고 냉각됨으로써 절단면을 형성한다. 이 응고 과정에 있어서, A부분, B부분의 반응량의 변화, 용융금속의 표면장력 등에 의해 C부분에 모인 용융금속량이 서로 다른 응고층의 두께가 만들어진다. 이것이 절단면의 거칠기로 나타나는 것이다.

절단속도가 어느 범위 내에 있을 때는 연소도 안정되어 있고 절단산소에 의한 용융금속의 배출도 무리가 없어, C부분의 두께 변화가 적다. 그러나 절단속도가 빠르면, 용융금속의 발생량이 많아지고 배출에도 무리가 생겨 절단면이 거칠게 된다.

마찬가지로 불순물이 있으면 산화물의 유동성이 나빠지거나 연소가 불안정해져 절단면의 거칠기가 증대된다.

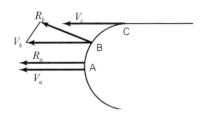

절단이 안정화되려면 홈의 모양이 무너지지 않고 절단이 진행되어야 한다. 따라서, A부분에서는 절단속도 V_a와 철의 산화반응속도 R_a가 같다. B부분에서는 절단홈의 대각 방향으로 반응속도가 발생하므로, 이 지점에서는 절단속도가 반응속도보다 빠르게 된다. C부분에서 진행방향으로의 반응속도는 0이다. 이러한 것을 볼 때, 절단 반응부는 전면 부분임을 알 수 있다.

한편, 철판 두께 방향으로 절단속도와 반응속도를 적용하면 다음 그림처럼 판의 상부에는 절단산소가 화구에서 공급되기 때문에, 산소순도도 기류의 운동량(기류의 힘)도 거의 소실 없이 $V_a = R_a$가 성립한다.

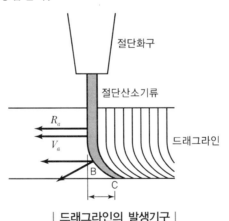

| 드래그라인의 발생기구 |

이 때문에 절단면은 절단방향에 대해 수직이 된다.

B지점에 도달하면 산소순도와 운동량이 모두 저하되기 때문에, 절단속도에 대해 반응속도가 작아져 반응면에 기울기가 발생하여 절단 지연이 발생된다. 이것이 드래그라인의 발생이다.

C지점에서 반응속도가 절단방향에 대해 0이 되면, 드래그라인은 절단방향에 대해 평행하게 되어 그 이상 판 두께 방향으로 반응이 진행되지 않는다. 이때가 절단의 한계이다.

4) 가스절단방법

① 금속의 절단성

- ㉠ 금속 산화물 또는 슬래그의 용융온도가 모재의 용융온도보다 낮아야 한다.
- ㉡ 모재의 연소온도가 용융온도보다 낮아야 한다.
- ㉢ 금속 산화물 또는 슬래그의 유동성, 이탈성이 좋아야 한다.
- ㉣ 모재의 성분 중 고용점의 내화물 또는 불연소물이 적어야 한다.

② 예열불꽃

- ㉠ 예열불꽃의 역할
  - 절단 개시점을 급속히 연소온도까지 가열
  - 절단 진행 중 절단부의 온도를 항상 연소온도로 유지
  - 강재 표면의 스케일을 용해, 박리시킴
  - 철의 연소반응을 촉진
- ㉡ 불꽃조성 : 예열불꽃은 중성불꽃이 좋으나 열효율 측면에서는 산소 과잉불꽃을 사용하는 것이 효과적이다. 과도한 과잉산소는 절단면이 거칠고 형상이 균일하지 않게 되므로 유의해야 한다.

③ 절단방법

- ㉠ 팁 끝과 강판 사이의 거리는 백심의 끝에서 1.5~20mm 정도 유지되며 예열 시는 팁을 약간 경사지게 하고 절단 시는 직각으로 세운다.
- ㉡ 예열불꽃은 중성으로 하고 표면이 850~950℃ 정도 되면 절단 산소 밸브를 열어 절단을 시작한다.

④ 절단속도

- ㉠ 절단속도는 절단산소의 압력이 높고 산소소비량이 많을수록 거의 비례적으로 증가하며 토치는 적당한 진행속도로 이동시킨다.
- ㉡ 모재의 온도가 높을수록 고속절단이 가능하며 절단산소의 순도, 분출상태, 속도에 따라 절단속도에 영향이 크다.

⑤ 드래그(drag)

- ㉠ 정의 : 가스절단에서 절단 홈의 하부에 가까워질수록 슬래그의 방해, 산소의 오염, 산소속도의 저하 등에 의하여 산화작용이 느려지고 불어내는 압력이 저하되기 때문에 상하의 절단길이에 차이가 생기는 것
- ㉡ 드래그길이
  - 드래그길이는 절단속도, 산소소비량, 압력 등에 따라 변하며 절단성을 판정하는 기준이 된다.

- 절단속도가 아주 느리면 드래그길이는 0이 되나 경제적인 면에서 볼 때 드래그가 있는 것이 좋으며 표준 드래그길이는 보통 판두께의 1/5 정도로 한다.

▼ 표준 드래그길이

판두께(mm)	12.7	25.4	51	51~152
드래그길이(mm)	2.4	5.2	5.6	6.4

5) 절단변형의 방지법

① 구속법

절단된 축의 팽창 및 수축을 외력에 의해 억제하고 충분히 냉각된 후에 외력을 제거하여 변형을 적게 한다.

② 가열법

절단할 때 절단선에 대응하는 선 위를 예열불꽃으로 가열하여 열적인 균형을 유지하면서 냉각 수축에 의한 변형을 억제한다.

③ 수랭법

가열법, 구속법을 부재의 치수 및 형상에 따라 이용할 수 없을 때 절단선 위를 절단 직후에 냉각수로 급랭시켜 절단재에 대한 입열을 적게 한다.

6) 가스절단기(torch)

① 종류

㉠ 프랑스식 : $0.07kg/cm^2$ 미만의 저압식으로 인젝터에 니들 밸브가 구성되어 있는 가변압식 절단기로 1시간 동안 표준 불꽃으로 용접하는 경우 아세틸렌의 소비량(L)으로 나타낸다.

㉡ 독일식 : $0.07 \sim 1.3kg/cm^2$의 중압식으로 인젝터와 니들 밸브가 없는 불변압식 절단기로 연강판의 용접을 기준으로 해서 팁이 용접하는 판두께로 나타낸다.

㉢ 프랑스식에서 팁 100이란 1시간에 표준불꽃으로 용접할 때 아세틸렌 소비량 100L를 말하며 독일식은 연강판 두께 1mm의 용접에 적당한 팁의 크기를 1번이라고 한다.

② 가스절단기의 구비조건

㉠ 구조가 간단하고 작업이 용이할 것

㉡ 불꽃이 안정될 것

㉢ 안정성을 충분히 구비하고 있을 것

③ 구성

손잡이, 혼합실, 팁(tip)

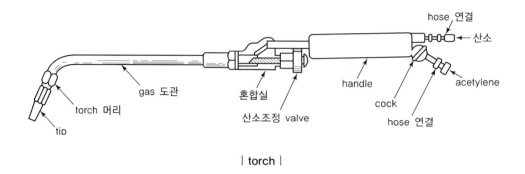

| torch |

7) gas gouging

따내기라고도 하며, 가공물의 일부를 용융시켜 불어냄으로써 홈을 내는 가스가공

SECTION 03 | 고밀도 에너지 용접

---

1 전자빔용접(EBW : Electron Beam Welding)

1) 개요

전자빔용접은 고진공($10^{-6} \sim 10^{-4}$mmHg) 속에서 고속의 전자빔을 접합부에 조사시켜 그 충격 에너지를 열에너지로 변환시켜 용융 용접하는 방법이다.

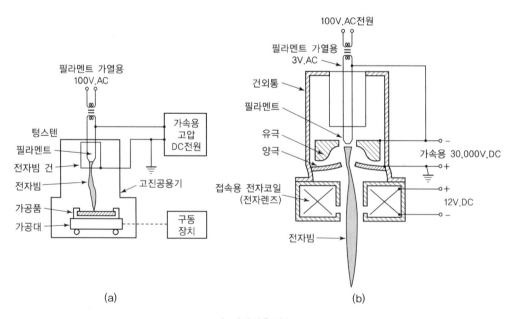

| 전자빔용접 |

2) 특징

① 장점

㉠ 진공 중에서 용접하므로 용접의 신뢰도가 높다.

㉡ 고용융점의 금속과 이종금속 사이의 용접이 가능하다.

㉢ 열영향부가 적어 용접변형이 적고 정밀용접이 가능하다(예열 불필요).

㉣ 전자빔 충격의 제어로 박판에서 후판까지 광범위한 이용이 가능하다.

㉤ 잔류응력이 적다.

② 단점

㉠ 시설비가 많이 든다.

㉡ 모재의 크기, 형상이 제한된다.

㉢ 진공용접에서 증발하기 쉬운 재료(아연, 카드뮴)는 부적당하다.

3) 용접장치

① 전자빔을 발생하는 전자총과 가공품을 올려놓은 이동 용접대가 고진공 속에 밀폐되어 있으며 감시창으로 관찰하며 구동 제어하여 용접한다.

② 고진공 속에서 텅스텐 필라멘트를 가열시키면 많은 열전자가 방출되며 전자 코일을 통해 적당한 크기로 만들어 용접부에 조사된다.

③ 가속된 강력한 에너지가 전자렌즈에 의해 극히 작은 면적에 집중 조사되어 높은 열로 조사부를 용융시킨다.

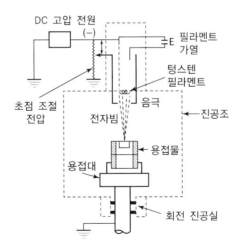

| 전자빔용접의 원리 |

4) 용도

① 활성금속 용접
② 이종금속 용접
③ 고용융점 금속 용접

전자빔용접(EBW)

1. 전자빔용접의 개요

고밀도로 집속되고 가속된 전자빔(electron beam)을 진공 분위기 속에서 용접물에 고속도로 조사시키면, 광속의 약 2/3 속도로 이동한 전자는 용접물에 충돌하여 전자의 운동 에너지를 열에너지로 변환시키며 국부적으로 고열을 발생시킨다. 이때 생긴 고에너지를 열원으로 이용하여 용접면을 가열 · 용융시켜 용접물을 접합시키는 것이 전자빔용접의 원리이다.

전자빔용접의 원리를 자세하게 알아보면 다음과 같다. 먼저 전자빔용접을 하기 위해서는 전자빔을 형성하기 위한 전자들을 만들어야 하는데, 전자의 생성은 전자총(electron beam gun)에서 이루어진다.

전자총의 필라멘트에 전류를 흘러 필라멘트를 가열시키면, 필라멘트의 온도는 약 $2,700℃$의 고온으로 상승하며, 많은 수의 자유 전자를 방출한다. 이 자유 전자에 의해 전자빔이 형성되는데, 이때 전자의 생성량은 필라멘트의 온도에 의해 결정되고, 고온일수록 많이 생성된다. 그러므로 필라멘트의 온도 설정은 일반적으로 고온을 선호한다. 그러나 온도를 너무 높이면 필라멘트가 용융되거나 내구성이 짧아지므로 온도를 높이는 것도 한계가 있으며, 온도의 한계는 각 필라멘트의 재질에 의해 결정된다. 따라서 전자빔 용접기의 설계 시 필라멘트의 온도 설정은 필라멘트의 수명과 자유 전자의 방출량의 관계를 경제적인 측면에서 고려하여 결정한다.

필라멘트에 의해 만들어진 자유 전자들은 grid에 의해 자유 전자의 양(빔 전류량)이 조절되면서 용접물에 조사된다. 조사되는 자유 전자의 속도는 anode에 걸린 전위차에 의해 결정되며 전위차가 커지면 고속이 되고 작아지면 상대적으로 속도가 낮아진다. 이때 전위차의 크기에 따라 일반적으로 저전압 type과 고전압 type의 전자빔 용접기로 나누어진다. anode에 의해 고속도로 가속된 자유 전자들(전자빔)은 각종 magnetic lens에 의해 방향과 밀도가 조정되면서 용접물에 충돌된다.

이때 필라멘트로부터 용접물로 전자가 이동하는 경로를 관찰해보면, 다른 일반 용접과 비교해볼 때 매우 다른 전자빔용접 고유의 특이한 행태를 보여준다. 이동하는 전자는 무게가 매우 가벼워서 만일 대기 중에서 이동하면 공기 분자와 충돌하여 산란되고 만다. 따라서 이동 경로는 진공 분위기가 유지되어야 하며, 이러한 진공 분위기가 전자빔의 산란을 방지한다. 전자빔용접의 특수한 용접 환경인 진공 분위기는 고청정 분위기로서 용접 시 발생되는 산화 및 기타 부정적인 요인을 차단하므로 다른 일반 용접 방법에서 볼 수 없는 매우 뛰어난 용접 환경을 제공한다.

진공 분위기에서 이동하여 용접물에 충돌한 전자는 전술한 바와 같이 용접부를 용융시키는데, 용접부의 용융부 역시 다른 일반 용접에서 볼 수 없는 특이한 용융부가 형성된다. 전자빔 용접의 용융부 형상은 일반 용접에 비해 매우 좁고 기다란 쐐기 모양의 형태를 띠는데, 이러한 용융부로 인해 다른 일반 용접에 비해 정밀도나 변형 등에서 매우 뛰어난 용접 성능과 품질을 보여준다.

전자빔 용접의 특이한 용융부 형상의 형성 과정을 설명하면 다음과 같다. 필라멘트를 떠난 전자가 anode에 의해 고속도로 가속되어 용접물에 충돌하면, 용접부 금속 표면 직하 부분에서는 전자의 운동에너지가 열에너지로 변환된다. 변환된 열에너지는 고밀도의 에너지로서 용접부에 국지적인 고열을 발생시키며, 이때 발생하는 고열이 순간적으로 용접부 금속을 용융하여 금속의 증발 온도 이상으로 용접부를 가열시킨다. 증발 온도 이상으로 가열된 금속은 용융부 중앙에 증기압을 발생시키고, 이 증기압에 의해 금속 상부는 열리며, 증기부 주위는 금속 용융층에 둘러싸인다.

그 다음에 도착한 전자가 저항 없이 증기부를 통과하여 바닥 용융부의 금속표면에 충돌하면 전술한 과정이 반복되며, 또 다른 증기부와 용융부를 만들며 보다 깊은 용접부를 형성한다. 이러한 과정이 순간적으로 반복되면서 용접부는 전자빔용접 특유의 key hole을 형성하게 되며, 고품질의 용접이 가능하게 되는 것이다.

2. 전자빔용접의 장단점

다른 용접 공정에서와 같이 전자빔용접에서도 용접 기술 자체가 가진 고유의 장단점이 있다.

1) 전자빔용접의 장점

① 고밀도로 집속된 전자빔을 고속도로 용접물에 조사할 경우, 일반 아크용접에서 얻을 수 있는 에너지 밀도의 수백 배에서 수천 배 이상의 고밀도 에너지를 얻을 수 있으며, 이를 이용하여 용접을 실행할 수 있다.

② 고에너지 밀도의 용접이 가능하기 때문에 총 입열 에너지의 양은 일반 용접보다 상대적으로 매우 적다. 이러한 점은 용접 제품에 최소의 용접 수축과 변형이 가능하도록 하고, 일반 아크용접에 비해 매우 작은 열 영향 부위를 만들며, 인접 재질에도 매우 적은 열 충격을 준다. 소재의 표면을 가로지르는 열전도에 의한 에너지 이동이 일어나지 않지만, 소재 자체에서는 대단히 효율적이다.

③ 아크용접으로는 다중 용접에 의해서만 가능한 후판 용접을 전자빔용접에서는 단일 pass의 용접으로 좁고 깊은 용접 부위를 구현한다.

④ 진공 분위기에서의 용접으로 활성 금속의 용접이 가능하며, 산화 등 대기 가스로 인한 오염을 최소화시킨다.

⑤ 고밀도 에너지의 용접이 가능하므로 열전도가 높은 금속이나 고융점 금속의 용접이 가능하며 일반 용접으로는 불가능한 융점 및 열전도가 상이한 이종금속의 용접이 가능하다.

⑥ 고진공 분위기에서의 용접으로 제품의 진공 밀폐가 가능하다.

⑦ 단일 용접기를 가지고 박판에서부터 후판까지의 넓은 범위의 용접이 가능하다.

⑧ 거의 모든 금속에 대하여 최대 150mm의 두꺼운 소재의 맞대기 및 겹침용접도 가능하다. 열 변형량과 수축량은 극히 적으며 용접변수들을 정확히 제어함으로써 균열의 발생을 줄일 수 있어서, 용접품질이 좋고 순도가 매우 높다. 보통 사용되는 곳은 항공기, 미사일, 핵시설 및 전자 부품이며, 자동차 산업에서는 기어와 축에 사용한다.

2) 전자빔용접의 단점

① 일반 용접기에 비해서 전자빔 용접기의 장비 가격이 매우 고가이다.

② 일반 용접에 비해서 용접 단품과 치구의 가공 정밀도가 보다 높이 요구된다.

③ 진공 분위기를 형성하기 위해서 진공 배기 시간이 필요하므로 생산성이 저하된다.

④ 전자빔용접 시 발생되는 X-ray가 인체에 해를 끼치므로 이의 차폐가 필요하며, 장비는 주기적으로 점검되어야 한다.

⑤ 전자빔은 자장에 의해서 굴절되므로 일부 이종금속 용접 시 용접에 장애가 있다. 강자성체 금속의 경우 탈자(자성을 제거함) 없이는 용접이 불가능하다.

⑥ 고밀도 에너지 용접에서는 cold shuts나 spiking 같은 기공이 발생할 우려가 많다.

3. 전자빔용접의 분류

1) 가속전압에 따른 분류
  ① 저전압형(30~60kV)
  ② 고전압형(100~200kV)

2) 전자의 발생현상에 따른 분류
  ① 플라스마 전자빔(plasma electron beam)
  ② 음극 가열 방식(heat cathode type electron beam)

3) 챔버의 진공상태에 따른 분류
  ① 고진공(high vacuum type) : 10^{-5}~10^{-4} torr
  ② 중간진공(partial vacuum type) : 10^{-3}~10^{-1} torr
  ③ 대기압(non vacuum type) : 760torr

4) 장비 type에 의한 분류
  ① 전용장비 : 일반적으로 저전압, 저진공, 챔버가 small size이며 특정한 부품의 양산에 적합하다.
  ② 범용장비 : 전용기의 반대 개념이며, 다양한 제품의 적용에 적합하다.

4. 진공 시스템

① 전자가 발생되는 곳을 컬럼(column)이라 하며, 작업물이 들어가는 곳을 챔버(chamber)라 한다.

② 컬럼과 챔버 사이에는 beam이 지나가는 통로 역할을 하고 챔버와 컬럼 사이의 공기를 차단할 수 있는 컬럼 밸브가 있다.(열렸다 닫혔다 함)

③ 진공 배기 시스템은 챔버와 컬럼이 각기 다른 배기 시스템에 의해 운용된다.

④ 펌프의 종류는 로터리펌프, 베인펌프, 부스터펌프, 디퓨전(확산)펌프, 터보분자펌프(turbo moleculer pump) 등이 있다.

2 레이저빔용접(LBW : Laser Beam Welding)

1) 원리

크세논(Xenon) 플래시 관에서 발생된 플래시가 루비 결정(Al_2O_3+15% Cr) 중의 Cr 원자에 의하여 자려발진(自勵發振)되고, 결정을 지나는 중에 증폭되어 아주 격렬한 광이 된다. 이것을 Lens를 통하여 집중시킨 열에너지를 이용한 용접 방법이다.

2) 특징

① 진공이 불필요하다.

② 가까이 접근할 수 없는 부재의 용접을 할 수 있다.

③ 용접재가 비도전성이라도 용접할 수 있다.

④ 미세정밀용접을 할 수 있다.

③ 플라스마 아크용접(plasma arc welding)

1) 개요

분자상태의 기체는 고온에서 원자로 변하고 원자는 열운동에 의해 전리되어 이온과 전자로 된다. 이와 같이 양(+), 음(−)의 이온상태로 된 가스체를 플라스마라고 하며 이것을 이용한 용접법으로 플라스마 제트용접과 플라스마 아크용접이 있다.

2) 특징

① 열에너지의 집중도가 좋아 고온(10,000~30,000℃)을 얻을 수 있고 용입이 깊고 용접속도가 크다.

② 용접 groove는 I형이면 되므로 용접봉의 소모가 적다.

③ 1층 용접으로 완료되므로 능률적이다.

④ 용접부가 대기로부터 보호되어 기계적 성질이 좋다.

⑤ 도전성 및 비도전성 재료에 관계없이 용접이 가능하다.

⑥ 설비비가 많이 든다.

⑦ 모재 표면의 청결도가 좋아야 한다.

⑧ 용접속도가 크므로 가스의 보호가 불충분하다.

3) 용접 종류

① 플라스마 아크용접

텅스텐 전극과 모재 사이에서 arc를 발생시키는 것으로 아크 플라스마의 온도가 높아 용접에 주로 많이 이용되며 도전성 재료에 쓰인다.

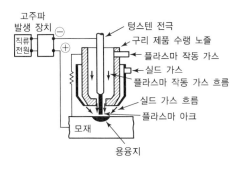

| 플라스마 아크용접 |

② 플라스마 제트용접

텅스텐 전극과 노즐 사이에서 아크를 발생시키는 것으로 노즐 자체를 (+)의 전극으로 한 것이며 비도전성 용접 재료에도 쓰인다.

4) 핀치효과

① 열적 핀치효과(thermal pinch effect)

아크 플라스마의 외주부를 가스로 강제 냉각하면 플라스마의 열손실이 커지므로 열손실이 최소화되도록 그 단면을 수축시킨다. 이로 인해 전류밀도가 커지므로 아크 전압이 증가하며 고에너지밀도 · 고온의 아크 플라스마가 얻어진다.

② 자기적 핀치효과(magnetic pinch effect)

아크 플라스마는 대전류가 되면 방전 전류에 의해 생기는 자장과 전류의 작용으로 수축되며 전류 밀도가 증가하여 큰 에너지를 발생시키는데, 이와 같은 성질을 말한다.

5) 용접장치

① 전원은 직류를 사용하며 아크 발생용 고주파 전원을 병용한다.

② 플라스마의 냉각가스는 아르곤과 수소의 혼합가스가 사용되며 모재의 종류에 따라서는 질소나 공기도 사용된다.

SECTION **04** | **테르밋 용접**

▮ 개요

테르밋 용접은 외부의 용접열원을 이용하는 것이 아니라 산화철과 알루미늄 분말의 반응인 테르밋 반응에 의해 생성되는 열을 이용하여 용접하는 특수용접법이다. 산화철(FeO, Fe_2O_3, Fe_3O_4)과 알루미늄 분말은 1 : 3으로 혼합한다.

▮ 반응식

thermit에 점화제로 $BaCO_2$와 Mg 분말의 혼합물을 사용하면 다음과 같은 화학반응을 하여 3,000℃의 고열을 낸다.

$$3Fe_3O_4 + 8Al \rightarrow 9Fe + 4Al_2O_3 + 702.5kcal$$

| 테르밋 용접 |

3 종류

1) 테르밋 주조용접(thermit cast welding)

축, 기어, frame을 수리하거나 rail의 접합 및 마멸부의 보수에 응용되는 것으로 용접부의 groove에 사형 주형을 만들고 thermit 반응을 통해 얻은 용융금속을 주입하여 모재를 융합하는 방법으로 널리 이용되고 있다.

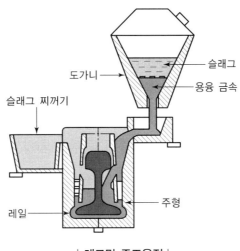

| 테르밋 주조용접 |

2) 테르밋 가압용접(thermit pressure welding)

모재의 단면을 맞대어 접합시키고, thermit 반응열로 생긴 slag와 용융금속을 주위에 부어 가열하고 용접을 행한다.

4 장단점

1) 장점

① 전력이 필요 없다.
② 작업이 간단하다.
③ 용접시간이 짧다.
④ 설비가 간단하고 싸다.
⑤ 용접변형이 적다.

2) 단점

접합강도가 낮다.

01 아크 내의 금속의 이행(metal transfer)

1. metal transfer mode 분류

용적이행에 영향을 주는 인자들에는 차폐가스의 종류와 조성, 용접의 전류와 전압, 용접봉의 조성과 직경 등이 있다.

transfer mode의 종류			관찰 가능한 용접형태
free transfer	globular	drop	저전류 GMAW
		repelled	CO_2 차폐 GMAW
	spray	projected	intermediate-current GMAW
		streaming	medium-current GMAW
		rotating	고전류 GMAW
bridging transfer	short-circuiting		short-arc GMAW, SMAW
	bridging without interruption		welding with filler wire addition
slag-protected transfer	flux-wall guided		SAW
	other modes		SMAW, FCAW, ESW

1) globular transfer(입상 용적이행)

용적의 직경이 사용된 와이어의 직경보다 큰 상태로 이행하는 형태를 말하는 것으로, 낮은 용접 전류와 중간 정도의 전류 범위에서 일어나는 drop transfer와, 비교적 높은 전류로 CO_2 용접을 실시할 때 발생하는 repelled transfer로 세분하기도 한다.

2) short circuiting transfer(단락 용적이행)

와이어의 끝에서 만들어진 용적이 용융지에 직접 접촉함으로써 용적이 이행하는 형태를 말하는 것으로, 낮은 용접 전류와 전압으로 CO_2 용접을 실시하거나 불활성 가스의 조성을 높인 용접조건, 즉 MAG 또는 MIG 용접에서도 볼 수 있다.

3) rotating transfer

GMAW의 대전류 영역에서 일어나는 현상인데 전류가 높으면 용착 효율이 향상되기 때문에 능률 측면에서는 전류가 높을수록 좋다. 그러나 용융지의 control이 어려워 용접 불량이 발생하기 쉽다. 현재는 용접 능률 향상에 대한 연구가 rotating mode의 control 측면에서 이루어지고 있다.

4) spray transfer(스프레이 용적이행)

이것은 용접 와이어의 크기보다 작은 용적이 이행하는 형태로, 비교적 고전류 영역에서 Ar을 주성분으로 하는 보호가스 용접에서 관찰된다. 스프레이 이행 중에서 용적의 하나하나가 규칙적으로 이행하는 것은 특히 projected transfer라고 하고, 뾰족하게 녹아 내린 와이어의 선단에서 작은 입자를 형성하면서 용적이 흐르는 형태의 이행은 streaming transfer라고 부른다. 또 용융된 와이어의 선단부가 길게 늘어지면서 고속으로 회전하는 상태로 이행하는 것은 rotating transfer라고 한다.

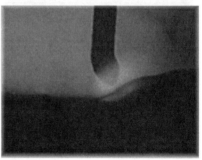

5) flux-wall guided transfer(계면 용적이행)

SAW에서 발생하는 이행 형태의 하나로, SAW에서의 용적이행은 project transfer가 지배적이지

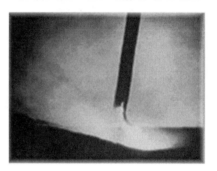

만, 계면 이행은 아크를 덮고 있는 용융 플럭스 내의 공간에서 용융금속이 옆으로 비산하는 모양을 나타내는 것이다.

2. 금속이행별 특성 비교

종류	특성	bead 외관	용입	적용
short-circuit 이행	SMAW, GMAW 공정의 저전류 대역에서 발생	• spatter가 거의 없음 • 외관 양호	용입 얕음	박판 및 root bridge 용접, 수직 용접 가능
globular 이행	탄산가스 사용 GMAW 공정에서 나타남	• spatter가 많음 • 외관 형태가 미려하지 못함	용입 깊음	일반 CO_2 용접
spray 이행	아르곤, 탄산가스 혼합 GMAW 공정 및 티탄계 용접봉 사용 FCAW, SMAW 공정	• spatter가 거의 없음 • 외관 미려	GMAW는 용입 양호, FCAW 및 SMAW는 용입 얕음	외관이 중요한 용접. pulse 용접기에 혼합가스 사용 시 pulse spray mode

1. 아르곤 용접

알루미늄, 스테인리스강의 용접에 사용된다. 아르곤 가스는 불활성 가스로서 용접에 사용하면 표면을 보호하여 산화를 방지하고 용착이 잘된다.

2. 메탈 스프레이

① 와이어로 만들 수 있는 금속은 이 방법을 응용할 수 있다.

② 표면의 청정 및 준비방법은 규사(SiO_2) 또는 강철쇼트(steel shot)로 블라스팅(blasting)하는 것이다.

③ 재료의 다공성(porosity)이 증가하고, 인장강도는 감소한다.

④ 압축강도는 높아지고, 경도는 약간 증가한다.

⑤ 경제적이고 작업속도가 빠르다.

⑥ 형상변화 및 내부응력이 작고, 금속 및 목재 · 유리 등에도 이용한다.

03 flux cored wire와 solid wire의 용접 특성 비교 (탄산가스 아크용접법)

1. Flux Cored Arc Welding(FCAW)

와이어 용접봉 속에 용제(flux)를 채워서 만든 중공관 심선을 사용한다. 용제는 용접부로부터 산소, 질소 및 그 밖의 불순물을 제거시킬 수 있는 탄산제 및 탈질제와 같은 청소제(scavenger)를 내포하고 있다.

용제는 용접 중 대기오염으로부터 용접부를 보호하고 아크를 안정시켜 주며 얇은 슬래그 등으로 피복시켜 용접부를 보호한다.

1) 장점

① 높은 생산성 : 단층용접으로 큰 용접부를 용접할 수 있다.
② 강력한 용접부 : 용제는 용융지로부터 불순물을 제거시키고 용접부에 유익한 합금원소를 첨가시키며 얇은 슬래그는 냉각할 때 용접부를 보호한다.
③ 작업의 용이성 : 옥외작업 시 기류의 영향을 적게 받는다.

2) 단점

① 용제를 사용하기 때문에 용접 중 연기 및 슬래그를 생기게 한다. 적당한 통풍장치가 필요하다.
② 여러 층 용접 시 슬래그 제거가 불충분하면 슬래그 혼입현상 및 기타 여러 가지 용접결함이 생길 수 있다.

2. solid wire welding(GMAW : Gas Metal Arc Welding)

저전류를 사용하기 때문에 용융지가 작고, 빠르게 냉각되므로 용락 및 뒤틀림 현상이 없어 박판 용접에 효과적이다.

단락 아크 이행은 장외용접 및 넓은 저부간격(root gap)의 용접 등에 이상적이다. 스패터도 아주 적게 생긴다.

1) 장점

① 고속 및 연속으로 양호한 용접을 얻는다. 용제를 사용하지 않으므로 용접부의 슬래그를 제거시키는 시간이 절약된다. 슬래그 혼입에 따른 용접결함이 없다.

② 좁고 깊은 용접을 이루는 용접부를 얻는다. 열 영향부가 매우 적다.

③ 전자세의 용접에 이용된다.

2) 단점

① 용접부의 보호가스를 차단시키는 기류로부터 보호되어야 한다.

② 용접부에 슬래그 덮임이 없기 때문에 용착금속의 냉각속도가 빨라서 열 영향부에서 용접의 금속조직과 기계적 성질이 변화하는 경향이 있다.

3. 용접시공

1) 용접장치

① **용접전원** : 직류전원, 직류전동 발전기, 교류전원

② **제어장치** : 와이어 및 가스 송급제어, 냉각수 송급제어

③ **토치** : 전자동 및 반자동식(공랭식 및 수랭식)

④ **기타** : 탄산가스 유량조절기, 가스 압력계 및 냉각수 순환장치 등

2) 탄산가스의 성질

① 무색투명, 무미, 무취

② 공기보다 1.53배, 아르곤보다 1.38배 무겁다.

③ 공기 중 농도가 크면 눈, 코, 입 등에 자극이 느껴진다.

④ 적당히 압축하여 냉각하면 액화탄산가스가 되어 고압용기에 채워진다.

3) 탄산가스 취급 시 유의사항

① 온도상승은 위험을 초래하므로 용기의 보존온도는 $35°C$ 이하가 바람직하고 직사광선을 피할 것

② 충격은 반드시 피할 것

③ 운반 시에는 반드시 밸브 보호 캡을 씌울 것

④ 탄산가스 농도가 3~4%이면 두통이나 뇌빈혈을 일으키고, 15% 이상이면 위험 상태가 되며, 30% 이상이면 치사량이 된다.

04 아크가 너무 길 때의 영향과 운봉법

1. 아크가 너무 길 때의 영향

① 아크가 불안정하다.
② 용착이 얇게 된다.
③ 아크열의 손실이 생긴다.
④ 용접봉의 소모가 크다.
⑤ 용접부의 금속 조직이 취약하게 되어 강도가 감소한다.

2. 운봉법

▼ 용접봉의 운봉

자세	운봉법	도해	용접봉 각도	자세	운봉법	도해	용접봉 각도
아래보기 V형 용접	직선	→	진행방향에 대하여 60~90°	수직용접	하진법	↓	진행방향에 대하여 70°
	원형	◯◯◯◯◯	진행방향에 대하여 60~90°			W	진행방향에 대하여 70°
	부채꼴 모양	MMM	진행방향에 대하여 60~90°		상진법	↑	진행방향에 대하여 110°
아래보기 필릿용접	직선	→	위와 같고, 수직면에 45~90°		삼각형	△	
	타원형	◯◯◯◯	위와 같고, 수직면에 45~90°		백스텝		
	삼각형	▽▽▽	위와 같고, 수직면에 45~90°	위보기 용접	직선	→	진행방향에 대하여 60~80°
수평용접	직선	→			부채꼴 모양	MM	
	타원형	◯◯◯◯			백스텝		

1. 플라스마 절단

전력과 아르곤 가스를 이용하여 $15,000 \sim 30,000℃$의 초고온 플라스마를 절단 토치 노즐로부터 제트기류 상태로 연속적으로 발생시켜 절단하는 방법

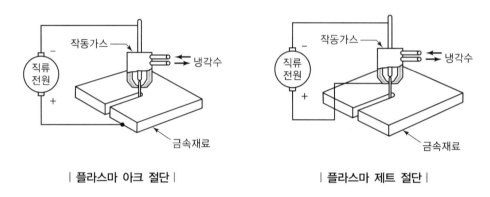

| 플라스마 아크 절단 | | 플라스마 제트 절단 |

1) 원리

중앙에 비소모성의 전극을 놓고 주위에 동합금의 노즐(칩)로 에워 싼 다음, 전극과 노즐 사이에 아크를 발생시키고 그 가운데에 적당한 가스를 보내면, 그 가스는 고온으로 되고 가스 원자는 원자핵과 전자로 유리되어 플라스마가 된다.

노즐을 통해 고속으로 분출된 플라스마 제트는 금속과 비금속을 가리지 않고 고속으로 절단한다. 알루미늄이나 스테인리스 등 비철금속에 대해 보통강의 가스 절단과 비슷한 절단면을 얻을 수 있다. 강판의 절단에서는 가스 절단에 비해 고속이고 열에 의한 변형이 적은 이점도 있어, 최근 급속히 보급되고 있다.

작동 가스에는 공기, 산소, 아르곤－수소 혼합가스, 수소 등을 사용하는데, 사용하는 가스에 따라 부르는 이름이 다르다. 공기를 사용하면 에어 플라스마, 산소를 사용하면 산소 플라스마로 부른다.

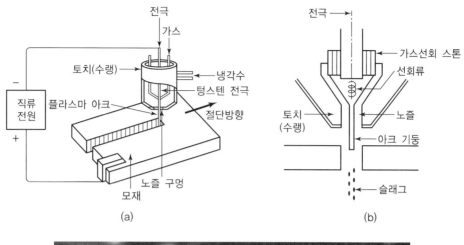

| 플라스마 절단기 |

2) 용도

알루미늄, 동 및 동합금, 스테인리스강 등 금속재료의 절단에 이용

3) 장단점

① 장점

㉠ 직류 아크로 작동하고 도전성 물질이면 어떤 것이든 절단할 수 있다.

㉡ 절단면의 재질 변화가 작고 광택을 갖는 아름다운 절단면을 갖는다.

㉢ 절단속도가 빠르고 경제적이다.

㉣ 겹친 절단이 가능하다.

② 단점

㉠ 절단 개시점 단면에 경사가 생긴다.

㉡ 플라스마 기류 속에 말려든 공기 속의 질소가스, 산소가 반응을 일으켜 많은 질소화합물이 발생하며 먼지가 생긴다.

4) 용도에 따른 혼합가스 사용

① 알루미늄 등의 경금속 : 아르곤과 수소의 혼합가스 사용
② 스테인리스강 : 질소와 수소의 혼합가스 사용

2. 레이저 절단

레이저 빔이 렌즈 또는 거울에 의해 물체 표면에 초점을 형성하고 국부적으로 가열하여 순간적
용융 또는 증발 상태로 만든 다음, 이를 가스 제트로 불어서 절단하는 방법

1) 원리

레이저(laser)의 원어는 light amplification by the stimulated emission radiation(유도
방출에 의한 광선의 증폭)의 첫 문자를 합쳐 놓은 것으로, 이 단어의 뜻대로 레이저는 광선을
유도방출시켜 증폭해 놓은 것이다. 간단히 말하자면, 우리가 늘 접하고 있는 태양 광선은 무
한의 먼 거리에서 온 광선이므로 평행한 광선의 다발이라고 생각할 수 있는데, 이것을 렌즈로
집광하여 그 열에너지를 한 점으로 모으는 것과 같다.

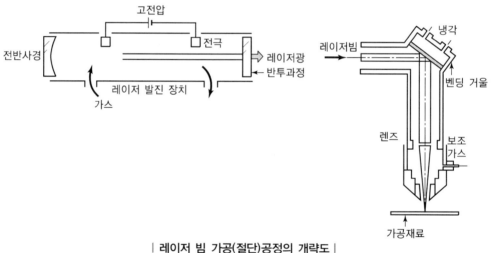

| 레이저 빔 가공(절단)공정의 개략도 |

레이저 발진장치 내의 레이저 가스(CO_2)에 전기 에너지(방전)를 가해 레이저 가스의 일부를
플라스마화(化)한다. 플라스마화된 자유 전자가 CO_2 분자의 최외각 전자에 충돌했을 때 전자
궤도가 팽창한다. 이 팽창된 궤도는 그 상태를 유지할 수 없어 원래의 상태로 되돌아간다. 그
궤도 차이로 인해 전자파(광선)가 발생된다.
이때 발생된 광선이 전반사경과 반투과경으로 구성된 공진기(共振器)에 의해 광축 방향으로
강하게 증폭된다. 설정된 어느 수준까지 증폭되면, 반투과경을 통해 밖으로 나온다. 이 광선
이 레이저 광선이다.
레이저 광선은 반사경(벤딩 거울)으로 반사되어 렌즈로 집광(集光)되고, 집광된 에너지가 가

공 재료에 조사(照射)되어 가공(절단)이 된다.

레이저 절단 과정을 그림으로 나타내면 다음과 같다.

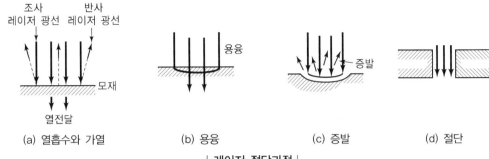

(a) 열흡수와 가열   (b) 용융   (c) 증발   (d) 절단

| 레이저 절단과정 |

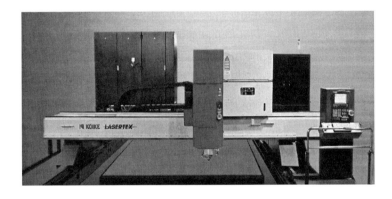

| 레이저 절단기 |

2) 장단점

① 장점

㉠ 고에너지 밀도를 이용한 고속절단이 가능하다.

㉡ 가공물의 열변형과 조직변화가 감소된다(교정작업 등 후공정 불필요).

㉢ 절단면이 가공물 표면에 거의 수직으로 형성된다.

㉣ 절단면이 매끄럽고 열영향부가 적어 절단면 재가공이 불필요하다.

㉤ 절단기구와 가공물의 비접촉으로 절단과정에서 기구의 마모가 없다.

㉥ 고난도의 가공이 가능하다.(다품종 소량생산)

㉦ 고품질이 보장된다.

② 단점

연소절단(CO_2 가스 사용) 시 산화막의 형성으로 인한 문제점이 있다.

3. 절단면 비교

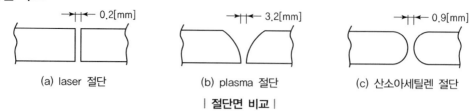

| 절단면 비교 |

4. 절단조건 선택 포인트

1) 가스 절단

구분	내용
화구	• 고품질을 원하는 경우는 스트레이트 화구를, 절단 속도를 빠르게 할 경우는 다이버전트 화구를 사용한다. • 박판 절단에는 절단 산소공 직경이 작은 화구를, 후판 절단에는 절단 산소공 직경이 큰 화구를 사용한다.
예열염	• 강하게 하면 피어싱 시간은 짧지만 상부 언저리가 녹기 쉽다. • 약하게 하면 절단 실패(플레임 아웃, 루즈컷) 및 노치가 발생되기 쉽다.
절단 산소 압력	• 압력이 너무 높거나 낮으면 산소 기류가 흐트러짐에 따라 절단 품질과 절단속도 등의 절단성능이 떨어진다. • 절단조건표에서 정한 압력 범위 내에서 사용한다.
절단 속도	• 너무 느리면 슬래그가 많이 붙거나 상부 언저리의 녹음 현상이 커진다. • 너무 빨라도 슬래그가 많이 붙고 절단 실패가 발생한다.
화구 높이	• 너무 높으면 슬래그가 붙고 상부 언저리의 녹음이 커진다. • 너무 낮아도 슬래그가 붙고 절단 실패가 발생한다.

2) 플라스마 절단

구분	내용
노즐	• 기본적으로 절단 전류에 합치되는 노즐을 사용한다. • 일반적으로 박판>소전류>노즐 직경 소(小), 후판>대전류>노즐 직경 대(大)의 관계가 있다.
절단 전류	• 사용하는 노즐에 맞는 절단 전류를 채용한다. • 절단 전류를 증대시키면 절단 속도 및 절단 판 두께는 증대하지만, 노즐이 단기간에 소모되며 경우에 따라서는 더블아크가 발생한다. • 절단 전류를 저하시키면 절단 속도 및 절단 판 두께가 저하되며 절단 품질이 저하된다.
작동 가스 유량	• 너무 많으면 파일럿 아크 발생이 곤란하게 된다. • 너무 적으면 더블아크 발생의 원인이 된다.
절단 속도	• 너무 느리면 슬래그(도로스) 부착 및 절단홈의 폭이 증대된다. • 너무 빠르면 슬래그 부착 또는 절단 불능(불꽃이 위로 뿜어 오름)이 된다.
노즐 높이	• 너무 낮으면 절단면 평탄도가 나빠지고 노즐 내구성이 나빠진다. • 너무 높으면 절단면 경사각과 상부 녹음이 커진다.

3) 레이저 절단

구분	내용
노즐	절단판 두께가 두꺼워질수록 노즐 직경이 큰 것을 사용한다.
출력	증대시키면, 절단 속도 및 절단 판 두께가 증대한다.
어시스트 가스	• 산소 사용의 경우, 높으면 절단면 거칠기가 증대되고 경우에 따라서는 셀프 버닝이 생긴다. 낮으면, 슬래그(도로스)가 부착된다. • 질소 사용의 경우, 낮으면 슬래그가 부착되고 절단면의 산화가 발생된다.
절단 속도	• 빠르면, 절단면 품질은 다소 좋아지지만 슬래그가 부착된다. • 경우에 따라서는 절단 불능이 된다.
노즐 높이	• 낮은 것이 바람직하지만, 너무 낮으면 절단재와 접촉할 위험이 있다. • 렌즈의 집점 위치가 적절하지 않은 경우, 절단 품질은 저하된다.

1. 개요

탄소강이나 저합금강과 같이 연소할 때 산화반응에 의한 발열반응이 심한 재료는 절단이 쉽게 이루어지나 주철, 비철금속, 스테인리스강과 같은 고합금강은 가스절단이 어렵다. 또한 수중에서의 절단은 육상의 대기 중에서 실시하는 절단과 차이가 있으며 두꺼운 판이나 강괴, 암석 등의 절단도 가스절단이나 아크절단이 용이하지 않다.

따라서 이와 같이 절단을 위해 분말절단, 수중절단, 산소창 절단과 같은 특수절단법이 이용된다.

2. 분말절단(powder cutting)

1) 정의

가스절단이 용이하지 않은 재료 절단 시 철분 또는 용제를 자동적으로 절단용 산소와 혼합 공급하여 그 산화열 또는 용제의 화학작용을 이용하여 절단하는 것으로 철, 비철뿐만 아니라 콘크리트 절단에도 이용되나 가스절단에 비해 절단면은 매끄럽지 못하다.

2) 분말의 종류 및 공급

① 분말의 종류
　ㄱ 철분말 : 모든 금속의 절단에 폭넓게 사용할 수 있는 것으로 철분을 주성분으로 하며 절단용 산소와의 직접 혼입은 어렵다.
　ㄴ 용제분말 : 나트륨에 탄산염 및 중탄산염을 가한 용제를 이용하는 것으로서 절단용 산소에 혼입이 가능하고 분출도 안정적이므로 절단용 산소의 소비가 적다.

② 분말의 공급
　ㄱ 저장된 분말은 압축공기 또는 질소가스에 의해 공급되며 토치의 제일 외측에서 분사되어 절단용 산소의 기류 중에 보내져 절단용 산소와 희석된다.
　ㄴ 토치는 가스절단에 사용되는 팁에 분말 공급을 위한 보조장치가 추가된다.

3. 수중절단(underwater cutting)

1) 정의

육상에서의 절단이 아닌 수중에서 절단하는 작업으로 교량 등의 개조 시 이용되는 작업이다.

2) 토치 구조

물속에서 예열불꽃을 안정되게 착화하고 연소시키기 위해 절단팁의 외측에서 압축공기를 분출하여 물과의 접촉을 방지한다. 토치의 중심에서는 산소가, 그 주위의 구멍에서는 예열가스가 분출된다.

3) 예열가스 및 절단방법

① 수소, 아세틸렌, 프로판, 벤젠 등을 연료가스로 사용하나 고압에서 사용이 가능하고 수중 절단 중 기포의 발생이 적은 수소가 가장 많이 사용된다.
② 물속의 작업은 절단부가 냉각되므로 지상에서의 작업에 비해 예열 불꽃을 크게 하고 절단 속도를 느리게 한다. 따라서 산소와 예열가스는 대기 중 작업보다 수중 작업에서 많은 양이 소비된다.
③ 아세틸렌가스는 압력이 높으면 폭발할 위험이 있어 깊은 곳에서는 점화를 할 수 없다.

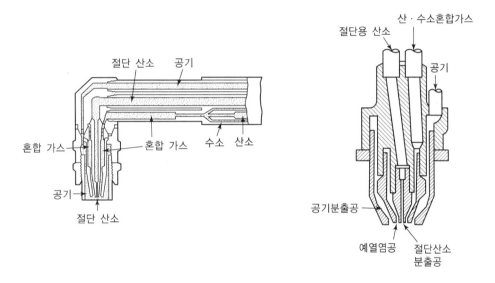

| 수중절단기의 팁 |

4. 산소창 절단(oxygen lance cutting)

1) 정의

토치 대신에 가늘고 긴 강관인 창(lance)을 이용하여 절단용 산소를 공급하여 절단하는 방법으로 절단 중에 강관인 창이 타면서 그 발생열에 의해 절단되며 철 분말 절단과 원리가 같다.

2) 특징

① 아세틸렌가스가 필요치 않다.

② 렌즈의 지름은 절단구의 지름에 영향을 준다.

③ 암석의 천공, 강괴나 두꺼운 절단에 이용된다.

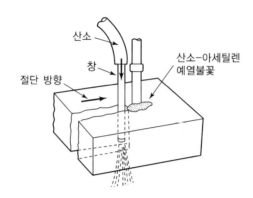

| 산소창 절단 |

▼ 렌즈지름과 절단구지름

렌즈지름(mm)	3.2	6.4	9.5	12.7
절단구지름(mm)	12~25	19~50	50~70	75~87

1. 개요

금속 표면 불꽃을 이용하여 홈을 파거나 강재 표면의 결합을 제거하기 위하여 표면을 깎아내는
작업을 가스가공이라 하며, 이러한 공작법에는 가스가우징, 스카핑, 아크에어가우징이 있다.

2. 가스가우징(gas gauging)

1) 정의

가스절단과 비슷한 토치를 사용해서 강재의 표면에 둥근 홈을 파거나 결함이 있는 부분을 떼
어내는 작업을 말하며 가스 따내기라고도 한다.

2) 목적

① 용접부 결함 제거 및 용접홈의 가공
② 가접부 제거
③ 구조물의 결함 제거

3) 작업방법

① 가우징 토치의 팁을 강의 표면과 30~40° 경사시켜 예열한다.
② 표면의 점화온도에 달하면 팁을 10~20° 기울이며 10mm 후퇴하여 산소 밸브를 연다.
③ 반응이 일어나 불꽃이 퍼지면 팁을 더 낮게 하여 토치를 전진시켜 홈을 파 나간다.

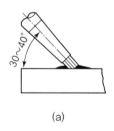
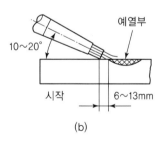
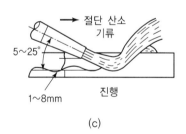

| 가우징 작업순서 |

3. 스카핑(scarfing)

1) 정의

강재 표면에 홈이나 개재물, 탈탄층이 있을 때 그 상태에서 압연을 하면 표면의 균열이 그대로 남든가 품질에 문제가 되므로 될 수 있는 대로 얇게 타원형 모양으로 표면을 깎아내는 가공법이다. 주로 제강공장에서 많이 이용되며, 가스절단에 비해 대단히 빠른 속도로 가공한다.

2) 작업방법

① 스카핑 토치를 공작물의 표면과 75° 정도 경사지게 하고 불꽃의 끝이 표면에 접촉되도록 한다.
② 예열면이 점화온도에 도달되어 표면의 불순물이 떨어져 깨끗한 금속면이 나타날 때까지 가열을 지속하며 되도록 넓게 가열한다.
③ 강재가 적당한 온도에 도달되면 팁을 25mm 정도 후퇴하여 토치의 각도를 줄이고 산소를 예열면에 분출시키면서 일정 속도로 전진하면서 표면을 가공한다.

4. 아크에어가우징(arc air gouging)

1) 정의

탄소 아크 절단에 압축공기를 병용한 방법으로 전극홀더의 구멍에서 탄소 전극봉에 나란히 고속의 공기를 분출시켜 용융금속을 불어내면서 홈을 파거나 절단하거나 구멍을 뚫는다. 가열부가 넓지 않으므로 변형 및 열응력에 의한 균열이 생기지 않는다.

2) 작업방법

① 전극을 약간 뒤쪽으로 경사시킨다.
② 아크가 발생하면 압축공기를 분출시키면서 전극을 전진시켜 가우징을 한다.

1. 서론

플라스틱은 열을 가하여 연화, 유동시킬 수 있는 열가소성 수지(thermo plastics)만 용접이 가능하며 폴리에스테르, 페놀수지 등과 같이 열을 가해도 연화되지 않는 열경화성 수지는 결합제를 이용하거나 기계적 결합을 한다.

2. 플라스틱 용접의 종류 및 특징

1) 열풍용접(hot gas welding)

① 열풍용 기체를 전열 또는 가스에 의해 고온으로 가열하여 그 가스를 용접부와 플라스틱 용접봉에 분출하면서 녹을 정도로 가열하여 용접봉을 groove에 눌러 붙여 용접을 진행한다.

② 두꺼운 판재는 다층 용접을 하며, 가스가열식 hot gun과 전기가열식 hot gun이 있다.

2) 열기구용접(heated tool welding)

가열된 인두를 사용하여 용접부를 가열시키고 용접온도에서 압력을 가하여 용접하며 열기구 seam 용접은 가압 roller를 사용한다.

3) 마찰용접(friction welding)

2개의 플라스틱 재를 맞대어 가압하면서 한쪽을 고정시키고 다른 한쪽을 회전시켜 마찰열에 의해 접합부가 연화 또는 용융될 때 회전을 멈추고 가압하여 용접한다.

4) 고주파용접(high frequency welding)

① 양 전극 사이에 절연체인 플라스틱 재를 넣고 통전하면 플라스틱의 분자가 고주파 전장 내에서 강력하게 진동되어 발열하는 성질을 이용하는 방법으로 재료를 연화 또는 용융시켜 용접한다.

② 사용되는 고주파 전원은 10~40Hz 정도의 교류이다.

1 고상용접의 종류 및 특징

1) 개요

접합할 면을 매끈하고 청정하게 한 후 기계적 힘에 의하여 금속면을 가압 밀착시켜 원자와 원자의 인력이 작용할 수 있는 거리에 접근시켜 접촉면 원자의 확산에 의해 접합하는 것으로 용융상태로 가열하여 용접하는 방법이 아닌 일종의 고상용접이다.

2) 종류

① **롤용접(roll welding)**

가열된 용접물을 roll을 통과시켜 압접하는 방법이며 압연기에서 소재가 압착되어 가는 현상을 이용한 것이다.

② **냉간압접(cold pressure welding)**

㉠ 외부로부터 어떤 가열조작을 하지 않고 상온에서 강한 압력만을 작용시켜 원자와 원자 간의 인력에 의해 2개의 금속면을 결합하는 방법으로 열에 의한 저항이 없다.

㉡ 가열 없이 용접할 수 있어 알루미늄, 구리, 납, 스테인리스강 등의 용접에 이용된다.

③ **열간압접(forge welding)**

접합부를 가열하고, 압력 또는 충격을 주어 접합한다.

④ **마찰용접(friction welding)**

접촉면의 기계적 마찰로 가열된 것을 압력을 가하여 접합한다.

⑤ **폭발용접(explosion welding)**

폭발의 충격파에 의한 용접방법이다.

⑥ 초음파용접(ultrasonic welding)

   ⊙ 접합소재에 18kHz 이상의 횡진동을 주는 진동에너지에 의한 용접법이다. 가압과 진동마찰에 의해 소재 접촉면의 피막이 파괴되어 순금속 간의 접속상태에서 행하며 접촉부의 원자가 서로 확산되어 접합된다.

   ⓒ 주로 비철금속, 플라스틱 등의 용접에 이용되며 용접에 알맞은 판의 두께는 금속은 0.01~2mm, 플라스틱류는 1~5mm 정도이다.

⑦ 확산용접(diffusion welding)

   ⊙ 금속의 접합하려는 부분을 융점 근방까지 가열하여 점성상태로 되었을 때 겹쳐서 압력을 가하여 금속원자의 확산을 이용하여 점착시키는 용접이다.

   ⓒ 압력의 작용으로 불순물 막(film)이 소성 변형되어 접합면이 밀착되고 불순물 막이 파괴되어 금속 간 결합을 이룬다.

   ⓒ 확산용접은 계면 현상이므로 표면상태가 중요하며 표면이 깨끗하고 평활할수록 저온, 저압력에서 접합할 수 있어 고진공, 불활성 가스 분위기에서 가압 접합한다.

   ⓔ 확산용접은 이종금속을 용접할 수 있으며 니켈, 티타늄, 지르코늄 합금 용접에 이용된다.

2 마찰용접(friction welding)

1) 개요

용접하고자 하는 2개의 모재를 맞대어 가압하면서 접촉면에 상대운동을 시켜 접촉면에서 발생하는 마찰열을 이용하여 이음면 부근이 압접온도에 도달했을 때 회전을 멈추고 가압력을 증가시켜 압접하는 것으로 마찰압접이라고도 한다.

마찰용접(friction welding)은 자동차 부품, 항공기, 공작기계 부품, 공기류 등에 많이 이용되며 각종 rod의 용접으로 쓰인다.

2) 특징

① 장점

   ⊙ 용접하는 재질에 큰 영향을 받지 않고 용접이 가능하다.

   ⓒ 용접작업이 쉽고 숙련이 필요하지 않다.

   ⓒ 작업능률이 높다.

   ⓔ 용제나 용접봉이 필요 없다.

   ⓜ 용접물의 치수 정밀도가 높고, 재료가 절약된다.

   ⓗ 이음면의 청정이나 특별한 다듬질이 필요 없다.

   ⓢ 용접작업이 비교적 안전하다.

　　　　ⓘ 철강재의 접합 시 탈탄층이 생기지 않는다.

　　　　ⓩ 마찰열에 의해 가열되므로 전력소비가 적다.

　　② 단점

　　　　㉠ 고속회전이므로 용접재료의 형상치수가 제한을 받는다.

　　　　㉡ 상대 각도를 갖는 용접은 곤란하다.

3) 종류

　　① 플라이휠형(fly wheel type)

　　　　㉠ 플라이휠의 회전력을 이용하는 방식으로 한쪽 재료를 지지하는 회전축에 적당한 중
　　　　　량의 플라이휠을 달아 고속 회전시켜 필요한 에너지를 주고, 다른 재료를 일정한 압
　　　　　력으로 접속시켜 마찰열을 압접온도까지 상승시킨다.
　　　　　이후 플라이휠에 축적되어 있는 회전 에너지를 소비시키면서 정지할 때까지 가압 용
　　　　　접하는 방식이다.

　　　　㉡ 압접조건의 인자는 회전축의 초기 회전수, 투입에너지 및 가열압력이며 업셋 양 또는
　　　　　가열시간은 이들 3인자로 결정된다.

　　② 컨벤셔널형(conventional type)

　　　　㉠ 구동축 모재를 고속 회전시키고 다른 쪽의 모재는 일정한 압력으로 접촉시킨 후 접촉
　　　　　면에 마찰열을 발생시켜 압접온도에 달했을 때 회전을 급정지시키고 가압하면서 용
　　　　　접하는 방식이다.

　　　　㉡ 용접재료에 따라 차이가 있으나 보통 구동 회전수는 3,000rpm 이상, 접촉압력은
　　　　　$3kg/mm^2$ 이상, 용접시간은 6초 이상이며 재료에 따라 가열시간을 제어하여 업셋
　　　　　양을 조정한다.

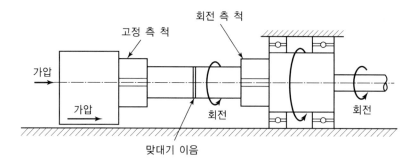

| 컨벤셔널형 마찰압접의 원리 |

1 전기저항용접의 개요

- 전기저항용접(electric resistance welding)은 용접물을 접촉시켜 놓고 전기를 통하여 접촉부의 전기저항열에 의해 접합부를 가열하고 동시에 큰 압력을 가하여 금속을 접합하는 방법이며 발열량 $Q = 0.24I^2Rt$에 의해 나타난다.
- 용접재료는 전기고유저항(R)이 크고 열전달이 적으며 용접점이 낮은 재료가 좋다. 전기저항용접 시 저전압 대전류(I)가 필요하며 수 초 이내의 통전시간을 통해 집중도를 높이고 열손실과 변질을 줄인다.
- 저항용접은 일정한 부품의 대량생산에 적합하며 용접기도 전용화되어 사용된다.

1) 발열량(Q) : 줄의 법칙

$$Q = 0.24I^2Rt$$

여기서, I : 전류(A), R : 전기저항(Ω), t : 시간

2) 전기저항용접법의 장단점

① 장점
ㄱ 용접시간이 짧다.
ㄴ 재료손실이 적고 용제가 필요 없다.
ㄷ 숙련공이 필요 없다.
ㄹ 고도의 신뢰도를 기대할 수 있다.
ㅁ 상이한 금속이라도 쉽게 용접된다.

② 단점
ㄱ 장치가 고가이다.
ㄴ 용접이음형식에 제약이 있다.
ㄷ 용접에 앞서 표면은 특별한 준비처리를 요하기도 한다.

3) 용접상의 주의

① 접합부에 있는 모든 불순물을 깨끗이 닦아낸다.
② 전극부는 가급적 접촉저항이 작아야 한다.

③ 냉각수는 충분하도록 자주 보충한다.

④ 모재의 모양, 두께에 알맞은 조건을 택한다.

2 전기저항용접의 종류

1) 맞대기 저항용접

금속선재, 봉재, 판재 등의 단면을 맞대어서 용접하는 방식이다.

① 업셋 맞대기용접(upset butt welding)

    ㉠ 원리 : 2개의 용접재를 가압밀착시킨 상태에서 대전류를 통하여 접촉저항의 열로써 용접부가 적당한 온도로 되었을 때 축 방향의 큰 압력을 이동 측 전극에 추가하여 용접한다.

    ㉡ 특징

- 접합면 사이에 산화물이 잔류하기 쉽다.
- 용접속도가 플래시 맞대기용접보다 낮다.
- 모재의 길이가 다소 짧게 된다.
- 업셋 부분이 균등하고 매끈하다.
- 용접기가 간단하고 저렴하다.
- 접합부가 새어 나오지 않는다.

    ㉢ 사용 : 강철선, 동선, 알루미늄선 등의 인발작업에서 선재의 접합에 사용되고 연강의 각종 단면, 둥근 봉재, 각재, 판재, 파이프 등의 접합에 이용한다.

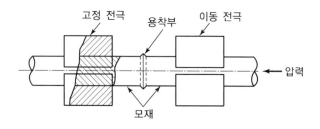

| 업셋 맞대기용접 |

② 플래시 맞대기용접(flash butt welding)

    ㉠ 원리 : 모재를 적당한 거리로 떼어 놓은 상태에서 대전류를 주어 스파크(spark)를 발생시키고 점점 압력을 가하여 접촉시키면 저항열에 의하여 가열되고 용접이 완료되는 방식이다.

ⓛ 특징
- 가열범위가 좁아 열영향부가 적다.
- 접합면에 산화물이 잔류하지 않는다.
- 용접속도가 빠르고 소비전력이 적다.
- 이질재료의 용접이 가능하다.
- 업셋 양이 적다.
- 용접강도가 크다.

ⓒ 사용 : 레일(rail), 보일러 파이프, 드릴의 용접, 건축재료, 자전거의 림, 파이프, 각종 봉재 등 중요한 부분의 용접에 사용

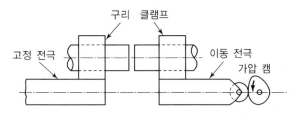

| 플래시 맞대기용접 |

2) 겹치기 저항용접

① 점용접(spot welding process)
　ⓐ 원리 : 두 전극 간에 2장의 판을 끼우고 가압하면서 통전하면 저항열로 용융상태에 달하게 되어 융합된다.

　ⓑ 점용접의 종류
- 프레스형 스폿용접기 : 가압용 실린더가 위에 있어 전극을 가압하는 기능을 갖고 있으며 보통 압축공기를 사용한다.
- 로커형 스폿용접기 : 상부 암의 레버(lever)장치로서 가압작용을 하게 되어 있다. 가동부가 비교적 중량이 가볍고, 상부 전극이 쉽게 이동할 수 있게 되어 있다.

　ⓒ 특징 : 연강과 경강은 스폿용접이 쉬우나, 산화되기 쉬운 금속과 열전달률이 서로 다른 금속들 사이에는 스폿용접이 어렵다.

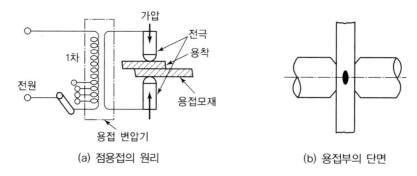

| (a) 점용접의 원리 | (b) 용접부의 단면 |

| 점용접 |

② 심용접(seam welding process)

　　㉠ 원리 : 점용접의 전극 대신 롤러 형상의 전극을 사용하여 용접전류를 공급하면서 전극을 회전시켜 용접하는 방법

　　㉡ 특징

　　　　• 접합부의 내밀성을 필요로 할 때 이용

　　　　• 얇은 판재에 연속적으로 전류를 통하여도 좋은 결과를 얻는다.

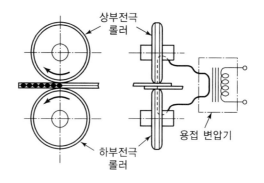

| 심용접법 |

③ 프로젝션 용접(projection welding process)

　　㉠ 원리 : 스폿용접과 같은 원리로서 금속판의 한쪽 또는 양쪽에 돌기부를 만들고 가압하면서 통전하면 돌기부에 전류 및 압력이 집중되며 용접온도에 달할 때 가압력을 증가시켜 일시에 다점(多點)용접을 하는 것이다.

　　㉡ 특징

　　　　• 판재의 두께가 다른 것도 용접할 수 있다(두꺼운 판에 프로젝션 가공).

　　　　• 열전도율이 다른 금속의 용접이 가능하다(열전도율이 큰 판에 프로젝션 가공).

　　　　• 피치(pitch)가 작은 spot 용접이 가능하다.

　　　　• 전류와 압력이 각 점에 균일하므로 용접의 신뢰도가 높다.

　　　　• 작업속도가 빠르다.

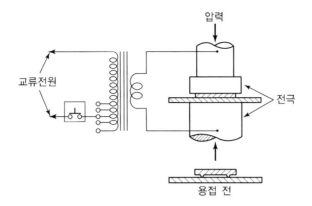

압력

전극

용접 전

| 프로젝션 용접법 |

1. 서론

폭발용접이란 화약의 폭발에너지를 이용하여 금속을 접합시키는 기술로서 다른 용접방법으로는 불가능한 이종금속(**예** T_a(증기압이 높은 금속)/강철) 간의 용접까지도 가능할 뿐만 아니라 접합부위의 강도가 여타의 용접방법에 의한 접합보다 높은 금속학적 결합을 유지하는 특성을 갖는다.

1962년 Philipchuk과 Bois가 폭약을 이용하여 두 금속을 접합시키는 특허를 출원하면서부터 활용하기 시작한 폭발용접기술은 기존의 용접(welding)뿐만 아니라 넓은 판재의 접합(cladding), 성형(forming), 절단(cutting), 표면경화(surface hardening) 및 용접부의 응력제거(stress relief) 등 다양하게 응용되고 있다.

2. 폭발용접기구

폭발용접의 이론과 기구는 아직 명확하게 확립되지 않았다. 그러나 지금까지 알려진 사실로는 폭발용접은 융접(融接)만도 고상압접만도 아니다. 일부는 용융을 하고 대부분은 소성변형을 일으켜 접착하는 것이다. 이와 같은 현상으로부터 생각하면 소성변형을 받아 압접하는 경우와 같이 그 경계에서 발열이 일어나 용해된다고 생각된다.

폭발용접공정은 모재(base plate)와 접착하고자 하는 판(flyer plate)을 약간 떨어뜨려 놓고 판 위에 화약(explosive)을 적당량 균일하게 분포시킨 후 화약을 폭발시키는 것으로 충분하다. 이때 폭발속도가 금속 내의 음속(音速)보다 클 경우 충격파 발생 때문에 접착이 이루어지지 않는다. 그 임계각은 충돌속도가 크면 클수록 커진다.

폭발용접을 하면 용융용접으로는 불가능한 이종금속 간의 용접이 가능하며 용접부의 강도가 용융용접에서보다 50% 이상 향상된다.

폭발용접은 접착부위가 견고하여 도전성을 높이고 스파크에 의한 마멸현상을 줄이는 전기접점 부위의 접합에 유용하다. 선박의 갑판실, 돛 및 안테나 등은 선박의 안전성을 높이기 위하여 알루미늄 구조물로 설치한다. 이전에는 알루미늄과 철강의 용접이 어려워 볼트로 고정시키므로 틈새부식문제가 심각하였으나 이를 폭발용접으로 대체함으로써 보수유지비를 크게 절감하였다.

---

1 정의

모재의 용융온도보다 낮은 땜납을 용가제로 사용하여 접합하는 방법이다.

2 특징

① 납접은 땜납을 녹여 금속을 접합시키므로 접합할 금속보다 용융온도가 낮은 것이 사용된다. 땜납의 대부분은 합금으로 되어 있으나 단일 금속도 쓰인다. 땜납은 모재보다 용융점이 낮아야 하고 표면 장력이 작아 모재 표면에 잘 퍼지며 유동성이 좋아서 빈틈이 잘 메워질 수 있는 것이어야 한다. 이 밖에도 사용목적에 따라 강인성, 내식성, 내마멸성, 전기 전도도, 색채 조화 등이 요구된다. 납접에는 연납과 경납의 두 가지 계통이 있다.

② 연납은 납의 용융온도보다 낮은 것을 그리고 경납은 용융온도가 대체로 400℃ 이상인 것을 말한다. 납접할 때에는 땜할 부분을 화학적으로 깨끗이 하기 위하여 용제를 사용한다.
연납접할 때의 가열 방법으로는 목탄 또는 가스 버너를 사용하고 땜 인두로써 땜을 한다. 경납접에는 코크스, 가스, 전열, 고주파 유도열 등이 열원으로 사용된다.

3 용제

① 납접을 할 때 납은 용융되어 접합할 금속을 적시고 응고 후에는 완전히 접합 금속과 융착해야 하므로 접합면의 녹이나 페인트를 제거하는 것만으로는 충분하지 못하다. 금속의 표면은 산화 피막으로 덮여 납접 온도에서 산화가 촉진되며 산화 피막은 두꺼워지고 납과 모재의 접촉을 방해한다.

② 용제는 이 산화 피막을 제거하는 데 쓰인다. 용제는 산화물을 녹여 떠오르게 하며 납과 모재를 접촉시킨다. 연납용 용제에는 염산, 염화암모니아, 염화아연, 수지 인산 등을 사용하고, 경납용 용제에는 붕사 또는 식염, 탄산나트륨, 수산화칼륨, 붕산을 섞어서 사용한다. 경합 금용으로는 산화 피막이 견고하므로 염화리튬을 사용한다.

4 종류

1) 연납(soft solder)

① 납(Pb)의 용융온도(325℃)보다 낮은 것을 말하고 일반적으로 땜납이라고 한다.

② 저온에서 용융되고 작업이 용이하나 기계적 강도가 작아 많은 힘이 작용하지 않는 부분에 사용된다.

③ Pb－Sn의 합금으로 Sn 양이 Pb보다 많은 땜납을 상납이라 한다.

2) 연납 용접법

① 침지법

제품 전부 또는 일부를 납욕에 담그는 방법이다. 욕의 온도는 납의 용융점보다 20~50℃ 높게 하고, 담그는 시간은 수 초 이내로 한다. 담그기 전에 용제를 바르고 접합부가 납욕 안에서 떨어지지 않도록 한다.

② 화염법

화염을 직접 납접하는 부분에 대지 않고 제품을 철판 위에 놓고 아래서부터 버너로 가열한다. 납접할 부분에 미리 액상의 용제를 바르고 분말 상태의 납을 뿌리면 열에 녹아서 납접이 된다.

이 방법은 작은 물품, 쇠줄, 아연 제품, 전기 용품, 귀금속의 얇은 판을 납접할 때 이용된다.

3) 경납(hard solder)

용융온도가 400℃ 이상인 것을 말한다. 코크스, 가스, 전열, 고주파 유도열 등에 의하여 용접한다. 붕사 등을 물로 반죽하여 용제로 도포하거나 경납을 접합부상에 놓고 입상의 용제를 살포한다.

① 인청동납 : P가 4~8%, Sn이 0~1%, 나머지 Cu로 된 납으로 구리 및 구리합금에 적합하다(강, 주철에는 부적합).

② 은납(Silver Solder) : 황동에 Ag을 6~10% 정도 가한 것으로 황동, 동, 연강의 땜에 사용되며 Ag를 가하면 유동성이 양호해지고 강도가 커진다.

③ 황동납(Brass Solder) : Cu가 40~50%, 나머지가 Zn이며 황동, 강철, 동의 땜에 사용한다.

④ 양은납(German Silver Solder) : 황동에 Ni을 8~12% 가한 것이며, 동 및 강철의 땜에 사용한다.

⑤ 금납(Gold Solder) : Au－Ag－Cu의 합금이며, 금과 은의 땜에 사용한다.

⑥ 백금납(Platinum Solder) : Ag－Au의 합금이며, 백금의 땜에 사용한다.

⑦ 알루미늄 납(Aluminum Solder) : Al－Mg－Zn의 합금이며, Al 금속의 땜에 사용한다.

⑧ 철납(Iron Solder) : 철분, 붕사, 붕산 등의 혼합물이며 사용온도는 1,150℃ 정도이다.

4) 경납 용접법

① **아크 경납접** : 모재와 전극 또는 2개의 전극 사이에 발생하는 아크 열을 이용하는 방법이다.

② **가스 경납접** : 가스 토치의 불꽃으로 가열하여 이음하는 방법이다.

③ **노내 경납접** : 노내에서 가열하여 이음하는 방법이다.

④ **유도 가열 경납접** : 고주파 유도 가열에서 얻은 열을 이용하여 이음하는 방법이다.

⑤ **전기 저항 경납접** : 전기의 저항열을 이용한 방법이다.

⑥ **침지 경납접** : 용해된 땜납 또는 화학 약품에 녹아 있는 용기 속에서 납접하는 방법이다.

5 납접의 사용

① 강철, 황동(brass), Cu, Ni 등의 얇은 판재 또는 가느다란 선재 등과 또는 각종 구리 합금 제품에 사용한다.

② 주철, 스테인리스 강철관, Cr 도금판에는 납접이 되지 않는다.

6 납접 작업

① 용제로서 염화아연($ZnCl$: HCl에 Zn을 용해), 염화암모늄(NH_4Cl), 수지(樹脂), 수지(獸脂) 등을 단독 또는 배합하여 사용한다.

② 경납작업은 브레이징(brazing)이라고 부르며, 토치 램프(torch lamp) 또는 가스로 가열하고 열의 발산을 방지하기 위하여 단열재로 주위를 둘러싸는 것이 좋다.

③ 산소, 아세틸렌가스, 중유로, 전기저항로, 고주파로를 사용한다.

SECTION 02 | **기계적 이음법**

---

1 기계적 이음의 장점

① 가공의 용이성

② 조립, 분해와 부품수송의 용이성

③ 부품교환과 유지보수의 간편성

④ 힌지, 미끄럼기구와 같은 움직일 수 있는 접합부나 위치를 조정할 수 있는 부품 및 고정구를 필요로 하는 설계 가능

⑤ 전반적인 제품의 가공비용 절감

2 종류

1) 나사체결부품

① 볼트, 나사, 너트는 가장 많이 쓰이는 나사체결부품

② 이음새가 항공기, 각종 기계류 및 엔진같이 진동을 받는 경우에는 특별히 고안된 너트와 록와셔 등 사용

2) 리벳

가장 보편적으로 사용되는 영구적 또는 반영구적인 기계적 이음법

3) 스티칭 및 스테이플링(metal stitching, stapling)

신속하며, 얇은 금속 및 비금속 재료의 접합에 적합

4) 시밍(seaming)

① 두 박판의 일부분을 함께 포개 접어서 결합시키는 간단한 원리 이용

② 캔 뚜껑, 식품용기 또는 주방용기 등이 대표적

5) 크림핑(crimping)

체결구를 사용하지 않는 접합법으로 유리병 뚜껑이나 전선 연결부는 이 방법을 응용하여 조립

6) 스냅인 체결구(snap-in fasteners)

자동차 차체와 가정용품 조립에 널리 쓰이며, 매우 경제적으로 쉽고 빠르게 이음공정 수행

7) 열박음과 가압박음

① 두 재료 간의 열팽창과 수축 이용

② 금형의 조립과 축에 기어나 캠 등을 설치할 때 사용

05 용접 조직, 결함 및 시험

1 용접부의 조직과 성질

1) 개요

강재를 용접할 때 용접열에 의해 모재는 조직과 성질이 변화되며 일반적으로 열 영향에 따라 용착금속부(1,500℃ 이상), 융합부(1,400~1,500℃), 열영향부(1,400℃ 이하), 원질부로 구분된다.

2) 용접부의 특성

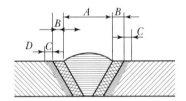

A : 용착금속부(1,500℃ 이상)
B : 융합부(1,400~1,500℃)
C : 열영향부(1,400℃ 이하)
D : 원질부(500℃ 이하)

① 용착금속부(weld metal zone)

용접봉이 용접되어 굳어진 부분으로 주조조직과 같으며 쉽게 식별할 수 있다. 용착부의 조직은 최고 가열온도와 냉각속도에 의해 결정된다.

② 융합부(fusion zone)

모재와 용접봉이 융합된 부분으로 담금질 효과가 생겨 경도가 커지며 변형률이 작고 파손의 우려가 있다.

③ 열영향부(heat affected zone)

용접부 부근의 모재가 용접열에 의해 급열, 급랭되어 변질된 부분이며 모재의 성분, 용접조건에 따라 기계적 성질과 조직이 달라지므로 변질부라고도 한다.

④ 원질부(unaffected zone)

모재와 동일한 조직의 부분이며 모재가 열의 영향을 크게 받지 않아 조직과 성질의 변화
가 없다.

3) 용접잔류응력(welding residual stress)

① 정의

용접에 의하여 용접부의 부근이 온도상승으로 팽창하고 계속하여 냉각에 의하여 수축이
일어난다. 이러한 용접에 의한 온도변화의 과정에서 이음의 부근에는 복잡한 구속에 의
한 응력변화가 발생하며 냉각 후에 응력이 잔류하고 수축이나 굽힘 등의 변형을 생기게
한다.

이와 같이 냉각에 의해 용접 부위에 잔류하는 응력을 용접잔류응력이라 한다. 용접잔류응
력은 용접구조물의 취성, 파괴강도, 진동특성, 좌굴강도, 부식저항 등에 큰 영향을 준다.

② 용접잔류응력의 발생원인

㉠ 용융금속의 응고 시 모재의 열팽창

㉡ 용접 열사이클의 과정에 용접부 부근의 모재에 생기는 소성변형

㉢ 용착금속이 응고한 후 실온으로 냉각 시 수축과 소성변형

③ 용접잔류응력의 분포 및 특성

잔류응력의 분포는 용접모재의 형상, 치수에 따라 다르며, 용접길이가 긴 경우에는 용접
순서에 따라서도 다르다.

㉠ 용접길이가 긴 경우에는 용접선 방향(종방향)의 잔류응력이 이것과 직각 방향(횡방
향)인 잔류응력보다 매우 크다.

㉡ 열적으로 충분한 횡폭의 판의 경우 잔류응력은 용접선을 중심으로 하는 어느 주어진
폭의 내측에서만 발생하며 용접입열이 크게 될수록 잔류응력의 발생영역이 넓어진다.

㉢ 판의 예열온도는 보통의 예열온도 범위(200℃ 이하)에서는 잔류응력분포에 영향을
크게 미치지 않는다.

㉣ 일반적으로 극후판의 다층용접에서는 최종 층의 직하 부근에 잔류응력이 최고점을
나타낸다.

㉤ 연강에서는 변태에 의한 팽창이 잔류응력의 크기에 영향을 미치지 않는다.

㉥ 폭이 좁은 판에서 잔류응력의 분포거리는 판의 폭에 비례하며 용접입열은 큰 관계가
없다.

② 열영향부(HAZ : Heat Affected Zone)

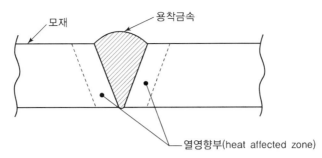

| 산소용접과 아크용접에서 형성되는 전형적인 융합부의 특성 |

용접열로 금속조직이나 기계적 성질이 변화하고, 용융하고 있지 않은 모재의 부분으로, 비교적 고온으로 가열된 영역은 금속조직 변화가 현저하고 강의 경우는 A_1 변태점 이상으로 가열된 점에서 특히 모재와 구별하기 쉬운 이 부분을 열영향부라고 한다.

조직은 급열, 급랭으로 마텐자이트의 취약한 조직이 생성되어 비드 하부 균열(underbead crack), 비드 측단 균열(toe crack) 및 루트 균열(root crack) 등이 발생한다.

SECTION 02 | 용접성과 시험방법

① 용접성(weldability)

① 주어진 공작조건하에서 적당히 설계된 구조물을 용접할 때 재료의 접합성과 용접구조물의 사용성능에 대하여 만족시킬 수 있는 정도를 표시하기 위해 사용된다.
② 용접성 판정시험은 주어진 방법을 이용하여 주어진 용접구조물의 공작을 할 때 어떤 금속재료가 그 목적으로 사용될 수 있는지 알아보는 판정시험으로, 다음과 같은 항목으로 종합시험을 한다.

② 종합 시험법

1) 기초시험

모재의 화학조성 분석시험, 모재의 기계적 성질시험, 모재의 결함검사

2) 주요 용접성 시험

노치 취성시험, 용접부 연성시험, 모재와 용접부 균열시험

3) 이음부시험

이음의 안전성(비파괴시험, 단면시험 등) 시험, 이음의 기계적 성질시험

4) 특수시험

사용목적을 위한 모재와 용접부의 내식성, 열적 성질, 전자기적 성질, 고온특성, 가공성과 특수 성능시험

5) 기타 시험

이상의 시험은 용접 시공법과 용접구조물의 사용조건에 따라서 큰 영향을 받고 있으며, 그 밖에 예열, 후열, 열처리, 시효, 저온, 고온 등의 변수를 가미하여 시험한다.

③ 용접성의 시험 분류

1) 모재의 용접성(노치, 인성)

충격시험, 인장시험, 노치 인장시험, 노치 굽힘시험

2) 시공상의 용접성

CTS, 비드 밑 터짐시험, 구속균열시험, 열영향부 최고경도시험, 탭시험

3) 사용성능상 용접성

세로비드 노치 굽힘시험, 코메럴 시험, 낙중충격시험, 폭파시험, 수압파괴시험

④ 용접성 시험방법

1) 노치 취성시험

① 구조물의 용접성 판정에 매우 중요한 요소로서 많이 사용되고 있는 시험방법이며, 샤르피 충격시험 등으로 시험하고 시험목적에 따라 노치형상과 시험온도를 변경할 수 있다.

② 샤르피 충격시험, ESSO 시험, 티퍼시험, 반데르빈 시험, 칸 인열 시험, 로버트슨 시험, 슈나트 시험, 이중인장시험, 낙중(DWT)시험, 폭파시험, 원통형 폭파시험, 대형인장시험 등이 있다.

2) 열영향부 경도시험

모재의 강판상에 비드 용접하여 그 직각 단면의 본드(열영향부)의 경도를 측정하여 최고 경도를 측정하는 시험

3) 용접 연성시험

코메럴 시험, 킨젤시험, T굽힘시험, 재현 열영향부 시험, 연속냉각 변태시험, IIW 최고 경도시험

4) 용접 균열시험

① 구조물의 파괴에 직접 연결되므로 용접균열의 감수성이 좋은 재료를 선정해야 한다.
② 리하이형 구속균열시험, 피스코 균열시험, CTS 균열시험, T형 필릿용접시험, 바텔 비드 밑 균열시험, 분할형 원주홈 균열시험

SECTION **03** | 용접결함 및 시험

---

1 용접결함

용접작업에 따라 여러 가지 결함이 발생하며, 이 결함이 확인되지 않은 상태로 기계 및 구조물에 있을 경우 예상하지 못한 큰 위험이 따르게 되므로 사용 전에 검사를 철저히 하여 보완해야 한다.

1) 치수결함

① 변형 : 각변형, 수축변형, 굽힘변형, 회전변형 등
② 치수 불량 : 덧붙임 과부족, 필릿의 다리길이, 목두께 등
③ 형상 불량 : 비드 파형의 불균일, 용입의 과대 등

2) 구조결함

기공, 슬래그 섞임, 용입 불량, 언더컷, 오버랩, 균열 등

3) 성질결함

① 기계적 결함 : 강도, 경도, 크리프, 피로강도, 내열성, 내마모성
② 화학적 결함 : 내식성
③ 물리적 결함 : 전자기적 성질

② 용접검사 및 시험

1) 파괴시험

비파괴 검사와는 달리 용접할 모재, 용접부 성능 등을 조사하기 위해 시험편을 만들어서 이 것을 파괴나 변형 또는 화학적인 처리를 통해 시험하는 방법을 말하며, 기계적, 화학적, 금 속학적 시험법으로 대별된다.

① 인장강도시험

인장시험편을 만들어 시험편을 인장시험기에 걸어 파단시켜 항복점, 인장강도, 연신율 을 조사한다.

② 굽힘시험

표면굽힘, 뒷면굽힘, 측면굽힘이 있으며 시험편을 지그를 사용하여 U자형으로 굽혀 균 열과 굽힘, 연성 등을 조사하여 결함의 유무를 판단한다.

③ 경도시험

경도시험편을 만들어 용착금속의 표면으로부터 1~2mm 면을 평탄하게 연마한 다음 경 도시험을 한다.
  ㉠ 브리넬경도
  ㉡ 로크웰경도
  ㉢ 비커스경도
  ㉣ 쇼어경도

④ 충격시험

시험편에 V형 또는 U형의 노치(notch)를 만들고 충격하중을 주어 재료를 파단시키는 시험법으로 샤르피(Charpy)식과 아이조드(Izod)식의 시험법을 이용한다.

⑤ 피로시험

시험편에 규칙적인 주기의 반복하중을 주어 하중의 크기와 파단될 때까지의 반복횟수에 따라 피로강도를 측정한다.

⑥ 화학적 시험

  ㉠ 화학분석 : 금속에 포함된 각 성분원소 및 불순물의 종류, 함유량 등을 알기 위하여 금속 분석을 하는 것이다.
  ㉡ 부식시험 : 스테인리스강, 구리합금 등과 같이 내식성의 금속 또는 합금의 용접부에 서 주로 하는 시험법이며 습부식시험, 고온부식시험(건부식), 응력부식시험이 있다.
  ㉢ 수소시험 : 용접부에 용해된 수소는 은점, 기공, 균열 등의 결함을 유발하므로 용접부 에는 0.1mL/g 이하의 수소량으로 규제하고 있으며 수소의 양을 측정하는 시험법으 로 45℃ 글리세린 치환법과 진공가열법이 있다.

⑦ 금속학적 시험

  ㉠ 파면시험 : 인장 및 충격 시험편의 파단면 또는 용접부의 비드를 따라 파단하여 육안
    을 통해 균열, 슬래그 섞임, 기공, 은점 등 내부 결함의 상황을 관찰하는 방법이다.

  ㉡ 육안조직시험 : 용접부의 단면을 연마하고 에칭(etching)을 하여 매크로 시험편을
    만들어 용입의 상태, 열영향부의 범위, 결함 등의 내부결함이나 변질상황을 육안으로
    관찰한다.

  ㉢ 마이크로(micro) 조직검사 : 시험편을 정밀 연마하여 부식액으로 부식시킨 후 광학
    현미경이나 전자현미경으로 조직을 정밀 관찰하여 조식상황이나 내부결함을 알아보
    는 방법이다.

2) 비파괴검사(NDT : Non−Destructive Testing)

① 개요

  ㉠ 용접부의 검사 실시 후 정확한 해석 및 올바른 판단을 내리는 것은 공사의 시공 및 품
    질관리 측면에서 매우 중요하다.

  ㉡ 일반적으로 사용되는 용접부 검사방법으로는 외관검사가 주로 사용되나 필요시에는
    비파괴검사를 실시해야 한다.

② 비파괴검사

  ㉠ 비파괴검사의 의의

    비파괴검사는 금속재료 내부의 기공 · 균열 등의 결함이나 용접 부위의 내부결함 등
    을 재료가 갖고 있는 물리적 성질을 이용해서 제품을 파괴하지 않고 외부에서 검사하
    는 방법이다.

  ㉡ 비파괴시험의 목적

    • 재료 및 용접부의 결함검사
      − 품질평가 : 품질관리
      − 수명평가 : 파괴역학적 방법, 안정성 확보
    • 재료 및 기기의 계측검사 : 변화량, 부식량 측정
    • 재질검사
    • 표면 처리층의 두께 측정 : 두께 측정 게이지 이용
    • 조립 구조품 등의 내부구조 또는 내용물 조사
    • 스트레인 측정

  ㉢ 비파괴시험의 종류

    • 표면결함 검출을 위한 비파괴시험방법
      − 외관검사 : 확대경, 치수측정, 형상확인
      − 침투탐상시험 : 금속, 비금속 적용 가능, 표면 개구 결함 확인

- 자분탐상시험 : 강자성체에 적용, 표면 및 표면의 저부 결함 확인
- 와전류탐상법 : 도체 표층부 탐상, 봉, 관의 결함 확인
- 내부결함 검출을 위한 비파괴시험방법
  - 초음파 탐상시험 : 균열 등 면상 결함 검출능력 우수
  - 방사선투과시험 : 결함종류, 형상판별 우수, 구상결함 검출
- 기타 비파괴시험방법
  - 스트레인 측정 : 응력측정, 안전성 평가
  - 기타 : 적외선 시험, AET, 내압(유압)시험, 누출(누설)시험 등

㉣ 특징

ⓐ 방사선에 의한 투과검사(RT : Radiographic Testing)

- X-ray 촬영검사 : X선은 2극의 진공관으로 구성된 X선관에 의해 발생시킨다. X선관은 음극이 텅스텐필라멘트이고 양극은 금속표적(대음극)으로 되어 있으며, X선관 내에는 고진공으로 되어 있다. 음극의 필라멘트에 전류를 흘려 필라멘트를 백열상태의 고온으로 하면 열전자가 진공 중으로 방출된다.

  X선관은 양극에 고전압을 걸면 필라멘트로부터 방출된 열전자가 가속되어, 운동에너지를 증가시키면서 양극의 표적에 충돌하여, 여기서 열전자의 운동에너지의 대부분은 열로 변하여 표적을 가열하게 되고, 일부의 에너지가 X선으로 변환되어 방사된다. X선은 짧은 전자파로서 투과도가 강한 것 이외에 사진 필름 촬영이 가능하다.

  또한 투과력이 크고 강도와 노출시간의 조절로 사진 촬영이 용이할 뿐 아니라 γ-ray에 비하여 촬영 속도가 느리고 전원 및 냉각수 공급 등의 번거로움도 있으나 투과력 조정을 통해 박판의 금속 결함 촬영이 가능하여 미세한 판별을 할 수 있다.

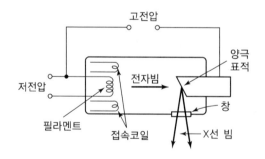

| X선관의 개략도 |

- γ-ray 촬영검사 : 핵반응에 의해 다양한 방사성 동위원소가 생성되는데, 핵반응로에서 중성자를 충돌시키는 것이 공업용 방사선을 얻는 가장 중요한 방법이 된다. 예를 들면, 자연상태에서 안정된 ^{59}Co와 ^{191}Ir 원소에 중성자가 충돌하면 γ선이 생성된다.

γ-ray는 투과력이 매우 강하여 두꺼운 금속 촬영에 적합하다. 촬영장소가 협소하거나 위치가 높은 경우 X-ray 장비에 비하여 간편하기 때문에 널리 쓰이고 있으나 박판 금속의 경우 투과력 조정이 불가능하여 중간 금속 물질을 넣고 촬영하는 등 번거로움이 많다. 특히 촬영 시 외부와의 차폐가 어려우며 보관 등 많은 주의가 필요하다.

ⓑ 초음파 탐상검사(UT ; Ultrasonic Testing) : 금속재료 등에 음파보다도 주파수가 짧은 초음파(0.5~25MHz)의 impulse(반사파)를 피검사체의 일면(一面)에 입사시킨 다음, 저면(base)과 결함 부분에서 반사되는 반사파의 시간과 반사파의 크기를 브라운관을 통하여 관찰한 후 결함의 유무, 크기 및 특성 등을 평가하는 것으로 타 검사방법에 비해 투과력이 우수하다.

초음파 탐상은 주로 내부결함의 위치, 크기 등을 비파괴적으로 조사하는 결함 검출 기법이다. 결함의 위치는 송신된 초음파가 수신될 때까지의 시간으로부터 측정하고, 결함의 크기는 수신되는 초음파의 에코 높이 또는 결함 에코가 나타나는 범위로부터 측정한다.

초음파탐상법의 종류는 원리에 따라 크게 펄스 반사법, 투과법, 공진법으로 분류되며, 이 중에서 펄스 반사법이 가장 일반적이며 많이 이용된다.

• 장점
 −방사선과 비교하여 유해하지 않다.
 −감도가 높아 미세한 결함을 검출할 수 있다.
 −투과력이 좋으므로 두꺼운 시험체의 검사가 가능하다.
• 단점
 −표면이 매끈해야 하고, 조립체에 사용하지 않고, 결함의 기록이 어렵다.
 −시험체의 내부구조가 검사에 영향을 준다.
 −불감대(dead zone)가 존재한다.
 −검사자의 폭넓은 지식과 경험이 필요하다.

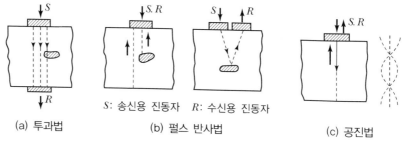

| (a) 투과법 | (b) 펄스 반사법 | (c) 공진법 |

S: 송신용 진동자   R: 수신용 진동자

| 초음파 탐상법의 종류 |

| 초음파 탐상기 |

ⓒ 액체침투탐상검사(LPT : Liquid Penetrant Testing)
- 전처리 : 시험체의 표면을 침투탐상검사를 수행하기에 적합하도록 처리하는 과정으로 침투제가 불연속부 속으로 침투하는 것을 방해하는 이물질 등을 제거한다.

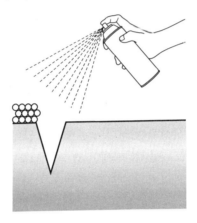

| 전처리 |

- 침투처리 : 시험체에 침투제(붉은색 혹은 형광색)를 적용시켜 표면에 열려 있는 불연속부 속으로 침투제가 충분하게 침투되도록 하는 과정이다.
- 세척처리(침투제 제거) : 침투시간이 경과한 후 불연속부 내부에 침투되어 있는 침투제(유기용제, 물)는 제거하지 않고 시험체에 남아 있는 과잉 침투제를 제거하는 과정이다.
- 현상처리 : 세척처리가 끝난 후 현상제(흰색 분말체)를 도포하여 불연속부 안에 남아 있는 침투제를 시험체 표면으로 노출시켜 지시를 관찰한다.
- 관찰 및 후처리
  - 관찰 : 정해진 현상시간이 경과되면 결함의 유무를 확인한다.
  - 후처리 : 시험체의 결함모양을 기록한 후 신속하게 제거한다.
    표면 아래에 있는 불연속은 검출할 수 없고 표면이 거칠면 만족할 만한 시험결과를 얻을 수 없다.

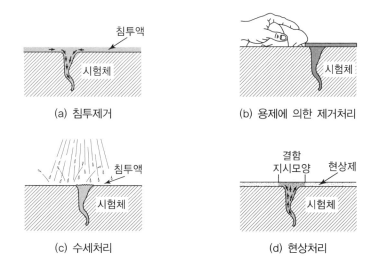

(a) 침투제거   (b) 용제에 의한 제거처리

(c) 수세처리   (d) 현상처리

| 침투탐상시험에 의한 결함 지시 모양의 형성 프로세스 |

ⓓ 자분탐상검사(MT : Magnetic Particle Testing) : 자분탐상검사란 강성 자성체의 시험 대상물에 자장을 걸어 자성을 띠게 한 다음 자분을 시편의 표면에 뿌려주고, 불연속부의 외부로 누출되는 누설 자장에 의한 자분 무늬를 판독하여 결함의 크기 및 모양을 검출하는 방법이다.

자분탐상은 자성체 시편이 아니면 검사할 수 없으며, 시편 내부에 깊이 존재하는 결함에 의한 누설 자장은 외부로 흘러나오지 못한다. 따라서 자분탐상에 의하여 검출할 수 있는 결함의 크기는 표면과 표면 바로 밑 5mm 정도이다.

• 장점 : 표면에 존재하는 미세결함 검출능력 및 현장 적응성이 우수하다.
• 단점 : 시험표면의 영향이 크다. 기록하기 어렵다. 자력선의 방향에 결함이 수직으로 있어야 한다.

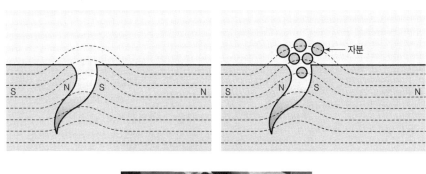

ⓔ 와전류탐상검사(eddy current test)
- 개요 : 와전류탐상법은 고주파 유도 등의
  방법으로 검사품에 와전류를 흘려 전류가
  흐트러지는 것으로 결함을 발견한다. 도체
  표면층에 생긴 균열, 부식공 등을 찾아낼
  수 있고, 비접촉으로 고속탐상이 가능하므
  로 튜브, 파이프, 봉 등의 자동탐상에 많이
  이용된다.

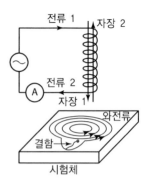

| 와전류탐상의 기본원리 |

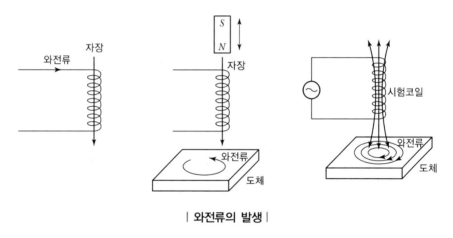

| 와전류의 발생 |

- 와전류탐상검사의 종류
  - 탐상시험(검사) : 결함검출
  - 재질검사 : 금속의 합금성분, 재질의 차이, 열처리 상태
  - 크기검사 : 크기, 도막두께, 도체와의 거리변화 측정
  - 형상검사 : 형상변화의 판별
- 적용 및 특징

구분	내용
적용	• 제조공정시험 : 불량품의 조기품절 • 제품검사 : 제품의 완성검사로 품질보증 • 보수검사 : 발전, 석유 Plant, 열교환기, 항공기 엔진기계 부품
특징	• 도체에 적용된다. • 시험품의 표면결함 검출을 대상으로 한다.

- 와전류탐상의 장단점
  [장점]
  - 비접촉법으로 시험속도가 빠르며 자동화가 가능하다.
  - 고온, 고압과 같은 악조건에서 탐상이 가능하다.

　　　　－표면결함의 검출능력이 우수하다.

　　　　－유지비가 저렴하고 시험결과의 기록 보존이 가능하다.

　　　　－탐상 및 재질검사 등 여러 데이터를 동시에 얻는다.

　　　[단점]

　　　　－시험대상 이외의 전기적, 기계적 요인에 의한 신호방해가 크다.

　　　　－두꺼운 재료의 내부검사가 어렵다.

　　　　－결함의 종류 및 형상 판별이 곤란하다.

　　　　－강자성 금속에 적용이 곤란하다.

　　　　－검사의 숙련도가 요구된다.

| 와전류탐상검사 기계 |

　　ⓕ 기타 검사 : 용접을 전부 완성한 후 구조물 및 압력용기의 최종 건전성을 확인하기
　　위하여 유압시험 및 누출시험을 행한다.

　　이외에 음향방출시험(AE : Acoustic Emission Exam)이 있다. 상기의 비파괴
　　시험법은 넓은 면적을 단번에 시험할 수 없으며 시험 부위에 hanger나
　　supporter 등이 부착되어 있어 시험이 어렵거나 시험자의 숙련도에 크게 좌우되
　　고 균열발생 원인의 규명이 어렵다는 단점을 가지고 있는데 반해, AE는 이런 문
　　제를 다소 해결할 수 있다.

　　AE 시험에서 재료가 변형을 일으킬 때나 균열이 발생하여 성장할 때 원자의 재배
　　열이 일어나며 이때 탄성파를 방출하게 된다. 따라서 이에 대한 연구가 계속되고
　　있으나 현장 적용에는 아직 미흡한 단계이다.

③ 외관검사

　　㉠ 용접작업 전 검사 : 용접해야 할 부위의 형상, 각도, 청소상태 및 용접 자세의 적부를
　　검사한다.

　　㉡ 용접작업 중 검사 : 용접봉, 운봉속도, 전류, 전압 및 각 층 슬래그의 청소상태를 검사한다.

　　㉢ 용접작업 후 검사

　　　• 용접부의 형상, 오버랩, 크레이터, 언더컷 등을 검사한다.

　　　• 외관검사를 철저히 하면 모든 용접결함의 80~90%까지 발견하여 수정할 수 있으
　　　며 육안검사 시 확대경 사용으로 미세한 부분도 검사할 수 있다.

③ 용접부 시험에 대한 여러 비파괴시험법의 비교

시험방법	시험장비	결함검출 정도	장점	단점	비고
육안검사	• 돋보기 • periscope • 거울 • weld size gauge • pocket rule	• 표면결함 • crack porosity • 크레이터, porosity • 슬래그 포획 • 용접 후 뒤틀림 • 잘못 형성된 bead • 부절절한 fit up	• 가격 저렴 • 작업 중 수정을 하면서 검사할수 있음	• 표면 결함만 가능 • 영구 기록 불가	• 기타 다른 비파괴법이 적용되더라도 기본적인 검사법이 된다.
침투탐상 시험	• 형광 혹은 다이 침투제와 현상제 • 형광법이 사용될 경우 black light • 세척제	• 육안으로 검출하기 어려운 표면결함 • 용접부 누출 검사에 최적	• 자성, 비자성, 모든 재질에 적용 • 사용 용이 • 가격 저렴	• 표면가공 결함만 가능 • 시험 표면 온도가 높은 곳에는 적용하지 못함(250°F 이상)	• 두께가 얇은 vessel의 경우 보통의 air test로 검출되지 못하는 누출을 쉽게 검출함 • 부적절한 표면조건(스모그 슬래그)은 인디케이션으로 오해할 수 있음
자분탐상 시험	• 시험자분(건식 또는 습식) • 형광자분 사용 시 black light • yoke prod 등의 특별장치 사용	• 특히 표면 결함 검출에 최적 • 표면 밑 결함도 어느 정도 가능 • crack	• 방사선투과시험보다 사용 용이 • 비교적 가격 저렴	• 자성재에만 적용 • 인디케이션을 해석하는 데 기술 필요 • 거친 표면에 적용 곤란	• 자화 방향과 평행하게 놓인 결함은 검출하기 어려우므로 시험 시 항상 2가지 이상의 자화 방향을 형성해야 함
방사선 투과시험	• X선 혹은 γ선 장비 • 필름과 현상처리 시설 • 필름 Viewer	• 내부거시결함 • crack • porosity • blowhole • 비금속 개재물 • 언더컷 • burnthrough	• 필름에 영구 기록	• 사용장비 노출시간 및 인디케이션 해석에 기술이 필요 • 방사능에 대한 사전 주의 요망 • 필릿 용접부에 부적합	• X선 검사는 여러 code 및 specification의 적용을 받음 • 가격이 비싸므로 다른 비파괴법으로 적용이 어려운 곳에만 제한
와류 탐상법	• 사용되는 여러 와류탐상기 및 probe	• 표면 및 표면 밑 결함	• 시험속도 빠름 • 자동화 기능	• 표면 밑 결함은 단지 표면의 6mm 안에 있는 결함만 검출 가능 • 시험할 부분은 전자유도체이어야 함 • 프로브는 시험할 부품 모양에 적합하도록 특별히 설계해야 한다.	• 최적의 결과를 얻기 위해 calibration이 필수적 • 어떤 조건에서는 발생된 signal이 결함의 실제 크기와 비례
초음파 탐상법	• 특별 초음파 시험장비 펄스에코 또는 투과법 • 대비 시험편 또는 calibration 시험편 • RF나 Video 패턴을 해석하기 위한 표준참고패턴	• 표면이나 표면 밑 결함으로서 다른 비파괴방법으로 검출하기 어려운 작은 결함도 검출 • 특히 lamination 결함에 최적	• 매우 예민함 • 방사선투과 시험으로 시험이 곤란한 joint 부분까지도 시험 가능	• 펄스에코 signal을 해석하는 데 상당한 기술 필요 • 영구 기록이 곤란	• 펄스에코 장비가 용접부 검사를 위해 상당히 개발되었음 • 영구 기록이 strip chart, 비디오 테이프, analog tape 등으로 가능
유압 시험법	• 유압시험장비 • 정적부하 설치	• 구조적으로 약한 부품이나 용접부	• 구조적으로 완전함을 입증하는 데 좋음	• 부품의 크기가 시험장비 설치에 적합하지 않을 수 있음	• 유압 시 압축력에 의한 시험법
누출 시험법	• 물탱크 • 비누거품을 위한 장비 • 할로겐 시험장비 • 헬륨 매스 스펙트로미터	• 용접부 누출검사	• 가끔 누출시험을 위한 유일한 방법	• 단지 검출되는 누출은 결함의 존재만 나타낼 뿐, 그 결함의 모양에 대해서는 알 수 없다.	• 누출시험은 부품의 구조적 완전함을 시험할 수 없어서 보통 다른 방법과 겸용하여 사용함

1 고탄소강의 용접

탄소 함유량이 0.45~2.0%인 강을 고탄소강이라 하며, 용접 후 균열이나 기공이 많이 생기기 때문에 용접에 어려움이 많은데, 이것을 사전에 방지하기 위하여 고온으로 예열한 후 용접을 하고, 급랭을 방지하여 변형을 막기 위하여 후열을 한다.

2 주철의 용접방법

1) 개요

주철은 강에 비하여 용융점이 낮으며(약 1,150℃) 유동성이 좋아 주물을 만들기 쉽고 가격이 낮으므로 각종 주물을 만드는 데 사용된다. 따라서 주철의 용접은 주물의 보수용접에 많이 쓰인다.
주철 용접부의 기계적 성질은 용접봉의 화학성분, 예열 및 후열 등에 의해 큰 영향을 받으며 주물의 상태, 결함의 위치와 크기 등에 대해 충분히 고려해 용접을 해야 한다.

2) 용접성

① 주철은 용접 시 용융되어 급랭하면 열영향부가 백선화하여 기계가공이 곤란해진다.
② 주철은 냉각에 따라 수축량이 크며 균열이 생기기 쉽고 내부응력이 발생한다.

3) 용접방법

① 가스납접
  ㉠ 주철보다 융점이 낮은 청동, 황동 등의 합금을 사용하여 납접을 하는 방법이며 주로 모재를 녹이지 않으므로 응력균열이 생기지 않는 장점이 있다. 회 주철의 용접 시 용접 전에 가스 토치 불꽃으로 예열을 하고 용접 후에는 후열을 한다.
  ㉡ 납접 작업 전에는 모재 표면의 흑연을 제거하기 위해 약 900℃ 정도로 가열한 후 염산으로 표면을 깨끗이 한다.
  ㉢ 납접 후에는 용제 찌꺼기를 물 또는 화학적 · 기계적 방법으로 완전히 제거해야 한다.

② 가스용접
  ㉠ 가스용접을 통해 주철을 용접할 때는 용착금속 및 열영향부의 백선화를 방지하기 위해 특수하게 조성된 성분의 주철 용접봉을 사용하며, 백선화 방지뿐만 아니라 흑연화를 촉진시키기 위해서 알루미늄, 니켈, 구리 등을 첨가한 용접봉도 사용한다.

ⓛ 가스용접 시의 예열과 후열은 약 500℃에서 하고 불꽃은 약간 환원성으로 하는 것이
좋으며 가스용접은 열원이 비교적 분산되므로 예열효과가 피복아크용접보다 크다.

ⓒ 일반적으로 가스불꽃을 이용하여 용접할 때는 약한 산화성의 불꽃으로 하고 용제는
산화성으로서 모재표면의 산화물을 용해하여 제거할 수 있는 붕산, 붕사, 플루오르화
물의 혼합물이 사용된다.

③ 피복아크용접

ⓐ 주철을 아크용접할 때 용접봉은 니켈, 모넬메탈, 연강 용접봉이 사용되며 예열 없이
용접이 가능하다. 이와 같은 용접봉은 용접금속의 연성이 풍부하며 균열과 같은 용접
결함이 생기지 않는다.

ⓛ 용접에 의한 경화층은 500~600℃ 정도로 가열하면 연화되며 용접 후 수축에 따른
응력의 감소와 제거를 위해 급랭을 하지 않고 서랭을 하거나 피닝을 충분히 한다.

ⓒ 주철에 따라서는 용접 직후 승온된 노내에서 재가열하여 백선화된 조직을 페라이트
조직으로 바꾸기도 한다.

3 스테인리스강의 용접방법

1) 개요

스테인리스강(stainless steel)은 철에 크롬을 첨가시킨 합금강으로 내식성과 내산성, 내열
성 및 우수한 기계적 강도를 가지고 있어 많이 이용되고 있으며, 크롬 18, 니켈 8을 주 합금
원소로 하는 오스테나이트계 스테인리스강이 가장 널리 사용된다. 이 밖에 16% 이상의 크
롬이 함유된 페라이트계 스테인리스강, 마텐자이트계 스테인리스강이 있다.

스테인리스강은 특수강 중에서 비교적 용접하기 쉬운 합금강이며 피복아크용접법, 불활성
가스아크용접봉, 저항용접, 서브머지드 용접 등이 사용된다.

2) 용접성

① 오스테나이트계

ⓐ 오스테나이트계 강은 변태가 없고 인성이 풍부하며 담금질 경화성이 없으므로 용접
성이 가장 우수한 스테인리스강이다.

ⓛ 열팽창이 크고 균열이 발생될 우려가 있으므로 두꺼운 판의 용접을 제외하고는 예열
을 실시하지 않는다.

② 페라이트계

ⓐ 담금질 경화성이 없으므로 용접에 의하여 경화되지는 않으나 900℃ 이상으로 가열된
부분은 결정립의 성장에 의해 취약해지므로 용접 시 과열을 피한다.

ⓛ 페라이트계 스테인리스강은 100℃ 이내에서 예열하고 용접 후에는 상온까지 서랭
한다.

③ 마텐자이트계

ⓐ 용접을 하면 담금질 경화되어 단단한 마텐자이트 조직으로 되어 잔류응력과 냉각 후
균열이 생기기 쉽다.

ⓛ 아크용접 시에는 용접전류를 적게 하고 용접속도를 느리게 하여 경화방지에 유의해
야 하며 가스용접에서는 크롬의 탄화물이 석출되지 않도록 탄화불꽃이 아닌 중성불
꽃이 되도록 한다.

3) 용접방법

① 피복아크용접법

ⓐ 가장 일반적이고 널리 사용되고 있는 용접법이며 아크열의 집중이 좋고 피복 성분에
의해 용접 성능이 우수하다.

ⓛ 용접봉은 원칙적으로 모재와 같은 재질의 것을 사용하며 광범위한 판두께의 용접이
가능하다.

ⓒ 용접전류는 탄소강에 비해 약간 낮은 전류를 사용하며 직류일 경우는 역극성으로 한다.

ⓔ 용접변형을 방지하기 위해서 얇은 판의 용접은 적당한 지그나 고정구를 사용하며 가
접을 하는 것이 좋다.

② 불활성 가스아크용접법

ⓐ TIG 용접

• 0.4~0.8mm 정도의 얇은 판의 수동용접 또는 스폿용접에 주로 이용되며 슬래그의
함유가 적어 효과적이다.

• 용접전류는 직류용접일 때 정극성으로 하며 아르곤 가스를 사용한다.

ⓛ MIG 용접

• 판 두께가 TIG에 비해 비교적 두꺼운 것이 이용되며 따라서 아크의 열집중이 좋은
직류 역극성으로 한다.

• MIG 용접에서도 아르곤 가스를 사용하나 스패터가 많아 아크가 불안정해질 때는
산소와의 혼합가스를 사용한다.

4 구리와 구리합금의 용접방법

1) 개요

구리는 내식성이 우수하고 전기 및 열의 양도체이므로 전기재료로 많이 사용되고 있는 금속

이다. 구리합금에는 황동(Cu-Zn), 청동(Cu-Sn), 알루미늄청동(Cu-Al) 등이 있으며 구리합금은 순구리에 비해 열이나 전기전도성이 낮으나 강도가 높고 첨가 합금원소의 종류에 따라 여러 우수한 특성이 있으므로 이용범위가 넓다.

2) 용접성

① 산화구리(Cu_2O)가 있는 부분이 먼저 용융되어 균열이 잘 발생한다.
② 열팽창계수가 커서 냉각 수축 시 균열이 잘 발생한다.
③ 수소와 같은 가스의 석출 압력으로 인해 약점이 조정된다.
④ 용융 시 심한 산화를 일으켜 가스 흡수로 인한 기공이 잘 발생한다.
⑤ 가스용접 등 환원성 분위기에서 용접 시 강도가 저하된다.
⑥ 열전도율이 높고 냉각속도가 크다.

3) 용접방법

① 가스용접법
충분한 예열과 용가제가 필요하며 산소-아세틸렌가스로 용접을 한다.

② 피복아크용접
용접 시 슬랙 섞임, 기포발생이 많아 불활성 가스아크용접에 비해 성질이 떨어지며 용접봉은 보통 모재와 같은 조성의 용접봉이 사용된다.

③ 불활성 가스아크용접
열의 집중이 좋고 용제가 필요하지 않으므로 구리 및 구리합금의 용접에 가장 좋다.

④ 납접
구리 및 구리합금의 납접에 널리 사용된다.

5 알루미늄과 알루미늄 합금의 용접방법

1) 개요

알루미늄과 그 합금은 내식성이 좋고 강도도 좋으며 크게 압연재와 주조재로 대별된다. 또한 담금질, 뜨임 등의 열처리를 통하여 강도를 증가시킨 열처리 합금과 공업용 순알루미늄과 같은 비열처리 합금이 있다.
알루미늄은 용접할 때 용접금속 내의 기공의 발생, 슬래그 섞임, 열영향부의 저하, 내식성의 저하 등 여러 결함이 생길 수 있으며 철강에 비해 용접이 매우 어렵다.

2) 용접성

① 비열 및 열전도도가 크므로 단시간에 용접온도를 높여야 한다.
② 용융점이 비교적 낮아 지나치게 용해될 수 있다.
③ 산화알루미늄의 용융점이 높아 유동성과 융합을 해친다.
④ 열팽창계수가 강에 비해 크며 응고수축에 따라 용접변형과 응고균열이 생기기 쉽다.
⑤ 수소가스의 흡수에 의한 기공이 생긴다.

3) 용접방법

① 가스용접법
얇은 판의 용접을 제외하고는 거의 사용하지 않으며 열 집중이 좋지 않아 변형, 균열 등의 가능성이 있다.

② 피복아크용접
불활성 가스용접이 곤란한 곳이나 보수용접에 사용되며 알루미늄 합금 심선에 피복된 용제가 가스분위기로써 용융지를 보호하고 알루미늄 산화물을 슬래그로 제거한다.

③ 불활성 가스아크용접법
TIG, MIG 용접이 사용되며 용제가 필요 없고 용접조건에 의한 청정작용이 있어 신뢰성이 매우 높은 용접이 가능하다.

④ 스폿용접법
전지저항용접법 중 가장 많이 사용되는 알루미늄 합금 용접법이며 용접과정에서는 전기전도도가 좋으므로 짧은 시간에 대전류를 사용해야 하며 소성가공할 수 있는 온도 범위가 좋다. 전류, 통전시간, 가압력의 조정이 특히 중요하다.

6 이종 재료의 용접

1) 개요

① 이종재
구리나 알루미늄과 같이 화학성분이 다르거나 혹은 탄소강과 스테인리스강과 같이 금속학적으로 서로 상이한 재질을 말한다. 동일 제품에 요구되는 특성이 제품 내의 위치에 따라 서로 다를 경우 각 특성에 맞는 재료들이 사용되며 이들이 서로 만나는 곳을 연결하기 위해 용접이 사용된다.

② 이종재용접의 종류
㉠ 결합용접 : 용융용접과 고상용접 및 압접으로 구분되며 이들 용접법 외에 Soldering과 Brazing 등이 있다.

ⓛ 표면용접 : 기본 모재의 표면에 모재와는 성질이 다른 재료를 용접하는 방법을 말하며, 표면에 육성하는 방법(build up welding)과 표면을 입히는 방법(cladding)으로 나뉜다. 표면용접에 사용되는 방법으로는 일반 용접법 중 피복아크용접법, MIG 용접법, 서브머지드 아크용접법(와이어 또는 밴드 사용), 플라스마 아크용접법(hot wire 사용), 용사법(thermal spraying) 등이 있다.

2) 스테인리스강과 탄소강/저합금강의 용접

스테인리스강과 일반강의 용접 시 용접부가 갖추어야 할 특성은 다음과 같다.

① Fe, Ni, Cr, Cu가 높은 용해도를 가져야 하며 취성 또는 균열 감수성이 높은 조직을 형성하지 않아야 한다.

② 적당한 열팽창계수를 가져야 한다.

③ 고온에서 γ상을 형성하지 않으면 탄소 이동을 방지할 수 있어야 한다(고온에서 사용 시).

④ 사용온도(고온/저온)에서 필요한 강도와 인성을 가져야 한다.

3) 스테인리스강과 일반강의 용접시공

스테인리스강과 일반강의 용접에서는 용가재의 선택 시 '이종재의 용접에는 고급강 쪽에 맞는 용가재를 사용한다.'라는 일반 통념이 성립하지 않는다. 예를 들어, 일반 연강과 18/8 - 스테인리스강을 용접할 때 스테인리스강에 맞는 용가재를 사용하면 용접부에서의 고온균열 발생위험이 높으며 인성이 낮아진다. 이를 잘 해결하기 위해 schaeffler diagram을 이용하여 적합한 용가재를 선택해야 한다.

4) 이종재 용접의 장단점

① 장점

ㄱ 구조물의 사용 요구에 맞는 최적 설계가 가능하다.

ㄴ 재료비를 줄일 수 있다.

ㄷ 생산비를 줄일 수 있다.

ㄹ 구조물의 성능을 향상시킬 수 있다.

② 단점

ㄱ 시공 조건이 까다롭다.

ㄴ 부식 또는 산화에 민감하다.

ㄷ 경우에 따라 사용 중 결함이 발생할 위험이 있다.

1. 개요

용접부는 용접 부위가 갖는 특징에 의해 용접 후 내부적으로는 응력의 발생과 금속조직의 변화를, 외부적으로는 모재의 변형을 가져온다. 이 내부적 변화와 외부적 변형은 이율배반적인 관계에 있기 때문에 적절한 작업과정을 통하여 두 가지를 최대한 줄여야 한다.

열처리란 용접 전, 용접 중 또는 용접 후 용접부 및 그 주위에 일정한 온도를 유지시킴으로써 급랭에 의해 발생된 내부응력의 제거와 금속조직의 균일화를 도모하기 위한 것이다.

C 0.3 이하인 탄소강은 예열을 할 필요가 없으나 인장강도 70,000psi 이상인 탄소강은 용접 전 250~450°F의 예열을 한다.

또한 ANSI와 ASME Code에 의하면 두께가 3/4″ 이하일 때는 응력제거가 필요 없는 것으로 규정하고 있다.

2. 예열

1) 예열의 목적

① 용접열에 의한 수축응력 감소

② 위험온도영역(critical temperature range, 탄소강의 경우 720~870℃ 범위)에서의 냉각속도 완화로서 용접부의 과도한 경화 및 연성저하 방지

③ 200℃ 부근에서의 냉각속도 완화로서 용접부에 용융되어 있는 수소를 충분히 배출시켜 비드 밑 터짐(underbead crack) 등을 감소시키기 위하여 실시한다.

2) 예열온도

① 예열온도는 모재의 성분, 두께, 외기조건, 용접법 및 구속(restraint)의 여부 등에 따라 적절히 선택되어야 한다.

② ANSI B 31.3에서 규정한 용착금속과 모재에 따른다.

3) 예열방법 및 온도측정

용접 직전 양쪽 모재의 최대 온도차가 100°F를 넘지 않게 용접부 양쪽으로 최소 2″(50mm)의 범위에 가스버너 또는 전기저항 가열기를 사용하여 균일하게 예열한다. 예열부의 온도측정은 온도측정 크레용(temperature indication crayon)이나 접착 고온제(contact pyrometer)를 사용한다.

4) 유지온도(interpass temperature)

용접시공 중 용접부가 유지하고 있어야 할 온도범위로서 어떤 이유로 용접작업이 잠시 중단되는 경우일지라도 이 온도는 유지되어야 한다. 가열방법 및 온도측정은 예열의 방법과 동일하다.

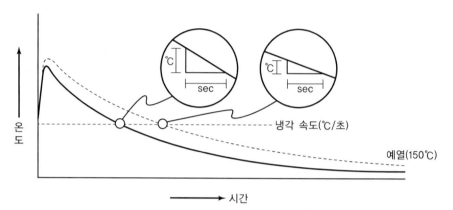

예열의 주목적은 냉각속도를 늦추는 데 있다. 그림에서와 같이 모재를 150℃로 예열한 경우에는 냉각속도의 구배가 매우 완만해진다.

| 예열과 냉각속도의 구배 |

3. 후열처리(PWHT)

1) 원리

① 금속은 고온에서 크리프에 의해서 소성변형이 생기는 성질을 이용하여 잔류응력이 있는 용접물에서 인장응력 부분과 압축응력 부분을 적당한 고온으로 유지하면 크리프에 의한 소성변형으로 인하여 잔류응력이 거의 소실된다.

② 유지온도가 높을수록, 유지시간이 길수록 크리프가 일어나기 쉬우므로 잔류응력완화가 현저해진다.

③ PWHT 온도 및 유지시간은 재료 및 두께에 따라서 선정한다.

2) 목적

① 용접부의 경화방지

② 인성 증가

③ 금속의 결정조직 재배열

④ 금속 내부의 잔류응력 제거

3) 후열처리의 종류

① 응력제거(stress relieving)

② 불림(normalizing)

③ 풀림(annealing)

4) 후열처리의 효과

① 잔류응력의 제거

② 용착금속 중의 수소제거에 의한 연성증대

③ 노치인성의 증가

④ 치수의 안정화

⑤ 응력부식에 대한 저항력의 증가

⑥ 열영향부의 tempering 연화

⑦ 크리프 강도의 향상

⑧ 강도의 증가(석출, 경화)

5) 후열처리방법

① 노(furance)를 이용한 방법

② 국부가열방법

③ 저온응력완화법

02 용접부의 잔류응력 생성 원인과 용접부 강도에 미치는 영향

용접열로 가열된 모재의 냉각 및 용착강의 응고냉각에 의한 수축이 자유로이 이루어질 때, 위치에 따라 그 차이가 있으면 용접스트레인이 발생한다. 예컨대, V형 이음에서 제2층째의 용접을 생각하면, 제1층은 이미 응고 수축되어 있으므로 이 양자 전체의 수축량은 동일하다 하더라도, 이때부터의 수축량은 제2층째가 크므로 2층 측을 향하여 휘게 된다. 또한, 용접선을 따라서 한끝부터 용접을 해나갈 때, 자유로운 이음이면 용접을 행한 부분은 차례로 수축하므로, 전자와 같이 시간적으로 차이가 있어 뒤로 갈수록 외견상의 수축량이 크고 변형을 가져온다.

전자는 이음의 종류에 따라 다르고 V, X, H형의 순으로 작아지며, 판두께보다 층수에 영향을 받는다. 후자는 융착강의 단면적, 저부 간극이 클수록 크고, 판두께에 반비례한다.

자유로운 변형을 방지하여 용접스트레인이 발생하지 않도록 하면, 용접부는 외부로부터 구속을 받은 상태가 되어 잔류응력이 발생한다. 예컨대, 구조물의 일부를 용접했을 때 다른 부재의 영향으로 용접부재가 자유로이 수축하지 못하면 그 부재에는 인장응력이 잔류하게 된다. 따라서 다른 부재를 절단하면 용접부재의 잔류응력은 소멸하게 된다. 이 잔류응력은 연강에서는 $600 \sim 650\,^{\circ}\mathrm{C}$로 25mm 두께에 대하여 1시간 가열하면 제거된다. 기계구조물의 요구사항을 고려하여 용접스트레인을 남길지, 스트레인을 남기지 않고 잔류응력을 허용할지 결정해야 한다.

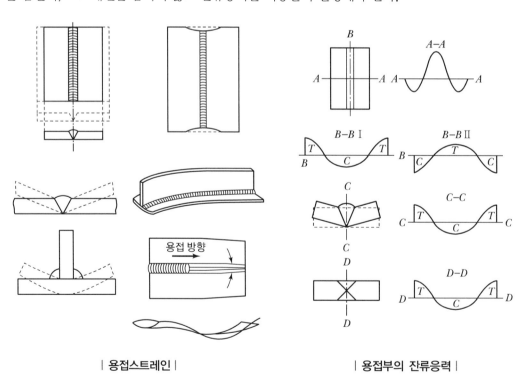

| 용접스트레인 |　　　　| 용접부의 잔류응력 |

1. 개요

용접부에 외부로부터 가해지는 열량을 용접입열이라 한다. 용접입열이 충분하지 못하면 용융불량, 용입불량 등의 용접결함이 발생한다. 모재에 흡수된 용접입열은 모재의 재질변화, 변형, 잔류응력 등으로 결과가 나타난다.

$$전기적\ 열에너지\ H = \frac{60 \times 아크전압(V) \times 전류(A)}{용접속도(cm/min)}(Joules/cm)$$

2. 잔류응력 경감 및 완화법

1) 잔류응력 경감법

① 용착 금속량의 감소

열에 집중을 가하면서 용접홈의 각도를 가능한 한 작게 만들고 루트(root) 간격을 좁혀서 용접부 자체에서 발생되는 내부 구속을 경감시킨다. 즉, 열영향부의 범위를 좁혀서 열응력에 의한 잔류응력의 발생을 줄인다.

② 용착법의 적절한 선정

대칭법과 후퇴법은 잔류응력은 경감되나 그만큼 자유변형이 심하다. 비석(skip)법은 동시에 충족시키는 비드배치법이다.

③ 용접순서의 선정

용접부재의 작업순서에 따라서 수축변형에 크게 영향을 주고, 공작물의 크기와 구조, 작업조건에 따라서 용접부의 잔류응력 및 구속응력에 미치는 영향이 크므로 회전 JIG(positioner)를 사용, 적절한 용접순서를 자유자재로 선택한다.

④ 적당한 예열

용접열원의 분포가 급랭에 의한 급경사를 이루게 되면 잔류응력이 많이 생기게 되므로, 이를 경감하기 위해서 용접 이음부를 50~150℃로 예열한 후 용접하면, 용접 시 온도 분포도의 경사가 완만해지면서 수축변형량 감소 및 구속응력이 경감된다.

2) 잔류응력 제거법

① 응력 제거 소둔

연강은 약 550~650℃ 정도에서 항복점이 현저하게 저하되고 저합금강은 600~650℃에서 유지하면 creep에 의한 소성변형으로 잔류응력이 완화된다.

② 노내 응력 제거법 : 구조물을 노내에 넣고 가열, 노내 출입 시 온도가 300℃를 넘어서는 안되며 시간당 200℃보다 낮은 속도로 가열하거나 냉각하여야 한다. 25mm 두께의 경우 625℃±25℃에서 1시간 정도 유지한다.

③ 국부응력 제거법

제품이 너무 크거나 노내에 넣을 수 없는 대형 용접구조물은 노내 어닐링을 할 수 없으므로 용접부 주위를 가열하여 응력을 제거한다. 용접선 좌우 양측을 약 250mm의 범위 또는 판 두께의 12배 이상의 범위까지를 625℃±25℃에서 1시간 정도 유지시킨 후 서랭한다.

④ 저온응력 완화법

용접선의 양측을 가스불꽃에 의해 폭이 약 150mm에 걸쳐 150~200℃로 가열한 후에 즉시 수랭함으로써 잔류응력을 완화시키는 방법이다.

⑤ 기계적 응력 완화법

잔류응력이 존재하는 구조물에 어떤 하중을 걸어 용접부를 약간 소성 변형시킨 다음 하중을 제거하면 잔류응력이 현저하게 감소하는 현상을 이용하는 방법이다.

⑥ 피닝법

용접부를 특수한 피닝 해머로 연속적으로 타격하여 표면층에 소성변형을 주는 조작으로 잔류응력의 완화와 용착금속의 균열방지를 위해 적용된다.

3) 변형방지방법

① 억제법

강제적으로 변형을 막는 방법으로 용접물을 정반에 고정하거나 보강재 또는 보조관 등을 이용하여 구속 용접하는 방법이다.

② 역변형법

용접에 의한 변형을 예측 용접하기 전에 역변형을 주고 용접한다.

③ 용접순서를 바꾸는 법

대칭법, 후퇴법, 비석법(skip method), 교호법(alternation method) 등이 있다.

명칭	상태	원인
언더컷 (under cut)	용접선 끝에 작은 홈이 생김	• 용접전류 과다 • 용접속도 과속 • 아크길이가 길 때 • 용접봉 취급 불량
오버랩 (over lap)	용융금속이 모재와 융합되어 모재 위에 겹쳐지는 상태	• 전류가 부족할 때 • 아크가 너무 길 때 • 용접속도가 느릴 때 • 용접봉의 용융점이 모재의 용융점보다 낮을 때 • 모재보다 용접봉이 굵을 때
기공 (blow hole)	용착금속에 남아 있는 가스로 인해 기포가 생김	• 용접전류 과다 • 용접봉에 습기가 많을 때 • 가스용접 시의 과열 • 모재에 불순물 부착 • 모재에 유황이 과다할 때
스패터 (spatter)	용융금속이 튀어 묻음	• 전류 과다 • 아크 과대 • 용접봉 결함
슬래그 섞임 (slag inclusion)	녹은 피복제가 용착 금속 표면에 떠 있거나 용착금속 속에 남아 있는 것	• 피복제의 조성 불량 • 용접전류, 속도의 부적당 • 운봉 불량
용입 불량	용융금속이 균일하지 않게 주입됨	• 접합부 설계 결함 • 용접속도 과속 • 전류가 약함 • 용접봉 선택 불량

05 용접균열의 종류 및 발생요인

1. crack의 종류

1) 응고균열(solidification cracking)

weld metal hot cracking

2) 리퀘이션 균열(liquation cracking)

HAZ hot cracking

3) 재열균열(reheat cracking)

heat treatment or stress reliving cracking

4) 수소에 의한 균열(delayed cold cracking)

HAZ cracking

5) 라멜라 균열(lamellar cracking)

고온균열(hot cracking)이라고도 하는데, 용융지가 냉각되면서 용융경계로부터 용융지 중심부로 입자가 성장한다. 이러한 과정에서 액상과 고상 사이에서 낮은 분할계수를 갖는 불순물과 합금원소가 크리스탈 전면으로 방출되어 편석이 일어나는데, 이러한 편석은 막을 형성하여 그 막을 따라 crack이 발생한다.

crack은 주로 용접부 중심이나 주 상정 결정립계(columner grains) 사이에 나타난다. 응고 crack은 후판의 맞대기 용접부에서의 bead 끝에서 발생하는 경우도 있고 전형적으로 crack 발생 온도는 용융온도 아래인 약 200~300℃ 부근이다.

용융금속의 응고 crack의 감수성은 다음과 같다.

① 응고 미세조직의 조대화

② 편석의 종류 다양

③ 용접이음부의 형상

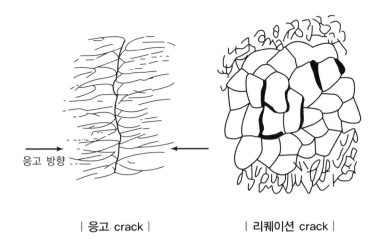

| 응고 crack | 리퀘이션 crack |

2. 리퀘이션 균열(liquation cracking)

열영향부에서 일어나는 고온 crack의 일종으로 용융 온도에 의한 가열 중 austenite 영역 불순물들은 결정립 경계에 석출하여(MnFe) S과 같은 화합물을 만드는데, 이러한 화합물은 결정립 경계부위의 용융점을 저하시킨다. 그래서 황이 많은 강에서는 결정립 경계 용융범위가 넓어진다. 냉각 중 이와 같은 낮은 용점의 막이 지속되어 낮은 온도에서 잔류응력이 증가하여 liquation cracking이 발생한다.

리퀘이션 크랙은 용융경계에서 일어나며 결정립 경계들의 용융은 액상과 고상경계 사이의 온도에서 일어난다. 용접입열이 높은 용접법에서는 이러한 크랙 감수성이 증가한다.

3. 재열크랙(reheat cracking)

열처리(heat treatment) 또는 응력제거(stress relieving) cracking이라고도 한다. 용접금속의 재열에는 여러 경우가 있고, 다층 용접에서는 여러 번의 재열이 이루어진다. 그러나 여기서 말하는 용접은 용접부의 재열에 관계되는 근본적인 문제는 잔류응력 제거를 위한 500~650℃ 온도로 가열하는 것을 말한다.

특히, austenite stainless steel, low alloy steel, ferrite creepresisting steel(페라이트 내크리프강) 같은 재에서 재열취성이 나타나기 쉬운데, 용착금속보다 결정립이 성장한 열영향부에서 보다 많이 이러한 형상이 나타난다. 재열 cracking은 creep 파열과 밀접한 관계가 있다. 결정립 성장 구역의 미세조직은, 특히 합금강과 탄소함량이 큰 강에서 비교적 단단하다. 더 나아가서 재열 동안 카바이드 재석출이 일어나는 경도를 더욱 증가시킨다. 카바이드 재석출에 의해 경도가 증가되면 필릿 용접의 토부와 같이 높은 응력이 집중되는 곳에서는 국부 스트레인의 양이 너무 커져서 결정립계, 슬라이딩에 의해 적응하지 못해 crack이 발생한다.

4. 수소에 의한 크랙(hydrogen included cracking)

주로 HAZ부에 나타나는 cold cracking으로서 모든 용접 crack 중 가장 치명적이고 아직까지 원인이 분명히 규명되지 않았으며, 일부 밝혀진 원인으로는 martensite 조직, 수소, 잔류응력 등이 crack 발생의 요인이다.

수소는 용접 중 대기, 용접할 모재의 탄소수소(hydro carbons) 또는 용접봉 피복제의 습기 등으로부터 용접부에 침부한다.

수소는 비교적 확산성이 좋으므로 용접부 냉각 중일 때와 상온에서 HAZ 내로 확산된다. 용접 후 바로 냉각속도(cooling rate)에 의해 열영향부에 단단한 martensite 조직이 형성되고, 수소의 존재로 말미암아 잔류응력의 영향에 의해 crack을 유발하게 된다. 크랙을 일으키는 요인은 다음과 같다.

① 수소의 존재
② 높은 잔류응력
③ 감수성이 있는 미세조직

5. 라멜라 균열(lamellar cracking)

라멜라 cracking은 HAZ 가장자리 가까운 곳에 나타나는 형태이고, 전형적인 특징은 모재의 가로와 세로 방향 크랙, 즉 계단형 형태이다. 주로 구속을 많이 받는 용접 이음부에서, 또는 다층 용접에서 용접 중 또는 용접 직후에 용접부 온도 200~300℃ 사이에서 발생한다.

T이음 용접에서와 후판의 모서리 용접에 잘 나타나고 판 표면에 나타난 용접부의 용융경계에 발생한다.

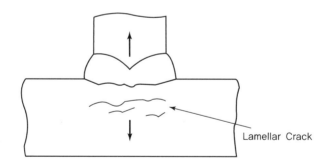

Lamellar Crack

06 용접부의 응력부식균열

1. 개요

① 응력이 존재하는 상태에서 부식이 현저히 진행되면서 발생하는 균열을 의미하며 균열은 공식이나 under-cut 등과 같은 notch 선단의 응력 집중부에서 시작하여 입계를 통해 전파된다. 균열 형태는 재료, 환경, 응력의 크기에 따라 다르다.

② 특히, austenite계 STS의 대부분은 C와 Cr 사이 탄화물을 형성하여 결정 입계에 석출된다. 이로 인해 저 농도 Cr 결핍층의 입계에 부식이 발생되고 부식 생성물이 성장하여 쐐기 작용하면서 균열로 진행된다.

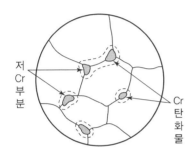

| austenite계 STS의 입계부식 모식도 |

| GAH, CLG LINE(STS+CARBONE STEEL 용접부) |

2. 특징

① SCC는 재료, 인장응력, 환경의 3가지 요인이 작용하여 발생한다.

  ㉠ 인장응력원

  • 하중에 의한 응력
  • 잔류응력
  • 열응력
  • 공식 또는 좁은 틈새 부식 생성물에 의한 쐐기 효과

② 초기 균열이 발견되지 않는 잠복기를 거친 후 급성장한다.

③ 내식성이 우수한 재료에서 발생이 쉽다(Al, Mg alloy 또는 γ-STS).

④ 수명 예측 또는 경화 정도의 측정이 어려워 SCC 발생 시 매우 치명적이다.

3. 방지 방안

① 극저 C 함유(C 0.04% 이하 : STS L304) 또는 응력부식 균열에 강한 저항성과 기계적 성질이 우수한 이상계(duplex) STS강을 사용한다.

*duplex : BCC ferrite 기지에 FCC austenite가 존재하는 강으로 ferrite 형성 원소인 Cr, Mo과 austenite 형성 원소인 Ni 함량을 조합하여 복합상으로 만든 STS로 응력부식균열에 대한 저항과 기계적 성질이 우수한 강이다.

② 응력부식 균열을 유발시키는 잔류응력을 제거한다(820~870℃에서 annealing).

③ PWTH를 Cr을 고용화 처리 온도인 1,050℃에 가열하여 탄화물을 고용시킨 후 급랭한다.

④ 방식설계를 고려한다(표면처리, 강제전압, 희생양극법 등).

⑤ γ-STS 용접 이음 시 이종재료와 접합을 피한다.

1. T형 필릿 터짐시험

독일에서 연강, 고장력강, 스테인리스강, 용접봉의 고온균열을 조사할 목적으로 사용했으며, 횡판과 종판을 밀착시키고 양단을 가접 후 지름 4mm 용접봉으로 아래보기 1pass로 S_1의 용접을 하고 반대 방향에서 목두께가 S_1보다 적은 비드로 S_2를 만든다. 비드 형상은 오목하고 냉각 후 시험비드에 대하여 균열 유무와 길이를 육안 또는 지정방법으로 조사한다.

2. CTS 터짐시험(controlled thermal sererity cracking test)

열적 구속 균열시험이라고도 하며, 시험편을 겹쳐서 양측을 고정하고 좌우 양면에 필릿시험을 용접한 다음 24시간 경과 후 3개의 시험편을 만들어 판면 내의 균열(주로 비드 밑 터짐)을 조사한다. 맞대기 구속 터짐시험에 비해 감도가 약간 떨어진다. 영국에서 시작되었으며, 저합금강용에 많이 쓰인다. 냉각속도가 균열에 매우 민감하므로 열흐름수(TSN 수)로 표시한다.

3. 리하이 구속 터짐시험

맞대기 용접균열 시험 중에서 가장 귀중한 시험방법으로 냉각 중에 균열이 일어나는 구속의 정도를 정량적으로 구하기 위하여 리하이 대학의 스타우트가 창시한 시험법으로 연강에 대해 미국에서 널리 사용(주로 용접봉 시험)되었다.

방법은 시험편 주변에 슬릿의 길이를 서로 다르게 변화시켜 동일한 간격으로 만들면 중심부 U홈에 용접비드에 걸리는 역학적 구속력을 변화시키는 것이다. 그러나 냉각속도는 slit 길이의 영향은 거의 받지 않는다. 보통 슬릿의 길이를 증가시키면 균열이 정지되는 슬릿의 길이가 있게 되며, 이 한계 slit의 길이를 빼낸 시험편의 폭($2X$)을 갖고 구속도를 표시하며 $2X=8$일 때 최대 구속도가 된다.

일반적으로 slit의 길이를 감소시켜 구속이 어떤 값 이상이 되면 균열이 발생하기 시작하는 임계의 slit의 길이(구속도)를 구하는 것으로 상당히 엄격한 터짐시험이며 고온 또는 저온 구속터짐이 검출된다. 이것은 시험용접 후 48시간 이상 경과 후 균열을 조사하여 계산한다.

4. 바텔 비드 밑 터짐시험(Battelle underbead cracking test)

저합금강의 비드 밑 터짐시험에 쓰이는 간단한 방법이며 소형 시험편 표면에 소정의 조건으로 비드를 붙이고 24시간 경과 후 절단하여 균열검사를 한다.

5. 철연식 터짐시험

일본 철도 기술연구소에서 완성한 방법으로 Y자형 시험편에 제1층을 용접하여 비드 방향의 균열길이 또는 단면 내의 균열 높이를 측정한다. 이 방법은 슬릿이 비스듬하기 때문에 루트 응력집중이 크고 매우 민감한 시험법이다. 이 시험에 따라 균열이 20% 이하이면 실제 작업에 지장이 없다고 본다.

6. 피스코 터짐시험(fisco cracking test)

유럽에서 시작한 방법으로 고온균열시험에 적합하며 재현성이 좋고 시험재를 절약할 수 있다. C형 지그에 맞대기 시험편을 볼트로 세게 조여 붙인 다음 비드를 붙이고 균열 유무를 조사하며, 용접부만 가늘게 절단하면 나머지 부분은 다시 쓸 수 있어 재료를 절약할 수 있다.

연강, 고장력강, 스테인리스강 비철금속에 대한 용접봉 균열시험에 이용되며, 크레이터와 스타트부를 많이 만들어 실시한다.

7. 분할형 원주 홈 시험(semented circular groove test)

50mm 각의 분할편 4개를 모아 가접하고 원주 홈을 파서 이것에 지름 4mm인 용접봉으로 S점에서 F점까지 속도 6″/min으로 시계 방향으로 비드를 붙이고 냉각 후 나머지 비드를 놓는다. 그 다음 분할편을 찢어서 비드 파면 내의 균열 조사를 한다.

오스테나이트계 스테인리스강의 균열시험에 쓰인다.

08 용접부 파괴 원인과 대책

1. 개요

용접부는 원래 불연속적인 물체와 물체 사이를 서로 연결시키고 있기 때문에 결함이 생기기 쉬운 응력 집중원으로 되어 있으며, 용접부의 재질 변화도 발생하기 쉽다. 따라서 일반적으로 모재에 비해 용접부는 위험 단면인 경우가 거의 대부분 파손된다.

2. 파괴 원인

① 용접 금속 열영향부의 모재의 화학성분에 따른 경도 증가로 입계균열 형성
② 용접부 노치 존재
③ 피로균열 선단부
④ 탄소당량 과다 시 (모재) bead 하부에 균열 발생
⑤ 용착부 균열
  ㉠ 이음의 강성이 클 때
  ㉡ 모재에 기포 등의 결함이 있을 때
  ㉢ 용접봉 심선이 나쁘거나 봉의 건조가 불량할 때
  ㉣ 이음의 친화성이 나쁠 때
  ㉤ 모재의 유황(S) 양이 많을 때

3. 종합대책

① 용접성을 고려한 적정한 모재 및 용접방법 선정
② 모재에 대하여 적정한 용접재료의 선정과 적정한 보관, 건조, 취급
③ 적절한 용접자세 및 개선 형상의 선정
④ 기후, 기상에 대한 배려와 유효대책 강구
⑤ 품질의식 고취 및 품질 자체검사 철저
⑥ 교육훈련과 적정 배치

4. 결론

용접부 파괴를 사전 방지하기 위한 적절한 모재, 용접방법 및 용접재료 선정에서부터 용접시공 전반에 걸쳐 철저한 품질관리가 요구되며 무엇보다 원인과 방지책을 사전에 충분히 인지하고 예방하여 양호한 품질을 확보해야 한다.

1. 충격시험

① 충격치 또는 충격시험은 용접과 불가분의 관계가 있다. 이는 취성파괴에 견디는 금속의 성질, 즉 파괴인성(fracture toughness)의 척도이다.

② 충격시험 중에서 샤르피 V 노치(Charpy V-notch) 시험은 노치가 천이온도 영역에서 철강의 파괴 거동에 끼치는 영향의 정성적 평가를 위하여 개발되었고, 철강의 규격과 품질 보증에 통상 사용되고 있다. 이 시험은 시편을 파괴할 때의 에너지 흡수를 측정하기 위해서 사용되며, 흡수 에너지를 파괴인성의 측정치로 간주한다.

2. 용접부의 노치취성

1) 강재의 연성파괴와 취성파괴

① 금속이 하중을 받아서 충분히 소성변형을 한 후 파단할 경우 결정은 전단변형을 받아서 가늘고 길게 늘어나서 미세하게 되고 견사를 나란히 늘어놓은 것과 같은 회색의 파면이 되는데, 이것을 연성파면 또는 전단파면이라 한다.

② 이에 대해 연신율이 작은 금속을 인장하면 미끄럼 변형이 일어나지 않고 재료는 인장변형에 거의 직각으로 여려져서 파단하기 쉽다. 이 경우의 파면을 취성파면이라 한다.
취성파면은 각 단결정 내의 특정 결정면에 따라서 절단하고 있으므로 벽개형 파면이라고도 한다. 따라서 취성파면에 빛을 비추면 각 단결정의 벽개면이 반사하여 은백색의 입상이 보인다.

③ 취성균열의 전파는 강중 음속(약 4,900m/sec)의 40% 또는 그 이하에서 현저히 고속으로 일어나는 것이 실측된다.

2) 취성파괴 시험방법

① 노치취성 시험방법으로는 V 샤르피 충격시험, 노치 인장시험, 노치 굽힘시험(COD 시험, NRL 낙중시험, 표면노치 굽힘시험 등)이 있다.

② COD(CTOD) 시험
노치인성의 시험방법으로 V 샤르피 시험 이상의 중요한 의미가 있는 개구량 시험이다.

3) 노치취성에 영향을 미치는 실험조건과 치수효과

① 저온

저온의 단순한 인장시험에서 구조용 강재는 $-180 \sim -190\,°C$ 부근에서 갑자기 취성화된다. 이것은 체심입방격자의 특유한 경향이며, 면심입방격자인 알루미늄, 구리, 오스테나이트계 $Cr-Ni$ 스테인리스강에는 이 경향이 보이지 않는다.

② 변형속도

날카로운 노치가 있는 시험편에서는 변형속도 V가 빠를수록 천이온도가 높아진다.

③ 노치현상

노치현상이 날카로울수록 강재의 노치인성이 저하된다. 노치가 없는 시험편에 비교하면 노치가 붙어 있는 시험편의 흡수 에너지는 $1/2 \sim 1/10$로 감소한다. 인장강도는 $3 \sim 35\%$ 감소하고, 날카로운 가스 노치 및 보석용 톱에 의한 노치의 경우에는 항복점에 달하는 순간 곧바로 여려져 파단한다.

노치의 영향은 판 두께가 클수록 크게 된다. 즉, 노치 반지름 R과 판 두께의 비가 작을수록 천이온도가 상승하고, 파괴까지의 흡수 에너지는 작게 된다.

④ 치수효과

기하학적 형상이 상사하여도 대형의 시험편일수록 노치인성이 떨어지는 현상이다.

4) 노치취성에 미치는 야금학적 인자의 영향

① 화학성분과 압연

연강의 노치인성을 높여서 천이온도를 낮게 하려면 탄소량을 낮게, Mn 양을 높게 하는 것이 효과적이다. Mn/C 비의 증가와 함께 천이온도가 낮아진다.

② 탈산방식

구조용 강재에서는 탈산이 진행될수록 노치인성이 우수한 경향이 있다. 또한 알루미늄을 약간 가한 킬드 세립강은 더욱 양호하다.

③ 세립화

탄소강에 소량의 Al, Ti, Zr, Nb, Ce 등을 첨가하면 압연한 그대로도 세립강을 얻으며 노치인성이 향상되는 경향이 있다. 또한 이들의 특수원소는 탄소와 질소를 안정화시켜 강의 시효성을 감소시키므로 이 점에서도 노치인성의 향상에 도움이 된다.

④ 열간압연

압연온도, 특히 압연종료온도가 높거나 압연 후 서랭하면 페라이트 입자가 거칠어져 노치인성이 저하된다. 연강판의 압연 사상온도는 $820 \sim 930\,°C$에서는 천이온도에 거의 영향을 미치지 않지만 약 $1,000\,°C$ 이상이 되면 천이온도를 크게 상승시킨다.

⑤ 열처리와 퀜칭 시효

열처리는 강의 노치인성에 크게 영향을 비친다. 850~900℃에서의 노멀라이징에 대해서는 최저의 천이온도, 즉 가장 좋은 노치인성을 표시하지만 1,000℃ 이상이 되면 천이온도를 크게 상승시킨다.

5) 용접부의 노치취성

① 용착강과 모재의 경계본드는 융점까지 가열한 곳에서 그 부근의 모재는 과열조직을 나타내며, 단단하고 충격치는 낮으며 천이온도는 높다.

② 연강의 아크용접은 본드에서 1~2mm 떨어져 있는 부분, 즉 약 900℃ 부근까지 가열된 부분은 세립의 노멀라이징 조직으로 되어 있어 천이온도가 가장 낮다.

③ 한편, 이 외측에서 최고 가열온도 400~600℃에 달한 부근에 가장 취성화한 영역이 생긴다.

④ 이것은 용접 냉각 중의 변형시효와 퀜칭시효의 종합적인 영향이라고 볼 수 있다.

1. 개요

반복하중을 받는 용접이음의 강도, 이른바 피로강도는 그 정적 강도와 관계가 없고, 이음형상과 용접부의 표면상황에 민감하게 영향을 미친다. 용접 구조물의 파괴는 보통의 인장시험과 같이 정적 하중이 너무 걸려 소성변형이 생김으로써 파괴되는 예는 비교적 적고, 오히려 노치 부분에서 낮은 온도에서 발생하는 취성파괴나 반복하중에 의해 파괴되기 쉽다. 특히, 기계, 차량, 항공기 등의 반복하중을 받는 용접부에서 발생한다.

2. 용접부의 피로강도

1) 맞대기 이음

① 덧살의 대소, 이면용접의 유무, 용접결함의 존재에 따라서 크게 영향을 미친다. 이면용접이 불충분하면 피로강도는 약 20~50% 이상 저하하고, 이면용접을 하지 않으면 나쁜 영향이 더 커진다. 또한 용접부의 덧살 제거, 응력제거 어닐링, 연삭 등의 영향이 맞대기 이음의 피로강도에 크게 영향을 미친다.

② 결함이 있는 맞대기 용접이음의 피로강도는 크게 저하한다. 예를 들면, Cr-Mo 강의 맞대기 용접이음에 미소한 균열이 있으면 피로강도는 약 50% 저하하고, 약 1mm 깊이의 균열이 있으면 피로강도는 1/4 정도로 저하한다.

2) 필릿이음

필릿용접의 피로강도는 맞대기 이음에 비해 상당히 낮은 것이 보통이다. 이것은 루트부의 응력집중이 매우 크기 때문이며, 광탄성 실험에 의하면 루트부나 지단부에는 약 8배에 달하는 응력집중이 있을 정도이다. 피로강도의 증가를 위해서는 완전 용착이 필요하다.

3) 고장력강의 피로강도

① 고장력강의 내피로성은 연강보다 나쁘다. 특히, 용접한 그대로는 토부의 응력집중이 피로균열을 발생시킨다. 토부에 작은 비금속 개재물이나 표면결함이 존재하여 이것이 날카로운 노치로 되기 때문이다.

② 토부의 피로강도 증가방법에는 토부의 연마에 의한 평활화(2배 이상 증가), 플라스틱에 의한 피복, 용접부의 숏 블라스팅이나 피닝, 용접부의 적당한 열처리, 용접부에 압축 잔류응력이 생기지 않도록 부근을 점 퀜칭하는 것 등이 있다. 또 덧살을 적게 하고, 필릿에서는 h형 단면을 피하는 일이 중요하다.

4) 고응력 피로(소성피로, 저사이클 피로)

① 용접부는 덧살이나 필릿을 쌓거나 용접결함의 존재에 따라서 날카로운 노치가 많고 탄성적인 응력집중은 2~7 정도이므로 구조물의 설계하중의 기본에서도 쉽게 소성변형을 받는다. 따라서 용접용 강재에서는 항복점 이하 하중에서의 저응력 피로(또는 탄성피로) 이외에 항복점을 조금 넘는 경우의 고응력 피로가 문제가 된다. 이 경우는 약 10^4회 정도의 저사이클에서 균열이 발생한다.

② 고응력 피로의 파면은 탄성피로 파면과 같이 조개껍질 모양으로 되지 않고 가운데가 가늘어지는 모양이 되는 경우가 있다.

1. 방사선투과검사의 원리

투과성이 높은 방사선을 투사하여 내부결함을 검출하는 방법이다. 방사선이 시편을 통과하여 두께, 재료의 종류, 홈이나 결함의 존재에 따라서 차등적으로 흡수되며, 이러한 결함 등으로 인해 투과량의 차이가 발생한다. 필름 또는 검출부는 유경험자에 의해 결함 유무의 판독이 가능하다.

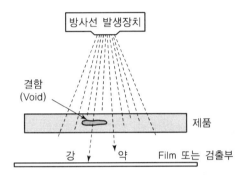

2. 방사선의 종류

1) X-선

가장 대표적인 방사선 검사장비이다. 전압이 높을수록 짧은 파장의 X-선을 방출하여 투과력이 증가한다. 투과력이 증가하면 해상도가 떨어져서 일정 크기 이상의 결함이 검출 가능하다. X-선은 고속으로 움직이는 전자가 표적 원자와 충돌하여 발생하는 전자기파이며, 고속의 전자가 궤도전자와 충돌하여 특성 X-선이 발생하고, 원자핵과 상호 작용하여 연속 X-선이 발생한다.

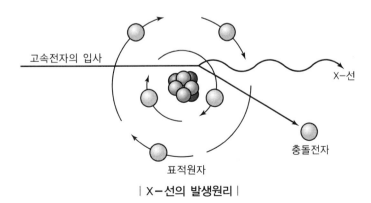

| X-선의 발생원리 |

2) γ-선

X-선보다 파장이 짧고 투과력이 크다. 또한, 장치가 간단하며 전력이 불필요하다. 그러나 방사선 발생원에 따른 파장이 정해져 있어 융통성이 떨어지고 노출시간이 긴 것이 단점이다. 원자핵은 양성자와 중성자가 균형을 이룰 때 안정한 상태를 유지하고, 균형을 이루지 못하는 경우에는 분열 또는 붕괴하여 여기상태에서 기저상태로 바뀌는데, 이때 방출되는 전자파를 감마선이라고 한다.

3) 중성자선

열 중성자선은 납과 우라늄 등 원자번호가 큰 물질에 높은 투과력을 보이고 원자번호가 작은 물질에는 잘 흡수된다. 납땜부 등의 검사에 이용된다.

3. 방사선투과검사의 특징

1) 장점

① 재료의 내부로 침투하여 내부결함의 검사가 가능하다.
② 대부분의 공업재료에 적용 가능하다.
③ 검사 결과는 필름으로 영구 보존이 가능하다.
④ 결함의 크기 및 종류의 검출이 용이하다.

2) 단점

① 장비가 고가이고, 방사능에 대한 주의가 필요하다.
② 결함이 적어도 두께의 2%가 되어야 탐지 가능하다.
③ 화상은 3차원의 물체를 2차원으로 투상한 것이므로 내부의 결함의 위치는 다른 각도에서 2차적인 검사를 수행하여 얻는다.
④ 복잡한 형상의 경우에는 노출조건을 맞추거나 광원, 시편, 필름의 적당한 방향을 구하는 데 문제가 생길 수 있다.

4. 방사선투과검사의 수행

방사선투과검사의 주된 목적은 재료 내부에 존재하는 결함을 검출하는 것이며 검사방법이 적절해야 이러한 검사 목적을 달성할 수 있다. 방사선투과검사의 수행 시 고려해야 할 기본사항은 시험체에 따라 방사선원과 필름을 선정하고 적절한 방법으로 검사를 수행하여 투과사진의 감도를 높이고, 효율적인 검사가 되도록 해야 한다는 것이다.

투과사진의 감도는 방사선원의 종류, 필름의 종류, 선원-필름 간 거리, 노출조건, 현상 등에 의해 영향을 받는다. 투과사진의 감도를 높이기 위한 일반적인 수행 원칙은 방사선원의 에너지는 시험체의 재질과 두께에 따라 적절하게 선택하고 선원－필름 간 거리는 되도록 길게 하는 것이다. 또한 효율적인 검사는 촬영기법에 따라 달라지는데, 이는 시험체의 형태, 검사조건 등에 많은 영향을 받는다.

12 RT(Radiographic Test)에서 용접결함 종류별 판독 방법

1. crack(균열)

선단이 매우 예리하고 선상 혹은 노치상으로 나타난다. 균열은 방사선과 투과시험검사에는 검출되기 어려운 결함의 하나이다.

가늘고 예리한 검은 선상에 나타난다. crack이 발생하기 쉬운 재료, 용접방법, 구조인 경우에는 미립자 film을 사용하고 때로는 조사각도를 바꾸어 재촬영하는 것이 바람직하다.

2. blowhole(porosity와 pipe)

용접할 때 용착금속 내에 잔류한 gas 때문에 공동으로 된 것이다. 투과사진상에 독립된 원형상의 현상이며 비교적 판별하기 쉽다.

film상에 검은 점으로 나타난다. pipe는 파이프상으로 되어 가늘고 긴 꼬리를 빼면서 나타난다. slag inclusion에 비해 둥글며 형상이 가늘게 되어 있다.

3. spatter

작은 spatter의 입자는 투과사진의 film상에 별다른 영향을 미치지 못하고 용접부에 접해 있는 굵은 물방울이 bead에 붙어 있는 상태는 희미한 상태의 흰 상으로 나타난다.

4. overlap

겹치기 현상은 방사선투과사진 film상의 결함에 overlap 부분이 용접부에 비해서 약간 흰 부분으로 나타난다. 즉, 투과도계 두께에 따라 적어지기 때문에 흰 부분으로 나타난다.

5. undercut

용접부 가장자리 부분에 검고 불규칙한 선상으로 나타난다. 균열과는 달리 약간 굵은 선상을 표시하며 노치현상이 나타나는 것과 같다. film상에 용접비드 가장자리에 약간 굵은 손톱자국 같은 검은 선상으로 나타난다.

6. slag inclusion

용접할 때 생성되는 슬래그가 용착 금속 내에 남아 있는 것으로, 작업자의 운봉방법이 미숙하고 전층의 슬래그 제거가 불충분할 때 발생한다. 투과사진상에 현상이 대단히 복잡한 것과 선상으로 나타나며, 이것을 slag line이라고 부른다. 기공과 비교하면 어딘가 터져서 찢긴 모양이며 기공보다는 다소 연한 검은색을 띤 불규칙한 개재물을 표시한다.

7. lack of fusion(융합 불량)

용착금속과 모재가 융합되지 않아 불연속 부분이 남아 있는 것으로, slag line과 구별하기 어렵다. 보통 결함폭이 약간 넓고 직선적이다. 또한 용접 중앙에 원형상으로 나타나는 경우도 있다.

8. lack of penetration(용입 불량)

용접부가 잘 용융되지 않고 홈의 일부가 그대로 남아 있는 상태이며 투과도사진상에는 용접선의 중앙부에 직선상으로 나타나므로 매우 판별하기 쉽다. 잠호 용접일 때는 용접 비드의 중앙부에 연속 기공으로 되어 검출될 수 있다. film상에 검고 진한 직선상의 결함으로 구분하기 쉽게 나타난다.

검사항목	방사선 검사 특성	초음파 검사 특성
균열 검사 방향	균열 방향에서는 검출이 어렵다.	RT검사가 어려운 방향의 검사가 명확하다.
결함의 판 두께 방향	판정이 불가능하다.	위치 추정이 용이하다.
필릿 용접부 검사	어렵다.	방사선보다 쉽다.
검사물의 양면 검사	검사물 양면에 접근할 수 없으면 어렵다.	한쪽에서 접촉할 수 있으면 가능하다.
결함의 평면적 형상	판명되고 결함 측정이 용이하다.	대략 형상은 알 수 있으나 종류 추정은 어렵다.
기록 보존 여부	영구적 기록을 얻은 후 판정할 수 있다.	사진 촬영은 할 수 있으나 기록으로는 부족하며 즉석에서 판정해야 한다.
기공 판정	명료하게 기록된다.	기공의 에코는 비교적 적다.
0.05mm 이하의 다공성	기록이 어렵다.	에코가 생기지만 방해되는 경우는 제거할 수 있다.
기기 중량	크다.	소형 경량이다.
필름 현상	현상처리, 검사기간이 길다.	검사기간이 짧다.
필름 소모	크다.	거의 소모되지 않는다.
인체 장애	많다.	해가 없다.
기타	총체적, 경상비가 고가이다.	종합적인 경상비가 저렴하다(방사선의 20%).

14 주철냉간용접법

1. 개요

주철은 아주 취약하여 용접균열이 생기기 쉬우므로 용접성이 불량하다. 특히, 주철 중에 많이 함유된 탄소가 용접 중에 산화하여 탄산가스가 발생하게 되며 작업성을 해치는 동시에 용접금속에 블로홀을 생성한다. 용접부는 냉각 시 급랭에 의하여 백선화하고 수축이 많아 균열이 생기기 쉽다.

주철용접 시에는 가능한 한 모재를 저온상태로 유지하여야만 용접 중 crack이 발생하지 않는다.

2. 주철냉간용접법

1) 용접봉 선정

① monel metal(70Ni, 30Cu) 용접봉
② 니켈 용접봉
③ 용접봉 직경은 32mm 이하를 사용하여 입열량을 최소화한다.

2) 용접전류

연강용접 시보다 낮게 조정한다.

3) 용접법

① 용접봉 끝은 진행 방향으로 5~10° 정도 진행각을 두고 연강아크보다 짧은 아크를 사용한다.
② crack부를 따라 V형 개선홈을 가공하고 표면피막을 제거한 후 기름, 먼지, 녹 등의 이물질을 제거한다.
③ crack 진행 방향은 백묵을 침투시켜 확인한다.
④ 미세 crack 진행을 막기 위해 눈으로 확인된 crack 끝단으로부터 10~20mm 앞에 2~3mm drill 가공을 한다.

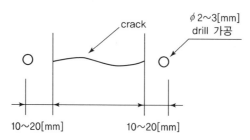

| 미세 crack 진행 방지를 위한 drill 가공 |

⑤ 용접순서를 정한다.

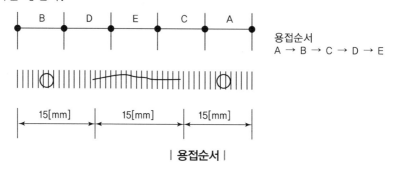

| 용접순서 |

⑥ Crack부 1층 용접 시 가는 Ni 용접봉으로 위빙하지 않고 용접한다.

⑦ 냉각 시 응력 제거를 위해 피닝법을 사용한다.

⑧ 1층 용접부가 완전 냉각된 후 2층 용접을 시행한다.

⑨ 용접 완료 후 냉각 시까지 피닝법을 사용한다.

Question

15 강교(교량)용접

1. 개요

최근 강교량이 점차 많이 제작·설치되고 있으므로 보다 안전한 상태로 제작·관리하여 내용연수에 그 기능을 충분히 발휘할 수 있도록 해야 하며, 특히 강교량은 용접구조물(box girder)로 용접관리에 철저를 기하여야 한다.

2. 강교 제작공정

강재 입고 → 표면 처리(전처리) → 마킹/절단 → 판개 → 부재 조립 → 용접 → 가조립 → 도장 → 포장/운송

3. 강교용접

1) 적용기준

① 강교 표준시방서
② AWS D 1.1
③ 용접 hand book
④ 강교 시공편람
⑤ 기타 관련 규격(KS, JIS, AISC)

2) 용접법

① 피복 arc 용접(수용접)
② CO_2 용접
③ submerged arc 용접

3) 용접시공

① 확인사항(용접 전)
  ㉠ 강재의 종류와 특성
  ㉡ 용접방법, 홈(개선), 형상 및 용접재료의 종류와 특성
  ㉢ 조립되는 재편의 가공, 용접부 청결도, 건조상태, root 간격, 개선각도, 개선면
  ㉣ 용접재료의 건조상태
  ㉤ 용접조건과 용접순서

② 용접공(유자격자)

용접자는 KS B 0885에 정해진 시험 및 AWS D 1.1에 의한 자격증 소지자를 투입한다.

③ 가용접(tack welding)

용접부의 시작점과 끝나는 점 50mm 이내에서는 가용접을 하지 않는다.

④ 용접재료

㉠ 재료선정 : 연강용/저수소계 피복아크용접봉

㉡ 재료관리 : 용접재료는 흡습이 안 되도록 보관하고 흡습이 된 것은 용접재료의 조건에 따라 해당되는 건조조건에서 건조하여 사용하여야 한다.

⑤ 모재 예열

㉠ 강재의 화학성분, 두께, 이음구 속도, 강재 온도, 용접입열량, 용접금속의 수소량 등을 고려하여 적정한 온도로 예열한다.

㉡ 강재의 mill sheet에서 탄소당량이 0.44%를 초과할 경우 예열한다.

4) 용접검사

① 시공 전 검사 : 시공계획, 용접사 기량시험, 용접재료와 설비의 점검
② 시공 중의 검사 : 용접 작업상황의 검사(개선형상, 청소, 예열, 용접조건)
③ 시공 후 검사 : 용접 bead 외관검사, butt 용접부의 방사선투과검사

16 용접자동화

1. 개요

현재 현장에서 흔히 볼 수 있는 수동 용접과는 달리 용접시공시스템을 자동화한 것으로서 드럼으로 된 와이어가 자동 공급되고 이와 함께 플럭스가 공급되어 와이어를 커버하며, 아크가 발생되어 용접되는 과정을 말한다.

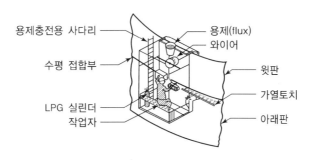

| 자동용접기 설치 · 운영방법 |

1) 자동용접의 장점

① 소수인원으로 많은 양의 작업을 할 수 있다.
② 인건비(노임)를 많이 절감할 수 있다.
③ 전력 소모량이 많이 감소된다(약 20% 절감).
④ 수동용접처럼 repair work가 별로 없다.
⑤ 외관 비드 모양이 일정하므로 제품이 깨끗하고 우수하며 품질도 보장된다.

2) 자동용접의 단점

① 용접 기계의 국내 생산이 전무한 상태로 외제를 구입해야 한다.
② 금액이 고가이므로 널리 보급되기 어렵다.
③ 기계가 중량이므로 장비가 없으면 이동이 어렵다.

2. 자동용접기의 종류

① fillet welding M/C(저판용)
② horizontal welding M/C(수평용접용)
③ vertical welding M/C(수직용접용)

이와 같이 자동용접 공사에 필요한 용접기는 3가지로 분류되며, ②, ③의 용접기는 싱글과 더블이 있다. 싱글 용접기 사용이 능숙해지면 더블도 사용할 수 있다.

3. welding operator

automatic welding operator는 충분한 기간의 훈련을 받은 숙련공으로서 해당 기관의 승인을 받아야 한다.

4. 용접재료의 관리

① 와이어는 비나 습기를 피할 수 있는 창고에 보관하여 사용한다.
② 플럭스는 비나 방습이 충분히 고려된 창고에 보관하고 사용 전 250℃에서 1시간 이상 건조하여 사용한다.
③ 가접은 수동용접기준에 준한다.

5. 전후관리

다음의 경우 용접을 중지한다.
① 비가 내릴 때(소량의 비는 제외)
② 작업자의 상대습도가 90%를 넘을 때
③ 풍속이 10m/s 이상일 때
④ 대기온도가 −10℃ 이하일 때

6. 자동용접시공

저장탱크 설치공사에 적용되는 용접시공은 다음과 같다.

1) bottom plate welding

bottom plate welding은 manual welding과 같이 plate placing이 완료되면 수직심을 제외하고 수평 랩 조인트만 용접하는 것으로서 2LAP이나 3LAP 부위는 최소한 250m/m 정도는 남겨 놓은 상태에서 strait만 용접하며 수직겹침(T−Joint) 되는 부위는 수동용접기준에 준하여 용접한다.

① 주의사항
  ㉠ 수동용접과 달리 용접 부위를 청결하게 해야 한다(기름, 먼지, 모래, 오물, 물, 습기).
  ㉡ 용접장이 짧은 경우는 수동용접이 효율적이다.

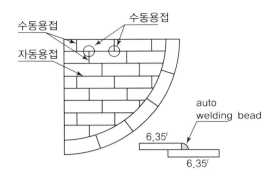

| bottom welding 형태 |

2) horizontal welding

horizontal weld start 시점은 shell plate가 2단까지 설치된 후 버티컬 수동용접이 끝난 후이다. 우선 horizontal 취부상태의 root gap, tack welding 등의 상태를 점검 확인한 후에 시작하며, 갭이 1m/m 이상일 때는 수동용접으로 얇게 갭을 메꾸어 준 후에 본 용접을 행해야한다(1m/m 이하일 때는 관계없음).

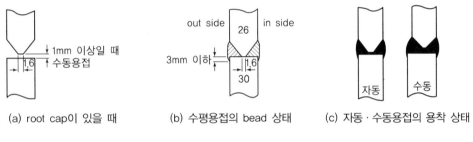

(a) root cap이 있을 때   (b) 수평용접의 bead 상태   (c) 자동·수동용접의 용착 상태

| horizontal welding의 형태 |

3) vertical welding

vertical welding은 수평용접과는 조금 다르다. 와이어에 들어 있는 액체약품이 모재와 용착금속을 융합하며, 수평용접처럼 플럭스가 없고 대신 CO_2 가스를 사용하여 양호한 용접성과깨끗한 비드를 낼 수 있다.

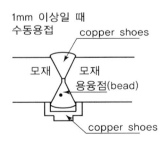

| vertical welding의 형태 |

제조공정설계

PROFESSIONAL ENGINEER METAL WORKING

CHAPTER 01 제조공정설계의 개요

SECTION 01 | 제조공정설계의 정의

제조공정설계는 제품을 생산하고자 할 때 그 제품의 제조과정, 즉 공정(Process)에 관한 것으로, 원자재를 이용하여 도면에 따라 제품을 제조해 나가는 과정을 효율적으로 설계하는 것이다. 모든 생산제품은 그 제조과정을 다양하게 생산할 수 있으나, 그중에서 어떠한 제조과정으로 생산하느냐에 따라 제품생산시간이나 생산 난이도, 생산 가능 여부 등이 달라지게 된다.

SECTION 02 | 제조공정설계의 역사

제조공정설계의 발달은 각종 생산제조기계들의 발명과 함께 이루어져 왔다고 볼 수 있다. 특히, 생산제조 과정에서 생산효율성을 높이기 위한 방안으로 제조공정설계의 필요성은 점점 커지게 되었다. 이러한 제조공정설계 기술의 발달은 자동화기계 쪽으로 점차 발전하여 현재는 자동화기계의 자동제어에 대한 소프트웨어 분야까지 공정설계에 영향을 미치고 있다.

1 제조공정설계 관련 생산기계류

1) 주조 및 단조기계

| 주물작업 |

2) 성형기계

프레스, 사출성형기 등

| 프레스 | | 사출성형기 |

3) 절삭기계

밀링머신, 선반기계, 프레스, 드릴머신 등

| 선반 |

| 밀링머신 |

4) 용접기계

전기용접기, 가스용접기 등

| 전기용접기 |

| 가스용접기 |

5) 조립기계

반자동 또는 자동 조립기계 등

6) 물류기계

지게차, 크레인 등

| 지게차 |

| 크레인 |

제조공정설계의 특징은 일정한 한 분야의 전문적인 이론이라기보다는 생산기술 분야의 한 부분을 담당하고 있는 것으로 볼 수 있다. 즉, 제조공정설계는 생산기술 업무를 완성하는 여러 결과 중의 하나가 되며, 철저히 현장 중심의 사고가 필요한 분야이다.

따라서 제품생산을 효율적으로 추진하기 위한 제조공정 설계능력은 공학도가 배우는 각 과목별 전문지식을 충분히 숙지한 상태에서 제조현장 업무특성, 제품설계 특성, 생산흐름 특성 및 각종 설계이론의 적용 특성들을 현장작업 기준으로 이해하고 있어야 가능하다. 특히, 창의적인 사고력과 무엇이든 받아들일 수 있는 유연한 자세가 필요하다.

---

1 제품설계

일반적으로 제품설계는 우리가 필요로 하는 성능을 갖는 신제품을 무(無)의 상태에서 유(有)의 상태로 고안하여 만드는 연구개발(R & D) 업무로 정의할 수 있다. 특히, 업무 중에 고안된 아이디어를 원하는 크기와 성능으로 최적상태를 유지하면서도 제작이 가능한 구조와 치수를 결정하는 것이 제품설계의 핵심이다.

이러한 제품설계의 실행에는 기계요소설계 및 기계제도 지식뿐만 아니라 CAD 등의 전산프로그램기법과 기계공작법 등의 현장지식을 포함한 해당 분야의 다양한 전문지식이 요구된다. 특히, 최상의 제품설계를 위해서는 최적 설계의 개념이 적용되어야 하며 이것은 고도의 기계요소설계 기법이 적용되지 않으면 안 된다.

따라서 제품설계는 다양한 전문분야의 지식을 기초로 하되, 현장작업 상황을 적절하게 응용한 종합적인 응용설계기술을 갖추고 있어야 최적의 결과를 얻을 수 있다.

2 연구 및 개발업무의 특성 비교

제품을 설계 개발하는 과정은 크게 연구업무를 주로 수행하는 경우와 개발업무를 주로 수행하는 경우로 나눌 수 있다.

1) 연구업무

연구업무의 종합적 특성은 정형화되지 않은 것에 대한 새로운 창조활동이라고 볼 수 있다. 따라서 연구업무의 목적은 새로운 가치를 창출하는 데 있으며 이를 위해 창의력을 바탕으로 불확실한 것을 확실하게 정의하여 주는 것이다.

이러한 연구활동의 결과는 무형의 형태로 남게 되며, 결국 효과지향적인 업무가 되어 보이지 않는 성과로 도출된다.

2) 개발업무

개발업무의 종합적 특성은 정형화되지 않은 것에 대한 새로운 창조활동이라는 점은 연구업무와 같으나 여기에 더해서 정형화된 문제 해결이 요구되는 업무이다. 따라서 개발업무의 목적은 새로운 가치가 창출되면 이것을 사업적인 가치로 변화시키는 데 있다.

이를 위해 창의력을 바탕으로 목표를 설정하고 이 목표에 대한 추진계획과 실행(action)을 통해 정해진 목표를 유형의 상태로 만들고, 이것을 실험을 통해 확인하는 과정을 수행하게 된다. 이러한 개발활동의 결과는 사업화와 실용화가 가능한 보이는 성과로 도출된다.

▼ 연구업무 및 개발업무의 특성 비교

구분	연구업무	개발업무
특성	정형화되지 않은 것에 대한 새로운 창조활동	정형화되지 않은 것에 대한 새로운 창조활동뿐만 아니라 정형화된 문제해결 활동
추진목적	새로운 가치의 창출	새로운 가치를 이용하여 사업적 가치로 변화시킴
업무방식	창의력을 발휘하여 불확실한 것을 확실하게 함	창의력을 바탕으로 목표를 설정 후 추진계획과 실행을 통해 목표를 유형 상태로 만듦
결과	무형의 형태로 남아 보이지 않는 성과로 도출됨	사업화와 실용화가 가능한 보이는 성과로 도출됨

SECTION 02 | 설계목표

1 설계목표 결정

연구개발업무는 무형의 상태에서 유형의 상태를 창조해내야 하는 과정이다. 따라서 초기의 연구개발업무는 거시적 관점에서 설계목표를 결정하는 것이 필요하다.

1) 설계목표 결정 절차

① 지역적 특성 및 환경을 포함한 시장조사 및 분석
② 유망한 목표의 압축
③ 압축된 유망한 목표 내에서 유망 영역의 압축

④ 연구개발 가능성을 고려한 목표 결정 검토

⑤ 최종 연구개발 목표 결정

2) 목표결정절차(flow)의 세부 항목

① 설계개발품목 선정

    ㉠ 지역특성

    ㉡ 수요량

    ㉢ 국민성

    ㉣ 발전방향

② 목표제원 결정

    ㉠ 고객선호도

    ㉡ 시장성

    ㉢ 경제성

    ㉣ 지속성

    ㉤ 목표 스펙(specification) 결정

② 설계목표 수행

1) 연구개발 업무분장

설계목표를 수행하기 위해서는 다양한 업무분류가 필요하며 이에 대한 책임과 권한도 부여 되어야 한다.

① 연구팀장

    ㉠ 설계/개발계획서 작성 및 검토

    ㉡ 설계입력자료 검토

    ㉢ 단계별 설계검토 실시

    ㉣ 설계 출력문서 승인

    ㉤ 설계검증 및 설계 검인정 실시

    ㉥ 설계 변경관리

    ㉦ 식별/추적관리 제품선정

    ㉧ 설계요원 자격인증

    ㉨ 구매시방서 작성 및 승인

② 개발팀장

    ㉠ 전장품 개발

    ㉡ 도면/자료관리

    ㉢ 연구소 기술관리 표준화 주관

    ㉣ 시제품 제작 및 시험

    ㉤ 구매시방서 작성 및 승인

    ㉥ 장비 매뉴얼(manual) 제작관리

    ㉦ 특허관리

2) 연구개발 조직

원활한 연구개발을 위해서는 연구개발 업무분장에 따른 합리적인 연구개발조직의 구성이 필요하다.

3) 연구개발 계획

연구개발 목표가 결정되면 이에 대한 실행이 추진되어야 한다. 이때 체계적이고 효율적인 연구개발을 위해서는 연구개발 계획의 수립이 필요하다.

SECTION **03** │ **생산작업 환경분석**

1 생산작업 환경분석의 개요

기업에서 연구개발을 하는 기본적인 목적은 실제로 제품을 제작하기 위한 것이다. 따라서 제품을 연구개발할 때 그것이 아무리 좋은 상품이거나 훌륭한 성능을 가지고 있다 해도 실제 제작에 어려움이 있으면 아무런 소용이 없다.

즉, 기업에서 부가가치 창출을 위한 제품의 연구개발은 어떤 제품을 창의적으로 개발할 것인가 하는 무엇(what)보다도 어떻게 제작할 것인가에 대한 방법(how)이 더 중요하다. 제작할 수 없거나 제작하기 어려운 기술은 부가가치를 중요시하는 기업에서는 실용성이 떨어지기 때문이다.

따라서 제품의 연구개발 시에는 연구개발의 기본 이론지식뿐만 아니라 처해진 생산작업 환경을 고려하여, 주어진 작업환경 속에서 제작이 가능하도록 설계하는 능력이 필요하다.

② 생산작업 환경분석 시 고려사항

연구개발 업무 시 고려해야 할 작업환경 분석항목은 다음과 같다.

① 현장작업인력의 기술수준
② 협력회사 작업인력의 기술수준
③ 현장보유기계의 종류 및 수량
④ 협력회사의 보유기계 종류
⑤ 소요원자재의 국내구매 가능성
⑥ 소요원자재의 회사 내 사용현황
⑦ 치구의 필요 여부
⑧ 금형의 필요 여부
⑨ 공작기계의 작업방식 및 작업능력
⑩ 생산성 향상방법
⑪ 전용기 제작 필요 여부
⑫ 각 공정별 작업능력
⑬ 작업환경 영향 여부
⑭ 기타 효율적 제작에 필요한 요구조건

SECTION **04** | 레이아웃(layout) 설계

---

① 레이아웃 설계의 개요

제품의 연구개발을 위하여 설계에 임할 때 가장 먼저 고려해야 하는 것이 레이아웃 설계이다. 설계하고자 하는 제품이 요구하는 성능을 얻기 위해서는 그 제품의 구조를 어떻게 구성할 것인가가 중요한 설계방향의 지표가 되기 때문이다.

레이아웃 설계의 기본은 설계하고자 하는 제품의 주요 구성품을 어떻게 배치할 것인가 하는 것이다. 차량의 설계를 예를 들면, 차량의 엔진을 앞부분에 둘 것인가 혹은 뒷부분에 둘 것인가, 앞부분에 둔다면 왜 앞부분이어야 하는가, 반대로 뒷부분에 둔다면 왜 뒷부분이어야 하는가를 연구 · 검토하고 그 결과에 따라 엔진의 위치를 정한다. 그런 다음 트랜스미션(transmission)의 위치와 드라이브 샤프트(drive shaft), 차축(axle)의 위치를 정하고 운전석의 위치와 승차인원을 정한다. 그 다음으로 차폭과 차의 길이, 높이 등을 순차적으로 정하여 설계하고자 하는 제품의 주요 구성도를 확정한다.

2 목적

생산시스템의 효율을 높이도록 기계, 원자재, 작업자 등의 생산요소와 서비스 시설의 배열을 최적화하는 것이다.

3 레이아웃 계획의 기본내용

① 어디에
② 무엇을
③ 얼마만큼의 공간(space)을 주어서
④ 어떤 관계의 위치에 놓을 것인가를 면밀히 설정한다.

4 검토사항

① 제품(prduct) : 무엇을 생산하는가?
② 수량(quantity) : 얼마만큼 각 품목을 생산하는가?
③ 경로(route) : 어떻게 해서 (프로세스의 순서 – 공정) 그것을 생산하는가?
④ 보조서비스(supporting service) : 무엇으로 생산을 지원하는가?
⑤ 시간(time) : 언제(when) 생산해야 하는가?

5 레이아웃의 3조건

① 물건의 흐름
② 사람의 움직임
③ 흐름

6 레이아웃 개선의 기본개념

① 공정의 합리화로 설비 재배치
② 치공구 개선으로 작업방법 개선
③ 한 개씩 흐름 작업으로 재고 감소 및 생산관리 용이
　　㉠ 흐름 작업의 목적
　　　• 작업 간의 작업 배분
　　　• 공정 간의 재고 감소
　　　• 낭비 제거로 능률 향상

ⓛ 한 개 흐름 작업의 필요조건

- 두 사람 이상의 분업이 성립되어 있어야 한다.
- 분업 작업자 간 직접 연결되어 있어 중간에 고여 있을 장소가 없어야 한다.
- 상시 연속적 작업 일량이 되어야 한다.

7 설계기술의 이해

1) 기술개발의 궁극적 목표

① 기술 프로젝트(project)의 추진과 성공 여부는 그 목표가 될 수 없으며, 부가가치 창출 여부가 목표이어야 함
② SCI 논문채택이 문제가 아니라 개발제품의 경쟁력 향상에 응용 가능한 연구결과가 필요
③ 유명 대학(해외유학 등)의 학위취득이 목표가 아니라 습득한 기술이 전공분야에 실용 측면에서 기여할 수 있느냐가 중요

2) 일반설계

① 각 components의 구조 및 기능설계
② 설계 스펙에 맞추어 생산
③ 현시적 형태의 기술
④ 생산 및 검사 관련 기술 필요
⑤ 체계적인 일괄 습득 기능

3) 응용설계

① 완성제품의 성능지향 복합적 설계
② 설계 스펙 결정 시 각 components 간의 연관성 고려
③ 암시적, 기본설계 이론, 실험 이론, 시장요구 내용, 설계 창작(아이디어), 경험적 know-how 기술이 요구됨
④ 실험, 측정, 물리, 전자, 기계, 생산 등 다분야의 종합기술 필요
⑤ know-how적인 측면이 강하며 체계적인 일괄 습득이 어려움

4) 응용설계기술의 현실

① 응용설계기술의 기술사회의 이해 부족
② 응용기술의 중요성을 과학기술계에서 인정받기 어려움(과학기술계의 아집과 무지에서 오는 문제임)
③ 과학기술인들이 응용기술 분야에 눈뜨는 것이 필요

1 도면작성의 개요

제품의 연구 개발 시 레이아웃 설계가 되면 이에 대한 구체적인 조립도와 단품 도면의 작성이 필요하다. 여기서 단품도면은 1품 1도를 원칙으로 한다. 1품 1도란 하나의 도면에는 하나의 부품만 그린다는 의미로 모든 부품은 완전히 분해된 상태에서 각각의 도면으로 그려져야 한다. 이 것은 도면을 이용하여 제작작업 시 공정설계에 필수적인 요소로 생산성 향상에 기여하게 된다.

2 도면작성 방법

도면작성은 반드시 주어진 규정양식과 규격에 의해 작성되어야 한다. 도면 작성 시 적용해야 할 규격이나 규정양식에는 다음과 같은 것들이 있다.

① KS 규격에 의한 제도법
② KS 규격에 의한 도면 사이즈(size)
③ 제작에 필요한 설계치수 적용
④ KS 규격에 의한 규격품 적용
⑤ 구입 가능한 재질 선정
⑥ 적정 공차 적용
⑦ KS 규격에 의한 3각법 적용
⑧ 도번부여방식 등 기타 사내 규칙에 따른 규격 및 양식 적용

SECTION 06 | 도면설계 변경

1 도면설계 변경의 개요

도면은 연구 개발 시에 정확히 설계되었더라도 생산과정에서 여러 가지 이유로 설계 변경해야 하는 경우가 발생하는데, 이때 반드시 도면을 변경한 이력이 남아 있도록 해야 한다. 도면의 변경 이력이 남아 있지 않으면 제품의 제작과정과 A/S 과정에서 많은 시행착오를 겪을 수 있으므로 설계 변경방식의 제도화는 반드시 필요하다.

2 도면설계 변경방법

도면설계 변경이 필요한 경우가 발생하면 변경하고자 하는 부분의 형상과 치수를 완전히 삭제하지 말고 수정하는 것이 중요하다. 이는 수정 후에도 수정 전과 후의 변경내용을 일목요연하게 볼 수 있게 함으로써, 이력 관리가 효율적으로 이루어질 수 있을 뿐만 아니라 생산성 향상에도 도움이 된다.

따라서 설계 변경 내용에 변경된 사항과 함께 설계 변경번호를 설정하여 적용하는 방식을 주로 사용하고 있다.

1 생산기술의 정의

생산기술은 설계·개발된 어떤 제품에 대하여 설계 시 요구된 사양을 만족할 수 있는 품질 및 성능으로 제작 가능하게 하는 기술로 정의할 수 있다.

특히, 설계 시 요구된 사양에 맞추어 성능과 품질을 만족할 수 있게 제조하되, 그 제조과정에서 제조원가를 최소화하여 가장 저렴한 가격으로 생산 가능하게 해야 한다. 이와 동시에 제조기간을 최대한 짧게 하여 납기를 빠르게 할 수 있어야 한다.

2 생산기술의 목표

생산기술의 목표는 가장 빠르게 저렴한 원가로 원하는 품질 및 성능의 제품을 생산 가능하게 하는 것이다.

일반적으로 생산(生産)이라 함은 생산(production), 제조(manufacturing), 제작(making)으로 대별할 수 있다. 여기서 생산은 생산업무의 일반적이고 포괄적인 표현방식이며, 제조는 비교적 기술적인 부분과 체계적으로 된 시스템적인 표현방식이고, 제작은 숙련된 기능을 기초로 한 표현방식이다.

이러한 생산체계는 생산수량과 규모, 제품의 크기 및 무게, 생산공정의 체계 등에 따라 생산기술의 적용이 다양하게 활용된다.

3 생산체계의 구성

1) 생산의 구성

생산은 생산되는 양(量)에 따라 다음과 같이 구분할 수 있다.

① 대량 생산(mass production)

하나의 제품을 연간 100,000개 이상씩 동시에 생산해내는 생산체계이다. 이러한 생산
체계는 생산제품의 품질관리를 위하여 로트(lot)별 생산을 원칙으로 한다.

② 중간량 생산(moderate production)

이 생산체계는 연간 2,500~100,000개의 제품을 생산하는 경우이다.

③ 소량 생산(job production)

이 생산체계는 다품종 소량생산 시 적용되는 경우로 연간 2,000개 이하의 제품생산에
해당된다. 앞으로는 소비자의 다양한 개성과 요구조건에 맞추어 다품종 소량 생산체계
가 대세를 이룰 것이다.

2) 생산요소

제품을 생산하기 위해서는 재료(material), 장비(machine), 인력(man power), 제작방법
(method)의 4요소가 필요하다.

SECTION 02 | 생산기술업무

1 생산기술업무의 개요

생산기술업무는 제품이 연구 개발된 후 완성된 제품도면을 이용하여 이루어진다. 생산기술은
제조하여 판매하고자 하는 연구 개발된 제품을 가장 빨리 정확하게 저렴한 가격으로 생산해 내
도록 하는 것이다.
따라서 생산기술업무는 다음과 같이 정리할 수 있다.
① 가공공정 설계
② 제작공정 설계
③ 조립공정 설계
④ 금형 설계 개발
⑤ 치구(fixture) 설계 개발
⑥ 지그(jig) 설계 개발
⑦ 공구(tool) 설계 개발
⑧ 전용기(special machine) 설계 개발
⑨ 자동화 제조라인 설계 개발

⑩ 생산보조용 제품, 장비류의 설계 개발

⑪ 공장건설 설계

⑫ 생산도면(현도) 작성

⑬ CNC 프로그램 설계

⑭ 기계구매 검토

⑮ 설비보전 및 수리

⑯ 작업기술 지도

⑰ 표준작업 설계

⑱ 표준시간 설계

⑲ 운반(handling) 및 부품반송시스템 설계

⑳ 외주협력사 기술지원 : 생산기술 업무에도 제품개발 기술력이 반드시 필요하다. 결국 생산 기술업무 목표는 근본적으로 품질(quality), 원가(cost), 납기(delivery)를 최소화하기 위한 것으로, 제조기술 면에서 생산성 향상을 위해 가장 중요한 분야이다.

② 생산기술업무 방식

1) 생산기술의 세부 업무내용

다음 업무내용들은 궁극적으로 생산제품을 더욱 좋고 빠르고 저렴하면서 편하게 적정한 때에, 보다 쉬운 A/S 구조로 생산 가능하게 하는 것이다.

① 품질향상

② 원가절감

③ 리드타임(lead time) 단축

④ 다양한 생산시스템 적용

⑤ 신제품 생산

⑥ 생산 신기술 적용

⑦ 근로환경 향상

2) 생산기술업무에서 추구해야 할 세부사항

① 품질향상과 성능보증

② 원가절감

③ 리드타임(lead time) 단축

④ 다품종 소량생산

⑤ 신제품 생산이 즉시 이루어질 수 있는 대응력

⑥ 신기술의 적용에 유연

⑦ 노동인력 및 근로환경에 적절히 대응

③ 생산기술에 의한 생산품의 가치 증대

생산기술의 목표를 포괄적으로 표현하면 생산품의 가치 증대라고 할 수 있다. 사업주가 기업을 운영하는 기본적인 이유는 이익 창출에 있으므로 생산품의 가치 증대는 가장 중요한 요소이다. 제품의 가치는 다음과 같은 상관관계를 갖는다.

$$제품의\ 가치 = \frac{T \times Q}{C}$$

여기서, C : 가격
T : 기능
Q : 품질

이러한 제품의 가치창출을 위한 생산기술의 중요한 3가지 요소는 정밀제조기술, 자동화기술, 기술관리이다.

④ 생산기술의 업무구분

1) 생산설계

현도 작성, 공정도 작성(가공, 제작, 조립), 제작지시서 작성, 작업표준서 작성, 검사기준서 작성

2) 표준화

표준부품 설정, 공통부품 설정, 소모품 설정

3) 배치설계

공장건물의 설정, 장비류 등의 설치 배치, 공정 및 생산라인 배치

4) 작업공정설계

표준시간설계, 작업동작연구, 작업표준화, 가동률 향상방안 연구, 작업환경 연구, 생산라인 편성설계

5) 제작기술

설비 조사, 적용설비 선정, 신제조방법 개발, 공작기술 현장지원, 효율성 향상 작업방식 연구 및 현장적용 지원

6) 생산지원품 설계

전용기 설계, 전용기 제작기술 지원, 금형설계, 금형제작기술 지원, 치공구설계, 치공구 제작기술 지원, 현장도입 지원

7) 설비관리(치공구, 금형, 전용기 포함)

정비지도, 정비이력관리

8) 물류관리

소재구매관리, 방송설비관리(원자재, 부품 포함)

9) 기타

작업환경관리 및 개선, 원가분석, 도면관리, 원가절감

SECTION 03 | 생산기술의 요건

1 생산기술의 필요수준

생산기술업무를 추진하기 위해서는 기본적인 설계개발기술 외에도 현장제조생산업무와 각종 설비, 장비류들의 기술적 경험과 노하우가 요구된다. 따라서 생산기술업무를 담당하는 인력은 현장분야의 경험과 더불어 전문적인 지식을 보유해야 한다.
① 소성가공기술
② 제관기술
③ 기계가공기술
④ 조립기술
⑤ 도장기술

2 생산기술의 교육수준

기업에서 우수한 기술인력을 확보하는 일이 날이 갈수록 더욱 중요한 과제로 떠오르고 있다. 이에 따라 기업에서 부담하는 기술인력의 교육비용도 매우 증가하고 있다.

CHAPTER 04 제조공정설계기술

SECTION 01 | 제조공정설계기술의 정의

제조공정(production process)이란 원자재부터 제품에 이르기까지의 생산과정을 말하며, 이러한 제조공정을 설계하는 것을 제조공정설계라고 한다.

제조공정은 다양한 제품종류와 제조방법에 따라 그 설계가 달리 이루어져야 하며 모든 공정은 독창적인 방법에 의해 효율을 극대화할 수 있어야 한다. 이를 통해 궁극적으로는 제조공정설계가 제품생산의 생산성 향상 및 제조원가 절감을 도모할 수 있어야 한다.

제품의 제조공정은 크게 주조(casting), 몰딩(molding), 절삭(cutting), 성형(forming), 용접(welding), 조립(assembly) 공정 등으로 대별할 수 있으며, 더 넓게는 판매, 물류, 조정 및 A/S까지 포함할 수 있다. 이것은 하드웨어(hardware)적인 분류이며, 소프트웨어(software)적인 제조과정도 제조공정으로 분류할 수 있다.

또한 각 제조공정에서 사용해야 할 장비의 선택, 도면설계상의 제조효율성, 공구의 선택, 전용기 적용 여부 등 여러 가지 생산조건 또는 생산방법에 따라 공정의 생산효율은 달라질 수 있다. 따라서 제조공정설계는 생산의 효율성을 극대화하는 생산공학 이론 중에서 생산기술 분야의 한 부분으로 볼 수 있다.

이와 같은 이유로 제조공정설계는 제품설계, 치공구설계, 금형설계, 전용기설계, 공구설계, 생산라인설계 등과 맞물려 설계되며, 제조공정설계 엔지니어는 이러한 분야들을 모두 이해해야 효율적인 제조공정설계를 할 수 있다.

제조공정설계는 생산기술부에서 이루어지며, 이 업무는 기본적으로 제품설계기술을 기초로 한다.

1 일반제조공정 분류

① 주물 및 몰딩(casting & molding)
② 절삭(cutting)
③ 성형(forming)
④ 조립(assembly)
⑤ 다듬질(finishing)

2 공정설계의 기본구성

① 적용할 제조공정의 기본공정 결정
② 제품의 작업순서 결정
   ㉠ 공정총괄표 작성
   ㉡ 공정도면 작성(현장도면 등, 가공여유 포함)

③ 생산장비의 선정 검토(외주생산 품목 또는 공정 결정)
④ 생산제품의 공구류 및 게이지 결정
   ㉠ 설계지시서 작성
   ㉡ 제작지시서 작성
   ㉢ 구매지시서 작성

⑤ 결정된 공구, 장비 등의 도입계획 추진
⑥ 제품의 설계변경 발생 시 공절설계에 설계변경사항 적용 및 현장작업에 적용 통보
⑦ 제품 설계 시 제품 제조에 합리적인 설계가 될 수 있도록 주어진 생산조건을 제품 설계자에게 통보 지원
⑧ 생산원가를 낮출 수 있는 방안을 검토하여 필요시 제품 설계자에게 설계변경 적용 검토 요청
⑨ 공정설계의 내용을 제품 생산에 적용하기 위하여 필요한 공구, 장비 등의 예상소요비용을 추정하여 계획

③ 공구설계절차

① 제품설계 사양의 입수 및 검토
② 설비구배
③ 공구설계
④ 작업방법 및 작업표준서 작성
⑤ 제조작업

④ 공정설계서 작성

1) 프로토(proto) 생산단계

설계 개발된 제품의 적정성 여부를 검토하기 위해 시험 제작하는 단계를 말한다.

2) 파일럿(pilot) 생산단계

프로토 생산에서 발견된 문제점을 보완 적용하여 생산 후, 내구성 시험까지 하기 위해 제작하는 단계를 말한다.

3) 양산단계

파일럿 생산결과에 의거하여 개발이 완료되면 대량 생산하여 판매하는 단계를 말한다.

⑤ 공정작업시간의 적용

1) 표준시간(standard time)

숙련된 작업자가 주어진 작업을 실시하는 데 걸리는 소요시간을 말한다.

2) 비사이클타임

공구교환시간, 소모품교환시간, 계측시간 등과 같이 매번 반복작업은 아니지만 공정에 필요한 시간을 말한다.

3) 준비시간(set up time)

치공구 및 설비의 준비, 프로그램 입력작업, 작업장 청결작업 등을 위한 시간을 말한다.

4) 사이클타임(cycle time)

비사이클타임을 제외하고 반복되는 반복작업시간을 말한다.

5) 여유타임

우발적 하자 또는 문제발생을 고려하여, 불규칙하게 필요한 작업공정상 소요시간을 평균하여 적용하는 시간을 말한다.

6) 수작업시간

칩 제거, 운반, 치수조정, 공작물 탈부착 등에 소요되는 시간을 말한다.

7) 피치타임(pitch time)

단위당 완제품을 생산하는 데 소요되는 제작시간을 말한다.

8) 택트타임(tact time)

생산제품 1개를 만드는 데 투입할 수 있는 한계시간을 말한다. 이는 일일생산목표량의 달성을 위해 필요하다.

9) 리드타임(lead time)

제품이 만들어져 나오는 데 걸리는 시간을 말한다.

6 표준작업의 설정

공정설계의 궁극적인 목표는 생산성 향상에 있다. 이러한 목표를 달성하기 위해서는 작업의 표준을 정하는 것이 필요하다. 표준작업은 여러 가지 분석을 통해 설정된다.

1) 표준작업항목

① 무엇을 제조 생산할 것인가에 대한 작업 목표
② 레이아웃 설비
③ 설비 및 치공구 등의 작업조건
④ 가공 및 조립순서
⑤ 품질규격의 정도
⑥ 재료 및 부품의 약식도면 또는 현도
⑦ 작업자의 안전 및 유의사항

2) 표준작업의 구성요소

① 사이클 타임(cycle time)
② 작업순서(process)
③ 표준품 적용(standard)

3) 표준작업을 위한 동작설정

작업자의 피로도를 최소화하기 위한 작업동작의 표준화를 위해 다음 항목들을 기본원칙으로 하여 경제적인 동작설정을 할 수 있다.

① 작업자의 기본동작 수를 최소화한다.
② 동시작업이 가능하게 한다.
③ 동작거리를 최대한 짧게 한다.
④ 작업자의 동작이 편하게 한다.

4) 경제적인 동작설정 시 고려사항

① 동작방법의 원칙
② 작업장의 원칙
③ 치공구 및 기계의 원칙

7 풀프루프(fool proof) 시스템 설정

사람은 항상 실수할 수 있는 의외성을 내포하고 있으며, 이를 위해 제조공정의 설계가 필요하다. 즉, 작업자의 실수를 인위적으로 방지할 수 있는 방법을 설정해 둘 필요가 있다.

8 물류공정관리

생산현장에서 물류관리는 제품생산의 리드타임(lead time)을 단축하고, 제조원가를 최소화하며, 소비자에 대한 서비스(service) 향상을 목적으로 한다.

1) 물류관리의 필요성

① 다품종 소량생산 체제에 적응하기 위함
② 제조원가의 최소화를 위함
③ 납기단축을 위함
④ 고객만족을 위한 품질확보를 위함
⑤ 서비스의 고급화 실현을 위함
⑥ 저렴한 가격의 지원을 위함

2) 물류관리 방법

① JIT(Just In Time) 시스템을 통해 최적 생산량 적용
② 불량 발생이 없는 공정설계 적용

③ 운반공정의 최소화 적용

④ 5S현장 구축(정리, 정돈, 청소, 청결, 예의)

⑤ 생산품 품질의 평준화 적용

⑥ 작업표준화의 적용

⑦ 제조현장의 라인(line)화 적용

3) 연속반송시스템(conveyor)

① 용도

컨베이어(conveyor)는 프레임(frame)의 양단에 설치한 벨트풀리(belt pulley)에 벨트(belt)를 감아 걸어 이것을 연속적으로 동일 방향으로 진행시켜 그 위에 물건을 싣고 운반하는 기계장치이다. 컨베이어에는 정치식과 추동식이 있는데 정치식은 일정한 운반물을 일정한 장소에서 수송하는 구조로 대규모 공사장, 생산공장에서 장기간 사용하는 데 유리하고, 추동식은 추동성이 있거나 소규모 공사의 경우에 적합하다.

② 기능

컨베이어는 구조가 간단하고 고장이 적으며 보수가 용이할 뿐만 아니라 집중 제어가 되고 좁은 터널과 같은 통로에도 장거리 운반이 능률적으로 가능하다. 각종 컨베이어 중에서 가장 일반적인 벨트 컨베이어는 그 용도도 다양하다. 작업상의 안전성과 동력의 소비가 적어 운반물에 따라 다르지만 일반적으로 약 30도의 구배까지 운반이 가능하고, 수십 미터에서 수십 킬로미터까지의 길이로도 설치가 가능하다.

| 컨베이어 |

4) 특수운반차(지게차 : fork lift)

① 용도

지게차는 화물을 적재하거나 이동할 때 사용하는 장비로서 주로 타이어식이 사용된다. 기동성이 뛰어나고 비교적 소형장비로서 건물 내에서의 작업이 좋아 여러 가지 용도로 쓰이는 다목적 장비이다.

② 기능

주로 타이어로 구동되며 프런트(front)에 적재장치(fork)를 갖고 있고 뒷부분(rear)에 카운터웨이트(counter weight)와 원동기(engine)를 장착하고 있다. 유압장치에 의해 적재장치를 움직이며 주로 뒷바퀴(rear tire) 구동방식으로 좁은 공간에서도 조향이 가능하다.

| 지게차 |

5) 삭도(索道)

생산현장에 사용되는 삭도는 지형적으로 보아 지게차 또는 컨베이어 등의 운반기계를 사용할 수 없는 현장에 설치하여 사용한다.

삭도는 스틸와이어(steel wire)를 설치하고 양 지주 사이에 운반용기를 장착하여 용기 내에 재료를 적재하여 운반하므로 다른 제약을 받지 않고 계획량을 안전성 있게 운반할 수 있기 때문에 조립라인의 부품 공급에 사용된다.

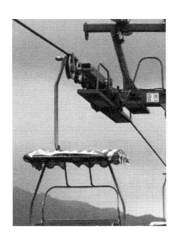

| 삭도 |

1 공정설계 기능 부문

① 일반제조공정의 기능과 역할을 알 것
② 공장조직의 개념을 알 것
③ 제품설계의 기본을 알 것
④ 공정설계의 기본을 알 것
⑤ 공정용어를 알 것
⑥ 의사전달방법을 알 것

2 제품도의 분석 부문

① 제품도의 해독이 정확하고 명확할 것
② 공정 전개 개념을 부품도의 기준면에 정확히 적용 가능할 것
③ 기준선, 표면 정도 등 치수분석이 정확할 것
④ 공차분석 및 여유율 적용이 정확할 것
⑤ 표준공차도표의 적용이 정확할 것

3 공작물 관리 부문

① 위치결정 개념이 있을 것
② 기계적 관리능력이 있을 것
③ 검사관리능력이 있을 것
④ 치수관리능력이 있을 것

4 제조공정 선정 및 계획 부문

① 기능과 경제성을 함께 고려할 것
② 공정설계가 제품설계에 주는 영향을 알 것
③ 사양을 검토할 수 있을 것
④ 재료비와 공정비용을 고려할 수 있을 것
⑤ 복합공정개념을 알 것
⑥ 공구와 장비의 최적사용 개념을 알 것

⑦ 제작과 구매의 편리성을 고려할 것

⑧ 공정순서와 생산성의 관계를 명확히 할 것

⑨ 적절한 전용기의 적용방법을 알 것

⑩ 기설치된 설비의 이용률을 알 것

SECTION 04 | 제조공정설계기술의 발전방향

생산된 제품이 시장에 나가 마케팅에서 경쟁력을 갖지 못하면 시장에서 존재할 수 없게 된다. 이러한 의미에서 제조공정설계는 생산성 향상을 통해 제품의 생산원가를 최소화할 수 있게 하고, 시장에서 제품의 가격경쟁력을 최대화할 수 있도록 해야 한다.

또한 공정설계를 통해 제품품질이 설계품질에 만족될 수 있도록 하여, 쉽고 빠르면서 안정적인 품질을 생산하고, 시장에서 제품의 경쟁력을 극대화해야 한다.

이를 위해 전문인력의 꾸준한 양성은 물론 이 분야의 기술개발도 지속적으로 이루어져야 한다.

05 금형설계기술

금형설계기술의 정의

금형설계기술은 생산기술 분야의 한 부분으로 제조공정설계에 영향을 미치는 하나의 기술 분야로 볼 수 있다. 금형이란 다양한 형상으로 설계되는 부품류들을 효율적으로 연속 생산하는 것을 가능하게 하는 것을 말한다. 금형에는 강(steel) 재질로 된 부품을 제작하는 데 사용하는 프레스 금형(press die)과 플라스틱(plastic) 재질로 된 부품을 제작하는 데 사용하는 사출금형(injection mold)이 있다.

먼저 프레스 금형은 제작하고자 하는 철판(steel plate)의 형상에 따라 절단(cutting)이나 굽힘(bending) 등의 공정을 금형에 적용한 후 프레스(press)에 이 프레스 금형을 장착하여 원하는 부품을 찍어낸다.

사출금형의 경우는 사출금형 내부에 제작하고자 하는 부품의 형상을 갖는 공간을 형성한 후, 사출성형기에 이 사출금형을 장착하여 원하는 부품을 찍어낸다.

금형설계 시 요구되는 기본조건은 부품제작의 정밀도, 생산성 수준, 안전성 확보로 요약된다.

금형설계기술의 업무

1 금형설계 절차

① 설계하고자 하는 관련 자료들을 정리하여 설계방향을 설정하고, 이에 대한 설비계획을 수립한다.

② 기본 배치도를 작성한다.

③ 기본설계를 실시한다.

④ 조립도 및 상세설계를 실시한다.

⑤ 부품도면을 작성한다.

2 프레스 금형의 종류

1) 타발형

① 블랭킹작업
② 피어싱작업
③ 절단작업
④ 분단작업
⑤ 노치작업
⑥ 트리밍작업

2) 굽힘형

① V자 굽힘작업
② L자 굽힘작업
③ ㄷ자 굽힘작업
④ ㄱ자 굽힘작업

3) 성형형

굽힘선이 곡선인 특성을 갖는다.
① 플랜지형 작업
② 컬링형 작업
③ 버링형 작업
④ 비딩형 작업
⑤ 드로잉 금형 작업

3 금형작업 시 사용되는 용어

1) 비딩(beading)

판과 용기 등의 일부분에 장식이나 보강을 위하여 폭이 좁은 비드를 만드는 가공

| 비딩 모습 |

2) V 벤딩(V bending)

V자, U자 모양으로 굽히기 작업을 하는 가공

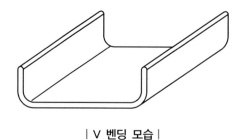

| V 벤딩 모습 |

3) 블랭킹(blanking)

프레스 작업을 하여 금형 다이 구멍 속으로 절단되어 나오는 부분을 제품으로 쓰고 외부 쪽에 남아 있는 부분이 스크랩으로 되는 가공

| 블랭킹 모습 |

4) 벌징(bulging)

원통용기 또는 관재 일부분의 직경을 크게 가공

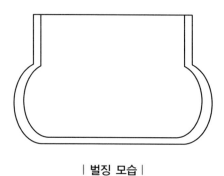

| 벌징 모습 |

5) 버링(burring)

소재의 구멍에 플랜지를 만드는 가공

| 버링 모습 |

6) 코이닝(coining)

소재를 형틀에 놓고 눌러 요철형상을 소재의 표면에 가공

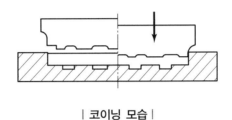

| 코이닝 모습 |

7) 콜드 익스트루전(cold extrusion)

금형 내에 금형소재를 넣고 펀치로 가압하여 전방압출이나 후방압출로 원하는 제품형상을 가공

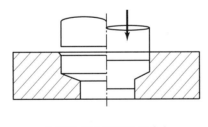

| 콜드 익스트루전 모습 |

8) 컬링(curling)

판이나 용기의 끝단에 단면이 원형인 테두리를 만드는 가공

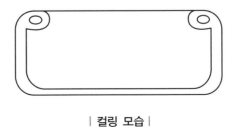

| 컬링 모습 |

9) 커팅(cutting)

소재를 절단하는 가공

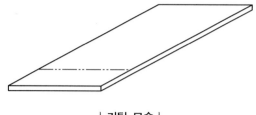

| 커팅 모습 |

10) 블랭킹(blanking) 또는 피어싱 가공용 다이

이 다이의 절삭날 각도는 20° 이하인 예각으로 한다.

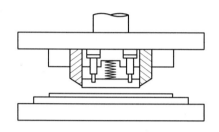

| 블랭킹 또는 피어싱 가공용 다이 모습 |

11) 드로잉(drawing)

금형을 이용하여 용기를 만드는 가공

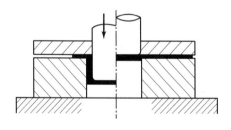

| 드로잉 모습 |

12) 엠보싱(embossing)

소재의 두께가 일정한 형태를 유지하면서 요철가공

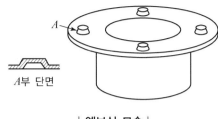

| 엠보싱 모습 |

13) 플랜징(flanging)

소재의 끝단에 플랜지(flange)를 만드는 가공

| 플랜징 모습 |

14) 플래트닝(flattening)

소재의 표면을 평탄하게 하는 가공

(a) 가공 전   (b) 가공 후

| 플래트닝 모습 |

15) 포밍(foaming)

소재의 두께 변화 없이 제품으로 하는 가공

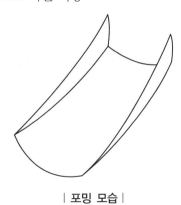

| 포밍 모습 |

16) 하프 블랭킹(half blanking)

소재의 일정부분을 타발가공할 때 두께보다 적은 양만큼 펀치를 주어 커팅되지 않은 상태로 변형을 주는 가공

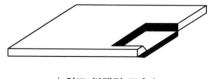

| 하프 블랭킹 모습 |

17) 헤딩(heading)

업세팅(upsetting) 가공의 일종으로 소재를 상하로 압축하여 볼트나 리벳 머리부를 만드는 가공

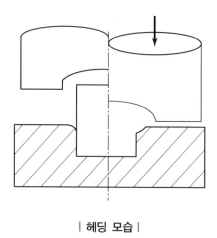

| 헤딩 모습 |

18) 헤밍(hemming)

소재의 끝단을 눌러 접는 가공

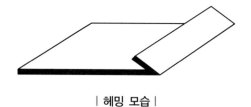

| 헤밍 모습 |

19) 임팩트 익스트루전(impact extrusion)

치약 튜브와 같은 얇은 용기를 후방압출방식으로 가공

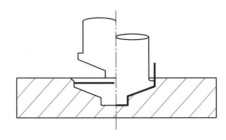

| 임팩트 익스트루전 모습 |

20) 마킹(marking)

소재에 문자를 각인하는 가공

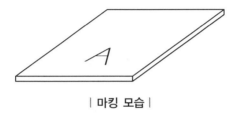

| 마킹 모습 |

21) 네킹(necking)

용기 입구 부분의 직경을 작게 가공

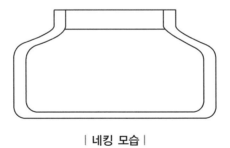

| 네킹 모습 |

22) 노칭(notching)

소재의 가장자리를 따내는 가공

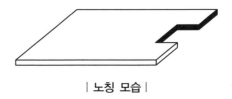

| 노칭 모습 |

23) 퍼포레이팅(perforating)

동일한 치수의 구멍을 순차적으로 가공

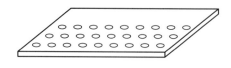

| 퍼포레이팅 모습 |

24) 피어싱(piercing)

소재에 구멍을 뚫는 작업을 거친 후 구멍 뚫린 측이 제품으로 되는 가공(블랭킹과는 반대됨)

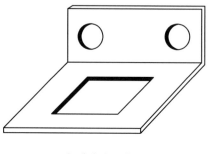

| 피어싱 모습 |

25) 리드로잉(redrawing)

원통소재의 직경은 감소시키고 깊이는 증가시키는 가공

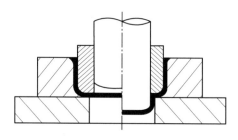

| 리드로잉 모습 |

26) 리스트라이킹(restriking)

일차 가공된 소재의 형상을 최종적으로 원하는 치수대로 정확하게 가공

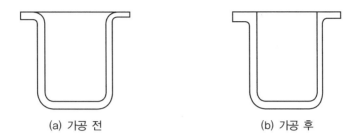

(a) 가공 전   (b) 가공 후

| 리스트라이킹 모습 |

27) 아이어닝(ironing)

소재의 측면 두께를 얇게 하고 높이는 높게 가공

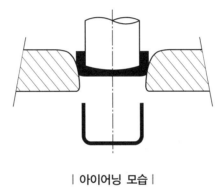

| 아이어닝 모습 |

28) 시밍(seaming)

2개의 소재 끝단을 접어 눌러 접합하는 가공

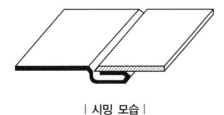

| 시밍 모습 |

29) 셰이빙(shaving)

절단면이나 파단면이 경사지거나 고르지 못한 표면을 갖는 것을 수직으로 가공하고 고른 표면을 갖도록 가공

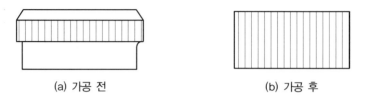

(a) 가공 전   (b) 가공 후

| 셰이빙 모습 |

30) 시어링(shearing)

소재를 직선이나 곡선으로 절단하는 가공

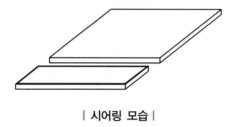

| 시어링 모습 |

31) 슬릿 포밍(slit forming) 또는 랜싱(lancing)

소재의 일부에 슬릿(slit)을 내어 성형하는 가공

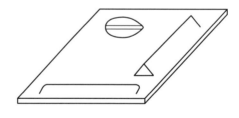

| 슬릿 포밍 또는 랜싱 모습 |

32) 슬리팅(slitting)

길이가 긴 판으로 된 소재를 둥근 칼날을 회전시켜 연속 절단하는 가공

A : 가공 전

| 슬리팅 모습 |

33) 스웨이징(swaging)

소재를 압축하여 단면적이나 두께를 줄여 주고 길이는 늘려 주는 가공

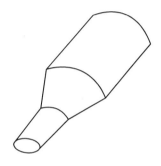

| 스웨이징 |

34) 트리밍(trimming)

소재를 드로잉 작업 후 끝단의 불규칙한 부분을 고르게 잘라내는 가공

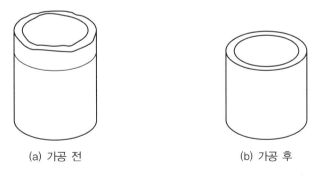

(a) 가공 전   (b) 가공 후

| 트리밍 모습 |

35) 업세팅(upsetting)

소재를 상하방향으로 눌러(단면적을 눌러) 단면적을 넓게 하고 높이는 낮아지도록 가공

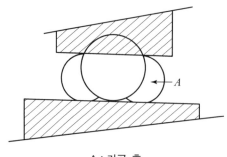

A : 가공 후

| 업세팅 모습 |

4 금형설계 제작 과정

① 가공 공정의 검토 : 제작도면, 샘플 확보
② 금형사양 검토 : 보유기계장비와 연계성 검토
③ 예산 최종 확정
④ 가공결정 및 금형사양 결정 : 프레스기계 결정, 사출기계 결정
⑤ 피가공재 사양 결정
⑥ 제품도면 검토 확정
⑦ 레이아웃(layout) 도면 확정
⑧ 금형 각부 사양검토 : 공정분할
⑨ 조립도면 및 부품도면 분류
    ㉠ 구입부품도면
    ㉡ 제작부품도면

⑩ 금형 제작
⑪ 금형 조립
⑫ 제품검사(성능, 기능)
⑬ 금형 완성

5 금형의 용도별 설계 등급

① 특급 금형
② A급 금형

③ B급 금형

④ C급 금형

6 금형설계 및 제조 시 비용절감방안

1) 재료의 합리화

① 재료의 사용률 향상

② 금형 등급 조정

③ 스크랩(scrap) 활용

2) 생산성 향상

① 가동률 향상

② 효율증대

3) 금형 재료비 삭감

① 공정단축

② 저가 금형 적용

③ 비철재료 금형

7 사출성형

사출성형기의 기본 구조

호퍼(hopper)에 사출성형용 소재를 투입한 후 가열하여 사출장치를 통해 금형 취부에 장치한 금형 내부로 소재를 밀어 넣으면 금형형상에 따른 성형품을 생산해 낼 수 있다.

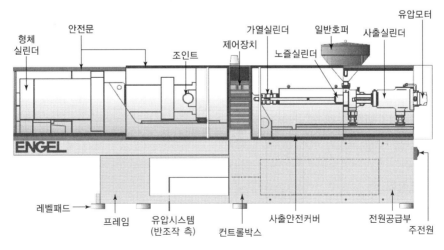

| 사출성형기의 기본구조 |

8 사출성형 작업 시 문제점

1) 열경화성 재료의 압축성형의 경우

열경화성은 열을 가하면 부드럽게 되고 모양에 따라 마음대로 변형할 수 있다는 점에서는 열가소성과 같지만 한번 냉각하면 다음에는 열을 가해도 부드럽게 되지 않아서 또다시 다른 모양으로 변형할 수 없는 성질이다.

① 표면의 부품
② 표면의 주름
③ 잔주름
④ 줄무늬의 흐름선 발생
⑤ 얼룩, 흐림, 반점 발생
⑥ 광택이 나쁨
⑦ 변색 발생
⑧ 굴곡 발생
⑨ 금형에 부착현상 발생
⑩ 균열 발생
⑪ 갈라지거나 빠짐 양 증가
⑫ 꺼냈을 때 연함 발생
⑬ 표면에 이물 발생
⑭ 전기적 성질의 저하
⑮ 기계적 성질과 화학적 성질의 저하

2) 열가소성 재료의 경우

열가소성은 열을 가하면 부드럽게 되고 모양을 누르면 그 모양대로 찍힌다. 열을 식히면 찍힌 모양대로 굳어지는데, 다시 열을 가하면 부드럽게 되어 원하는 대로 여러 모양으로 바꿀 수 있는 성질이다.

① 굴곡
② 수축으로 인한 주름 발생
③ 흐름의 선이나 반점 발생
④ 무름 발생

3) 사출성형

① 오염이나 은색 줄무늬 발생
② 접합선이 약함

③ 흑색 줄무늬 홈 발생

④ 우묵 발생

⑤ 균열 발생

⑥ 기포 발생

⑦ 취약성

⑧ 금형에 사출물의 밀착현상 발생

⑨ 냉류(冷流)

⑩ 사출성형품의 뒤틀림 발생

⑪ 충진 부족

⑫ 플래시(flash)

⑬ 스풀의 밀착 발생

⑨ 프레스 기계

프레스 기계(press machine)는 프레스 금형을 장착하고, 이 금형을 이용하여 프레스 작업을 실시하는 기계이다.

프레스 기계의 크기는 주로 톤(ton)으로 표현하며 유압력을 이용하여 프레스 동력을 얻는다.

| 프레스 기계 |

⑩ 사출성형기계

사출성형기계(injection mold machine)는 사출금형을 장착하고, 이 금형을 이용하여 사출작업을 실시하는 기계이다.

사출성형기계의 크기는 주로 킬로뉴턴(kN)으로 나타내며, 유압력을 이용하여 사출동력을 얻는다.

금형을 개발하는 기술은 생산활동에서 생산성 향상과 원가절감 차원에서 매우 중요한 부분을 차지한다. 이러한 금형설계기술의 발전과 기술향상을 위해서는 다음과 같은 기술분야의 발전이 필요하다.

1 프레스 금형 기술분야

1) 생산기술

① 생산성 향상기술
② 소재 사용료율 향상기술

2) 소성가공기술

① 성형가공기술
② 소성변형제어기술

3) 금형기술

① 공정설계기술
② 현장계획기술

2 사출금형 기술분야

1) 정밀도 향상기술

① 가공기술
② 제품형상기술

2) 원가 절감기술

① 현장관리기술
② 표준화기술

3 컴퓨터 응용설계 기술 분야

1) CAD 설계기술

① 표준화기술

② 조작기술

2) CAM 기술

① CNC 프로그램 기술

② 설비개선기술

SECTION **01** │ 치공구설계기술의 정의

치공구설계의 목적은 제품을 가공하거나 제작, 조립 및 검사작업 시 가장 효율적으로 작업하기 위해 보조역할을 하기 위한 보조공구류를 설계하는 것이다. 여기서 가장 효율적인 방법이란 생산하고자 하는 제품을 가장 빨리 제작하면서도 품질은 좋게 생산하고 생산원가는 최소화하는 것이다. 따라서 치공구는 제품의 생산단계인 가공, 제관, 용접, 조립, 검사 등 모든 공정에 유효 적절하게 설계·적용하게 된다.

치공구는 크게 지그(jig)와 치구(fixture)로 나눌 수 있지만, 지그와 치구는 그 기능이나 역할이 분명하게 구분되는 것은 아니다. 일반적으로 지그와 치구는 생산작업을 할 때, 공작물의 위치를 잡아주거나 공구를 공작물에 안내하는 역할 또는 공작물 투입이나 클램프(clamp) 기능까지 하며, 이러한 보조기구들을 통칭하여 치공구라 한다.

치공구설계는 설계자가 제품의 모든 생산공정을 정확히 파악하고 있어야 가능하다. 가공작업 기계류, 제관용 기계류, 용접작업, 조립라인의 조건, 검사방법 등 모든 작업방법을 해당 생산현장을 기준으로 파악하고 기술적인 이해가 되어 있어야 한다. 이를 통해 치공구의 필요성을 도출해내고 필요한 치공구를 창의적으로 설계해낼 수 있는 것이다.

SECTION **02** │ 치공구설계기술의 업무

◨ 치공구의 역할

치공구는 생산성 향상을 최대의 목표로 한다. 생산성 향상의 결과는 품질(quality), 비용(cost) 및 납기(delivery)로 나타나게 된다.

① **품질** : 제품이 균일하게 생산되면서도 제품의 성능을 만족시키는 것이다.

② **비용** : 생산원가에 해당하는 가공비, 제관비, 용접비, 조립비, 인건비 등의 절감으로 비용을 최소화하는 것이다.

③ 납기 : 생산성 향상에 따라 생산속도가 증가하게 되어 생산소요시간을 단축시켜, 사용자에게 최대한 빨리 제품을 제공할 수 있게 하는 것이다.

이러한 생산소요시간의 단축은 생산성 향상효과뿐만 아니라 제품 사용자에게 신뢰를 주고 납기가 짧은 주문량도 소화해낼 수 있게 하며, 생산활동을 크게 높일 수 있는 기반이 된다.

② 치공구의 3요소

치공구의 역할을 크게 분류하면 위치결정면, 위치결정구, 클램프의 3요소로 대별할 수 있다.

1) 위치결정면

제품의 생산작업 시 제작품이 X, Y, Z축 방향으로 이동하지 못하도록 하는 역할이며, 이때 기준면은 주로 밑면을 사용한다.

2) 위치결정구

제품의 생산작업 시 제작품이 회전·이동하지 못하도록 한다.

3) 클램프(clamp)

제품의 생산작업 시 공작물을 잡아주는 역할을 한다.

③ 치공구설계 적용 시 고려사항

생산현장에 치공구를 설계하여 적용하기 위해서는 기본적으로 일정수준 이상의 작업량이 확보되는 경우에 한하여야 한다. 생산활동의 효과 측면에서 볼 때, 치공구를 적용한 비용의 회수가 불가능한 생산수량이라면, 이러한 치수공구의 설계 적용은 오히려 비효율적이 되기 때문이다.
① 해당 치공구를 이용할 생산량(production volume)
② 원재료(material)
③ 생산기계(machine)
④ 인력(man power)
⑤ 관리방법(method)
⑥ 비용(cost)

4 치공구 적용효과

① 설치된 기계장비를 최대한 활용 가능하게 한다.

② 생산량을 증대한다.

③ 전용기의 제작을 최소화한다.

④ 가공정밀도를 향상한다.

⑤ 제품을 균일하게 하여 호환성이 좋게 한다.

⑥ 불량발생을 최소화한다.

⑦ 작업시간을 최소화한다.

⑧ 특수작업을 최소화한다.

⑨ 범용작업이 되게 하여 초심자가 쉽게 적응하게 한다.

⑩ 요구되는 작업의 숙련도를 최소화한다.

⑪ 작업이 쉬워지게 한다.

⑫ 작업안전도를 높게 한다.

⑬ 재료의 절약이 가능하게 한다.

⑭ 공구의 파손을 최소화한다.

5 치공구설계 시 유의사항

치공구설계는 해당 생산현장의 작업인력과 보유기계설비 조건 등에 대하여 최적상태가 되도록 설계되어야 한다.

① 생산품의 수량과 납기를 고려할 것

② 치공구는 최대한 단순화할 것

③ 치공구의 공용화를 검토할 것

④ 규격품이 있는 부품의 경우 반드시 규격품을 적용할 것

⑤ 충분한 강도를 가질 것

⑥ 최대한 가볍게 설계할 것

⑦ 치공구의 조작이 쉽고 조작시간이 짧도록 설계할 것

⑧ 치공구로 측정도 가능하게 할 것

⑨ 칩이나 절삭유가 쉽게 빠질 수 있게 설계할 것

⑩ 클램핑 압력은 위치결정면에 작용하도록 설계할 것

⑪ 클램핑 위치 결정 시 기준면에 오차를 줄 수 있는 위치는 피하여 설계할 것

⑫ 치공구 적용 시 다른 공구를 이용하여 설치해야 하는 조건으로 설계되지 않도록 할 것

⑬ 제조원가를 고려할 것

⑭ 재질선정은 강도와 무게, 원가, 구매조건 등을 고려하여 결정할 것

⑮ 정밀도가 요구되는 부분만 가공하도록 설계할 것
⑯ 적절한 공차를 적용하여 치공구의 제작비용을 줄일 것
⑰ 치공구의 도면은 제품개발 시 설계도면 작성방법에 준할 것

6 치공구설계의 사양(specification) 결정 시 유의사항

치공구는 현장의 생산활동에 직접 적용되는 제품이다. 따라서 그 사양은 현장작업에 적합하게 설계되어야 한다.
① 기계가공물의 경우 열처리 후 연삭작업에 대한 여유를 줄 것
② 드릴작업의 경우 리밍작업에 대한 가공 여유를 줄 것
③ 드릴작업의 경우 버니싱 작업에 대한 가공 여유를 줄 것
④ 절삭작업 시 다듬질작업에 대한 가공 여유를 줄 것
⑤ 드로잉 작업 시 드로잉 치수를 고려할 것
⑥ 블랭크 작업 시 블랭크 지름을 고려할 것

7 치공구의 분류

1) 기계가공용 치공구

밀링기계, 드릴기계, 선반기계, 연삭기계 등과 같이 생산품을 가공하는 기계작업에 사용하는 치공구

2) 조립용 치공구

나사의 결합작업, 프레스 압입작업, 접착작업 등 조립과 관련된 작업에 사용하는 치공구

3) 용접용 치공구

위치결정작업, 자세고정작업, 비틀림 방지작업 등 용접과 관련된 작업에 사용하는 치공구

4) 검사용 치공구

부품검사작업, 부품의 측정작업, 재료시험 등의 검사작업에 사용하는 치공구

8 치공구용 부품 종류 및 재료

1) 치공구의 본체 기둥

SS400, S45C, STC7 등을 사용강도, 원가, 구매조건에 따라 적절히 사용한다.

2) 힌지(hinge)

S45C를 사용할 수 있다. 이때 설계조건에 따라 열처리가 필요할 수 있다.

3) 아이볼트(eye bolt)

SS400을 사용할 수 있다.

4) 손잡이(handle)의 외피부분

주철, 알루미늄, 주물, 구조용 강, 비금속재료 등을 사용조건에 따라 선택하여 적용할 수 있다.

5) 손잡이(handle)의 강도유지부분

S45C를 사용할 수 있다.

6) 쐐기(wedge)

S45C, STC5 등을 열처리하여 사용할 수 있다.

7) 스프링핀

스프링 강, SM45C 등을 적용할 수 있다.

8) 볼트 및 너트(bolt and nut)

경도 HRC 50 이상의 재질을 사용하지만, 사용강도에 따라 볼트크기를 설계하여 적용할 수 있다.

9) 와셔(washer)

SS400이나 STC7을 사용할 수 있다. 특히, 구면와셔의 경우는 STC7을 사용한다.

10) 받침판(plate)

STC7을 사용하며 열처리가 필요하다.

11) 위치결정핀(pin)

S45C, STC5 등을 사용할 수 있다.

12) 지그용 부시(bushing)

STC5, STC3 등을 사용하면 HRC 60 이상의 경도를 적용한다.

13) 캠(cam)

S45C, SM45C, STC5, STC7 등을 적용할 수 있다.

14) 브이블록(V block)

SM45C, STC3, GC200, GC250 등을 적용할 수 있다.

SECTION 03 | 치공구설계기술의 발전방향

2000년대 이전까지는 치공구설계 분야가 생산제품의 가공, 용접, 조립, 검사 등의 작업에서 단편적인 생산 보조구로 운용되어 왔다고 볼 수 있다. 반면에 2000년대 이후에는 여러 가지 경영환경의 변화와 기술발전에 따라 치공구설계분야가 훨씬 폭넓은 역할을 요구받고 있다. 공장의 자동화시스템의 적용, 공장 무인화, 첨예한 가격경쟁력 요구환경, 인력의 최소화 등의 경영목표를 달성하기 위해 치공구 기술은 더욱 발전되고 그 역할이 커지게 된 것이다.

이러한 요구에 부응하기 위해서 치공구설계기술분야는 제품연구 개발기술에 버금가는 독창적이고 창의적인 설계인력이 요구된다. 치공구설계 분야를 이끌어 가기 위한 전문인력의 체계적인 교육과 양성이 생산기술의 발전과 산업경쟁력 향상을 위해 필수 불가결한 요소가 되고 있다.

CHAPTER 07 작업공정기술

SECTION 01 │ 제작작업 공정기술

---

① 제작작업 공정은 제품을 생산하는 과정에서 이루어지는 절단, 용접, 판금작업 등과 같은 제관작업을 총칭한다.

② 제관작업은 가공기계에 의한 작업과는 달리 작업 소재를 벤딩, 커팅, 접합, 주조, 열처리 등의 다양한 작업방식을 통해 소성 가공하는 것에 의해 제품에 변형을 주어 제작작업을 한다.

SECTION 02 │ 조립작업 공정기술

---

1 조립작업 공정

① 조립작업 공정은 제품 생산단계에서 최종공정에 해당하는 작업 중의 하나로 외관 작업을 제외한 기계적인 제조작업 단계에서는 사실상 최종공정에 해당한다. 이 조립작업 공정에서는 가공, 제관 등의 각 생산공정에서 제작된 부품들을 조립도면에 의해 정확히 조립하여 완성해야 한다.

② 조립작업 공정은 준비작업, 부분조립작업, 완성조립작업 등으로 나눌 수 있다. 기술의 발달과 여러 가지 사회적 여건 변화에 따라 조립작업은 점차 자동화되어 가는 추세에 있다.

2 조립작업방법

작업방법은 조립작업방식에 따라 배치조합(batch assembly), 단일 라인(line) 조립, 다기능 라인 조립 등으로 나뉜다. 또한 조립은 공정에 따라 메인조립(main assembly)과 서브조립(sub assembly)으로 나누어 조립되는 경우도 있다.

1) 라인 조립작업

라인(line) 조립작업 공정은 컨베이어 등을 통해 조립 라인을 일정 속도로 흘러가게 하면서 조립자 또는 로봇이 조립작업을 반복하도록 하는 것이다. 라인 조립작업의 효과는 다음과 같다.

① 단순화, 전용설비화가 가능하여 분업화할 수 있다.
② 개인능력에 맞도록 적합한 인력배치가 가능하다.
③ 맨파워(man power) 및 조립공간의 생산성 효과가 크다.
④ 생산기간의 단축이 가능하다.

2) 조립작업용 공구

① 스패너(양구스패너, 편구스패너)

볼트를 조이거나 풀 때 사용한다. 크기는 풀림 부분의 치수로 나타낸다.

② 박스렌치

스패터와 같은 목적으로 사용되고, 좁은 곳에서 조이거나 푸는 데 편리하게 사용할 수 있다.

③ 소켓렌치

각종 핸들, 유니버설 조인트 등과 조합되어 있어서 보통 스패너로 작업이 곤란한 곳에 사용한다.

④ 몽키 스패너

좌우로 조정되며 용도는 스패너와 같이 볼트를 조이거나 풀 때 사용한다.

⑤ 파이프 렌치

배관작업 등에서 관이나 환봉 등을 돌릴 때 사용한다.

⑥ 드라이버

작은 나사 또는 너트를 조이거나 풀 때 사용한다.

⑦ ±자 드라이버

+, −자 홈이 있는 작은 나사를 조이거나 풀 때 사용한다.

🖩 조립제품 관리

조립제품은 조립품질 및 이력관리를 위해 로트(lot)방식으로 조립, 출하되도록 관리한다.

1. 동시공학의 정의

동시공학은 제품설계단계에서 제조 및 사후지원업무까지도 함께 통합적으로 감안하여 설계를 하는 시스템적 접근방법이다. 이 방법은 제품개발 담당자로 하여금 개발 초기부터, 개념 설계단계에서 해당 제품의 폐기에 이르기까지의 전체 라이프사이클상의 모든 것(품질, 원가, 일정, 고객요구사항 등)을 감안하여 개발하도록 하는 것이다.

－미국 국방성 IDA(1986년)

2. 동시공학의 추진배경

1980년대에 들어서면서 여러 제조기업들은 그들의 신제품 개발업무를 근본적으로 과거와는 다른 방식으로 수행해야 한다는 필요성을 느끼게 되었다. 이는 신제품의 수명이 점점 짧아지는 추세와 함께 각종 기술(제품기술, 생산기술, 관리기술)이 급속히 발전하면서 각 기업은 조직규모가 거대화되고 글로벌화됨에 따라 새로운 형태의 제품개발업무가 나타나기 시작했기 때문인 것으로 보인다. 이러한 상황에서 1982년 미국 국방성 산하의 DARPA(Defense Advanced Research Projects Agency)는 제품개발과정에서의 동시성(concurrency) 향상을 위한 방법을 모색하기 시작하였으며, 1986년 미국 IDA(the Institute for Defense Analyses)에 의하여 동시공학(concurrent engineering)이라는 단어가 탄생하게 되었다.

동시공학에 대한 여러 정의가 있지만, 흔히 많이 인용되는 IDA의 용어 정의에 의하면 동시공학은 제품설계를 할 때, 제조 및 사후지원 업무까지도 함께 통합적으로 감안하여 설계를 하는 개념이다. 이러한 동시공학 개념의 설계에 의하면 제품개발 담당자는 개발 초기 시점부터 그 후속 공정이라고 할 수 있는 생산·판매·A/S 및 폐기에 이르는 전체 과정을 감안하여 제품개발업무를 수행해야 한다.

후속 공정에 대한 고려가 사전에 이루어질 수 있기만 하면, 여러 가지 설계대안 중에서 최적의 답을 발견하는 데 큰 도움이 될 수 있다. 즉, 설계 초기단계에서는 개발 담당자가 비교적 다양한 선택대안을 가지고 있지만, 시간이 흐르면서 양산단계로 옮겨갈수록 선택의 대안은 점점 줄어들면서, 그와 함께 변경에 따른 비용도 막대하게 소요된다. 그러므로 기본적으로 동시공학에서 추구하는 사상은 선택의 폭이 넓은 개발 초기단계에서 제품의 생산성, 품질, 원가 등에 대한 검토과정을 거치도록 함으로써, 가능하면 설계변경이라는 시행착오를 줄이면서 경쟁력 있는 제품을 개발해 보고자 하는 것이다.

3. 동시공학의 성공요인

역사적으로 동시공학 개념이 발전되어 온 과정에서 본 바와 같이, 동시공학 개념이 실제로 구현되는 모습은 시대적 상황에 따라 변하고 있다. 특히, 최근 정보기술의 발달과 함께, 각종 기법들의 개발은 과거의 동시공학 체제에서는 불가능했던 부분에 대해서까지도 지원이 가능한 체제로 가고 있다.

오늘날, 동시공학 개념을 성공적으로 도입하기 위해서는 네 가지 과제가 효과적으로 다루어져야 한다.

1) 엔지니어링 프로세스의 혁신

최근의 BPR(Business Process Reengineering) 개념을 엔지니어링 프로세스에도 적용해야 한다는 것으로, 최근 제품개발기간의 단축이 기업경쟁력의 핵심요인으로 등장함에 따라 이에 대한 많은 시도가 여러 기업에서 진행되고 있다.

2) 새로운 기법과 도구의 활용

그동안 컴퓨터의 발달과 함께 새로운 기법과 도구(에 CAD)들이 최근 많이 소개되고 있는데, 이러한 기법들과 도구들을 충분히 활용할 수 있어야 한다. 이를 잘 활용하는 경우, 경쟁기업과 비교하여 제품개발 프로세스 측면에서 전략적 우위에 설 수 있다.

한편, 이들 기법과 도구들이 보다 효과적으로 활용되기 위해서는 엔지니어링 프로세스 재정립 업무가 선행되어야 한다. 이는 자동차를 사용하여 이동 속도를 높이려고 할 때, 그 전의 구불구불한 길에서는 자동차의 효과를 충분히 기대할 수 없기 때문에 먼저 가능한 한 직선으로 새로운 길을 만드는 것이 필요한 것과 같은 이치이다. 기법과 도구들을 선정할 때에도 기업의 환경에 맞는 것을 찾는 것이 필요한데, 이는 자동차를 구입하는 경우에 그 용도에 따라 다양한 사양이 있어서 자신의 경제적 능력 내지는 사용목적에 맞추어 선택하는 것과 마찬가지라고 하겠다.

3) 동시공학 조직의 구성 및 운영 개선

동시공학의 역사를 볼 때 가장 오래전부터 고려되어 왔던 과제이다. 여기서 문제가 되는 것은 제품개발 단계에 어떻게 다른 기능(생산, 판매, A/S 등)의 조직들을 조직적으로 참여시키느냐 하는 것으로, 기본적으로 그 강도의 차이는 있겠지만 어떤 형태로든 오늘날 대부분의 기업에서 진행되고 있다. 한 예로, 어느 기업은 제품개발조직과 제조담당조직 간의 원활한 교류(그것이 공식적이건, 비공식적이건)를 위해서 이들 두 조직을 가능한 같은 건물에 위치시키려고 했다. 또 다른 기업은 신제품개발이 완료되어 양산체제가 되면 그 신제품을 개발하는 데 참여했던 제품개발엔지니어를 공장으로 발령을 내서 해당 신제품의 양산단계에까지 참여시켜, 제품개발 엔지니어들과 생산 담당자들의 연결고리 역할을 하도록 하는 제도를 운영하였다. 그동안의 경험으로 보아 'Skunk Work 패러다임'에서와 같은 복합적인 기능을 갖춘 제품 개발팀(multi-disciplinary team)을 운영하는 것이 매우 효과적인 것으로 인정받고 있지만, 이러한 조직체계는 기업환경에 따라 조금씩 다른 모습을 가져야 할 것이다.

4) 정보기술의 효과적인 활용

1990년대 이후의 동시공학 개념을 운영하는 데 정보기술의 효과적인 활용 문제는 빼놓을 수 없다. 엄청난 규모의 엔지니어링 데이터를 관련 조직 간에 어떻게 효율적으로 효과적으로 공유하도록 할 것인가 하는 문제가 미국 국방성에 의해 제기된 것이 사실상 오늘날의 CALS 및 동시공학 탄생 배경이었다는 것만 보더라도 이의 중요성을 알 수 있다. 특히, 최근 기업들이 세계화 전략 및 virtual company 등의 새로운 전략을 도입하기 시작하면서, 엔지니어링 정보를 관련 조직 간에 효율적으로 공유하는 문제는 한층 더 복잡해지고 어려워질 것으로 전망되기 때문에 이를 지원하는 정보시스템 기반 구축은 성공적인 동시공학체제를 위해 더욱 중요한 요소로 인식될 것으로 보인다.

지금까지 소개한 동시공학의 네 가지 성공요인은 모두 유기적 연관관계를 갖고 있기 때문에 어느 하나만을 갖고서는 원하는 수준의 동시공학체제를 운영하기 어려울 것이다. 즉, 엔지니어링 업무의 프로세스 혁신을 위해서는 당연히 정보기술의 전략적 활용이 필요하며, 새로운 기법 및 도구들의 사용도 고려되어야 결과적으로 조직 형태에도 변화가 있게 된다.

1. 경영정책과 전략경영

1) 생산재고

생산을 지원하기 위하여 유지되는 재고로서, 완제품재고와는 매우 다른 특징을 가짐

2) 자재소요계획(MRP : Material Requirement Planning)

① 종속적인 수요를 가지는 품목의 재고관리를 위해 1970년대에 개발된 컴퓨터 기반의 생산 및 재고관리를 위한 계획 시스템(MPS, BOM, 재고기록파일)

② 본질적으로, MRP는 구성부품에 대한 소요량을 예측하기 위하여 주일정계획을 사용

③ 시간단계별 보유재고량 수준 및 계획된 수주(planned order)들과 비교되어, 원만하게 로트가 생산될 수 있도록 적시에 적합한 자재 및 구성부품들을 사용하기 위하여 의사결정을 내려야 하는 운영관리적 단계에서 사용

2. MRP의 정의 및 입력과 출력

1) MRP의 정의

① 종속적인 수요를 가지는 품목의 재고관리를 위해 1970년대에 개발된 컴퓨터 기반의 생산 및 재고관리를 위한 계획 시스템

② 구성부품이나 원재료 등과 같이 다른 완성품 혹은 상위부품의 수요의 크기와 발생시기에 의해 종속적으로 수요의 크기와 발생시기가 결정되는 품목의 재고관리원칙은 단순명료

> **예** 5주 후에 자동차완성품 1,000대 주문이 약속되어 있고, 자동차조립에 소요되는 리드타임(lead time)이 2주 정도라면, 자동차완성품을 조립하기 위해 필요한 엔진은 정확하게 3주 후까지 1,000대의 생산이 완료되어야 함

③ 종속적인 수요를 가지는 품목의 생산시기와 크기를 결정하는 일은 상위품목의 수요시기와 크기 및 리드타임만을 고려하여 간단하게 결정

④ 1970년대에 들어서면서 빠른 데이터 처리능력을 가진 컴퓨터를 비교적 저렴하게 활용할 수 있게 되면서부터 비로소 종속 수요품목에 대한 생산계획 및 통제가 본격적으로 가능

⑤ MRP는 구성품목(component items)의 수요를 산출하고, 필요한 시기를 추적하며, 품목의 생산 혹은 구매에 소요되는 리드타임을 고려하여 작업주문 혹은 구매주문을 내기 위한 컴퓨터 재고통제시스템으로 개발

⑥ 오늘날에는 단순히 MRP의 수립차원을 넘어서 제조자원계획(MRP - Ⅱ)을 수립하는 차원으로, 더 나아가서 기업자원 소요계획(ERP : Enterprise Resource Planning)을 수립하는 차원으로 확대 발전

2) 입력과 출력

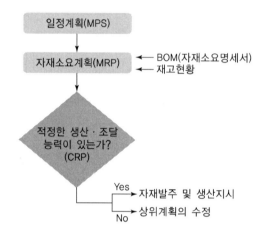

3. MRP의 운용원리

> **MRP 입력자료**
> 기준생산계획, 자재명세서, 재고기록 데이터베이스를 이용하여 MRP 시스템은 신규주문, 주문량 조정, 지연주문의 독촉 등의 필요한 조치를 파악

1) 기준생산계획(MPS)

① 기준생산계획은 총괄생산계획을 구체적인 제품별로 생산시기와 생산량을 분해한 것으로 특정한 기간의 개별제품 생산량을 자세히 나타낸 것
② MRP의 가장 중요한 입력자료
③ 완성품 생산에 필요한 하위부품들의 생산일정을 수립하는 체계
④ 언제 얼마만큼의 완성품 혹은 최종품목의 생산이 필요한지에 대한 정보를 가져야 이를 생산하는 데 필요한 하위조립품, 구성부품들에 대한 생산시기와 요구수량을 결정할 수 있기 때문

2) 자재명세서(BOM : Bill of Materials)

① 특정한 완제품을 생산하는 데 필요한 부품과 부품사용량을 기록한 것
② 완성품 생산을 위해 필요한 구성부품, 하위부품들의 결합체계를 담은 파일(하위품목의 공급량과 공급시기는 상위품목의 생산일정에 따라 결정되기 때문에 이 파일이 필요)

③ 제품구조나무(product structure tree)의 형태로 설명

④ 제품의 구성부품과 이들 간의 결합체계를 나타내는 BOM은 제품설계에 의해서 결정되는 입력정보

⑤ 제품에 대한 설계내용이 바뀔 경우, 신속하게 BOM에 반영하여야 정확한 부품에 대한 MRP가 작성됨

3) 재고기록 데이터베이스(inventory record database)

① MPS와 BOM을 통해서 최종품목의 수요와 부품의 결합배율에 대한 정보를 파악했더라도 최종품목과 각 구성품목들에 대한 재고상태를 정확하게 알지 못하면 수요충족을 위해 얼마만큼의 생산이 필요한지를 정확하게 산출할 수 없음

② 자재명세서에서 명시된 부품들의 거래내역, 현재의 재고수준, 납기에 대한 정보를 파악한 재고기록 데이터베이스가 필요

③ 재고기록을 정확히 작성하기 위한 기초자료는 재고거래내역이며, 이것은 MRP 시스템의 투입자료인 예정입고량과 보유재고량을 정확히 파악하기 위해 필요

소요량 계산
- 독립수요품목의 수요가 결정되면 그에 따라 하위 품목의 생산량과 생산시기를 결정하는 과정
- 총소요량 : 독립수요품목의 수요에 맞추기 위해 필요한 수량
- 순소요량 : 총소요량에 현재 보유재고와 예정입고량을 계산에 포함시킨 것
        ＝총소요량－현재 보유재고량－예정입고량

---

4. MRP II와 ERP

1) 제조자원계획(MRP II : Manufacturing Resource Planning)

① MRP는 재고관리기능을 가지고 있으며, 생산능력계획과 일정계획 간의 유기적인 관계

② 생산부문은 다른 기능부문과 유기적으로 관련되어 있기 때문에 생산부문 내에서 한정되어 있는 MRP 시스템은 한계점을 가질 수밖에 없음

③ 1970년대 이후 기업은 이러한 한계점을 극복하기 위해 생산부문 영역을 넘어서 기업내부의 제품, 자금, 정보를 포함한 기업의 제조자원 전체를 계획하고 관리하기 위한 MRP II를 도입

④ MRP II 시스템은 기본적인 MRP 시스템을 재무 시스템과 결합하여 기업의 정보를 모든 부문에서 이용할 수 있게 하여 제조활동을 효율적이고 효과적으로 관리

2) MRP의 특성

① 상의하달(top-down) 시스템

㉠ 진행과정은 전략사업계획(strategic business plan)의 공식화로서 시작

㉡ 사업계획은 기능전략(functional strategies)과 기능계획으로 구체화

② 공통 데이터베이스

㉠ 기업 내에는 단지 하나의 파일 집단만이 있음

㉡ 사용자 모두 대안 정책을 평가하기 위해 공통 데이터베이스 수치들을 이용

㉢ 데이터의 정확성을 유지하고 데이터의 변화를 기록할 수 있는 공식적 절차가 존재

③ What-if 능력

㉠ 대안계획 평가를 지원하기 위한 자세한 자원소요를 산출

㉡ 대안계획을 평가하기 위한 완전한 시뮬레이션 능력을 사용

④ 전체적 기업 시스템

㉠ 기능부문(제조, 회계, 재무, 마케팅)이 공식적이고 주기적으로 상호협력

㉡ 둘 또는 그 이상의 기능부문이 영향을 받는 의사결정이 존재

　　예 주생산계획은 제조와 판매 부문에 공통으로 관련되어 있음

⑤ 시스템의 명백성과 타당성

㉠ 모든 수준의 사용자들이 시스템의 논리와 실제를 이해, 수용

㉡ 사용자들은 공식적 시스템 외에서 활동할 필요가 없음

3) MRP의 문제점 및 성공 요건

① MRP 시스템은 완제품의 생산계획이 주어졌을 때 하위 품목들의 생산계획을 자동적으로 생성하는 시스템이므로 완제품의 생산계획이 타당할 때에만 의의를 가짐. 만약 완제품의 생산계획이 잘못되었다면 하위부품들의 생산계획도 모두 잘못될 것임. 이러한 문제는 완제품의 생산계획이 변경될 때에도 발생

② MRP의 성공적인 운영을 위해서는 수요예측과 생산계획이 정확해야 하며 가능한 한 변화가 크지 않음

③ MRP와 관련한 자료의 정확성이 요구됨(많은 수의 부품으로 된 제품의 경우 정확성 유지가 어려움)

④ 전산시스템의 효율성 확보(MRP는 전산시스템이므로)

⑤ 사용하기 쉬운 MRP 솔루션을 갖추어야 할 필요가 있으며 이에 대한 교육, 훈련 또한 중요

4) 전사적 자원계획(ERP : Enterprise Resource Planning)

① 1990년대 이후에 정보기술 발전과 더불어 ERP 개념을 도입

② ERP 시스템은 ERP 개념을 실천하고 구체화하기 위해서 이용되는 정보시스템

③ 기존에 독립적으로 운영되었던 각각의 시스템을 하나로 통합한 기업 내 통합정보시스템

④ ERP를 구현하기 위해서는 조직, 문화, 프로세스의 변화가 요구됨

1. 신속조형기술의 개념

공학을 기술의 발전 측면에서만 고찰한다면 좋은 기술도 사장될 수 있다. 즉, 시장환경의 변화에 민감하지 않으면 기술이 빛을 잃을 수도 있다. 신속조형기술(rapid prototype)은 제품의 다양성에 대한 시장(소비자)의 요구와 이에 따른 life-cycle의 단축에 의해 등장했다고 볼 수 있다.

신속조형기술은 기존의 신제품 개발 시간을 단축하고 복잡한 기하학적 형상도 조형이 가능하며 설계자 혹은 디자이너가 실제 모델을 직접 접해 볼 수 있다는 측면이 장점이다. 그러나 40~50만 달러나 하는 고가의 장비(어떤 장비에 필요한 시료는 한 통에 300여만 원)와 (제작 후 열변형 등에 의한) 정확도에 있어서 미흡(CNC/DNC 장비에 비해 크게 뒤떨어짐) 등이 문제점이다.

단어에서도 언급하고 있다시피, rapid prototyping system이란 "제품 개발에 필요한 시제품을 빠르게 제작할 수 있도록 해주는 전체 시스템"을 말한다. 그러나 RP시스템이 소개되었을 시점에서의 상황을 이해하고 다시금 RP시스템을 좁은 의미로 해석해 본다면, "3차원 CAD 소프트웨어에서 디자인된 데이터를 이용하여 박막 적층기법을 활용함으로써 원하는 시제품을 얻어내는 일관의 장비"라고 할 수 있다. 그러나 활용 가능한 장비 및 수지의 급속한 개발에 따라 더 이상 RP시스템이란 용어에 국한하지 않고 rapid tooling이라는 새로운 개념의 기술이 두각을 나타내고 있는 실정이다. 즉, 기존의 제품양산시기(production lead time)를 줄이기 위한 방안으로서, 시제품 제작을 어떻게 하느냐에 국한했던 문제를 이제는 개발 초기 단계부터 양산에 이르는 시간을 보다 빠르게 단축할 수 있느냐는 문제로 확대되었음을 알 수 있게 한다.

신속시작기술(迅速試作技術)이라고 흔히 불리는 rapid tooling(RT)의 일반적인 의미는 기존의 방법에 비교하여 볼 때 매우 빠른 시간 안에 효율적으로 완제품과 동일한 재료와 형상을 가진 성형물을 제작해 내는 기술이라고 정의된다. 여기서 tool이란 다이 캐스팅, 인베스트먼트 캐스팅, 플라스틱 사출금형 등에 사용되는 최종 단계의 성형기구들을 의미한다.

이전에는 일반적인 CNC 및 기타 절삭 가공 기계를 이용한 tool 제작 기술을 주로 의미하거나 investment casting 분야에서 주로 쓰이던 용어였지만 최근에는 RP 기술의 출현에 힘입어 RP 장비를 이용한 tool 제작 기술의 의미로도 많이 쓰이고 있다. 물론 이러한 새로운 tool 제작 기술은 일반적인 절삭기계를 이용한 기술을 대체하기보다는 오히려 기존의 investment casting 기술의 발달을 가속화했다고 보는 것이 보다 정확하다. 즉, 기존의 RT 기술이나 RP를 이용한 최근의 RT 기술이나 결국 digital database에 기반을 둔 신속한 가공 기술이라는 점에서는 그 맥락을 같이한다. 단지 후자에 있어서는 RP 기술 자체가 가진 속성으로서 신속하게 마스터 패턴 혹은 net shape tool을 제공한다는 요인이 RT의 '신속성'이라는 특성을 보다 더 강화시켜, RT라는 분야가 독립된 가공 기술의 한 범주로서 인정받기 시작하는 데 중요한 역할을 하였다.

거꾸로 말하면 RT 기술분야는 최근 rapid prototyping을 생산 가공 기술의 한 분야로 그 의미를 한 단계 격상시킨 주역이라고 할 수 있다. 단순한 조형에서 끝나지 않고 제품의 성형, 주형을 고려한 형틀의 제작에까지 그 응용 범위를 확대함으로써 유망한 차세대 생산 가공 기술로서 주목을 받게 되었다고 보는 것이 타당할 것이다.

2. rapid prototyping의 발전추이

rapid prototyping의 기원은 1970년대부터 개발되기 시작한 컴퓨터를 이용한 기초적인 geometric modeling system(혹은 CAD시스템)과 연관이 있다. 이들 시스템으로부터 만들어진 기하학적 자료로부터 직접 물리적인 모형을 만들려는 욕구에서 오늘날의 신속조형 기술의 태동이 비롯되었다고 보는 것이 타당하다. 1988년에 그러한 시도가 처음으로 결실을 맺게 되는데, 미국의 3D System사가 처음으로 상업화에 성공한 'Stereolithography'가 바로 그것이다. 오늘날 우리에게 SLA라는 이름으로 널리 알려진 이 기계장치는 1992년까지 약 17개국에 500대 이상이 팔려나가 그야말로 신속조형장비업계를 석권하다시피 하였다. 물론 SLA의 발표를 전후로 하여 세계 각지에서 각기 다른 원리의 신속조형장치에 관한 연구개발 노력이 여러 곳에서 진행되고 있었고, 1992년까지는 SLA의 뒤를 잇는 약 12개의 상업화된 신속조형 기계장치 기술과 30여 개의 관련 기계장비 특허가 신청되었다.

이후 가히 춘추전국시대라고 말할 수 있는 오늘날 신속조형장비업계의 상황을 잘 설명해 주는 것이 관련 용어의 난립이다. 영문명인 'Rapid Prototyping'은 다른 말로는 'Desktop Manufacturing', 'Direct CAD Manufacturing', 'Optical Fabrication', 'Solid Freeform Fabrication(SFF)', 'Solid Freeform Manufacturing(SFM)' 등으로 호칭되었거나 현재 호칭되고 있다. 한 가지 신기술이 이렇게 제각기 다른 이름으로 불리고 있는 현재의 상황은 신속조형이라는 기술이 세계 각지의 다른 장소에서 서로 다른 방법으로 지금도 그 주도권을 장악하기 위한 연구 개발이 한창 진행 중임을 시사하고 있다. 각각의 조형장비마다 그 특성상의 우열은 다소 있더라도 신속조형 분야에서 절대적인 우세를 점하고 있는 기계장치기술은 아직 구현되지 않았다고 보아도 무리가 없을 것이다.

구체적인 예를 들면, 1988년 최초의 상업화된 신속조형장비인 Stereolithography를 발표한 후 1995년까지 줄곧 조형장비시장을 석권해 오다시피 한 3D System사가 1996년 후발 업체인 Stratasys사의 FDM장비에 1위 자리를 물려주고 2위로 내려앉는 일이 발생하였다. 이처럼 조형장비 시장상황이 급격한 변화하는 대표적인 원인은 각 조형장비 및 그 소재들의 뚜렷한 가격 차이에 따른 시장경쟁력의 변화와 조형기술 응용분야에 대한 새로운 연구의 출현(예를 들면, 앞서 언급한 rapid prototyping에서 rapid tooling으로의 전이현상) 때문이라고 분석된다.

3. Rapid Tooling 기계장치용 자료 교환 표준(SIF : Solid Interchange Format)

대부분의 신속조형장치들은 STL이라는 설계정보 교환 표준 체계에 의거하여 운용되고 있는데, STL이란 설계된 제품형상의 기하학적 정보를 평면삼각형들의 근사화된 집합으로 표현한 것으로 모델(model)이란 용어로 쓰기에는 부적당하다. STL파일의 기원은 SLA를 처음으로 상업화했던 3D System사가 기계장치의 운용 software를 출시하면서 같이 내놓은 표준체계를 신속조형장비의 사용자 측에서 그대로 받아 사용하면서 비롯된 것이다. STL의 장점은 자료구조가 매우 간단하고 자료 자체를 직접 조형용 2차원 단면자료로 전환시키기가 상대적으로 용이하다는 데에 있으나 일반적인 3차원 CAD모델이 STL파일로 전환되는 단계에서 다음과 같은 심각한 문제점들을 안고 있다.

첫째, 정확도(accuracy) 문제이다. STL파일은 최초의 설계모델을 평면삼각형들의 기하학적인 집합으로 근사화한 하나의 자료저장 형태에 불과하다.

둘째, 완성도(integrity) 문제이다. STL파일은 자료를 저장하기 위한 자료구조 자체가 수치적인 자료의 결함발생의 위험성에 무방비로 노출되어 있다.

셋째, 중복성(redundancy) 문제이다. STL파일은 자료구조상 자료 내용이 중복되어 저장되므로 비효율적이다.

이 때문에 현재까지 STL의 결점들을 극복하고자 하는 연구 결과가 많이 발표되었으나 이러한 연구 결과들은 현재의 형상 모델러와 신속조형 기계장치 사이의 적합성(compatility)이라는 면에 지나치게 치우쳐 해결방법을 제시하였다. 따라서 제품의 형상 모델링 후에 발생하는 문제점에 대해서만 그때그때 임시적으로 대처한 해결방법으로서 rapid prototyping이라는 생산기술의 고유의 장점을 최대한 살릴 수 있는 보다 정확하고 효율적인 자료저장 및 교환표준에 대한 근본적인 해결책이 요구되고 있다.

이제까지 설명한 것을 간단히 요약하면 신속조형기술은 그 기술상의 현대적인 특성(① 신속성, ② 조형성, ③ 경제성 및 청정성)으로 인하여 주목받고 있는 새로운 생산가공기술이다. 그러나 추후 기계장비의 시장 상업성이라는 면에서 그리고 조형기술의 보다 일반적이고 광범위한 보급을 위해서는 몇 가지 태생적인 문제점들(① 조형소재의 제약성, ② 조형 정밀도, ③ 가공 후 처리)의 보다 획기적인 개선이 필수적으로 요구된다.

4. rapid prototyping system 기술의 종류

현재까지 알려진 RP 장비를 이용한 대표적인 rapid tooling 기술의 기법에는 다음과 같은 것들이 있다.

① LOM 장비로 paper pattern을 조형 후 이로부터 lost-paper 기법으로 주형틀을 제작하는 것
② LOM 장비로 paper mold를 조형 후 이를 injection mold로 직접 사용하는 것
③ FDM 장비로 ABS mold를 조형 후 이를 wax injection tool로 사용하는 것

④ SLA 장비로 master pattern을 조형 후 이로부터 silicone RTV(Room Temperature Vulcanizing) rubber mold를 제작하고, 다시 Epoxy 제품을 주형해 내는 것

⑤ SLA 장비로 quick cast용 master pattern을 조형 후 investment shell을 제작하여 metal casting용으로 사용하는 것

⑥ 3D Printing 장비로 ceramic/metal mold를 조형 후 이를 direct metal casting에 직접 이용하는 것

그 밖에도 SLS를 상업화한 DTM사의 Rapid Tool, laser sintering 기법을 개발한 독일의 EOS 사의 metal sintering, SLA를 출시한 3D Systems사의 inject mold 혹은 thin metal stamping용 Direct AIM(ACES Injection Molding) tooling, Keltool 등 많은 기술들이 현재 이용되고 있다.

5. Investment Casting과 RP

생산공학분야에서 널리 이용되는 investment casting은 고대 중국에서 시작하여 중세 이탈리아에서 형성된 오래된 Rapid Tooling 기술 중의 하나이다. 그 전형적인 단계는 먼저 가공이 용이한 금속, 나무, 플라스틱 등을 이용하여 마스터 패턴(master pattern), 혹은 마스터 다이(master die)를 제작하는 데서 비롯된다.

통상 금속이나 나무의 경우에는 마스터 패턴 없이 직접 재료를 절삭 가공하여 마스터 다이를 만드는 것이 일반적이며 경우에 따라서는 마스터 패턴을 먼저 제작하고 이로부터 마스터 다이를 만들기도 한다. 특히, silicon rubber와 같은 재료를 이용하여 마스터 패턴으로부터 마스터 다이를 제작하는 가공방식, 즉 마스터 패턴에 silicon rubber shell을 입혀서 soft tooling용 shell로 이용하는 성형방식을 별도로 rubber-mold casting이라고 지칭하기도 한다.

일단 마스터 다이가 제작되면 이를 이용하여 제2차 패턴인 wax 패턴을 제작할 수 있다. 이렇게 제작된 여러 개의 wax 패턴들은 스프루라고 불리는 여러 개의 통로형 곁가지로 연결되고 이 작업이 완성되면 전체 연결형상 표면에 investment 재료로 켜를 입히기 시작한다. 켜 입히기 과정이 반복되어 원하는 두께의 층이 입혀지면 내부의 wax를 녹여내기에 충분한 열을 가하여 wax 패턴을 제거하는데, 이때 비로소 제2차 다이인 investment shell이 얻어진다. 이 2차 다이에 주물을 부어 냉각한 후 shell을 제거하면 최종적인 주형 형상이 된다.

이와 같은 복잡한 과정에서 soft tooling용 마스터 패턴이나 다이를 CAD 정보로부터 직접 얻어내는 것이 가능하게 된 것이 바로 RP 기술 덕분이다. 최근에는 마스터 패턴은 물론이고 심지어 investment shell조차도 CAD 정보로부터 직접 얻어낼 수 있게 되었으므로 direct investment casting이라는 말까지도 쓰이게 되었다.

6. soft tooling과 hard tooling

최근에 RT 기술의 속성들을 구분하는 별개의 방식으로서 이를 soft tooling과 hard tooling의 2가지 개념으로 나누는 경향이 대두되고 있다.

1) soft tooling

soft tooling이란 경도나 강도가 상대적으로 낮은 재료를 써서 tool을 제작하고 이를 이용하여 최종제품형상을 성형해 내는 것으로, 소량의 제품형상만을 성형해 내는 기술, 다른 의미로는 '저가' 혹은 '염가'의 tool 생성기술을 말하기도 한다. 이는 소량의 기능 시험용 형상을 제작하는 데에 이용되는 제반 RT 기술도 soft tooling이라고 호칭한다는 의미인데, 특히 기존의 절삭 가공 기구를 이용한 대량생산용 tool 제조 방식이 상대적으로 높은 경도를 가진 재료를 대상으로 한다는 점에서도 그 차이점이 확연히 구별된다.

soft tooling 기술의 비중이 최근 증가하기 시작한 이유는 다종 소량 생산체제로 굳어져 가는 현대 제조업체들의 제조경향에 큰 원인이 있다. 다종 소량 생산체제에서는 다양하고도 끊임없는 설계의 변경과 시제품 제작 과정이 요구되고 이 경우 모형 자체의 재질을 제품에 실제로 쓰이는 재질로 만들어 성능 시험하고 평가할 필요성이 매우 빈번하게 요구된다. 그런데 soft tooling 자체가 상업용 제품인 완성품을 직접 제공하기는 어려우나 적어도 기능 시험에 필요한 충분한 강도를 제공할 수 있는 실험용 기능형상은 충분히 제공할 수 있게 되었다. 따라서 고가의 성형 tool을 미리 만들 필요가 없어졌으며 결국 그와 같은 환경을 제공해 줄 수 있는 soft tooling의 중요성이 자연스럽게 부각되게 된 것이다.

최근에 대표적으로 이용되고 있는 soft tooling의 여러 가지 기법들은 다음과 같다.

① castable resins

soft tooling에서 가장 간단하고 저렴한 방법이다. 이는 원하는 pattern을 mold box 안에 적당히 위치시키고 분할선(parting line)을 선정한 다음 이 분할선을 따라 한쪽 면을 resin을 부어 채우는 것이다. Resin의 가격이 고가인 경우는 aluminum 분말을 섞어서 가격을 낮추면서 전열성을 증가시키기도 한다.

② castable ceramics

ceramic을 이용한 가장 간단한 soft tooling 방법은 cement/sand 재료를 섞어서 ①에서 서술한 것과 같은 방법으로 pattern의 한쪽 면을 채우는 것이다. 이 경우는 재료 숙성 후에 수축률을 낮추기 위해 수분과 골고루 섞일 수 있도록 하는 것이 중요하다.

③ spray metal tooling

soft tooling에서 통상적으로 가장 많이 쓰이는 방법인데 약 2mm 정도의 두께로 metal spray 방식을 이용하여 pattern 위에 켜를 씌우는 방법이다. 이때 가장 중요한 것은 고온의 metal spray에 맞서 상대적으로 낮은 용융점을 갖기 십상인 pattern의 온도가 너무 높아지지 않도록 잘 유지하는 것이다.

④ electroforming

이 방법은 상대적으로 그리 널리 알려진 방법은 아니다. 마스터 패턴에 수 mm 정도의 전해법 혹은 그 이외의 방법에 의한 도금을 하는 것인데 마스터 패턴을 제거 후 다시 적절한 재료로 그 마스터 형상을 다시 떠내는 것이다. 이 경우 보통 기본 모델을 wax로 만들고 rubber로 반사형상에 해당하는 마스터 모델을 얻어낸 후 여기에 electroforming 기법을 쓴다. 상당히 복잡한 형상의 신뢰도 높은 tooling에 이용되나 깊이가 깊은 slot 등이 있는 경우에는 제한이 따른다.

⑤ silicone rubber molds

silicone RTV(Room Temperature Vulcanizing) rubber라고 불리는 이 물질은 가격이 다소 고가이기는 하나 마스터 패턴 주위를 채워서 cavity를 제작하기에 매우 적당한 물질이다. 이 경우는 먼저 마스터 패턴을 빈틈 없이 가득 채운 후에 분할선을 정하고 그 선에 따라 rubber를 잘라내면 그야말로 soft tooling cavity가 얻어진다. 때에 따라서는 tool을 회전시킴으로써 원심력에 의해 rubber tool의 조직을 치밀하게 하기도 한다(Spin Casting).

⑥ the keltool process

많은 사람들이 keltool이 soft tooling로 간주되는 데 의문을 품고 있기는 하다. 그 이유는 결과물의 재질이 bronze, stellite, A6 tool steel 등이기 때문인데, 금속분말과 접착액의 혼합물이 silicone RTV submaster에 부어진 다음 이것이 고화된 후 master가 제거되는 것이다. 이 고화된 물체(green part)는 고온에서 소결(sintering)시켜 접착액 성분을 제거하고 분말상끼리 용착시킨다. 그 다음 저용융점 금속(통상 구리를 사용)을 침강(infiltration)시켜 물체의 표면에 분말상으로 이루어진 표면 정도를 개선시키고 전체적인 수축률을 감소시킨다.

물론 RP 장비를 이용한 RT 기술이 soft tooling에만 제한적으로 쓰이고 있다는 것은 아니다. 대부분의 RP 장비들이 soft tooling에 가까운 공정을 채택하고 있음에도 불구하고 최근에 발표되고 있는 RP 장비를 이용한 near-net shape tool의 직접적인 제작방식은 keltool의 예에서 보았듯이 soft tooling이라기보다는 hard tooling에 가깝다고 볼 수 있기 때문이다. 결론적으로 soft tooling이냐 hard tooling이냐로 구분하기보다는 rapid hard tooling 혹은 rapid soft tooling으로 구분하는 것이 보다 정확한 용어 선택이 아닌가 생각된다.

2) hard tooling

지금까지의 주된 경향은 금속이 주된 성분인 tool의 각 컴포넌트를 직접 제작하는 것이라기보다는 RP 기술을 이용하여 mold나 die의 패턴(pattern)을 먼저 제작하고 난 후에 이로부터 tool의 net shape 형상을 얻어내는 방식이었다. 그러나 최근에는 분말상의 금속이나 세라믹과 같은 비금속재를 단독 혹은 상호 혼합하여 near-net shape에서부터 net shape tool 그 자체까지를 마스터 모델 없이 직접 RP 공정으로부터 얻어내는 기술도 많이 발표되고 있다. 통상 hard tooling으로 불리며 현재 세계 각국에서 연구 중인 공정들을 손꼽으면 일반적인 investment cast tooling법은 물론 SLA를 이용하여 wax를 사용하지 않고 investment용 마스터 패턴을 직접 제작해 내는 quick cast 기법을 비롯하여, steel metallurgy, spray metal methods, metal vapor deposition process, metal welding 등 다수의 방법이 있다.

RP의 실례

1. 선박설계작업

미국 Illinois주의 Waukegan시의 Outboard Marine Corporation(OMC)사는 세계에서 가장 규모가 큰 선박 엔진 제작회사이며 미국 두 번째의 boat 제작회사이다. 최근에 OMC는 RP 장비를 이용한 설계와 가공작업에 매우 활발히 참여하고 있다. OMC사의 제작공정 전문가인 Rich McArthur는 최근 RP 기술을 design verification, engineering feedback, assembly mockups, tooling development는 물론 marketing에까지 이용하고 있다고 한다. 사실 얼마 전까지만 해도 OMC사는 회사 내에 RP 장비를 소유하지는 않고 RP 관련 전문 용역회사를 이용하여 모형을 제작해 왔다. 그러나 최근 3년간 RP 관련 지출예산이 눈에 띄게 급증함에 따라 6개월 전부터 이를 감소시키려는 활동이 전개되었던 것이고 장고 끝에 결국 Stratasys사의 Genisys concept modeler를 구입하기에 이르렀다. OMC사 자체 분석에 따르면 그동안 OMC에서 외주를 주었던 RP에 의한 모형제작품의 반 이상이 정밀도나 표면 거칠기가 문제되지 않는 conceptual model이었다는 것이다. 따라서 Stratasys사로부터 구입한 50,000 달러 정도의 저가 Genisys concept modeler를 사용해도 RP 관련 지출예산은 감소하는 반면에 그 이전보다 RP에 의한 모형제작 횟수는 오히려 증가시킬 수 있었다. 구입한 RP 장비의 설치도 매우 용이해서 데이터를 전송받기 위하여 사내의 computer network와 기계장비와의 연결작업 정도가 그 전부였는데, 결국 장비를 들여온 지 반 시간 만에 첫 번째 시작품을 제작할 수 있었다. 사실 기계장비를 가동하면서 몇 개의 운영상 결함이 발생하였으나 Genisys concept modeler가 Stratasys사에서 상업용으로 출시한 첫 번째 모델이라는 점을 감안한다면 그리 큰 문제로 생각되지는 않는다고 한다. 한 가지 문제점이 있다면 기계장치의 extrusion head가 재료에 의하여 막히는 경우가 자주 발생하므로 이러한 문제점들을 자체 진단할 수 있는 sensing 기술이 시급하게 느껴졌다고 한다. 이에 따라 최근에는 Stratasys사에서 문제가 되고 있는 부분을 개조한 새 기술을 제시하기도 하였다. 현재 이 기계장비는 마치 사무실 한가운데 놓인 공용 프린터처럼 약 50명의 designer의 개인 computer에 연결되어 있어 이들이 요구하는 모든 모형물 제작 자료를 처리해 내고 있다. 물론 이들 각각으로부터의 모형제작물의 주문요구는 중앙시스템 관리자로부터 통제해야 할 필요가 있는데, 이는 무분별한 모형제작의 방지와 모형물 작업대에서의 방향성을 최적화함에 따른 제작장비운용의 효율성을 고려하기 위함이다.

현재 제작되고 있는 대부분의 모형물들의 재료비용은 25~100달러 정도로 저렴한데 예를 들어 180mm×180mm×75mm 정도의 크기를 가진 조형물의 제작에는 12시간 정도가 걸리며 재료가격은 약 100달러 정도이다. 1년 전만 해도 이 가격에 외주를 준다는 것은 상상하기조차 어려운 일이었는데 지금은 그저 전체 재료비가 너무 급증하지 않기만을 바란다고 한다. 시간적으로도 외주를 주면 3~5일씩 걸리던 작업이 지금은 하루 정도에 완성할 수 있다. 하루라는 시간도 Stratsys사에서 조금만 더 기계장비의 운용을 효율화한다면 보다 더 감소할 수 있다고 전망하고 있다. 현재 Genisys의 조형 정밀도는 약 0.25mm 정도로 높은 수준은 아니지만 OMC에서 생산하는 대부분의 모형물들은 표면정도를 높게 요구하지 않으므로 0.25mm 수준의 정밀도에서도 만족스러운 조형작업이 가능하다고 한다. 또한 제작된 모형물의 강도도 손으로 만지거나 송달되는 경우에 큰 지장이 없으며 심지어 bolt로 체결할 경우에도 충분히 견뎌 낼 수 있는 것으로 알려져 있다. Genisys를 사용함에 따라 전체 신제품의 개발기간이 평균 5년에서 2년 정도로 급속히 감소하였으며 그 운용의 활용도를 높이면서 앞으로도 이보다 더 단축할 수 있을 것으로 전망하고 있다.

2. 외과의학

미국 Florida주 Orlando시에 위치한 Lockheed Martin RP Lab.에 근무하는 Lynda Hurley는 외과수술 용도를 위해 그녀의 14살 아들의 두개골 모델을 SLA를 통해 제작할 수 있는 회사를 공개적으로 모집하였다(1995년도 12월호에 Rapid Prototyping Report에 발표되었음). Lockheed사에 그와 같은 작업을 수행할 수 있는 RP 장비가 있음에도 그녀가 이렇게 할 수밖에 없었던 것은 정부연구비로 사들인 연구장비가 고용인의 사적인 이유로 이용될 수 없다는 회사방침 때문인 것으로 알려졌다. 그녀의 아들은 태어날 때부터 이미 가지고 있는 안면기형을 최근 성형수술로 교정할 계획이었다. 사실 수술을 담당할 의사들은 이미 이 소년의 수술용 CT(Computer Tomography) 촬영을 오래 전에 끝낸 상태였으나 RP 제작기술에 관한 지식을 가지고 있던 소년의 아버지가 RP 기술을 이용하여 소년의 두개골 모델 제작을 요청하였다. 그는 이 RP에 의한 두개골 모델이 단순한 CT 영상보다 실제 수술 시보다 효율적인 참고 자료가 될 수 있으리라는 기대 때문에 이러한 결정을 내렸다고 한다. 이러한 요청에 직면한 RP 업계에서는 신속하고도 고무적인 반응을 보였는데, 일주일 만에 여러 회사가 CT 자료를 STL 자료로 전환하고 이를 stereolithography로 제작하는 전 과정에 해당하는 비용을 무료로 제공하겠다는 의사를 제시해왔다. 우선 Texas주 Austin시의 Scientific Measurement Systems사와 Dallas시의 Cyberform사가 CT 자료의 STL로의 전환작업을 담당하기로 하였고, Ohio주 Cincinnati시의 Hasbro Toy Group사와 California주 San diego시의 ARRK Creative Network사는 그 모델을 제작해 주겠다고 나선 것이다. 이러한 회사들의 의향을 주선했던 Hasbro Toy Group사의 Steve Deak는 벌써 의사들이 두 번에 걸친 수술 전 모임에서 RP에 의해 제작된 소년의 두개골 모델을 검토 중이라고 전했다.

재료역학 기초이론

PROFESSIONAL ENGINEER METAL WORKING

01 응력과 변형률

SECTION **01** | 하중과 응력

---

1 하중(load)

물체가 외부에서 힘의 작용을 받았을 때 그 힘을 외력(external force)이라 하고, 재료에 가해진 외력을 하중(load)이라 한다.

1) 하중이 작용하는 방법에 의한 분류

① 인장하중(tensile load) : 재료의 축방향으로 늘어나려고 하는 하중
② 압축하중(compressive load) : 재료의 축방향으로 밀어 줄어들게 하는 하중
③ 휨하중(bending load) : 재료를 구부려 휘어지게 하는 하중
④ 비틀림 하중(torsional load) : 재료를 비틀려는 하중
⑤ 전단하중(shearing load) : 재료를 가위로 자르려는 것처럼 작용하는 하중

2) 하중이 걸리는 속도에 의한 분류

① 정하중(static load)
　시간과 더불어 크기와 방향이 변화하지 않거나, 변화하더라도 무시할 수 있을 정도의 아주 작은 하중

② 동하중(dynamic load)
　하중의 크기와 방향이 시간과 더불어 변화하는 하중으로 그 작용하는 방법에 의하여 다시 다음과 같이 나눈다.
　㉠ 반복하중(reapeated load) : 하중의 크기와 방향이 같고 일정한 하중이 되풀이하여 작용하는 하중
　㉡ 교번하중(alternative load) : 하중의 크기와 방향이 음·양으로 반복하면서 변화하는 하중
　㉢ 충격하중(impact load) : 짧은 시간 내에 급격히 변화하는 하중

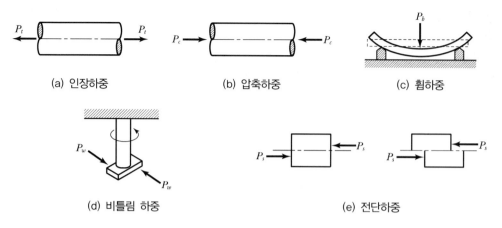

(a) 인장하중   (b) 압축하중   (c) 휨하중

(d) 비틀림 하중   (e) 전단하중

| 작용하는 상태에 따른 하중의 분류 |

3) 분포상태에 의한 분류

① 집중하중(Concentrated Load)
② 분포하중(Distributed Load)

2 응력(Stress)

어떤 물체에 하중이 걸리면 그 재료의 내부에는 저항하는 힘이 생겨 균형을 이루는데, 이 저항력을 응력이라고 하며, 단위는 $[\text{kg/cm}^2]$으로 나타낸다.

1) 응력의 종류

① 수직응력(Normal Stress) : 인장응력(Tensile Stress), 압축응력(Compressive Stress)
② 접선응력(Tangential Stress) : 전단응력(Shearing Stress)

2) 인장응력과 압축응력

① 인장응력

$$\sigma_t = \frac{P_t}{A_o}$$

여기서, P_t : 인장하중, A_o : 단면적

② 압축응력

$$\sigma_c = \frac{P_c}{A_o}$$

여기서, P_c : 압축하중

3) 전단응력

$$\tau = \frac{P_s}{A_o}$$

여기서, P_s : 전단하중

---

1 변형률(Strain)

물체에 외력을 가하면 내부에 응력이 발생하며 형태와 크기가 변하는데, 변형률은 그 변화량과 원래 치수와의 비율, 즉 단위길이에 대한 변형량으로서 변화의 정도를 비교한 것을 말한다.

1) 종변형률(세로변형률, longitudinal strain)

수직(축, 세로)변형률(Axial Strain) : $\varepsilon = \dfrac{l'-l}{l} = \dfrac{\delta_n}{l}$ (δ_n : 수직변형길이)

2) 횡변형률(가로변형률, lateral strain)

가로변형률 : $\varepsilon' = \dfrac{d'-d}{d} = \dfrac{\lambda'}{d}$ (λ' : 가로변형길이)

3) 전단변형률(shearing strain)

전단변형률 : $\gamma = \dfrac{\lambda_s}{l}$ (λ_s : 전단변형길이)

4) 체적변형률(volumetric strain)

$\varepsilon_v = \dfrac{\Delta V}{V} = \varepsilon_1 + \varepsilon_2 + \varepsilon_3$, 재료가 등방성인 경우 $\varepsilon_v = 3\varepsilon$

② 훅(Hooke)의 법칙과 탄성계수

Thomas Young은 재료의 강성(stiffness)을 측정하는 데 변형률에 대한 응력의 비를 사용할 것을 제안하였다. 이 비를 Young의 계수 혹은 탄성계수라 하고, 그 비는 응력과 변형률선도의 직선부분 기울기이다.

1) 훅(Hooke)의 법칙

비례한도 이내에서 응력과 변형률은 비례한다.

2) 세로탄성계수(종탄성계수)

① $E = \dfrac{\sigma}{\varepsilon} = \dfrac{P/A}{\delta/l} = \dfrac{P \cdot l}{A \cdot \delta}$, $\delta = \dfrac{Pl}{AE}$

② 연강에서 세로탄성계수 $E = 2.1 \times 10^6 [\mathrm{kg/cm^2}]$

3) 가로탄성계수(횡탄성계수)

① $G = \dfrac{\tau}{\gamma} = \dfrac{P_s/A}{\lambda/l} = \dfrac{P_s l}{A\lambda}$

② 연강에서 가로탄성계수 $G = 0.81 \times 10^6 [\mathrm{kg/cm^2}]$

③ 응력 – 변형률 선도

시험하고자 하는 금속재료를 규정된 시험편의 치수로 가공하여 축방향으로 잡아당겨 끊어질 때까지의 변형과 이에 대응하는 하중과의 관계를 측정함으로써 금속재료의 변형, 저항에 대하여 성질을 구하는 시험법이다.

이 시험편은 주로 주강품, 단강품, 압연강재, 가단주철품, 비철금속 또는 합금의 막대 및 주물의 인장시험에 사용한다. 시험편은 재료의 가장 대표적이라고 생각되는 부분에서 따서 만든다. 시험기기로는 암슬러형 만능재료 시험기를 사용한다. 응력 – 변형률 선도를 조사함으로써 탄성한도, 항복점, 인장강도, 연신율, 단면수축률 등을 구한다.

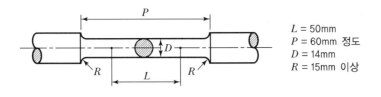

$L = 50\text{mm}$
$P = 60\text{mm}$ 정도
$D = 14\text{mm}$
$R = 15\text{mm}$ 이상

| 시험편 |

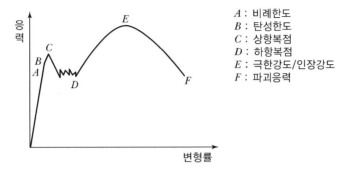

A : 비례한도
B : 탄성한도
C : 상항복점
D : 하항복점
E : 극한강도/인장강도
F : 파괴응력

| 응력－변형률 선도 |

1) A : 비례한도

응력과 변율이 비례적으로 증가하는 최대 응력

2) B : 탄성한도

재료에 가해진 하중을 제거하였을 때 변형이 완전히 없어지는 탄성변형의 최대 응력. B점 이후에서는 소성변형이 일어난다.

3) C : 상항복점

탄성한도를 지나 응력이 점점 감소하여도 변율은 점점 더 커지다가 응력의 증가 없이 급격히 변형이 일어나는 최대 응력

4) D : 하항복점

항복 중 불안정 상태가 계속되고 응력이 최저인 점

5) E : 극한강도

재료의 변형이 끝나는 최대 응력

6) F : 파괴강도

변율이 멈추고 파괴되는 응력

7) 공칭응력과 진응력의 관계식

$$\sigma\,(공칭응력) = \frac{W}{A\,(시험편\ 본래의\ 단면적)}$$

$$\sigma\,(진응력) = \frac{W\,(순간하중)}{A\,(순간단면적)}$$

4 푸아송의 비(Poisson's ratio)

1) 푸아송의 비

① 종변형률(세로변형률) ε과 횡변형률(가로변형률) ε′의 비를 푸아송의 비라 하고 ν 또는 $1/m$로 표시한다.

$$\nu = \frac{1}{m} = \frac{\varepsilon'}{\varepsilon} = \frac{\lambda_s\,/d}{\delta/l} = \frac{\lambda_s\,l}{\delta\,d}$$

여기서, m : 푸아송 수 또는 횡축계수

② 일반적으로 공업용 금속의 ν는 0.27~0.33 정도이다.

$$\varepsilon' = \frac{\varepsilon}{m} = \frac{\sigma}{mE}$$

$$\varepsilon_x = \frac{1}{E}[\sigma_x - \nu\,(\sigma_y + \sigma_z)]\,,\ \sigma_x = \frac{E}{1-\nu^2}(\varepsilon_x + \nu\varepsilon_y)$$

2) 탄성계수 사이의 관계

$$G = \frac{E}{2(1+\nu)} = \frac{mE}{2(m+1)}$$

$$K = \frac{GE}{9G-3E}\ (K : 체적탄성계수)$$

1 안전율

1) 허용응력(allowable stress)

기계나 구조물에 사용되는 재료의 최대 응력은 언제나 탄성한도 이하이어야만 하중을 가하고 난 후 제거했을 때 영구변형이 생기지 않는다. 기계의 운전이나 구조물의 작용이 실제적으로 안전한 범위 내에서 작용하고 있는 응력을 사용응력(working stress)이라 하고 재료를 사용하는 데 허용할 수 있는 최대응력을 허용응력이라 할 때, 사용응력은 허용응력보다 작아야 한다.

사용응력 ≤ 허용응력 ≤ 탄성한도

2) 안전율(safety factor)

안전율은 응력계산 및 재료의 불균질 등에 대한 부정확을 보충하고 각 부분의 불충분한 안전율과 더불어 경제적 치수 결정에 대단히 중요한 것으로서 다음과 같이 표시된다.

$$S = \frac{최대응력(\sigma_u)}{허용응력(\sigma_a)} = \frac{항복응력(\sigma_y)}{허용응력(\sigma_a)}$$

안전율을 크게 잡을수록 설계의 안정성은 증가하나 그로 인해 기계·구조물의 중량이 무거워지고, 재료·공사량 등이 불리해지므로 최적 설계를 위해서 안전율은 안전성이 보장되는 한 가능한 한 작게 잡아야 한다.

안전율이나 허용응력을 결정하려면 재질, 하중의 성질, 하중과 응력계산의 정확성, 공작방법 및 정밀도, 부품형상 및 사용 장소 등을 고려하여야 한다.

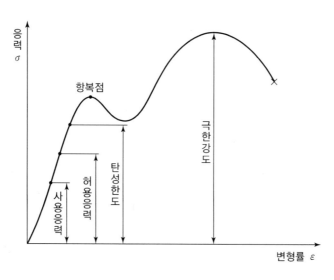

| 응력−변형률 선도 |

3) 사용응력

구조물과 기계 등에 실제로 사용되었을 경우 발생하는 응력이다. 사용응력은 허용응력 및 탄성한도 내에 있어야 하며 설계를 할 때는 충격하중, 반복하중, 압축응력, 인장응력 등 각종 요인을 고려하여 실제로 발생될 응력을 산출한 후 충분히 안전하도록 재료를 선택하고 부재 크기 등을 정해야 한다.

4) 안전율의 선정

① 재질 및 균일성에 대한 신뢰도

일반적으로 연성 재료는 내부 결함에 대한 영향이 취성재료보다 적다. 또 탄성파손 후에도 곧 파괴가 일어나지 않으므로 취성재료보다 안전율을 작게 한다. 인장굽힘에 대해서는 많이 검토가 되었으나 전단, 비틀림, 진동, 압축 등은 아직 불명확한 점이 안전율을 크게 한다.

② 응력계산의 정확도

형상 및 응력작용상태가 단순한 것은 정확도가 괜찮으나 가정이 많을수록 안전율을 크게 한다.

③ 응력의 종류 및 성질

응력의 종류 및 성질에 따라 안전율을 다르게 적용한다.

④ 불연속 부분의 존재

단단한 축, 키홈 등 불연속 부분에는 응력집중으로 인한 노치효과가 있으므로 안전율을 크게 잡는다.

⑤ 사용 중 예측하기 어려운 변화의 가정

마모, 부식, 열응력 등에 다른 안전율을 고려한다.

⑥ 공작 정도

기계 수명에 영향을 미치므로 안전율을 고려한다.

5) 경험적 안전율

재료 ＼ 하중	정하중	동하중		
		반복하중	교번하중	충격하중
주철	4	6	10	15
연강	3	5	8	12
주강	3	5	8	15
동	5	6	9	15

6) Cardullo의 안전율

신뢰할 만한 안전율을 얻으려면 이에 영향을 주는 각 인자를 상세하게 분석하여 이것으로 합리적인 값을 결정한다.

$$\text{안전율 } S = a \times b \times c \times d$$

여기서, a : 탄성비
b : 하중계수
c : 충격계수
d : 재료의 결함 등을 보완하기 위한 계수

▼ 정하중에 대한 안전율 최솟값

재료	a	b	c	d	S
주철	2	1	1	2	4
연강	2	1	1	1.5	3
니켈강	1.5	1	1	1.5	2.25

❷ 응력집중(stress concentration)과 응력집중계수, 응력확대계수

1) 응력집중과 응력집중계수

균일단면에 축하중이 작용하면 응력은 그 단면에 균일하게 분포하는데, Notch나 Hole 등이 있으면 그 단면에 나타나는 응력분포상태는 불규칙하고 국부적으로 큰 응력이 발생되는 것을 응력집중이라고 한다.

최대응력($\sigma_{\max}$)과 평균응력(σ_n)의 비를 응력집중계수(factor of stress concentration) 또는 형상계수(form factor)라 부르며, 이것을 α_K로 표시하면 다음과 같다.

$$\alpha_K = \frac{\sigma_{\max}}{\sigma_n}$$

여기서, α_K : 응력집중계수(형상계수), $\sigma_{\max}$: 최대응력, σ_n : 평균응력(공칭응력)

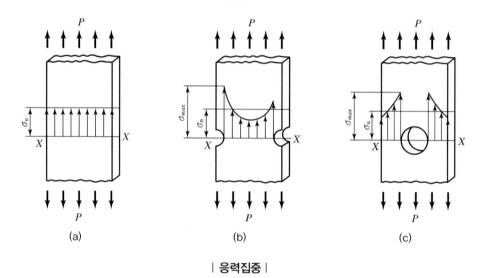

| 응력집중 |

그림 (c)에서 판에 가해지는 응력은 구멍에 가까운 부분에서 최대가 되고 구멍에서 떨어진 부분이 최소가 된다. 응력집중계수의 값은 탄성률 계산 또는 응력측정시험(strain gauge : 광탄성시험)으로부터 구할 수 있다. 응력집중은 정하중일 때 취성재료, 특히 주물에서 크게 나타나고 반복하중이 계속되는 경우에는 노치에 의한 응력집중으로 피로균열이 많이 발생한다. 그러므로 설계시점부터 재료에 대한 사항을 고려하여야 한다.

2) 응력확대계수(stress intensify factor, k)

선단의 반경이 한없이 작아진 것을 균열이라고 한다. 이 날카로운 균열 선단에서의 탄성응력집중계수는 무한대가 되므로 균열의 거동이나 파괴강도를 논할 때는 응력집중과는 다른 취급을 하여야 한다.

균열선단에는 낮은 응력하에서도 반드시 작은 크기의 소성역이 존재하며 이 소성역의 크기가 길이에 비해 훨씬 작을 때에는 탄성론에 의거해서 균열선단의 응력 및 왜곡(distortion warping, 비틀림을 받는 단면에 대하여 수직방향의 변형)의 분포를 나타내는 3개의 응력확대계수로 나타낼 수 있다.

저응력 취성파괴, 피로균열, 환경균열의 진전이나 파괴 등에 적용하고, 소성역이 작다는 조건하에서만 적용한다.

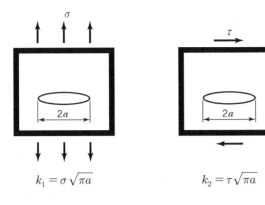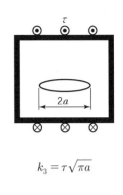

$$k_1 = \sigma \sqrt{\pi a}$$

$$k_2 = \tau \sqrt{\pi a}$$

$$k_3 = \tau \sqrt{\pi a}$$

| 응력확대계수 |

1. 피로, 피로파괴

기계나 구조물 중에는 피스톤이나 커넥팅 로드 등과 같이 인장과 압축을 되풀이해서 받는 부분이 있는데, 응력이 인장(또는 압축)강도보다 훨씬 작다 하더라도 오랜 시간에 걸쳐서 연속적으로 되풀이하여 작용시키면 파괴가 일어난다. 이때 재료가 "피로"를 일으켰다고 하며, 이 파괴현상을 "피로파괴"라 한다.

2. 피로한도(피로강도)

어느 응력에 대하여 되풀이 횟수가 무한대가 되는 한계가 있는데, 이 같은 반복응력의 최대한도를 피로한도(무한수명)라 한다. 한편, 특정 되풀이 횟수에 대해 피로파괴가 일어나는 반복응력을 피로강도(유한수명)라 한다.

3. 피로한도에 영향을 주는 인자

① **치수효과** : 부재의 치수가 커지면 피로한도가 낮아진다.

② **표면효과** : 부재의 표면 다듬질이 거칠면 피로한도가 낮아진다.

$$표면계수 = \frac{임의의\ 표면거칠기\ 시험편의\ 피로한도}{Cu\ 이하의\ 표면거칠기\ 시험편의\ 피로한도}$$

③ **노치효과** : 단면치수나 형상 등이 갑자기 변하는 것에 응력집중이 되고 피로한도가 급격히 낮아진다.

$$\bullet\ 노치계수 = \frac{노치가\ 없는\ 경우\ 피로한도}{노치가\ 있는\ 경우\ 피로한도}$$

$$\bullet\ 응력집중계수 = \frac{피로응력}{공칭응력}$$

④ **압입효과** : 강압 끼워 맞춤, 때려박음 등에 의하여 피로한도가 낮아진다.

4. 피로한도를 상승시키는 인자

① 고주파 열처리

② 침탄, 질화 열처리

③ roller 압연

④ shot peening & sand blasting

⑤ 표층부에 압축잔류응력이 생기는 각종 처리

5. S−N 곡선

진폭응력(S), 반복횟수(N) 곡선을 의미한다. 재료는 응력이 반복해서 작용하면 정응력인 경우보다도 훨씬 작은 응력 값에서 파괴를 일으킨다. 이 경우 파괴를 일으킬 때까지의 반복횟수는 반복되는 응력의 진폭에 따라 상당한 영향을 받는다. 이 관계를 표시하기 위하여 응력 진폭의 값 S를 종축에, 그 응력 진폭에서 재료가 파괴될 때까지의 반복횟수 N의 대수를 횡축에 그린 것을 $S−N$ 곡선이라 한다.

일반적으로 강 같은 재료의 $S−N$ 곡선은 그림과 같으며 응력진폭이 작은 쪽의 파괴까지 반복횟수는 증가한다. 그러나 어느 응력치 이하로는 어떤 응력을 반복해도 파괴가 생기지 않고 곡선은 평행이 된다. 이와 같이 곡선이 수평이 되기 시작하는 곳의 한계응력을 재료의 피로한도 또는 내구한도라 한다.

이때 반복횟수는 강에서 10^6, 10^7이지만 비철금속은 5×10^8이 되어도 $S−N$ 곡선이 수평이 되지 않는 것이 있다.

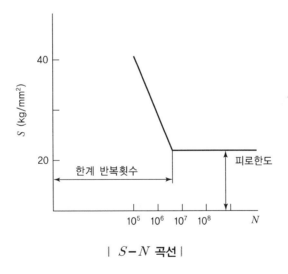

| $S−N$ 곡선 |

6. 피로수명

피로시험에서 방향이 일정하고 크기가 어느 범위 사이에 주기적으로 변화하는 응력을 되풀이하거나 인장과 압축응력을 되풀이하여 파괴에 이르기까지의 횟수를 피로수명(유한수명)이라 한다.

Question 02 뤼더스 밴드(Lüders Band)

시험편에 상항복점 같은 큰 힘을 가하면 응력이 집중되기 쉬운 부분에 인장선의 45° 방향으로 선 (band)이 나타나기 시작하여 성장하는데 이것이 소성변형의 시작이다.
상항복점에서 소성변형이 시작되어 시험편 전체로 퍼져 나가면서 곡선이 톱니모양으로 울퉁불퉁해진다. 이것을 뤼더스 밴드라 한다.

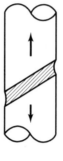

| 뤼더스 밴드 |

Question 03 인성계수

단순 인장력이 0에서 서서히 증가하여 파괴점에 도달할 때 재료의 단위체적에 대한 일을 말한다.
즉 응력-변형률 선도 아래에서(0에서) 파괴점까지의 면적으로 나타낸다.
재료의 인성·소성역에서 에너지를 흡수하는 능력을 나타낸다(단위 : $in-lb/in^3$, $N-m/m^3$).

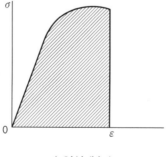

| 인성계수 |

04 연성 · 취성 천이거동에 영향을 미치는 인자

1. 개요

재료가 충분한 연성을 가지면 노치나 균열이 있어도 그 재료의 하중 지탱능력이 큰 영향을 받지 않는다. 즉, 공칭응력이 항복응력을 초과하기 전에 노치의 응력확대계수가 임계응력확대계수 값을 초과하지 않으면 취성파괴가 일어나지 않는다. Al이나 Cu 같은 금속의 경우이다. 그러나 저탄소강은 고온에서나 느린 변형속도에서는 연성을 나타내고, 저온이나 빠른 변형속도에서는 취성을 나타내는 경우가 있다. 이러한 천이가 일어나는 온도가 기온범위 내에 있을 수 있기 때문에 천이거동을 이해하는 것이 중요하다.

2. 천이거동

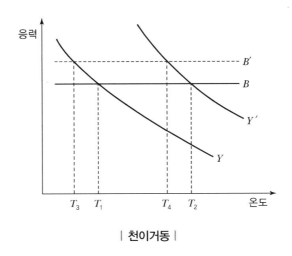

| 천이거동 |

연성 · 취성 천이를 나타내는 재료의 경우 온도가 낮아질수록 변형응력이 증가한다.
위의 그림에서 취성파괴에 대한 임계응력은 일반적으로 온도에 따라 변화하지 않는다고 가정하여 B로 나타내고 변형응력(Y)을 온도의 함수로 나타내었다. Y와 B선이 교차하는 지점의 온도가 천이온도가 된다. 이 온도 이하에서는 파괴강도가 항복강도보다 낮기 때문에 항복하기 전에 파괴가 일어날 것이기 때문이다. 곡선 Y는 온도 외에 다른 조건이 일정하다고 가정하고 얻어진다. 천이온도를 측정하기 위한 방법으로 충격시험이 이용된다. 충격시험에서는 진자를 표준 높이까지 올렸다가 자연 낙하시켜 진자가 표준 시편을 때려 시편을 파괴하도록 한다. 시편의 온도를 바꾸어가면서 파괴에 필요한 에너지를 측정하면 천이온도를 쉽게 확인할 수 있다.

3. 영향을 미치는 인자

1) 항복응력변화(곡선 Y')에 영향을 주는 인자

변형속도, 냉간가공에 의한 경화, 불순물, 방사선 조사, 응력상태 등에 따라 변한다. 즉, 변형속도와 냉간가공량이 증가할수록, 방사선 조사를 받을수록 항복응력이 증가하기 때문에 천이온도가 증가한다.

2) 천이온도 저하

결정립의 크기가 미세할수록 파괴강도가 증가하기 때문에 천이온도가 낮아진다(항복응력도 증가하지만 파괴강도보다 증가율이 작음). 천이온도가 낮을수록 유리하다.

05 고사이클 피로(HCF), 저사이클 피로(LCF)

1. 고사이클 피로(HCF : High Cycle Fatigue)

아래 그림은 고사이클 피로에서 피로강도에 대한 평균응력의 영향을 나타낸 곡선이다. 그림 (a)는 10^7회 강의 $R = -1$ 피로강도 σ_w에 대한 σ_a의 비를 종축에 나타내었고, 인장강도에 대한 평균인장응력 σ_m의 비를 횡축에 나타내었다. 그림 (b)는 그림 (a)와 같은 무차원량인데 5×10^7 수명기준 알루미늄의 경우이다. 그림에 나타낸 피로강도의 결과는 직선과 곡선으로 표시 가능하도록 자료들이 모여 있다.

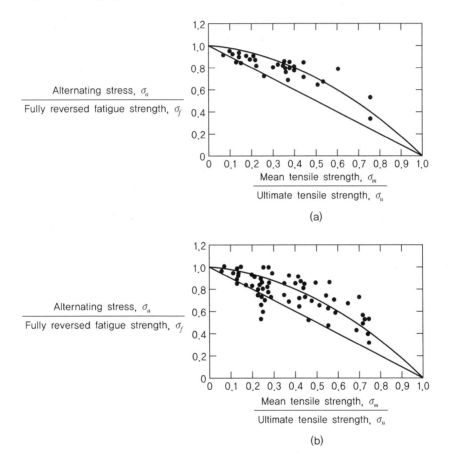

| 고사이클에서 피로강도에 대한 평균응력의 효과를 나타낸 곡선 |

따라서 노치효과, 크기효과, 표면상태, 환경효과 및 유한수명에 따라 식들을 수정하여 사용하고 있다. 압축평균응력은 피로강도가 상승하는 효과를 나타내고 있다.

2. 저사이클 피로(LCF : Low Cycle Fatigue)

소성피로는 보통 저사이클 피로라고 하며, 거시적으로 큰 소성변형(plastic deformation)을 동반하는 피로의 총칭이다. 아래의 그림 (a)에서는 노치에서 응력집중이 되어 소규모 항복이 잘 생기며, 그림 (b)는 평활시험편에서 그림 (a)와 유사한 항복조건이 생기도록 하는 개략도이다. 이와 같은 조건으로 제작된 평활시험편의 소성피로에 속하는 수명(N_f) 및 소성변형률은 $N_f \leq 10^4 \sim 10^5$ 사이클 및 $\Delta \varepsilon_p \leq 0.2 \sim 0.4 \times 10^{-2}$ 정도이다.

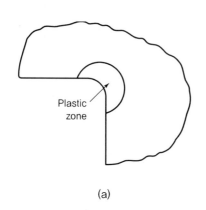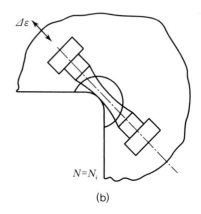

(a)   (b)

| LCF의 개념도 |

LCF는 통상 낮은 반복속도에서 실시되며 파단까지의 반복수도 적다. 아래 그림은 LCF시험에서 얻은 응력－변형률 히스테리시스 루프(hysteresis loop)에 관한 제원을 나타내었다. 여기서, $\Delta \varepsilon$: 전체 변형률 범위, $\Delta \varepsilon_p$: 소성변형률 범위이다. 고사이클 피로(HCF)는 탄성피로범위이며 응력조정(stress control)에 의하여 $S-N$ 곡선을 얻는다. 저사이클 피로(LCF)는 소성피로이며 스트레인 조정(strain control)에 의하여 $\varepsilon-N$ 곡선을 나타낸다.

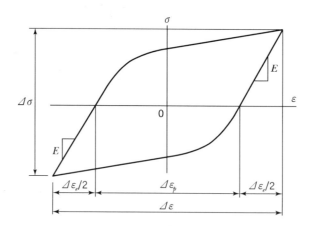

$\Delta \varepsilon_e$: 탄성 스트레인 범위, $\Delta \varepsilon_p$: 소성 스트레인 범위
$\Delta \varepsilon$: 전체 스트레인 범위, E : 탄성계수, $\Delta \sigma$: 응력 범위

| 안정된 응력－변형률 히스테리시스 루프의 예와 각 명칭 |

▼ 각 피로시험의 종류와 특징

구분	LCF(Low Cycle Fatigue)	HCF(High Cycle Fatigue)
곡선	$\varepsilon - N$	$S - N$
통칭	소성피로, 저사이클 피로	탄성피로, 고사이클 피로
수명영역	$10^2 \sim 10^5$	$10^4 \sim 10^7$
Control 인자	스트레인	응력
$\Delta\varepsilon_p$	크다.	작다.
$\Delta\varepsilon_t$	크다.	작다.
크랙 수	많다.	적다.
크랙 길이	짧다.	길다.
반복속도	매우 느림(5Hz 이하)	빠름(5Hz 이상)

CHAPTER 02 재료의 정역학

| **자중에 의한 응력과 변형률**

---

1 균일 단면의 봉

$$\sigma = \frac{P + \gamma A x}{A}, \ \sigma_{\max} = \frac{P}{A} + \gamma l$$

2 균일강도의 봉

① 하중 W에 의한 전 신장량

$$\delta = \frac{\gamma}{E} \int_0^l x dx = \frac{\gamma}{E} \left[\frac{x^2}{2} \right]_0^l = \frac{\gamma l^2}{2E} = \frac{Wl}{2AE}$$

② $\delta = \dfrac{\sigma}{E} l$

| **열응력**

물체는 가열하면 팽창하고 냉각하면 수축한다. 물체에 자유로운 팽창 또는 수축이 불가능하게 장치하면 팽창 또는 수축하고자 하는 만큼 인장 또는 압축응력이 발생하는데, 이와 같이 열에 의해서 생기는 응력을 열응력이라 한다.

온도 t_1 ℃에서 길이 l인 물체가 온도 t_2 ℃에서 길이 l'로 변하였다면

- 신장량(δ) $= l' - l = \alpha(t_2 - t_1)l = \alpha \Delta t l$ (α : 선팽창계수, Δt : 온도의 변화량)

- 변형률(ε) $= \dfrac{\delta}{l} = \dfrac{\alpha(t_2 - t_1)l}{l} = \alpha(t_2 - t_1) = \alpha \Delta t$

- 열응력(σ) $= E\varepsilon = E\alpha(t_2 - t_1) = E\alpha \Delta t$ (E : 세로탄성계수 혹은 종탄성계수)

$\alpha \cdot \Delta t \cdot l = \dfrac{Pl}{AE} \rightarrow$ 벽에 작용하는 힘(P) $= AE\alpha \Delta t$

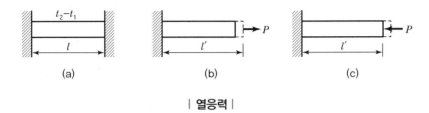

| 열응력 |

SECTION 03 탄성에너지

균일한 단면의 봉에 인장하중 또는 압축하중이 작용하면, 이 하중에 의해서 봉이 신장 또는 수축되어 변형이 일어나므로 하중이 움직이게 되어 일을 한다. 이 일은 정적 에너지로서 일부 또는 전부가 변형의 위치에너지(Potential Energy)로 바뀌어 봉의 내부에 저장되는데, 이 에너지를 변형에너지(Strain Energy) 혹은 탄성에너지라 한다.

1 수직응력에 의한 탄성에너지

균일한 단면봉의 탄성한도 내에서 하중 P를 작용시키면 봉은 δ만큼 늘어나서 재료에 대한 인장시험선도가 직선이 된다. 즉, 어느 하중의 최대치 P에 대응하는 변형량을 δ라 할 때, 하중이 dP만큼 증가하면 변형량도 $d\delta$만큼 증가하며, 그 일은 다음 그림에서 빗금친 부분의 면적 a, b, c, d로 표시된다. 따라서 O에서 P에 이르기까지의 과정에서 행하여지는 전 일량, 즉 탄성에너지는 다음과 같다.

- 수직응력에 의한 탄성에너지 : $U = \dfrac{1}{2}P\delta = \dfrac{P^2 l}{2AE} = \dfrac{\sigma^2}{2E}Al = \dfrac{E\varepsilon^2}{2}Al$

- 단위체적당 탄성에너지 : $u = \dfrac{U}{V} = \dfrac{\sigma^2 Al}{2E}\dfrac{1}{Al} = \dfrac{\sigma^2}{2E} = \dfrac{E\varepsilon^2}{2} (\text{kg} \cdot \text{cm}/\text{cm}^3)$

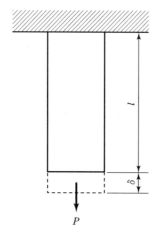

| 수직응력에 의한 탄성에너지 |

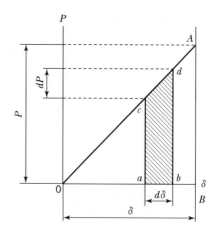

| 인장시험선도 |

• 탄성에너지에서 레질리언스 계수(modulus of resilience)

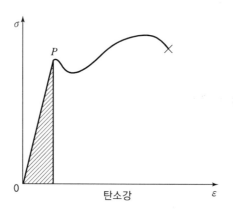

| 레질리언스 계수 |

레질리언스는 재료가 탄성범위 내에서 에너지를 흡수할 수 있는 능력을 표시한다. 레질리언스 계수는 재료가 비례한도에 해당하는 응력을 받고 있을 때의 단위체적에 대한 변형에너지의 밀도로서, 응력－변형률 선도의 해칭부분 면적과 같다.

$$\text{레질리언스 계수 } u = \frac{\sigma^2}{2E}$$

② 전단응력에 의한 탄성에너지

1) 전단응력에 의한 탄성에너지

$$U = \frac{F\delta_s}{2} = \frac{F^2 l}{2AG} = \frac{\tau^2 Al}{2G}$$

2) 최대 탄성에너지

$$u = \frac{U}{V} = \frac{\tau^2 Al}{2\,GAl} = \frac{G\gamma^2}{2}$$

상단이 고정된 수직봉에서 봉의 길이를 l, 단면적을 A, 세로탄성계수를 E 라 하고 충격에 의하여 생기는 최대인장응력을 σ, 최대신장을 δ 라 하자. 추가 낙하해 하단의 턱(collar)에 충격을 주면 순간적으로 최대신장을 일으키고, 세로방향으로 진동이 일어난다.

이 진동이 재료의 내부마찰로 인하여 차차 없어지면 정하중 W 에 대해 δ 만큼 늘어나고 봉은 정지가 되는데, 낙하에 의하여 추 W 가 하는 일, 즉 추가 봉에 주는 에너지는 $W(h+\sigma)$ 이므로

$$W(h+\delta) = \frac{\sigma^2}{2E}Al$$

$$\therefore \sigma = \sqrt{\frac{2EW(h+\delta)}{Al}}\,(\mathrm{kg/cm^2})$$

이 식에 $\delta = \dfrac{\sigma l}{E}$ 을 대입하여 정리하면,

$$Al\sigma^2 - 2Wl\sigma - 2WhE = 0$$

$$\sigma = \frac{W}{A}\left(1 + \sqrt{1 + \frac{2AEh}{Wl}}\right)$$

이 식에 정적인 신장량 $\delta_0 = \dfrac{Wl}{AE}$ 을 대입하면,

$$\sigma = \frac{W}{A}\left(1 + \sqrt{1 + \frac{2h}{\delta_0}}\right) = \sigma_0\left(1 + \sqrt{1 + \frac{2h}{\delta_0}}\right)$$

또한 봉에 생기는 최대 신장량은

$$\delta = \delta_0 + \sqrt{{\delta_0}^2 + 2h\delta_0} = \delta_0\left(1 + \sqrt{1 + \frac{2h}{\delta_0}}\right) \fallingdotseq \sqrt{2h\delta_0}\,(\delta_0 \ll h)$$

$$\delta_0 = \frac{Wl}{AE}\,(\text{정하중에 의한 처짐})$$

만일 추를 갑자기 플랜지 위에 작용시켰을 경우, $h = 0$이므로 $\sigma = 2\sigma_0$이고, $\delta = 2\delta_0$이다. 즉, 충격응력과 신장은 정응력 및 신장의 2배가 됨을 알 수 있다.

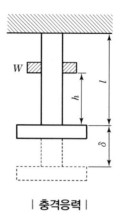

| 충격응력 |

| 압력을 받는 원통

1 내압을 받는 얇은 원통

1) 원주방향의 응력(circumferential stress)

$$\text{가로방향응력} : \sigma_t = \frac{P}{A} = \frac{pDl}{2tl} = \frac{pD}{2t} \,(\text{kg}/\text{cm}^2)$$

$$(\text{원주방향의 내압} \ P = pDl)$$

여기서, p : 단위면적당 압력

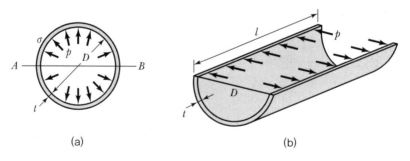

(a)　　　　　　　　　　　　　　(b)

| 원주방향의 응력 |

2) 축방향의 응력(longitudinal stress)

$$\text{세로방향응력} : \sigma_z = \frac{\frac{\pi}{4}D^2 p}{\pi D t} = \frac{pD}{4t}(\text{kg/cm}^2)$$

$$(\text{축방향의 내압 } P = \frac{\pi D^2}{4}p)$$

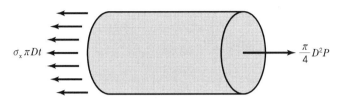

| 축방향의 응력 |

3) 동판의 두께

$$\sigma_t \eta = \frac{pd}{2t}, \ t = \frac{pd}{2\eta\sigma_t}$$

여기서, σ_t : 사용응력, η : 용접효율

2 얇은 살두께의 구(球)

$$\sigma_t = \frac{pD}{4t}$$

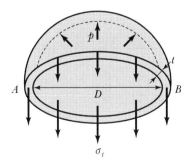

| 얇은 살두께의 구 |

③ 내압을 받는 두꺼운 원통(후프)

응력

$$\sigma_t = p\,\frac{r_1{}^2\left(r_2{}^2 + r^2\right)}{r^2\left(r_2{}^2 - r_1{}^2\right)}, \ \ (\sigma_t)_{\max} = (\sigma_t)_{r\,=\,r_1} = p\,\frac{r_2{}^2 + r_1{}^2}{r_2{}^2 - r_1{}^2}$$

$$\sigma_r = -\,p\,\frac{r_1{}^2\left(r_2{}^2 - r^2\right)}{r^2\left(r_2{}^2 - r_1{}^2\right)}\ (-\,:\,\text{압축}),\ \ \sigma_{\min}(r = r_2) = \frac{2pr_1{}^2}{\left(r_2{}^2 - r_1{}^2\right)}$$

여기서, p : 내부압력, $(\sigma_t)_{\max}$: 최대후프응력, $r_1 = \dfrac{\text{내경}}{2}$, $r_2 = \dfrac{\text{외경}}{2}$

$$\frac{r_2}{r_1} = \sqrt{\frac{(\sigma_t)_{\max} + p}{(\sigma_t)_{\max} - p}}$$

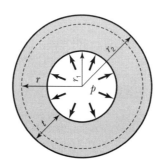

| 내압을 받는 두꺼운 원통 |

④ 회전하는 원환

원주방향 응력

$$\sigma_t = \frac{pr}{t} = \frac{\gamma r^2 w^2}{g} = \frac{\gamma \nu^2}{g}$$

여기서, γ : 비중, $\nu = \dfrac{\pi dN}{60}$

1. 3D 프린팅

3D 프린팅(3-Dimensional Printing)이란 적층 제조(Additive Manufacturing)라고도 불리며, 3차원 형상(도면)을 활용하여 특정 소재를 적층해 3차원 물체를 인쇄 · 제조하는 것을 말한다. 이때 '적층'은 소재를 Layer로 한 층 쌓아 올리는 것을 의미한다. 3D 프린팅은 적층 제조 외에도 쾌속조형(Rapid Prototyping), Layer Manufacturing 등으로 불린다.

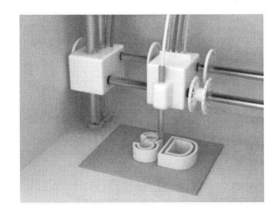

| 3D 프린팅 인쇄 모습 |

3D 프린팅은 프린터로 평면으로 된 문자나 그림을 인쇄하는 것이 아니라 입체도형을 찍어내는 것이다. 종이를 인쇄하듯 3차원 공간 안에 실제 사물을 인쇄하는 3D 기술은 의료, 생활 용품, 자동차 부품 등 많은 물건을 만들어낼 수 있다. 축구화에 쓰일 천을 인쇄하거나 무인 항공기 · 자전거 뼈대 · 인공 뼈를 만드는 등 제품을 제작하는 대부분의 분야에서 3D 프린팅의 예시를 들 수 있을 만큼 그 쓰임새는 무궁무진하다.

3D 프린터 안에는 잉크 대신 플라스틱, 나일론, 금속 등 입체 도형을 만들 수 있는 재료가 들어가 있다. 재료를 다루는 기술이 개발된 이후에는 고무나 종이, 콘크리트, 음식을 넣어 인쇄하는 방법도 연구되고 있다.

재료를 층층이 쌓아 형태를 완성하는 적층식은 대부분의 3D 프린터에서 사용하는 방식이다. 적층식은 다시 플라스틱을 녹여서 층층이 쌓아 형태를 만드는 방법, 금속을 용접하여 형태를 만드는 방법, 액체로 된 물질에 레이저를 쏘아 굳혀서 형태를 만드는 방법 등 다양한 인쇄 기술로 나눌 수 있다.

실제 사물을 찍어내는 3D 프린팅은 기존의 생산방식에서 벗어나 어떤 제품이던 만들 수 있고, 재료를 다듬기 위한 특별한 공정이나 재료를 유통하는 데 필요한 과정도 적기 때문에 사람들은

3D 프린팅을 또 다른 산업혁명이라고 말한다.

현재의 3D 프린터는 완성된 모형의 품질이 기존의 제품보다 떨어진다는 단점이 있다. 재료를 층층이 쌓아 올려 모양을 만들기 때문에 아무리 얇게 쌓아올려도 완성된 후에는 재료를 쌓은 층이 보이기 때문이다. 하지만 언제 어디서든 누구나 쉽게 저렴한 가격으로 필요한 물건을 만들어낼 수 있다는 매우 큰 장점이 존재하기 때문에 많은 사람들이 3D 프린팅에 대한 전망은 밝은 것으로 예상하고 있다.

2. 3D 프린팅 기술의 기초

3D 프린팅은 컴퓨터의 3D 모델링 소프트웨어로 완성한 입체 모형을 여러 층으로 나눠 한 층씩 쌓아 올려 3차원 모형을 완성하는 것이 기본 원리이다. 이 기본 원리를 바탕으로 플라스틱을 녹여 공기 중에서 굳히는 방식, 빛으로 굳힌 후 다음 층을 쌓아 모형을 완성하는 방식 등이 있다.

1) 3D 프린팅 기술의 이해

3D 프린팅 기술은 3D 도면을 활용해 3차원 물체를 만드는 기술을 가리킨다. 워드(Word) 문서를 프린터로 인쇄해 글자를 찍어 내는 것과 유사하다. 즉, 3D 프린팅 기술의 세계에서는 3D 도면이 워드 문서고, 3D 프린터가 문서 인쇄용 프린터 역할을 한다. 출력되는 결과물이 종이 위의 2차원 글자나 그림이 아니라 3차원 물체라는 점이 다르다.

글자를 인쇄하는 2차원 프린터 중에는 잉크를 사용하는 것도 있고, 레이저를 활용하는 것도 있다. 3D 프린터도 마찬가지다. 분말을 원료로 이용하는 방식, 녹였다가 굳힐 수 있도록 고안된 플라스틱 수지를 원료로 쓰는 방식 등 다양한 기술이 있다.

2) 광경화 적층 방식

가장 대표적인 기술은 빛으로 원료를 굳혀 입체 모형을 만드는 '광경화 적층 방식(Photo Curing Process)'이다. 레이저나 자외선을 받으면 굳는 특수한 원료를 이용한 기술이다. 액체 상태인 광경화성 수지를 도포한 후 레이저로 굳히고, 굳은 표면 위에 다시 다음 층을 쌓는 방식으로 모형을 완성한다.

미국의 3D 프린터 기술업체 3D 시스템스(3D Systems)를 비롯해 많은 업체가 광경화 적층 방식 3D 프린터를 만들고 있다. SLA(Stereo Lithography Apparatus), 또는 DLP(Digital Light Processing) 방식의 3D프린터가 광경화 소재를 활용하는 대표적인 3D 프린팅 기술이다.

3) 폴리젯

폴리젯(Polyjet) 방식의 3D 프린터도 광경화 소재를 사용한다는 점에서 광경화 적층 방식과 유사하다. 종이에 글자를 인쇄하는 기존 잉크젯 프린터가 노즐을 통해 액체 상태의 잉크를 분사하는 것처럼, 폴리젯 3D 프린터는 노즐에서 플라스틱 수지를 분사한다. 자외선램프에 반응해 액체에서 고체로 변화하는 특수 플라스틱 수지를 활용해 적층하는 방식이다.

폴리젯 방식 3D 프린터는 소재의 종류가 한정적이기는 하나, 매우 얇게 소재를 분사해 정밀한 모형을 만들 수 있다. 물체를 인쇄해 모형을 완성하는 속도도 다른 3D 프린터와 비교해 빠르다. 또한 원료에 다양한 색깔을 더해 최종적으로 완성되는 모형에 다양한 색상을 입히는 것도 가능하다. 이 같은 특징 덕분에 정밀한 모형을 제작해야 하는 산업이나 빠른 속도로 모형을 찍어 내야 하는 업계에서 폴리젯 방식의 3D 프린터를 선호한다.

4) 레이저 소결 방식

레이저 소결 방식(Laser Sintering Process)이란 분말 형태의 소재를 베드(bed)에 도포한 후 레이저를 비춰 원하는 부분만 굳히는 기술을 말한다. 즉, 레이저에 노출된 부분만 굳어 형태가 만들어지는 원리로, '선택적 레이저 소결(SLS : Selective Laser Sintering)'이라고 부르기도 한다.

다양한 소재를 활용할 수 있다는 점이 SLS 3D 프린터의 특징이다. 레이저를 통해 녹이고, 이를 굳힐 수만 있다면 광범위한 종류의 원료를 활용할 수 있다. 플라스틱이나 모래, 알루미늄 등이 대표적이다. 또한 원료의 특성에 따라 완성되는 물체의 품질이 결정되기 때문에 3D 프린팅 기술 업계에서 원료에 대한 연구가 가장 활발하게 이루어지는 분야이기도 하다.

단, 분말 형태의 원료를 이용하기 때문에 완성된 모형은 세라믹이나 기타 방식을 통해 다듬어 완성도를 높이는 과정을 거쳐야 한다. SLS 방식의 3D 프린터는 가격이 비싸 가정이나 소규모 업종에서 활용하기 어렵다.

5) 압출 방식

압출 방식은 노즐에 열이나 압력을 가해 원료를 뽑아내는 방식이며, 3D 프린터 중에 가장 저렴한 기술이다. 낮은 가격 덕분에 소규모 업체나 가정에서 가장 널리 쓰인다. FDM(Fused Deposition Modeling, 용융 적층 모델링) 방식이 가장 널리 알려진 압출형 3D 프린터다. FDM 3D 프린터에 사용하는 소재는 가는 선 형태의 고체다. 원통에 감긴 소재를 바꾸면, 완성되는 모형의 색깔을 달리할 수도 있다. 열에 녹는 플라스틱을 노즐에 가한 열로 녹여 사출한 후 공기 중에서 다시 고체로 굳히는 원리다. 원료의 가격도 저렴하고, 3D 프린터 자체의 가격도 상대석으로 낮은 편이다. 미국의 '메이커봇(MakerBot)' 등 3D 프린터 대중화의 선두에 선 업체가 다양한 형태의 FDM 방식의 3D 프린터를 개발해 판매하고 있다.

하지만 플라스틱을 녹이고, 공기 중에서 굳혀 적층하는 방식이라는 점에서 완성된 모형의 정교함은 비교적 떨어진다. 도포하는 층의 두께가 너무 얇으면 모형이 완성되기도 전에 무너지는 일이 적잖이 발생하는 탓에, 두께를 일정하게 하는 것이 중요하다.

최근에는 FDM 방식 중에서 적층할 때 한 층의 두께를 얼마나 얇게 할 것인가를 사용자가 선택할 수 있도록 하는 3D 프린터도 등장하고 있지만, 아직 정교한 모형을 완성하기에는 부족한 것이 사실이다. 따라서 완성된 모형은 사람의 손을 거치는 후처리 작업이 필수다. 층의 두께가 비교적 두꺼운 탓에 표면이 매우 거칠게 표현되기 때문이다. 이 때문에 정교함이 요구되는 모형을 만들 때 FDM 방식의 3D 프린터를 사용하는 것은 적절하지 않다.

6) 그밖에 다양한 기술들

3D 프린팅 기술은 지금도 발전하는 중이다. 특히 소재와 방식이 그렇다. 플라스틱이나 금속 외에도 다양한 소재가 여러 가지 방식으로 시도되고 있다. 애니메이션과 영화로 유명한 디즈니의 디즈니연구소(Disney Institute)는 코넬대학교(Cornell University), 카네기멜론대학교(Carnegie Mellon University)와 함께 천으로 입체 모형을 만드는 3D 프린팅 기술을 개발했다.

3. 금속 3D 프린터의 종류와 장단점

1) 선택적 레이저 용융(SLM : Selective Laser Melting)

SLM은 1995년 독일에 본사를 둔 연구 그룹인 프라운호퍼 레이저 기술 연구소에 의해 개발되었다. SLS(선택적 레이저 소결)와 비슷하지만, SLM은 주로 금속 인쇄용이라는 것이 가장 큰 차이점이다.

SLM 프린터에서 실행한 인쇄물 역시 매우 정교하며, CNC 등 전통적인 제조방법에 의해 생산된 부품과도 견줄 수 있다. 따라서 이 기술은 빠른 프로토타이핑 및 대량 생산에 자주 사용된다.

① 작동방식

SLS와 마찬가지로 SLM 프린터는 파우더 베드 융합을 사용하여 부품을 만든다. 레이저는 원하는 모양까지 구축하기 위해 레이어별로 금속 분말을 녹인다. 온도를 일정하게 유지하고, 오차를 줄이기 위해 SLM 프린터는 제어된 빌드 공간과 대기시간을 필요로 한다. 또한 금속은 밀도가 높기 때문에 일반적으로 SLS 기계에서 인쇄하는 소재보다 무거워, SLS 프린트와 달리 인쇄되는 동안 인쇄된 부품을 유지하는 지지 구조(서포터)가 필요하다.

② 장단점

재료 결합이 단단하기 때문에 빌드 플레이트에서 서포터와 부품을 제거하는 것이 어려워 SLM 프린터의 인쇄물은 일반적으로 상당한 양의 후처리가 필요하다.

반면에 재료를 단단하게 결합하기 때문에 프린터에서 부품을 바로 인쇄할 수 있어, 별도 가공이 필요하지 않으므로 생산 리드 타임이 줄어든다. 또한 전통적인 제조로는 너무 어렵거나 비용이 많이 드는 복잡한 형상을 SLM 프린팅을 통해 얻을 수 있다.

2) 직접 금속 레이저 소결(DMLS : Direct Metal Laser Sintering)

DMLS는 독일 회사 EOS에 의해 1990년대에 개발되었다. SLM과 마찬가지로 금속을 인쇄하는 방법이지만, DMLS는 금속 분말을 소결하고 SLM은 재료를 녹인다. 따라서 SLM은 같은 녹는점을 갖는 순수 금속과만 작동하며, DMLS는 금속 합금 또는 두 개 이상의 금속 원소의 혼합물을 인쇄할 수 있으며, 이는 녹는점이 다를 수 있다.

① 작동방식

DMLS 인쇄에서 금속 분말은 분자 수준에서 융합할 수 있지만, 녹지는 않는 인쇄 챔버에서 가열된다. 분말을 빌드 플랫폼에 넓게 확산시킨 다음, 레이저는 모델의 각 층을 선택적으로 소결시킨다. 빌드 플랫폼은 아래로 이동하고, 새로운 분말 층이 깔리고, 공정이 반복된다.

② 장단점

DMLS는 금속 합금만 인쇄하지만 다양한 금속 합금 분말을 사용할 수 있다. 또한 소결되거나 녹지 않은 물질을 재사용할 수 있다. 다른 파우더 베드 융합 공정과 마찬가지로 DMLS 프린팅은 높은 정밀도를 제공한다.

DMLS 인쇄의 주요 단점은 인쇄물의 다공성이다. 금속 분말이 소결되고 녹지 않기 때문에 DMLS 프린트는 SLM 프린트보다 더 많은 공백을 가지며, 이는 최종 용도에 따라 문제가 될 수 있다.

3) 전자 빔 용융(EBM : Electron Beam Melting)

EBM은 SLS 기술과 유사하지만 레이저가 아닌 전자 빔을 사용해 소재를 소결하며 열가소성 수지가 아닌 전도성 물질이 필요하다는 점이 다르다.

① 작동방식

EBM 인쇄 기술은 전자기 코일에 의해 제어되는 전자 빔을 사용하여, 전도성 금속 분말을 소결시켜 작동한다. 전자 빔은 공기 중의 가스 분자와 충돌하면 기능을 잃게 되므로 프린팅은 반드시 진공 상태에서 수행해야 한다.

분말 소재를 프린터에 적재한 후, 내부 압력을 감소시켜 진공을 만든다. 내부 압력이 안정되면 빌드 플랫폼이 가열된다. 빌드 플랫폼이 원하는 온도에 도달하면, 얇은 분말층이 빌드 영역에 깔리고, 전자 빔이 분말을 타격하여 분말을 고화시킨다.

전자 빔은 부품을 형성하기 위해 특정 지점에서 분말을 선택적으로 타격한다. 소재와 선택적으로 소결시키는 방식(레이저, 전자 빔)이 다른 것을 제외하면 SLS 방식과 상당히 유사하다.

EBM 부품의 후처리는 필수이다. 인쇄물은 꼭 제거해야 하는 반소결(Semi-sinterd) 분말로 덮여 있다. 또한 EBM 인쇄는 열을 방출하고 식힐 용도의 서포터가 필요하다.

② 장단점

EBM 인쇄 기술은 부품을 인쇄할 수 있는 속도이며, 인쇄밀도가 높기 때문에 결과물이 강하다. 인쇄 후 남은 소결되지 않은 분말은 재사용할 수 있다.

한편 기계 자체가 고가이고 현재 EBM 프린터를 위한 전도성 인쇄 재료는 주로 티타늄 또는 크롬 코발트 합금으로 제한되어 있어 SLM이나 DMLS 방식보다도 제한되며 가격도 비싸다.

4) 바인더 제팅(Binder Jetting)

바인더 제팅은 1993년 매사추세츠 공과대학의 프로젝트를 통해 개발된 기술로, 열이 아닌 액체 결합제를 사용하여 부품을 인쇄하는 분말 인쇄 기술이다. 쉽게 말해 접착제를 분사하는 방식인데, 이 때문에 독특한 후처리 방식을 거쳐야 한다.

① 작동방식

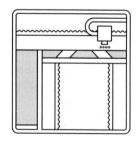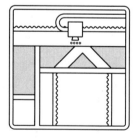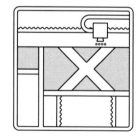

다른 분말 인쇄 기술과 마찬가지로, 빌드 플레이트에 얇은 층의 파우더가 퍼져 있다.

레이저나 전자 빔 대신 인쇄 헤드는 표면을 가로질러 이동하여 표면 전체에 액체 결합제를 선택적으로 분사한다. 액체가 표면에 닿으면, 분말이 결합되어 고체를 형성한다. 레이어가 완료되면 빌드 플랫폼이 아래쪽으로 이동하고, 리코터(Re-coater)가 빌드 표면 위에 또 다른 분말층을 펼치고, 부품이 완료될 때까지 프로세스가 반복된다.

바인더 제트 프린팅 기술은 모래 바인더 제팅과 금속 바인더 제팅으로 나뉜다. 재료의 분명한 차이 외에도, 모래 바인더 분사방식은 일반적으로 복잡한 금형 및 다색 모델을 인쇄하는 데 사용된다. 일반적으로 결과 인쇄물은 후처리할 필요가 없지만, 멀티컬러 인쇄의 강도와 색상의 선명함을 향상시키기 위해 에폭시코팅을 적용할 수 있다.

금속 바인더 분사방식은 SLM이나 DMLS보다 비용이 덜 들지만, 부품 밀도와 강도를 높이기 위해 부품은 침투(infiltration) 또는 소결을 사용해 경화(curing) 과정을 거친다.

침투 후처리는 제작 부품을 가열하여 바인더(액체 결합제)를 제거하는 과정을 거치는데, 이때 부품은 약 60%가 다공성이다. 그 다음, 청동 등 용해점이 낮은 금속을 침투시켜 모세관 현상으로 내부를 채워준다.

소결 후처리는 부품을 고온에 노출시켜, 바인더를 태우고 분자 수준에서 융합시키는 것을 포함한다.

| 모래 바인더 분사방식으로 프린트한 풀컬러 제품 |

| 금속 바인더 제팅의 정밀도 |

② 장단점

바인더 제팅은 구조적으로 서포터를 사용하지 않아, 복잡한 인쇄에 적합하며 인쇄 재료가 다른 금속 3D 프린팅 방식(DMSL, SML)에 비해 10배 이상 저렴하다. 또한 바인더 제트 프린터는 인쇄 중에 열을 사용하지 않기 때문에 인쇄 왜곡의 위험이 줄어 다른 기술보다 빌드 볼륨이 더 크다. 바인더 제트 프린팅의 가장 중요한 단점은 기계적 특성이 좋지 않다는 것인데, 후처리 침투 및 소결을 통해 금속 바인더 분사의 경우 이를 완화할 수 있다. 생산된 부품의 특성은 금속 부품의 대량생산을 위해 가장 널리 사용되는 제조방법 중 하나인 금속 사출 성형으로 생산된 금속 부품과 동일하다.

4. 3D 프린팅의 6가지 원리

3D 프린팅은 용도, 소재, 크기 등 다양한 기준으로 분류할 수 있지만 본서는 기술적인 이해와 특허 분석 및 대처를 위해 동작원리를 기반으로 나눈다. 미국 ASTM에서는 7가지 방식으로 분류하고 있고, ISO, 일본 등에 맞춰 우리나라도 ASTM을 따르며 산업적 파급효과 등을 고려하여 6가지 방식에 대한 전략기술로드맵을 수립하였다.

1) 재료압출방식(ME : Material Extrusion)

① 보급형 프린터

흔히 FDM(Fused Deposition Modeling)이라 불리는 방식으로 가장 널리 알려지고 보편화된 방식이다. 그러나 FDM는 Staratasys가 상표권을 가지고 있는 이름으로 FFF(Fused Filament Fabrication)로도 불리며 정확한 명칭은 Material Extrusion이다. ABS나 PLA 수지를 1~2mm 직경의 필라멘트 형태로 만들고 이 필라멘트를 가열하여 녹이면서 기판 위에 그리는 형태로 일종의 XY테이블이 달린 glue gun의 개념이다.

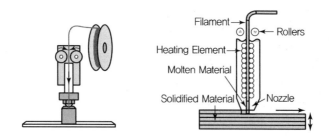

| 재료압출방식의 구성과 작동원리 |

그림과 같이 스풀에 감긴 필라멘트를 당겨주는 롤러(roller)를 통해 히터(heater)로 들어간다. 보통 200℃ 정도로 가열하며, 히터(플라스틱의 녹는 온도 T_{mr}과 전이온도 T_g 사이의 온도로 가열함)를 통과하며 녹아 노즐 밖으로 나오게 된다. 노즐과 기판의 상대적인 운동에 의해서 XY방향으로 움직이고, XY면에서의 프린팅이 다 끝나면 스테이지의 Z축을 내려 다음 층을 전 층의 위에 프린팅하는 방법으로 3차원 프린팅이 이루어진다.

② 한계와 발전방향

ME 프린터는 가장 간단한 원리의 3D 프린터로 해상도는 200um정도로 거칠고, 수직방향으로 강도가 약하며, 표면의 조도가 고르지 못하다. 최근에는 ABS나 PLA 수지를 넘어서 기타 엔지니어링 플라스틱, 슈퍼 엔지니어링 플라스틱, 의료용 플라스틱 등에 대한 연구가 많이 이루어지고 있다. ABS/PLA 수지를 사용할 경우 히터의 온도가 220℃ 근처이나, 울템 등의 소재를 사용할 경우 380℃ 정도로 히터의 온도를 올려야 하는 문제가 있어, 히터의 내열/방열 설계가 중요해진다. 플라스틱이 히터의 끝부분에서 녹아야 향후 막힘 현상이 적으므로 히터의 열 설계를 잘 하여야 한다. 아울러 ME 프린터는 챔버(chamber)의 온도 조절에 따라 고형화가 다르게 진행되어 챔버의 온도 관리는 물성 제어의 중요한 부분을 차지한다. 향후 고속화, 고정세화, 멀티/가변 노즐화 및 소재 다양화가 진행될 것으로 보인다.

2) 광중합방식(PP : Photo Polymerization)

① Photo-Polymer

포토폴리머는 빛(자외선이나 가시광)을 조사하였을 때, 물성의 변화가 일어나는 폴리머를 말한다.

3D 프린팅에서 물성의 변화가 구조적인 관점에서 딱딱해지는 형태로 나타나는 포토폴리머가 소재로 사용되고 있다. 그림과 같이 모노머(Monomer), 올리고머(Oligomer), 광촉매가 존재할 경우에 빛이 조사되면 cross-link 반응이 일어나고 결과적으로 딱딱해진 폴리머가 생기는데, 이러한 과정을 '큐어링(curing)'이라 한다.

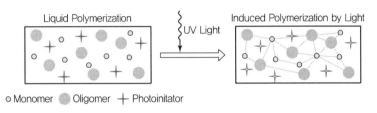

| 광중합방식의 작동 원리 |

② SLA, DLP 및 기타

포토 큐어링을 일으키는 기구는 SLA(Stereolitho graphy), DLP(Digital Light Processing) 방식으로 나뉜다. 그림 (a)는 수조(vat)를 이용한 SLA 방식의 프린터로 일명 vat-(photo)polymerization이라 불린다. Vat이라 불리는 수조 안에 포토 폴리머를 채우고, 고형화를 원하는 수평면상의 부분에 레이저 빔을 주사(scanning)하는 방식으로 조사한다. 빔에 노출된 폴리머는 포토 큐어링이 일어나 딱딱하게 굳어지고, 나머지 부분은 액체로 남아 있다. 가운데 있는 피스톤을 내리면서 그 위의 수평면에 같은 일을 반복하여 수직방향으로 쌓아간다. 그림 (b)는 빔 프로젝터(DLP)를 이용하여 수평면상의 정보를 한번에 보내어 포토 큐어링을 시키는 DLP 방식의 3D 프린터이다.

스캐닝 방식에 대한 장점은 빠른 속도이다. 한 면의 정보를 한번에 보내는 방식으로 스캐닝에 시간이 오래 걸리지 않아 빠르게 처리할 수 있으며, 포토폴리머의 반응 속도가 충분하면 프린팅 속도가 향상된다. 광원으로 DLP 이외에 LCD 등의 디스플레이를 바로 사용할 수도 있으며, 이 경우 디스플레이 기술에서 사용되던 해상도 증진 기술 적용이 가능하여 대면적과 고속 두 가지 성과를 다잡을 수도 있다.

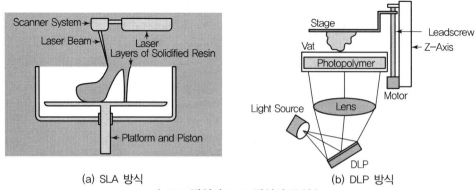

(a) SLA 방식   (b) DLP 방식

| SLA 방식과 DLP 방식의 구성 |

③ 한계와 발전방향

PP 방식은 레이저 빔이나 DLP를 이용하므로 아주 높은 해상도의 구현이 가능하다. 반면, SLA, DLP, LCD, CLIP, Material Jetting(MJ) 등 어떤 방식을 이용하거나 기계적 강도 (strength)와 견딤성(durability)이 낮다는 포토폴리머가 가지는 본질적인 한계를 보인다. 가시광이나 자외선에 계속 노출되므로 색변색(discolor)이나 품질 퇴하(degrade)가 지속적으로 일어난다. 이러한 이유로 PP, MJ 방식으로 출력된 3D 조형물은 단순히 형상을 보여주는 견본의 역할을 하거나 프로토타입으로 설계를 확인하는 정도의 응용에 그치고 있다. PP 방식의 향후 발전방향은 이러한 단점을 완화하는 새로운 포토폴리머의 개발에 있다.

3) 재료분사방식(MJ : Material Jetting)

① 재료분사 - Inkjet

PP방식은 포토폴리머로 수조를 만들어 전 면적에 소재(포토폴리머)가 존재하게 하고 에너지 빔이 선택적으로 그 소재를 굳혀서 원하는 형상을 얻는 방식이다. 이와 같은 방식은 많은 양의 소재를 필요로 하며 오염 등의 문제로 수조 내에 남은 포토폴리머를 회수하여 재사용하는 것도 까다롭다. 이와 같은 문제를 보완한 MJ방식은 재료를 선택적으로 뿌리는 방법이다. 사무실에서 사용하는 잉크젯 프린터의 헤드를 이용하여 포토폴리머를 원하는 패턴에만 뿌리고 UV램프를 켜 포토 큐어링을 일으킨다. 이를 수직 방향으로 반복하면 3D 프린터가 된다.

② Supporter

그림상에 표시된 Build material은 원하는 3D 소재이며, Support material은 원하는 출력물의 형태가 free-hang의 구조를 가질 때, 즉 공중에 떠 있는 모양을 가질 때 공중에 바로 프린팅을 할 수는 없으므로 원하는 소재를 프린팅하기 전에 그 기반이 되는 구조물 (건축물의 비계와 같은)을 임시로 만들어주는 것이다.

서포트는 임시적인 출력물이므로 재료 낭비와 시간 절감을 위하여 사용을 최소화하는 방향으로 설계해야 하고, 프린터의 OS가 스마트하게 서포트 구조를 최소화하도록 동작 방식을 결정해야 한다. 또한 서포트는 후처리 시 탈착하기 쉬운 구조로 만들어야 하고, 수용성 재료를 사용하는 등 아주 손쉽게 제거되어야 한다. PP의 경우 vat 내의 수지가 셀프 서포터 역할을 하므로 서포트 물질이 따로 필요하지 않고, BJ/PBF의 경우 베드 내의 분말이 자체 서포터 역할을 하고 있다. DED는 구조적으로 서포팅이 되어있는 구조물에 프린팅하므로 서포트 방식을 거의 사용하지 않는다.

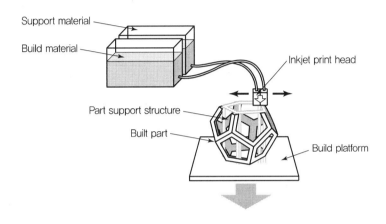

| 재료분사방식의 구성과 작동원리 |

③ 디지털 소재

MJ 방식은 헤드가 간단하고 대중적이며 장치의 구성과 제어가 아주 용이하다는 장점을 가지고 있다. 최근에는 2~3개의 헤드를 동시에 사용하는 멀티헤드 방식이 출시되었으며 헤드들 간의 재료 혼합이 가능하다. 2~3개의 베이스 레진을 특정 농도와 구조에서 혼합하여 사전에 설정된 시각적, 기계적 특성을 맞추어 제공하는 이른바 '디지털 소재'가 탄생하였다. 다양한 재료 개발을 통하여 디지털 재료, 디지털 ABS, 내온성, 투명성, 경질 불투명 재료, 폴리프로필렌 모사 재료, 고무 유사성 재료, 생체 적합성 재료, 치과 재료 등이 제공되고 있다.

4) 접착제분사방식(BJ : Binder Jetting)

① 접착제 분사

BJ방식은 블레이드와 롤러 등을 이용하여 스테이지에 분말을 편평하게 깔고 그 위에 잉크젯 헤드로 접착제를 선택적으로 분사하는 방식이다. 접착제가 뿌려진 부분은 분말이 서로 붙어서 굳고, 접착제가 뿌려지지 않은 부분은 분말상태 그대로 존재한다. 이 위에 다시 분말을 곱게 밀어서 편평하게 깔고 또 접착제를 원하는 패턴에 뿌리면서 수직 위 방향으로 적층을 계속한다. 이는 베드에 분말을 얇고 편평하게 적층하는 방식(PBF)과 잉크젯으로 접착제를 분사하는 방식(MJ)을 결합한 방식이다. 분말이 자체 서포팅을 하므로 서포트 헤드는 필요하지 않다.

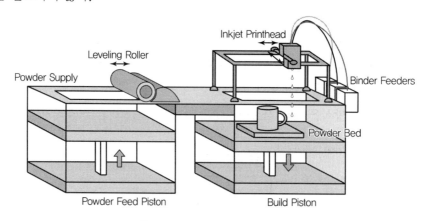

| 접착제분사방식의 구성과 작동원리 |

② 잠재력이 큰 BJ 방식

BJ 방식은 첨단기술이라고 보기에는 어딘가 부족해 보이지만 이 방식은 후처리와 연계될 경우 활용성이 높아진다. BJ 방식은 3D 소재가 분말형태로 공급되므로 플라스틱, 세라믹, 금속 분말이 다 가능하다. 분말들은 마이크로 스케일이므로 대단히 정교한 인쇄물을 만들 수 있다. 또한 잉크젯 헤드에 바인더를 넣고 다양한 색소를 바로 첨가할 수 있어 풀컬러의 구현이 가능하다. 즉, 원하는 소재와 원하는 색상을 낼 수 있다.

BJ 방식은 스케일 업이 쉽기 때문에 건축물용 프린터로 만들 수 있다. 또 주물을 위한 모래를 바인더로 붙여서 거푸집으로 활용이 가능하고, 금속 분말을 바인더로 붙여서 금속 구조물을 만든 후 후처리(열처리 또는 infiltration)를 통해 금속 조형물을 바로 만들 수 있다. 원리가 간단하여 고속화 및 저가화가 가능해 기존의 공정과 잘 연계될 경우 산업적인 파급력과 잠재력이 큰 3D 프린팅 기술로 평가된다.

5) 분말적층용융방식(PBF : Powder Bed Fusion)

① 대표적인 금속 프린터

SLS(Selective Laser Sintering, 선택적 레이저 소결) 방식이라 널리 알려진 방식으로 정식 명칭은 분말적층용융방식(PBF)이다. BJ 방식과 같이 분말을 블레이드와 롤러 등을 이용하여 분말 베드에 얇고 편평하게 깐다. 얇게 깔린 분말에 레이저를 선택적으로 조사하여 수평면상에서 원하는 턴을 만든다. 다시 이 위에 분말을 얇게 깔고 평탄화를 하여 분말에 다시 레이저를 선택적으로 조사하는 방식이다. 레이저 이외에 전자 빔 등의 에너지원을 사용할 수도 있다. PBF 방식의 경우 금속 분말을 주로 사용하고 고에너지원을 사용하므로 금속 산화의 우려가 있어 산화 방지(혹은 부수적으로 분말 비산 방지) 등의 이유로 불활성 가스로 채운 챔버(chamber) 구조를 채용하며, 이 때문에 대형화에는 아직 한계가 있다.

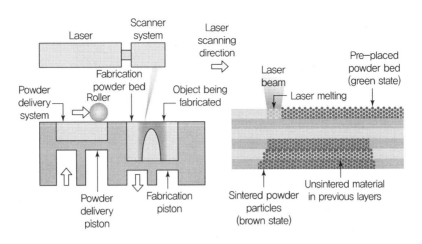

| 분말적층용융방식의 구성과 작동원리 |

② 분말 프린터

보통 사용되는 분말은 수십 um 직경이며, 최근에는 5um 직경의 분말이 사용된다. 이런 분말을 사용할 경우 수직방향의 해상도인 layer resolution을 20~40um 정도 수준에서 맞출 수 있어 매우 정교한 프린팅이 가능하다. PBF 방식은 보통의 방법으로는 제조가 까다로운 하드 메탈이나 precipitation이 있는 합금에 사용할 수 있다.

금속 분말을 주로 사용하며 필요에 따라 플라스틱 계열, 세라믹 계열(수지로 코팅된)의 사용이 가능하다. 플라스틱 계열의 프린팅 시에는 수축과 변형을 완화하기 위한 히터, 빔 분산 등의 기법이 특허로 청구되어 있다. 금속 계열의 경우 응력 분산을 위한 에너지 빔의 패턴화된 조사방식, 스마트 조사방식 등의 개발이 필요하다.

| 분말적층용융방식으로 출력한 금속 구조물 |

6) 고에너지 직접조사방식(DED : Direct Energy Deposition)

① DED 헤드

SLS 방식에서 사용된 베드형 분말공급방식의 불편함을 해소하고 이를 헤드에 집적시키고자 개발되었으며, 헤드부에 분말의 공급과 에너지원을 공급, 산화 차단 가스 노즐을 한꺼번에 채용한 편리한 기술이다.

고에너지원으로 바로 분말을 녹여서 붙이는 방식이므로 3차원 구조체를 만들 수도 있지만 기존의 금속 구조물에 대한 표면 처리, 수리 등에서 있어서 강력한 수단으로 작용한다. 헤드의 구조가 간단하고 제어가 쉬워 기존의 공작 기계와 결합할 경우 큰 산업적 파급력을 보인다. 대표적인 경우가 마쯔우라와 디엠지-모리의 복합 가공기이다. DED 헤드의 보편화와 더불어 절삭과 적층을 결합한 가공기의 보편화를 선도할 것으로 보이는 3D 프린팅 기술이다.

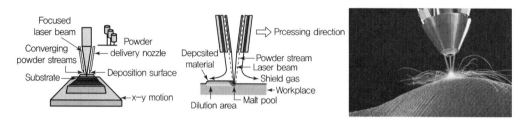

| 고에너지 직접조사방식의 3D 프린팅 헤드 |

② **진정한 하드메탈 프린터**

앞서 설명한 PBF 방식의 금속 프린터는 금속 분말을 소결하는 것이므로 완전히 금속을 용융하여 붙이는 DED 방식과는 큰 차이를 보인다. 즉 조형된 금속 구조물의 밀도가 DED의 경우 이론 밀도에 가깝고 급속 응고로 인하여 단단하고 치밀한 금속 구조물을 보인다. 단점은 후 가공이 반드시 필요하다는 점이다. 하지만 PBF 방식의 경우 구형(분말의 유동성 확보를 위하여 구형을 선호함)에 가까운 금속 분말을 단순히 소결하는 것이므로, 원하는 강도를 얻기는 어렵다. 물론 용침 소결 등의 후속 공정을 이용하여 저융점 금속을 침투시키기도 한다. 이와 같은 의미에서 DED는 복합화, 대형화가 가능한 진정한 금속 프린터로 볼 수 있다. 특히 PBF의 경우 독일 회사들의 기술력과 특허 장벽이 높아 국산화에 어려움이 있지만 DED의 경우 국내에 독자 기술을 보유한 인스텍이 있다.

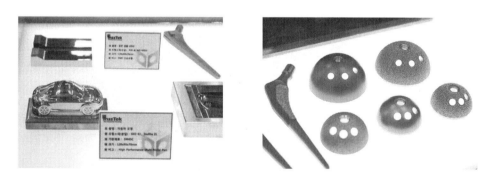

| 인스텍의 3D 출력물 |

▼ ASTM F2792-12a/ISO TC261에 따른 3D 프린팅 방식별 분류

명칭	원리	비고
재료압출방식 (ME : Material Extrusion)	고온 가열한 재료를 노즐을 통해 압력으로 연속적으로 밀어내며 위치를 이동시켜 물체를 형성시킴	FDM, FFF
광중합방식 (PP : Photo Polymerization)	빛의 조사로 플라스틱 소재를 중합반응을 일으켜 선택적으로 고형화시키는 방식	SLA, DLP, CLIP
재료분사방식 (MJ : Material Jetting)	용액 형태의 소재 자체를 제팅으로 토출시키고 자외선 등으로 경화시킴	Polyjet
접착제분사방식 (BJ : Binder Jetting)	가루 형태의 모재 위에 액체 형태의 접착제를 토출시켜 모재를 결합시킴	Sand
분물적층용융방식 (PBF : Power Bed Fusion)	가루 형태의 모재 위에 고에너지빔(레이저나 전자빔 등)을 주사하며 조사해 선택적으로 결합시킴	SLS
고에너지 직접조사방식 (DED : Direct Energy Deposition)	고에너지원(레이저나 전자 빔 등)으로 원소재를 녹여 부착시킴	DMT
Sheet Lamination	얇은 필름 형태의 재료를 열, 접착제 등으로 붙여가며 적층시킴	

APPENDIX

부록

PROFESSIONAL ENGINEER METAL WORKING

[1교시] 다음 문제 중 10문제를 선택하여 설명하시오. (각 10점)

1. 잔류오스테나이트를 간단히 설명하고 탄소함유량 증가 시 잔류오스테나이트양은 어떻게 변하는 지 설명하시오.

2. SM45C 강재의 노멀라이징(normalizing) 열처리 방법과 열처리 후 기대효과를 설명하시오.

3. 구조용강재 SS490과 SM490 강재 중 용접성이 우수한 강재는 무엇이며, 490의 의미를 설명하시오.

4. 용접 후 표면에 존재하는 균열을 검출하려고 한다. 적당한 비파괴검사법 2가지를 설명하시오.

5. deep drawing 시 나타나는 문제점을 3가지 설명하시오.

6. 압출가공에서 압출력에 미치는 인자를 3가지 이상 설명하시오.

7. 열간압연 시 roll과 판의 속도가 같은 지점을 중립점이라고 한다. 중립각에 영향을 주는 인자 3가지를 설명하시오.

8. 냉간가공 후 어닐링(annealing) 열처리를 하는 이유를 간단히 설명하시오.

9. 주조된 SM40C 강재의 열간단조 후 나타나는 현미경 조직은 무엇으로 구성되어 있는지 설명하시오.

10. 합금의 용해 시 사용하는 내화물 도가니의 호칭번호는 어느 금속의 최적 용해기능 중량을 가지고 표시하는지 설명하시오.

11. 용탕단조법의 기본원리를 설명하고, 가압공정에 따라 3가지로 분류하여 설명하시오.

12. 원심력의 이용방법에 따른 원심주조법의 종류를 3가지로 분류하여 설명하시오.

13. 회주철에 인(P)이 다량 함유된 경우 경도와 취성을 증가시키는 정출상(phase)은 무엇인지 설명하시오.

[2교시] 다음 문제 중 4문제를 선택하여 설명하시오. (각 25점)

1. 열연판재를 이용하여 pipe 제조 후 항복강도를 비교하였더니 원소재보다 제품의 항복강도가 낮게 나타났다. 그 mechanism과 개선방안에 대하여 설명하시오.

2. 강을 고온에서 가공 시 발생하는 동적 회복과 동적 재결정 현상을 flow curve($\sigma - \varepsilon$)를 그리고 설명하시오.

3. 용접부 저온균열 발생원인 3가지와 방지대책을 설명하시오.

4. austenite계 stainless강 용접부에 입계부식이 발생하였다. 이에 대한 원인과 방지대책을 설명하시오.

5. 금속의 응고과정에 수반하는 중요한 현상 3가지와 이에 기인한 결함에 대하여 설명하시오.

6. 아공정 Al-Si 합금의 개량처리와 과공정 Al-Si 합금의 미세화 처리공정에 대하여 자세히 설명하시오.

[3교시] 다음 문제 중 4문제를 선택하여 설명하시오. (각 25점)

1. 마템퍼링(martempering) 열처리 방법을 변형 및 잔류응력과 관련지어 설명하시오.
2. 용접의 극성을 용입과 관련지어 설명하시오.
3. low carbon steel의 냉간압연 판재를 생산한 후 6개월이 지난 시점에서 판재가공 시 예상되는 문제점과 mechanism과 방지대책을 설명하시오.
4. 판재의 구멍확장 가공 시 crack이 발생할 수 있다. 구멍확장능(HER : Hole Expand Ratio)에 대한 정의와 개선방안에 대하여 설명하시오.
5. die casting용 알루미늄합금의 특성에 미치는 첨가원소 Si, Cu, Fe, Mn 및 Mg의 영향을 설명하시오.
6. sandwich법에 의한 구상흑연주철의 제조공정에 대하여 자세히 설명하고 구상흑연 주철의 특성을 일반회주철과 비교하여 설명하시오.

[4교시] 다음 문제 중 4문제를 선택하여 설명하시오. (각 25점)

1. 자동차외관에 사용되는 강판은 형상이 복잡하여 가공성이 좋은 저항복비강이 요구되나 외부의 충격으로부터 눌림현상을 방지(내 dent성)하기 위하여 항복강도의 상향이 필요하다. 이렇게 상충되는 문제를 해결하기 위한 방안을 설명하시오.
2. 냉연(cold rolling) 판재 IF(Interstitial Free)강 성형 시 성형능의 이방성을 나타내는 R과 $\triangle R$값을 정의하고 R값을 상향시키기 위한 방안에 대하여 설명하시오.
3. 청정작용(cleaning action)을 알루미늄 용접과 관련지어 설명하시오.
4. 구속된 상태에서 용접 시 잔류응력분포를 설명하시오.
5. 주조 시 열간균열이 발생하는 이유를 2가지 설명하고, 강재의 경우 이들이 발생하는 온도범위를 Fe-C 상태도상에 표시하시오.
6. 합금주물의 응고에 있어 중심선 주탕저항(CFR)의 정의와 그 의미를 설명하고, 이러한 중심선 주탕저항에 미치는 주형재료의 영향과 합금조성의 영향을 각각 설명하시오.

[1교시] 다음 문제 중 10문제를 선택하여 설명하시오. (각 10점)

1. creep 시험 시 creep 곡선에서 나타나는 현상 3단계를 설명하시오.
2. 경화능(hardenability) 시험방법 중 조미니 시험(jominy test)을 설명하시오.
3. 목형 제작 시 고려하여야 할 수축여유(shrinkage allowance)란 무엇이며, 주철과 주강용 목형을 제작할 시 일반적으로 적용할 수축여유율을 쓰시오.
4. 다이캐스팅 금형에서 발생하는 히트체크(heat check) 현상을 설명하시오.
5. 다음 용접 결함 용어를 설명하시오.
   ① 언더컷(undercut) ② 겹치기(overlap) ③ 토크랙(toe crack)
6. HIP(Hot Isostatic Process, 열간 등압 성형가공법)와 핫 프레스(hot press, 열간가압 성형법)의 차이점을 설명하시오.
7. 주물사(foundry sand)에 요구되는 특성을 5가지 이상 설명하시오.
8. 주조 시에 발생되는 수축공(shrinkage cavity)의 생성원인을 5가지 이상 설명하시오.
9. 냉간가공(cold working)과 열간가공(hot working)을 설명하고 각각의 장단점을 설명하시오.
10. 크레이터 균열(crater crack)에 대하여 설명하고, 방지대책을 설명하시오.
11. 강의 뜨임취성(temper brittleness)의 원인과 방지대책을 설명하시오.
12. 경강(硬鋼), 연강(軟鋼), 주철, 비철금속의 응력변형곡선(stress-strain curve)을 그리고, 각각의 특성을 설명하시오.
13. 표면경화 열처리 중 침탄과 질화방법에 대하여 설명하시오.

[2교시] 다음 문제 중 4문제를 선택하여 설명하시오. (각 25점)

1. 다이캐스팅용 Mg 합금의 용해 및 주조 시 유의해야 할 사항을 설명하시오.
2. 18-8 austenite stainless steel에 적용하는 ① 용체화 처리 ② 안정화 처리 ③ 응력제거 열처리를 설명하시오.
3. 저항용접법 중 점용접(spot welding process)을 설명하시오.
4. 인베스트먼트 주조법(investment cast process) 중 세라믹 셸 주형법(ceramic shell mould process)이 솔리드 주형법(solid mould process)보다 유리한 점을 설명하시오.
5. 분체가공 제조기술에서 분말 성형 후 고상소결(solid sintering)에서 일어나는 소결단계를 설명하시오.
6. 순금속의 모재와 순금속의 삽입금속을 사용하여 경납땜(brazing)할 때 접합계면의 조직을 설명하시오.

[3교시] 다음 문제 중 4문제를 선택하여 설명하시오. (각 25점)

1. 주조품의 비파괴검사법 중 방사선투과검사법(RT)과 초음파탐상검사법(UT)을 설명하시오.
2. 초소성가공(superplastic forming)을 설명하고 초소성재료를 열거하시오.
3. 분체가공기술의 필요성에 대하여 설명하시오.
4. 소모성 용접봉(consummable electrode) 피복제의 역할을 설명하고 피복제의 구성배합제를 열거하시오.
5. 급랭응고금속(rapidly solidified metal)을 제조하는 기술을 크게 분류하고 급랭응고금속의 조직상의 특징을 설명하시오.
6. 시효경화 열처리(ageing heat treatment)란 무엇이며 그 용도에 대하여 설명하시오.

[4교시] 다음 문제 중 4문제를 선택하여 설명하시오. (각 25점)

1. 강 주물 제조 시 모래소착(sand burning), 융착(fusion)의 발생원인과 대책을 설명하시오.
2. 탄소강을 고주파 담금질(induction heat hardening)할 때 경화능에 영향을 미치는 인자에 대하여 설명하시오.
3. 용접에 있어서 열영향부(heat affected zone)의 취화(脆化)원인을 설명하시오.
4. 각종 금속과 합금의 현미경 조직 관찰과정을 설명하시오.
5. 고용체, 금속간화합물, 비금속간화합물이란 무엇이며 실용상 어떻게 활용되고 있는지 그 예를 들어 설명하시오.
6. ADI(Austempered Ductile Iron) 제조방법 및 그 특성에 대하여 설명하시오.

[1교시] 다음 문제 중 10문제를 선택하여 설명하시오. (각 10점)

1. 정밀주조용 왁스(wax)에 필요한 성질을 2가지만 쓰시오.
2. 도가니로의 호칭번호가 5번(#5)일 경우 이 호칭번호가 뜻하는 의미를 쓰시오.
3. 주철의 흑연 구상화제로 공업적으로 가장 많이 사용되는 금속원소를 쓰시오.
4. 자동차의 알루미늄 휠 주조법으로 현재 국내에서 널리 이용되는 방법을 쓰시오.
5. 가공경화지수(strain hardening coefficient : n)가 크다는 것은 어떤 의미인지 설명하시오.
6. 주조법과 비교하여 분말야금(PM) 제조법이 유리한 점을 2가지만 쓰시오.
7. 소성가공 후 열처리 시, 회복과정은 점 결함의 소멸 및 전위의 재배열 등의 변화가 일어나는 현상이다. 이후 일어나는 ① 재결정의 구동력과 ② 결정립 성장의 구동력에 대해 각각 알맞은 용어를 쓰시오.
8. 주철이 내마멸성이 우수한 이유를 설명하시오.
9. 알루미늄에 대하여 다음을 설명하시오.
   (1) 조밀 충전면
   (2) 슬립방향
   (3) 슬립계의 수

10. 용접 후 용접잔류응력의 경감방법을 3가지만 설명하시오.
11. 금형주조를 할 경우, 금형의 내표면에 도형제를 도포하는데 이 도형제의 역할에 대해 설명하시오.
12. 열처리 부품의 경화능 측정 방법인 조미니 시험(Jominy test)에 대해 설명하시오.
13. 주물사의 노화 기구를 설명하시오.

[2교시] 다음 문제 중 4문제를 선택하여 설명하시오. (각 25점)

1. 강판의 열간압연과 냉간압연 공정을 설명하고, 압연 강판의 기계적 특성에 대해 설명하시오.
2. 합금강의 뜨임(tempering) 시에 발생하는 2차 뜨임취성을 설명하고 그 방지방법을 설명하시오.
3. 고장력강의 열영향부에서 발생하는 지연균열(dalayed cracking)은 어떤 원인에 의해 발생하는 현상이며 그 대책은 무엇인지 설명하시오.
4. 주강 주물의 열간균열(hot tear cracking)이 발생하는 이유를 설명하고, 이들이 자주 발생하는 온도범위를 Fe-C 상태도상에 표시하시오.
5. 알루미늄 합금의 시효경화(age hardening)처리에 관한 다음 물음에 답하시오.
   (1) 시효경화처리의 기본 원리에 대하여 Al-4.5% Cu를 대상으로 하여 설명하시오.
   (2) 시효경화처리 효과가 크게 나타날 수 있는 합금계의 특성에 대해 설명하시오.

(3) 공업적으로 최대 경도 값을 단시간 내에 얻을 수 있는 시효경화처리법을 제시하고 그 원리를 설명하시오.

6. killed-steel 잉곳(ingot)에 나타나는 유황(sulphur)의 편석 양상(segregation pattern)을 그림으로 그리고, 이러한 편석이 발생하는 이유를 설명하시오.

[3교시] 다음 문제 중 4문제를 선택하여 설명하시오. (각 25점)

1. 오스포밍 강(ausforming steel)의 제조원리와 그 특성에 대해 설명하시오.
2. 이원계 공정합금에서 합금조성이 유동성에 미치는 영향과 액상선 이상에서 과열도의 영향 관계를 설명하시오.
3. 강재의 표면경화 열처리법에서 가스침탄법(gas carburizing)과 가스질화법(gas nitriding)의 공정상 특징과 장단점을 설명하시오.
4. 금속이나 합금이 액상으로부터 고상으로 상변태 하는 현상을 응고(solidification)라 한다. 이러한 응고현상에 대한 다음 물음에 답하시오.
   (1) 금속이나 합금의 응고 시 필연적으로 수반하여 일어나는 현상 3가지와 이에 기인한 결함을 설명하시오.
   (2) 합금(alloy)의 응고와 순금속(metal) 응고의 차이점을 3가지만 설명하시오.
   (3) 포정합금의 응고 반응은 공정합금 등의 타 응고 반응에 비하여 느리게 일어나는 이유를 설명하시오.
5. 분말의 성형공정에 적용되는 열간등방압성형법(HIP)과 냉간등압성형법(CIP)의 차이점을 비교하여 설명하시오.
6. 플라스마 절단법과 비교하여 레이저 절단법의 장점을 3가지만 설명하시오.

[4교시] 다음 문제 중 4문제를 선택하여 설명하시오. (각 25점)

1. 불림(normalizing)이나 풀림(annealing)과 같은 실제 열처리의 경우 상변태는 냉각하는 동안 연속적으로 일어나게 되며, 이때 형성되는 최종 미세조직은 냉각속도와 결정립의 크기에 따라 크게 영향을 받게 된다. 아공석 강의 경우 γ-Fe(오스테나이트)로부터 α-Fe(페라이트)가 석출할 경우,
   (1) 노랭과 같이 매우 느린 냉각의 경우 일어나는 미세조직의 변화를 설명하시오.
   (2) 공랭과 같이 빠른 냉각의 경우, 냉각속도와 입자 크기에 따른 최종 미세조직의 변화를 설명하시오.
2. 오스템퍼링(austempering)한 구상흑연주철은 기존의 구상흑연주철에 비하여 연성과 인성이 탁월하게 우수하여 최근 자동차 부품 및 산업기기 부품 등에 폭넓게 사용되고 있다. 이러한 오스템퍼드 구상흑연주철(ADI : Austempered Ductile Iron)의 제조법에 대해 설명하고, 그 미세조직의 특성과 기계적 성질의 장단점에 대해 설명하시오.

3. 금속 재료의 열간 및 냉간 단조가공 시 사용되는 윤활제 각각의 역할과 윤활제가 안고 있는 문제점 및 그 해결책을 설명하시오.

4. 알루미늄 합금의 TIG 용접에서 교류를 사용하는 이유를 용접공정상의 관점에서 설명하시오.

5. 오스테나이트계 스테인리스강(STS 304) 주강품의 내부결함과 표면결함에 대한 적합한 비파괴검사 방법을 제시하고, 그 이유를 설명하시오.

6. 알루미늄 합금 주물은 주강 주물에 비하여 가벼우므로 현재 경량화 부품 소재로 널리 이용되고 있다. 다음 물음에 대해 답하시오.

   (1) A356 합금과 같은 아공정 Al-Si 합금의 기계적 성질 개선을 위한 개량화 처리에 대한 필요성을 설명하고, 현재 알루미늄 주물 제조업체에서 널리 사용되는 공정 Si의 개량화처리법에 대해 설명하시오.

   (2) 현재 내마모성 경량소재로 널리 사용되는 A390 합금의 초정 Si의 미세화처리에 대하여 그 필요성과 현재 널리 사용되는 초정 Si의 미세화처리법의 원리에 대해 설명하시오.

[1교시] 다음 문제 중 10문제를 선택하여 설명하시오. (각 10점)

1. 압연판재에서 따낸 시편의 인장시험에서 폭방향 변형률(ε_w)과 두께방향 변형률(ε_t)의 비로써 소성이방성계수 $R = \varepsilon_w / \varepsilon_t$을 정의하고, 시편 채취방향이 압연방향과 이루는 각도가 $0°$, $45°$, $90°$일 때의 R값을 각각 R_0, R_{45}, R_{90}이라 하자. 판재의 평면이방성 $\Delta R = (R_0 - 2R_{45} + R_{90})/2$를 바탕으로 $R_0 = 0.9$, $R_{45} = 1.2$, $R_{90} = 1.9$인 철강판재를 딥드로잉으로 컵을 만드는 경우 귀가 형성되는지를 검토하시오.

2. 냉간 전조 공정으로 만든 나사나 기어가 기계가공(절삭)으로 만든 나사나 기어에 비하여 우수한 특성을 설명하시오.

3. 니켈기 초합금제 가스터빈 블레이드를 세라믹 주형 인베스트먼트 주조법으로 각각 일반주조방식, 방향성응고법, 단결정법으로 제작하였을 경우 주조 조직을 바탕으로 각각의 고온수명이 큰 순서대로 나열하시오.

4. 두 고체상(α, β)이 동시에 응고하는 공정(eutectice)조직은 라멜라(lamellar) 또는 로드(rod) 조직이 있다. 이 두 공정조직 중 하나로 결정되는 기준은 무엇인지 설명하시오.

5. Al−33% Cu 합금은 Al(α상)과 CuAl$_2$(θ상)의 공정 라멜라 조직으로 응고한다. 응고속도가 2배가 되었다면, 라멜라 간격(lamellar spacing)은 얼마나 되는지 수치로 답하시오.

6. 너비(w : width), 두께(t : thickness), 길이(l : length)가 각각 40cm, 5cm, 1m인 직육면체 모양의 잉곳을 사형주조하고 있다. 각 수치가 모두 2배 커져, 각각 80cm, 10cm, 2m가 되었다면, 응고시간은 이전의 잉곳보다 몇 배 길어지는지 수치로 답하시오.

7. 압탕의 응고시간을 주물에 비해 증대시키면, 회수율이 증대되며 압탕 제거와 같은 후처리 비용이 줄어든다. 압탕의 응고시간을 증대시키기 위해 사용하는 방법 중 2가지만 쓰시오.

8. 다음 모형의 명칭과 특징을 설명하시오.

9. KS B 0805에 규정하고 있는 "금속재료의 브리넬경도 시험방법"에서 사용하는 누르개(압입자)의 재질과 브리넬경도 표시기호를 쓰시오.

10. 금속조직시험에서 설퍼프린트(sulfur print)법을 설명하시오.

11. 주조공정 중 모형 제작 시 적용되는 모형기울기(taper)를 설명하고, 일반적으로 적용하는 기울기를 쓰시오.

12. 아크 용접작업의 용접자세 중 ① 수평용접(horizontal welding)과 ② 수직용접(vertical welding)을 각각 설명하시오.

13. 금형가공용 저탄소 주강 블록(두께 : 120mm)을 주조하였다. 금형가공에 앞서 블록 내부의 결함 유무를 검사하고자 할 때 적용할 수 있는 비파괴 검사방법을 2가지만 설명하시오.

[2교시] 다음 문제 중 4문제를 선택하여 설명하시오. (각 25점)

1. 압연 판재의 굽힘작업(bending)에서 굽힘의 바깥 면에서 균열이 생기기 시작하는 굽힘반경 R을 최소 굽힘반경이라고 한다.
   1) 판재 폭(굽힘길이)의 크기가 최소 굽힘반경에 미치는 영향을 설명하시오.
   2) 판재 채취의 방향(압연방향 혹은 압연에 수직방향)에 따라 최소 굽힘반경이 달라지는 것을 금속조직 관점에서 설명하시오.

2. 오스테나이트계 STS 304를 진공로에서 1,100℃로 가열하고 질소가스로 급랭하여 용체화 처리를 실시하였다. 이 재료를 절삭가공(드릴링) 하였더니 피삭성이 좋지 않아서 현미경 조직 및 경도 시험을 해보니 결정립이 미세하고 MV 195 수준이었다. 비교재로서 동일 로트의 소재를 다른 열처리 공장에서 용체화 처리한 것은 결정립이 상대적으로 조대하고 경도 HV 175 정도이며 피삭성이 양호하였다. 이 진공 용체화 처리재의 피삭성 문제와 관련하여 예상되는 원인을 추정하고 대책을 설명하시오.

3. 사형주조 시 압탕(riser)의 위치를 결정할 때 고려하여야 할 사항 중, 압탕효과(riser effest)와 단부효과(end effect)에 대해 그 의미와 영향을 설명하시오.

4. 재료의 4대 강화기구를 설명하고, 각 기구를 대표하는 강화 식(equation)을 이용하여 강화 정도를 설명하시오. 이때 각 경우의 주 강화기구를 "무엇과 무엇의 상호작용(interaction) 때문"의 형태로 설명하시오.

5. 분말야금(powder metallurgy)에서 금속분말 제조방법 3가지를 들고 설명하시오.

6. 금세기 들어 산업폐기물이나 폐전자제품 재활용 열풍이 고조되고 있다. 이와 관련한 "도시 광산업(urban mine)"이 붐을 일고 있다. 이 도시 광산업을 설명하시오.

[3교시] 다음 문제 중 4문제를 선택하여 설명하시오. (각 25점)

1. 유기액제인 메탄올[CH_3OH]과 이소프로판올[$(CH_3)_2CHOH$]을 적주식 가스침탄(drip feed method)에 적용하는 경우,
   (1) 각각의 분해가스의 조성을 구하시오.
   (2) 두 유기액제 메탄올과 이소프로판올 중 어느 것이 증탄가스(enrich gas)용으로 적합한지를 설명하시오.

2. 터프피치 구리선의 냉간 인발공정에서 발생하는 중심선 터짐(centerline burst ; chevron crack) 혹은 커피 파단(cuppy fracture)의 원인과 대책을 설명하시오.

3. 주물용 금속재료가 가져야 할 성질에 대해 설명하고(3-①), 주물용 주철재료의 기본 원소 구성과 (3-②) 각 원소의 역할도 함께 설명하시오(3-③).

4. 티타늄 합금의 주조에서 ① 스컬(skull)식 용해방법, ② 주형(鑄型) 조건, ③ 티타늄 합금 주조품의 주요 용도를 설명하시오.

5. 풍력발전기 등에 사용되는 대형 부품들은 단조공법을 이용하여 제조되는 경우가 많은데 단조 해석 방법으로 유한요소법(finite element method)이 자주 이용된다. 이처럼 대형품 단조공정에 사용되는 유한요소법을 설명하시오.

6. 시간에 따른 응고조직 사진으로부터 중심선저항계수(center-line resistance factor)를 구하시오. (아래 그림의 시간은 두께 3.5in 주물의 용탕 주입 후의 시간을 뜻한다. 응고는 90분 후 완료되었다.)

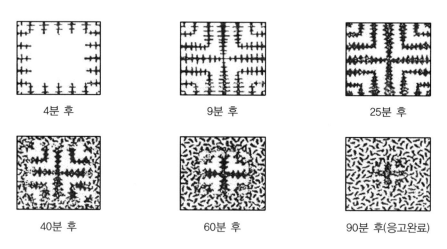

| 4분 후 | 9분 후 | 25분 후 |
| 40분 후 | 60분 후 | 90분 후(응고완료) |

[4교시] 다음 문제 중 4문제를 선택하여 설명하시오. (각 25점)

1. 냉간공구강 STD11을 이용하여 18-8 오스테나이트계 스테인리스강용 4단 압연기의 냉간압연롤을 만들었다고 한다.
   (1) 열처리 잔류응력의 관점에서 압연롤 단면 전체의 경화처리와 고주파 경화처리 같은 표면 경화처리 중 어느 것이 더 적합한지를 설명하시오.
   (2) 18-8 오스테나이트계 스테인리스강의 열전도가 나쁘다(보통강의 1/3 정도)는 사실로부터 STD11 압연롤의 열처리에서 템퍼링은 저온템퍼링(180~200℃)과 고온템퍼링(500~520℃) 중 어느 것이 더 적합한지를 설명하시오.

2. 주조방안에서 탕구비(gating ration)를 정의하고, 또 가압식 탕구계와 비가압식 탕구계를 설명하시오.

3. 구상흑연주철의 용접에 사용되는 용접봉과 용접 후 열처리에 대하여 설명하시오.

4. 압출제품의 주요 결함으로는 ① 표면균열, ② 파이프 결함, ③ 내부균열을 들 수 있는데, 이 3가지 결함의 원인과 대책을 설명하시오.

5. 아래 그림은 금속을 압연한 조직을 풀림(annealing)할 때 나타나는 미세조직을 모식화한 것이다. 각 구간의 명칭과 조직 변화를 일으키는 구동력을 설명하시오.

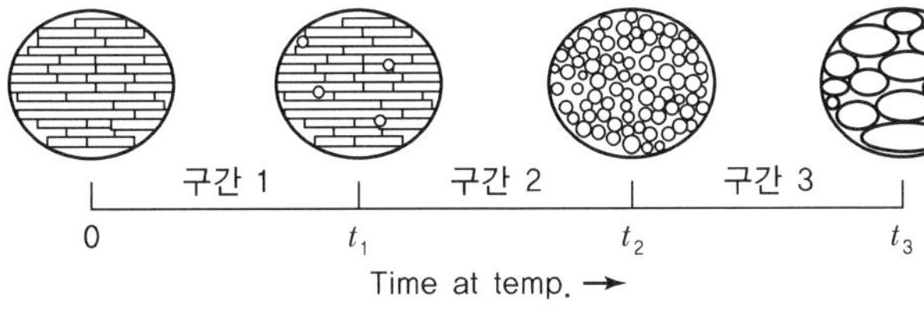

6. 다음 시편은 70Cu－30Zn 황동(brass)으로 A)는 냉간압연(cold rolling) 후 풀림(annealing)한 막대를 용접한 조직이고, B)는 냉간압연 후 바로 용접한 조직이다. 조직을 살펴보면, A)의 경우 용접부를 제외하고 모상에 3개의 다른 조직이, B)는 4개의 다른 조직이 관찰된다. 각 미세조직은 용접 시 위치에 따라 가열되는 온도가 다르기 때문이다. 다음 물음에 답하시오.
   (1) 시편 A)에서 각 조직이 경험한 온도를 설명하고 조직 모양과의 관계에 대해 설명하시오. 또, 인장강도(UTS : Ultimate Tensile Strength) 대 용접 중심부로부터의 거리 그래프를 그리시오. (단, 용접부의 UTS는 생략하여도 좋다.)
   (2) 시편 B)에서 각 조직이 경험한 온도를 설명하고 조직 모양과의 관계에 대해 설명하시오. 또, 인장강도(UTS) 대 용접 중심부로부터의 거리 그래프를 그리시오. (단, 용접부의 UTS는 생략하여도 좋다.)
   (3) 두 시편의 조직과 UTS 변화 양상이 다른 이유를 간략히 설명하시오.

A)

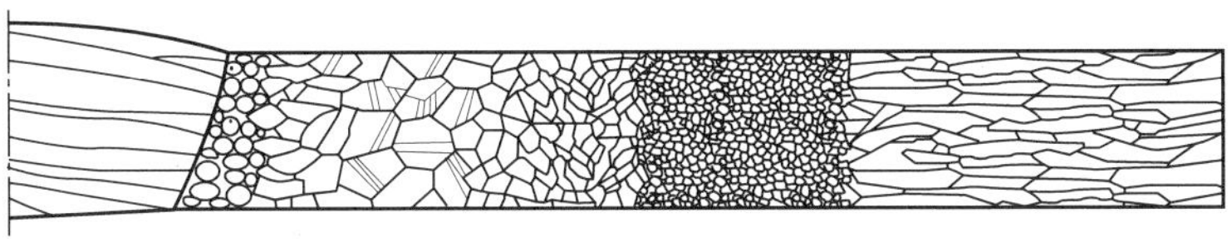

B)

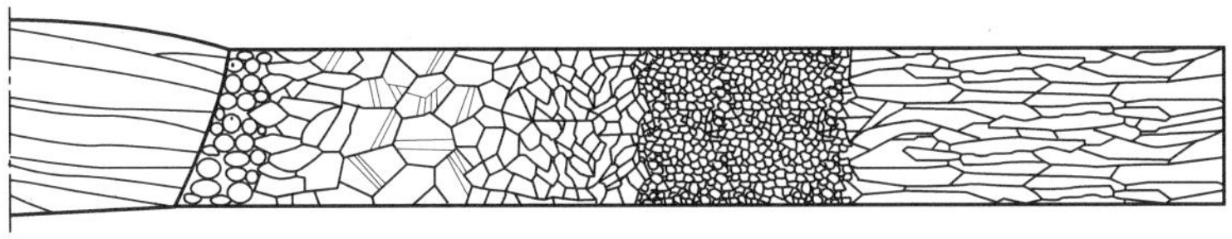

[1교시] 다음 문제 중 10문제를 선택하여 설명하시오. (각 10점)

1. 주조 시 발생할 수 있는 결함 4가지를 설명하시오.

2. 분말야금(powder metallurgy)의 용어와 특징을 설명하시오.

3. 액상금속의 응고형태인 표피생성형응고(skin solidification)와 페이스트생성형응고(paste solidification)를 설명하시오.

4. 잠호아크용접법(sub-merged arc welding method)의 용접 절단면을 그려 그 원리를 설명하고, 피복아크용접법과 비교하여 장단점을 설명하시오.

5. 무산소동에 대하여 설명하시오.

6. AC4C-T6 처리를 설명하시오.

7. ausforming 처리를 설명하시오.

8. 2상강(dual phase steel)에 대하여 설명하시오.

9. 알루미늄 합금 제품의 열처리 방법을 3가지만 설명하시오.

10. 액체침투탐상법(liquid penetration testing)의 장단점을 설명하시오.

11. 주물의 응고 완료 후 냉각과정에서 발생하는 냉간균열의 원인과 대책을 설명하시오.

12. 주철에 함유된 인(phosphorous)의 영향을 설명하시오.

13. 테르밋 용접(thermit welding)에 대하여 설명하고, 대표적으로 적용되는 것은 무엇인지 쓰고 설명하시오.

[2교시] 다음 문제 중 4문제를 선택하여 설명하시오. (각 25점)

1. 금속의 강화기구를 설명하시오.

2. 용접열영향부(heat affected zone)의 취화(脆化)원인에 대하여 설명하시오.

3. 스테인리스강(stainless steel)에서 판재나 봉재 또는 주조품을 절삭유 없이 절삭가공하면 소재가 가공경화되어 2차 절삭가공이 곤란해지는 이유를 설명하시오.

4. 강의 표면경화열처리 중 고주파경화(high frequence induction hardening)법과 그 특징을 설명하시오.

5. 구상화흑연주철과 가단주철의 제조방법과 용도에 대하여 설명하시오.

6. α-Ti 합금에서 알루미늄을 7% 이상 첨가하지 않는 이유와 개선대책을 설명하시오.

[3교시] 다음 문제 중 4문제를 선택하여 설명하시오. (각 25점)

1. 금속 A, B가 서로 접촉하여 상호 확산할 경우에 일어나는 kirkendall 효과를 설명하시오.
2. 금속 용융액으로부터 금속이온을 환원 석출시켜 금속피막을 만드는 표면처리방법을 설명하시오.
3. 최근 일반산업플랜트, 석유화학플랜트, 담수화플랜트 산업에서 직경이 큰 후육강관을 제작하여 사용하는데 이러한 것들의 생산공정을 설명하시오.
4. 주조품 생산 시 소품종 다량 생산할 때 셀몰드주조법(shell moulding process)으로 강주물을 생산하고자 할 때 제작공정과 생산된 제품의 특징을 설명하시오.
5. 금속 조직을 미세화할 수 있는 방법 3가지를 설명하시오.
6. 다이캐스팅 알루미늄 합금에서 철 1%를 함유시키는 이유를 설명하시오.

[4교시] 다음 문제 중 4문제를 선택하여 설명하시오. (각 25점)

1. ADI(Austempered Ductile Iron) 제조방법 및 특성에 대하여 설명하시오.
2. 내마모강의 일종인 고망간강(SCMnH11)의 열처리방법과 재질의 특성을 설명하시오.
3. 용접 후 열처리(PWHT : Post Weld Heat Treatment)의 목적과 방법을 설명하시오.
4. 저탄소강판의 조질압연 시 줄무늬 변형이 발생하였을 때 이에 대한 원인과 대책을 설명하시오.
5. 공구강 및 과공석강을 퀜칭 전에 구상화처리 하는 이유를 설명하시오.
6. Fe-C 합금의 마텐자이트 변태온도 M_s에 미치는 탄소함량의 영향을 설명하시오.

[1교시] 다음 문제 중 10문제를 선택하여 설명하시오. (각 10점)

1. 다이캐스팅용 금형 재료에 요구되는 성질을 4가지만 설명하시오.

2. 구상흑연주철 제조 시 구상화제로 가장 많이 사용하는 접종제를 2가지만 쓰시오.

3. 백주철이 회주철보다 수축이 심한 이유는 무엇인지 설명하시오.

4. rolling한 강판을 이용하여 수도관을 만들려고 한다. pipe 용접 시 그림을 참고하여 ①번과 ②번 중 어느 쪽을 용접하여야 유리한가? 또 그 이유는 무엇인지 설명하시오.

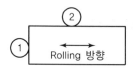

5. 금속의 인장시험에서 ① 후크의 법칙(Hooke's law)과 ② 푸아송 비(Poisson's ratio)를 설명하시오.

6. 판재 굽힘가공에서 나타나는 스프링 백(spring back) 현상을 설명하시오.

7. 강의 퀜칭(quenching) 경도에 가장 큰 영향을 미치는 금속원소는 무엇인지 설명하시오.

8. 탄소공구강에서 퀜칭(quenching) 후에 저온템퍼링을 하는 목적은 무엇인지 설명하시오.

9. 아크용접 시 사용되는 용접봉의 피복제 중 2가지를 들고 설명하시오.

10. 용접 후 변형을 막을 수 있는 방법을 3가지만 쓰시오.

11. 금속재료 조직시험 시 사용하는 철강용 부식액(etchant) 2가지를 들고 특성을 설명하시오.

12. 금형가공용 탄소강 주강블록을 주조한 후 절삭가공 공정 중에 블록 표면 결함을 검출할 수 있는 비파괴 검사방법 2가지를 들고 설명하시오.

13. 구조용강과 탄소공구강을 구분하는 탄소 함유량은 얼마이며, 탄소공구강이 구조용강보다 내마모성이 우수한 이유는 무엇인지 설명하시오.

[2교시] 다음 문제 중 4문제를 선택하여 설명하시오. (각 25점)

1. 사형주조에서 탕구계를 설계하고자 한다. 탕구계의 설계가 적절하지 못할 경우에 발생할 수 있는 주조결함 및 결함방지대책을 4가지만 설명하시오.

2. 모래주형(sand casting)과 다이캐스팅(die-casting)의 응고거리(s)와 응고시간(t) 간의 차이점을 설명하고, 그 차이의 원인을 설명하시오.

3. 자유단조(open-die forging) 공정에서 배럴링(barreling : 배부름) 현상이 발생하는 원인과 방지대책을 설명하시오.

4. 압연공정(rolling)에서 압하율을 크게 하는 요소 중 3가지만 설명하시오.

5. 오스테나이트계 스테인리스강(austenitic stainless steel)과 탄소강(carbon steel)을 GMA(gas metal arc)[MIG(metal inert gas)라고도 부름]로 용접 시 보호가스(shield gas)로 CO_2를 사용하면 좋은 용접이 되지 못한다. 그 이유를 각각의 재료에 대해 설명하시오.

6. STD11 강종의 금형을 열처리하였더니 잔류오스테나이트가 형성되었다.

   (1) 이 금형이 잔류오스테나이트와 관련되어 발생할 수 있는 문제점을 쓰시오.

   (2) 잔류오스테나이트는 어떻게 형성되는지 설명하시오.

   (3) 잔류오스테나이트 제거를 위한 심랭처리(sub-zero-treatment) 방법을 설명하시오.

[3교시] 다음 문제 중 4문제를 선택하여 설명하시오. (각 25점)

1. 저합금강(low alloy steel)을 금속 몰드(mold)를 이용하여 제품을 제조하였다. 응고시편을 관찰하니 몰드(mold) 벽으로부터 중심부로 주상(columnar) 형태의 긴 결정립(grain)이 관찰되었다. 시편 물성을 검사하였더니, 항복강도는 만족스러우나 인장강도와 연신율이 예상보다 크게 부족하였다. 본 제품을 사형주조(sand casting)로 제조하였더니 결정립 크기(grain size)는 크게 증가하였으나 항복강도를 제외한 물성은 오히려 좋아졌다. 본 결과에 대한 원인 해석을 응고조직과 제조법의 차이를 이용하여 설명하시오.

2. 가압성형한 고압주조제품이 중력주조제품과 비교하여 우수한 점을 설명하시오.

3. 초소성가공(super plastic forming)법과 초소성 재료 2가지를 쓰고 설명하시오.

4. 분말소결(powder sintering)방법 중에서 레이저 선별 소결(selective laser sintering)법을 설명하시오.

5. 임의의 금속을 용접할 때의 그림이 다음과 같다. 아크(arc)의 이동속도(V)가 1cm/sec라면, 점 A에서의 고액계면의 이동속도는 얼마인지 설명하시오. (단, 아래는 확대된 그림이며, 그림상의 길이를 참고하시오.)

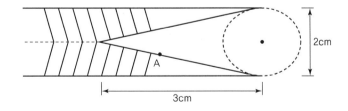

6. 금형 열처리는 열처리 온도 외에 가열패턴이 중요하다. 오스테나이트화 처리 시 가열시간은 승온시간, 균열시간 및 유지시간으로 이루어져 있다. 각각을 설명하고, 각 가열시간에 영향을 주는 요인은 무엇인지 설명하시오.

[4교시] 다음 문제 중 4문제를 선택하여 설명하시오. (각 25점)

1. 주물의 결함 중 냉간균열(cold crack)의 발생원인과 방지대책에 대하여 설명하시오.

2. 압탕의 기본적인 구비조건 및 압탕효과를 증가시킬 수 있는 방법을 설명하시오.

3. 대형 부품을 단조공법으로 제조할 때, 단조해석 방법으로 사용하는 유한요소법(finite element method)을 설명하시오.

4. Al−Cu 합금의 부분상태도는 다음과 같다. Al−2% Cu 합금을 정상응고(normal solidification) 시키고 있다. 고상에서의 확산을 무시하고 액상에서의 강제유동을 가정하여(perfect mixing) 응고가 50% 완료되었을 때의 응고계면의 조성을 구하시오. (단, Scheil Eq.은 $C_s^* = kC_0(1-f_s)^{(k-1)}$이다.)

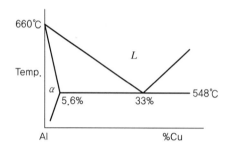

5. 마찰용접(FRW : Friction Resistance Welding)의 원리와 특징을 설명하시오.

6. 다음의 두 스테인리스강(stainless steel)은 조성이 비슷하며, 또 상온에서도 오스테나이트 조직을 보이는 301, 302 오스테나이트 스테인리스강(austenite stainless steel)이다.

Type(명칭)	C(wt%)	Cr(wt%)	Ni(wt%)	Fe
301	0.15	17	7	balance
302	0.15	18	8	balance

(1) 두 301, 302 스테인리스강(stainless steel)의 조성으로부터 어느 것의 M_s(Martensite 개시) 온도가 더 낮을까? 또 그 이유는 무엇인지 설명하시오.

(2) 두 스테인리스강의 상온 $\sigma-\varepsilon$ 곡선이 다음 그림과 같다. 곡선 A−스테인리스강이 B−스테인리스강에 비해 높은 변형(high strain) 영역에서 훨씬 더 큰 강도를 보이고 있다. 곡선 A는 301, 302 중 어느 것일까? 그 이유를 간략히 설명하시오.

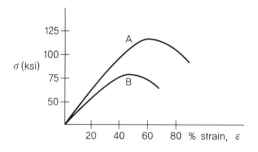

[1교시] 다음 문제 중 10문제를 선택하여 설명하시오. (각 10점)

1. 주물제품 사형주조 시 발생할 수 있는 결함 4가지를 설명하시오.
2. 금속의 재결정 형성과정에서 풀림온도에 따라 2차 재결정이 일어나는데 그 원인을 설명하시오.
3. 피복아크 용접봉에서 피복제의 작용 7가지를 설명하시오.
4. 알루미늄 합금 제품을 열처리하는 방법 3가지를 설명하시오.
5. 주물사가 노화되는 주요 원인을 설명하시오.
6. 주물 배합 시 주의사항을 설명하시오.
7. 굽힘(bending) 가공의 종류 3가지를 설명하시오.
8. 최근 TRB(Tailor Rolled Blank) 공법이 개발되어 적용되고 있다. 이 공법을 설명하고, TWB (Tailor Welded Blank) 공법 대비 장점 2가지를 설명하시오.
9. 치환형 고용체와 침입형 고용체를 설명하고, 치환형 고용체를 형성하는 인자에 대하여 설명하시오.
10. 분말야금(powder metallurgy)의 특징 중 장단점 각각 4가지를 설명하시오.
11. 구상화처리 후의 용탕유지에서 페이딩(fading) 현상과 compact vermicular 흑연주철(C-V 주철)에 대하여 설명하시오.
12. 강구조물을 용접한 후 비파괴검사 방법 중 표면검사 방법과 체적검사 방법의 종류를 설명하시오.
13. 절삭가공과 비교하여 전조가공의 특징에 대하여 설명하시오.

[2교시] 다음 문제 중 4문제를 선택하여 설명하시오. (각 25점)

1. 석산에서 암석을 파쇄하는 크라샤 부품 중 대표적인 내마모강의 종류와 특성 그리고 열처리 방법을 설명하시오.
2. 시효경화 열처리방법을 3가지 설명하고, 그 용도에 대하여 설명하시오.
3. 소성변형의 응력과 변형률을 정의함에 있어서 공칭변형률(engineering strain)과 진변형률(true strain)을 정의하고 각종 해석에 사용되는 진변형률의 논리적인 타당성을 예를 들어 설명하시오.
4. 주형 제작상의 주의사항에서 덧쇳물의 설계 및 배치와 주입시간에 대해 설명하고, 덧쇳물의 장점과 주입속도가 빠를 때 발생하는 문제점을 설명하시오.
5. 충격치의 연성천이 온도조건에 대하여 설명하시오.
6. 압연가공에서 압연조건과 압하율에 대하여 설명하시오.

[3교시] 다음 문제 중 4문제를 선택하여 설명하시오. (각 25점)

1. 금속재료의 강도를 증가시키는 방법 5가지를 설명하시오.
2. 두꺼운 저탄소강판을 맞대기 용접할 때 용접부에 나타나는 열영향부(HAZ : Heat Affected Zone)의 금속조직 변화를 설명하시오.
3. 실용적인 모래 주형의 제작법 6가지를 설명하시오.
4. 핫스탬핑(hot stamping)에 대하여 설명하시오.
5. 소성 히스테리시스(plastic hysteresis)에 대하여 설명하시오.
6. 판재의 성형성 평가에 있어서 대표적인 것으로 딥드로잉(deep drawing) 평가지수인 한계드로잉비(LDR : Limit Drawing Ratio)와 장출성형(stretching) 평가지수인 한계돔높이(LDH : Limit Dome Height)에 대하여 설명하시오.

[4교시] 다음 문제 중 4문제를 선택하여 설명하시오. (각 25점)

1. 강을 강화시키는 열처리와 연화시키는 열처리에 대하여 설명하시오.
2. 철강제품을 용도에 따라 자동차, 가전, 선박, 강구조물 및 교량, 산업플랜트용 강관 등으로 분류할 때 각각 제품용도에 따른 철강재의 특성을 설명하시오.
3. 플래시 버트 용접(flash butt welding)의 원리를 설명하고, 특징 5가지를 설명하시오.
4. 단조(forging) 공정을 설명하고, 단조제품에서 나타나는 대표적인 특징 3가지를 설명하시오.
5. 응력변형선도에서 탄성영역과 소성영역을 구분하고, 소성변형을 이용한 가공법 5가지를 설명하시오.
6. 크리프(creep) 시험 3단계를 설명하고, 시간 – 변형량 곡선에서 응력과 온도의 영향에 대하여 설명하시오.

[1교시] 다음 문제 중 10문제를 선택하여 설명하시오. (각 10점)

1. 인장시험에서 훅의 법칙(Hook's law)과 푸아송비(Poisson's ratio)를 각각 설명하시오.

2. 다음 그림은 Fe−C 계의 부분 상태도이다. 상태도에 표시된 선(①~④)들의 명칭을 쓰시오.

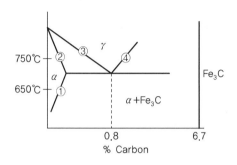

3. 금속의 냉간가공 후 열처리 시 "① 재결정, ② 회복, ③ 결정립 성장" 등의 현상이 나타난다. 이들 현상을 열처리 시간에 따라 나타나는 순서대로 나열하시오.

4. 피스톤용 알루미늄 합금인 Y 합금에 대하여 설명하시오.

5. 주조공정 중 모형 제작 시 사용되는 수축여유(shrinkage allowance)를 설명하고, 일반적인 회주철과 탄소주강에 사용하는 주물자(foundry scale)의 수축여유를 쓰시오.

6. 다음 주형들 중 경화방법이 다른 것을 고르고 그것의 경화방법은 무엇인지 설명하시오.
   ① VRH(Vacuum Replacement Hardening) 주형
   ② cold box 주형
   ③ α set 주형
   ④ β set 주형

7. 소성가공을 크게 열간가공과 냉간가공으로 나누는 기준은 무엇인지 설명하시오.

8. 주강 용해 공정에서 일반적으로 사용하는 탈산제(deoxidizer) 중 2가지만 들고 설명하시오.

9. 고망간 주강품의 수인처리에 대하여 설명하시오.

10. 주철의 보수 용접방법 4가지를 설명하시오.

11. 진공주조 시 가스제거 방법을 3가지 설명하시오.

12. 다이캐스팅 금형에서 발생하는 히트체크(heat check) 현상을 설명하시오.

13. Hardenable steel을 GMA(Gas Metal Arc), SMA(Shielded Metal Arc), SA(Submerged Arc), ES(Electroslag) 용접 시 HAZ cracking이 일어날 가능성이 큰 순서대로 나열하고, 그 이유를 설명하시오.

[2교시] 다음 문제 중 4문제를 선택하여 설명하시오. (각 25점)

1. 휴대폰을 비롯한 폐전자제품 재활용 열풍이 고조되고 있다. 이와 관련한 "도시광산업(urban mine)"이 관심을 끌고 있다. 이 도시광산업(Urban mine)에 대해 설명하시오.

2. 다양한 형상을 갖는 부품의 제조시간 단축을 위해 쾌속 3차원 조형법(RP : Rapid Prototyping)이 주물생산 현장에서 널리 이용되기 시작하고 있다. 대표적인 RP에는 SLA(Stereolithography), SLS(Selective Laser Sintering), FDM(Fused Deposition Modeling), SGC(Solid Ground Curing), LOM(Laminated Object Manufacturing) 법 등이 있다. 이들 중 2개만 골라 설명하시오.

3. Cast metal의 기계적 성질(TS, YS, Elongation)은 ① porosity, ② 제2상의 존재, ③ 수지상 간격, ④ 입자크기(grain size)에 따라 크게 달라진다. ①, ②, ③, ④가 증가함에 따라 인장강도(TS), 항복강도(YS), 연신율(Elongation)에 미치는 영향을 아래 단서조항을 참조하여 빈칸을 채우고 각각에 대하여 설명하시오. (단, "크게 약화", "약화", "영향 무", "강화" 등으로 설명)

구분	porosity	제2상의 존재	수지상 간격	입자크기
TS				
YS				
elongation				

4. 쇼트피닝(shot peening)의 방법, 쇼트볼의 종류, 쇼트피닝의 효과와 용도를 설명하시오.

5. 온간단조(warm forging) 기술의 개요, 특징, 가열장치에 대하여 각각 설명하시오.

6. 18-8 austenite계 stainless steel에 적용하는 ① 용체화처리, ② 안정화처리, ③ 응력제거 열처리를 각각 설명하시오.

[3교시] 다음 문제 중 4문제를 선택하여 설명하시오. (각 25점)

1. 정밀주조법 중 로스트왁스법의 응고거리(s)와 응고시간(t) 간의 관계는 보통 슈바리노프(Chvorinov) 식이라 알려진 식($t \propto s^2$ 또는 $s \propto t^{1/2}$)으로 예측할 수 있으나, 다이캐스팅의 경우 오히려 식($t \propto s$)으로 보다 정확히 예측된다. 그 이유를 설명하시오.

2. 연속주조법의 특징과 연속주조방식 3가지를 설명하시오.

3. 분말야금(powder metallurgy)에서 금속 분말 제조방법을 3가지 들고 설명하시오.

4. 일반적인 duralumin과 초 duralumin(super duralumin)의 경화처리 방법 차이를 설명하시오.

5. 소성가공에서 마찰 및 마모현상, 윤활의 필요성, 윤활의 종류 3가지를 설명하시오.

6. 오스폼드(ausformed)강은 400ksi 정도의 매우 큰 인장강도를 갖는 재료로, 공업적으로 이용 가능한 강 중 최고의 강도와 높은 인성을 보이고 있다. 그 제조법은 TTP상(그림 a)의 pearlite와 bainite 사이의 소위 'bay' 영역에서(austenite 영역) 90% 이상의 소성가공 후 급랭하여 martensite 상으로 만들고, 이의 tempering을 통해 제조된다. ausformed 강의 강화기구를 이 강의 특성에 관한 실험결과인 그림 (b)~(d)를 참고하여 설명하시오.

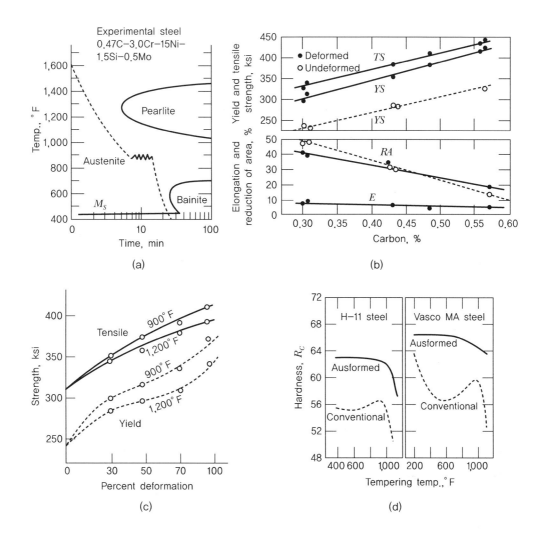

(a)

(b)

(c)

(d)

[4교시] 다음 문제 중 4문제를 선택하여 설명하시오. (각 25점)

1. 액상에서 고상으로 변태할 때는 종종 평형응고점 이하로의 과랭(undercooling)이 필요하고 또 흔히 관찰할 수 있는 데 반해, 고상에서 액상으로의 변태, 즉 용융에서는 평형용융점 이상으로의 과열(superheating)이 필요하지 않고 또 관찰하기도 어렵다. 그 이유를 설명하시오.

2. cast metal에서 발생하는 microporosity의 원인, 종류, 방지대책을 설명하시오.

3. 강의 열처리 공정 중 구상화 풀림(spheroidizing annealing)의 목적과 공정을 설명하시오.

4. 전자빔 용접(electron beam welding)기의 구성, 전자빔 용접의 특징, 전자빔 용접의 응용사례를 설명하시오.

5. 압연공정에서 결함을 원인별로 구분하고 특징 및 대책을 설명하시오.

6. 용접 잔류응력 완화법 5가지와 변형교정법 2가지를 설명하시오.

[1교시] 다음 문제 중 10문제를 선택하여 설명하시오. (각 10점)

1. 주조공정에서 양질의 주물을 만들려면 용탕을 적당한 속도로 주입할 필요가 있다. 주입속도가 너무 빠를 때 발생하는 문제점을 설명하시오.

2. 주형 제작에서 상형에 작용하는 압상력(push-up force)을 방지할 목적으로 고려할 사항과 코어를 지지할 목적으로 사용하는 코어받침대(chaplet)의 제작 시 주의할 사항을 설명하시오.

3. 등온 어닐링(isothermal annealing)은 경화능이 좋은 구조용 합금강의 봉강이나 대형 단강품, 고속도강 및 다이스강 등의 열처리에 널리 사용된다. 이 열처리 방법을 쓰고, 완전 어닐링(full annealing) 대비 어떤 장점이 있는지 설명하시오.

4. 열처리할 때 사용되는 냉각 방식과 냉각 능력 및 적용 사례에 대하여 설명하시오.

5. 아크용접 공정에서 소모성 전극봉과 비소모성 전극봉의 유사점과 차이점을 설명하시오.

6. 저항 용접이 대량 생산 공정에서 광범위하게 이용되고 있는데, 다른 용접법에 비해 어떠한 장점이 있는지 설명하시오.

7. 서브머지드아크 용접(submerged-arc welding)의 품질이 우수한 이유는 무엇인지 설명하시오.

8. 프레스 가공에서 전단가공의 종류를 5가지 쓰고, 각각을 설명하시오.

9. 압출제품의 특징을 쓰고, 압출가공(extrusion)의 방법 4가지를 설명하시오.

10. 초소성 합금에서 초소성을 얻기 위한 방안을 조직적인 측면에서 설명하시오.

11. 고주파 경화의 특징과 표피효과(skin effect)에 대하여 설명하시오.

12. 특수주조법 중 인베스트먼트 주조(investment casting)에 대하여 설명하시오.

13. 용접부의 표면검사법인 침투탐상검사의 원리 및 장단점을 설명하시오.

[2교시] 다음 문제 중 4문제를 선택하여 설명하시오. (각 25점)

1. 주조의 대표적인 결함 중에서 편석(segregation), 균열(crack), 유동불량(misrun and cold shut)에 대하여 개요와 방지대책을 설명하시오.

2. 금속재료의 강인성은 합금원소 첨가, 열처리, 가공 등으로 개선되는데, 가공과 열처리를 합쳐서 강인성을 한층 향상시키기 위한 처리 기술의 하나인 제어압연냉각(thermo-mechanical control process)의 강화기구를 설명하고, 이 공정으로 생산되는 대표적인 강재인 TMCP 강에 대하여 특징을 설명하시오.

3. 전기저항 용접 중에서 플래쉬 버트 용접(flash butt welding)과 프로젝션 용접(projection welding)에 대하여 각각 개요와 특징을 설명하시오.

4. 자동차 및 가전 부품을 생산하는 박판성형공정에서 스프링백(springback)이 다소 과도하게 발생하여 조립공정에서 문제가 발생하였다. 금형을 수정하기에는 비용 및 시간이 많이 소요되어 사용 소재의 선택 측면에서 문제점을 해결하려고 한다. 재료의 물성 및 두께 측면에서 스프링백을 감소시킬 수 있는 방안 3가지를 설명하시오.(단, 응력-변형률($\sigma-\varepsilon$) 선도에서 주어진 부하(loading)로 일정한 변형을 부여한 뒤에 제하(unloading)함으로써 발생하는 탄성복원(스프링백)을 토대로 설명하시오.)

5. 소성변형을 위한 가공법 5가지를 설명하시오.

6. 강의 담금질(quenching) 목적, 온도, 방법 및 조직을 설명하시오.(단, 담금질 온도는 탄소 함유량에 따른 온도 영역을 Fe-C 평형 상태도를 그리고 설명하시오.)

[3교시] 다음 문제 중 4문제를 선택하여 설명하시오. (각 25점)

1. 오스테나이트계 스테인리스강에서 응력부식균열(stress corrosion crack) 특징과 방지대책을 설명하시오.

2. 다이캐스팅 알루미늄 합금의 요구 성질과 규소, 구리, 철, 망간, 마그네슘의 영향에 대하여 설명하시오.

3. 용접에서 가장 많이 사용되는 저탄소강인 연강 용접부의 조직변화를 온도별로 설명하시오.

4. 드로잉 가공(drawing work)에서 드로잉률(drawing ratio)과 소재주름이나 파단 방지방법을 설명하시오.

5. 강의 열처리 방법 중 불림(normalizing)과 풀림(annealing)을 비교하여 설명하고, 각각의 열처리 목적을 설명하시오.

6. 인발공정(drawing process)에서 최적 다이반각(die semi-angle)의 결정은 공정설계(다이 설계 및 단면 감소율 결정)에 있어서 중요한 역할을 한다. 마찰조건과 단면 감소율이 일정하다고 가정할 때, 최적 다이각과 단위 부피당 인발에너지(인발응력)와의 관계를 설명하고, 이들 관계를 그림으로 나타내시오.

[4교시] 다음 문제 중 4문제를 선택하여 설명하시오. (각 25점)

1. 단조작업에서 긴 소재의 업세팅(upsetting) 3원칙에 대하여 설명하시오.

2. 불활성 가스 텅스텐 아크 용접(TIG 용접)에서 극성효과와 청정작용에 대하여 설명하시오.

3. 압연공정의 제어목적은 판 두께 적중률을 향상시키고, 판의 wave 결함을 제거하는 데 있다. 아래의 물음에 답하시오.
   (1) 판 두께에 영향을 미치는 인자들을 설명하시오.
   (2) 길이 방향의 판 두께를 제어하기 위해 롤 간극을 조정하는데, 압연기의 탄성곡선과 소재의 변형에 따른 소성곡선의 관계를 이용하여 설명하시오.
   (3) 판의 폭 방향 두께와 wave 결함을 제어하기 위한 방법을 설명하시오.

4. Al-Cu 합금계의 시효, 시효경화 현상, 열처리 및 시효의 종류를 쓰시오.

5. 상변태는 핵의 생성과 성장에 의해 일어나는데, 이 핵생성에 대한 전체 자유에너지의 변화를 고상의 반지름 R에 대하여 그래프로 나타내고, 각 곡선의 에너지 성분을 표시하여 설명하시오.

6. 주조방안에서 탕구계의 구성과 고려사항을 설명하시오.

[1교시] 다음 문제 중 10문제를 선택하여 설명하시오. (각 10점)

1. 냉간가공된 금속을 풀림처리(annealing)할 때 일어나는 현상을 단계적으로 설명하시오.
2. 주강 용해 공정에서 사용하는 탈산제(deoxidizer)의 종류를 2가지만 쓰고, 각각에 대하여 설명하시오.
3. 철사를 반복하여 굽히면 경화되어 파단되는 이유를 쓰시오.
4. 금형가공용 저탄소 주강블록을 주조한 후에 금형가공 전 주강블록의 내부결함 여부를 확인할 수 있는 비파괴평가 방법을 2가지만 쓰고, 각각에 대하여 설명하시오.
5. 아크 용접 시 발생하는 아크 쏠림 현상 및 방지대책을 설명하시오.
6. Quenching한 강에 10~30% 잔류 Austenite가 존재할 경우 이것에 기인한 균열이 무엇인지 설명하시오.
7. 열간압연과 냉간압연의 특징을 쓰고, 관련 구분 기준에 대하여 설명하시오.
8. 금속재료 시험에서 훅의 법칙(Hook's law)과 푸아송비(Poisson's ratio)에 대하여 각각 설명하시오.
9. Creep 곡선에서 나타나는 3가지 단계를 설명하시오.
10. 구상흑연주철 용탕에서 발생하는 페이딩(fading) 현상의 발생원인과 방지대책을 설명하시오.
11. 마텐자이트(martensite)의 경도가 큰 이유를 3가지만 쓰시오.
12. 분말야금(powder metallurgy)법의 특징에 대하여 설명하시오.
13. 판재의 성형성 시험 중 에릭슨 시험(Erichsen test)에 대하여 설명하시오.

[2교시] 다음 문제 중 4문제를 선택하여 설명하시오. (각 25점)

1. 주조방안 설계 시 사용되는 탕구비(gating ratio)를 설명하고, 가압식과 비가압식의 특징을 각각 설명하시오.
2. 조질압연(skin pass mill)에 대하여 정의하고, 그 목적을 설명하시오.
3. 강의 경화능(hardenability)에 대하여 정의하고, 측정방법을 3가지만 쓰시오.
4. 알루미늄과 그 합금의 용접성에 대하여 설명하고, 관련 용접법을 3가지만 쓰시오.
5. 압연공정에서 압하율을 증가시키는 방안을 설명하시오.
6. 사형주조(sand casting)에서 압탕(riser) 효과를 극대화하기 위한 방안을 설명하시오.

[3교시] 다음 문제 중 4문제를 선택하여 설명하시오. (각 25점)

1. 티타늄 합금의 주조에서 스컬(skull) 용해방법, 주형(mold)조건, 티타늄 합금 주조품의 주요 용도에 대하여 각각 설명하시오.
2. 판재의 딥드로잉(deep drawing) 가공을 설명하고, 종류를 3가지만 쓰시오.
3. 열처리 품질평가에 적용되는 로크웰 경도(rockwell hardness)시험과 경도측정에 가장 많이 사용되는 스케일(scale) B, C에 대하여 설명하시오.
4. 자유단조(open-die forging) 공정에서 발생하는 배럴링(barreling) 현상의 발생원인과 방지대책을 설명하시오.
5. Ni기 초내열합금의 고온 기계적 성질을 향상하기 위한 강화기구 중 γ' 상의 역할이 매우 중요하다. γ' 상의 강화기구를 설명하시오.
6. 18-8 austenite계 스테인리스 주강에 적용하는 용체화처리, 안정화처리, 응력제거 열처리에 대하여 각각 설명하시오.

[4교시] 다음 문제 중 4문제를 선택하여 설명하시오. (각 25점)

1. 사형주조(sand casting)와 비교하여 연속주조(continuous casting)의 장점을 설명하시오.
2. 초소성가공(superplastic forming)을 설명하고, 그 종류를 3가지만 쓰시오.
3. 오스테나이트계 스테인리스강의 용접 시 발생하는 고온균열(hot crack)의 원인과 방지대책에 대하여 설명하시오.
4. 단조 해석방법 중 유한요소법(finite element method)을 설명하시오.
5. 강의 표면경화법 중 질화법(nitriding)의 목적, 특징, 종류에 대하여 각각 설명하시오.
6. 진공주조법(vacuum casting)에서 용해 및 주조 방법을 쓰고, 특징을 설명하시오.

[1교시] 다음 문제 중 10문제를 선택하여 설명하시오. (각 10점)

1. 압출가공에 영향을 주는 요소를 4가지만 설명하시오.
2. 인발가공에서 역장력을 가할 때 나타나는 특징에 대하여 설명하시오.
3. 전조가공의 원리를 설명하고 절삭가공과 비교한 전조가공의 장점을 4가지만 설명하시오.
4. 압연에 의한 제관법에서 플러그(plug)압연과 필거(pilger)압연에 대하여 설명하시오.
5. 분말야금의 특징을 4가지만 설명하시오.
6. 취성파괴와 연성파괴에 대하여 설명하시오.
7. 피복아크용접에서 용접결함 중 기공의 발생원인과 방지대책을 각각 5가지씩 설명하시오.
8. 구상화 어닐링 방법을 4가지만 설명하시오.
9. 직류 아크용접에서 정극성, 역극성의 특징을 각각 4가지만 설명하시오.
10. 도가니로에 사용하는 흑연 도가니의 호칭번호를 설명하시오.
11. 주형에 주입한 금속 용탕이 응고되어 주조품을 만드는 과정에서 일어나는 수축의 종류를 3가지만 설명하시오.
12. 주조결함 중 미스런(misrun)과 탕경(cold shut)을 설명하시오.
13. 주물용 주철재료를 구성하는 기본 3원소의 역할을 설명하시오.

[2교시] 다음 문제 중 4문제를 선택하여 설명하시오. (각 25점)

1. 셸몰드법(shell mold process)에 대하여 설명하시오.
2. 용탕의 유동성과 관련하여 레이놀즈수(Reynolds number)의 식을 쓰고, 난류 발생과의 관계를 설명하시오.
3. 프레스 굽힘 공정에서 스프링백(spring back) 현상과 응력-변형 선도(Stress-Strain curve)의 관계를 설명하고, 스프링백에 영향을 주는 요인을 설명하시오.
4. 형단조에 대하여 설명하고, 플래시 단조와 비플래시 단조를 비교하여 설명하시오.
5. 플라스마 아크용접(plasma arc welding)과 플라스마 제트용접(plasma jet welding)을 비교하여 설명하시오.
6. Al-Si계 합금의 개량처리에 대하여 설명하시오.

[3교시] 다음 문제 중 4문제를 선택하여 설명하시오. (각 25점)

1. 마모 발생기구(mechanism)의 종류와 마모시험에 영향을 미치는 인자에 대하여 설명하시오.
2. 판재 압연 가공 시 재료가 압연 롤 안쪽으로 쉽게 물려 들어가기 위한 조건과 제품에 따른 압연 분류에 대하여 설명하시오.
3. 제강 후 실시하는 2차 정련(노외정련)에 대하여 설명하시오.
4. 1톤 용량의 고주파유도로의 생산능력이 3톤 용량의 저주파유도로와 유사한 이유를 설명하시오.
5. 강재의 열처리 방법 중 불림의 온도영역을 그리고, 목적을 설명하시오.
6. Al−Cu계 합금에서 시효경화 열처리 3단계에 대하여 설명하시오.

[4교시] 다음 문제 중 4문제를 선택하여 설명하시오. (각 25점)

1. 응력−변형 선도에서 진응력과 공칭응력 사이의 관계를 설명하시오.
2. Fe−C계 평형상태도에서 공석반응과 공정반응을 설명하시오.
3. 초소성을 얻기 위한 조직의 조건과 초소성재를 얻기 위한 방법을 설명하시오.
4. 비금속개재물의 종류와 측정방법에 대하여 설명하시오.
5. 용탕의 응고시간을 나타내는 슈보리노프 법칙(Chvorinov's rule)을 설명하고, 부피가 같은 구와 정육면체의 응고속도를 비교하여 설명하시오.
6. 연속주조에서 중심편석의 생성기구와 그 방지대책에 대해서 설명하시오.

[1교시] 다음 문제 중 10문제를 선택하여 설명하시오. (각 10점)

1. Al-Cu 합금의 열처리 시 과포화고용체의 석출과정 순서를 쓰고, 과시효(over aging)에 대하여 설명하시오.

2. 뜨임취성(temper brittleness)의 종류를 2가지만 쓰고, 각각을 설명하시오.

3. 용접결함 중 융합불량(incomplete fusion)과 용입부족(incomplete penetration)에 대하여 개선 대책을 각각 4가지씩 쓰시오.

4. Rheo-cast법에 사용되는 Al-Si합금은 Si량을 가능하면 8% 미만으로 한정하고 있는데, 그 이유를 설명하시오.

5. 비교적 큰 비강성이 요구되는 구조물 제작에는 확산접합과 초소성 성형을 조합하는 방법이 적용된다. 이 제조법에 대하여 설명하시오.

6. 재료의 소성이 시작되는 항복점 결정 방법을 응력-변형률 선도를 그려서 설명하시오.

7. 서브머지드 아크 용접에서 발생한 응고균열을 제거하기 위한 방법을 2가지만 설명하시오.

8. 바우싱거 효과에 대하여 설명하시오.

9. 금속재료의 강인성은 합금원소 첨가, 열처리, 가공 등으로 개선되는데, 가공과 열처리를 합쳐서 강인성을 한층 향상시킨 대표적인 강재인 TMCP(thermo-mechanical control process) 강에 대하여 설명하시오.

10. 레이저 가공 방법 및 장단점을 설명하시오.

11. 주조품을 생산하는 공장에서는 4M이 변경되면 제품의 품질에 대한 점검이 필요하다. 4M에 대하여 설명하시오.

12. 열간가공과 냉간가공에 의한 성질 변화에 대하여 설명하시오.

13. 액상-고상 변태를 통해 얻어지는 주조 부품이 소성가공된 부품보다 취약한 이유를 설명하시오.

[2교시] 다음 문제 중 4문제를 선택하여 설명하시오. (각 25점)

1. Al-Si 공정 합금의 개량처리 필요성을 기계적 성질 측면에서 설명하시오.

2. 가스금속아크용접(Gas Metal-Arc Welding)과 가스텅스텐아크용접(Gas Tungsten-Arc Welding)의 유사점과 차이점에 대하여 설명하시오.

3. 고강도강 성형 시 발생하는 스프링 백 현상을 설명하고, 스프링 백이 커지는 원인과 감소시키는 방법을 설명하시오.

4. 표면경화법 중 침탄과 질화를 동시에 행하는 침탄질화법에 대하여 설명하시오.

5. 압출가공에서 압출의 기본 형태를 설명하고, 압출압력에 영향을 미치는 인자를 설명하시오.

6. 건전한 주물을 만들기 위한 주물의 기본인 원형을 재료 및 구조에 따라 분류하여 설명하고, 원형 중 목형원형이 잘 제작되었는지를 판단하기 위한 원형검사 기준을 설명하시오.

[3교시] 다음 문제 중 4문제를 선택하여 설명하시오. (각 25점)

1. 초음파 용접에 대하여 설명하고, 냉간압접과 비교하여 장점을 설명하시오.
2. 주조용 Al-5%Si 합금의 응고조직 형성 과정과 연관하여 수축공(shrinkage) 및 미세 기공(pin hole 등) 주조결함 생성 거동 및 방지대책에 대하여 설명하시오.
3. 소성가공 중 원자 확산이 잘 일어나는 고온 환경에서 발생하는 현상 3가지의 특징을 설명하시오.
4. 구상흑연주철을 만들기 위해서는 흑연 구상화를 현저하게 저해하는 S의 함량을 낮추어야 하므로, 용탕의 S량을 낮추는 방법 3가지를 설명하고, 탈황법으로서 분사주입법(injection process) 및 포러스플러그법(porous plug process)에 대하여 설명하시오.
5. 판재의 이방성계수는 성형성과 이방성을 나타내는 지표로 사용되고 있다. 이방성계수의 정의와 인장시험에서 측정하는 방법을 설명하고, 수직이방성과 평면이방성에 대하여 설명하시오.
6. 소성가공에 사용되는 유압프레스와 기계프레스의 특징을 설명하고, 이들 프레스에 적합한 소성가 공법을 각각 2가지씩 쓰시오.

[4교시] 다음 문제 중 4문제를 선택하여 설명하시오. (각 25점)

1. 열간단조, 온간단조 및 냉간단조에 대하여 설명하시오.
2. 주물공장은 생산성 향상 및 불량률 감소 등의 효과를 얻기 위하여 기계화(자동화)를 하게 되는데, 이때 검토해야 할 사항에 대하여 설명하시오.
3. 금속의 표면경화법 중 금속침투법에 대하여 설명하시오.
4. Al-Si 주조용 합금의 열처리 T4, T6, T7에 대하여 설명하고, 일반 다이캐스팅 주조품 용체화처리 시 나타나는 블리스터(blister)란 무엇인지 설명하시오.
5. 프레스가공에 사용되는 윤활제의 역할과 요구되는 기능을 설명하시오.
6. 공칭변형률 및 공칭응력은 물성평가 기준으로 사용되고 진변형률 및 진응력은 공학적 해석에 주로 사용된다. 공칭변형률과 진변형률을 설명하고, 진변형률의 논리적 타당성에 대하여 3가지 설명하시오.

[1교시] 다음 문제 중 10문제를 선택하여 설명하시오. (각 10점)

1. 주조 시 용탕의 유동성에 영향을 주는 용탕의 특성을 설명하시오.
2. 분말야금으로 생산되는 제품의 특징을 일반적인 금속 제조 방법과 비교하여 설명하시오.
3. 용접 결함 중 언더 컷(under cut)과 오버 랩(over lap)을 설명하시오.
4. 과공석강과 고탄소합금공구강 등에 적용하는 구상화풀림(spheroidizing annealing)을 설명하시오.
5. 소성변형에서 발생되는 바우싱거 효과(bauschinger effect)에 대하여 설명하시오.
6. 주철 제조 시 사용하는 CE미터(신속열분석계)에 대하여 설명하시오.
7. 내열성이 요구되는 내열강 소재의 조직학적 종류 3가지를 쓰고 요구되는 특성을 설명하시오.
8. 용접부에 내부결함 존재 여부를 평가할 수 있는 비파괴 평가 방법 2가지를 설명하시오.
9. 심냉처리(subzero treatment)를 설명하시오.
10. 주강과 비교하여 주철의 보수용접 시 예열이 필요한 이유를 설명하시오.
11. 포아송 비(Poisson's ratio)를 설명하시오.
12. 철합금의 잉곳(Ingot)주조를 설명하시오.
13. 열간압출법(hot extrusion) 2가지를 구분하여 설명하고, 금속을 열간압출하면 어떤 종류의 소재 형태를 만들 수 있는지 설명하시오.

[2교시] 다음 문제 중 4문제를 선택하여 설명하시오. (각 25점)

1. 사형주물에서 발생하는 소착(Sand Burning)결함과 이를 방지하기 위해 사용하는 도형제를 설명하시오.
2. 분말야금법의 공정을 설명하고, 성형 후 소결에 영향을 주는 인자와 고상소결에서 일어나는 소결 단계를 설명하시오.
3. 용접공정에서 운봉법을 설명하시오.
4. 강의 경화능(hardenability)과 질량효과(mass effect)의 관계를 설명하시오.
5. 원심주조법(centrifugal casting)에 대하여 설명하시오.
6. 금속재료의 강도를 증가시키는 방법 중 전위의 움직임을 제한하여 실용금속의 강화 수단으로 사용하는 방법을 5가지만 쓰고 설명하시오.

[3교시] 다음 문제 중 4문제를 선택하여 설명하시오. (각 25점)

1. 탄소강의 소성가공에서 고온가공과 상온가공의 기준을 구별하고 각각의 작업 시 유의할 사항과 장·단점을 설명하시오.
2. 희토류원소(rare earth elements)자원의 특성과 용도를 설명하시오.
3. 후육강관의 제작공정을 설명하시오.
4. 용접부의 열영향부를 용접부 조직 변화 관점에서 설명하시오.
5. 니켈기 초합금제 가스터빈 블레이드를 일반주조방식으로 제조 시 사용상의 문제점과 이를 개선하기 위한 주조기술을 설명하시오.
6. 가공열처리(thermomechanical treatment)를 설명하시오.

[4교시] 다음 문제 중 4문제를 선택하여 설명하시오. (각 25점)

1. 레이저빔용접(LBW)에 대하여 설명하시오.
2. 사형주조에서 주물사를 재생처리하는 이유를 설명하시오.
3. 폐가전제품 등에서 금속광물을 회수(추출)하는 도시광산(urban mining)을 설명하시오.
4. 베이나이트(bainite) 변태를 설명하시오.
5. STS304 판재를 절삭유 없이 절삭 가공 시 2차 가공이 어려워지는 원인을 설명하시오.
6. 탕구계에서의 난류발생 기구와 이에 따른 결함 발생유형 및 방지대책을 설명하시오.

[1교시] 다음 문제 중 10문제를 선택하여 설명하시오. (각 10점)

1. 금속재료 소성가공에서 코트렐 효과(cottrell effect)를 설명하고, 인장시험 응력-변형률 곡선 (stress-strain curve)에 미치는 영향에 대하여 설명하시오.
2. 금속재료 소성가공에서 전단가공(shearing work)의 4단계 특징을 설명하시오.
3. 수소저장합금(hydrogen storage alloy)의 원리 및 구비 조건에 대하여 설명하시오.
4. 금속재료 소성가공에서 단조 단류선(metal flow)의 금속미세조직 특성과 품질관리방법에 대하여 설명하시오.
5. 인장시험 응력-변형률 곡선(stress-strain curve)에서 네킹 현상과 확산 네킹(diffuse necking) 및 국부 네킹(localized necking)에 대하여 각각 설명하시오.
6. 다이캐스팅 금형에서 발생하는 히트 체크(heat check) 현상을 설명하시오.
7. 주철은 탄소 함량에 따라 성질이 가장 크게 변화되며 망간, 규소, 인 3가지 원소에 영향을 받는다. 규소의 역할에 대하여 설명하시오.
8. 오스테나이트계 스테인리스강을 용접한 다음 고용화 열처리를 하는 목적에 대하여 설명하시오.
9. 용접 공법 중 클래딩(cladding)에 대하여 설명하시오.
10. 고속도강의 열처리법인 언더하드닝(under hardening)에 대하여 설명하시오.
11. 와이어 컷 방전가공에서 가공 횟수를 수 회 나누어 가공하는 경우가 있다. 이러한 가공의 목적과 효과에 대하여 설명하시오.
12. 홀-패치 식에 대하여 설명하시오.
13. 주조 방안에서 하주식 탕구(bottom gating)의 특징을 설명하시오.

[2교시] 다음 문제 중 4문제를 선택하여 설명하시오. (각 25점)

1. 분말의 성형공정에 적용하는 열간등압성형(hot isostatic pressing)의 성형가공원리, 가공방법, 성형 효과 및 응용 분야에 대하여 설명하시오.
2. 프레스 가공의 파인 블랭킹(fine blanking)기술의 원리, 특징 및 적용분야에 대하여 설명하시오.
3. 용접 이음부의 결함을 검출하기 위한 비파괴검사법 5가지에 대하여 설명하시오.
4. 강의 표면경화법 중 물리증착법(physical vapor deposition)에 대하여 설명하시오.
5. 금속재료의 경도시험 중 브리넬, 비커스, 누프, 로크웰의 표시 방법에 대하여 설명하시오.
6. 주물사는 환경적으로 유해한 물질을 함유하고 있어서 폐기 비용이 많이 발생한다. 이를 재활용하기 위한 재생 방법과 공정기술에 대하여 설명하시오.

[3교시] 다음 문제 중 4문제를 선택하여 설명하시오. (각 25점)

1. 압출가공에서 발생하는 표면균열, 내부균열 및 파이프 결함의 발생 원인과 방지대책에 대하여 설명하시오.

2. 복합화력 발전설비 및 항공기 고온 터빈 블레이드(turbine blade)에 사용하는 재질 요구사항, 제조 방법 및 열차폐코팅(thermal barrier coating)기술에 대하여 설명하시오.

3. 고주파 용접(high frequency welding)에 대하여 설명하시오.

4. 용접 결함의 종류와 원인에 대하여 설명하시오.

5. 특수소성 성형인 1) 고속 성형 2) 폭발 성형 3) 전자기 성형 4) 초소성 성형 5) 유동 성형 가공에 대하여 설명하시오.

6. 다이캐스팅 제품의 불량 원인 및 방지 대책에 대하여 설명하시오.

[4교시] 다음 문제 중 4문제를 선택하여 설명하시오. (각 25점)

1. 냉간압연(cold rolling)강판의 특성과 생산 공정에 대하여 설명하시오.

2. 일반 저탄소강과 초탄성합금 및 형상기억합금의 응력-변형률 곡선(stress-strain curve)을 각각 그리고 설명하고, 형상기억합금의 압연 및 프레스 소성가공 방법에 대하여 설명하시오.

3. 고주파 열처리에 대하여 설명하시오.

4. 타이타늄 합금의 주조에서 1) 용해방법 2) 주형(mold) 조건 3) 적용 분야에 대하여 설명하시오.

5. 오스테나이트계 스테인리스강 소성가공 시 기계적 성질에 대하여 설명하고, 가공 경화가 발생하는 원인과 절삭가공이 곤란해지는 이유에 대하여 설명하시오.

6. 금속재료 압연강판 제조에서 라미네이션과 용접시공에서 발생하는 라멜라 테어 결함에 대한 다음 물음에 답하시오.
   1) 각 용어의 정의 및 특징에 대하여 설명하시오.
   2) 라멜라 테어 발생 원인 및 방지대책에 대하여 설명하시오.
   3) 라멜라 테어 품질관리 방법으로 기계시험 및 비파괴검사에 대하여 설명하시오.

[1교시] 다음 문제 중 10문제를 선택하여 설명하시오. (각 10점)

1. 주조공정에 사용되는 내화물의 조성에 따른 종류와 필요조건을 설명하시오.
2. 용접부에 발생 가능한 균열 중 크레이터(Crater) 균열에 대하여 설명하시오.
3. 도형제의 역할과 도형제가 구비해야 할 성질에 대하여 설명하시오.
4. 탄소강의 열처리 공법 중 오스템퍼링(Austempering)에 대하여 설명하시오.
5. 원심주조법의 종류를 3가지 쓰고 각각에 대하여 설명하시오.
6. 연강판의 인장시험에서 발생하는 뤼더스(Luders) 밴드에 대하여 설명하고, 판재압연의 스킨 패스(Skin Pass)와 어떤 관계가 있는지 설명하시오.
7. SMAW(Shielded Metal Arc Welding)에서 용접봉 건조의 중요성에 대하여 설명하시오.
8. Mo 공구강의 템퍼링에서 관찰되는 2차 경화에 대하여 설명하시오.
9. 쾌삭강에 대하여 설명하시오.
10. 중력 주조법의 특징과 주조 시 사용되는 금형 재료에 요구되는 성질에 대하여 설명하시오.
11. 열간 소성 변형에서 변형저항에 영향을 미치는 요인 3가지에 대하여 설명하시오.
12. HCP 금속이 FCC 금속 대비 변형쌍정(Deformation Twin)이 더 쉽게 발생하는 이유를 설명하시오.
13. 판재압연에서 일어나는 대표적인 결함에 해당하는 악어입(Alligatoring) 균열에 대하여 설명하시오.

[2교시] 다음 문제 중 4문제를 선택하여 설명하시오. (각 25점)

1. 금속재료의 연성-취성 천이온도(DBTT)에 대하여 설명하고, 극지방과 같이 추운 지역에서 사용하는 기계 부품에서 이 특성이 중요한 물성인 이유를 설명하시오.
2. GMAW(Gas-Metal Arc Welding)에서 CO_2 100% 보호가스를 사용하였을 때 발생되는 과다 스패터(Spatter)를 저감하기 위하여 Ar 혼합가스의 사용을 고려하는 이유에 대하여 설명하시오.
3. 금속 주조 시 용융 금속의 흐름을 최적화하기 위한 탕구계의 구성요소와 설계 시 고려해야 할 사항을 설명하시오.
4. 금속판재의 굽힘변형에서 가공한계에 대하여 설명하시오.
5. 냉간가공된 금속소재를 풀림처리(Annealing) 시 발생하는 3가지 현상에 대하여 설명하시오.
6. 다이캐스트 주조법에 대하여 설명하고, 이 주조법으로 주물 제품을 생산할 경우 사용되는 합금의 필요한 성질에 대하여 설명하시오.

[3교시] 다음 문제 중 4문제를 선택하여 설명하시오. (각 25점)

1. Cu에서 발생되는 수소취성에 대하여 설명하고 이에 대한 해결방안을 설명하시오.
2. 알루미늄 합금의 주조 시 기공 발생 원인과 제거 방법에 대하여 설명하시오.
3. 직접 압출, 간접 압출, 정수압 압출을 설명하고 각 방식별 압출 압력과 램의 이동거리 간 관계를 그래프로 나타내시오.
4. 일반적으로 저탄소강 대비 고탄소강의 용접 시 예열이 필요한 이유에 대하여 설명하시오.
5. 압탕(Riser)의 효과를 증가시킬 수 있는 방법과 압탕의 구비조건에 대하여 설명하시오.
6. 자유단조에서 발생하는 배럴링(Barreling)현상에 대하여 설명하고 이를 감소시킬 수 있는 대책에 대하여 설명하시오.

[4교시] 다음 문제 중 4문제를 선택하여 설명하시오. (각 25점)

1. 주조 공정에서 원형 제작 시 고려해야 할 사항 중 라운딩, 원형 덧붙임 및 주물 덧붙임에 대하여 설명하시오.
2. 용접 후열처리에 대하여 설명하시오.
3. 열간단조, 냉간단조 및 온간단조를 구분하고 장점과 단점을 각각 설명하시오.
4. 주물 결함 중 열간균열 발생 원인과 결함을 감소시키기 위한 대책에 대하여 설명하시오.
5. 스테인리스강 중 열처리를 통하여 경화할 수 있는 마텐자이트 스테인리스강이 페라이트 또는 오스테나이트 스테인리스강 대비 내식성이 열악한 이유에 대하여 설명하시오.
6. 금속재료의 파괴와 관련하여 타원형 불연속부가 있는 소재의 응력집중현상 및 응력 집중계수에 대하여 설명하시오.

참고문헌

1. 「공업재료가공학」, Serope Kalpakjian(김낙수 譯), 피어슨에듀케이션코리아(2008)
2. 「공정관리 및 설계」, 임상헌, 보성각(2012)
3. 「금속가공기술」, 강길구, 골드(2006)
4. 「금속재료핸드북」, 테크노공학기술연구소, 엔지니어북스(2013)
5. 「금속조직학」, 대한금속학회, 희중당(1997)
6. 「기계공작법」, 김동원, 청문각(1998)
7. 「기계공정설계」, 이주성, 한티미디어(2012)
8. 「기계기술사」, 강성두, 예문사(2016)
9. 「기계제작기술사해설」, 고병두, 예문사(2001)
10. 「비파괴검사개론」, 박은수, 골드(2005)
11. 「산업기계설비기술사」, 강성두, 예문사(2008)
12. 「소성가공학」, 원상백, 형설출판사(1996)
13. 「신금속재료학」, 양훈영, 문운당(2006)
14. 「재료강도학」, 이동녕, 문운당(2013)
15. 「Manufacturing Engineering and Technology」, Serope Kalpakjian, Pearson Education(2006)

저자소개

Professional Engineer

박상중

- 기계기술사, 금속가공기술사
- 국제기술사(APEC Engineer, IntPE)
- 기술지도사, 일반기계기사
- E-mail : anjun345@naver.com

금속가공기술사

발행일 | 2021년 1월 20일 초판발행
2024년 4월 10일 개정 1판 1쇄

저 자 | 박상중
발행인 | 정용수
발행처 | 예문사

주 소 | 경기도 파주시 직지길 460(출판도시) 도서출판 예문사
T E L | 031) 955 − 0550
F A X | 031) 955 − 0660
등록번호 | 11 − 76호

정가 : 60,000원

ISBN 978−89−274−5421−2 13630